◆ 国家自然科学基金：石质文物腐蚀与防护机理研究（29977018）
◆ 国家自然科学基金：石质文物表面防护的一类新材料和新技术研究（20277034）
◆ 国家自然科学基金：濒危石质文物表面生物矿化保护材料的仿生合成研究（20671080）
◆ 国家科技支撑计划课题：石窟文物表面有害污物清除技术研究（2009BAK53B05）
◆ 国家重点基础研究计划（973）课题：已用典型保护材料与工艺的功能及失效规律研究（2012CB720902）
◆ 国家重点研发计划课题：石窟文物微生物/苔藓病害绿色防治技术研究（2019YFC1520503）

石质文物保护技术与材料

张秉坚　胡瑜兰　等著

中国建材工业出版社

图书在版编目（CIP）数据

石质文物保护技术与材料/张秉坚，胡瑜兰等著．--北京：中国建材工业出版社，2023.9
　　ISBN 978-7-5160-3323-9

Ⅰ.①石…　Ⅱ.①张…②胡…　Ⅲ.①石器－文物保护－研究－中国　Ⅳ.①K876.24

中国国家版本馆 CIP 数据核字（2023）第 167859 号

石质文物保护技术与材料
SHIZHI WENWU BAOHU JISHU YU CAILIAO
张秉坚　胡瑜兰　等著

出版发行：中国建材工业出版社
地　　址：北京市海淀区三里河路 11 号
邮　　编：100831
经　　销：全国各地新华书店
印　　刷：北京天恒嘉业印刷有限公司
开　　本：889mm×1194mm　1/16
印　　张：32
字　　数：850 千字
版　　次：2023 年 9 月第 1 版
印　　次：2023 年 9 月第 1 次
定　　价：398.00 元

本社网址：www.jccbs.com，微信公众号：zgjcgycbs
请选用正版图书，采购、销售盗版图书属违法行为
版权专有，盗版必究。本社法律顾问：北京天驰君泰律师事务所，张杰律师
举报信箱：zhangjie@tiantailaw.com　　举报电话：（010）57811389
本书如有印装质量问题，由我社市场营销部负责调换，联系电话：（010）57811387

序

我与张秉坚教授领导的浙江大学文物保护材料实验室从相识到认知也有十多个年头了，这是我比较熟悉的一个优秀团队，一直在关注着他们的成果。他们能抓住文物保护行业最需要的攻关项目，年年都有所突破。团队持续培养出创新型研发人才、科研骨干人才和复合型人才，他们在文物保护界的影响力有目共睹。

石质文物保护技术和材料是张秉坚教授团队主要的研究方向之一。他们在国家自然科学基金、国家科技支撑计划课题和国家"973"课题等项目的资助下，针对石质文物保护工作涉及的"病害机理""保护技术"和"保护材料"中的难点问题，从化学和材料学的原理探讨入手，以实际应用为目标，持续开展研究，已经取得了许多重要进展。研究内容包括石质文物的检测与监测技术、清洗与脱盐技术、表面防护与渗透加固材料、粘结和灌浆材料、表面彩绘与涂层保护、生物防治技术等。

石质文物的保护，至今仍被国内外业者公认为是个难题，面对我国众多类型的石质文物劣化加速，已有相当数量的文物濒临消失的危险，抢救性保护的任务还十分繁重。当前我国石质文物保护遇到的有待解决或需深入研究的问题包括：（1）石质文物防风化的应用基础研究迫在眉睫，在抢救性保护向预防性保护转变的过程中，既要考虑如何加大抢救力度，尤其是价值极高的重点石质文物，又需要把着力点放在预防性保护的技术和材料研究上；（2）对石质文物保护的过程缺乏全面的科学评估，例如保护程序、保护方法是否科学合理，文物保护材料是否适合文物本体材料和文物所处的环境，病害治理技术是否有效和安全，这些都需要进行长期的科学监测跟踪；（3）石质文物保护还需要科学定量的评估理论和技术，例如不同种类石质文物的风化机理；石质文物风化程度、风化深度及风化速率的无损检测技术；石质文物表层风化（或称劣化）的精确感知方法，以及石质文物所依附的地质体失稳的预报技术等。总之，石质文物保护有待攻克的难题还很多。

当我翻阅这本沉甸甸的著作后，感到十分欣慰，他们20多年的丰硕成果在书中表达得异常精彩，信息量之大，涉及面之广，是以往石质文物保护著作中很少见的。书中张秉坚教授团队已对上述难题从化学和材料学科的角度进行了很有成效的探索研究。他们提出的六个主要科学问题，是石质文物保护应用的理论基础，也是在实践过程中经常遇到的需要回答的问题。其中石质文物表层风化机理及污染物与本体的结合状态和破坏作用机理，比以往能更深入地了解石质文物劣化的本质和过程；其他有关在处理石质文物表层发生保护性破坏的物理、化学原理；环氧树脂材料粘结老化机理；裂隙灌浆材料的失效机理；石刻表面涂漆对文物本体保存的利弊等科学问题，则可直接指导今后的保护应用或提供借鉴。

书中提出的保护技术中，我们看到了不少创新理念和方法。例如，石质文物表层风化状况定量测评技术，将污染物与岩石基底结合在一起进行分析检测研究；检测碳酸盐类文物本体化学元素的变化；加权改变率法定量测评石质文物的劣化程度等。还有可溶盐的高效脱除技术；凝胶法的彩绘化学加固材料的去除技术；石质表面有害微生物绿色抑制技术等，都得到了良好的评估与应用。至于多种研发材料，既有探索性，又在不少遗产地得到有效证实，是安全、耐久的。尤其是表面防护加固材料，更受到关注，如已使用多年的有机、无机复合加固材料，这里研制的新合成复合材料，可以推广到适合石质和环境的文物点。风化石灰岩质文物用磷灰石仿生加固方法对于目前尚无可靠有效的保护方法情况下，值得继续深入工艺及环境要求研究，以利于尽早地推广应用。纯无机镁基渗透加固强风化砂岩的材料等探索性试验，也是很有前途的。

上述研发的技术和材料已在云冈石窟、乐山大佛、莫高窟、北京故宫等十几处世界文化遗产名录及全国重点文物保护单位进行现场实验，而且每一处的实践过程都十分严谨、专业，体现出保护理念与技术的融合，具有创新精神。以上技术与材料所涉及的石质文物保护工程示范应用点有：临安钱王陵、杭州西泠印社、杭州西湖湖心亭等。

殷切期望浙江大学文物保护材料实验室团队发扬睿智、创新的优良传统，科学分析，总结经验，使石质文物保护基础理论研究更加系统、深入；开发出更多的石质文物保护技术和材料，为保存我国优秀的文化遗产做出更大贡献。

中国文化遗产研究院　黄克忠
2023 年 7 月于北京

作者简介

张秉坚

化学工程学博士，浙江大学化学系和艺术与考古学院双聘教授，博士生导师。中国文物保护技术协会理事、分析检测专委会副主任；中国石材协会护理专委会专家组组长。20多年来一直从事文物保护技术与材料研究，承担过许多砖、石、土质文物和壁画彩绘文物保护的研究课题。包括：主持完成了国家自然科学基金课题四项、国家"973"项目课题一项、国家科技支撑计划课题一项、国家文物局"指南针计划"项目一项等。设计和指导完成过十多项石质文物保护工程。现为浙江大学文物保护材料实验室负责人。已获得国家发明专利授权20余项，在国内外学报上发表科研论文200多篇，其中100多篇被SCI、EI、AHCI收录，获得国家自然科学奖、国家科学技术奖、省部级科技进步奖等，已培养化学专业和文博专业的硕士、博士和博士后70多名。

胡瑜兰

细胞生物学博士，浙江大学艺术与考古学院副教授，博士生导师。中国文物保护技术协会文物保护教育专委会委员，主要从事文物保护的研究，具体以微生物病害防治和文物材料检测的研究为重点，近几年来研发了基于精油、纳米载体、静电纺丝膜等的微生物及苔藓防治新材料和新技术，为石窟文物的微生物及苔藓的防治提供了安全有效的手段。主持国家重点研发计划课题一项，国家自然科学基金课题三项，博士后基金一项，浙江省自然科学基金课题一项，浙江省文物局项目两项。发表SCI、SSCI收录论文50余篇。获得发明专利授权一项和浙江省科技进步三等奖一项，已培养文博专业硕士10多名。

前 言

遗留至今的大量石质文物，包括石碑、石刻、造像、题刻、石质建筑等，是不可再生的宝贵文化遗产。保存和保护这些文化遗产需要科学、技术和专用材料。

《石质文物保护技术与材料》是浙江大学文物保护材料实验室团队20多年来相关研究成果的汇集。在国家自然科学基金、国家科技支撑计划课题、国家重点研发计划课题、国家重点基础研究发展计划（973）课题和浙江省文物保护科技项目的资助下，经过数届本科生、硕士生、博士生、博士后及教师们的持续研究，本团队已在石质文物保护技术与材料研究方面取得了许多重要进展。

本书以现代材料学为基础，针对石质文物保护工作涉及的"病害机理""保护技术"和"保护材料"中的难点问题，从基本原理的探讨入手，以实际应用为目的进行了系列研究，包括检测与监测技术、清洗与脱盐技术、表面防护与渗透加固、粘结和灌浆材料、表面彩绘与涂层、生物病害及防治技术等。研发的技术和材料已在许多石质文物修缮保护工程中应用。相关调研、实验和工程应用涉及的文物点包括：钱王陵、飞来峰造像、云冈石窟、安岳石窟、乐山大佛、西泠印社、故宫和敦煌莫高窟等几十处全国重点文物保护单位和世界遗产。

撰写本书的总体目标是探索石质文物保护的科学原理，提供适用的技术和材料，同时培养文物保护科学研究人才。

本书可以为人们了解石质文物保护技术与材料提供专业知识；可以作为文物保护专业的教学参考书；也可以为文物保护领域的从业人员提供技术与材料应用的借鉴。

张秉坚　胡瑜兰
2023年1月

目 录

第1章 绪论 ··· 1
  1.1 本书初衷 ··· 3
    1.1.1 目标 ··· 3
    1.1.2 研究团队 ·· 3
  1.2 涉猎范围 ··· 4
    1.2.1 研究内容 ·· 4
    1.2.2 主要科学问题 ·· 4
    1.2.3 有关技术 ·· 4
    1.2.4 研发材料 ·· 4
  1.3 基本概念 ··· 5
  1.4 术语和定义 ·· 8
  1.5 本书编排 ··· 9

第2章 石质文物病害调查 ·· 11
  2.1 病害调查方法 ·· 13
    2.1.1 石质文物病害分类和分级 ······································ 13
    2.1.2 石质文物病害勘测模式 ··· 14
    2.1.3 石质文物病害现场勘测 ··· 14
    2.1.4 石质文物病害调查数据处理及报告撰写 ·················· 15
  2.2 杭州飞来峰青林洞石窟造像病害调查 ································ 15
    2.2.1 飞来峰青林洞造像概况 ··· 15
    2.2.2 环境调查与分析 ·· 16
    2.2.3 文物本体病害勘测调查 ··· 18
    2.2.4 调查小结 ··· 22
  2.3 杭州市石窟寺及石刻类文物保存状况调查 ························· 23
    2.3.1 杭州市石窟寺及石刻类文物概况 ···························· 23
    2.3.2 调查统计结果与分析 ·· 24
    2.3.3 调查小结 ··· 29
  2.4 浙江省石窟寺及石刻类文物健康评估调研 ························· 30
    2.4.1 调研内容与范围 ·· 30
    2.4.2 调研结果 ··· 31
    2.4.3 典型案例分析 ··· 33

  2.4.4 调研小结 ……………………………………………………………… 36
2.5 专项调查——云冈石窟污染物病害调查 ………………………………… 37
  2.5.1 污染物病害问题 ……………………………………………………… 37
  2.5.2 调查概况 ……………………………………………………………… 37
  2.5.3 污染物病害状况 ……………………………………………………… 41
  2.5.4 调查小结 ……………………………………………………………… 43
2.6 专项调查——乐山大佛生物病害调查 …………………………………… 44
  2.6.1 乐山大佛的生物病害 ………………………………………………… 44
  2.6.2 勘测方法 ……………………………………………………………… 45
  2.6.3 结果与分析 …………………………………………………………… 45
  2.6.4 调查小结 ……………………………………………………………… 51
2.7 本章小结 …………………………………………………………………… 51
本章参考文献 …………………………………………………………………… 51

第 3 章 石质文物的检测与监测 ……………………………………… 53

3.1 基本概念与方法 …………………………………………………………… 55
  3.1.1 定义 …………………………………………………………………… 55
  3.1.2 检测与监测原则 ……………………………………………………… 55
  3.1.3 石质文物监测指标与方法 …………………………………………… 56
3.2 故宫养心殿石质文物劣化程度检测 ……………………………………… 57
  3.2.1 检测对象与方法 ……………………………………………………… 57
  3.2.2 检测结果 ……………………………………………………………… 58
  3.2.3 测评与讨论 …………………………………………………………… 59
  3.2.4 结论 …………………………………………………………………… 66
3.3 云冈石窟污染物分析检测 ………………………………………………… 67
  3.3.1 项目概述 ……………………………………………………………… 67
  3.3.2 试验仪器与样品制备 ………………………………………………… 67
  3.3.3 检测结果与讨论 ……………………………………………………… 67
  3.3.4 结论 …………………………………………………………………… 83
3.4 碳酸盐石质文物化学元素变化检测 ……………………………………… 83
  3.4.1 pXRF 无损检测方法建立 …………………………………………… 83
  3.4.2 碳酸盐类石质文物样品采集与检测 ………………………………… 89
  3.4.3 结果讨论与分析 ……………………………………………………… 94
  3.4.4 结论 …………………………………………………………………… 100
3.5 杭州飞来峰造像病害监测 ………………………………………………… 100
  3.5.1 概况 …………………………………………………………………… 100
  3.5.2 监测方法与流程 ……………………………………………………… 101
  3.5.3 监测结果与讨论 ……………………………………………………… 102

  3.5.4 结论 ... 106
3.6 灵隐寺双经幢劣化监测 ... 107
  3.6.1 灵隐寺经幢简介 ... 107
  3.6.2 监测内容与方法 ... 107
  3.6.3 结果分析 ... 108
  3.6.4 结论 ... 110
3.7 本章小结 ... 111
本章参考文献 ... 111

第4章 清洗与脱盐 — 113

4.1 石质文物清洗概论 ... 115
  4.1.1 表面污染物分类 ... 115
  4.1.2 清洗的目的及意义 ... 116
  4.1.3 清洗技术分类 ... 116
4.2 典型污染物破坏或保护作用的试验研究 ... 117
  4.2.1 研究思路 ... 117
  4.2.2 试验过程 ... 117
  4.2.3 结果与讨论 ... 119
  4.2.4 结论 ... 128
4.3 污染物的化学清洗技术 ... 129
  4.3.1 石质文物化学清洗的基本原理和方法 ... 129
  4.3.2 石质文物化学清洗的工艺措施 ... 133
  4.3.3 典型污染物的化学清洗试验 ... 137
  4.3.4 云冈石窟污染物现场清除试验 ... 147
4.4 污染物的物理清洗技术 ... 149
  4.4.1 蒸汽清洗技术 ... 150
  4.4.2 粒子喷射清洗技术 ... 151
  4.4.3 激光清洗技术 ... 152
  4.4.4 蒸汽清洗与粒子喷射清洗在飞来峰造像的现场试验 ... 153
4.5 石质文物脱盐技术 ... 158
  4.5.1 吸附脱盐技术 ... 159
  4.5.2 抑制剂促析脱盐技术 ... 161
4.6 石质文物清洗效果和安全性评估 ... 170
  4.6.1 石质文物清洗效果评估 ... 170
  4.6.2 石质文物清洗安全性评估 ... 174
4.7 本章小结 ... 175
本章参考文献 ... 176

第5章　表面防护与渗透加固 · · · · · · 179

5.1 化学保护的破坏现象和原因 · · · · · · 181
5.1.1 试验过程 · · · · · · 181
5.1.2 结果与讨论 · · · · · · 183
5.1.3 结论与提示 · · · · · · 187

5.2 缓解憎水性化学保护破坏的研究 · · · · · · 188
5.2.1 恰当憎水性的防护 · · · · · · 188
5.2.2 多层防护 · · · · · · 189
5.2.3 阻断毛细水迁移的探索 · · · · · · 193
5.2.4 结论 · · · · · · 193

5.3 风化石质文物有机-无机复合加固材料研究 · · · · · · 194
5.3.1 研究目标 · · · · · · 194
5.3.2 试验部分 · · · · · · 194
5.3.3 结论 · · · · · · 203

5.4 草酸钙类生物矿化材料 · · · · · · 203
5.4.1 研究目标 · · · · · · 203
5.4.2 试验部分 · · · · · · 204
5.4.3 结果与讨论 · · · · · · 205
5.4.4 结论 · · · · · · 207

5.5 磷灰石类生物矿化材料 · · · · · · 208
5.5.1 启发与研究思路 · · · · · · 208
5.5.2 试验部分 · · · · · · 209
5.5.3 结果与讨论 · · · · · · 210
5.5.4 结论 · · · · · · 214

5.6 基于磷灰石的石灰岩文物仿生加固 · · · · · · 215
5.6.1 意义 · · · · · · 215
5.6.2 试验部分 · · · · · · 215
5.6.3 结果与讨论 · · · · · · 216
5.6.4 结论 · · · · · · 220

5.7 纯无机渗透加固材料 · · · · · · 221
5.7.1 问题与思路 · · · · · · 221
5.7.2 试验过程 · · · · · · 221
5.7.3 结果与讨论 · · · · · · 223
5.7.4 结论 · · · · · · 230

5.8 本章小结 · · · · · · 230
本章参考文献 · · · · · · 231

第6章 粘结与灌浆材料 ... 233

6.1 技术概念和定义 ... 235
6.2 环氧树脂胶粘材料的评价研究 ... 235
6.2.1 问题 ... 235
6.2.2 试验部分 ... 236
6.2.3 结果与讨论 ... 237
6.2.4 结论与提示 ... 244
6.3 水泥类灌浆材料的评价研究 ... 244
6.3.1 研究意义 ... 244
6.3.2 典型水泥基灌浆材料 ... 245
6.3.3 现场试验 ... 250
6.3.4 岩石界面对灌浆的影响 ... 253
6.4 基于传统灰浆的灌浆材料研究 ... 258
6.4.1 传统灰浆材料 ... 258
6.4.2 灰浆类灌浆材料配方的正交试验 ... 258
6.4.3 结果与讨论 ... 262
6.4.4 结论 ... 265
6.5 无机镁基灌浆粘结材料研究 ... 266
6.5.1 研究背景及思路 ... 266
6.5.2 试验部分 ... 266
6.5.3 试验结果与讨论 ... 267
6.5.4 应用小试验 ... 270
6.5.5 结论 ... 271
6.6 本章小结 ... 272
本章参考文献 ... 272

第7章 石质文物表面的彩绘与涂层 ... 275

7.1 石刻彩绘的病害——以四川安岳石窟彩绘为例 ... 277
7.1.1 石刻彩绘病害调查方法 ... 277
7.1.2 结果统计 ... 278
7.1.3 彩绘病害及保存现状分析 ... 280
7.2 石刻彩绘材料检测 ... 283
7.2.1 石刻彩绘样品 ... 284
7.2.2 彩绘颜料检测技术 ... 286
7.2.3 石刻彩绘胶结物检测技术 ... 292
7.3 石窟壁画保护材料评价研究 ... 296
7.3.1 莫高窟壁画修复保护所用材料调研 ... 296
7.3.2 壁画典型保护材料的实验室评价 ... 301

7.3.3　典型保护材料的适应性评估 …… 309
　7.4　南方潮湿地区壁画保护材料评价 …… 314
　　　7.4.1　研究背景 …… 314
　　　7.4.2　表面加固材料性能评价 …… 315
　　　7.4.3　壁画灌浆材料性能评价 …… 320
　7.5　壁画表面保护材料的清除技术 …… 324
　　　7.5.1　失效保护材料清除问题 …… 324
　　　7.5.2　基于有机溶剂贴敷的保护材料清除研究 …… 324
　　　7.5.3　基于定型凝胶的保护材料清除研究 …… 330
　　　7.5.4　基于非定型凝胶的保护材料清除研究 …… 335
　7.6　表面漆涂层对石质文物的影响 …… 340
　　　7.6.1　石刻漆涂层的历史与现状 …… 340
　　　7.6.2　试验研究 …… 341
　　　7.6.3　结论 …… 349
　7.7　本章小结 …… 349
　本章参考文献 …… 350

第8章　石质文物生物病害及防治技术 …… 353

　8.1　概述 …… 355
　　　8.1.1　石质文物的微生物病害 …… 355
　　　8.1.2　石质文物微生物腐蚀的机制 …… 355
　　　8.1.3　石质文物微生物病害的清除与防治方法 …… 357
　8.2　石质文物苔藓病害及防治技术 …… 358
　　　8.2.1　石质文物的苔藓病害 …… 358
　　　8.2.2　苔藓对露天石质文物的侵蚀 …… 359
　　　8.2.3　岩石基质和环境条件对苔藓定植的影响 …… 359
　　　8.2.4　露天石质文物表面苔藓防治技术研究现状 …… 360
　　　8.2.5　露天石质文物表面微生物治理技术研究启示 …… 362
　　　8.2.6　小结 …… 362
　8.3　石质文物微生物病害机理研究——以飞来峰造像"白斑"
　　　病害机理为例 …… 363
　　　8.3.1　飞来峰造像石质文物现状 …… 363
　　　8.3.2　飞来峰造像的微生物病害 …… 363
　　　8.3.3　飞来峰造像的"白斑"病害中的微生物鉴定与分析 …… 364
　　　8.3.4　飞来峰造像的"白斑"病害产生的机理研究 …… 366
　8.4　石质文物微生物病害防治策略研究——以飞来峰微生物
　　　病害治理为例 …… 385
　　　8.4.1　材料和方法 …… 385

	8.4.2 试验结果	388
	8.4.3 防治策略	393
8.5	加固-除苔剂抑制风化岩石表面苔藓的研究	396
	8.5.1 研究背景	396
	8.5.2 试验材料及仪器	396
	8.5.3 试验方法	397
	8.5.4 试验结果与讨论	400
	8.5.5 露天石质文物表面试验	404
	8.5.6 结论	406
8.6	本章小结	406
	本章参考文献	407

第9章 保护工程实践 — 409

9.1	濒危石质建筑保护——以汉三老石室修缮为例	411
	9.1.1 工程概况	411
	9.1.2 前期勘察研究	412
	9.1.3 保护材料研发	416
	9.1.4 修缮保护施工	417
	9.1.5 修缮效果	425
9.2	濒危摩崖石刻保护——以印泉摩崖石刻修缮为例	426
	9.2.1 工程概况	426
	9.2.2 病害勘察和研究	427
	9.2.3 修缮保护施工	428
	9.2.4 修缮效果	433
9.3	建筑石雕保护——以杭州湖心亭牌坊修缮为例	434
	9.3.1 工程概况	434
	9.3.2 病害勘察	435
	9.3.3 修缮保护过程	435
	9.3.4 修缮效果	439
9.4	石质文物表面彩绘保护——以嘉兴子城出土彩绘石狮抢救性修复为例	441
	9.4.1 项目概况	441
	9.4.2 修缮前期工作	442
	9.4.3 技术难点及小试验	443
	9.4.4 修缮施工	443
	9.4.6 修缮效果	447
9.5	出土泥化石质文物保护——以钱王陵出土石像生修复为例	449
	9.5.1 项目概况	449

    9.5.2 施工过程 ·· 451
    9.5.3 修复效果 ·· 457
    9.5.4 项目验收 ·· 458
  9.6 石碑修复——以钱王墓碑抢救性保护为例 ··· 458
    9.6.1 项目概况 ·· 458
    9.6.2 前期小试验 ··· 459
    9.6.3 施工过程 ·· 460
    9.6.4 修复效果 ·· 462
  9.7 摩崖题刻的保养维护——以玲珑山摩崖石刻为例 ···································· 463
    9.7.1 工程概况 ·· 463
    9.7.2 病害勘察 ·· 464
    9.7.3 保养维护施工 ·· 464
    9.7.4 维保效果 ·· 469
  9.8 本章小结 ·· 471

附录1 资助本书相关研究的国家级和省部级科研项目或基金 ······················· 472
附录2 浙江大学文物保护材料实验室发表的相关研究论文 ······························ 473
附录3 本书相关研究成果的国家发明专利 ·· 478
附录4 本书部分采用的博士后出站报告和研究生毕业论文 ······························ 479
附录5 参与本书内容研究的部分博士后、研究生和本科生的工作照 ············· 481
附录6 浙江大学文物保护材料实验室团队合照 ··· 484
附录7 计量单位、英文简写与缩写、术语 ·· 485
后记 ·· 488

第 1 章

绪 论

1.1 本书初衷

岩石是人类最早改造利用的自然资源,从石器、石雕、岩画、石屋、金字塔到石窟寺等,时至今日已遗留下大量的石质文物,包括石碑、石刻、造像、摩崖题刻、石质建筑及构件等,成为人类社会历史和文明发展的重要物证,是不可再生的宝贵文化遗产。

随着时间的推移,文物消亡是一个不可抗拒的自然趋势,尤其是处于野外的石质文物。但是,有可能通过科技手段来延缓这一过程。石质文物保护科学因涉及一系列基础理论、专业技术和专用材料,是文物保护科学研究中难度较大的领域之一。

1.1.1 目标

本书主要从材料学角度,针对石质文物保护工作中的"病害机理""保护技术"和"保护材料"问题,特别是保护工程中的相关难点和瓶颈问题,运用现代科学方法,力求比较系统地探索石质文物,特别是不可移动石质文物保护修复中涉及的科学原理、专业技术和保护材料。内容包括现场勘测、检测与监测技术、清洗与脱盐技术、表面防护与渗透加固材料、粘结与灌浆材料、表面彩绘与涂层保护、生物防治技术,以及施工工艺等。本书的目标是探索石质文物保护的科学原理,提供适用的技术和材料,同时培养相关的专业技术人才。

1.1.2 研究团队

石质文物保护技术与材料是浙江大学文物保护材料实验室的主要研究方向之一,本书是实验室团队20多年来相关研究成果的汇集。

浙江大学文物保护材料实验室成立于1997年,从杭州白塔(全国重点文物保护单位)的清洗研究开始,20多年来一直从事石质文物保护技术与材料的研发,承担的相关研究项目有:3个国家自然科学基金课题——"石质文物腐蚀与防护机理研究(29977018)""石质文物表面防护的一类新材料和新技术研究(20277034)""濒危石质文物表面生物矿化保护材料的仿生合成研究(20671080)";完成了国家重点基础研究发展计划(973)课题"已用典型保护材料与工艺的功能及失效规律研究(2012CB720902)"、国家科技支撑计划课题"古代建筑基本材料(砖、瓦、灰)科学化研究(2012BAK14B05)"等;参与了国家"十一五""十二五"和"十三五"许多重要文物保护课题的研究;改进或开发出多种实用的文物保护技术与材料;已获得国家发明专利授权20多项;在国内外学报及刊物发表科研论文200多篇,其中100多篇被科学引文索引(Science Citation Index,SCI)、工程索引(Engineering Index Compendex,EI)、艺术与人文科学引文索引(Arts and Humanities Citation Index,AHCI)、社会科学引文索引(Social Science Citation Index,SSCI)收录,已培养硕士研究生、博士研究生和博士后70多名。具体资料见附录。

浙江大学文物保护材料实验室是国家文化遗产保护科技区域创新联盟(浙江省)的"不可移动文物材质分析检测平台",依托浙江大学艺术与考古学院和浙江大学化学系,跨越"化学"与"考古"两大一级学科,从事文理交叉科技研究。

目前,浙江大学文物保护材料实验室团队有正教授3名,副教授3名,以及博士后、博士生和硕士生20多名。承担着国家重点研发计划项目课题"石窟文物微生物/苔藓病害绿色防治技术研究(编号2019YFC1520503)"和国家重点研发计划子课题"明清官式建筑石作材料科学认知研究"等石质文物保护相关研究课题。

为了解石质文物保护的科研需求，探讨和解决关键科学技术问题，浙江大学文物保护材料实验室还参与了多项石质文物保护工程的方案设计和施工指导，包括全国重点文物和省文物保护单位。同时，本实验室一直倡导理论联系实际，深入保护一线，已使许多研究成果得到实际应用。

1.2 涉猎范围

1.2.1 研究内容

本书以材料物理化学为基础，主要研究石质文物表层的劣化和保护问题，涵盖：病害调查、检测技术、病害机理、污染物清洗、脱盐方法、表面防护、渗透加固、断裂粘结、灌浆材料、彩绘和涂漆保护、生物防治、施工工艺等；涉猎的部分科学问题、有关技术和保护材料如下所述。

1.2.2 主要科学问题

(1) 石质文物表层风化机理和影响因素（见第2—8章）。
(2) 污染物与本体的结合状态和破坏作用机制（见第4章）。
(3) 石质文物表层发生保护性破坏的物理化学原理（见第5章）。
(4) 环氧树脂粘结材料老化机理（见第6章）。
(5) 裂隙灌浆材料的失效机理（见第6章）。
(6) 石刻表面涂漆对文物本体保存的利弊（见第7章）。

1.2.3 有关技术

(1) 石质文物表层风化状况定量测评技术（见第2章和第3章）。
(2) 可溶盐的高效脱除技术（见第4章）。
(3) 缓解石质文物保护性破坏的技术措施（见第5章）。
(4) 基于凝胶法的彩绘化学加固材料的去除技术（见第7章）。
(5) 石质文物表面有害微生物绿色抑制技术（见第8章）。
(6) 石质文物修复保护技术集成应用（见第9章）。

1.2.4 研发材料

(1) 典型有害污染物的绿色安全清除材料（见第2章和第3章）。
(2) 基于结晶抑制原理的高效脱盐材料（见第4章）。
(3) 石质文物表面防护新材料探索（见第5章）。
(4) 石质文物表面纯无机渗透加固材料（见第5章）。
(5) 灌浆材料界面粘结性能改进添加材料（见第6章）。
(6) 无机镁基灌浆粘结材料和加固-除苔材料（见第6章和第8章）。

1.3 基本概念

（1）石质文物

石质文物（stone heritage）是指在人类历史发展过程中遗留下来的，以天然岩石为原材料加工制作的，或以天然岩体为赋存基础的具有历史、艺术、科学价值的遗物或遗迹，包括石刻文字、石雕（刻）艺术品、石制用具、石质建筑物及石构件、摩崖题刻、摩崖造像和石窟寺等。石质文物典型类型见表1.3.1。

表 1.3.1 石质文物典型类型

类型	定义
石器（ancient stone objects）	用岩石制作的用具或工具
石雕（stone carving）	用岩石雕琢的人像、动物、艺术品等文物的总称
碑刻（stele）	将文字或图案刻在事先修整好的相对规整的岩石石块或石板上的文物类型
摩崖题刻（cliffside inscription）	在天然岩体表面凿刻各种书体文字的文物类型
摩崖造像（cliffside figure）	在崖壁上开凿雕刻的单体造像或造像群的文物类型
岩画（petroglyph）	在岩穴、石崖壁面或独立岩石上描绘或凿刻图案的文物类型
崖墓（cliff burial）	开凿于山崖或岩层中的墓葬
石窟寺（grotto）	开凿于山崖上的洞窟式的寺院遗迹
石质建筑物及构筑物（stone construction）	采用石材作为构建材料修建的阙、经幢、牌坊、塔、桥、亭、墓葬、城垣及文物建筑石质台基等的总称

石质文物是人类在改造客观世界和展现主观愿景过程中遗留下来的年代跨越最久远、数量最丰富、分布最广泛的遗产，是人类发展、社会文明和民族精神的主要物化载体之一。它们是考古学的重要资料，人类历史的重要物证，包含着社会、文化、艺术、科技等多方面的历史信息，是不可再生的珍贵文化遗产，是促进经济社会发展的重要资源。

本书所述"石质文物"包含"可移动石质文物"和"不可移动石质文物"，在保护技术和保护材料上两者有共同之处。

（2）石质文物的风化

风化作用（weathering）是源自地质学的概念，指地球岩石圈与环境、太阳、大气圈、水圈和生物圈之间发生物质与能量的交换，变为土壤的过程。石质文物的风化是在大气条件下，由于太阳辐射、水、气体和生物等的作用，造成岩石的物理性状和化学成分发生变化，使构成文物的岩石不断松散、溶蚀和破碎的过程。

根据风化的主要作用因素，石质文物的风化可分为三种类型：物理风化（physical weathering）、化学风化（chemical weathering）和生物风化（biological weathering）。这三类风化通常是同时进行的，而且往往是互相影响又互相促进的。

（3）文物劣化

劣化（deterioration）是源自材料学的概念，指材料性能降低不能复原的变化。从文物保护的角度，劣化是指文物或构成文物的材料在气候、物理、化学、机械、生物（包括微生物）以及人为因素作用下，其原有的内在和外在特质（如外观、表面性质、内部结构组成、应力状态等）发生破坏性的、不可逆的改变甚至消失的现象，具体现象通常以各类"病害"来称呼或表示。

对于石质文物，"风化"与"劣化"的概念有重叠之处，但难以替代。例如，某些人为因素引发的石质文物病害难以归于"风化"的范畴。

（4）石质文物病害

石质文物病害（diseases）指石质文物在自然应力作用和人为因素影响下所形成的，影响文物结构安全和价值体现的异常或破坏现象，包括石质文物在物质成分、结构构造、外貌形态上所发生的一系列不利于文物完整和安全的变化。石质文物病害类型有表面风化、生物病害、机械损伤、裂隙与空鼓、表面污染与变色、颜料层病害、不当修复、渗水溶蚀、结构失稳等，具体参见第2章。

（5）石质文物保护修复技术

保护修复技术（conservation & restoration techniques）指为消除或减缓石质文物病害和改善赋存环境所实施的技术措施。一般石质文物的保护修复措施包括基底稳固处理、表面清洗、渗透加固、粘结灌浆与机械加固、补配修复、表面防护、隔离或减少有害影响因素等。

（6）文物保护材料

文物保护材料（conservation materials）是指为修缮文物本体、缓解文物劣化、稳定文物状态、改善赋存环境所使用的各种物质材料。

（7）文物保护材料学

文物保护材料学（science of conservation materials）是文物保护学和文物保护工程学的核心内容之一。文物保护材料学是研究文物本体材料的组成、结构、性质和劣化机理，研究保护材料的制备、性能、作用机制和应用效果的学科；是以化学和物理学为基础，依托材料学的方法和手段，并根据文物的属性和赋存环境与考古学、历史学、美学、建筑学、地质学、环境学、生物学等学科相互交叉，使文物的历史价值、艺术价值和科学价值得到最大程度地、长久地保存，使文物的真实性和完整性得以不断延续的学科。

（8）石质文物保护材料分类

石质文物保护材料一般按用途进行分类，包括：清洗材料、表面防护材料、渗透加固材料、粘结材料、灌浆材料、机械加固材料、修补材料、封护材料、生物防治材料等。石质文物保护材料按照用途的分类见表1.3.2。

表1.3.2　石质文物保护材料按照用途的分类

用途类别	定义
清洗材料	指为恢复文物原有表面，用于去除文物表面附着的风化物、沉积物和污染物等有害物质的材料。包括清洗剂，贴敷及吸附材料等
表面防护材料	指为减少外界环境因素，如雨水、污染物、生物等的不利影响，在石质文物表面涂覆的能透水汽的保护材料，包括透明膜材料、有一定厚度的牺牲性材料以及只改变表面憎水效果的反应型材料和纳米材料
渗透加固材料	指能渗入风化岩石微孔隙中，填充空隙，使原疏松表层强度增加的保护材料
粘结材料	指能将石质文物断裂部位连接起来的胶凝材料
灌浆材料	指能对石质文物裂缝、空鼓部位进行填充，使之相互粘结的材料
机械加固材料	指对石质文物较大断裂、危险裂隙、较大倾斜等部位进行力学加固所使用的锚杆、锚筋、箍圈、夹具或机具等材料
修补材料	指能对破裂、残断、缺损的石质文物进行填补，使文物恢复原形状的材料
封护材料	指能隔断石质文物内外气态水和液态水的成膜型保护材料。如石材隔水封闭剂、毛细水阻断剂等
生物防治材料	指能够抑制或杀灭石质文物表面生物的保护材料

在石质文物保护材料中，除清洗、机械加固和生物防治材料外，其他大多都可归类为胶凝材料。胶凝材料也称胶结物，是在物理或化学作用下，能从浆体变成固体，将散粒状或块状材料粘结成整体，并具有一定机械强度的基础材料。用于文物保护的基础胶凝材料从材质上大致可分为有机材料和无机材料两大类。常用的有机材料有丙烯酸、有机硅、乙酸乙烯、环氧等类别的有机聚合物的预聚体或聚合树脂；常用的无机材料有氢氧化钙、氢氧化钡、硅酸盐、磷酸盐等系列的有胶结活性的无机物。

（9）文物保护工程

文物保护工程是指应用工程科学的管理、原理、方法、材料、技术和设备，通过一系列施工措施，达到去除文物病害、延缓文物劣化、改善文物变形、修补文物残损、稳定文物状态、保全文物真实完整并延续文物价值的按计划有组织的保护工作。

文物保护工程按保护措施类型分为：保养维护工程、抢险加固工程、修缮工程、保护性设施建设工程、迁移工程等。

（10）文物劣化机理

文物劣化机理是研究文物产生劣化与引起劣化诸因素之间的因果关系。其中的"因"即引起劣化的影响因素，"果"即文物产生的病害现象。包括文物劣化涉及的各因素在一定条件下的相互联系、影响途径和作用原理。文物劣化机理一般可以借助过程动力学，以及各种模拟方法来描述和验证。

文物劣化机理研究的范畴包括文物病害诊断与表征、文物劣化影响因素及作用机制、文物劣化过程动力学、文物病害微观及亚微观计算机模拟、文物劣化阈值评估与预测等。

（11）文物保护材料作用机制

文物保护材料作用机制是指保护材料应用于文物之后的各种作用规律。包括：保护材料保护功效形成的机制；保护材料与文物本体的结合机制；保护材料服役失效机制和失效速率；失效材料对文物本体的影响机制。这些机制涉及保护材料、文物本体材料以及它们之间从分子级别到结构层面的相互作用和界面作用，包括物理作用和化学作用；同时也与影响因素有关，包括保护材料和文物本体材料的特性（如成分、构造等）、环境条件（如温度、湿度、光照、可溶盐、腐蚀性气体、污染物、渗水和降水等）和服役要求（如保护时间）。

（12）保护性破坏

保护性破坏是指各种保护材料或保护措施应用于文物之后，由于这些材料或措施引发的与保护目标相违的加速文物劣化、影响文物稳定、破坏赋存环境的各种现象。

（13）保护材料的负面作用

文物保护材料的"负面作用"，是指与保护材料的保护目标相反的作用，即可能产生的破坏作用；是在研究"保护性破坏"时衍生出的一个概念，以表达文物保护材料使用以后可能产生的不利于文物保存的各种作用或影响，其含义不同于"副作用"。

（14）文物保护材料的安全性评价

文物的不可再生性使得"确保文物安全"成为文物保护材料选择的首要原则。以胶凝材料为基础的石质文物保护材料，如表面防护材料、渗透加固材料、粘结材料、灌浆材料、修补材料、封护材料等，具体使用通常包括：施加过程、功效形成过程、保护服役过程和失效过程，各使用阶段的安全性评价内容见表1.3.3。

文物保护材料应用于文物的安全性可从以下几方面来评价：

① 施加过程的适应性；

② 功效形成过程的相容性；

③ 保护服役过程的匹配性；

表 1.3.3　以胶凝材料为基础的石质文物保护材料的使用过程和安全性评价要求

过程	阶段解释	评价内容
施加过程	指应用于文物的施工阶段，如涂布、渗透、粘结等	适应性。用于评价保护材料和工艺应用于文物施工操作的适应程度
功效形成过程	指保护材料从施加到产生保护效果，如从液相转为固相、强度达到预期指标、渗水被阻断等	相容性（也可用适应性）。用于评价文物本体对保护材料功效形成过程各种变化的接纳程度
保护服役过程	指保护材料能实现保护功能的时间阶段	匹配性（广义的也可用适应性）。用于评价保护材料与文物本体结合后随环境条件改变时两者的契合程度
失效过程	指保护材料的保护效果开始降低直至完全消失的时间阶段	可去除性。用于评价保护材料从文物本体清除的程度。如贴敷及吸附取出、自动升华等
		无影响性。用于评价保护材料残留物对文物本体和再次施加保护材料的影响程度

④ 失效保护材料的可去除性和无影响性。

对于不同类型的石质文物，可以根据具体情况进行进一步量化。另外，保护材料的其他性质，如兼容性（指保护材料应用于不同文物或不同场景的适应性）、耐久性（指保护材料的服役时间比较长）等，因不属于安全性评价内容，故没有在此讨论。

（15）保护效果测评

保护效果测评是针对不同功能文物保护材料，施加于文物本体后，经过自然或某种强化环境一定时间，对其主要性能指标进行测定，用数值或等级标明效果的技术过程。常用的指标有外观类指标（如色度、粗糙度、表面状态等的变化）、稳定耐久类指标（溶失率、失重率、生物降解率等）、结构强度类指标（如微观结构、孔隙率与孔分布、抗压强度与弹性模量等的变化）、水力学性质类指标（如接触角、吸水率、湿度分布等的变化）、匹配性（如保护部分与文物本体之间的密度差、强度差、膨胀系数差、传递系数差和界面张力等），以及可去除和可重复操作类指标（如可去除率、可重涂次数、失效后清除率，以及对新保护材料应用的影响程度等）。

（16）保养维护

保养维护是定期的或根据情况及时进行的消除可能引发文物破坏隐患的预防性工作措施，包括清除杂草植物、防渗排水、临时性小修补、简易性支撑、防火防灾措施、环境整治等。

1.4　术语和定义

本书术语和定义主要参照《石质文物病害分类与图示》（WW/T 0002—2007）《石质文物保护修复方案编写规范》（WW/T 0007—2007）《石质文物保护工程勘察规范》（WW/T 0063—2015）《古代壁画病害与图示》（WW/T 0001—2007）《古代壁画现状调查规范》（WW/T 0006—2007）。

（1）表面清洗（surface cleaning）

表面清洗指去除石质表面附着的风化物、沉积的污染物等外来有害物质，并使它们的原有风貌尽可能地得以恢复。

（2）表面防护（surface protection）

表面防护指通过在石质文物表面施加保护材料，以减少外界环境因素，如温、湿度差、雨水、污染物、生物等的不利影响。

（3）渗透加固（consolidating）

渗透加固指对因风化作用导致的石质文物弱化表层，通过在风化孔隙中引入、补充合适的加固剂材料，来增加或恢复其应有的强度。

（4）粘接（adhering）

粘接是指使用胶凝材料对石质文物断裂部位的连接。

（5）灌浆（grouting）

灌浆是指对石质文物裂缝、空鼓部位的填充粘结。

（6）机械加固（mechanical consolidating）

机械加固是指对较大断裂、危险裂隙等不稳定岩体部位用锚杆、锚筋或机具等进行的力学加固措施。

（7）补配修复（repair of lacuna）

补配修复指针对破裂、残断，甚至缺损的石质文物根据考古证据所进行的修补处理措施。

（8）封护处理（water repellent treatment）

封护处理指通过涂覆或灌注憎水材料，以隔断和减少气态和液态水渗入的技术措施。

（9）现状调查（condition survey）

现状调查是对石质文物保存现状的勘测记录，以及对产生病害的各种影响因素的考察和分析。包括历史档案调查、环境调查、测绘、摄影、病害统计和病因分析。

（10）价值评估（value assessment）

价值评估是对石质文物所具有的历史价值、艺术价值和科学价值所进行的评估。

1.5 本书编排

本书将"石质文物保护技术和材料"分九个方面进行叙述：

① 涉猎范围和基本概念。

② 病害调查方法和调查实例。

③ 检测技术与监测方法。

④ 清洗与脱盐研究。

⑤ 表面防护与渗透加固材料研究。

⑥ 粘结材料与灌浆材料研究。

⑦ 表面彩绘与涂层的保护。

⑧ 生物病害及防治技术。

⑨ 保护工程中相关技术与材料的应用案例。

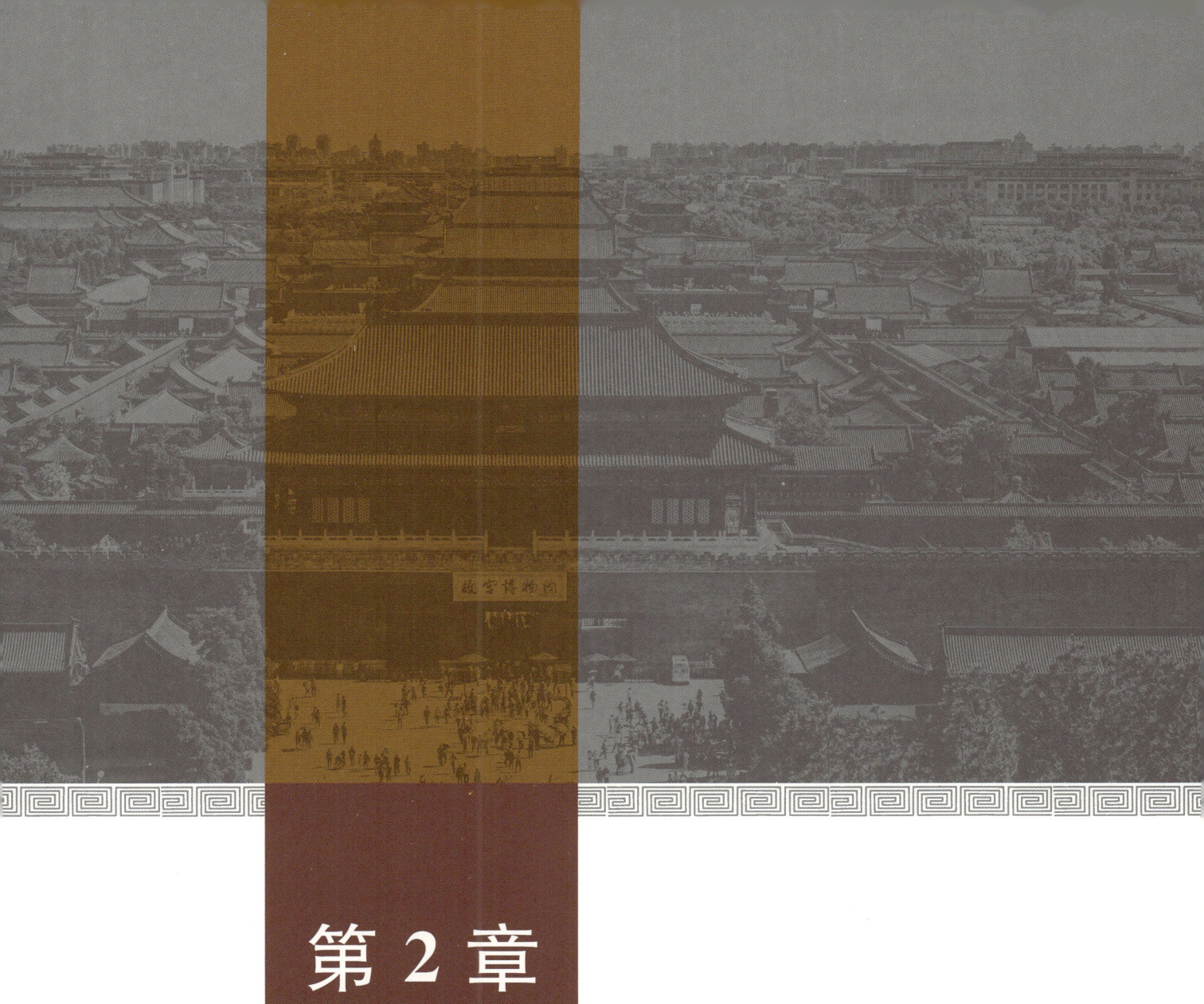

第 2 章

石质文物病害调查

2.1 病害调查方法

石质文物是无法再生的文化遗产,也是宝贵的旅游资源。在长期野外环境和人为因素作用下,不可移动石质文物往往风化比较严重,尤其是石窟造像等大型石质文物的病害更加复杂和多样化。为了延长文物的寿命,需要有针对性地采取保护措施,为此必须事先勘测和了解文物的本体及环境,这就离不开对石质文物的病害进行专业勘测和影响因素分析,为石质文物保护提供基础数据。石质文物病害调查是了解石质文物保存状况,开展抢救性保护或预防性保护的不可缺少的基础工作。

2.1.1 石质文物病害分类和分级

(1) 不可移动石质文物病害分类

参照中华人民共和国文物保护行业标准《石质文物病害分类与图示》(WW/T 0002—2007)《石质文物保护修复方案编写规范》(WW/T 0007—2007)《石质文物保护工程勘察规范》(WW/T 0063—2015),结合浙江省气候环境和石质文物病害情况,从文物保护材料学角度,浙江大学文物保护材料实验室将不可移动石质文物病害分为9大类和22小类。与行业标准稍微不同的是,将渗水溶蚀从表面层风化病害中单独列出,并将水泥修补病害补充为不当修复。具体分类见表2.1.1。

表2.1.1 石质文物病害分类

序号	病害大类	序号	病害类型	说明
1	表面风化 (weathering)	1	表面粉化	岩石表面呈颗粒状脱落的现象
		2	泛盐	可溶盐在岩石表面结晶析出的现象
		3	片状剥落	岩石表面呈片状脱落的现象
		4	孔洞状剥蚀	岩石表面呈凹坑状溶蚀的现象
2	生物病害 (biological damage)	5	植物病害	植物的根系、枝条进入石质文物体内而造成的破坏
		6	微生物病害	微生物滋生对石质文物表面产生的伤害,如"霉变"等
		7	动物病害	虫、鸟、鼠等动物活动对石质文物造成的各种破坏
3	机械损伤 (mechanical damage)	8	断裂	在外力作用下使石质文物分裂成若干块的现象
		9	局部残缺	在外力作用下使石质文物产生的缺损
4	裂隙与空鼓 (cracks and detachment)	10	浅表性裂隙	石质文物表层的裂纹
		11	机械裂隙	石质文物在外力作用下开裂的现象
		12	构造裂隙	石质文物因岩体构造产生的开裂现象
		13	空鼓	石质文物局部脱离主体,但脱离部分的周边仍与主体有连接的现象
5	表面污染与变色 (surface contamination and discoloration)	14	粉尘污染	环境灰土在石质文物表面沉积留下的痕迹
		15	烟熏	被烟火或香火熏污的痕迹
		16	锈黄及色素沉积	铁锈等氧化物或碳化物在石质文物表面留下的色斑
		17	人为污染	因人的活动在石质文物表面留下的污迹,包括书写、刻画、涂抹等

续表

序号	病害大类	序号	病害类型	说明
6	颜料层病害（pigment layer disease）	18	颜料脱落	石刻表面颜料层脱离基底的现象
		19	颜料酥粉	因可溶盐反复结晶使表面颜料层疏松成粉状的现象
7	不当修复（improper repair）	20	水泥等修补	曾经用水泥等不适宜的材料进行修复的遗存
8	渗水溶蚀（water seepage dissolution）	21	溶蚀	因长年流水溶解石质文物表面物质而留下的印迹
9	结构失稳（structural failure）	22	失稳	文物主体结构或其所依存的岩土环境所产生的局部或整体不稳定的现象

（2）石质文物病害程度分级

参照中华人民共和国文物保护行业标准《石质文物保护修复方案编写规范》（WW/T 0007—2007），根据病害对石质文物本体的影响和威胁，将病害严重程度分为5级。

① 濒危：濒危病害是指石质文物若不立即修缮保护，就会毁坏或消失的状态。
② 严重：严重病害是指石质文物病害程度已经威胁到文物结构安全或明显破坏文物原貌。
③ 中度：中度病害是已对文物结构或原貌产生较大影响，但破坏威胁程度还不高。
④ 轻度：轻度病害是指对石质文物结构或原貌影响比较小的病害。
⑤ 完好：完好是指调查时没有病害，因此不在病害统计之列。

2.1.2 石质文物病害勘测模式

根据调查需要或文物体量，将勘测模式分为两类。

① 普查模式：在一般预防性普查，或者石质文物体量较大，数量较多时，采用该法勘测。病害面积使用卷尺或红外测距仪测量记录；当勘测人员不能近距离观测时，可选定合适的参考物，利用红外测距仪粗略测算；同时拍摄文物整体照片和相应病害照片。

② 工程模式：对病害严重、需要实施工程措施的石质文物采用该法。勘测人员必须近距离观察病害，放置标尺拍照，包括整体照和病害照，详细测量、记录和统计病害面积和病害程度数据（包括病害大类和病害类型）。

2.1.3 石质文物病害现场勘测

（1）准备工作

① 查阅相关文献与资料。

了解调查对象的文物价值、地理位置、气候条件、文物数量和体量等基本情况，并与主管单位取得联系，交换意见。

② 调研所需仪器和工具。

包括卷尺、标尺、红外测距仪、温湿度计、聚光手电、取样袋、取样瓶、相机、病害统计表及工作记录板等（图2.1.1）。根据需要还需携带轻便测量仪器，如硬度计、粗糙度仪、回弹仪等。

（2）现场勘测步骤

其步骤如下：

① 岩体取样。寻找掉落的与文物石质相同的石样（需要修补回原位的除外），装入样品袋，做好标记，以做相关岩石检测。

② 选择合适的病害勘测模式（普查模式、工程模式）。

③ 一般两人为一组，一人负责计算测量和拍照，一人负责记录。

④ 首先进行勘察区域的划分和编号排序，例如，绍兴大佛寺千佛殿有 1000 多龛佛像，按中间大佛区和周边 10 个小龛佛区进行统计就很方便。衢州仙岩洞内摩崖题刻按南北摩崖壁面分为两个大区，每个大区再分段标记为南 1 区、南 2 区等，以使记录清晰有序。

⑤ 将温湿度计放置于文物环境中，一段时间后记录温湿度。

⑥ 文保标志牌拍照、文物整体拍照。

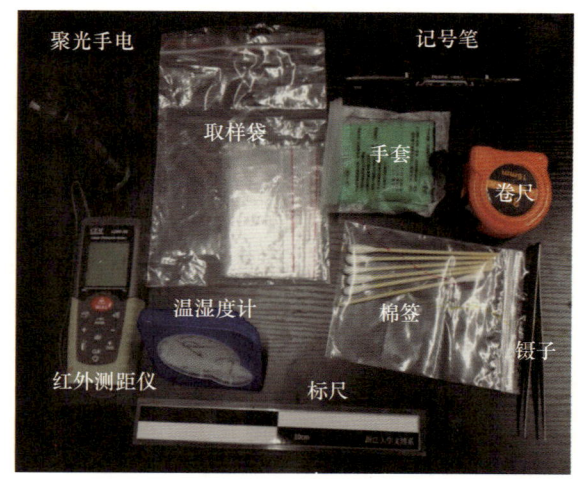

图 2.1.1　不可移动石质文物调研常用工具

⑦ 统一病害种类和严重程度判别标准。根据当地具体情况辨识各类病害和严重程度，使各勘察组大体一致。

⑧ 按顺序开始进行每一区域的调查记录，包括区域拍照和病害拍照，测量记录区域总面积、各种类病害面积、各不同程度病害面积。为方便统计，通常将裂隙等也按长度和影响区宽度折算成面积，拍摄病害照片时应放标尺。通常每一处病害的记录应包含位置、面积、照片号、严重程度、特点等信息。对于涉及结构稳定性或者极度危险的病害需另外标记为濒危状态，单独记录和描述。

⑨ 填写和整理病害统计表。病害统计表一般事先打印好，勘测时填入数据，勘测后立即进行整理，若发现空缺应及时补全。

2.1.4　石质文物病害调查数据处理及报告撰写

（1）数据处理

汇总加和数据，得到统计结果，并按病害面积大小、严重程度排序，绘制表格和作图，最后将数据、图表、照片等打包存档。

（2）报告撰写

包括文物简介、病害数据及图表、整体照片和代表性病害照片等，按一定叙述逻辑展现在报告中。注意通过勘测数据的比较，定量评价文物的健康状况和潜在危险，同时提出保护或管理建议。

2.2　杭州飞来峰青林洞石窟造像病害调查

2017 年 11 月，浙江大学文物保护材料实验室对杭州飞来峰青林洞石窟造像进行了调查。飞来峰造像是元至明朝逐渐开龛制作的精美佛教造像，是杭州西湖世界遗产的重要组成部分。调查工作包括对青林洞区域的地质环境、气象环境、水文环境、石质文物本体病害、岩石物理性能以及岩石表面微生物等进行的多学科联合勘测和分析。

2.2.1　飞来峰青林洞造像概况

青林洞造像保护区位于飞来峰东北端山嘴，是天然形成的岩溶溶洞，洞内外造像共有 23 龛，大小造像 178 尊，编号 FX01～23（表 2.2.1），造龛历史悠久，五代至明朝各时期造像都有，其中最早的造像为入口靠右岩石上的后周广顺元年滕绍宗所造的弥陀、观音、大势至三尊佛像，为公元 951 年所造。五代造像形制小，尚保留晚唐遗风，宋代造像最多，题材多为罗汉、祖师像，规模大小不一，制作稍显粗拙，形象刻板。元代造像最为精美，为宽衣博袖的汉地传统造型，雍容庄重，题材为佛、菩萨和罗汉。

表 2.2.1　青林洞石窟造像文物统计

序号	造像内容	年代	位置	大小
FX01	托塔天王像	明朝	西侧悬崖	—
FX02	西方三圣	五代	—	高 160cm，宽 210cm
FX03	华严三圣	元至元十九年	南口悬崖	高 240cm，宽 400cm
FX04	观世音像浮雕	北宋乾兴元年	南口悬崖	—
FX05	卢舍那佛会浮雕	北宋乾兴元年	南口悬崖	高 146cm，宽 150cm
FX06	释迦佛坐像	北宋	南口悬崖	高 70cm，宽 50cm
FX07	罗汉坐像	北宋	南口东侧悬崖	高 22～28cm，宽 28～40cm
FX08	罗汉坐像	北宋	南口上方悬崖	高 23cm，宽 67cm
FX09	十八罗汉像	北宋	南口西侧	高 52cm，宽 240cm
FX10	西方三圣	五代后周广顺元年	洞内西侧悬崖	高 50cm，残宽 90cm
FX11	坐佛	北宋	洞西侧壁	高 35cm，宽 44cm
FX12	小坐佛	北宋咸平三年	洞西部下垂悬崖	高 35cm，宽 116cm
FX13	罗汉坐像	北宋	洞内南壁	高 35cm，宽 33cm
FX14	罗汉坐像	北宋咸平三至六年	洞东南口西侧壁	高 20～36cm
FX15	阿弥陀佛像	己未建隆元年	洞西侧壁面	高 72cm，残宽 60cm
FX16	西方三圣	北宋	洞东南口西侧壁	高 85cm，残宽 138cm
FX17	十八罗汉像	北宋	洞东南口西侧壁	高 35～55cm
FX18	罗汉坐像	北宋	洞东南口外崖	龛高 26cm
FX19	下生弥勒坐像	北宋	洞东南口东侧	高 67cm，宽 74cm
FX20	罗汉坐像	北宋咸平三至四年	洞东南口东侧壁	高 21～27cm
FX21	罗汉像	北宋	洞东部下垂悬崖	高 21～24cm
FX22	青头观音坐像	北宋	洞顶部东侧悬崖	高 130cm，宽 90cm
FX23	菩萨坐像	北宋	洞顶部悬崖北侧	高 90cm，宽 75cm

青林洞造像区所在山体东西两侧岩壁陡峭，佛龛上覆岩体呈临空状，极端天气时容易发生坍塌，石刻造像区靠近主游览路线，一旦危岩崩塌不仅会损坏重要文物，也严重威胁游客安全。当时，下雨时雨水沿造像所在岩体裂隙渗流，部分呈小股渭流；雨停后几天，在窟内洞顶、洞壁均可见滴水。因此，开展青林洞造像病害及影响因素的勘测调查，对于青林洞造像的预防性保护具有重要意义。

2.2.2　环境调查与分析

（1）地质环境

飞来峰造像区所在山体为碳酸盐岩构成的独立低山丘陵，青林洞主洞口朝东南，纵深约 15m，洞宽 6.1～9.8m，高 1.1～2.5m，洞底高程 43.1～43.5m。整体向 NW（北西）延伸，在 N30°～

40°延伸 10m 处另有 1.8m×1.2m 洞口。

青林洞构造主要表现为节理裂隙的发育，洞区主要发育二组构造裂隙（图 2.2.1）：第①组 N30°～55°W、SW（南西）∠75°～85°或近⊥（垂直）；第②组 N0°～E35°，近⊥。第①组节理较为密集，且裂隙较宽，延伸长，为本区的主导裂隙，是青林洞洞窟顶、洞窟壁的主要渗水裂隙；第②组节理相对稀疏，发育不连续，在地表上裂隙溶蚀宽度 0.1～0.3m 不等。

(a) 地表NW向溶蚀裂隙发育

(b) 岩溶塌陷后形成的半悬空溶洞壁

图 2.2.1　飞来峰青林洞构造大裂隙（2017.11.16）

青林洞区主要为裸露型岩溶地区，洞顶覆盖层主要为黏土及表层腐殖土，充填于洞顶溶蚀裂隙内。经测量，覆盖层渗透系数 K 的范围为 1.4268～43.1750m/d，为强透水性到中等透水性；溶蚀裂隙垂直渗透系数为 0.0022m/d，水平渗透系数为 0.0054m/d，为弱透水性。总体来看，地表覆盖层及近地表溶蚀裂隙（溶洞）渗透系数变化较大，说明溶蚀裂隙内充填物土体密实程度极其不均匀。

石刻造像区崖壁、佛龛岩体表面多发育小的溶孔，孔内雨季渗水，渗水量小；龛底溶蚀裂隙闭合段多充填较厚的泥质胶结物，充填物内往往含水。岩体和裂隙充填物的溶出物质在水流的搬运和水作用下，沿裂隙或在佛龛岩体表面产生侵染，在佛像或龛面产生溶蚀或钙华沉积。

（2）气象环境

气象环境要素包括造像区周边的温度、湿度、光照、紫外线照度、二氧化碳、二氧化硫、二氧化氮等，这些因素对石灰岩石刻造像的保存有着重要影响，是研究岩石劣化原因的主要基础数据。本工作对青林洞造像区全年四季分别进行了检测，包括：光度计、紫外线辐照计、温湿度计、二氧化碳检测仪、二氧化氮检测仪、二氧化硫检测仪等。所得飞来峰造像青林洞区域基本环境数据见表 2.2.2。

表 2.2.2　飞来峰造像青林洞区域基本环境数据实地测量结果

测量时间	第一季度 2016.03.21	第二季度 2016.05.12	第三季度 2016.10.18	第四季度 2016.11.29	平均值
天气状况	阴	晴	阴	阴	—
温度（℃）	7.5	25.2	22.7	14.8	17.6
湿度（%）	50.8	64.2	70.1	73.6	64.7
光照度（lx）	1362	27450	1476	1325	7903.3
紫外线辐照度（μw/cm²）	21.9	197.3	23.7	15.7	64.6

续表

测量时间	第一季度 2016.03.21	第二季度 2016.05.12	第三季度 2016.10.18	第四季度 2016.11.29	平均值
二氧化硫（mg/m³）	0.01	0	0	0.02	0.0
二氧化碳（ppm）	452	424	212	313	350.3
二氧化氮（mg/m³）	0.04	0.04	0.04	0.06	0.0
降雨酸度 pH	5.2	5.9	5.7	5.1	5.5

飞来峰青林洞地处亚热带季风区，气候温和，雨量充沛，四季分明。冬夏季风交替显著，气温适中，日照较多，空气湿润。日平均气温为17.6℃。平均日照数1800～2000h/y，平均相对湿度64.7%，平均蒸发量1200～1400mm。冬季盛行偏北风，夏季多为东南风，平均风速为2.6m/s，最大风速28m/s。平均降水量900～1600mm，平均降雨130～170d。造像区第二和第三季度温度和湿度相对较高；空气中二氧化硫、二氧化碳和二氧化氮含量受杭州城市空气影响稍有波动；降雨酸度基本维持在pH＝5.0～6.0，稍偏酸性。

（3）水文环境

青林洞造像区位于飞来峰东北侧山脚，以莲花峰和屏莲峰一线为地表水的分水岭。保护区内各泉眼点及出水点的水质化学分析结果表明水化学类型为分解类碳酸钙型，无腐蚀。总体上，青林洞佛龛区主要以大气降水形式补给，降水多沿地表溶洞、溶槽向冷泉溪排泄，部分大气降水经覆盖层垂直入渗和溶蚀裂隙渗入，在梅灵溪、冷泉溪一带，以下降泉的形式出露。

青林洞区域地表水系包括青林洞北侧冷泉溪和东侧梅灵溪，两条溪流在灵隐寺景点入口处汇合，两条溪流雨季流水量颇丰，旱季水量大大减少，干旱季节溪内出现断水现象。地下水位高程基本与东侧梅灵溪溪流水位相当，一般在40.5～43.2m，地下水类型主要为松散岩类孔隙潜水与岩溶裂隙水：孔隙水主要赋存于第四系松散堆积层中，以接受大气降水补给为主；岩溶裂隙水主要赋存于灰岩节理裂隙中，保护区溶蚀裂隙发育构成了岩溶裂隙水的含水网络通道，在岩体破碎、岩溶发育带形成含水带，这些暂时稳定的含水带具有波动性地下水水位。

2.2.3 文物本体病害勘测调查

浙江大学文物保护材料实验室对飞来峰青林洞内造像区文物本体病害勘测总面积约170m²，勘测现场如图2.2.2所示，勘测结果见表2.2.3及图2.2.3、图2.2.4。

(a)

(b)

图 2.2.2 在青林洞内造像区进行本体病害勘测（2017.11.17）

表 2.2.3 青林洞区域石质文物本体病害面积统计表（2017.11.19）

病害类型及严重程度	严重病害面积（m²）	中等病害面积（m²）	轻度病害面积（m²）	合计（m²）	病害占比（%）
表面生物腐蚀	—	0.35	2.51	2.88	2.9
表面层风化	1.61	26.79	0.02	28.42	28.4
节理裂隙	0.80	2.34	—	3.15	3.1
表面沉积与变色污染	—	—	1.99	1.99	2.0
不当保护修护	—	2.36	0.02	2.38	2.4
渗水溶蚀	37.31	22.87	1.08	61.26	61.2
合计	39.72	54.62	5.62	100.08	100

注：—表示极少。

统计结果显示（图 2.2.3 和图 2.2.4），青林洞区域石质文物本体病害中，渗水溶蚀病害面积最大（图 2.2.5），约 61.3m²，占病害总面积的 61.2%，为青林洞造像石质文物的第一大病害；表面层风化面积约 28.4m²，占病害总面积的 28.4%，是青林洞造像区的第二大病害。这两种病害面积远远超出其余病害面积。人为不当保护修复、裂隙与空鼓、表面生物腐蚀等病害也有存在。按照病害严重程度划分，在严重病害中，面积最大的是渗水溶蚀，其次是表面层风化；中等病害以表面层风化与渗水溶蚀为主，两者约占中等程度病害面积的 90%。轻度病害主要是表面生物腐蚀与表面沉积污染，下面按病害类型分述。

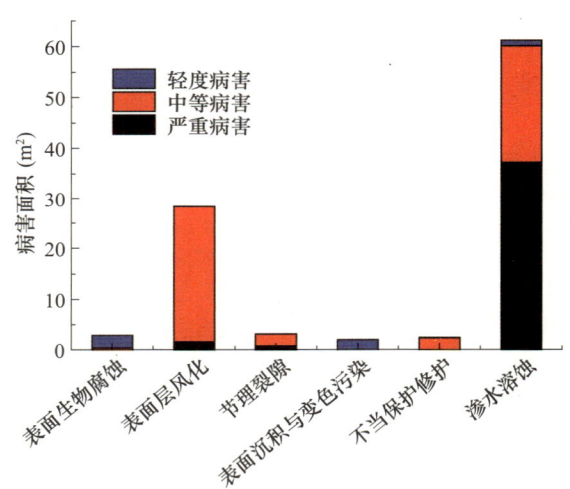

图 2.2.3 青林洞区域石质文物本体病害面积统计图（2017.11.19）

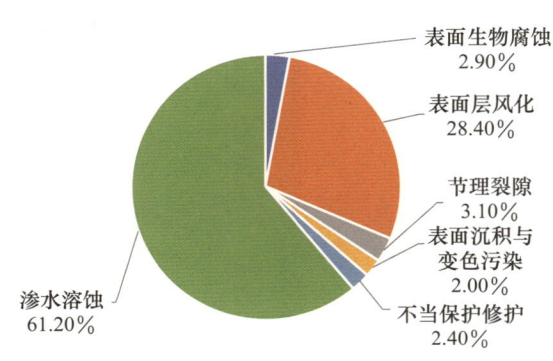

(a) 各类型病害面积比例

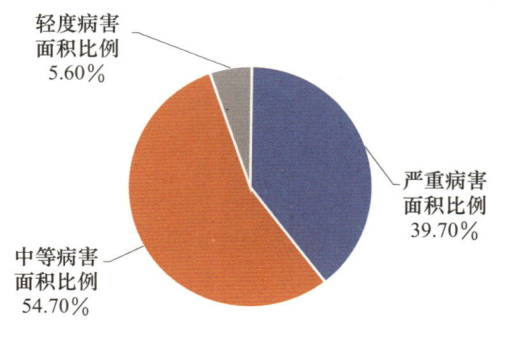

(b) 各程度病害面积比例

图 2.2.4 青林洞区域石质文物本体病害面积比例（2017.11.19）

(a) 洞口位置　　　　　　　　　　　　　　(b) 第86龛造像

图 2.2.5　青林洞渗水溶蚀病害（2017.11.17）

(1) 渗水溶蚀

渗水溶蚀病害主要表现为造像及佛龛表面潮湿、水沿裂隙滴挂，侵蚀造像本体或钙华沉积。渗水溶蚀病害中严重病害面积约 37.31m²，分布广泛。

(2) 表面层风化

岩石碳酸钙的溶蚀通常会造成文物表面的"粉化"现象，即岩体表面呈现薄膜般的粉末状。青林洞内表面层风化（图 2.2.6）是仅次于渗水溶蚀的病害类型。其中严重病害面积约 1.6m²。

(a) 第92龛左侧表面片状剥落　　　　　　　　(b) 第89龛表面粉化

图 2.2.6　青林洞内的表面层风化（2017.11.17）

(3) 节理裂隙

青林洞佛龛造像岩体节理裂隙（图 2.2.7）发育，既有大的节理裂隙，也有密集的细小方解石脉溶蚀张开，严重破坏佛像的完整和美观。青林洞内各类裂隙按面积算约有 3.145m²，为青林洞石质文物的第三大病害，其中严重病害面积约 0.8m²。

(4) 表面生物腐蚀

勘测发现青林洞区域表面生物腐蚀（图 2.2.8）主要发生在 FX01、FX03、FX06、FX07、FX08、FX15、FX16、FX17、FX22、FX23 佛龛表面，总面积约 2.87m²，占总病害面积的 2.9%。

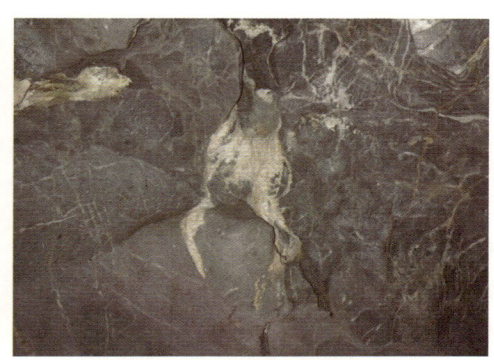

(a) 连接处洞顶壁裂隙　　　　　　　　　(b) 第91龛构造裂隙

图 2.2.7　青林洞内的节理裂隙（2017.11.17）

(a) 洞外左侧大佛微生物污染　　　　　　(b) 第89龛佛身遍布微生物

图 2.2.8　青林洞表面生物腐蚀病害（2017.11.17）

（5）不当保护修护

飞来峰青林洞于 2017 年 8 月开始进行以裂隙灌浆为主的加固工程，勘测时发现部分顶部灌浆的浆料沿裂隙渗透到青林洞内产生不当保护修复病害（图 2.2.9），其面积约 2.38m²，占总病害面积的 2.4%，主要在洞窟内北边，两面墙夹缝处（当时已向主管部门报告，并得到及时整改）。另外在 86 龛左侧，发现白色胶状物。

(a) 洞内北侧壁水泥流漏痕迹　　　　　　(b) 第86龛左上方白色胶状物

图 2.2.9　青林洞内的不当保护修复病害（2017.11.17）

（6）表面沉积与变色污染

青林洞内表面沉积与变色污染（图 2.2.10）病害主要表现为渗水及岩溶作用下形成的钙华或

钙华与泥质胶结物在岩石表面的沉积。外观颜色多为乳白色或灰白色，部分因褐铁矿的浸染产生褐黄色，一般分布在渗水裂隙下方，质硬，致密，具薄层壳状，厚度0.2～5cm不等，不易剥落，对文物外观影响较大。青林洞表面沉积与变色污染面积约$2m^2$，占总病害面积的2%。

(a) 第88龛水锈结壳

(b) 第89龛佛像底部水锈结壳

图2.2.10 表面沉积与变色污染（2017.11.17）

（7）危岩体

青林洞区域为岩溶塌陷区，造像所附岩体受构造节理及风化卸荷裂隙的控制，使岩体多被切割成块状分离体，节理裂隙相互交错在佛龛区内形成局部危岩体。通过对佛龛区及周边边坡工程地质测绘发现，山体东侧崖壁有17处危岩体，西侧崖壁发育16处危岩体，以及山体顶部1处危岩体。由于危岩体属结构失稳性病害，未计入石质文物本体病害中。

2.2.4 调查小结

勘测调查结果表明，飞来峰青林洞区域存在43处危岩体，存在结构失稳性病害。通过文物本体病害勘测发现，该区域石质文物本体第一大病害为渗水溶蚀，约占总病害面积的61.21%；第二大病害为表面层风化，约占总病害面积的28.4%；第三和第四大病害分别为节理裂隙和表面生物腐蚀，分别占总病害面积的3.1%和2.9%，其他占4.39%。

青林洞区域岩石劣化的影响因素主要有以下几方面：

① 飞来峰青林洞区域地质为碳酸盐岩构成的低山丘陵裸露型灰岩，其岩石本身化学稳定性较差，容易受到酸性气体和酸雨的侵蚀。

② 青林洞地处亚热带季风区，气候温和，雨量充沛，日照较多，空气湿润。空气中二氧化碳、二氧化硫和二氧化氮含量受杭州城市空气影响较大，其中二氧化碳含量较高，年均值为$350.3×10^{-6}$；降雨酸度基本维持在pH为5.0～6.0，偏酸性，这是青林洞区域石质文物病害的重要外部原因。

③ 青林洞区域岩体构造节理裂隙发育。石刻造像保护区崖壁、佛龛岩体多发育小的溶孔，裂隙内充填成分为黏性土、方解石、钙华、风化铁质矿物及其胶结物等，充沛的雨水通过节理裂隙和溶孔向洞窟内渗漏，造像区内的高度潮湿使岩壁常常覆盖一层水膜，因此渗水溶蚀和表面层风化必然成为该区域石质文物的主要病害，节理裂隙和钙华沉积也必然存在。

④ 环境和气候条件都很适合生物生长。青林洞区域暴露在阳光下的微生物类型主要以光能自养微生物为主，洞穴环境条件下主要以放线菌为主。"白斑"病害主要是微生物通过菌丝分泌有机酸腐蚀岩石，随后菌丝螯合释放钙离子，生成次生碳酸钙矿物。

2.3 杭州市石窟寺及石刻类文物保存状况调查

杭州地区不可移动石质文物具体状况如何？存在哪些区域性普遍问题？一直以来没有比较全面的勘测报道。受浙江省文物局委托，浙江大学文物保护材料实验室和浙江省文物考古研究所文保室从 2017 年 3 月开始，对杭州市 12 处已列入全国重点文物保护单位（简称国保）和全省重点文物保护单位（简称省保）的石窟寺及石刻类文物（简称石质文物）进行了病害调查和统计。

2.3.1 杭州市石窟寺及石刻类文物概况

2017 年，在杭州市范围内的石窟寺及石刻类文物中，国保有：南山造像、龙兴寺经幢、宝成寺麻曷葛剌造像、梵天寺经幢、飞来峰造像，共 5 处；省保有：塘栖乾隆御碑、海云洞摩崖题记、杭州碑林、通玄观造像、浙江体育会摩崖题记、司马光家人卦摩崖刻石、大麦岭摩崖题记，共 7 处。这 12 处石质文物的位置分布如图 2.3.1 所示。其中，上城区 6 处、余杭区 3 处、西湖区 2 处、下城区 1 处。

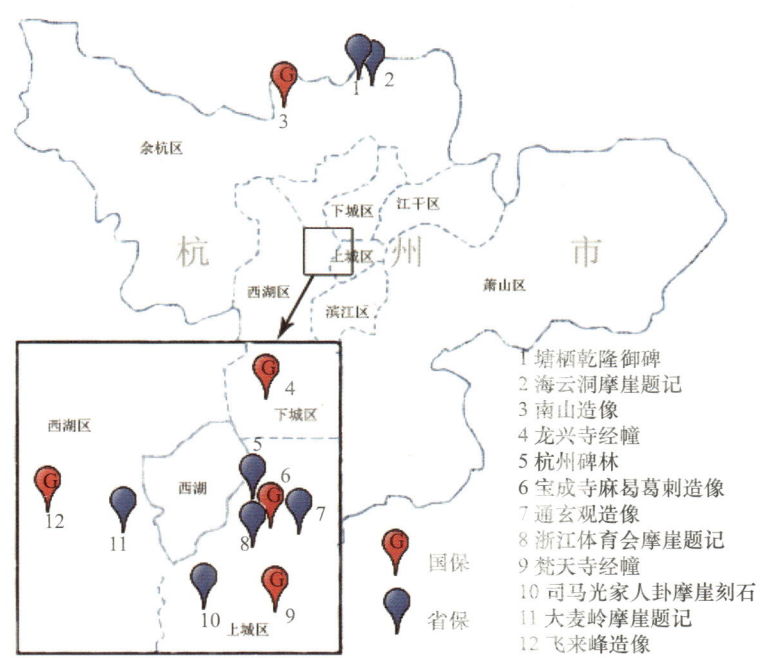

图 2.3.1 杭州市石窟寺及石刻类文物位置分布（国保和省保）

按石质文物类型，这 12 处中有石刻题记 4 处、石窟造像 4 处、石经幢 2 处、石碑刻 2 处。这些是杭州地区古代石刻和石雕艺术的杰作，是了解研究杭州不同时代政治、经济、艺术、民俗、文化传播等的十分珍贵的实物证据。12 处石质文物的始建刻凿时代、数量和石质信息见表 2.3.1。

表 2.3.1 杭州市石窟寺及石刻类文物（国保和省保）资料

序号	名称	时代	地址	数量	石质
1	塘栖乾隆御碑	明、清	杭州市余杭区塘栖镇水北街	1 块	泥岩
2	海云洞摩崖题记	宋至民国	杭州市余杭区塘栖镇泰山村	20 处	石灰岩
3	南山造像	元	杭州市余杭区瓶窑镇南山东南石壁	13 尊	凝灰岩

续表

序号	名称	时代	地址	数量	石质
4	龙兴寺经幢	唐	杭州市下城区	单幢	石灰岩+花岗岩+砂岩
5	杭州碑林	五代至清	杭州市劳动路杭州孔庙	500余块	材质不一
6	宝成寺麻曷葛剌造像	元	杭州市上城区吴山瑞石山东麓	3龛	石灰岩
7	通玄观造像	南宋	杭州市吴山七宝山东南麓	17处	石灰岩为主
8	浙江体育会摩崖题记	民国	杭州市吴山云居山	1处	石灰岩
9	梵天寺经幢	五代	杭州市上城区	双幢	石灰岩
10	司马光家人卦摩崖刻石	宋	杭州市南屏山西麓"小有天园"山腰	1处	石灰岩
11	大麦岭摩崖题记	宋	杭州市三台山路大麦岭东麓	1处	石灰岩
12	飞来峰造像	五代至元	杭州市西湖区灵隐寺前	99龛	石灰岩

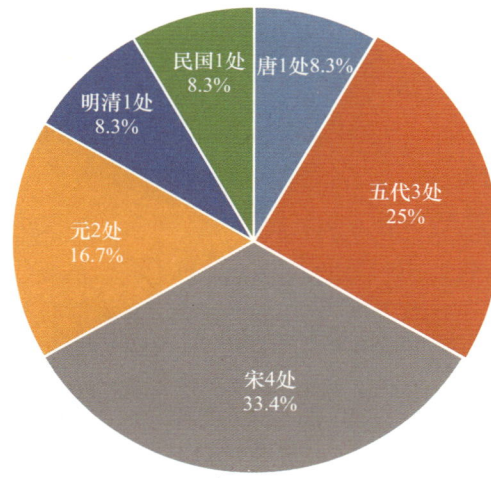

图 2.3.2　杭州市石窟寺及石刻类文物始建刻凿年代占比

从始建刻凿时代看（图 2.3.2），杭州市现存石窟寺及石刻类文物主要为唐至元代的遗存。从石料看，这些石刻、题记、造像多为石灰岩材质，这种以方解石为主要成分的碳酸盐类岩石有良好的加工性能，石材矿源在杭州地区广泛分布，只有通玄观造像与杭州碑林碑刻的材质种类较杂。

这次调查的统计范围涵盖了杭州市已列入国保和省保的 12 处石窟寺及石刻类文物，其中 10 处采用了全面统计方法，即统计了该处石质文物的全部病害情况；2 处（杭州碑林和飞来峰造像）采用的是代表性统计方法，即只统计了该处石质文物最具代表性的具有统计意义的部分区域。杭州碑林是在现存 500 余块碑刻中抽取其中 100 余块有典型病害的碑刻进行统计；飞来峰造像以青林洞区域（该区域内有 23 龛造像）为代表。

2.3.2　调查统计结果与分析

（1）杭州市石窟寺及石刻类文物病害统计结果

从 2017 年 3 月开始，经过调查组 10 多次赴现场调查，完成了杭州市石窟寺及石刻类病害的测量统计工作（图 2.3.3）。

对杭州市的 12 处国保和省保石质文物，按 8 类病害（结构失稳作为濒危病害单独报告）进行统计的结果见表 2.3.2。表中，各种病害全部折合成面积［平方分米（dm^2）统计］，包括裂隙［（宽度+影响区）×长度］。各类病害占总病害面积的比例如图 2.3.4 所示。12 处石质文物病害程度统计结果见表 2.3.3。杭州市石窟寺及石刻类文物各类不同程度病害总面积比例如图 2.3.5 所示。

图 2.3.3　在杭州市余杭区南山造像调查（2017.03.17）

表 2.3.2　杭州市石窟寺及石刻类文物病害统计数据（2017.11.25）　　　　　　　　　　　　　　dm²

文物点病害类别	表面生物病害	机械损伤	表面层风化	裂隙② 与空鼓	表面污染与变色	不当保护修护	彩画石刻表面颜料病害	渗水溶蚀	共计
梵天寺经幢	159.7	753.3	231.2	2.4	590	—	—	—	1736.6
宝成寺麻曷葛剌造像	30.2	1.5	50	2.6	69	—	2	150	305.3
飞来峰造像	287.6	—	2841.8	314.5	199.1	238	—	6126.2	10007.2
龙兴寺经幢	—	37.5	48	210.6	—	—	—	—	296.1
南山造像	39.3	39.3	7.9	13.5	106	—	—	1207	1413
大麦岭摩崖题记	—	—	468.3	—	—	—	—	—	468.3
司马光家人卦摩崖刻石	76	7.3	4	13.8	—	—	—	28	129.1
海云洞摩崖题记	365.5	—	248	64	184	32	—	791	1684.5
浙江体育会摩崖题记	57.5	—	—	12.3	—	—	—	12	81.8
塘栖乾隆御碑	—	—	547.7	—	—	—	—	—	547.7
杭州碑林（部分）	—	75.9	1742.8	18.6	—	221.4	—	—	2058.7
通玄观造像	—	77.8	592.5	57.7	4	—	—	—	732.0
总面积	1015.8	992.6	6782.2	710	1152.1	491.4	2	8314.2	19460.3
总占比（%）	5.22	5.10	34.85	3.65	5.92	2.53	0.01	42.72	100

注：1. 表示病害面积很小；
2. ②各种病害全部折合成面积统计。

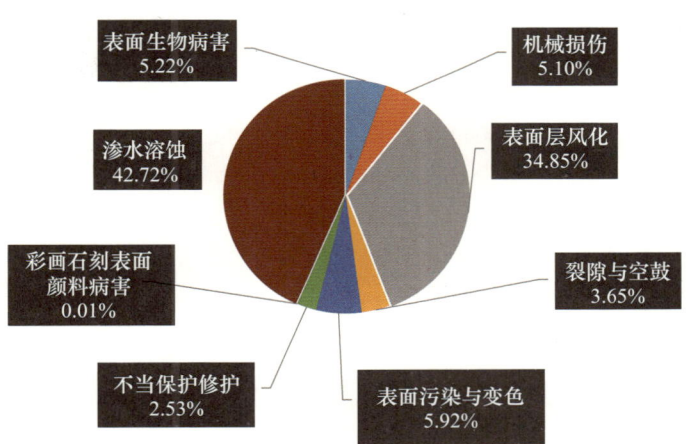

图 2.3.4　杭州市石窟寺及石刻类文物各病害类型比例

表 2.3.3　杭州市石窟寺及石刻类文物病害程度统计表（2017.11.25）

文物点病害程度	严重病害 面积（dm²）	严重病害 占比（%）	中度病害 面积（dm²）	中度病害 占比（%）	轻度病害 面积（dm²）	轻度病害 占比（%）	共计（dm²）
梵天寺经幢	1279.1	73.66	382.2	22	75.3	4.33	1736.6
宝成寺麻曷葛剌造像	251.7	82.44	50.5	16.54	3.1	1.02	305.3
飞来峰造像	3972.2	39.69	5472.3	54.68	562.6	5.62	10007.2
龙兴寺经幢	37.5	12.65	210.6	71.14	48	16.21	296.1
南山造像	812	57.47	583.6	41.30	17.4	1.19	1413

续表

文物点病害程度	严重病害		中度病害		轻度病害		共计（dm²）
	面积（dm²）	占比（%）	面积（dm²）	占比（%）	面积（dm²）	占比（%）	
大麦岭摩崖题记	468.3	100	—	—	—	—	468.3
司马光家人卦摩崖刻石	30.4	23.55	42.0	32.53	56.7	43.92	129.1
海云洞摩崖题记	570	33.84	545	32.35	569.5	33.81	1684.5
浙江体育会摩崖题记	—	—	40.0	48.90	41.8	51.10	81.8
塘栖乾隆御碑	—	—	547.7	100	—	—	547.7
杭州碑林	1443.6	70.12	595.3	28.96	19.8	0.96	2058.7
通玄观造像	566.2	77.35	52.9	7.23	112.9	15.42	732
总面积	9439.9		8522.1		1498.2		

注：—表示病害面积很小。

(2) 杭州市石窟寺及石刻类文物保存现状

本次调查发现，杭州市省保和国保的 12 处石质文物，共有病害面积 19460.3dm²。其中，渗水溶蚀 8314.2dm²，占总病害面积的 42.73%，为第一大病害；表面层风化 6782.2dm²，占总病害面积的 34.85%，为第二大病害；其他，表面污染与变色、表面生物病害、机械损伤分别为 1152.1dm²、1015.8dm²、992.6dm²，三者各占总病害面积的 5%左右；裂隙与空鼓和不当保护修护分别占总病害面积的 3.65%和 2.53%；彩画石刻表面颜料病害面积约 2dm²，尽管数量较少但危害不可低估。

从保护措施看，除南山造像、梵天寺经幢、飞来峰造像、浙江体育会摩崖题记 4 处石质文物由于体量较大难以加盖保护建筑外，其余 8 处均修建有遮蔽保护等设施。从文物本体修缮情况看，当时还未进行过修缮的有大麦岭摩崖题记、通玄观造像、浙江体育会摩崖题记、司马光家人卦摩崖刻石、宝成寺麻曷葛剌造像等。飞来峰造像当时正在进行危岩加固和防渗工程。

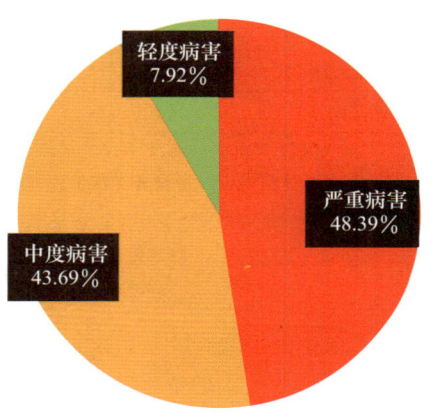

图 2.3.5 杭州市石窟寺及石刻类文物不同程度病害总面积比例

从石质文物的病害程度看，本次统计中严重病害面积共有 9439.9dm²，占病害总面积的 48.39%，中度病害 8522.1dm²，约占 43.69%。严重病害与中等程度病害面积占比大，分布较广，一般不易处理，应加强监测管理。

根据杭州市 12 处石质文物不同程度病害的比例（图 2.3.6），有 6 处严重病害面积大于该处总病害面积的 50%。其中，大麦岭摩崖题记和通玄观造像病害程度最为严重。这两处文物以表面风化病害为主，造像以及题记已面貌全非，无法辨认，尤其是大麦岭摩崖题记，整个题记现今仅存"麦岭"题记。宝成寺麻曷葛剌造像、梵天寺经幢、南山造像、杭州碑林四处虽然严重病害面积较大，但仍留存有许多重要的文物信息，病害发展可以控制。宝成寺麻曷葛剌造像病害主要为渗水溶蚀、积灰污染及颜料脱落病害；南山造像主要病害为渗水溶蚀以及表面层风化；梵天寺经幢主要病害是机械损伤以及表面污染与变色；杭州碑林虽然也存在大量的断裂、风化问题，但各石碑已经进行过一系列的保护修复，相对于其他露天石质文物，碑林保存环境较好。

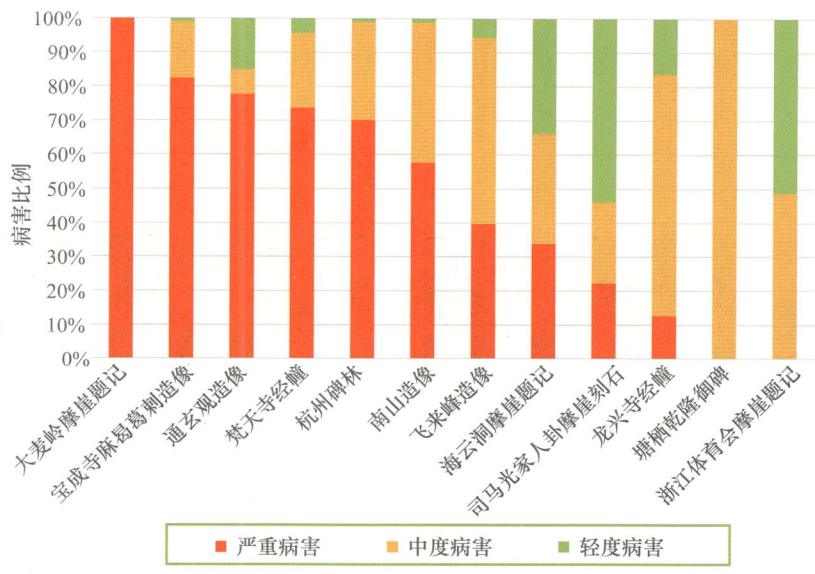

图 2.3.6　杭州市石窟寺及石刻类文物不同程度病害比例

（3）典型病害分析

① 渗水溶蚀

渗水溶蚀是指石质文物表面受到雨水、渗水、毛细水等各种因素影响发生的溶解腐蚀现象。由表 2.3.2 数据可知，渗水溶蚀占总病害面积的 42.73%，为杭州市区域内石质文物的第一大病害。江浙地区由于环境潮湿、降雨量高，许多野外石质文物长期受到雨水冲刷或渗水溶蚀，尤其是摩崖造像和题刻受山坡或裂隙流水影响很大。一些碑刻也曾长期露天放置，导致石碑上有被雨水冲刷溶蚀的痕迹。例如，飞来峰造像青林洞第 86 龛典型渗水溶蚀病害情况如图 2.3.7 所示。

② 表面层风化

地质学上将由于长期的风吹日晒、雨水冲刷、生物破坏等多种作用，使岩石等受到破坏或发生变化的过程称为风化。本工作将石质文物表面出现的表面粉化、表层片状或鳞片状剥落、盐碱结晶酥化、孔洞状剥蚀等各种表面劣化状况统称为表面层风化。由表 2.3.2 数据可知，表面层风化占总病害面积的 34.85%，为杭州市区域内石质文物的第二大病害。其中表面粉化和表面片状剥落在野外经幢、题刻和造像上都能见到，例如南山造像（图 2.3.8）、大麦岭摩崖题记、梵天寺经幢等文保点。盐碱结晶酥化在宝成寺造像、飞来峰造像、南山造像、海云洞造像等文保点都不同程度存在。

图 2.3.7　飞来峰造像青林洞第 86 龛典型渗水溶蚀病害（2017.11.17）

图 2.3.8　南山造像第 2 龛佛像表面层风化病害（2017.03.17）

③ 表面污染与变色病害

表面污染与变色病害是指文物表面因积灰、烟熏、水锈结壳和人为污染导致石质文物表面变色的现象（图 2.3.9）。由表 2.3.2 数据，表面污染与变色占总病害面积的 5.92%，为杭州市区域内石质文物的第三大病害。其中，最常见的是水锈结壳，积灰现象也比较常见，人为污染面积相对较小。另外，部分碑刻存在拓片墨迹。

(a) 通玄观造像1龛水锈结壳（2017.05.18）　　(b) 宝成寺麻曷葛剌造像积灰（2017.03.21）

图 2.3.9　典型表面污染与变色病害

④ 表面生物病害

表面生物病害是指石质文物表面由于动植物及微生物的生长、繁殖、代谢而形成的污染、腐蚀或破坏岩石本体材料的病害。由表 2.3.2 数据可知，表面生物病害占总病害面积的 5.22%，为杭州市区域内石质文物的第四大病害。其中，微生物病害比较常见，尤其是在石窟造像、摩崖题记和露天经幢表面。例如，飞来峰造像的青林洞区域以及海云洞摩崖题记等文保点，表面生物病害面积较大。碑刻类石质文物微生物病害相对较少。图 2.3.10 为体育会摩崖题记上典型的表面生物病害。

⑤ 机械损伤

其机械损伤是指受外力作用，使石质文物本体产生断裂、局部缺失的现象。由表 2.3.2 数据可知，机械损伤占总病害面积的 5.1%，为杭州市区域内石质文物的第五大病害。在杭州市 12 处石质文物中，梵天寺经幢的机械损伤病害最多，杭州碑林也有部分碑刻断裂缺失（图 2.3.11）。

图 2.3.10　典型表面生物病害　　　　　　　图 2.3.11　典型机械损伤
——体育会摩崖题记（2017.05.18）　　　　——梵天寺经幢腰檐缺失（2017.03.21）

⑥ 裂隙与空鼓和不当保护修护

这两类病害与前五类病害相比面积较小，分别占总病害面积的 3.65% 和 2.55%。岩体裂隙与空鼓是威胁石质文物结构安全的重要病变，此次调查发现摩崖造像和题记主要是构造裂隙，碑刻大多是浅表性裂隙。对于这类病害需要持续监测以察觉变化，及时发现潜在问题。不当保护修护在几处修复过的石质文物上都可见到，大多为文物断裂缺失后曾使用水泥修补过，另外也发现有少量化学保护后遗留的副作用问题。

⑦ 彩画石刻表面颜料病害

这种病害是指即将掉落或已产生酥碱的残留彩绘层。该病害从统计数据看仅占总病害面积的 0.01%。目前，杭州地区古代石刻造像表面还保留颜料层的极少，绝大多数颜料层都已完全脱落，还能看到彩绘的仅剩宝成寺麻曷葛剌造像的局部位置。该造像还残留有彩绘面积约 476.6dm^2，表面颜料病害主要位于佛像头部（图 2.3.12）。彩绘脱落病害主要位于佛像背光处，约 80dm^2。彩绘是石质文物的重要组成部分，最容易受到渗水、潮湿、积灰和生物的破坏，建议尽早采取加固保护措施。

(a) 起甲

(b) 颜料层脱落

图 2.3.12　宝成寺麻曷葛剌造像典型彩绘病害（2017.03.21）

2.3.3　调查小结

调查小结如下：

① 通过对杭州市 12 处已列入全国重点文物保护单位和全省重点文物保护单位的石窟寺及石刻类文物进行病害调查和统计，共发现病害面积 19460.3dm^2，其中严重病害占 48.4%，中度病害占 43.7%。这是首次对杭州市全市范围不可移动石质文物进行的调查统计。

② 由于杭州地区潮湿多雨，石窟寺及石刻类文物的渗水溶蚀病害最为严重，占病害总面积的 42.7%，主要存在于渗水崖壁以及洞窟内部。其次，表面层风化病害也很严重，占病害总面积的 34.9%，表现形式以粉化、剥落为主，散布于石窟造像各处。其他，如生物腐蚀、机械损伤、表面污染与变色也都存在，尽管这几类病害面积相对较小，但对文物的外观有重要影响。另外，裂隙与空鼓、不当保护修复，表面颜料脱落等病害也局部存在。

③ 在调查的这 12 处国保和省保石质文物中，目前保存状况相对较差的是大麦岭摩崖题记以及通玄观造像。总体看，由于环境因素的影响，杭州市石质文物仍在持续风化中，特别是渗水溶蚀、裂隙与空鼓发育等病害还在发展。应对措施：除了加强日常管理、巡视和维护工作外，还应当定

期进行病害调查，监测病害发展速度，在"最小干预"原则下及时进行维修保护，以预防严重破坏性病害发生。

2.4 浙江省石窟寺及石刻类文物健康评估调研

2.4.1 调研内容与范围

为全面掌握浙江省石窟寺及石刻类文物的健康状况和病害情况，及时采取有效措施排除安全隐患，科学规划全省石质文物保护工作，受浙江省文物局委托，浙江省文物考古研究所和浙江大学文物保护材料实验室从 2017 年 3 月开始联合开展了对全省石窟寺及石刻类文物健康状况的调研评估工作（图 2.4.1）。调研对象为当时已列入国保和省保的石窟寺及石刻类文物，共计 54 处，其中国保 15 处，省保 39 处，其位置分布如图 2.4.2 所示，始建刻凿时代分布如图 2.4.3 所示。

图 2.4.1 调查人员在台州纪恩施摩崖题刻调查（2017.06.16）

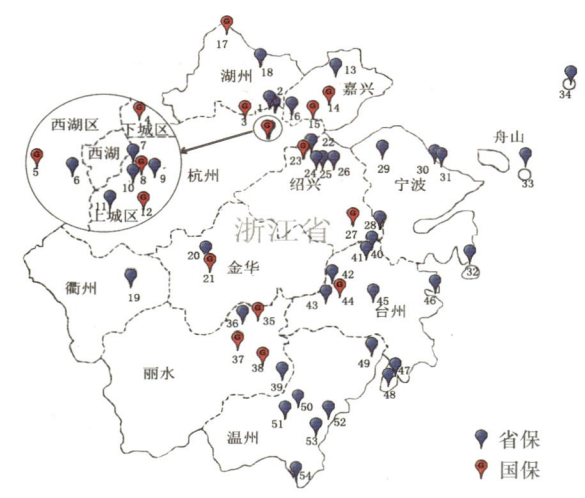

图 2.4.2 浙江省 54 处国保和省保石窟寺及石刻类文物位置分布图

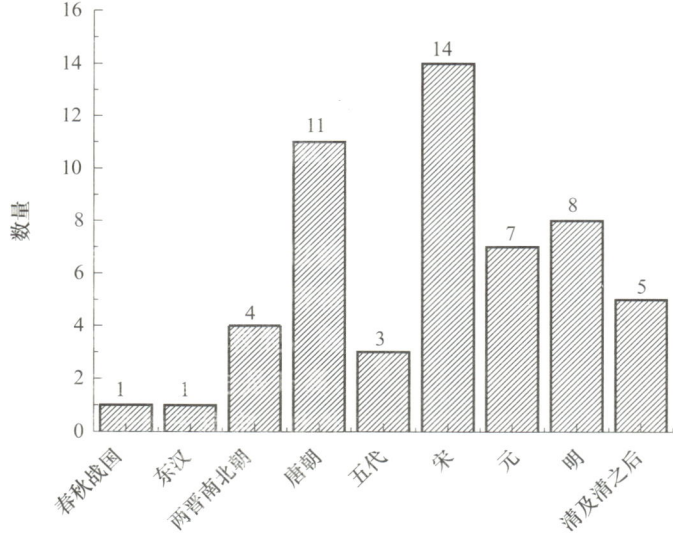

图 2.4.3 浙江省 54 处国保和省保石窟寺及石刻类文物始建刻凿时代分布

在浙江大学文物保护材料实验室野外石质文物调研和保护技术研究工作的基础上,针对浙江省石质文物病害和环境情况,首先规范了调查方法,以使石质文物病害勘测更加方便、数据统计更加规范,具体见 2.3.2 和 2.3.3 两小节。

2.4.2 调研结果

联合调查组经过 12 个月、数十次实地调研,完成了全省 54 处国保和省保石窟寺及石刻类文物的勘测评估工作,各文保点具体病害统计见表 2.4.1。

表 2.4.1 浙江省石窟寺及石刻类文物病害总体情况统计表(2018.02.22) dm²

区域	排序	名称	病害种类	严重病害面积	中度病害面积	轻度病害面积	病害总面积	统计面积	整体评估
杭州	1	塘栖乾隆御碑与水利通判厅遗址	1	0	547.7	0	547.7	1200	轻度
	2	海云洞摩崖题记	6	570	721	393.5	1684.5	6740	轻度
	3	南山造像	4	812	552.6	48.4	1412.9	8072	中度
	4	龙兴寺经幢	3	37.2	210.6	48.3	296.1	1646.5	轻度
	5	飞来峰造像	6	3972.2	5472.3	562.6	10007.1	23107	中度
	6	大麦岭摩崖题记	1	468.3	0	0	468.3	483.3	严重
	7	杭州碑林	2	1443.6	595.3	19.8	2058.6	31895.3	轻度
	8	宝成寺麻曷葛剌造像	6	251.7	50.5	3.1	305.3	1068	严重
	9	通玄观造像	4	566.2	52.9	112.9	732.0	1719.8	严重
	10	浙江体育会摩崖题记	3	0	41.8	40	81.8	478	轻度
	11	司马光家人卦摩崖刻石	6	39.3	42	94.8	176.1	2040	轻度
	12	梵天寺经幢	5	1279.1	382.2	75.3	1736.5	4728	轻度
嘉兴	13	西水驿碑	4	0	119.5	14	133.5	360	轻度
	14	惠力寺经幢	5	733	323.5	72	1128.5	2400	中度
	15	安国寺经幢	5	560	835	322	1717	1960	轻度
	16	许村奉宪严禁盐枭扳害碑	4	27	45	0	72	361	中度
湖州	17	顾渚贡茶院遗址及摩崖	6	500.5	219.1	61	780.6	665	中度
	18	道场山祈年题记	3	0	206	225.2	431.2	1577	轻度
衢州	19	仙岩洞摩崖题记	7	4260	657	232	5149	9720	中度
金华	20	北山摩崖题记	6	728	974	420.5	2122.5	6481.6	中度
	21	法隆寺经幢	4	171	103.5	219	493.5	1323	中度
绍兴	22	羊山造像及摩崖石刻	7	2512.5	1957	870.9	5340.4	13203.2	濒危
	23	柯岩造像及摩崖题刻	0	0	0	0	0		保护施工中
	24	石屋禅院造像	6	344.8	470	123	937.8	2137.8	中度
	25	贺知章《龙瑞宫记》摩崖刻石	2	40	700	0	740	2000	轻度
	26	建初买地摩崖题刻	2	15	0	100	115	600	轻度
	27	大佛寺石弥勒像和千佛岩造像	7	293	214.3	78.5	585.8	2110.5	濒危
	28	董村水晶矿摩崖题记	5	0	1630	50	1680	5454	中度

续表

区域	排序	名称	病害种类	严重病害面积	中度病害面积	轻度病害面积	病害总面积	统计面积	整体评估
宁波	29	胡公岩摩崖石刻	6	1868	573.2	269.6	2710.8	7525	中度
	30	达蓬山摩崖石刻	4	462	264.8	0	726.8	286.7	中度
	31	宁波水利航运遗址碑	5	170.8	256.7	26.3	453.8	870.3	严重
	32	大百丈岩画	3	300	300	0	600	2000	中度
舟山	33	普陀山潮音洞摩崖石刻	6	121.8	26.7	88.1	236.6	564	轻度
	34	山海奇观摩崖题记	2	0	1128	0	1128	2000	轻度
丽水	35	仙都摩崖题记		0	0	0	0	0	正施工中
	36	双港桥贞节坊石刻	4	239	250	100	589	1050	轻度
	37	南明山摩崖题刻	7	2517.5	5022.5	2479	10019	22425	中度
	38	石门洞摩崖题刻	4	1923	723.4	507.7	3154.1	4429.8	濒危
	39	太鹤山摩崖题记	4	548	18	855.8	1421.8	3184	轻度
台州	40	石梁摩崖题记	6	774	494	1075	2343	9993.5	濒危
	41	桐柏山摩崖题记	5	327	6193	105	6625	2805	严重
	42	刘光求雨摩崖题记	3	10	907.5	16	933.5	2500	轻度
	43	吴苪"赐谥敕牒"碑	3	0	172	11	183	4123	轻度
	44	仙居古越族岩画群	5	9834	7091	45	16970	16450	严重
	45	东湖谭纶画像及戚继光表功碑	3	80	127.1	0.8	207.9	442.2	中度
	46	仙岩洞摩崖石刻	5	521.1	136.3	142	799.3	2359.5	中度
	47	纪恩诗摩崖题记	2	497	0	0	497	874	中度
	48	《圣训诗》摩崖题记	5	8.5	544	200	752.5	880	轻度
温州	49	雁荡山龙鼻洞摩崖题记	6	4624	1537	370	6531	8168	濒危
	50	石马山岩刻	4	485	247	25	757	800	濒危
	51	石佛山摩崖石刻	7	2075	754.5	505	3334.5	4650	严重
	52	翠阴洞摩崖题记	3	225	1945	400	2570	8864	轻度
	53	钱仓摩崖题记	4	137	355	231.5	723.5	1959	中度
	54	界牌浙闽界碑	2	53.4	25	0.5	78.9	55.1	濒危

从表 2.4.1 可看出，截至 2018 年初：

① 列入"濒危"文物的共有 9 处文保点，包括雁荡山龙鼻洞摩崖题记、仙都摩崖题记（保护施工中）、羊山造像及摩崖石刻（含石佛寺）、柯岩造像及摩崖题刻（正施工中）、石门洞摩崖题刻、大佛寺石弥勒像和千佛岩造像、石梁摩崖题记、石马山岩刻、界牌浙闽界碑。这 9 处石质文物存在多处结构稳定性问题与严重风化问题，有些病害对文物安全已构成严重威胁。

② 列入"严重"病害的共有 7 处文保点，包括大麦岭摩崖题记、通玄观造像、宝成寺麻曷葛剌造像、桐柏山摩崖题记、仙居古越族岩画群、宁波水利航运遗址碑、石佛山摩崖石刻，存在比较严重的表面层风化和渗水溶蚀病害。

③ 列入"中度"病害的共有 18 处文保点，包括南山造像、飞来峰造像、惠力寺经幢、许村奉宪严禁盐枭扳害碑、顾渚贡茶院遗址及摩崖、北山摩崖题记、法隆寺经幢、衢州仙岩洞摩崖题记、石屋禅院造像、董村水晶矿摩崖题记、大百丈岩画、达蓬山摩崖石刻、胡公岩摩崖石刻、东湖谭

纶画像及戚继光表功碑、台州仙岩洞摩崖石刻、钱仓摩崖题记、纪恩诗摩崖题记、南明山摩崖题刻。这些文保点也局部存在较严重或较濒危的病害，但数量较少。

④ 列入"轻度"病害的共有 20 处文保点，包括杭州碑林、司马光家人卦摩崖刻石、梵天寺经幢、龙兴寺经幢、塘栖乾隆御碑与水利通判厅遗址、海云洞摩崖题记、浙江体育会摩崖题记、西水驿碑、安国寺经幢、道场山祈年题记、建初买地摩崖题刻、贺知章《龙瑞宫记》摩崖刻石、普陀山潮音洞摩崖石刻、山海奇观摩崖题记、双港桥贞节坊石刻、太鹤山摩崖题记、吴芾"赐谥敕牒"碑、刘光求雨摩崖题记、《圣训诗》摩崖题记、翠阴洞摩崖题记，总体病害程度较轻。

从表 2.4.2 可以看出，通过 54 处文保点的统计，浙江省石质文物病害中，病害面积位列前 5 位的是表面层风化、生物病害、渗水溶蚀、表面沉积变色、机械损伤，分别占病害总面积的 35.03%、26.45%、18.14%、7.55%和 5.59%。而严重病害中位列前三位的是：表面层风化、渗水溶蚀和生物病害。严重病害、中度病害、轻度病害的占比分别为：45.05%、43.9%和 11.05%，严重病害和中度病害的面积约占总病害面积的 88%（图 2.4.4）。

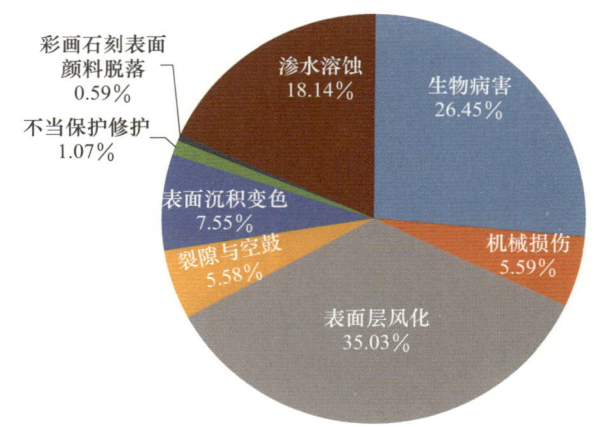

图 2.4.4　浙江省石窟寺及石刻各类型病害统计图

表 2.4.2　浙江省石窟寺及石刻类文物病害类型和严重程度统计表（2018.02.22）　　dm²

病害程度及病害类型	生物病害	机械损伤	表面层风化	裂隙与空鼓	表面沉积变色	不当保护修护	彩绘颜料病害	渗水溶蚀	合计	百分比（%）
严重病害	6137.3	5160.7	21397.8	2369.9	4452.3	273.5	244.4	7389.2	47425.1	45.05
中度病害	15140.1	550.75	13065.1	3361.3	2708.3	639.9	316.9	10432	46214.3	43.9
轻度病害	6565.6	177	2413.8	148.3	788.1	208	59.1	1280	11639.9	11.05
面积合计	27843.1	5888.4	36876.7	5879.5	7948.6	1121.4	620.4	19101.2	1052793	100
百分比（%）	26.45	5.59	35.03	5.58	7.55	1.07	0.59	18.14	100	—

2.4.3　典型案例分析

为了使读者了解调查工作情况，这里以两个具体勘测案例说明。

（1）浙江丽水南明山摩崖题刻

① 概况。

南明山摩崖题刻，地处浙江丽水城南 15km 的南明山上，始于东晋葛洪在山上结庐炼丹，并在云阁崖题刻"灵崇"二字，至唐出现寺宇、园林建筑；宋元以来成为游览胜地。

南明山摩崖区岩石软硬适中，适于雕刻，且有较大面积断崖岩壁裸露，或巨石崩落成石梁、幽洞，岩壁适宜题刻。千百年来，历代文化名人、政要到这里朝拜祈福、揽胜题刻、观景记游、抒情赋诗，日积月累，丰富了南明山的历史文化，即道教文化、佛教文化、摩崖题刻文化、名人文化。

南明山摩崖题刻主要分布在云阁崖、高阳洞、石梁、三岩寺白云洞及其他岩壁上，留有东晋、宋、元、明、清及民国历代名人、学者和书画家的珍贵题刻102处（其中已被铲除的有3处）。其中以葛洪的"灵崇"、米芾的"南明山"及北宋科学家沈括的记游题刻手迹最为著名。还有军事题刻、水利洪灾纪事题刻等。长60多米的石梁上刻着20余处题刻，且各具特色。石梁下保留有石碑7块，刻着重修南明禅院的碑记及明清文人的游记。这些摩崖石刻，共同构筑出南明山摩崖题刻文化，具有很高的历史、艺术、科学价值，为第七批全国重点文物保护单位。

② 病害统计结果。

2017年9月，在浙江省考古研究所协助下，浙江大学文物保护材料实验室对丽水南明山摩崖题刻进行了勘测，病害统计见表2.4.3。

表 2.4.3　浙江丽水南明山摩崖题刻病害统计表（2017.09.12）　　　　　　　　　　　dm²

病害名称及程度	重度	中等	轻度	共计	占比（%）
表面层风化	1935.5	2194.0	476.0	4605.5	45.97
生物病害	240.0	2054.0	1526.0	3820.0	38.13
渗水溶蚀	0	695.0	364.0	1059.0	10.57
机械损伤	85.0	38.5	44.0	167.5	1.67
裂隙与空鼓	150.0	15.0	0	165.0	1.64
不当保护修护	107.0	0	6.0	113.0	1.13
表面污染与变色	0	26.0	63.0	89.0	0.89
共计	2517.5	5022.5	2479	10019	—
占比（%）	25.13	50.13	24.74	—	—

③ 典型病害情况。

南明山摩崖题刻病害如图2.4.5所示，包括：题刻表面风化粉化、表面片状剥落、渗水溶蚀、微生物病害、机械损伤断裂、裂隙、不当修护的白色污染物、表面沉积物变色。

(a) 表面风化粉化　　(b) 表面片状剥落　　(c) 渗水溶蚀　　(d) 微生物病害

(e) 机械损伤断裂　　(f) 裂隙　　(g) 不当修护的白色污染物　　(h) 表面沉积物变色

图 2.4.5　丽水南明山摩崖题刻典型病害（2017.09.11）

④ 综合评价。

根据表 2.4.3 可知,南明山题刻总病害面积达 10019dm²。其中,严重病害占 25.13%,中等病害占 50.13%。常见的病害有:表面层风化占 45.97%;生物病害占 38.13%,渗水溶蚀占 10.57%。在严重病害中,表面层风化、生物病害、裂隙与空鼓所占比例较高。

值得注意的是,有个别题刻处出现了结构失稳病害,即存在断裂危岩,需要持续监测,及时采取相应的加固措施。

综合评估南明山题刻整体病害率及严重程度状况,将南明山石刻归入整体中度病害。

(2) 浙江嘉兴惠力寺经幢

① 惠力寺经幢概况。

惠力寺经幢建于唐咸通十五年(874年),有两尊,东西分立,位于海宁市硖石街道惠力寺前,紫微桥北塊,南濒硖西河。两尊经幢因坐落于惠力寺原山门两旁而得名。

两尊经幢大小、形制以及镌刻的花纹图案均相同,中心距离为 13.0m,分列在山门的左右。两尊经幢自地面到幢顶计高 4.8m,经柱通高 1.3m,周长 1.74m。整座经幢上下分 14 段,安置在四边形的方台上。经幢最下为高 1.55m 的八边形须弥座式台基,共两层。第一层高 0.7 米,最下凿刻覆莲,束腰部分雕蟠龙;第二层高 0.85m,最下凿刻覆莲,束腰部分镌有四只狮子。造型优美,雕凿丰满、细腻,线条流畅,为第七批全国重点文物保护单位。

② 惠力寺经幢病害统计结果。

2017 年 9 月,浙江大学文物保护材料实验室、浙江省考古研究所联合调查组对嘉兴惠力寺经幢进行了勘测,病害调查统计结果见表 2.4.4。

表 2.4.4 嘉兴惠力寺经幢病害统计表 (2017.09.20)　　　　dm²

病害名称及程度	重度	中等	轻度	共计	占比(%)
表面层风化	520.0	0	0	520.0	46.08
裂隙与空鼓	188.0	82.5	0	270.5	23.97
表面生物病害	0	52.0	72.0	124.0	10.99
不当保护修护	0	120.0	0	120.0	10.63
机械损伤	25.0	69.0	0	94.0	8.33
共计	733	323.5	72	1128.5	—
占比(%)	64.95	28.67	6.38	—	—

③ 典型病害展示

惠力寺经幢典型病害如图 2.4.6 所示,包括:表面风化粉化、微生物病害、机械损伤(缺失、断裂)、裂隙、空鼓、不当修复(水泥)等。

④ 嘉兴惠力寺综合评价

根据表 2.4.4 可知,嘉兴惠力寺经幢总病害面积为 1128.5dm²。其中,严重病害占 64.95%,中等病害占 28.67%。常见的病害有:表面层风化占 46.08%;裂隙与空鼓占 23.97%,表面生物病害占 10.99%。严重病害中,表面层风化、裂隙与空鼓所占比例较高。其中经幢的经文柱粉化极为严重,字迹已不可辨认;亦存在部分裂隙和空鼓现象,容易整块脱落。因此需要持续监测,建议尽早采取修缮加固措施。

综合评估嘉兴惠力寺经幢整体病害率及严重病害状况,将惠力寺经幢归入整体中度病害。

图 2.4.6　惠力寺经幢典型病害（2017.09.19）

2.4.4　调研小结

按照浙江省文物局的部署，浙江省文物考古研究所和浙江大学文物保护材料实验室联合对全省石窟寺及石刻类文物的健康状况进行了调研评估。经过 12 个月的工作，2018 年初已完成 54 处国保和省保石质文物的调研评估工作，共勘测统计面积 242789dm^2，发现病害总面积 105279dm^2，其中重度病害占 45.05%，中度病害占 43.9%。

在各类石质文物病害中，表面层风化、生物病害和渗水溶蚀最为常见，分别占病害总面积的 35.03%、26.45% 和 18.14%。在严重病害中，表面层风化、渗水溶蚀和生物病害依次排在前三位，分别占严重病害面积的 45.12%、15.58% 和 12.94%。

在完成勘测的 54 处石质文物中，根据病害种类、面积、程度等数据将这些石质文物归纳为四个档次。其中，9 处列为濒危文物，即存在结构稳定性威胁，急需制订相应的保护修复方案，开展抢救性保护工程；7 处列为严重病害文物，以严重的表面层风化和渗水溶蚀病害为主要问题，可申报修缮保护工程；18 处列为中度病害文物；20 处列为轻度病害文物。在所有 54 处石质文物中，均存在局部严重或濒危病害，都需要定期开展巡视监测，及时发现隐患问题，针对不同情况采取预防性保护措施。

总之，这项调查首次比较全面地对浙江全省石窟寺及石刻类文物病害进行了定量勘测，为了解浙江全省石质文物健康状况，科学规划全省石质文物保护工作提供了基础数据。

2.5 专项调查——云冈石窟污染物病害调查

2.5.1 污染物病害问题

云冈石窟位于山西省大同市西郊武周山南麓，是国务院 1961 年公布的第一批全国重点文物保护单位，并于 2001 年列入世界文化遗产名录。现存艺术品洞窟主要有 45 个，大小窟龛共 252 个，石雕造像 51000 余尊，是我国规模最大的石窟群之一，也是世界闻名的石雕艺术宝库。云冈石窟始凿于北魏兴安二年（公元 453 年），距今已有 1500 多年的历史，长期以来，在各种自然作用和人为因素的影响下，石窟内污染和风化十分严重，石刻艺术品遭受巨大威胁。

近一个世纪以来，云冈地区周边经济发展、工业开发等因素使当地自然环境发生了很大变化；石窟本身成为旅游热点，也使石窟内的病害类型、特征、面积、危害程度等都发生了变化，尤其是各种污染物病害对石窟的破坏作用明显加重。为了更加有效地保护石窟文化遗产，同时也是国家科技支撑计划课题"石窟文物表面有害污物清除技术研究"工作的一部分，在云冈石窟研究院和西安文物保护修复中心的协助下，2010 年 1 月，浙江大学文物保护材料实验室及合作单位对云冈石窟 45 个主要洞窟内的污染物病害进行了系统调查和研究（图 2.5.1、图 2.5.2）。

图 2.5.1 云冈石窟污染物病害
调查团队（2010.01.20）

图 2.5.2 对 45 个洞窟的污染物病害
进行调查（2010.01.20）

2.5.2 调查概况

本次调查的对象为石质文物表面的污染物病害，即由各种外源或内源污染物造成的病变现象，这些病变有可能通过清洗技术来治理。调查范围包括云冈石窟副窟在内的有艺术品的全部 45 个洞窟，统计面积包括洞窟前、后室四壁，窟顶，门拱等在内的全部文物展示面。调查手段主要依靠测量、简图、文字和照相进行记录。例如，图 2.5.3 所示为第 16 窟北壁的污染物病害分布简图及其对应照片，该窟污染物病害类型及特征统计见表 2.5.1。

(a) 污染物病害示意简图

(b) 现状照片

图 2.5.3 云冈石窟第 16 窟北壁污染物病害分布（2010.01.21）

调查结果显示,云冈石窟窟内文物保存现状稍好的洞窟有第5、6、9、10、11、12窟以及第39窟前室,这些窟内约有60%以上面积的艺术品保存较为完好;其次,第1、2、7、13、15、20、33窟等,窟内约20%～60%的区域尚存有石窟造像;其余洞窟已被自然风化、盐碱结晶或人为等因素破坏得比较严重;有的因洞壁塌陷,壁面已被水泥支护面所替代,这部分洞窟内艺术品残留量大都不足20%,有的甚至小于5%,如第29、38窟等。

表2.5.1　云冈石窟第16窟北壁污染物病害统计(2010.01.21)

部位	污染物	面积(m^2)	程度	病害描述	图例
各凸出部位	粉尘沉积	70	重度	灰色絮状物厚度0.2～0.3cm	▽ ▽
北壁,主佛	盐碱结晶	50	重度	白色带状分布	∧ ∧
北壁	锈黄斑	27	重度	呈黄褐色	╲ ╲
主佛脸部、手部	烟熏黑垢	11	轻度	略显灰色黑垢	✕ ✕
左侧,主佛左前胸	水渍	4	轻度	雨水湿痕迹	ζ ζ

统计结果表明,洞窟内各种污染物病害的总面积高达6944m^2,洞窟内存在的污染物病害种类主要有粉尘沉积、盐碱结晶、烟熏黑垢、水泥修补或污染、锈黄斑、残留树脂、涂鸦划痕、油漆涂料、手摸油迹、生物及遗迹、水渍、色斑12种,其中污染物病害种类所占比例最大的有粉尘沉积、盐碱结晶和烟熏黑垢,这三类病害的面积之和占云冈石窟污染物病害总面积的90%以上,且绝大多数是中、重度污染。另外,大面积的水泥修补痕迹、残留的裂隙灌浆树脂、游人的粉笔(墨汁)字迹等涂鸦划痕,以及其他各种有意或无意的人为污染等,也占据了一定比例。云冈石窟各种污染物病害面积见表2.5.2,病害面积比例如图2.5.4及表2.5.3所示。

表2.5.2　云冈石窟12种污染物病害面积分布(2010.01.22)

病害名称	分布面积(m^2)	病害名称	分布面积(m^2)
粉尘沉积	3669	水泥修补或污染	107
盐碱结晶	2236	手摸油脂	23
烟熏黑垢	600	水渍	20
锈黄斑	157	油漆涂料	15
残留树脂	131	生物及遗迹	9
涂鸦划痕	116	色斑	2

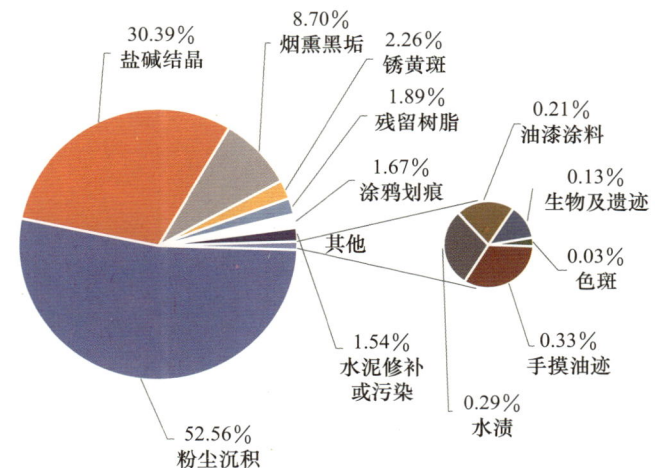

图 2.5.4　云冈石窟各种污染物病害面积比例图（2010.01.22）

表 2.5.3　云冈石窟各洞窟内主要污染物病害面积及严重程度统计（2010.01.22）

洞窟编号	粉尘沉积（m²）				盐碱结晶（m²）				烟熏黑垢（m²）				其他（m²）			
	总	重	中	轻	总	重	中	轻	总	重	中	轻	总	重	中	轻
1	150	45	75	30	141	115	26	0	4	1	3	0	40.2	22.5	14.3	3.4
2	79	21.5	21	36.5	56.5	47.5	9	0	0	0	0	0	10.1	8.23	1.83	0
3	17.5	9	4	4.5	53.9	10	32	11.9	12.7	7.5	4.5	0.69	18.4	2.11	9.06	7.25
4	18.7	7	10.5	1.2	79.7	36.9	34.1	8.7	13.1	8.26	4.8	0	13.3	1.3	11.4	0.6
5	87	38	49	0	53	24	29	0	25.5	6	13.5	6	2.58	0.01	2.57	0
6	246	27	49	170	112	25	60	27	0	0	0	0	5.77	0	4.68	1.09
7	127	4	53	70	101	71.5	22	7.5	3	0	0	3	2.67	0	2.5	0.17
8	290	5.8	265	20	146	124	22	0	3.48	0	0.48	3	23.1	14	9.08	0
9	58	20	32	6	58	47	0	11	11	0	9	2	43.5	42	1.5	0
10	595	350	235	10	190	180	10	0	3.3	0	3.3	0	17.3	15.4	1.2	0.7
11	60.6	44.6	4.5	11.5	6.85	2.7	3.4	0.75	4	4	0	0	0.06	0	0.06	0
12	202	90	92	20	161	126	35	0	4.5	0	4.5	0	49.3	44.3	5	0
13	181	105	45.5	31	82	58	19.5	4.5	32.5	17.5	10.5	4.55	18.2	3.45	14.2	0.55
14	3	0	3	0	62	38	5	19	0	0	0	0	9	5	4	0
15	28	15	10	3	38	37	1	0	27	27	0	0	12.9	0.4	0	12.5
16	39	20	15	4	73	66	5	2	42.5	0	27.5	15	5.27	0	4.15	1.12
17	20	0	20	0	150	60	60	30	0	0	0	0	10.5	0	10.5	0
18	442	132	240	70	245	232	13	0	50	4	41	5	69.5	20	49.5	0
19	157	115	40	2	56	41	15	0	53.3	39	14.3	0	29.7	22.2	7.5	0
20	10	10	0	0	4	2	2	0	0	0	0	0	18	9	9	0

续表

洞窟编号	粉尘沉积（m²）				盐碱结晶（m²）				烟熏黑垢（m²）				其他（m²）			
	总	重	中	轻	总	重	中	轻	总	重	中	轻	总	重	中	轻
21	22.5	0	0	22.5	2.1	2	0.1	0	1	0	0	1	0.2	0	0.1	0.1
22	1.4	1.4	0	0	3.2	2.8	0.4	0	4.4	3.5	0.9	0	1.47	0	1.47	0
23	76	0	18	58	8	6	0	2	8	0	8	0	5.11	0	2.7	2.41
24	36	18	15	3	17.5	14	3.5	0	9.7	4	5.7	0	13	2.45	10.6	0
25	28	15	10	3	7.5	7.5	0	0	16	10	6	0	1.27	1.27	0	0
26	33	3	30	0	11	1	10	0	5.5	0.5	5	0	2.54	2.3	0	0.24
27	42.5	40.5	2	0	6	6	0	0	17.8	17.8	0	0	3.62	3.58	0.04	0
28	3.5	0	2.5	1	3	0	1.8	0.9	0.3	5	0.3	0	4.73	0.01	3	1.72
29	136	10	94	32	23.1	8	3	12.1	18	0	15.5	2.5	7.05	2.5	0.21	4.34
30	54.5	4.5	50	0	46	28	15	3	21.1	2	17.6	1.5	7.42	5.8	1.62	0
31	67	48	9	10	72	41	23	8	14.3	8	6.3	0	0.5	0.5	0	0
32	26.8	25.3	0.5	1	21.3	13.8	7.5	0	25.7	19	6.7	0	0.3	0.3	0	0
33	38.5	36.5	2	0	25.1	15.5	9.55	0	20.2	3.5	16.7	0	53.3	50.9	2.4	0
34	11	11	0	0	16	16	0	0	0	0	0	0	1.21	0.06	0	1.15
35	81.5	42	6.5	33	34	31	2	1	25.7	24.5	0	1.2	7.69	0.5	4.9	2.29
36	4	0	4	0	4.7	3.3	1.4	0	2	0	2	0	11.3	7.2	4	0.1
37	63.1	53	2	8.1	8	8	0	0	84.2	43	11	30.2	1.09	0.7	0.26	0.13
38	17	9	6	2	3	0	0	3	0	0	0	0	2.2	0	0	2.2
39	19.8	10.5	2.18	7.2	5	0	0	5	21.4	9.04	8.5	3.85	12.9	2.87	8.11	1.92
40	8.5	4	4.5	0	7	4.5	2.5	0	8.2	8.2	0	0	3.22	0	3.21	0.1
41	29	0	29	0	7	7	0	0	0.5	0	0.5	0	22.8	17	5.76	0.04
42	18	5	13	0	12.5	12.5	0	0	0	0	0	0	6.1	6	0.1	0
43	18	18	0	0	12.5	12.5	0	0	1	1	0	0	5.5	5.5	0	0
44	15	10	5	0	12	8	4	0	1.5	0	1.5	0	0	0	0	0
45	7.5	5.5	2	0	0	0	0	0	3.5	3.5	0	0	8.1	2.5	5.6	0
总	3669	1429	1571	671	2236	1592	487	157	600	277	249	79.5	582	322	216	44.1
污染总面积（m²）	6944															
比例（%）		39	43	18	—	71	21.8	7.02	—	46	42	12	—	55	37	8
洞窟	总	重	中	轻	总	重	中	轻	总	重	中	轻	总	重	中	轻
	粉尘沉积（m²）				盐碱结晶（m²）				烟熏黑垢（m²）				其他（m²）			

2.5.3 污染物病害状况

（1）粉尘沉积

大同市地处黄土高原东北边缘，属于温带大陆性气候，干燥、多风是其主要气候特征。大同又是一个以煤矿为主的工业城市，中华人民共和国成立以来，山西煤矿数量迅速增加，并遭受不合理的开采。云冈地区的风沙，运煤车辆引发的降尘、二次扬尘，以及周围工矿企业、民用燃煤等，使得云冈石窟周边自然环境恶化，特别是大气中颗粒物含量居高不下，窟内佛龛石雕不可避免地被粉尘污染［图2.5.5（a）］。本次调查结果显示，在云冈石窟所有污染物病害种类中，粉尘沉积的比例高居首位，占总污染物病害总面积的53%，达3600m^2有余，而其中重度污染占39%，中度污染占43%，轻度污染占18%。粉尘沉积的分布十分广泛，在被调查的全部洞窟内，粉尘沉积存在于几乎所有能留存灰尘的部位，如石雕造像的胸部、肩部和腿上，以及腿部以下比较平缓的部位［图2.5.5（a）］。按污染面积所占比例看，粉尘沉积比较严重的洞窟有第3窟右（后）室、1、2、13、14、15、17、19窟等，在某些洞窟中粉尘沉积的厚度竟达3mm以上。

(a) 粉尘沉积　　(b) 烟熏黑垢　　(c) 手摸油迹　　(d) 生物及遗迹

(e) 色斑　　(f) 盐碱结晶　　(g) 锈黄斑　　(h) 油漆涂料

(i) 水渍　　(j) 涂鸦划痕　　(k) 残留树脂　　(l) 水泥污染

图 2.5.5　云冈石窟12种污染物典型病害照片（2010.01.20）

大量的粉尘长期沉积在石雕造像的表面，呈现深灰色或灰黑色，轻轻扫去表层粉尘，裸露的岩石表面呈现一层灰黑色的结壳层，用毛刷或清水等方法无法去除。许多灰黑色的结垢已覆盖砂岩表层，不仅模糊了造像原有的艺术色彩，而且改变了粉尘下砂岩原有的矿物组成，使文物本体结构疏松、风化速度加快。

大范围的粉尘沉积已经成为云冈石窟最严重的污染物病害之一，严重损害和威胁着石窟文物的艺术价值，影响长期保存。云冈石窟内粉尘的成分分析，以及与岩体的结合情况见本书第3章。

(2) 盐碱结晶

盐碱结晶是导致岩石风化的重要因素，很多古迹都饱受其侵蚀。云冈石窟石雕造像表面盐碱结晶病害［图2.5.5 (f)］面积达2236m^2，约占污染物病害总面积的31%，仅次于粉尘沉积，其中重度污染占71%，中度污染占21.8%，轻度污染占7.2%。第41～45五个洞窟，由于盐碱侵蚀原因，以及地处风口，窟内造像残存无几。此外第2窟的北壁、3窟后室、第4、14、36、39、40等窟遭受盐碱侵蚀也极为严重，少数窟内石雕残存已不足5%。调查显示，这些洞窟内盐碱结晶主要集中于洞窟的后室北壁，并与沉积的粉尘、烟垢等结成壳状、块状，更有严重处，一些造像表面已成酥粉，原有的彩绘已起翘、空鼓，模糊不清，甚至大面积脱落［图2.5.5 (b)］，艺术价值几乎丧失殆尽。

调研还发现，盐碱结晶现象虽然广泛分布于各洞窟内，但一般洞窟前室造像保存现状明显要好于后室，东西壁造像要好于北壁。根据云冈地区地质及水文史料记载，除了空气质量、气候条件及人为因素外，石窟地质结构和水文环境引起的盐的运移和聚积是影响石窟造像保存的主要因素之一。

总之，盐碱结晶是破坏石窟造像最重要的原因之一，尤其是易溶盐，如何脱盐和控制盐的析出仍是石窟保护的重要任务。

(3) 烟熏黑垢

烟熏黑垢是云冈石窟位列第三的污染物病害［图2.5.5 (b)］，有600m^2，占总污染物病害总面积的8.7%，而其中重度污染占46%，中度污染占42%，轻度污染占12%。根据统计，烟熏黑垢比较严重的有第13、14、15、16、18、19、21、23、24、27、38窟等，主要分布在洞窟的前室东西壁下半部分和天花板顶壁角落处。烟熏区域表面一般呈深黑色、暗黑色或灰褐色，也有少部分呈黄棕色，表层岩石结构或致密或疏松，一些岩石表面还与盐碱、灰尘等共生成壳状。成因应该是在政府保护之前的漫长岁月中，洞窟内祭祀活动的香火、做饭和取暖的柴火等产生的油烟，在佛龛洞壁表面留下了大量黑色烟熏垢层，烟熏黑垢明显影响了石雕造像的外观，破坏了造像的美学价值。

从物理化学角度讲，砂岩表层上附着的烟熏黑垢是否对岩石本体结构有害，本实验室专门进行了试验研究，结果见第4章。

(4) 锈黄斑

云冈洞窟表面的黄斑［图2.5.5 (g)］污染大约有157m^2，占总污染物面积的2.3%，其中重度污染占49%，中度污染占43%，轻度污染占8%。这些黄斑在第3窟前室、4、8、18、19等窟内分布较为广泛。造像表面的黄斑一般呈黄褐色或土黄色，以第8窟为例，仔细观察可见黄斑主要沿着水分迁移的方向在岩石表面呈带状分布，且周围有盐结晶聚集现象。

砂岩表面的黄斑主要有锈黄斑和有机黄斑两类。经EDAX能谱分析表明云冈石窟内的黄斑主要是锈黄斑，且岩石风化程度越高含铁量也越高。有机黄斑在云冈石窟内也偶有见到，主要是各种有机物，如动物昆虫等的排泄物、微生物繁殖分泌物、生物腐烂残留物等在砂岩表层留下的渗入性黄色印迹。

(5) 残留树脂

历史上，云冈石窟曾进行过多次大大小小的修缮，包括脱落岩石的粘结、裂隙的灌浆、起壳部分的回贴等。不同时期所用胶黏剂不同，例如有文献记载云冈石窟曾经使用过丙烯酸树脂和呋喃改性环氧树脂等。随着时间的推移，许多老化的树脂裸露或分解渗漏出来，其中包括因修缮操作不当或不慎遗留在造像表面的树脂，也包括因表层风化剥落而裸露的树脂。调查表明残留树脂[图2.5.5（k）]大约有131m^2，占总污染物病害面积的1.9%，其中重度污染占49.6%，中度污染占45.8%，轻度污染占4.6%。残留树脂主要分布在第2、5、12、14、16、37、38等窟内，多见于佛龛上部、两面墙的交界处及顶壁，呈现褐色、黑色或深灰色。

残留的老化树脂除了影响石雕的艺术效果，还会改变文物本体的理化性质，例如孔隙率、透气率、湿膨胀率等，使其在环境变化中产生不可逆的破坏作用。另外，老化树脂还可能作为碳源引起微生物滋生等问题。

（6）生物及遗迹

本次调查正值气候寒冷干燥的冬季，除第7窟崖壁外发现苔藓遗迹，云冈石窟所有洞窟内均鲜见生物生长的踪迹。春节前后还发现洞窟外壁等处有绿色植物和动物穴居的痕迹，例如第3窟副窟外、第14、20窟外崖壁等处都能发现绿色植物，少数洞窟内有鸟雀穴居。但总体讲，由于云冈石窟地理环境和气候条件相对恶劣，大部分洞窟内盐碱结晶严重，窟内少见阳光，且环境污染较严重，绿色植物的生长并不旺盛，仅在较为温暖的季节见于窟外和外崖壁上，在洞窟内部很少见。

（7）水泥修补

为了支撑和加固坍塌的洞窟，或者修补缺损的石雕造像，半个世纪以来曾多次使用水泥材料对云冈石窟进行修缮。本次调查发现很多洞窟的四周壁面和天花板壁面部分或完全被浇筑的水泥所代替，一些造像也被水泥斑污染[图2.5.5（l）]，主要见于第20窟以西的洞窟。按水泥污染比例排序，依次为第40、32、33、22、23、29窟等。调查表明云冈石窟经水泥修补的面积共有107m^2，约占污染物病害总面积的2%。以水泥替代残缺的砂岩不仅破坏洞窟环境和石雕艺术效果，同时也潜伏下破坏因素。本次调查已经发现水泥修补部位容易析出盐碱和出现流挂白华现象。

（8）其他

除了上述几大类污染物病害外，本次调查发现云冈洞窟内还有许多其他污染，如油漆色斑、手摸油脂斑、墨水和粉笔字迹、水渍等污染类型，这些污染物病害共占污染总面积的2.6%左右。从表观情况来看，油漆色斑主要有两类：一类是人为对洞窟或缺失佛像的编号字迹，主要见于没有洞窟标识牌的第20到32窟，以及洞窟内有雕像缺失的第1、2、5、6、35、36、39窟等；另一类是原有彩绘的掉色、晕染等造成的色斑，主要呈深黑色、灰绿色等。涂鸦划痕大多是早期游人的肆意所为，主要分布在第5、9、10、12窟等洞窟墙壁的中下部位或造像手臂、腿部等部位。手摸油脂痕迹多出现在洞窟门拱两侧壁面和造像突出部位，很明显是经过游客长期触摸造成的，其表面油光滑亮，颜色深沉，表层结构致密，触摸较多的石面大都没有风化的现象。这些污迹是否会危害岩石的长期保存？是否需要去除？相关讨论见本书第4章。

2.5.4 调查小结

对云冈石窟45个洞窟5万多佛龛的实地调查结果表明：

① 在云冈石窟存在以粉尘沉积、盐碱结晶、烟熏黑垢等为主的12种污染物病害类型，总污染面积达6944m^2，其中大部分属于中、重度污染。

② 粉尘沉积是云冈石窟最常见的污染物病害类型，占总污染物病害面积的53%；其次是盐碱结晶，约占31%，硫酸盐是云冈石窟盐碱的主要形式；烟熏黑垢位列第三，占总污染面积

的 8.7%。

③ 在东边的 1～4 窟，以及西边的 27、29、31、36、38、40～45 等窟内石雕艺术品的损失较为严重，而中部的 5、6、9、10、11、12 窟则保存状况较好。

④ 从本实验室的研究结果看，粉尘沉积、盐碱结晶、水泥修补、残留树脂等污染物对岩石有一定的破坏作用，会威胁到石窟造像的保存；其他如烟熏黑垢、油漆色斑、手摸油脂斑、墨水和粉笔字迹等污染物是否有加剧或缓解岩石风化的作用，是否需要去除，用什么技术措施进行清洗等问题的研究见本书第 4 章。

2.6 专项调查——乐山大佛生物病害调查

2.6.1 乐山大佛的生物病害

乐山大佛凿造在四川乐山凌云山九峰之一的栖鸾峰陡崖上，又名凌云大佛，为弥勒佛坐像，通高 71m，地处青衣江、岷江、大渡河三江汇流处，是世界上最大的石刻弥勒佛坐像。佛像开凿于唐玄宗开元初年（公元 713 年），直至唐德宗贞元十九年（公元 803 年）完工，历时 90 年。1996 年 12 月，峨嵋山—乐山大佛被联合国教科文组织批准列入《世界自然与文化遗产名录》，成为乐山市和四川省的最重要的旅游景区之一。

近代以来，由于工业污染等原因，乐山大佛岩石风化问题日趋严重，有关部门已经先后 7 次（1914 年、1934 年、1962—1963 年、1968 年、1990 年、1996 年、2001—2002 年）对该石刻进行了较大规模的修缮与表面维护，取得了一定的成效，但是仍然受到风化，特别是生物风化的影响。目前，乐山大佛管理委员每年会对佛体进行两次面部、胸部、腿部的保护维护，主要是清除表面大型维管植物等生物。

乐山大佛面临的主要威胁包括：物理风化、化学风化、生物风化。物理风化是由于处于露天环境条件下，常年受到阳光暴晒，暴雨冲淋，导致佛身渗水剥蚀。同期开凿的四川容县大佛因头顶有遮盖物遮蔽风雨，现在脸部还有残存的彩绘，相比之下，可以看出遮盖物的重要性和物理侵蚀的严重性。化学风化主要是酸雨侵蚀。乐山市属中亚热带季风湿润气候，降雨较为丰沛，年平均降雨量 1300mm 左右。成都—德阳—绵阳经济发达区位于乐山水汽上游方向，是乐山酸雨及水体、大气污染的主要来源之一。而组成乐山大佛的基岩，属白垩系下统夹关组的砖红色巨厚层状粉砂岩，其胶结物主要是铁质、钙质、少量泥质。酸雨会对组成大佛基岩的矿物、胶结物中碳酸钙有强烈溶蚀、淋失，导致岩石的风化。不过近年来，乐山市酸雨污染有所好转，酸雨出现频率和平均酸度呈现逐年下降趋势。相反，由于大佛依江而建，在湿润气候条件下，佛体表面为苔藓、地衣、藻类等的生长创造了良好的环境，使得生物风化成为目前乐山大佛侵蚀风化的最主要因素。

为了了解乐山大佛生物风化的具体状况，并为生物病害的防治提供策略，在国家重点专项课题的资助和乐山大佛管理部门的支持下，2020 年 8 月浙江大学文物保护材料实验室对乐山大佛本体及其周边石刻的生物病害进行了调查统计和取样分析（图 2.6.1）。

图 2.6.1　四川乐山大佛生物病害调查
（2020.08.07）

2.6.2　勘测方法

石质文物生物病害是指：因生物作用或相关作用引起的对石质文物外观、表面状态、结构和性能产生的不利于石质文物展示和保存的各种问题。

石质文物生物病害定义涵盖两部分内容，包括生物生长情况和石质文物受损情况。由于不同环境下的石窟表面的微生物/苔藓各不相同，因此调查需要对指定区域石质文物表面存在的生物生长情况、岩石劣化状况和环境条件进行勘测。

户外石质文物较为常见的生物病害为细菌、真菌、藻类、地衣、苔藓、大型植物和昆虫。经过勘察，昆虫对乐山大佛的影响较小，所以调查统计时，对昆虫病害只做记录，不做研究。

(1) 材料和工具

面积测量工具：标尺、软绳、卷尺、激光测距仪等。

取样工具：手术刀、镊子、棉签、取样袋、EP管等。

记录工具：相机、Dino-Lite电子显微镜、记录表等。

(2) 调查方法

病害勘测时，两人一组，一人负责勘测判断和采样调查，一人负责记录和拍照。具体操作步骤如下。

① 器材准备：佩戴手套口罩，器材灭菌处理，全程无菌操作。

② 区域划分：对需要勘测的区域进行划分和编号排序，以使记录清晰有序。

③ 勘测总区域面积：文物整体面积测量和拍照，文保标志牌拍照。

④ 测量环境数据：将温度计和湿度计放置于文物环境中，稳定一段时间后，记录局部环境温湿度。

⑤ 按顺序开始每一区域的勘测记录，包括以下两点。

a. 附着的生物类型勘测：苔藓面积测量；微生物面积测量；其他生物病害面积测量等；各典型生物病害拍照（需要标尺），面积测量，注意标明位置、照片号、特点等信息。

b. 受生物影响的岩石本体状况勘测：以生物生长区域统计，包括生物与岩石本体的黏附情况、岩石病害类型和劣化程度（严重、中等、轻微、无）。

⑥ 以不破坏文物为原则分类采集典型生物样品，待检测。

⑦ 勘测结果以数据表格形式记录和统计。

2.6.3　结果与分析

(1) 调查统计结果

本团队于2020年8月，完成了乐山大佛的初次生物病害勘探，测量并统计了包括大佛腿部、基座、乌尤管理处院墙、云山圣地石刻以及凌云飞天像等在内的八处典型地块。调查参考国家文物行业标准《石质文物病害分类与图示》（WW/T 0002—2007），结合乐山地区石质文物实际情况，记录了大佛及石刻的主要病害，主要有3大类6小类，即：①生物病害（一般植物、苔藓植物、藻类、地衣）；②岩体表面风化（表面粉化和片状剥落）；③岩体表面污染与变色（烟熏黑垢与生物黑斑）。

8处勘测地块总面积为823882cm^2。在这些地块中，共发现病害面积465277cm^2，病害占比超过总勘测面积一半，达到56.5%。其中生物病害面积为372798cm^2占总病害面积的80.1%，岩体表面风化病害占6.6%，岩体表面污染病害占13.3%。乐山大佛各测地块生物病害与岩石本体病害调查汇总统计结果见表2.6.1，各勘测地块不同生物类型病害详细统计结果见表2.6.2，各勘测地块生物生长病害和岩石本体病害汇总统计表及相关比例见表2.6.3，乐山大佛6类主要病害占总病害面积的比例如图2.6.2所示，乐山大佛4类生物生长病害占总生物病害面积的比例如图2.6.3所示。

表2.6.1　乐山大佛各地块生物病害与岩石本体病害汇总统计表（2020.08.09）

勘测地块	局部温度（℃）	局部湿度（%，RH）	统计区面积（cm²）	总病害面积（cm²）	病害面积占比（%）	岩石总体病害程度	岩石本体病害类型
大佛基座	35.7	79	248000	162400	65	严重	表层片状剥落
大佛左腿内侧	35.7	79	264000	61800	23	中	溶蚀
兜率宫	34.6	77.3	48300	33400	69	中	积灰
凌云飞天像	33.5	74.4	59200	40000	68	严重	表层片状剥落与粉化
光绪丁酉冬-佛石刻	35.1	78.4	47250	30935	65	轻	溶蚀
龙湫翘脚观音	33.8	79	70800	66000	93	严重	颜料脱落与酥粉
乌尤管理处院墙	32.4	80.7	36668	33905	92.4	严重	溶蚀
云山圣地石刻	35.4	77.1	49664	36837	74.2	严重	表层片状剥落与粉化
汇总	—	—	823882	465277	56.5	—	—

表2.6.2　乐山大佛各地块不同生物类型病害统计表（2020.08.09）

勘测地块	生物病害类型	局部位置	生物与岩石黏附情况	统计区总面积（cm²）	生物病害面积（cm²）	占总统计区面积比（%）	占勘测地块面积比（%）
大佛基座	黑斑（苔藓残骸）	基座大部分位置	剥落后有砂岩带出	248000	12600	5.0	8.0
	星状苔藓	左半部及中部	剥落后有砂岩带出		140200	56	86
	叶状苔藓	中部	剥落后有砂岩带出		6600	2.6	4.0
	地衣（白色）	右部	紧密易刮取		3000	1.2	2.0
	一般植物	零星分布	表面固着		0	—	—
大佛腿壁	地衣	东南方向	紧密	264000	45000	17	72.8
	苔藓与黑斑	东南方向	紧密		16800	6.4	27.2
兜率宫佛像	黑斑	腹部衣褶间	紧密，可刮离	48300	15000	31	45
	白色	双脚上	可剥落		13100	27	39
	藻类（绿色）	主躯干边缘缝隙中	紧密		5300	11	16
凌云飞天像	黑色油脂	石像上	可刮取	59200	6000	10.1	15
	苔藓	飞天像上及洞壁边缘	容易剥落		4000	6.8	10
	死亡苔藓脱落后的粉化	大部分位置	脱落		30000	50.6	75
光绪丁酉冬-佛石刻	花状苔藓	佛字下起三分之一处	可剥落	47250	500	1.1	1.6
	（疑似）白色真菌	佛字石刻底部	可刮取		825	1.7	2.7
	星状苔藓	散布整个区域	可刮取		29610	62.7	95.7
龙湫跷脚观音	黑绿色层结物（苔藓加香火）	观音后壁	可剥落	70800	56000	79.1	85
	白色残骸（润石-膏加苔藓藻类）	观音左下	紧密润湿乳白状		10000	14.1	15

续表

勘测地块	生物病害类型	局部位置	生物与岩石黏附情况	统计区总面积（cm²）	生物病害面积（cm²）	占总统计区面积比（%）	占勘测地块面积比（%）
乌龙管理处院墙	扭口藓	样方顶部	紧密	36668	3056	8.3	9.0
	蛇苔	样方右部	紧密		1053	2.9	3.0
	植物	样方底部	紧密		7120	19.4	21
	黑斑	分散	紧密，可刮取		21538	58.7	64
	地衣	样方中部	紧密		1138	3.1	3.0
云山圣地石刻	苔藓	中上部	紧密	49664	15812	31.8	43
	表层片状剥落	中下部	脱落		479	1.0	1.0
	植物	四周缝隙中	表面固着		20546	41.4	56

表 2.6.3　乐山大佛各地块生物病害和岩石本体病害汇总统计表（2020.08.09）

各类病害	病害总面积（cm²）	占总病害面积比（%）	占生物病害面积比（%）
苔藓	230231	50	61.8
地衣	94601	20	25.4
藻类	20300	4	5.4
植物	27666	6	7.4
表面风化（粉化与剥落）	30479	7	岩石本体病害
表面污染与变色	62000	13	岩石本体病害

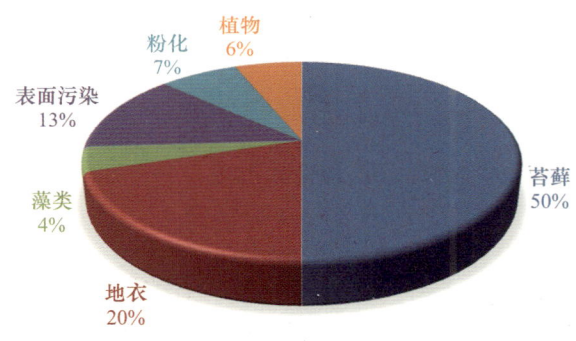

图 2.6.2　乐山大佛 6 类主要病害占总病害面积的比例（2020.08.09）

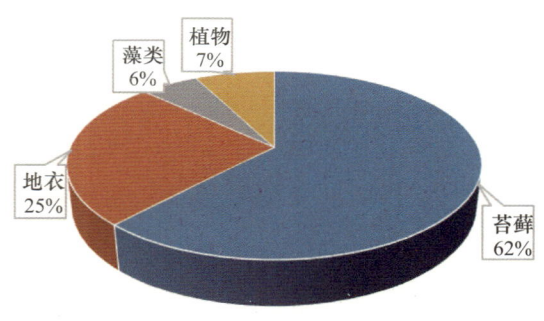

图 2.6.3　乐山大佛 4 类生物生长病害占总生物病害面积的比例（2020.08.09）

按病害程度，该八处勘测地块中大部分为中度病害与严重病害。

（2）典型病害

调查结果显示，在乐山风景名胜区石质文物风化类型中，生物风化明显起主导作用，其中又以苔藓的侵蚀破坏最为严重，其次是地衣与植物侵蚀，同时也伴随着一些藻类危害，但也有部分石窟佛像以烟熏和表层风化病害为主。

① 苔藓病害。

乐山地区的苔藓种类较多，定植面积较大。统计表明这 8 处勘测地块中苔藓病害有 230231cm²，占总病害面积的 50%，占生物病害面积的 61.8%。经过分子生物学和形态学鉴定，其中佛体面积最大的为疣冠苔科，大佛基座还定植有大面积的扭口藓（*Barbula unguiculata*），具体如图 2.6.4 所示。

(a) 佛体石壁上的疣冠苔科苔藓　　(b) 下山栈道石壁上的疣冠苔科苔藓

(c) 乐山大佛基座石壁上苔藓　　(d) 苔藓病害显微观察

图 2.6.4　乐山大佛勘测地块中的苔藓病害（2020.08.06）

② 地衣病害。

乐山大佛上的地衣是仅次于苔藓的病害（图 2.6.5），统计表明地衣病害占总病害面积的 20%，占生物病害面积的 25.4%。大佛佛体周身均可见片状地衣分布，地衣与岩石结合紧密，但可以剥离，剥离时容易带出岩石基质（红砂岩）。基座右下部出现白色偏绿的地衣病害，病害面积约有 3000cm^2；兜率宫佛像脚部、肩部、腹部均有片状地衣分布，呈白色，病害面积约 13100cm^2，面积较大，影响佛体观感。

(a) 常规照片　　(b) 显微照片

图 2.6.5　乐山大佛基座地衣病害（2020.08.06）

③ 藻类病害。

在乐山大佛的造像、洞窟、崖墓中均发现有早期藻类定植，以及藻类成型期后的群落发育，其定植点与光线有关。统计表明藻类病害占总病害面积的 4%，占生物病害面积的 5.4%。藻类是光合自养型生物，只要有水和光照就可以生长繁殖，常常作为生物群落繁殖的先驱，为其他生物定植提供养分与能量，其本身的生物腐蚀风化作用较小，主要是对文物美学价值上的影响以及后期形成生物群落造成的风化损害，如图 2.6.6 所示。

(a) 兜率宫弥勒像藻类群落

(b) 海师洞东南墙早期藻类定植　　(c) 麻浩崖墓藻类病害

图 2.6.6　乐山大佛及周边石刻的藻类病害（2020.08.06）

④ 植物病害。

大佛表面和基座都有多种植物定植（图 2.6.7），统计表明植物病害占总病害面积的 6%，占生物病害面积的 7.4%。调查时植株高约在 5～15cm 范围内，病害面积相比苔藓和地衣小很多，可能是因为植被的覆盖更直接影响大佛，因此被定期人工去除了。

⑤ 表面污染与变色病害（黑垢与黑斑）。

勘测统计表明表面污染与变色病害占总病害面积的 13%，主要是黑垢和黑斑，观察发现其成因明显不同。

烟熏黑垢。由于常年香火祭拜，在飞天石像上覆盖了一层烟熏油脂，相比较于其他地方可以看出油脂在一定程度上减少了生物的繁殖破坏，如图 2.6.8 所示。

图 2.6.7　大佛表面和基座都有多种植物定植（2020.08.06）

苔藓尸骸。例如大佛基座处的黑斑，经过观察鉴定为苔藓尸骸，向阳处的黑斑常处于干燥状态，局部剥离岩面，背阴或水汽充足的地方，黑斑呈现湿润状紧贴石壁。

地衣繁殖。例如龙湫翘脚观音处的黑斑为地衣。

(a) 凌云飞天像表面烟熏黑垢

(b) 大佛基座处黑斑病害鉴定为
苔藓尸骸和藻类

(c) 龙湫翘脚观音处黑斑

(d) 病害鉴定为地衣

图 2.6.8　表面污染与变色病害（2020.08.06）

⑥ 表面风化（表面粉化和片状剥落）病害。

在本次勘测统计区内，岩体粉化与剥落病害占总病害面积的 7%，主要有：

片状剥落。例如在云山圣地石刻处，砂岩表面由于风化作用，形成了明显的层状结构，片成净高约 2.5～4m，为自然脱落，其结构松散，表面粗糙，有许多粉状颗粒物，常与地衣、苔藓相结合，一起脱落，如图 2.6.9（a）所示。

表层粉化。当地衣、苔藓死亡后，死亡的地衣、苔藓群落会形成黑斑，然后片状脱落，露出的红砂岩表面，导致其表面疏松粉化，风化严重，如图 2.6.9（b）所示。

(a) 大佛云山圣地石刻处苔藓死亡引起大佛云山圣地
石刻片状剥落

(b) 凌云飞天像及边缘区地衣、苔藓死亡脱落露出
红砂岩疏松粉化

图 2.6.9　表面风化病害（2020.08.06）

2.6.4 调查小结

浙江大学文物保护材料实验室团队于 2020 年 8 月完成了乐山大佛的生物病害勘测，统计了包括大佛腿部、基座、乌尤管理处院墙、云山圣地石刻以及凌云飞天像等在内的 8 处典型地块。勘测记录的大佛及石刻文物的主要病害有 3 大类 6 小类。在总统计面积 823882cm² 中，共发现病害面积 465277cm²，占比达到 56.5%；其中生物病害面积为 372798cm²，占总病害面积的 80.1%；其中苔藓生长病害 230231cm²，占总病害面积的 50%，主要为疣冠苔科；岩体表面污染病害 62000cm²，占总病害面积的 13.3%；岩体表面风化病害 30479cm²，占总病害面积的 6.6%。

勘测结果表明，生物病害是乐山大佛及周边石刻的主要病害，其中苔藓生长病害又占主导地位，其他岩体表面污染病害和表面风化病害也都有生物病害，特别是苔藓的作用有关。

生物风化是目前乐山大佛侵蚀风化最重要的影响因素，初步研究发现，苔藓对乐山地区红砂岩的侵蚀风化，可以概括为丛集生长—风化侵蚀—抗旱卷曲—片状剥离四个过程。由于苔藓结皮长期对岩石基质的侵蚀，使得大佛砂岩表面形成独特明显的结皮层和粉化层。结皮层脱落后，粗糙的粉化层再重新吸引生物定植，周而复始使得大佛不断"消瘦"。

关于微生物和苔藓的检测技术见本书第 3 章，关于生物防治技术研究见本书第 8 章。

2.7 本章小结

石质文物病害调查是了解石质文物保存状况，开展抢救性保护或预防性保护的不可缺少的基础工作。近 10 多年来，浙江大学文物保护材料实验室结合科研项目已完成许多不可移动石质文物病害调查工作，包括浙江省 54 处国保和省保石窟寺及石刻类文物的勘测评估工作、山西云冈石窟污染物病害调查、四川乐山大佛生物病害调查、四川安岳石窟彩绘病害调查，以及多项石质文物保存保护工程前期调查等。石质文物病害调查研究的基本要求是：

① 建立规范的石质文物病害分类和分级标准。根据调查目标和工作需要，参照文物保护行业标准制定病害分类和分级标准，统一执行，没有严谨的病害分类和分级标准很难获得可以复核的定量调查数据。

② 调查人员事先培训。对于较大范围的病害调查，需要统一认识、统一概念、统一判断标准、统一判别尺度、统一计量方法和计量单位；同时，明确任务分工和调查区域的划分，以防止概念、尺度等的混乱，防止调查数据的重叠、遗漏和计量混乱。

③ 预先制定数据统计模板。为严谨有序地完成调查数据的统计，尽可能节约人力物力，在进行病害调查之前，可事先制定统计的格式模板，即按统一的表格填写每一项调查数据，使数据统计方便。原始数据可查验。

④ 及时拍摄照片。图像所附信息丰富，需要拍摄整体区域照、局部病害照、病害特征照等，注意拍照时放入标尺或参照物，同时记录对应位置和病害照片编号。

⑤ 数据处理和调查报告撰写。石质文物病害调查后应及时地按病害分类和分级进行汇总，得到统计结果，绘制表格和作图，列出代表性病害，围绕调查目标按一定叙述逻辑展现在报告中。报告应通过数据比较和定量评价，突出文物潜在危害，提出保护或管理等建议。

本章参考文献

[1] 李树一，张克燮. 杭州飞来峰造像及石刻地质病害保护技术研究 [J]. 工程勘察. 2008（Z1）：347-351.

[2] 李宏松. 文物岩石材料劣化特征及评价方法. [D]. 北京: 中国地质大学, 2011.
[3] 李海, 石云龙, 黄继忠. 大气污染对云冈石窟的风化侵蚀及防护对策 [J]. 环境保护, 2003 (10): 44-47.
[4] 张秉坚, 沈忠悦. 一种生物无机材料: 石质古迹上天然草酸钙保护膜的研究 [J]. 无机材料学报, 2001, 16 (4): 752-756.
[5] 解廷藩. 云冈石窟加固工程中呋喃改性环氧树脂的应用研究. 亚洲地区文物保护技术讨论会论文集 [C]. 北京: 文物出版社, 1989.
[6] 杨天宇, 刘于源. 乐山大佛岩体卸荷裂隙及影响初探 [J]. 鄂州大学学报, 2018, 25 (02): 106-109.
[7] 申喜旺, 孙博, 王逢睿, 等. 乐山大佛胸腹部开裂残损区域病害特征及保护措施建议 [J]. 工程勘察, 2020, 48 (01): 27-33.
[8] 周骏一. 乐山大佛风化剥蚀及渗水病害防治对策 [J]. 山地学报, 2009, 27 (03): 367-372.
[9] 周骏一, 李晓, 彭斌, 等. 模拟酸雨对乐山大佛基岩影响及其防治对策 [J]. 地质灾害与环境保护, 2005 (01): 79-84.

第 3 章

石质文物的检测与监测

3.1 基本概念与方法

3.1.1 定义

(1) 石质文物检测

石质文物检测是指使用各种仪器设备对石质文物的成分、结构、物理和化学性质、病害状况等进行测定，以获取各项指标信息。按照对文物本体的影响大小，检测方法可分为有损检测和无损检测。

石质文物无损检测泛指一切不给所测石质文物带来任何宏观物理变化和潜在危害的分析检测技术。

(2) 石质文物监测

石质文物监测是指为了记录、了解石质文物的变化状况而持续或定期进行的观察和测试行为。石质文物监测对象往往包括文物本体以及周边环境。

石质文物监测方式有：日常巡视监测、仪器自动监测、定期专业技术检测和应急性监测等。

日常巡视监测是指遗产地管理人员按计划定期巡查、定点拍照、填写巡视表格，了解和记录观察的状况。

仪器自动监测是利用物联网技术，通过安装各种探头，由仪器自动进行记录，在超过阈值时及时报警。

定期专业技术检测是由专业人员携带便携式仪器定期到文物现场开展检测，以及从现场取样带回实验室进行的检测工作。

应急性监测是针对文物本体或环境受到突发性危害或威胁时采取的检测措施，以掌握异常情况或危险因素的发展状况，为采取相应保护措施提供数据。

3.1.2 检测与监测原则

由于石质文物的特殊性和珍贵性，对其开展检测和检测工作需要遵循以下原则。

(1) 完整性和真实性原则

文化遗产保护的核心是维护遗产的价值，保持其完整性和真实性。因此，维护遗产的完整性和真实性是遗产监测工作的基本原则。在开展监测工作时，要时刻检查体现遗产价值的物理属性是否受损，遗产本体是否依然完整，关注遗产可能受到的各种破坏因素。

(2) 最小干预的原则

在监测工作中，所有检测项目、仪器设备操作和监测人员活动等均不能改变文物本体的原状，不能影响遗产地的环境，要坚持用最小干预的原则来开展文物监测工作。

(3) 客观性原则

开展监测工作时，在监测对象、检测项目、检测频度的选择上要坚持客观性原则，即要根据文物本体价值、物理属性、目前状态、可能的风险因素、已有技术和客观条件等具体情况，结合国际、国家和管理部门的要求确定。

(4) 可操作性原则

实施监测时，对于监测对象、检测项目、检测频度、所用仪器设备、分析方法等的选择，要坚持可操作性原则，不可盲目追求监测点的数量和监测仪器的高精尖程度，应根据遗产的现状，选择有代表性的监测对象，确定有针对性的检测项目，规定合适的检测频度，运用当前最先进可行的仪器设备，以及比较可信的分析技术，不间断地按计划长期坚持规范性检测。

3.1.3　石质文物监测指标与方法

（1）表面外观及病害监测

文物的表面状况，特别是病害发生和发展状况大多可以从外观变化发现。因此，定时定点记录文物表面外观和病害状况是简单直观的监测方法。文物表面外观和病害状况一般通过定点拍照、显微摄像仪记录、裂缝测宽仪来检测。检测时应特别注意文物表面的变色、各种污染物、霉菌地衣等微生物、裂隙、渗水等表面异常状况，适时记录。测量过程要注意仪器的量程，记录使用条件和测量位置。常用便携式设备包括相机、数码显微镜、裂隙测宽仪等。

（2）文物表面强度性质监测

文物的风化最明显的指标是表面强度降低。文物表面强度性质可以用回弹仪和硬度仪测量。回弹强度值与文物本体抗压性呈正相关关系，考虑到对文物的安全性，对于极脆弱和抗压强度较低的文物可采用硬度仪测量，例如便携式邵氏硬度仪或里氏硬度仪检测。

（3）文物表面结构状态监测

文物的风化都是由表及里的，检测文物表面结构是反映表面风化程度的重要内容。表面结构可以通过便携式表面粗糙度仪及超声波检测仪进行检测，表征数据是文物的表面粗糙度及超声波在文物中传播的声速值。

（4）水力学性质监测

水在文物本体内的反复迁移和干湿变化是文物风化的重要原因。文物不同深度的相对湿度可以使用微波湿度仪测出，这是一种无损的测试方法，测试迅速，适于野外监测。物体含水率的不同会导致热传导的差异，使物体局部产生温差，因此使用红外热像仪也是探测文物本体湿度分布，发现干湿驱动因素的最简单的方法之一。

（5）微生物/苔藓病害监测

微生物/苔藓病害是威胁石质文物保存的主要病害之一。了解和监测微生物/苔藓种类和丰度变化是预防生物病害的前提。病害微生物类型多种多样，比较常见的为细菌、真菌、放线菌、地衣和藻类。苔藓植物可为真菌、细菌、藻类、地衣等小型微生物提供栖息场所和生存环境，也会为其他高等植物的繁殖和入侵创造条件。微生物/苔藓的检测需要现场采样，在实验室条件下完成分子生物学（含高通量测序）分析和种属鉴定，并借助一些仪器如视频显微镜、扫描电镜、能谱仪、XRD（X射线衍射）、红外等对生物病害的作用机制进行探究。

（6）局域环境要素监测

对于野外不可移动石质文物，环境要素对文物保存状况有着重要影响，因此需要对监测对象周边的温度、湿度、光照、紫外线照度、二氧化碳、二氧化硫、二氧化氮等环境因素运用较高精度便携仪器进行检测。

（7）检测点位和监测频度

检测点位是针对监测对象，进行观察、仪器检测或病害取样的位置点。检测点位的选择应考虑：①具有代表性，能够反映文物（或参比物）的性状；②应避开文物的醒目区域和脆弱易损区域；③便于实施检测操作。

监测频度是根据文物价值、文物类型、文物状态和监测项目信息记录需求，在检测点位上单位时间间隔内获取数据或取样的次数。例如西湖世界遗产石质文物本体检测频度为每季度检测一次，生物病害取样检测频度为每年一次。

在西湖世界遗产石质文物本体监测中，为准确快速地确定检测点位，浙江大学文物保护材料实验室专门制作了 PVC（聚氯乙烯）定位孔板（图 3.1.1）。规格为：宽 15cm、长 60cm，镂空的检测孔为圆形，直径根据所选仪器探头大小确定，各孔依次相距 10cm。目前已使用了近 10 年，简单实用，效果不错。

图 3.1.1　确定检测点位的 PVC 定位孔板

3.2　故宫养心殿石质文物劣化程度检测

在环境自然因素的长期作用下，石质文物或多或少、或快或慢都在不断劣化。检测和了解其劣化程度对于及时采取抢救性保护措施，或开展预防性保护都具有重要作用。岩石的保存现状、劣化程度、风化速率等的定量检测都需要参照物。参照物一般是取同种未风化的岩石，可以是岩石内部未风化的部分，也可以是原石材矿源地的新开采的样块。但是对于年代久远的石质文物，破坏性取样检测是不允许的；另外由于时间久远或历史变迁，文物石材矿源地大多难以或无法寻觅。在这种情况下，要测定石质文物的劣化程度就不得不另选参照物。

通过大量检测实践，本工作推荐一种石质文物劣化程度定量测评的"加权改变率"方法。基本原理是选取文物保存状况最好的个体或部位作为参照物，测量其他个体或部位与参照物性能参数（如硬度、粗糙度、回弹强度、超声波波速、吸水率等）的差异，根据参数的权重计算出加权改变率，从而得到相对劣化程度的定量数据；同时，通过环境的差异确定影响因素。本工作以北京故宫养心殿区域的石质文物为例进行说明。

3.2.1　检测对象与方法

（1）检测对象

北京故宫养心殿始建于明嘉靖十六年（1537 年），坐落于紫禁城后部乾清宫西侧。自雍正皇帝开始到溥仪出宫，清代有八位皇帝先后在养心殿居住执政，是清代帝王使用时间最长的宫殿群，具有极高的历史价值。养心殿建筑群共有 18 座建筑，其中石质文物占有重要地位。2016 年 3 月，为配合养心殿研究性保护项目的开展，需要对石质文物的劣化程度进行测评。

（2）检测方法

① 调查统计：对养心殿区域的石质文物按照用途和材质逐一进行观察、分类和典型文物病害统计，了解各类石质文物的保存状况和病害分布情况。

② 分类确定参照物：在对石质文物材质分类的基础上，选取同类材质中保存状况最好的作为参照物。同类材质可以是大型石质文物的不同部位，也可以是同一历史时期制作的相同材质的不同文物。

③ 使用便携式无损检测仪器，按照确定的检测点位（以备下次测量或复查），检测待测石材与参照物石材的性能差异。

④ 根据所测参数与岩石劣化程度的相关性，利用 0～4 评分法确定参数的权重因子，计算所测石材与参照物石材的加权改变率，判断劣化程度。

⑤ 检测和观察病害石材与参照物石材的环境因素差异，对比数据，分析主要影响因素。

(3) 检测仪器

Elcometer 224 型表面粗糙度仪（英国易高）、leeb 910 邵氏-D 型硬度计（深圳凯特）、HT-225 回弹强度仪（北京海创高科）、U-81 型超声波波速仪（北京海创高科）和 MOIST300 手持式微波湿度测试仪（德国 HFsensor）。

(4) 岩石劣化程度评估方法

用不同仪器测量得到的石质文物的性能参数与岩石劣化程度的相关性各不相同，为了得到有表征意义的定量结果，本工作利用"0～4 评分法"确定每项参数的权重因子。"0～4 评分法"是一种基于经验的主观评价法，在许多领域都有应用。基本规则是最重要的参数打 4 分，最不重要的参数打 0 分，其他按参数的重要性依次排列。在本工作中，使用便携式检测仪器得到的参数有：表面硬度、表面粗糙度、回弹强度、超声波波速、微波湿度、强度推算值（由超声波波速仪根据回弹强度和波速数据自动推算）6 项参数。重要性判断主要根据三点：①参数是否反映文物整体状况；②参数在文物材料评价中是否广泛认同；③参数与岩石劣化的相关性。经过权衡，本工作使用的权重因子见表 3.2.1。其中，湿度主要体现岩石含水现状，故未计入改变率中。无疑，权重因子可以根据具体检测项目和评价要求适当调整。

表 3.2.1 石质文物性能参数权重 0～4 评分法计算表

参数名称	邵氏硬度（HD）	粗糙度（μm）	回弹强度（MPa）	超声波（km/s）	强度推算值（MPa）	得分	权重因子
邵氏硬度	0	3	2	1	1	7	0.175
表面粗糙度	1	0	1	0	0	2	0.05
回弹强度	2	3	0	1	1	7	0.175
超声波波速	3	4	3	0	2	12	0.3
强度推算值	3	4	3	2	0	12	0.3

各性能参数的改变率可由 3.1 式计算；5 项参数的平均改变率由 3.2 式计算；所测石质文物劣化程度的加权改变率由 3.3 式计算。

$$改变率 = （文物性能参数 - 参照物性能参数）/ 参照物性能参数 \times 100\% \quad (3.1)$$

$$平均改变率 = \left[\sum_{i}^{5} (改变率)_i\right]/5 \quad (3.2)$$

$$加权改变率 = \left[\sum_{i}^{5} (改变率)_i \times (权重因子)_i\right]/5 \quad (3.3)$$

3.2.2 检测结果

经现场调查，养心殿石质文物按照用途分类统计：

(1) 台基石（包括台明石和台阶石），约 237 块，材质包括艾叶青、青白石、小青子三类。

(2) 柱础石，约 66 块，材质为汉白玉。

(3) 装饰石及基座，共 14 处，除 2 个大理石石狮子基座及一块水晶石外，其他均为汉白玉材质。

(4) 假山石，太湖石。

除假山石外，养心殿石质文物按照材质分类统计。

(1) 艾叶青

艾叶青是建筑饰用大理石的一种，呈浅灰或青灰色，伴有各种灰色花纹及斑痕。抛光后油光发亮，如艾叶有"淡青"之感，自古有"艾叶青"之称。主要产于北京郊区周口店一带及房山石窝村。养心殿区域的艾叶青石质文物均是台基石。

(2) 汉白玉

汉白玉：纯白色细粒大理石，洁白、细腻并有微小光泽，易雕刻，故美称汉白玉。汉白玉是一种著名的石雕材料，化学成分为碳酸钙，由石灰岩和白云岩经区域变质作用或热变质作用形成。故宫内的许多石雕和栏杆都是古代汉白玉雕刻的杰作。养心殿汉白玉石质文物均为装饰石或基座石，包括青铜仙鹤底座1个、青铜香炉底座2个、日晷底座1个、水晶石底座1个、龙形浮雕1面、抱鼓石2块、花盆鼎1个、铜鉴刻花基座2个、铜鉴光面基座2对。

(3) 青白石

青白石也是大理石的一种，产地在房山。颜色比汉白玉暗淡，青底。材质细腻，与汉白玉相当。青白石的叫法在古建修建大典中有记载，主要作为台基石、套顶石石料。养心殿区域的青白石质文物均为台基石。

(4) 小青子

小青子一般称为青砂石、青石或石府石，中粒砂岩，由石英石、长石、方解石和微量云母组成。随着岩石埋深条件不同和其他杂质如铜、铁、锰、镍等金属氧化物混入，形成多种色彩。主要产地有北京石府村、江苏吴县等。养心殿青石质文物均为台基石，总共7块。

由于养心殿石质文物数量很多，为便于说明，本文仅列出了前三类石质文物的参照物和1例保存状况较差的石质文物的检测结果，以说明劣化程度测评过程。

3.2.3 测评与讨论

(1) 艾叶青石材

① 检测

参照物：养心殿大殿偏西侧对面琉璃墙1m处刻花台基石，编号艾叶青1号（图3.2.1）。检测点位：以台基石以左下方为原点，左侧边为y轴，靠近大殿侧边为x轴，选点坐标（20cm，15cm）。

被检石质文物：东配殿台阶右侧斜坡石，编号艾叶青2号。检测点位：斜坡石左下方为原点，左侧边为y轴，靠近地面侧边为x轴，选点坐标（10cm，15cm）；微波湿度测点（20cm，12cm）、（20cm，24cm）、（80cm，12cm）、（80cm，24cm）、（140cm，12cm）、（140cm，24cm），检测点位如图3.2.2所示。

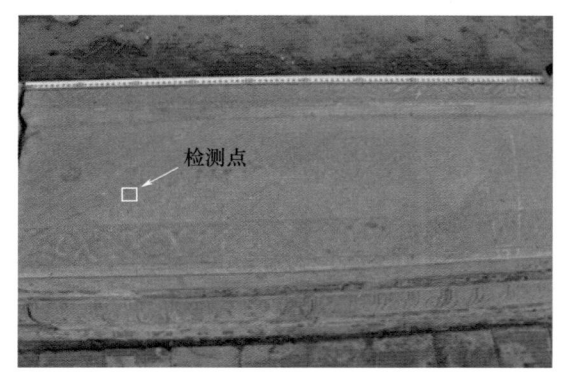

图3.2.1 艾叶青检测参照物
——刻花台基石艾叶青1号

图3.2.2 东配殿台阶右侧斜坡石
——艾叶青2号照片

② 数据及分析

艾叶青2号与参照物艾叶青1号的邵氏硬度数据对比见表3.2.2；粗糙度数据对比见表3.2.3；回弹强度数据对比见表3.2.4；超声波波速分析对比如图3.2.3所示；微波湿度数据对比见表3.2.5。艾叶青2号微波湿度分布如图3.2.4所示。

表 3.2.2　艾叶青石材邵氏硬度　（单位：HD）

编　　号	次　　数			平均
	1	2	3	
艾叶青 1 号	93.5	92.6	94.1	93.4
艾叶青 2 号	80.4	76.8	80.2	79.1

表 3.2.3　艾叶青石材粗糙度　（单位：μm）

编　　号	次　　数			平均
	1	2	3	
艾叶青 1 号	74	53	64	63.7
艾叶青 2 号	596	562	576	578

表 3.2.4　艾叶青石材回弹强度　（单位：MPa）

编　　号	次　　数			平均
	1	2	3	
艾叶青 1 号	53	56	54	54.3
艾叶青 2 号	24	26	26	25.3

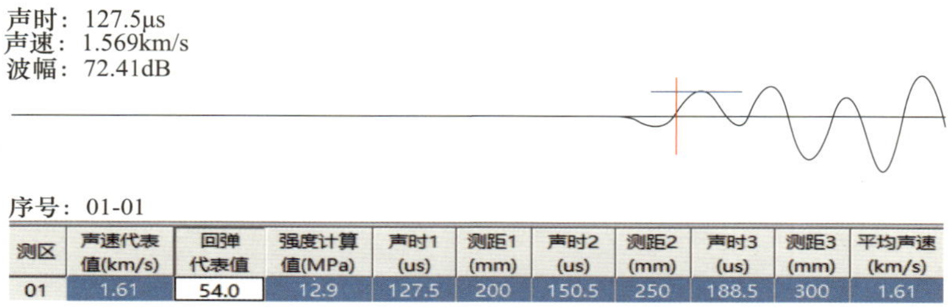

声时：127.5μs
声速：1.569km/s
波幅：72.41dB
序号：01-01

测区	声速代表值(km/s)	回弹代表值	强度计算值(MPa)	声时1 (us)	测距1 (mm)	声时2 (us)	测距2 (mm)	声时3 (us)	测距3 (mm)	平均声速 (km/s)
01	1.61	54.0	12.9	127.5	200	150.5	250	188.5	300	1.61

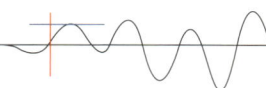

(a) 艾叶青1号

声时：127.5μs
声速：1.569km/s
波幅：72.41dB
序号：01-01

测区	声速代表值(km/s)	回弹代表值	强度计算值(MPa)	声时1 (us)	测距1 (mm)	声时2 (us)	测距2 (mm)	声时3 (us)	测距3 (mm)	平均声速 (km/s)
01	1.61	25.3	3.4	127.5	200	150.5	250	188.5	300	1.61

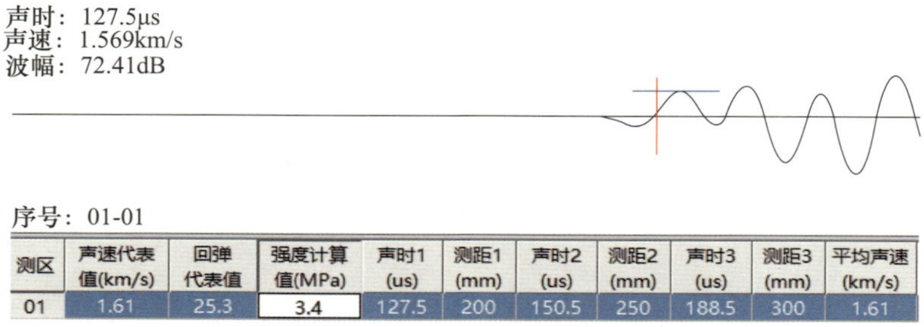

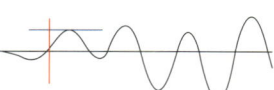

(b) 艾叶青2号

图 3.2.3　艾叶青石材超声波波速分析图

表 3.2.5　艾叶青石材微波湿度数据对比　（单位：%）

编号	深度（cm）	次数			平均
		1	2	3	
艾叶青 1 号	3	8.7	9.6	9.5	9.3
	7	9.3	9.9	10.1	9.8
艾叶青 2 号	3	1.2	7.5	8.6	5.8
	7	1.2	8.3	8.5	6

由艾叶青 2 号斜坡石湿度分布图可以明显看出,下方劣化程度大的地方,湿度明显降低。

艾叶青 2 号石质文物与参照物(艾叶青 1 号石质文物)的表面硬度、表面粗糙度、回弹强度、超声波波速、强度推算值(由超声波波速仪根据回弹强度和波速数据自动推算)5 项参数的改变率、平均改变率,以及加权改变率见表 3.2.6。其中,各项参数的改变率由 3.1 式计算,平均改变率由 3.2 式计算,加权改变率由 3.3 式计算,权重因子见表 3.2.1。

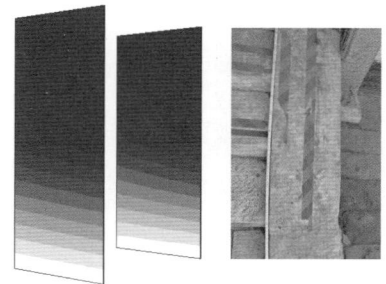

图 3.2.4　艾叶青 2 号斜坡石微波湿度分布图

表 3.2.6　艾叶青 2 号石材各项参数改变率、平均改变率和加权改变率

项目	邵氏硬度 (HD)	粗糙度 (μm)	回弹强度 (MPa)	超声波 (km/s)	强度推算值 (MPa)	平均改变率 (%)	加权改变率 (%)
改变率	15.30	807	53.40	0	73.60	189.86	74.5

根据表 3.2.6 数据可以明显发现,艾叶青 2 号石质文物的物理性质与参照物(艾叶青 1 号石质文物)相比,五项参数平均改变了 189.86%,加权后平均改变率为 74.5%,说明艾叶青 2 号石质文物材料劣化程度严重。用类似方法可以得到其他艾叶青石质文物的相对劣化程度。

③ 病害观察

艾叶青 1 号石质文物保存状况较好,除侧面有轻微溶蚀及表面灰尘外无明显病害。艾叶青 2 号石质文物病害观察统计见表 3.2.7。

表 3.2.7　艾叶青 2 号石质文物病害观察统计表　　　　　　　　　　　(单位:cm)

材质	病害分类		病害描述	程度
艾叶青	表层风化	粉化剥落	表面有 53×38+30×10 大小的粉化剥落	严重
		片状剥落	相同区域有 53×38+30×10 大小的片状剥落	严重
		溶蚀	相同区域有 53×38+30×10 大小的溶蚀	中度
		孔洞	有 21 个直径 0.5~5 的封闭式孔洞	中度
	裂隙/渗水		底部有一条长 28 宽 0.1 的贯穿裂隙以及两条构造裂隙长 36、15	严重
艾叶青	污染变色	大气粉尘	大面积分布,已经使石材表层雕刻花纹模糊难辨	中度
		水锈结壳	分布于侧面,渗水、流水处	中度
		人为污染	部分位置有油污。有一块 10×3 的椭圆形油污	轻微

④ 影响因素分析

a. 水分影响。从表 3.2.5 和图 3.2.4 可以看到,艾叶青 2 号的湿度比参照物(艾叶青 1 号)要低许多,其检测值差异也较大。其原因一方面是疏松的石材持水性差,另一方面很可能是水分在石材中频繁干湿变化,包括干湿缩胀作用和水迁移的盐结晶作用,使得石材劣化过程加速。

b. 踩踏磨蚀等影响。艾叶青 2 号是东配殿台阶右侧斜坡石,踩踏磨蚀频率显然要高于大殿琉璃墙台基石(艾叶青 1 号)。由艾叶青 2 照片也可看到斜坡底端已有断裂和破损,过分受力应是石材劣化快的原因之一。

c. 石质影响。仔细观察可以发现,艾叶青 2 号与参照物(艾叶青 1 号)表面颜色不完全相同,这不仅仅是长期摩擦变青的缘故,还有可能是当时就选择了较好的石材去做台基石,选择了较差的石材去做斜坡石。

(2) 汉白玉石材

① 检测文物

参照物：养心殿大殿正面偏东侧青铜香炉汉白玉基座，编号汉白玉1号。检测点位：以基座顶部圆形平台中心为圆心，正北方为0°，在上、下两层圆形表面150°方向和330°方向，距离边缘3cm处，如图3.2.5所示。

被检石质文物：燕禧堂前院花盆鼎汉白玉基座，编号汉白玉2号。检测点位：以基座顶部圆形平台中心为圆心，正北方为0°，在顶层圆形平面60°，距离边缘3cm处，如图3.2.6所示。

图3.2.5 青铜香炉基座汉白玉1号照片

图3.2.6 燕禧堂前院花盆鼎汉白玉基座照片（汉白玉2号）

② 检测数据及分析（图3.2.7和表3.2.8～表3.2.11）

声时：134.0 μs
声速：1.493 km/s
波幅：71.20 dB

序号：01-01

测区	声速代表值(km/s)	回弹代表值	强度计算值(MPa)	声时1(μs)	测距1(mm)	声时2(μs)	测距2(mm)	声时3(μs)	测距3(mm)	平均声速(km/s)
01	1.59	61.0	15.7	134.0	200	178.0	250	160.0	300	1.59

(a) 汉白玉1号

声时：127.5 μs
声速：1.569 km/s
波幅：69.85 dB

序号：01-01

测区	声速代表值(km/s)	回弹代表值	强度计算值(MPa)	声时1(μs)	测距1(mm)	声时2(μs)	测距2(mm)	声时3(μs)	测距3(mm)	平均声速(km/s)
01	1.57	21.0	2.3	127.5	200					1.57

(b) 汉白玉2号

图3.2.7 汉白玉石材超声波波速分析图

表 3.2.8　汉白玉石材邵氏硬度　　　　　　　　　　　　　　　　　　（单位：HD）

编号		次数			平均
		1	2	3	
汉白玉 1 号	150°上	89.9	87.8	90.5	89.4
	150°下	86.8	88.6	89.8	88.4
	330°上	94.6	93.8	95.2	94.5
	330°下	93.8	94.2	93.7	93.9
汉白玉 2 号		69.8	71.2	68.6	69.9

表 3.2.9　汉白玉石材粗糙度　　　　　　　　　　　　　　　　　　（单位：μm）

编号		次数			平均
		1	2	3	
汉白玉 1 号	150°上	123	129	130	127.3
	150°下	33	32	33	32.7
	330°上	30	31	33	31.3
	330°下	30	28	32	30
汉白玉 2 号		556	538	586	560

表 3.2.10　汉白玉石材回弹强度　　　　　　　　　　　　　　　　　（单位：MPa）

编号		次数			平均
		1	2	3	
汉白玉 1 号	150°上	60	64	62	62
	150°下	60	58	62	60
	330°上	60	62	60	60.7
	330°下	62	60	62	61.3
汉白玉 2 号		21	23	20	21.3

表 3.2.11　汉白玉石材微波湿度　　　　　　　　　　　　　　　　　（单位：%）

编号		深度(cm)	次数			平均
			1	2	3	
汉白玉 1 号	150°上	3	8.3	8.5	8.1	8.3
		7	7.7	7.5	7.9	7.7
	150°下	3	8.3	8.6	8.9	8.6
		7	8.4	8.5	8.6	8.6
	330°上	3	9.3	9.4	9.2	9.3
		7	9.0	8.6	8.8	8.8
	330°上	3	9.8	9.4	9.6	9.6
		7	6.5	6.2	5.7	6.2
汉白玉 2 号		3	4.2	4.0	3.6	3.9
		7	6.9	6.2	7.3	6.8

按照前文 3.2.1 中艾叶青石质文物劣化程度的相同计算方法，汉白玉 2 号石质文物与参照物（汉白玉 1 号石质文物）的表面硬度、表面粗糙度、回弹强度、超声波波速、强度推算值 5 项参数的改变率、平均改变率，以及加权改变率见表 3.2.12。

表 3.2.12　汉白玉石材各项数据改变率　　　　　　　　　　　　　　（单位：%）

项目	邵氏硬度(HD)	粗糙度(μm)	回弹强度(MPa)	超声波(km/s)	强度推算值(MPa)	平均改变率(%)	加权改变率(%)
改变率	23.60	912	65.10	1.30	85.30	217.50	87.1

根据表 3.2.12 数据可以看到，汉白玉 2 号石质文物与参照物（汉白玉 1 号）相比，五项参数平均改变率 217.5%，加权改变率 87.1%，说明汉白玉 2 号相对劣化程度严重。从图 3.2.6 可知，汉白玉 2 号整个保存状况比较差，尤其是西北方向保存状况最差。

③ 病害观察

汉白玉 1 号文物除表面轻微溶蚀及小面积轻微水锈外无其他明显病害。汉白玉 2 号石质文物病害观察统计见表 3.2.13。

表 3.2.13　汉白玉 2 号石质文物病害观察统计表　　　　　　　　　　（单位：cm）

材质	病害分类		病害描述	程度
汉白玉	表层风化	粉化剥落	表面和下部基座有 55×20+30×15 大小的粉化剥落	严重
		片状剥落	相同区域有 55×20+30×15 大小片状剥落	严重
		溶蚀	相同区域有 55×20+30×15 大小的较严重溶蚀	严重
	裂隙/渗水		顶部有长 64 宽 0.1~0.5 贯穿裂隙一条，3 条 15 宽 0.1~0.3 裂隙，底部基座有长 65 宽 0.1~0.8 贯穿裂隙	严重
	污染变色	大气粉尘	大面积分布，已使石材变为灰白色	中度
		水锈结壳	中部和底部均有大面积灰黑色水锈结壳	严重
		人为污染	汉白玉 1 有 4 块直径 5cm 的圆形油渍	轻微

④ 影响因素分析

a. 环境温湿度影响。汉白玉 2 号处于养心殿西北屋檐下，环境较汉白玉 1 号所处环境明显阴冷潮湿，冬天温度更低。从表 3.2.11 的微波湿度数据可以看到，汉白玉 2 号的湿度比参照物（汉白玉 1 号）要低许多。材料湿度降低，说明石材的保水性能降低，这是石材劣化的信号之一，3cm 深度的湿度小于 7cm 深度，说明劣化发展是由表及里的。其原因很可能是西北方向环境温度偏低、湿度偏高，有更多的水分在更低的温度下参与干湿缩胀作用、冻融冰劈和水迁移的盐结晶作用，使得石材劣化过程加速。从参照物汉白玉 1 号看，也同样有朝向的差异，330°（偏西）数据与 150°（南方偏东）数据相比较差。

b. 文物本身材质影响。根据观察发现，保存不好的汉白玉材质相比保存好的汉白玉表面微裂隙明显较多、颜色较暗淡、岩石颗粒明显较大，推测原因是用料有所不同。

(3) 青白石

① 检测文物

参照物：燕禧堂门口西侧台阶基石，编号青白石 1 号；检测点位：上表面悬空测边为 x 轴，柱础角边为 y 轴，选点坐标（15cm，40cm），如图 3.2.8 所示。

被检石质文物：西围房最北侧的台基石，编号青白石 2 号。检测位点：上表面悬空测边为 x 轴，柱础角边为 y 轴，选点坐标（15cm，40cm），如图 3.2.9 所示。

图 3.2.8　燕禧堂门口台基石青白石 1 号照片　　图 3.2.9　西围房最北侧的台基石青白石 2 号照片

② 检测数据及分析（图 3.2.10 和表 3.2.14～表 3.2.17）

表 3.2.14　青白石石材邵氏硬度　　　　　　　　（单位：HD）

编　号	次　数			平均
	1	2	3	
青白石 1 号	96.1	95.6	94.1	95.3
青白石 2 号	80.4	84.8	86.2	83.6

表 3.2.15　青白石石材粗糙度　　　　　　　　（单位：μm）

编　号	次　数			平均
	1	2	3	
青白石 1 号	111	113	115	113
青白石 2 号	242	199	89	176.7

表 3.2.16　青白石石材回弹强度　　　　　　　　（单位：MPa）

编　号	次　数			平均
	1	2	3	
青白石 1 号	61	62	63	62
青白石 2 号	43	40	47	43.3

声时：117.0 μs
声速：1.709 km/s
波幅：71.20 dB

序号：01-01

测区	声速代表值(km/s)	回弹代表值	强度计算值(MPa)	声时1(μs)	测距1(mm)	声时2(μs)	测距2(mm)	声时3(μs)	测距3(mm)	平均声速(km/s)
01	2.34	62.0	28.2	117.0	200	90.0	250	118.5	300	2.34

（青白石 1 号）

声时：114.5 μs
声速：1.747 km/s
波幅：69.85 dB

序号：01-01

测区	声速代表值(km/s)	回弹代表值	强度计算值(MPa)	声时1(μs)	测距1(mm)	声时2(μs)	测距2(mm)	声时3(μs)	测距3(mm)	平均声速(km/s)
01	1.75	43.3	9.8	114.5	200					1.75

（青白石 2 号）

图 3.2.10　青白石超声波波速分析

表 3.2.17　青白石石材微波湿度　　　　　　　　　　（单位：%）

编　号	深度(cm)	次　数			平均
		1	2	3	
青白石 1 号	3	7.1	7.8	7.6	7.5
	7	9.1	8.9	9.7	9.2
青白石 2 号	3	6.4	5.9	7.6	6.6
	7	9.7	9.0	8.5	9.0

按照 3.2.1 中艾叶青石质文物劣化程度的相同计算方法，青白石 2 号石质文物与参照物（青白石 1 号）的 5 项检测参数的改变率、平均改变率，以及加权改变率见表 3.2.18。

表 3.2.18　青白石石材各项数据改变率　　　　　　　　　　（单位：%）

项目	邵氏硬度(HD)	粗糙度(μm)	回弹(MPa)	超声波(km/s)	强度推算值(MPa)	平均改变率(%)	加权改变率(%)
改变率	12.3	56.4	30.2	25.2	65.2	37.9	37.4

根据表 3.2.18 数据可以看到，青白石 2 号石质文物与参照物（青白石 1 号）相比，物理性质差距较大，5 项参数平均改变率 37.9%，加权改变率 37.4%，材料相对劣化程度较重。

③ 病害观察

青白石 1 号文物表面边缘有轻微粉化剥落及粉尘，其他无明显病害。青白石 2 号文物病害观察见表 3.2.19。

表 3.2.19　青白石 2 号石质文物病害观察表

材质	病害分类		病害描述	程度
汉白玉	表层风化	粉化剥落	表面边缘有粉化剥落	轻微
		片状剥落	表面左下部分边缘有片状剥落	中度
		溶蚀	表面边缘和侧面有轻微溶蚀	轻微
		裂隙/渗水	表面有多条斜向风化裂隙但都不长不深	中度
	污染变色	粉尘	大面积分布，已经使两石材本体花纹模糊难辨	中度
		水锈结壳	分布于侧面经常渗水、流水处	中度
		人为污染	部分地方有油污发现	轻微

④ 影响因素分析

养心殿青白石颗粒细密，材质坚硬、裂隙较少、表面光滑，大部分保存较好。不同朝向青白石文物保存状况没有明显差别。保存较差的青白石为少数（如青白石 2 号），主要症状是微裂隙较多，材料物理性能降低。观察发现保存较好的青白石，表面均较光滑，可能是由于经过打磨加工处理，也可能是该位置经常摩擦；保存较差的青白石表面均匀布满加工时留下的凿痕，比较粗糙，推测表面光滑程度可能是影响青白石保存状况的因素之一。

3.2.4　结论

（1）本工作提出了一种石质文物劣化程度定量测评的"加权改变率"方法。基本原理是选取同类石材中保存最好的个体或部位作为参照物，测量相同材质石质文物与参照物的性能参数，确定各参数的权重因子，由此计算出该石质文物与参照物性能参数的平均改变率和加权改变率，从而定量地判断石质文物相对于参照物的劣化程度。

（2）以北京故宫养心殿区域石质文物为例，按照艾叶青、汉白玉、青白石三类材质的石质文物，分别选择参照物，使用便携式无损检测仪器，按照确定的检测点位测量硬度、粗糙度、回弹强度、超声波波速、吸水率等参数，然后计算五项参数的平均改变率和加权改变率，由此可以明显发现各石质文物相对于参照物的劣化程度。

（3）综合分析养心殿区域三类石质文物的劣化程度，可以判断影响石质文物保存的主要因素有：a. 摆放位置和朝向；b. 水分含量；c. 经常受力部位；d. 石材本身材质差异。

3.3 云冈石窟污染物分析检测

3.3.1 项目概述

云冈石窟已有1500多年的历史。长期以来，在各种自然作用和人为因素的影响下，石窟污染和风化严重。

作为国家科技支撑计划课题"石质文物表面有害污物清洗技术研究"的研究内容之一，于2010年1月，浙江大学文物保护实验室会同云冈石窟研究院和西安文物保护修复中心，共同对云冈石窟45个洞窟内的污染物病害进行了系统调查。

分析检测是病因研究的重要手段，已有许多学者和保护工作者曾对洞窟污染物以及病害影响因素等进行过分析检测。但是从文献检索看，对污染物与岩石基底结合方式的分析检测研究还相当欠缺，而这正是洞窟污染物清洗技术研究的基础。本节我们以云冈石窟各类主要污染物为例，以仪器检测方法为主，研究探讨污染物与文物本体的结合状况。

3.3.2 试验仪器与样品制备

（1）试验仪器

场发射扫描电镜（SEM），SIRION-100，FEI（美国）；X射线衍射（XRD），AXS D8 AD-VANCE（德国）；三维视频显微镜，KEYENCE VHX-1000（日本）；X射线荧光光谱仪，XRF-1800（日本）；傅里叶变换红外光谱（FT-IR），NICOLET 560（美国）；偏光显微镜，Nikon Eclipse E600 POL（日本），配置Digital Camera DXm1200F 工业摄像头。

（2）样品制备

样品均来自云冈石窟，大部分取自掉落石块的表面层，按仪器检测需要的大小制备。垂直剖面薄片样品采用包埋法制样。首先将小块样品放入小容器内，加入胶水使样品完全浸入，静置一天使胶固结，使样品完全被包埋，以确保样品表层在切制薄片过程中不脱落，使风化表层和沉积物完整保留。然后，按岩石薄片切制方法，制成 0.03~0.05mm 厚度的薄片。为便于电镜观察与能谱分析，所有薄片均未加盖玻片。

3.3.3 检测结果与讨论

（1）粉尘沉积

在云冈石窟所有污染物病害种类中，粉尘沉积的比例高居首位，占总污染物病害总面积的53%，达 3699m^2。云冈石窟内粉尘的成分，已有国外学者用中子活化分析法、ICP-MS法和离子色谱法做过样品成分分析，结果表明云冈石窟粉尘中含有 Cu、Pb、Zn、Ti、K、Al、Ca、Fe、

Mn 等 22 种金属元素,以及硫酸盐、硝酸盐和氯化物等可溶盐类。在此次调研中,浙江大学文物保护实验室以云冈第 33 窟的两块砂岩样品为例,将裸露出的灰色壳层砂岩(粉尘砂岩)和表层下约 3cm 处的内层砂岩,采用 EDAX 和 FT-IR 等仪器进行了分析。比较其他各窟取样的分析结果看,情况都十分类似。

① 粉尘沉积物 EDAX 能谱数据见表 3.3.1。

表 3.3.1　云冈石窟粉尘沉积物 EDAX 能谱数据　　　　质量分数,%

样品	C	O	Mg	Al	Si	P	S	Cl	K	Ca	Fe
内层砂岩	11.91	15.93	1.26	6.07	52.47	4.94	2.84	0.48	0.49	1.02	2.55
粉尘砂岩	16.21	38.26	1.64	4.51	8.58	—	12.04	—	1.17	15.08	1.92

② 粉尘沉积物 SEM 照片(图 3.3.1)

(a) 20100603 粉尘砂岩 1000 倍　　(b) 20100512 粉尘砂岩 3000 倍

(c) 20100603 粉尘砂岩 5000 倍　　(d) 20100512 粉尘砂岩 10000 倍

图 3.3.1　云冈石窟粉尘沉积物 SEM 照片

③ 粉尘沉积物 FT-IR 图谱(图 3.3.2)
④ 粉尘沉积物 XRD 图谱(图 3.3.3)

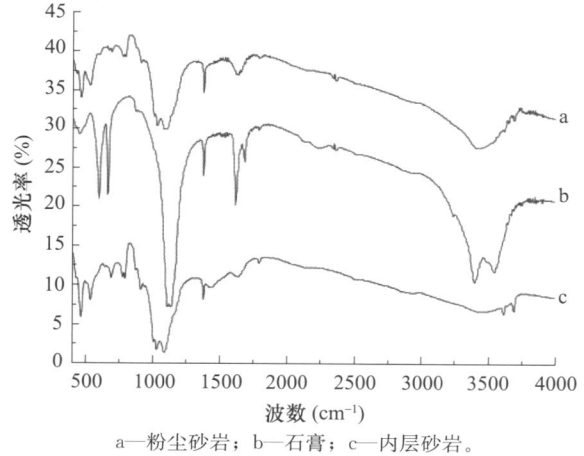

a—粉尘砂岩;b—石膏;c—内层砂岩。

图 3.3.2　云冈石窟粉尘沉积物 FT-IR 图谱

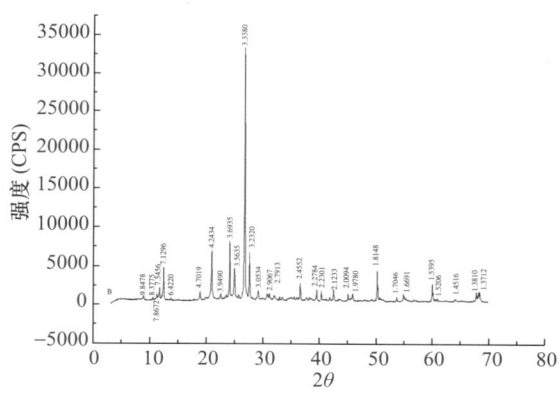

图 3.3.3　云冈石窟粉尘沉积砂岩的 XRD 图谱

⑤ 视频显微镜照片（图3.3.4）

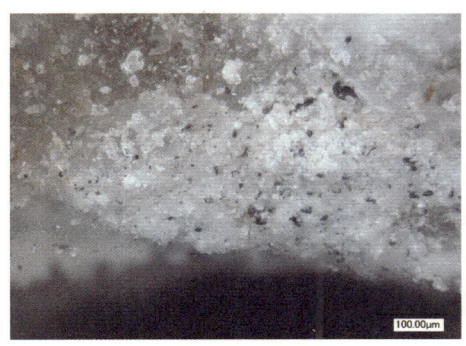
(a) 粉尘沉积砂岩500倍

(b) 粉尘沉积砂岩500倍

图3.3.4　云冈石窟粉尘沉积砂岩的视频显微镜照片

⑥ 偏光显微镜——垂直剖面切片照片（图3.3.5）

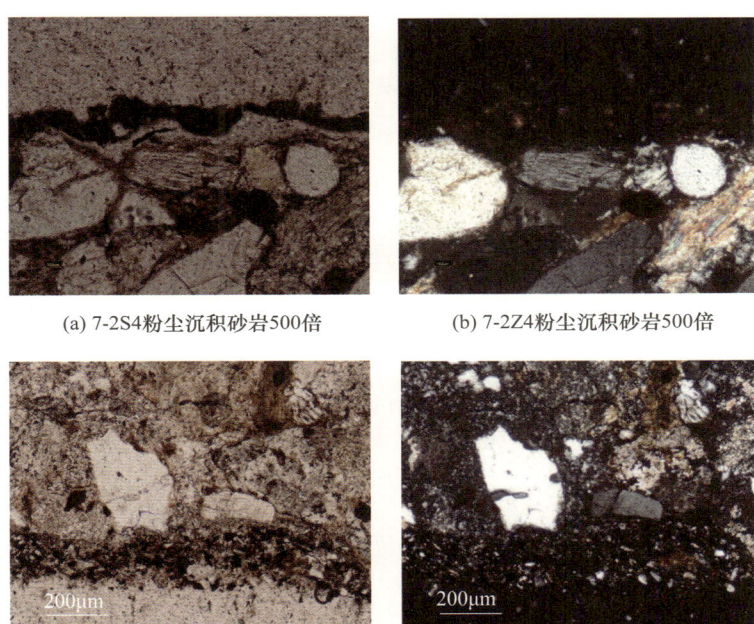

(a) 7-2S4粉尘沉积砂岩500倍　　　(b) 7-2Z4粉尘沉积砂岩500倍

(c) 7-2S5粉尘沉积砂岩300倍　　　(d) 7-2Z5粉尘沉积砂岩300倍

图3.3.5　云冈石窟粉尘沉积砂岩的偏光显微镜

⑦ 结果讨论

从FT-IR图谱看到，云冈石窟粉尘砂岩样品的峰值信号分别为：3541，1643，1632，1115，667，471（单位：cm^{-1}）。纯石膏（二水硫酸钙）的FT-IR图谱主要含有SO_4^{2-}和H_2O的吸收峰。

a. SO_4^{2-}的吸收带：1000~1170cm^{-1}范围内SO_4^{2-}的对称和不对称伸缩振动吸收带，600~700cm^{-1}范围内SO_4^{2-}的弯曲振动吸收带；

b. H_2O的两个吸收带：1610~1680cm^{-1}范围内H_2O的弯曲振动吸收带，3400~3600cm^{-1}范围内水的伸缩振动吸收带。

对比粉尘砂岩和石膏的FT-IR图谱后可以明显看到，粉尘砂岩中含有SO_4^{2-}和H_2O。粉尘砂岩样品的XRD图谱也证明这两种原子团以石膏矿物的形式存在（$d=7.782$）。

从 EDAX 能谱数据可知，相比于未风化的云冈石窟内层砂岩，粉尘砂岩样品表面的 C、O、S、Ca 等元素的含量明显增加，而 Si 元素的含量显著下降，Al 元素含量略有降低。从 FT-IR 和 XRD 图谱可知，O、S、Ca 元素是以硫酸钙的形式存在于砂岩中，说明粉尘砂岩表面已因硫的作用而发生了化学风化；而 Si 和 Al 元素是砂岩矿物的重要组成元素，其在表面含量的减少是因砂岩风化和矿物成分流失的结果。从 SEM 电镜照片也可见，粉尘砂岩样品的结构疏松，颗粒物具有较大的结晶度，晶粒较大，棱角分明，可以清晰地看到砂岩基底的层状结构，以及层状结构之间的较大空隙。由于砂岩表层硫酸钙的形成和表层结构的疏松化，明显增加了砂岩表面对粉尘的吸附量。

从视频显微镜照片可见，粉尘砂岩表面沉积层颗粒细小，结构比较疏松。

从偏光显微镜照片可见，砂岩表层被黑灰色颗粒物（灰尘）堆积覆盖，与岩石表面贴合密切 [图 3.3.5（a）、图 3.3.5（b）]；岩石表面下氧化态的 Fe 质扩散染色明显，表层岩石风化强烈，边缘有细粒风化层 [图 3.3.5（c）、图 3.3.5（d）]。结合前面 EDAX、SEM、FT-IR、XRD 等检测结果可以判断，砂岩上粉尘沉积的结壳是硫酸钙与吸附灰尘的结合壳层。

（2）盐碱结晶

在云冈石窟，有盐碱结晶（包括石膏壳层）现象的面积约占污染物病害总面积的 31%，有 2236m²，仅次于粉尘沉积。以第 4 窟和第 26 窟因盐结晶剥落的砂岩样品为例，对盐碱砂岩的检测分析数据如下。

① EDAX 能谱数据见表 3.3.2

表 3.3.2　云冈石窟砂岩盐碱结晶 EDAX 能谱数据　　　　　　　　　　（质量分数，%）

样品	C	O	Mg	Al	Si	P	S	Cl	K	Ca	Fe
内层砂岩	11.91	15.93	1.26	6.07	52.47	4.94	2.84	0.48	0.49	1.02	2.55
盐碱砂岩1	12.12	45.69	3.88	5.34	22.15	0.70	6.36	0.23	1.06	1.21	1.25
盐碱砂岩2	11.04	46.67	4.13	9.86	20.11	0.79	1.02	0.59	2.82	1.14	1.65

② XRD 图谱（图 3.3.6）

③ SEM 照片（图 3.3.7）

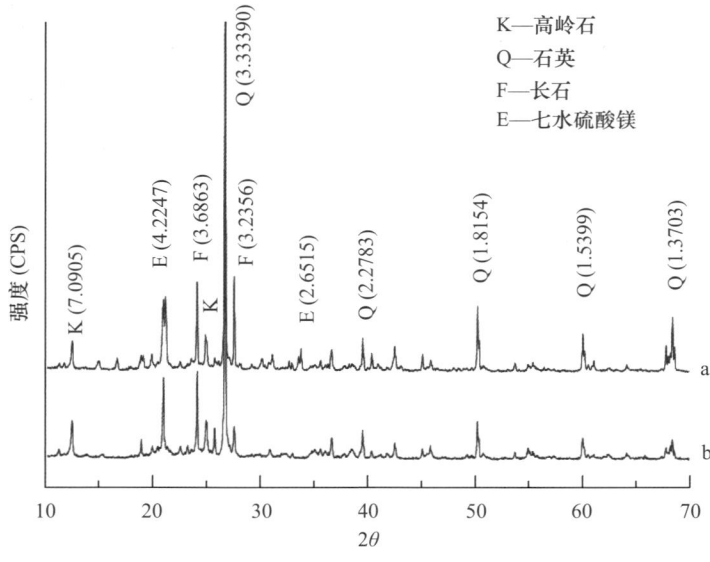

图 3.3.6　云冈石窟盐碱砂岩 XRD 图谱

(a) 20101011盐碱砂岩2000倍　　　　　　(b) 2010盐碱砂岩5000倍

图 3.3.7　云冈石窟盐碱砂岩 SEM 照片

④ 视频显微镜照片（图 3.3.8）

(a) 盐碱砂岩500倍　　　　　　　　(b) 盐碱砂岩150倍

图 3.3.8　云冈石窟盐碱砂岩背面盐碱视频显微镜照片

⑤ 偏光显微镜照片（图 3.3.9）

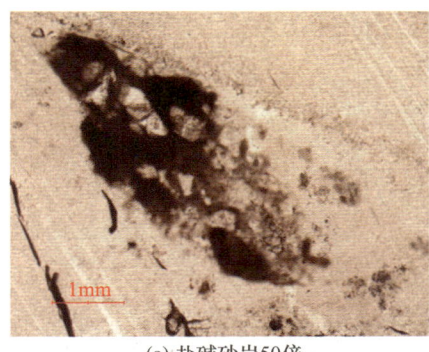
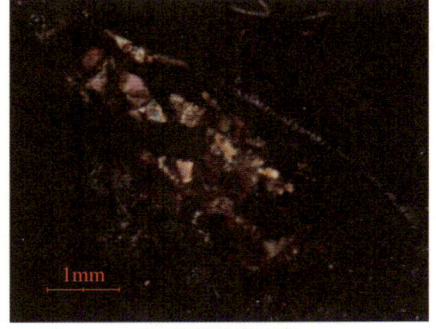

(a) 盐碱砂岩50倍　　　　　　　　(b) 盐碱砂岩50倍

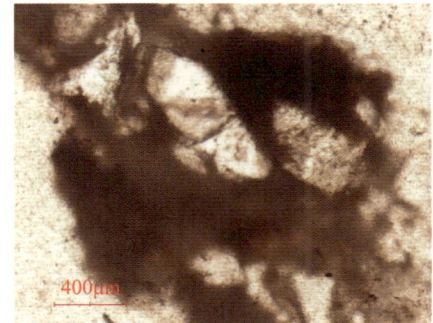
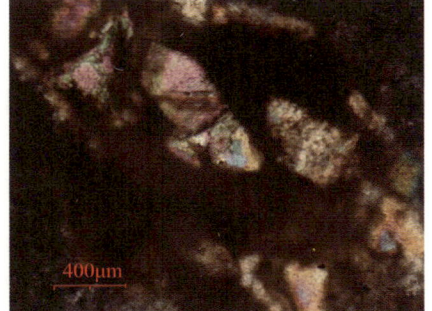

(c) 盐碱砂岩150倍　　　　　　　　(d) 盐碱砂岩150倍

图 3.3.9　云冈石窟盐碱砂岩垂直剖面切片照片

⑥ 结果讨论

从 EDAX 能谱数据可知，盐碱砂岩样品中 O、Mg、S 元素的含量都有不同程度的上升，而黏土矿物的主要成分 Si、Al 等元素含量却显著下降。O、Mg、S 元素在样品中的富集，以及 Si、Al 等元素的流失足以证明盐碱结晶样品的矿物成分和矿物结构发生了改变。

由 XRD 图谱可知，盐碱砂岩样品的矿物成分除了长石、石英、高岭石等主要砂岩矿物外，还有一定量的硫酸钙和硫酸镁盐存在，这与能谱数据中 O、Mg、S 元素含量的增加相符，只是由于其相对含量较小，在 XRD 图谱中的信号值不明显。

从视频显微镜照片可以看到盐碱砂岩样品表面的盐碱结晶颗粒；从盐碱砂岩的 SEM 电镜照片可见，盐碱砂岩样品的结构疏松，颗粒物结晶度高，晶粒较大，棱角分明，形状较规则。这些结晶物充填在砂岩孔隙中，成为盐碱结晶破坏砂岩孔隙的证据。

由于砂岩样品的盐碱已溶解于切片时的水流，所切岩石薄片上局部成分已缺失，形成空洞 [图 3.3.9 (a)、图 3.3.9 (b)]；薄片上石英颗粒有脱落现象 [图 3.3.9 (c)、3.3.9 (d)]。原因是盐碱的结晶膨胀作用已使岩石颗粒松动所致。结合前面 EDAX、SEM、XRD 等检测结果可以判断，易溶盐和中溶盐在砂岩表面和表层颗粒间结晶析出，明显地改变了砂岩的微结构，使岩石变得疏松。

(3) 烟熏黑垢

烟熏黑垢是云冈石窟内污染面积位列第三的污染物病害，占总污染物病害总面积的 8.7%，有 600m²。

以第 32 窟等窟内烟熏黑垢砂岩掉落块为例，对烟熏黑垢砂岩的主要分析数据有：

① EDAX 能谱数据（表 3.3.3）

表 3.3.3　云冈石窟内烟熏黑垢砂岩 EDAX 能谱数据　　　（质量分数，%）

样品	C	O	Mg	Al	Si	P	S	Cl	K	Ca	Fe
内层砂岩	11.91	15.93	1.26	6.07	52.47	4.94	2.84	0.48	0.49	1.02	2.55
烟熏样品	38.22	8.36	0.22	6.29	11.43	0.22	3.72	3.65	3.65	7.52	16.72

② SEM 照片（图 3.3.10）

(a) 20100603烟熏黑垢1000倍

(b) 20100415烟熏黑垢3000倍

(c) 20100415烟熏黑垢50000倍

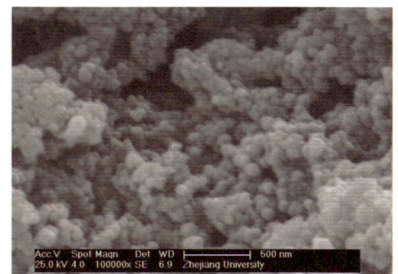
(d) 20100415烟熏黑垢100000倍

图 3.3.10　云冈石窟内烟熏黑垢砂岩 SEM 照片

③ FT-IR 图谱（图 3.3.11）

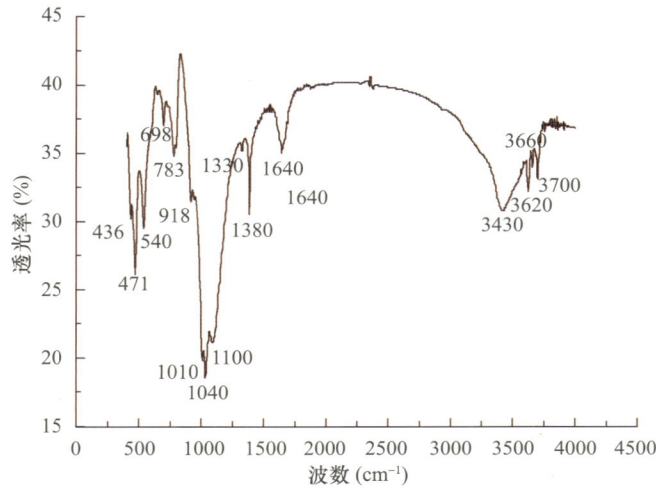

图 3.3.11　云冈石窟内烟熏黑垢砂岩 FT-IR 图谱

④ 视频显微镜照片（图 3.3.12）

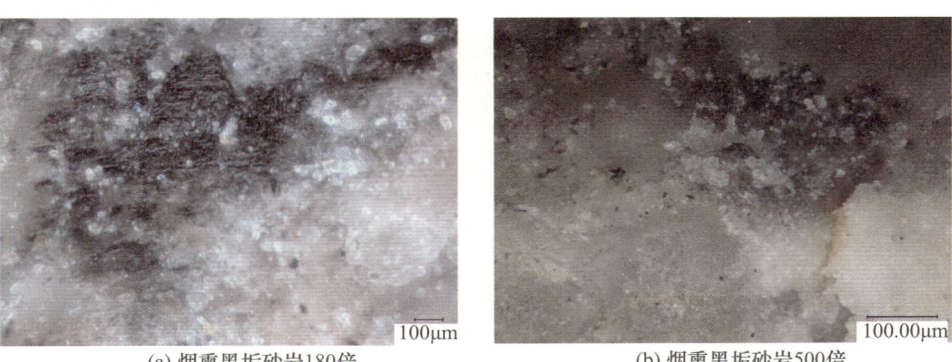

(a) 烟熏黑垢砂岩180倍　　　　　(b) 烟熏黑垢砂岩500倍

图 3.3.12　云冈石窟内烟熏黑垢砂岩视频显微镜照片

⑤ 偏光显微镜——垂直剖面切片照片（图 3.3.13）

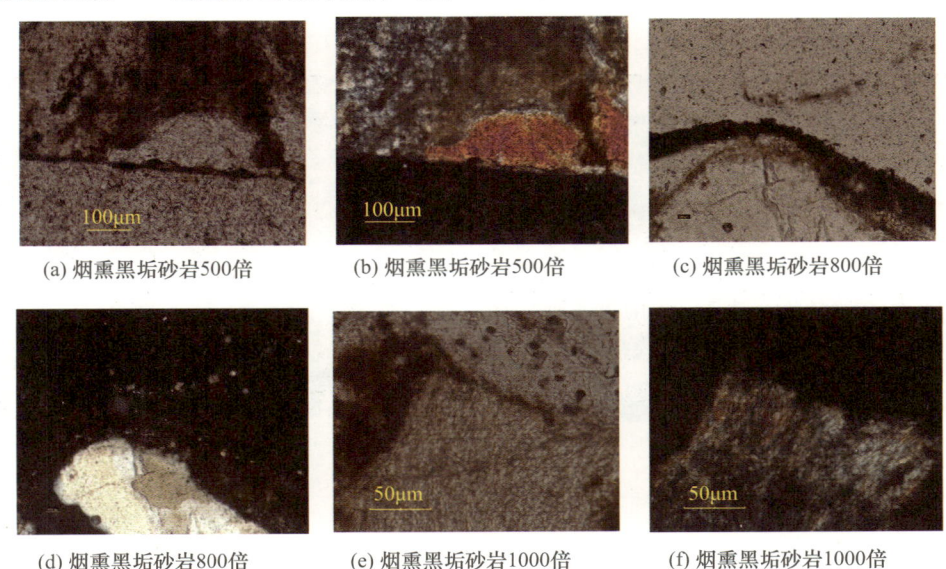

(a) 烟熏黑垢砂岩500倍　　(b) 烟熏黑垢砂岩500倍　　(c) 烟熏黑垢砂岩800倍

(d) 烟熏黑垢砂岩800倍　　(e) 烟熏黑垢砂岩1000倍　　(f) 烟熏黑垢砂岩1000倍

图 3.3.13　云冈石窟内烟熏黑垢砂岩垂直剖面切片偏光显微镜照片

⑥ 结果讨论

从 EDAX 数据可以发现，与内层砂岩相比，烟熏黑垢砂岩样品中的 C、Fe 元素含量显著增加，Si 元素的含量明显变少，而 S 元素含量变化较小。无疑，C 的增加是烟尘附着的结果。

从 SEM 电镜照片看到，烟熏砂岩表面颗粒棱角圆润，放大到 50000 倍以上后，能够清晰地看到表面细小的烟尘颗粒，这些颗粒的粒径小于 100nm，是均匀的纳米级颗粒，形状大多呈圆球形，看不出有明显的晶体形貌，说明其结晶程度较低。

在烟熏黑垢砂岩的 FT-IR 图谱中，各物质所对应吸收峰值信号如下：

石膏（698cm^{-1}、1640cm^{-1}、3430cm^{-1}、3660cm^{-1}、3700cm^{-1}）、石英（436cm^{-1}、471cm^{-1}）、高岭石（1040cm^{-1}、3620cm^{-1}）、方解石（698cm^{-1}、1640cm^{-1}）、草酸钙（783cm^{-1}、918cm^{-1}、1330cm^{-1}、1380cm^{-1}）、碳酸盐（540cm^{-1}）和硅酸盐（1100cm^{-1}）长石（1010cm^{-1}）。

从偏光显微镜照片看到，烟熏黑垢一般都比较均匀地覆盖在岩石表面，边界清晰，无向岩石内部渗透的现象［图 3.3.13（a）、图 3.3.13（b）］；以黑褐色细小粒子堆积为主并以无光性反应为特征，对石面的覆盖包裹较严密，无缝隙；烟尘粒子堆积厚度不均匀，有厚有薄（图 3.3.13（c）、图 3.3.13（d））；部分区域的烟熏黑垢有松散堆积现象［图 3.3.13（e）、图 3.3.13（f）］。结合前面 EDAX、SEM、FT-IR 等检测结果可以判断，烟熏黑垢为极其细小的含碳颗粒附着在砂岩表面构成的外源性污染物。

（4）锈黄斑

云冈洞窟表面有黄斑的区域大约占总污染物病害总面积的 2.3%，有 134m^2。黄斑主要包括锈黄斑和有机黄斑，一般呈黄褐色、土黄色等，结构或致密或疏松。云冈石窟的黄斑主要以锈黄斑为主，以第 18 窟等窟内砂岩掉落块为例，样品分析结果如下。

① EDAX 能谱数据（表 3.3.4）

表 3.3.4　云冈石窟内锈黄斑砂岩 EDAX 能谱数据　　　　（质量分数，%）

样品	C	O	Mg	Al	Si	P	S	Cl	K	Ca	Fe
内层砂岩	11.91	15.93	1.26	6.07	52.47	4.94	2.84	0.48	0.49	1.02	2.55
锈斑砂岩	5.36	15.17	2.38	14.12	25.08	1.28	0.70	0.40	8.40	0.60	26.52

② SEM 照片（图 3.3.14）

(a) 20100415锈黄斑砂岩3000倍　　　　　　(b) 20100415锈黄斑砂岩2000倍

图 3.3.14　云冈石窟内锈黄斑砂岩 SEM 照片

③ 视频显微镜照片（图 3.3.15）

④ 偏光显微镜照片（图 3.3.16）

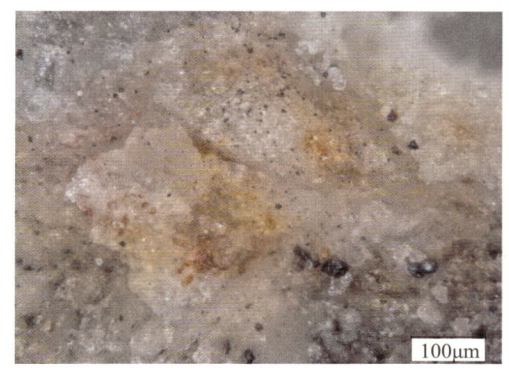
(a) 锈黄斑砂岩500倍

(b) 锈黄斑砂岩三维照片300倍

图 3.3.15　云冈石窟内锈黄斑砂岩视频显微镜照片

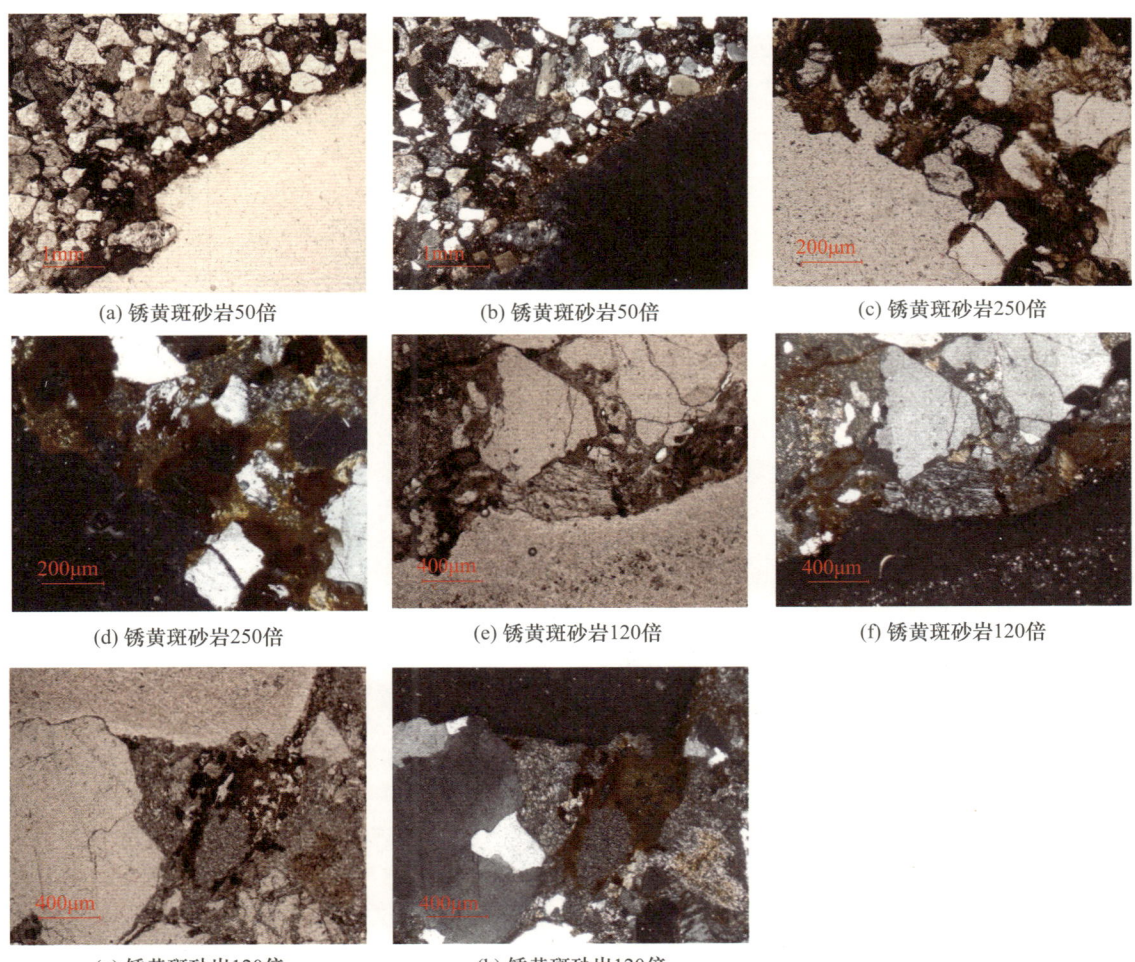

图 3.3.16　云冈石窟内锈黄斑砂岩垂直剖面切片偏光显微镜照片

⑤ 结果讨论

从 EDAX 能谱数据看，与内层砂岩元素成分相比，洞窟内黄斑砂岩的 Fe 元素含量显著上升，可占到总重量的 10%～28%，且由内到外明显增加，这表明云冈石窟岩石表面的黄斑主要是锈黄斑，且普遍呈现岩石风化程度越高其含铁量也越高的状况。

从 SEM 电镜照片看到，锈黄斑砂岩样品在放大 2000 倍下就可以很清楚地看到其疏松的结构，颗粒物较大，棱角分明，形状不规则，岩石基底也存在较大的空隙。有明显的岩石风化特征。

由视频显微镜二维和三维照片可以看到，黄色的锈斑呈带状或条状分布，应为沿着毛细水迁移而扩散的结果，表面不平整，起伏较大。

从切片偏光显微照片可以看到：铁锈黄斑呈褐色，既有覆盖在岩石表面的，也有出现在岩石内部的。在表层为砂岩风化残留黏土与 Fe_2O_3 和 MnO_4 的混合体 [图 3.3.16 (a)、图 3.3.16 (b)]；氧化铁的褐色分布越往表层越多，应与岩石的风化情况有关 [图 3.3.16 (c)、图 3.3.16 (d)]；铁锈沿裂隙发育，应与毛细水的迁移活动有关 [图 3.3.16 (e)、图 3.3.16 (f)]；在某些岩石颗粒（云母）局部周围可发现较严重的锈蚀，并呈向外扩散的现象。结合前面 EDAX、SEM 等检测结果可以判断，铁锈斑主要是某些含铁量高的岩石颗粒风化形成的内源性污染 [图 3.3.16 (g)、图 3.3.16 (h)]，呈现出在岩石颗粒和颗粒间扩散的结合方式。

（5）生物生长有机黄斑

本次云冈石窟调查是在冬季进行的，鲜见生物生长的痕迹，只在某几处窟崖外发现有若干苔藓遗迹，因此统计的生物污染物病害面积很少。仔细观察，还是有一些生物生长过的痕迹，苔藓等生物的繁殖留下了渗入性有机黄斑。以残留有机黄斑的砂岩样品为例，分析结果如下。

① EDAX 能谱数据（表 3.3.5）

表 3.3.5　云冈石窟内有机黄斑砂岩 EDAX 能谱数据　　　　（质量分数，%）

样品	C	O	Na	Mg	Al	Si	P	S	Cl	Ca	Fe	K
生物繁殖砂岩	25.8	18.32	1.99	1.76	5.56	9.43	3.22	2.56	0.69	1.44	15.52	13.72
内层砂岩	11.9	15.93	—	1.26	6.07	52.47	4.94	2.84	0.48	0.49	1.02	2.55

② 视频显微镜照片（图 3.3.17）

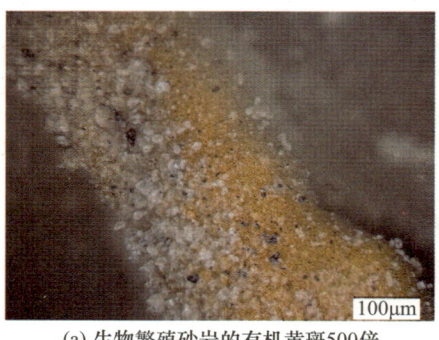
(a) 生物繁殖砂岩的有机黄斑500倍

(b) 生物繁殖砂岩的有机黄斑500倍

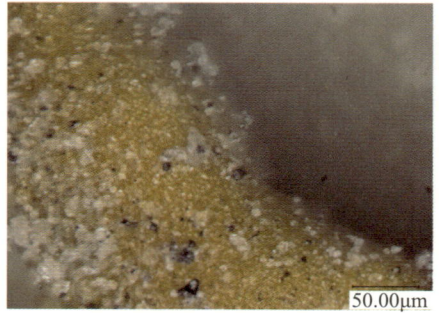
(c) 生物繁殖砂岩的有机黄斑1000倍

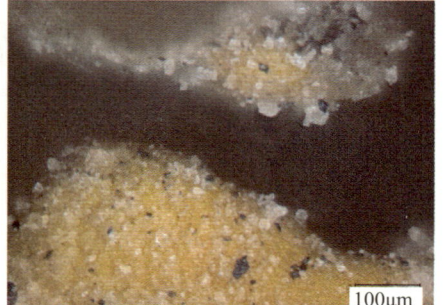
(d) 生物繁殖砂岩的有机黄斑500倍

图 3.3.17　云冈石窟内生物繁殖有机黄斑砂岩视频显微镜照片

③ SEM 照片（图 3.3.18）

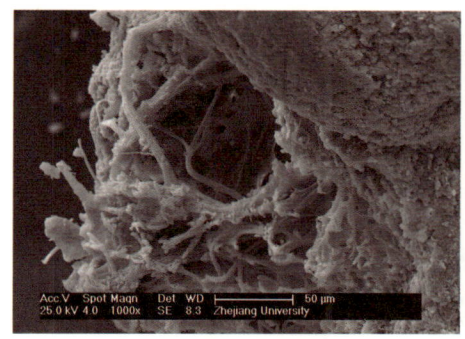 

(a) 20100415生物繁殖砂岩1000倍　　　　　　(b) 20100415生物繁殖砂岩5000倍

图 3.3.18　云冈石窟内生物繁殖有机黄斑砂岩 SEM 照片

④ 偏光显微镜照片（图 3.3.19）

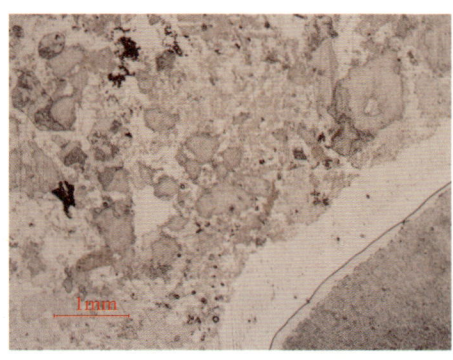 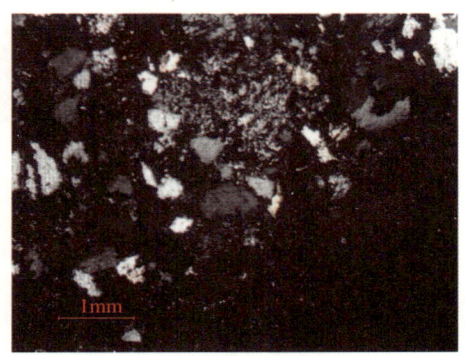

(a) 有机黄斑砂岩50倍　　　　　　(b) 有机黄斑砂岩50倍

图 3.3.19　云冈石窟内生物繁殖有机黄斑砂岩垂直剖面切片偏光显微镜照片

⑤ 结果讨论

生物繁殖砂岩的 EDAX 能谱数据的特征是 C、Fe、K 元素含量上升，表明有机物和可溶盐的增多，岩石风化特征明显。

从视频显微镜照片（ABCD）看，生物繁殖遗留下了明显的黄色物质，对照 EDAX 能谱数据应是有机物。从 SEM 电镜照片可看到生物残留。

从切片偏光显微照片（AB）都可以看到：生物残留污染物分布在岩石表面和岩石颗粒之间，呈现出从外向内扩散的趋势。很明显：生物残留有机黄斑属于从外向内的渗入性污染，与砂岩的结合相当紧密。

(6) 残留有机树脂

历史上云冈石窟曾使用多种高分子聚合物进行过局部加固，包括脱落岩石的粘结、裂隙的灌浆、起壳部分的回贴等。使用过的有文献记录的材料有：丙烯酸树脂和呋喃改性环氧树脂等。随着时间的推移，许多老化树脂裸露出来或者分解渗漏出来。调查表明云冈石窟有残留树脂的区域大约占总污染物病害面积的 1.9%，有 $131m^2$。这些残留树脂呈褐色、黑色或深灰色。取样分析数据如下。

① EDAX 能谱数据（表 3.3.6）

表 3.3.6 云冈石窟内残留树脂砂岩 EDAX 能谱数据　　　　（质量分数，%）

样品	C	O	Mg	Al	Si	P	S	Cl	Ca	Fe	K
树脂样1	25.94	27.06	1.19	3.22	5.61	2.01	1.19	0.33	0.98	8.33	—
内层砂岩	11.91	15.93	1.26	6.07	52.5	4.94	2.84	0.48	0.49	1.02	2.55

② 视频显微镜照片（图 3.3.20）

残留树脂（黑色部分）砂岩视频显微照片500倍

图 3.3.20　云冈石窟内残留树脂砂岩视频显微镜照片

③ SEM 照片（图 3.3.21）

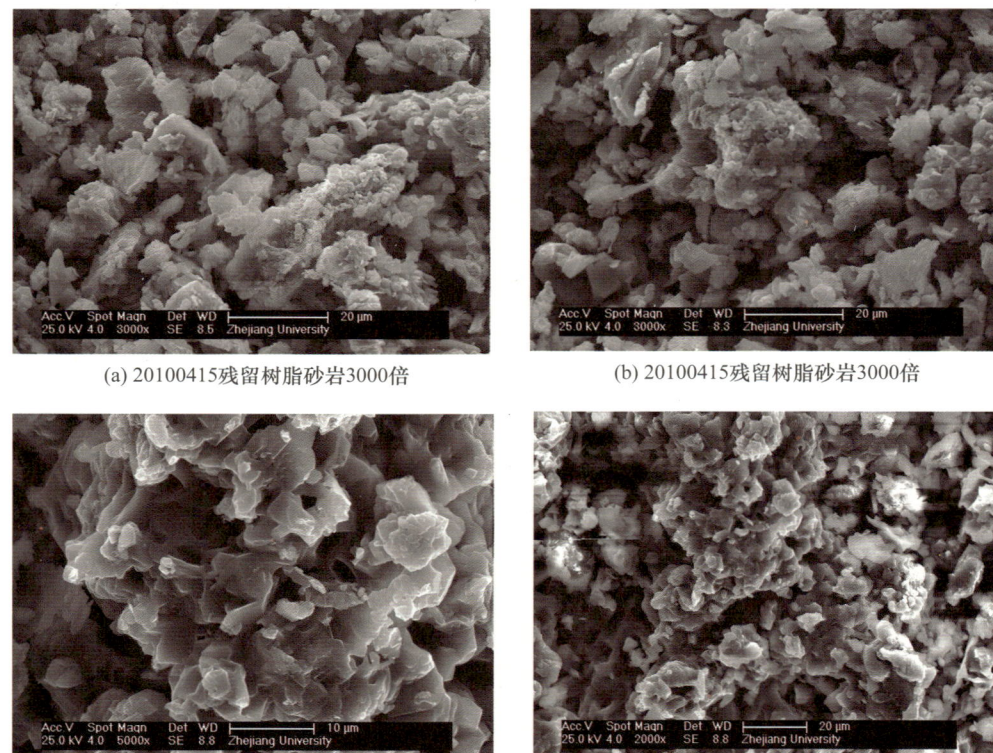

(a) 20100415残留树脂砂岩3000倍　　　　　　(b) 20100415残留树脂砂岩3000倍

(c) 20101011残留树脂砂岩5000倍　　　　　　(d) 20101011残留树脂砂岩2000倍

图 3.3.21　云冈石窟内残留树脂砂岩 SEM 照片

④ 偏光显微镜——垂直剖面切片照片（图 3.3.22）

(a) 残留树脂50倍　　　　　　　(b) 残留树脂50倍

(c) 残留树脂砂岩250倍　　　　(d) 残留树脂砂岩250倍

(e) 残留树脂砂岩150倍　　　　(f) 残留树脂砂岩150倍

图 3.3.22　云冈石窟内残留树脂砂岩垂直剖面切片偏光显微镜照片

⑤ 结果讨论

与其他风化砂岩成分变化情况类似，残留树脂砂岩的 Si 元素含量显著下降，另外 C、O、Fe 元素的含量上升幅度较大，有可能是使用树脂粘接加固前岩石就已风化，也有可能是高分子聚合物的存在加速了周边岩石的风化。

从切片的偏光显微照片和视频显微镜照片可以看到：窟内粘结树脂老化后的污染物树脂部分呈黑褐色，越接近表面颜色越深，说明表层风化较重；树脂内部夹杂着砂粒，应为粘结砂岩的剥离体［图 3.3.22（a）、图 3.3.22（b）］；树脂表层黏聚着细小颗粒的砂和灰尘，结构松散［图 3.3.22（e）、图 3.3.22（f）］；对于岩石本体来说，老化树脂污染物属外源性污染，已渗入岩石的颗粒之间。

(7) 手摸油脂

手摸油脂多出现在洞窟门拱两侧壁面和造像凸出部位，很明显是游客长期触摸的结果。其表面油光滑亮，颜色深沉，表层结构致密，触摸较多的石面大都没有风化的现象。

① EDAX 能谱数据（表 3.3.7）

表 3.3.7　云冈石窟内手摸油脂斑砂岩 EDAX 能谱数据　　　　（质量分数，%）

样品	C	O	Mg	Al	Si	P	S	Cl	Ca	Fe	K
油脂脂样	47.09	10.83	1.98	2.34	3.3	2.81	3.55	3.39	1.97	2.59	20.17
内层砂岩	11.91	15.93	1.26	6.07	52.5	4.94	2.84	0.48	0.49	1.02	2.55

② 视频显微镜照片（图 3.3.23）

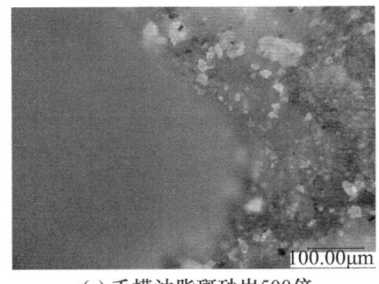
(a) 手摸油脂斑砂岩500倍

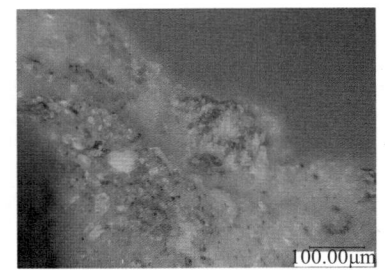
(b) 手摸油脂斑砂岩500倍

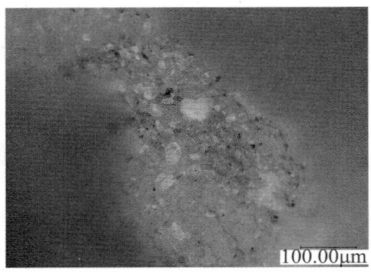
(c) 手摸油脂斑砂岩500倍

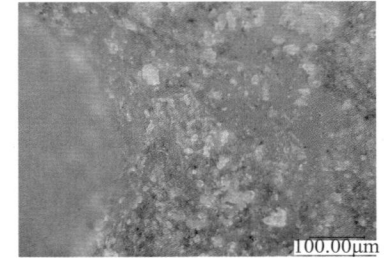
(d) 手摸油脂斑砂岩500倍

图 3.3.23　云冈石窟内手摸油脂斑砂岩视频显微镜照片

③ SEM 照片（图 3.3.24）

图 3.3.24　云冈石窟内手摸油脂斑砂岩的 SEM 照片 5000 倍

④ 偏光显微镜——垂直剖面切片照片（图 3.3.25）

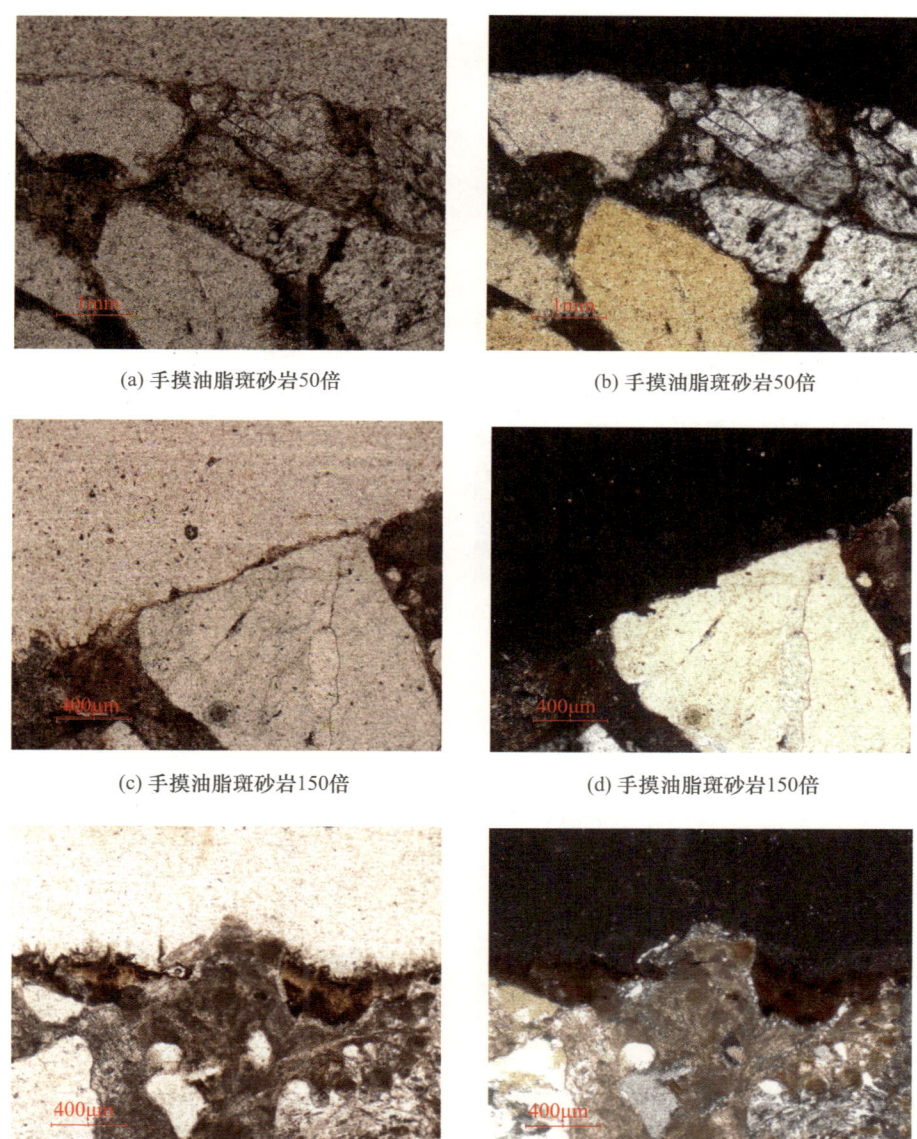

(a) 手摸油脂斑砂岩50倍　　　　　　(b) 手摸油脂斑砂岩50倍

(c) 手摸油脂斑砂岩150倍　　　　　　(d) 手摸油脂斑砂岩150倍

(e) 手摸油脂斑砂岩150倍　　　　　　(f) 手摸油脂斑砂岩150倍

图 3.3.25　云冈石窟内手摸油脂的砂岩垂直剖面切片偏光显微镜照片

⑤ 结果讨论

比较 EDAX 能谱数据发现，手摸油脂的砂岩表面的 C 和 K 元素含量显著上升，表明有机物和钾盐较多。

从视频显微镜照片看到，手摸油脂的砂岩表面都有明显的油脂渗染现象，颜色变深。从 SEM 照片可以看出手摸油脂的砂岩表面平整光滑，呈板状，有颗粒物附着在表面，观察不到岩石表面的孔隙结构。

手摸油脂污染物是人类身体脂类和盐类的遗存，是外源性污染。从切片偏光显微照片可以看到：砂岩上的手摸油脂为褐色连续的膜层，一般都比较均匀地覆盖于岩石表面，与岩石表面结合紧密，对于石英等未风化的岩石颗粒，油脂覆盖膜厚度大多小于 $10\mu m$［图 3.3.25（a）、图

3.3.25（b）]；在岩石松软处，油脂渗入微孔隙中，可深达数百微米[图 3.3.25（c）、图 3.3.25（d）]；在岩石的凸出部位油脂覆盖层很薄，在岩石的凹陷处油脂污垢膜厚度很大，油污几乎填补了凹陷处，形成整体上基本平整的外表面[图 3.3.25（e）、图 3.3.25（f）]。

（8）水泥修补或污染

为了支撑和加固坍塌的洞窟，或者修补部分缺失的石雕造像，历史上云冈石窟曾多次使用水泥材料进行修缮。调查显示，云冈石窟洞窟中经水泥修补或被水泥污染的面积共达 $107m^2$，若作为一种污染物考虑，大约占病害总面积的 2%。对石雕造像表面水泥污染物的分析检测如图 3.3.26。

(a) 水泥污染砂岩50倍　　(b) 水泥污染砂岩50倍
(c) 水泥污染砂岩50倍　　(d) 水泥污染砂岩50倍
(e) 水泥污染砂岩150倍　　(f) 水泥污染砂岩150

图 3.3.26　云冈石窟造像表面水泥污染砂岩垂直剖面切片偏光显微镜照片

① 偏光显微镜——垂直剖面切片照片
② 结果讨论

对于石窟造像表面的水泥污染物：从切片的偏光显微镜照片上可见水泥体中石英砂棱角分

明，呈破碎的砂粒状结构［图 3.3.26（a）、图 3.3.26（b）］，应为人工砂浆凝固体。切片表层被细小颗粒物覆盖和堆积，应为析出的石膏和灰尘的复合体［图 3.3.26（c）、图 3.3.26（d）］，另外表面壳层有铁质渗染现象［图 3.3.26（e）、图 3.3.26（f）］，呈黄色，这些都表现出水泥风化的特征。

3.3.4 结论

分析和研究表明，云冈石窟各种污染物与基底砂岩表层的结合状况比较复杂：

① 粉尘沉积的黑灰色颗粒物与岩石表面贴合密切，堆积层颗粒细小，结构疏松，与岩石表面风化形成的硫酸钙（石膏）结合形成灰尘＋石膏的灰黑色壳层。

② 由易溶盐和中溶盐形成的盐碱结晶占据在砂岩的颗粒之间，使岩石颗粒松动，形成空隙，造成岩石表层微结构破坏。

③ 烟熏黑垢比较均匀地覆盖在岩石表面，边界清晰，无向岩石内部渗透的现象，以黑褐色纳米级细小球形颗粒不均匀堆积为特征，对石面的覆盖包裹较严密，无缝隙。

④ 铁锈污染物呈褐色，既出现在岩石表面，也出现在岩石内部。呈现出随毛细水迁移和沿岩石裂隙发育的渗染现象，在某些岩石颗粒（如云母）局部周围有比较严重的锈蚀，并呈向外扩散现象，说明铁锈斑主要是某些含铁量高的岩石颗粒风化形成的内源性污染。

⑤ 微生物残留形成的有机黄色污染物分布在岩石表面和岩石颗粒之间，呈现出从外向内扩散的趋势，很明显生物残留黄斑属于从外向内的渗入性污染。

⑥ 老化树脂污染物是以前粘接岩石裂隙的树脂的老化层，已渗入岩石的颗粒间，呈黑褐色，越接近表面风化越严重，颜色也越深，混合着细小的砂和灰尘，结构松散，属外源性污染。

⑦ 手摸油脂污染物为褐色连续的膜层，比较均匀地覆盖于岩石表面，与岩石表面结合紧密，在石英等未风化岩石颗粒表面覆盖厚度大多小于 $10\mu m$，在岩石松软处，油脂可渗入微孔隙达数百微米，因油脂污染物对岩石凹陷处的填补作用，往往形成整体上基本平整的外表面。

⑧ 水泥污染物是早期洞窟修复流挂或滴落的水泥砂浆，表层为析出的石膏和灰尘的复合体，结构疏松，外表面有铁质渗染，呈黄色，风化特征明显。

3.4 碳酸盐石质文物化学元素变化检测

石质文物的劣化往往伴随着岩石本体成分的改变，了解矿物组成和化学成分改变是研究石质文物劣化机理的基础。由于石质文物的珍贵性，往往无法大量取样；也不能对文物岩石表面进行光洁处理，以改善各种无损检测探头的密接性从而提高检测的准确度。为克服上述困难，本工作建立了一套针对碳酸盐岩石化学元素检测的标准方法，包括微量取样和规范制样，并采用 XRF 仪器对岩石文物本体进行测量，由此可以比较准确地测出碳酸盐石质文物本体化学元素的变化情况。

3.4.1 pXRF 无损检测方法建立

（1）试验材料与仪器设备

试验材料：蔗糖（CP，国药），标准碳酸盐岩粉（中国地科院地化所），PVC 样品管（市售）。标准碳酸盐岩粉主要成分见表 3.4.1。

表 3.4.1　标准碳酸盐岩粉主要成分

元素类型	GBW-07120（灰岩）	GBW-07114（白云岩）
SiO_2	6.65±0.14	0.62±0.02
Al_2O_3	0.68±0.05	0.10±0.02
TFe_2O_3	0.21±0.01	0.20±0.01
MgO	0.71±0.09	21.8±0.1
CaO	51.1±0.4	30.02±0.14
K_2O	0.15±0.02	0.038±0.004
TiO_2	0.04±0.005	0.015±0.002
Sr	0.0107±0.0009	0.0027±0.0003

仪器设备（图 3.4.1）：X 射线荧光光谱分析仪（pXRF，S1TITAN600，美国布鲁克），铑靶 X 射线管，电压 15～50kV，额定功率 2W，搭配高性能硅漂移探测（SDD），可检测 Mg（12）～U（92）范围内的 37 种元素。压片机（HY-12 型，天津天光光学）。

(a) 压片机

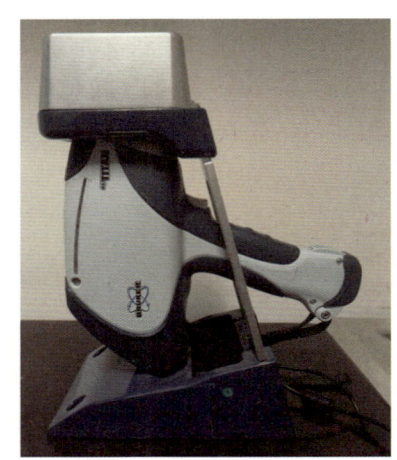
(b) pXRF 测试仪

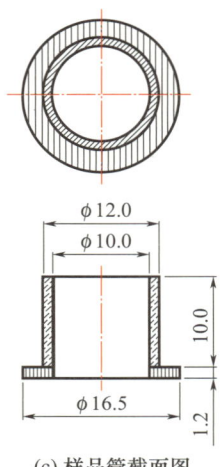
(c) 样品管截面图

图 3.4.1　pXRF 无损检测试验仪器

（2）试验方法与步骤

① 制备标准混合样品

将碳酸盐岩标准样品 GBW-07120 与 GBW-07114 按照表 3.4.2 的配比准确称量后混合均匀，制备成不同浓度梯度的碳酸盐岩标准样品 H0～H10。

表 3.4.2　混合标准样配比表

编号	SiO_2	Al_2O_3	TFe_2O_3	MgO	CaO	K_2O	TiO_2	Sr
H0	6.6500	0.6800	0.2100	0.7100	51.1000	0.1500	0.0383	0.0107
H1	6.4827	0.7534	0.3554	2.8628	48.5981	0.1422	0.0448	0.0099
H2	5.4440	0.5640	0.2090	4.9280	46.8840	0.1276	0.0337	0.0091
H3	5.7366	0.7711	0.5003	7.0403	44.0725	0.1237	0.0491	0.0084
H4	4.2380	0.4480	0.2080	9.1460	42.6680	0.1052	0.0290	0.0075
H5	5.0146	0.7911	0.6453	11.1334	39.6312	0.1056	0.0535	0.0069

续表

编号	SiO$_2$	Al$_2$O$_3$	TFe$_2$O$_3$	MgO	CaO	K$_2$O	TiO$_2$	Sr
H6	3.0320	0.3320	0.2070	13.3640	38.4520	0.0828	0.0243	0.0059
H7	4.3166	0.8134	0.7902	15.1421	35.2742	0.0879	0.0579	0.0055
H8	1.8260	0.2160	0.2060	17.5820	34.2360	0.0604	0.0197	0.0043
H9	3.6429	0.8381	0.9352	19.0665	31.0016	0.0707	0.0625	0.0040
H10	0.6200	0.1000	0.2050	21.8000	30.0200	0.0380	0.0150	0.0027

② 制备测试样

将混合好的标准样品与蔗糖按照质量比1∶1混合均匀,将PVC模具放置于钢垫上,称取混合物0.5g装入模具中,然后用压片机加压20s,完成测试样的制备,制样过程如图3.4.2所示。

③ 测试

设置电压,电流,测试时间等参数,其中电压为15kV、20kV、25kV、30kV、35kV、40kV共6

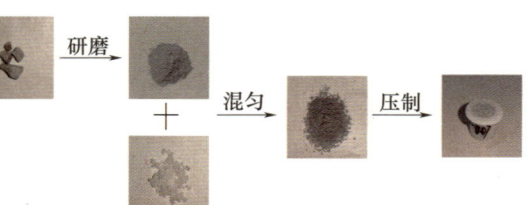

图3.4.2 制备测试样流程

个梯度,电流为40μA、50μA、60μA、70μA、80μA共5个梯度,测试时间为60s,随后依次对标准样H0～H10进行测试。

④ 建立标准曲线

将测试结果与实际的计算值进行比较,计算相关判定系数R^2(coefficient of determination),并利用实际值对该条件下的测试方法进行校准,建立完整的包括SiO$_2$、Al$_2$O$_3$、Fe$_2$O$_3$、MgO、CaO、K$_2$O、TiO$_2$以及Sr元素在内的标准曲线。

(3) 测试与分析

① 电压对测试的影响

表3.4.3显示了不同测试条件下真实值与测量值之间的相关判定系数。当电压为15kV时,因低于Fe、Ca等重元素的激发电压,无法测得数据。结合图3.4.3电流对测试结果准确性的影响规律和图3.4.4电压对测试结果准确性的影响规律,确定本试验的最佳电压为20kV,电流为70μA。

表3.4.3 不同测试条件下真实值与测量值的相关判定系数

测试条件			R^2							
电流(μA)	电压(kV)	功率	Sr	MgO	Al$_2$O$_3$	SiO$_2$	K$_2$O	CaO	TiO$_2$	Fe$_2$O$_3$
40	15	—	—	—	—	—	—	—	—	—
	20	0.8	0.92	1.00	1.00	0.91	0.99	0.95	0.28	0.11
	25	1.0	0.90	1.00	1.00	0.89	0.97	0.91	0.78	0.01
	30	1.2	0.94	1.00	1.00	0.90	0.97	0.92	0.45	0.02
	35	1.4	0.95	1.00	1.00	0.91	0.99	0.95	0.67	0.06
	40	1.6	0.98	1.00	1.00	0.90	0.98	0.92	0.15	0.04
50	20	1.0	0.91	1.00	1.00	0.88	0.99	0.91	0.80	0.66
60		1.2	0.89	1.00	1.00	0.88	0.98	0.88	0.47	0.64
70		1.4	0.87	1.00	1.00	0.87	0.97	0.88	0.07	0.71
80		1.6	0.91	0.99	1.00	0.90	0.97	0.91	0.04	0.54

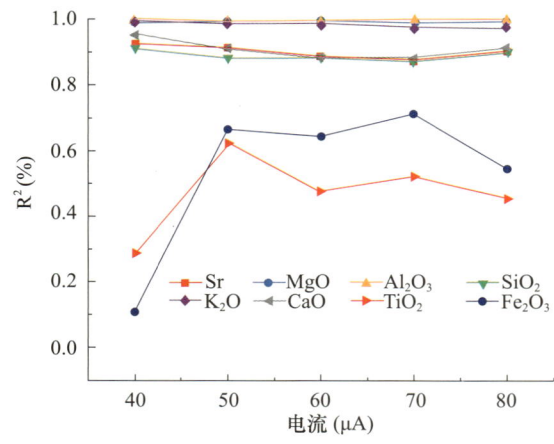

图 3.4.3 电流对测试结果准确性的影响规律　　图 3.4.4 电压对测试结果准确性的影响规律

除了 Fe 和 Ti 的相关性系数较低以外，Al、Si、Mg、Ca、K 等元素的准确性都能达到 95%（相关系数 0.95）以上，测试值与实际值的拟合情况如图 3.4.5 所示。

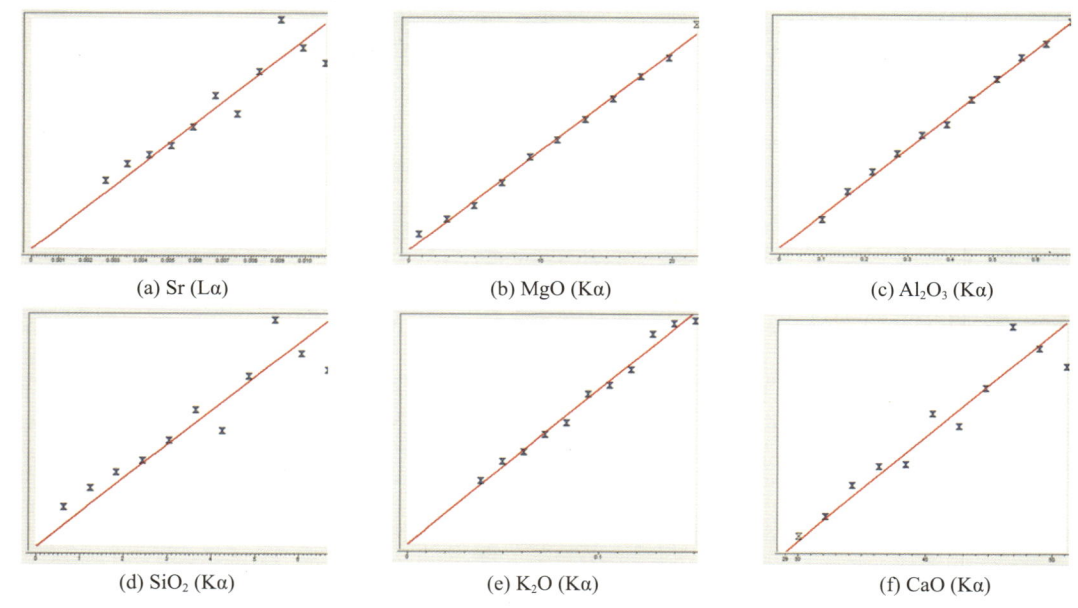

图 3.4.5　20kV～70μA 测试条件下测试值与实际值拟合情况

② 制样压力对测试结果的影响

为探究制备样品时采用的最佳压力，以镁元素为代表，测试不同制样压力条件下，所得检测结果的稳定性，从图 3.4.6 可以看到，随着制样压力的增大，MgO 含量读数先是升高，当压力大于 10MPa 以后，逐步趋于稳定。此外发现，当压力大于 18MPa 以后，将会造成样品表层开裂剥落，因而制样时应控制压力在 10～18MPa 之间。

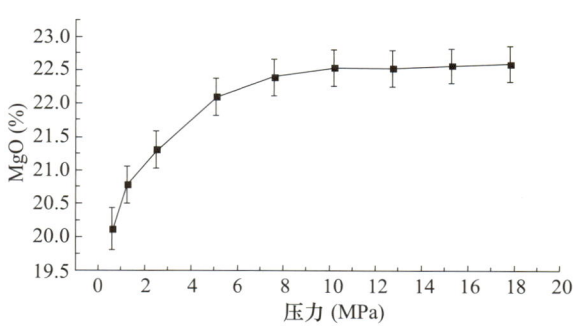

图 3.4.6　不同压力下制样结果的稳定性

③ 测试时间的影响

对成分已知的同一个样品分别进行 10s、20s、30s、40s、50s、60s、90s、120s、150s、180s、240s 测试。在每个设定的测试时间下进行 5 次检测，比较各元素测试值与真实值的差距，结果如图 3.4.7 所示，随着测试时间的延长，测试值趋于稳定，5 个测试值之间的误差逐渐减小，但是从测试值与真实值的差距看，除了 Mg 和 Al 随着测试时间的延长，所得结果与真实值更接近以外，其余几个元素的结果却偏离真实值愈发明显。综合考虑所有元素，确定最佳测试时间为 60s。

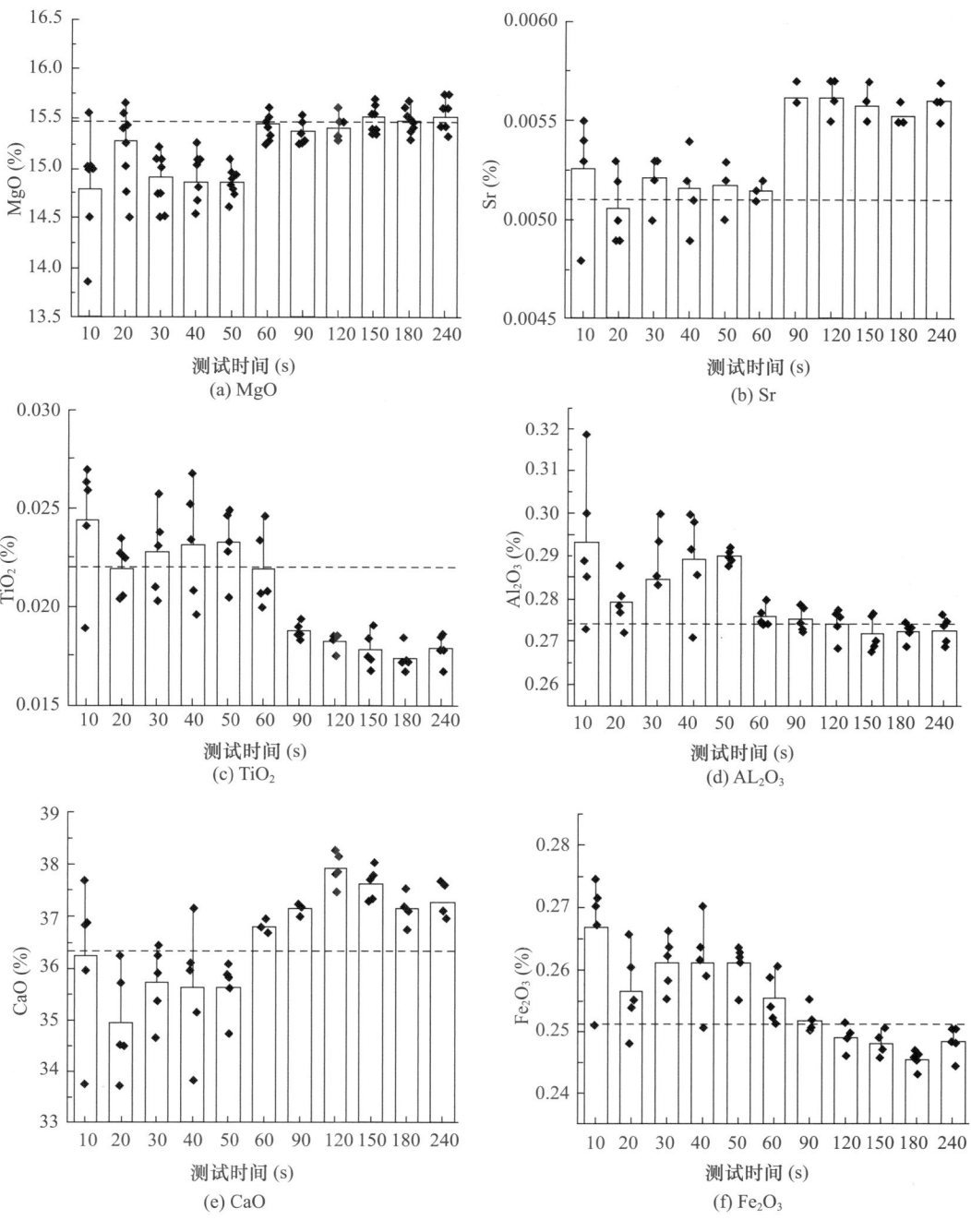

图 3.4.7　不同测试时间下测试结果的准确性与稳定性

④ 交叉验证

为进一步检验本 pXRF 检测方法的准确性，选取了 15 个碳酸盐岩样品，先用中国科学院广州地球化学研究所 Rigaku D/Mass-1200 型 X 射线衍射仪进行成分检测，样品测试条件为：电流 30mA，加速电压 40kV，扫描速率 2°/min，选用 CuKα 射线，1.5°到 20°（2θ）转角。随后将相同的样品按照 3.4.1（2）小节所述方法制备成样品块，于 20kV～70μA 的条件下进行化学成分检测。所得结果以大型仪器实验室测试结果为横坐标，自建的手持式 XRF 测试结果为纵坐标，绘制相关性图，结果如图 3.4.8 所示。

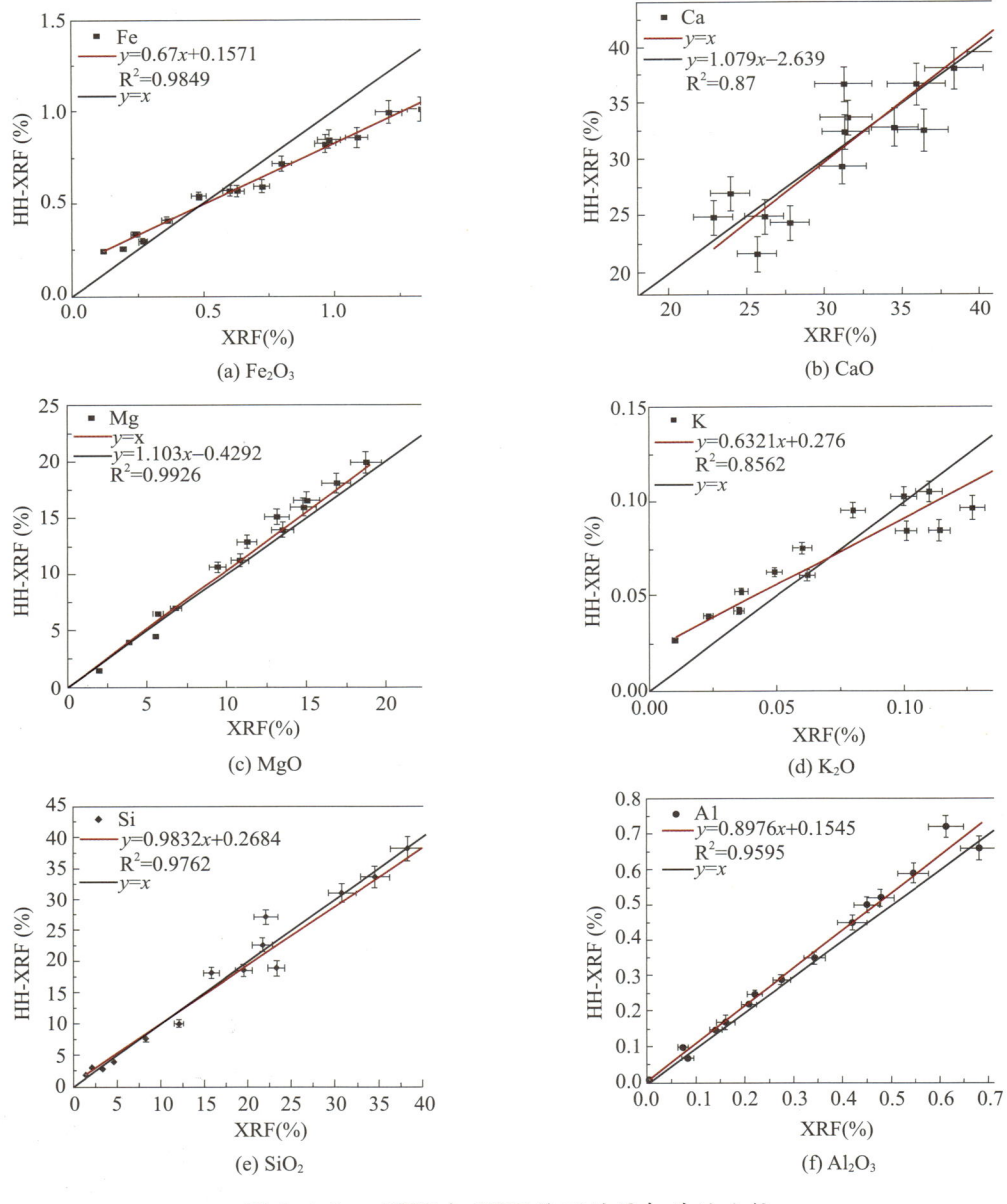

图 3.4.8　pXRF 与 XRF 检测结果相关性比较

比较可知，两种仪器的测试结果吻合性较好，表明采用实验室自建的 pXRF 仪器分析方法对于分析碳酸盐类岩石中主量元素 Ca、Mg、Al、Fe、K、Si 以及微量元素 Sr 和 Ti 是可行的，尤其对于轻元素 Mg 含量较高的白云岩，表现出良好的准确性。

3.4.2 碳酸盐类石质文物样品采集与检测

（1）样品信息

为探究碳酸盐类石质文物在劣化过程中主要元素的变化情况，完成国家重点研发计划课题任务，2022年5～8月对北京故宫、曲阜孔庙大成殿以及杭州灵隐寺经幢三处石质文物进行微量取样，即对已经风化剥落（掉块）的文物岩石进行取样约1.5g。同时作为参比，也取了相应的新鲜岩样。取样信息见表3.4.4。

表 3.4.4 pXRF 检测取样信息表

编号	取样点	样品描述	照片
G-1	大石窝	新鲜参比岩样	
G-2	故宫	新鲜参比岩样	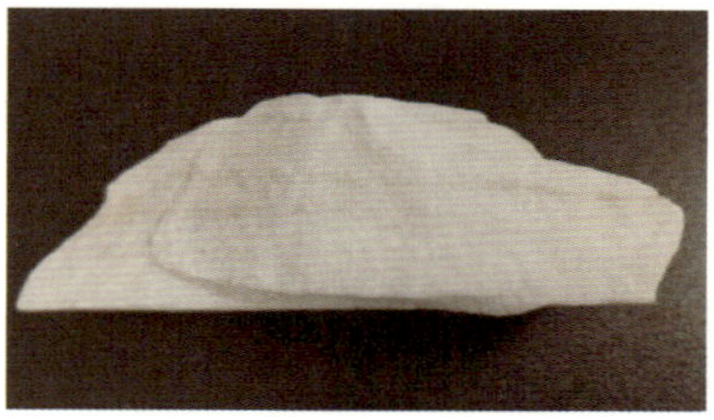
G-3	故宫	表面粉化明显	
G-4	故宫	风化，剥落	
G-5	故宫	完全粉化	

续表

编号	取样点	样品描述	照片
G-6	故宫	轻微粉化	
G-7	故宫	轻微粉化，表面可见石英脉，发黄	
G-8	故宫	粉化	
G-9	故宫	表面粉化，发黄	
G-10	故宫	中度粉化，表面发黄	
G-11	故宫	重度粉化	

续表

编号	取样点	样品描述	照片
G-12	故宫	中度风化	
G-13	故宫	轻微粉化	
G-14	故宫	保存较好，完整	
G-15	故宫	轻微风化	
Q-1	曲阜孔庙	新鲜岩石，可见鲕粒	
Q-2	曲阜孔庙	新鲜岩石，可见鲕粒	

续表

编号	取样点	样品描述	照片
Q-3	曲阜孔庙	表面劣化，裂隙较多	
Q-4	曲阜孔庙	表面劣化严重，局部缺损	
Q-5	曲阜孔庙	片状剥落	
Q-6	曲阜孔庙	片状剥落	
Q-7	曲阜孔庙	溶蚀明显	
Q-8	曲阜孔庙	表面粉化剥落	

续表

编号	取样点	样品描述	照片
Q-9	曲阜孔庙	轻微粉化，块状剥落	
Q-10	曲阜孔庙	剥落严重	
L-1	灵隐寺经幢	新鲜岩块	
L-2	灵隐寺经幢	新鲜岩块	
L-3	灵隐寺经幢	片状剥落	
L-4	灵隐寺经幢	水锈变色明显	

续表

编号	取样点	样品描述	照片
L-5	灵隐寺经幢	掉块	
L-6	灵隐寺经幢	表面粉化	
L-7	灵隐寺经幢	表面溶蚀	

(2) 制样与检测

将取回的样品整理编号，先用毛刷和洗耳球清除样品表面的浮尘等污染物，随后用镊子和小刀取下样品表层 5mm 以内的岩样，对于已经风化成粉的样品，则无须处理。将岩样置于玛瑙研钵中研磨成粉状，过 200 目筛。

参考 3.4.1 中所述步骤，制备各岩样的 XRF 测试样品。随后在 20kV～70μA 条件下对样品元素进行分析，为使结果更加准确，每个样品测试 5 次，去除结果中差异最大的两个数据，剩下 3 个取平均值。

3.4.3 结果讨论与分析

(1) 盐基离子的变化

① 钙

盐基离子包括 Ca、Mg、K、Na，是硅酸盐风化环境中最易被淋失的一组元素。对碳酸盐岩，Ca，Mg 主要存在于碳酸盐中，其中 Ca 的载体矿物是方解石和白云石，Mg 的载体矿物是白云石；K 主要赋存在云母中；Na 则主要赋存于斜长石和蒙脱石中。受到所使用的便携式 XRF 检测仪的限制，本研究未对 Na 元素进行检测。

XRF 检测结果显示，从北京故宫取回的 15 个汉白玉样品中，Ca 含量在 20%～30%，山东曲阜孔庙灰岩栏杆的钙含量在 42%～60%，相比之下，建造灵隐寺经幢所用的灰岩 Ca 含量更高，均大于 55%，最大值甚至接近 70%（图 3.4.9）。相同的特点是，三个地方取回的岩石，新鲜岩样的钙含量平均值均高于风化后岩样，表明碳酸盐类石质文物的风化过程总是伴随着 Ca 的溶解和流失，这与实际观察到的溶蚀现象一致。Ca 主要存在于方解石和白云石中，在偏光显微镜下（图 3.4.10），可以观察到方解石的明显溶蚀迹象，再次与钙含量的变化相互印证。

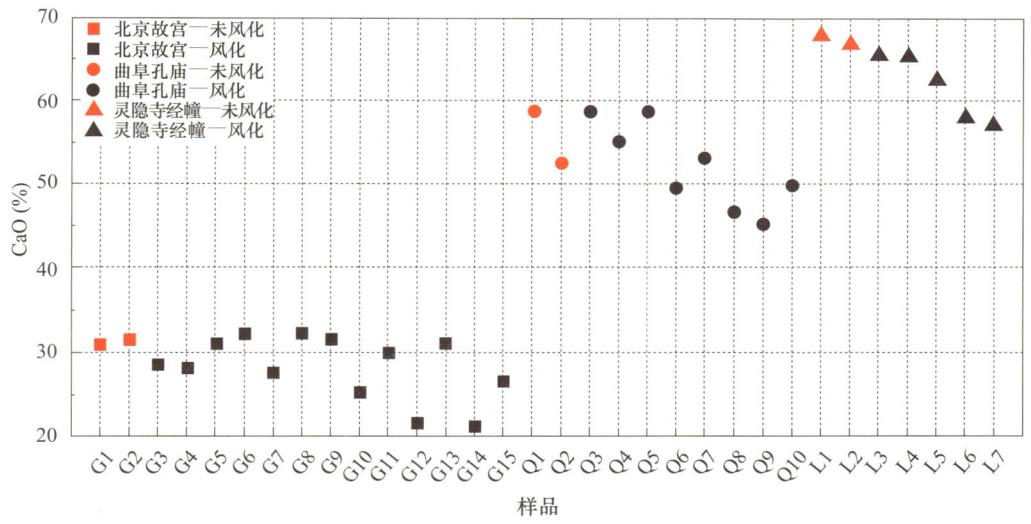

图 3.4.9　碳酸盐石质文物构件样品中钙元素的变化

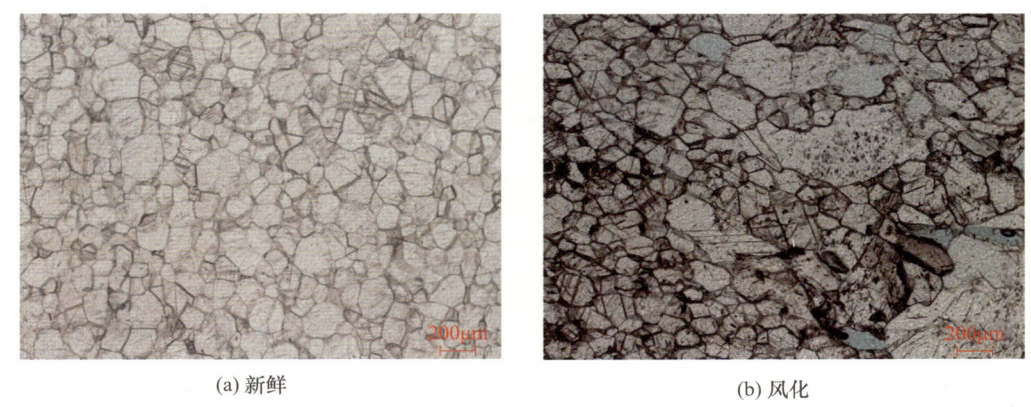

图 3.4.10　汉白玉偏光显微照片

② 镁

三处碳酸盐岩石质构件中镁元素的含量如图 3.4.11 所示，显然故宫汉白玉作为大理岩，Mg 含量最高，含量在 15%～22%。曲阜孔庙的鲕粒灰岩与灵隐寺经幢所在的微晶灰岩镁含量均低于 3%。比较发现，故宫汉白玉风化后样品中的镁含量均低于未风化的新鲜岩石样品。编号为 G7 的样品，其镁含量约 15%，相比于新鲜岩样的 22%，降低幅度达到 30%。相比之下，曲阜孔庙鲕粒灰岩和灵隐寺的微晶灰岩，其镁元素含量变化较小。这主要与 Mg 的赋存矿物有关，对于汉白玉来说，Mg 主要存在于白云石中，白云石在水的作用下会发生如下反应：

$$CaCO_3 + CO_2 + H_2O \Longrightarrow Ca(HCO_3)_2$$
$$MgCO_3 + CO_2 + H_2O \Longrightarrow Mg(HCO_3)_2$$

而对于曲阜孔庙采用的鲕粒灰岩和灵隐寺经幢所用的微晶灰岩，Mg 主要赋存在少量的绿泥石和蒙脱石组分中，从风化前后元素含量来看，虽说不像白云石中降低那样明显，其随着风化的进行，Mg 含量也有所降低。

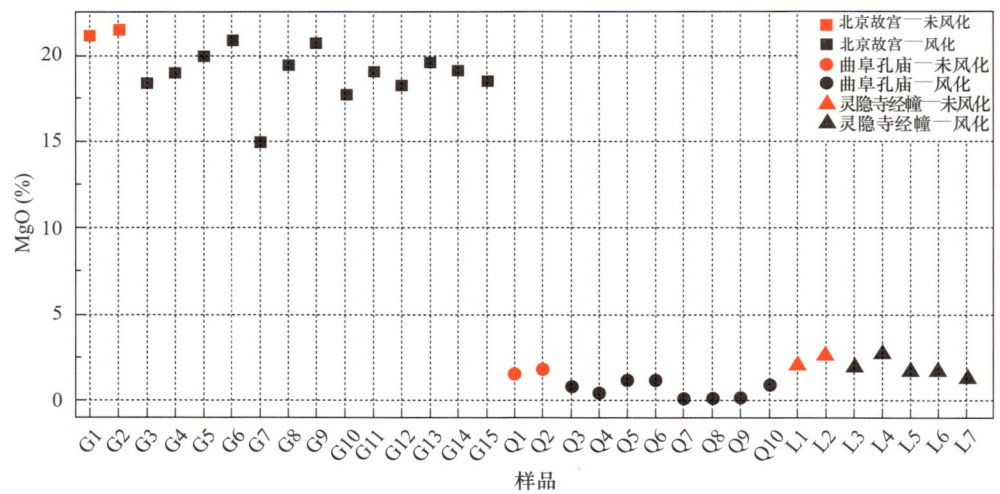

图 3.4.11　碳酸盐石质文物构件样品中镁元素的变化

③ 钾

钾元素主要存在于碳酸盐岩的云母和长石中，含量较低。故宫汉白玉和灵隐寺经幢微晶灰岩中的钾含量低于 0.1%，曲阜孔庙鲕粒灰岩中含量稍高，在 0.1%～0.6%（图 3.4.12）。

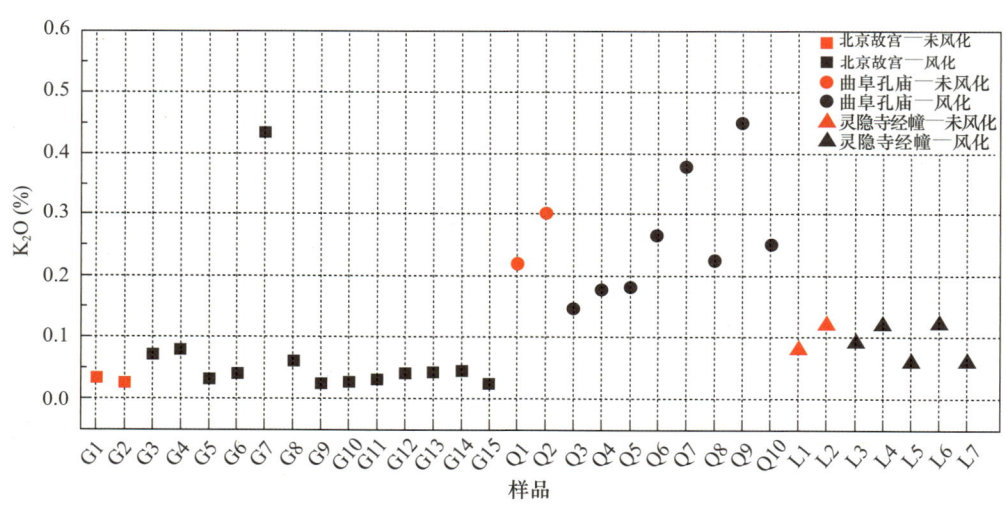

图 3.4.12　碳酸盐石质文物构件样品中钾元素的变化

从检测结果来看，钾元素在风化前后的变化并不大，虽然理论上伴随着长石的风化会造成钾的流失，但后续随着风化作用的增强，局部区域可能会形成少量黏土矿物，与碱金属发生离子交换或吸附作用导致钾元素富集。此外，本研究取样均在岩石表面进行，故取回的样品中可能会受到粉尘污染，吸附在石质文物表面的粉尘是导致钾元素升高的另一原因。

（2）成土元素的变化

成土元素 Si、Fe、Al，是岩石风化残余物的主要成分。

硅主要赋存在硅酸盐矿物或者硅的氧化物中，典型的比如石英。作为自然条件下非常稳定的矿物，在碳酸盐岩的风化过程中，石英的相对含量逐步提高，从三个地方取回的石质文物样品分析结果均有这种特征（图 3.4.13），最为突出的是故宫汉白玉和曲阜孔庙采用的鲕粒灰岩。例如，故宫太和殿四周汉白玉石质构件表面均可以看到因为差异溶蚀而凸显出来的石英脉（图 3.4.14）。

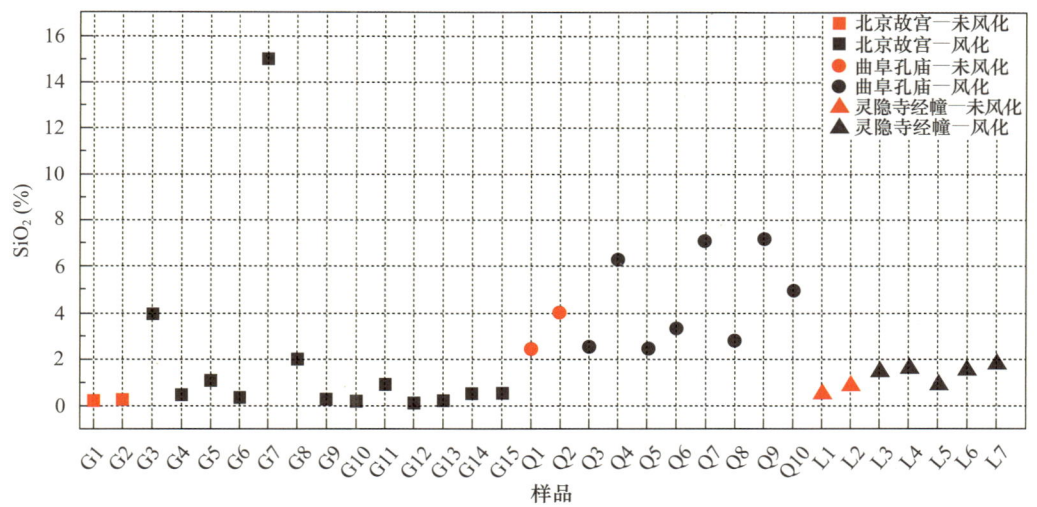

图 3.4.13　碳酸盐石质文物构件样品中硅元素的变化

铁元素一般存在于酸不溶物的含铁矿物中,如角闪石、黄铁矿、铁氧化物等。铁元素在汉白玉和灵隐寺经幢微晶灰岩中的含量在 0.2% 左右,在曲阜孔庙的鲕粒灰岩中的含量较高,处于 0.5%～1.0%。综合三个地点岩石风化前后铁元素的变化情况,随着风化的进行,Fe 元素的含量有增加趋势,尤其是当文物表面的颜色发生变化时,检测结果对应的 Fe 元素显著升高,典型的如故宫汉白玉 G7,G9,G10,G14 均存在表面发黄现象,对应的 Fe 元素升高明显。相应的,曲阜样品 Q3、Q4,Q7 现场调查时也都发现文物表面有变黄、变红的迹象(图 3.4.15)。灵隐寺经幢表面因为长期渗水导致的水锈变色,事实证明也是 Fe 等元素溶解迁移后又沉积的结果。

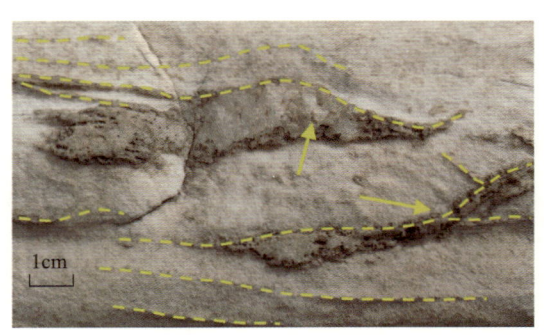

图 3.4.14　故宫汉白玉栏杆表面因差异溶蚀而凸显的石英脉

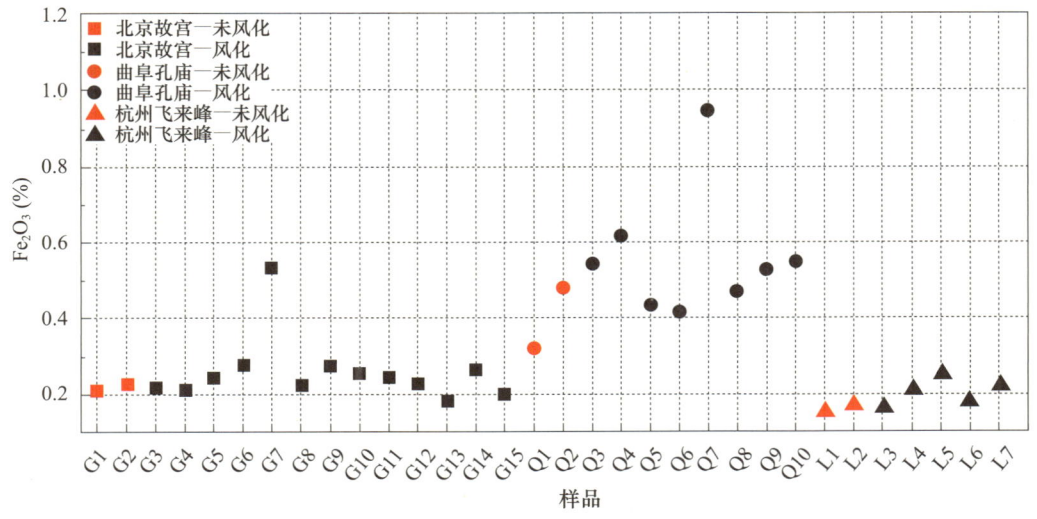

图 3.4.15　碳酸盐石质文物构件样品中铁元素的变化

铝主要存在于伊利石和绿泥石中，通常比较稳定，汉白玉中的 Al 含量在 0.1%～0.2%，风化前后样品中 Al 的含量未见明显变化。灵隐寺经幢和曲阜孔庙灰岩中 Al 含量在 0.5%～0.8%，风化后有一定程度的上升，对于变色比较明显的 G7、Q7 以及 L4，可以见到 Al 元素含量升高比较明显（图 3.4.16）。

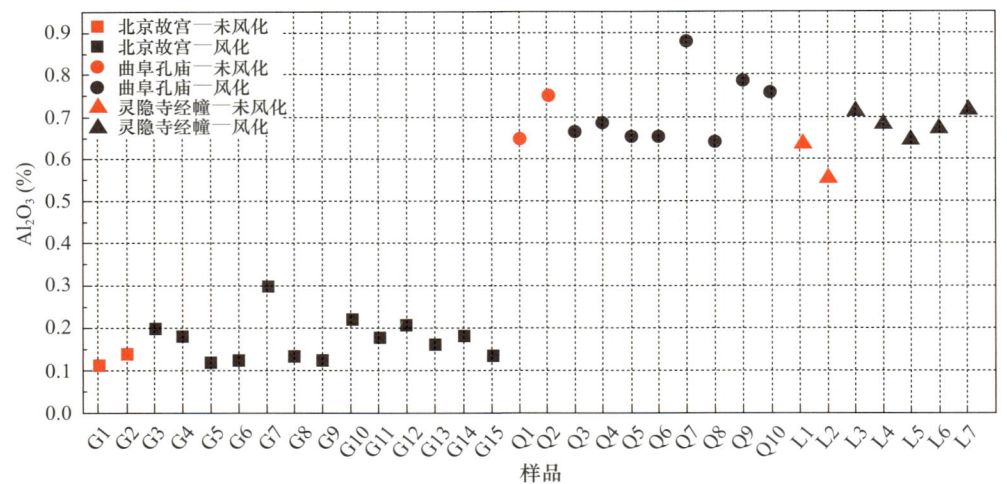

图 3.4.16　碳酸盐石质文物构件样品中铝元素的变化

（3）Ti、Sr 元素的变化

钛作为高场强元素，主要赋存在抗风化能力较强的硅酸盐矿物中，它们性质稳定，不易受到蚀变的影响。从图 3.4.17 看，故宫汉白玉和曲阜孔庙灰岩中的 Ti 含量在 0.1% 附近，灵隐寺经幢微晶灰岩中 Ti 含量更低，为 0.04% 左右。三者相同的规律是风化前后，Ti 元素的相对含量变化很小，几乎未见显著升高或降低。

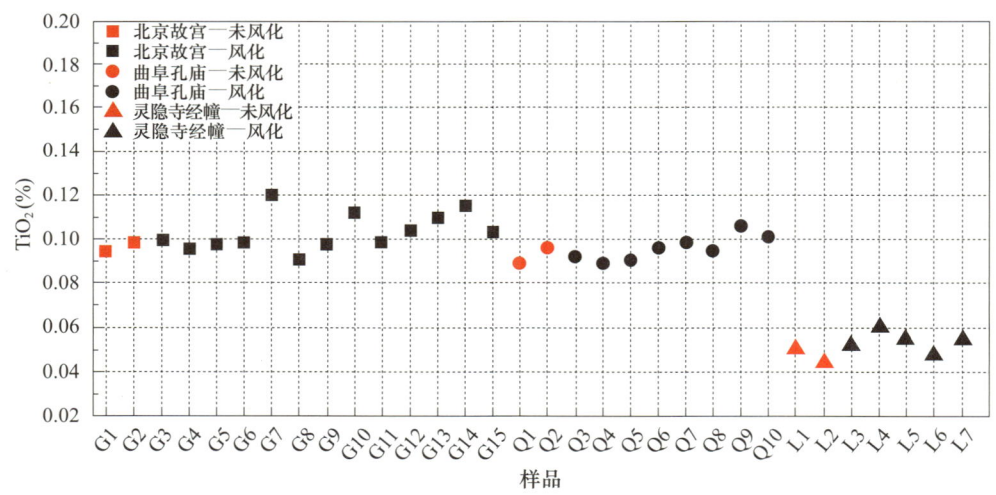

图 3.4.17　碳酸盐石质文物构件样品中钛元素的变化

微量元素锶与钙同为碱土金属元素，主要存在于方解石中，因而会随着风化的进行而流失。检测结果显示故宫汉白玉样品中的 Sr 元素含量在 0.002%～0.004%，风化后的 Sr 含量有所降低，基本小于 0.004%。同样的，曲阜孔庙中鲕粒灰岩制作的栏杆望柱等石质构件，在风化后，Sr 元素的含量也从 0.009% 降低到 0.007% 左右（图 3.4.18）。

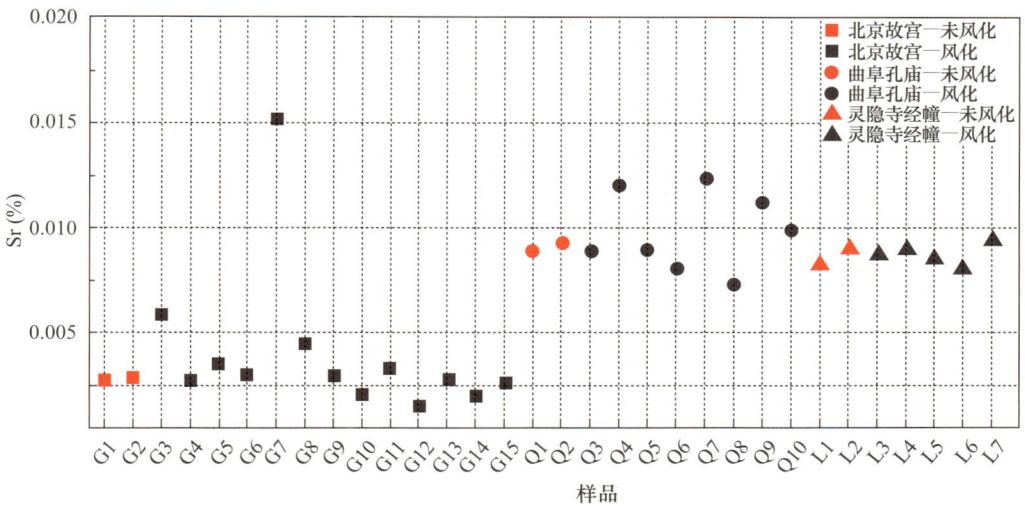

图 3.4.18　碳酸盐石质文物构件样品中锶元素的变化

(4) 元素迁移系数

评估元素的活动性是探讨岩石风化过程中元素变化的重要方法。研究表明通过计算元素的迁移系数可以定量评估在岩石风化过程中元素迁移量的相对大小，以此来衡量元素在风化过程中的活动性。通常会选择一个活动性弱的元素作为参比，通过前面的元素分析结果，发现 Ti 元素风化前后变化最小，相比其他元素最为稳定，因而本研究以 Ti 元素作为参比元素，按照如下公式计算各元素的迁移系数：

$$\tau = \frac{(X/Ti)_s}{(X/Ti)_p} - 1$$

式中，$(X/Ti)_s$ 和 $(X/Ti)_p$ 分别代表风化后岩石与新鲜岩石中某个元素与 Ti 元素含量的比值，其中新鲜岩石各元素的含量为所取的两个点的含量的平均值。结果见图 3.4.19，从中可以看到 Ca、Mg 的流失比较明显，Si 元素的变化突出，个别样品 Fe、Al 元素有显著的变化。

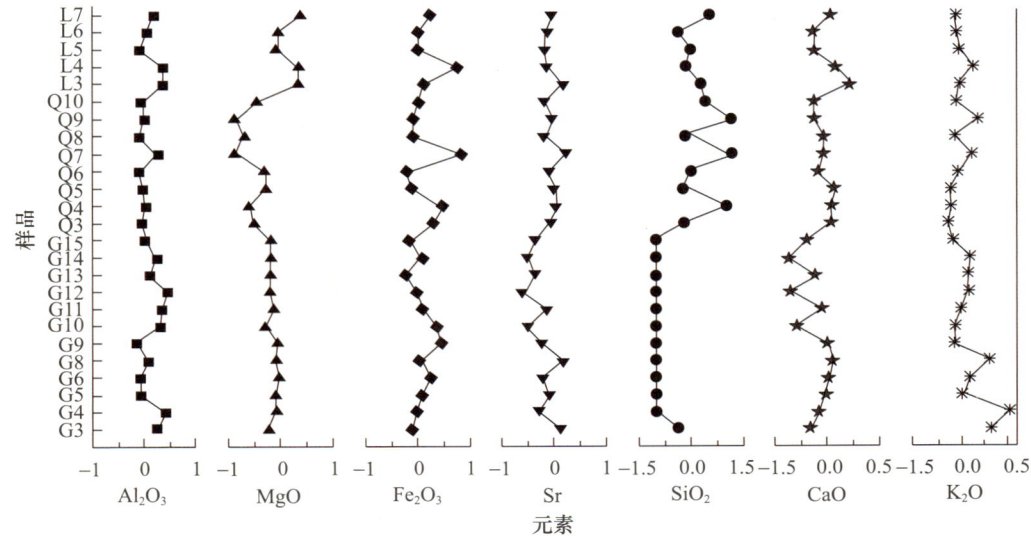

图 3.4.19　碳酸盐石质文物构件样品中各元素迁移系数

3.4.4 结论

为研究碳酸盐类石质文物劣化过程中主要元素的流失情况，本工作建立了一套标准方法，包括微量取样和规范制样，以检测常见主量与微量元素的变化情况。

(1) 根据标准碳酸盐样品建立工作曲线，并试验确定最佳工作条件，建立了一套基于 pXRF 仪器的碳酸盐石质文物化学成分检测方法，通过与大型 XRD 仪器检测结果比较表明该方法检测结果可靠。

(2) 碳酸盐石质文物的劣化通常伴随着元素含量的改变。总体来看，在长期雨水作用下，方解石、白云石等矿物逐渐溶解，造成钙镁元素流失。从降低程度看，灰岩比汉白玉更明显。

(3) 尽管故宫汉白玉的劣化程度比灵隐寺经幢的灰岩更严重，但元素的变化则是灰岩更加明显，这说明故宫汉白玉的劣化除了雨水引起的化学溶蚀外，温差或冻融导致的物理破坏也是重要的影响因素。

3.5 杭州飞来峰造像病害监测

3.5.1 概况

文物本体监测是研究文物病害发展规律，建立文化遗产预防性保护机制的必要措施和基础工作。

遗产监测是世界遗产保护管理工作的重要组成部分，在《保护世界文化与自然遗产的公约》和《执行世界遗产公约的操作指南》框架下，已逐步发展成为较为完善的理论和实践体系。公约规定，联合国教科文组织定期对全球的世界遗产项目进行监测评估，每年一次，分地区进行。据此，我国制定的《世界文化遗产保护管理办法》《中国世界文化遗产监测巡视管理办法》规定：遗产地的市、州、县（市）人民政府有关行政管理部门应建立世界遗产保护监测制度。

受杭州西湖世界文化遗产监测管理中心委托，浙江大学文物保护材料实验室从 2012 年开始对西湖文化景观遗产点文物本体病害进行专业技术监测，其中飞来峰造像是重要的监测点之一。本项监测是按照《西湖文化景观文物本体监测技术规程》要求，由专业人员携带便携式仪器，每季度一次定期到文物现场进行观察、检测和取样。结合实验室分析研究，对遗产点周边的环境要素、文物本体健康状况和病害情况进行监测，评价病害发展进程，研究病害规律，为西湖文化景观文物本体的预防性保护提供基础数据和建议。

本工作以飞来峰第 75 龛（原编号）等造像为例，结合定点拍照、粗糙度仪、里氏硬度计、超声波、微波湿度仪、红外热像仪、便携式显微镜和生物取样等十余种无损检测，对遗产点的微环境、文物表面性质、结构性质和水力学性质以及微生物群落状况进行了连续多年的监测研究。

(1) 文物状况

飞来峰造像区目前保存尚好的有 100 多龛（图 3.5.1），约 350 尊造像和 100 余款题刻，主要分布于飞来峰北麓的崖壁及青林洞、玉乳洞、龙泓洞三大溶洞中，其中以五代至元代造像为典型代表，是浙江省规模最大的造像群，1982 年 2 月 23 日，被国务院列入全国重点文物保护单位。其中，第 75 龛由三尊造像组成，为元代时期雕刻而成的"西方三圣"，佛龛整体呈"凸"字形，龛中部高 270cm，边长 235cm，宽 480cm（图 3.5.2）。

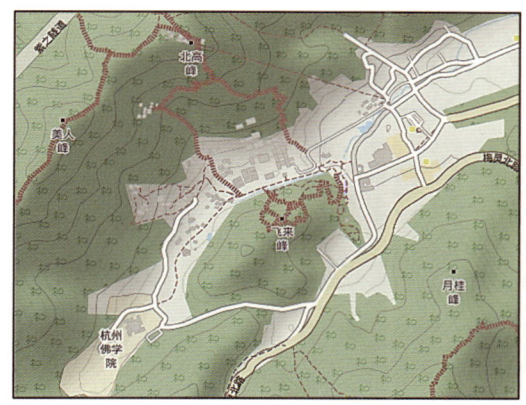

图 3.5.1　飞来峰地理位置

图 3.5.2　飞来峰造像第 75 龛全貌

（2）保护工程

飞来峰一期保护工程从 2000 年开始基础工作，2005 年 2 月开始施工，同年 9 月完成了第21～29 龛（龙泓洞造像区）和第 59～68 龛（冷泉造像区）危岩加固、地表防渗和地面排水工程。二期保护工程以呼猿洞区（第 72～77 龛）、一线天区（第 30～33 龛）、龙泓洞至玉乳洞连接段（第 15～20 龛）为研究治理区域，其水文、工程、环境地质勘察工作于 2007 年 5 月开始，同年 8 月结束。主体施工于 2012 年 7 月开始，12 月完成。重点采用危岩体加固、地表防渗、地面排水、地下截流导水等工程措施，在一期工程基础上完善危岩体加固和防渗排水工程体系。

为研究飞来峰造像文物的劣化规律，评价前期修复工程的有效性，并为后续的保护和修复工程提供数据支撑，故以飞来峰第 75 龛等为例，从 2015 年开始进行了专业技术监测。

3.5.2　监测方法与流程

（1）仪器设备

本工作在确保基本精确度和安全性的基础上，综合考虑各种因素，选取合适的监测仪器，使监测工作方便、高效有序地进行。仪器设备为：海创高科 HT-225 型回弹仪、Elcometer 224 数字式表面粗糙度仪、MOIST 300B 手持式微波湿度仪（配备 3cm、7cm、11cm、30cm 不同范围深度的湿度探头）、北京海创高科 U-81 超声波无损检测仪、Leeb 810D 邵氏硬度计、NEC 红外热成像仪、DT-1309 数字式光度计、XYI-V 紫外线辐射照度计、德图 174H 温湿度计、AR 8200 二氧化碳检测仪、GDYK-501S 二氧化氮检测仪以及 GDYK-402S 二氧化硫检测仪。

（2）监测流程

首先对遗产点进行调查，初步评估总体病害情况，选择本体保存状态中等的位置作为长期观测点，通过与周边参照物的相对距离确定检测点位的坐标，监测时使用带圆孔的 PVC 板辅助定位，监测频率为每季度一次。完成后通过比较文物本体的病害发展状况和本体材料性质的变化情况，评估文物本体的劣化程度，再结合文物周边的环境监测数据分析文物本体的劣化原因，研究文物本体的劣化趋势。监测流程如图 3.5.3 所示，现场检测如图 3.5.4 所示。

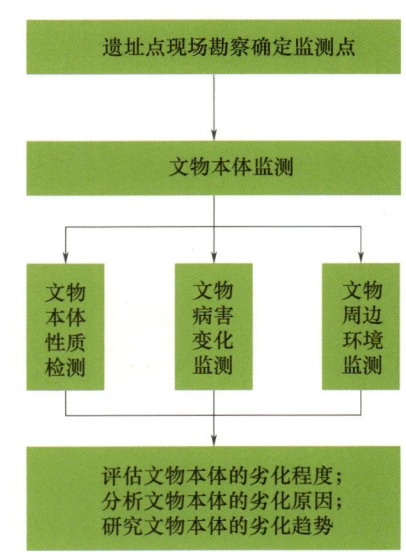

图 3.5.3　飞来峰造像第 75 龛
文物本体病害监测流程图

图 3.5.4 飞来峰造像现场监测工作照

3.5.3 监测结果与讨论

（1）文物本体病害

连续多年的现场监测结果显示，飞来峰造像第75龛石质文物典型病害类型有表层风化粉化、脱落（图3.5.5），裂隙残损，渗水溶蚀（图3.5.6），生物病害以及变色污染。经统计，上述病害面积占比分别为26.3%、5.09%、20.87%、14.06%、33.67%。劣化程度可分为严重、中等和轻微，其中严重病害占比为7.97%，中等病害占比36.88%，轻微病害占比55.15%（图3.5.7）。

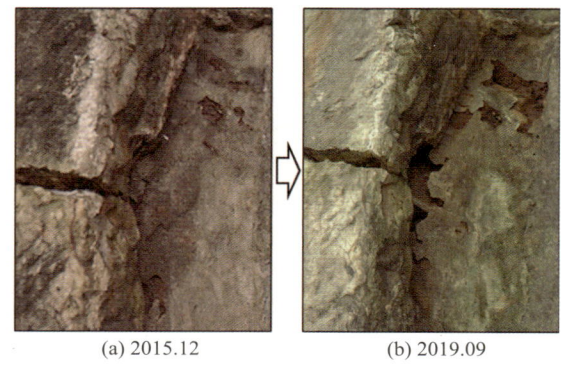

图 3.5.5 飞来峰第75龛修补材料老化脱落

图 3.5.6 造像渗水溶蚀

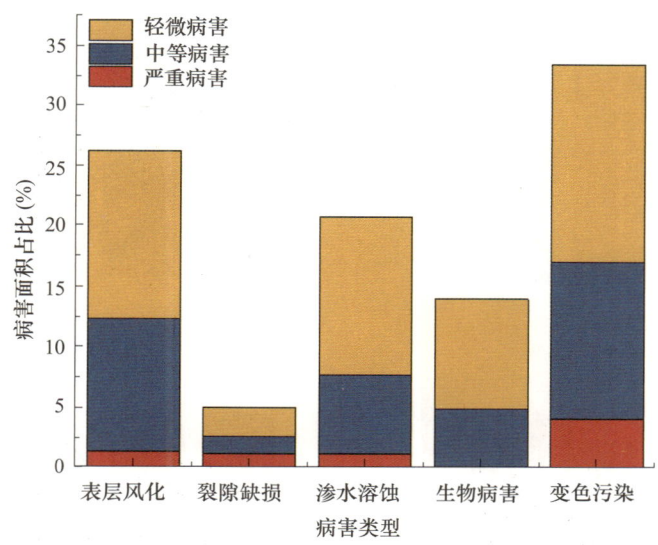

图 3.5.7　飞来峰第 75 龛造像典型病害面积占比（2019 年）

（2）微生物病害

微生物病害在飞来峰造像区较为显著，为研究病害的发展情况，我们在飞来峰共设置了 6 个监测点，分别位于飞来峰入口佛像（FL1）、理工塔底座（FL2）、一线天龙泓洞内墙壁（FL3）、63 龛元代菩萨造像（FL4）、61 龛元代菩萨造像（FL5）和 66 龛元代菩萨造像（FL6）。每年 5 月对各点微生物进行取样，并采用分子生物学方法进行微生物类型鉴定和群落分析。结果显示飞来峰造像区主要微生物类型有绿色地衣病害、橘色藻类病害和白斑病害三种（图 3.5.8）。

(a) 绿色地衣　　　　　　(b) 橘色藻类　　　　　　(c) 白斑

图 3.5.8　飞来峰监测点典型微生物病害

不同类型的微生物病害实质上是群落中细菌和真菌的种类有所区别，对各点微生物取样进行细菌和真菌高通量测序，结果显示主要细菌门类有蓝细菌、放线菌、变形菌、酸杆菌，主要真菌门类为子囊菌。以 FL4 取样点为例，2016 年至 2019 年该点微生物群落分布及丰度变化趋势如图 3.5.9 所示。

（3）文物本体材料性质

石质文物的劣化程度可通过对文物所属本体材料表面性质、结构性质以及水力学性质的检测进行评估。针对飞来峰造像，岩石的表面性质由表面硬度和表面粗糙度来体现，结构强弱由回弹强度和超声波波速来反映，水力学性质则通过微波湿度仪和红外热成像仪分别检测岩石本体的含水率及其分布情况。飞来峰造像第 75 龛文物本体材料性质检测结果如图 3.5.10 所示，2015 年至 2019 年，岩石回弹强度测量值介于 47.5～52.5MPa 之间，岩石超声波波速平均值介于 2.3km/s～2.5km/s 之间，邵氏硬度在 76～82HD 之间波动，而表面粗糙度变化较小，其均值大约为 450μm。

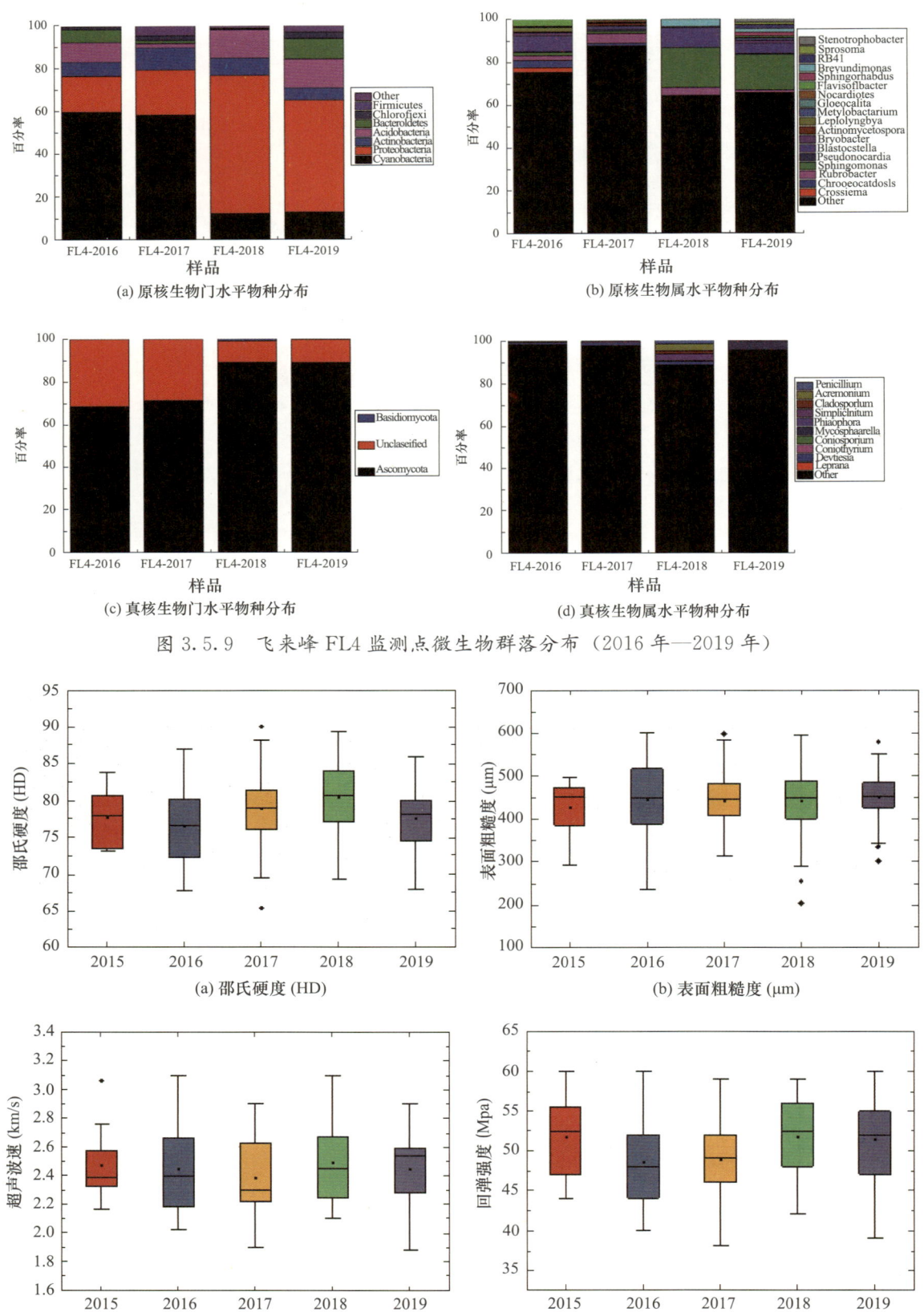

图 3.5.9 飞来峰 FL4 监测点微生物群落分布（2016 年—2019 年）

图 3.5.10 飞来峰第 75 龛造像文物本体材料性质检测结果（2015 年—2019 年）

岩石本体含水率检测采用微波湿度仪配合不同探头检测岩石表面以下 3cm、7cm、11cm 以及 30cm 深度范围内的湿度值。飞来峰第 75 龛造像 2015 年至 2019 年岩体含水率变化如图 3.5.11 所示，由图可知 3cm 深度层的湿度最高，表面以下 11cm 深度层湿度最低；湿度的变化趋势呈现较为明显的季节性波动，总体表现为春夏季湿度较高，秋冬季较低。此外，采用红外热像仪对文物本体拍照（图 3.5.12），可得到文物岩石表面温度的分布情况，不仅可辅助判别文物本体的劣化情况，同时也能反映岩石本体湿度的分布情况。

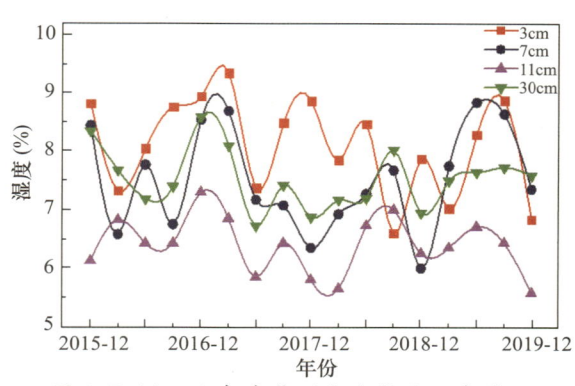

图 3.5.11 飞来峰监测点文物岩石本体不同深度的湿度（2015 年—2019 年）

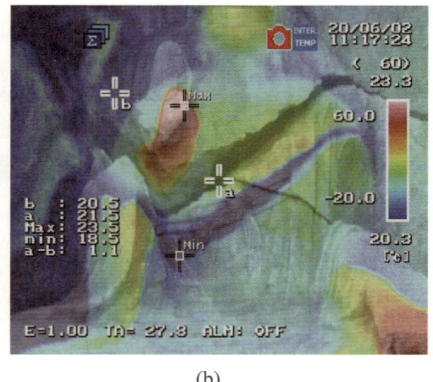

图 3.5.12 飞来峰第 75 龛造像热红外成像对照图（2020.06.02）

（4）文物周边环境条件

自然环境作用是造成文物劣化的重要因素。石质文物周边微环境监测的主要参数包括温湿度、二氧化碳、二氧化硫、二氧化氮浓度、光照强度以及雨水的 pH。2015 年至 2019 年的飞来峰造像区气温与降水变化曲线如图 3.5.13 所示。此外，遗址区空气中酸性气体含量以及雨水的 pH 监测结果如图 3.5.14 所示，由图可知监测点环境中酸性气体以二氧化氮为主，浓度介于 0.02mg/m³ 和 0.06mg/m³ 之间，2017 年以前浓度较高，随后逐渐降低，相应的雨水 pH 亦上升至 6.5 左右。二氧化硫的浓度低于 0.02mg/m³，平均值不到 0.01mg/m³，对环境的影响较小。

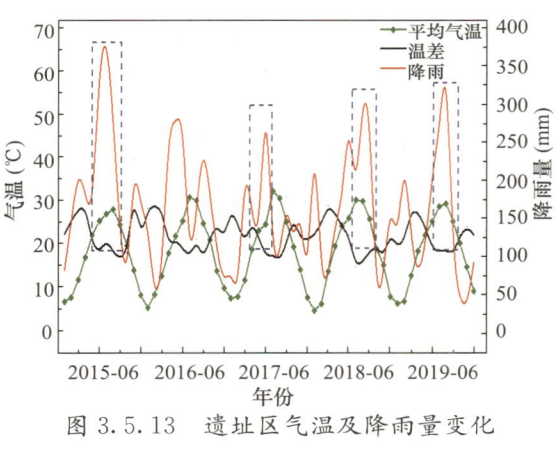

图 3.5.13 遗址区气温及降雨量变化
（2015 年—2019 年）

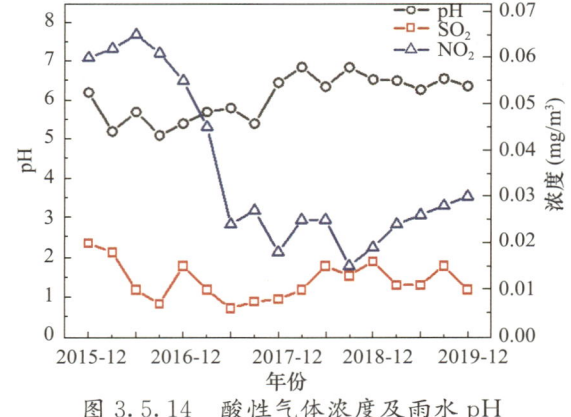

图 3.5.14 酸性气体浓度及雨水 pH
（2015 年—2019 年）

(5) 文物劣化过程讨论

飞来峰造像岩体为生物碎屑粉晶-微晶灰岩，主要矿物为方解石，约占 98%，其次为石英等杂质，约占 2%。岩石密度约为 2.63g/cm³，孔隙小，本身较为密实，强度较高。但由于方解石的轴向热膨胀具有明显的各向异性，因而对温度的变化较为敏感。气象监测数据表明飞来峰地区夏季炎热多雨，冬季寒冷干燥，气温的月平均值介于 5～35℃，最低气温为零下 7℃，最高气温达到 41℃，温差变化较大（平均值介于 15～28℃），长期反复的温差应力作用会导致岩石表层产生微小的裂隙。

大量细微的裂隙为雨水提供了渗透通道和存储空间，图 3.5.13 所示造像区年降雨天数约 130～160d，降雨量达 1400～1500mm，属于多雨地区，长期的雨水冲刷对碳酸盐石质文物具有明显溶蚀作用。由图 3.5.14 可知该区域雨水呈现弱酸性，进一步加速了飞来峰造像的溶失（图 3.5.6），致使已有的微裂隙不断扩大。此外，沿着裂隙渗出的水流还会携带大量可溶盐离子，随着水分的蒸发，这些盐离子将在文物表面重新沉积，引起岩石表面颜色的变化，部分盐类重结晶时体积膨胀对岩石的破坏作用也不可忽视。

随着微裂隙的数量不断增加，原有裂隙的宽度和深度继续扩大，岩石表面粗糙度增加，不仅可容纳更多的水，同时也会沉积一定量的尘土，为生物的生长提供了营养条件。加之飞来峰地区气候适宜，为植物、苔藓以及微生物在造像岩石表面定植提供了有利条件。生物病害对岩石的破坏不仅包括植物根系的物理劈裂破坏作用，同时它们分泌的有机酸会造成岩石的化学溶解。

上述过程往往同时进行，在振动、温差应力、雨水冲刷溶蚀、盐结晶、冻融以及生物侵蚀的共同作用下最终造成岩石的劣化，在造像岩石本体表现为空鼓裂隙、溶蚀结壳、表面粉化、断裂脱落、变色污染、生物定植等各类病害。这些病害问题可以通过相应的无损检测方法进行定量的评估。例如空鼓裂隙会导致岩石的回弹强度和超声波波速降低，表面粉化可造成岩石的表面粗糙度增加，表面强度减小。飞来峰造像岩石的劣化过程与环境因素的关系可简化为图 3.5.15。

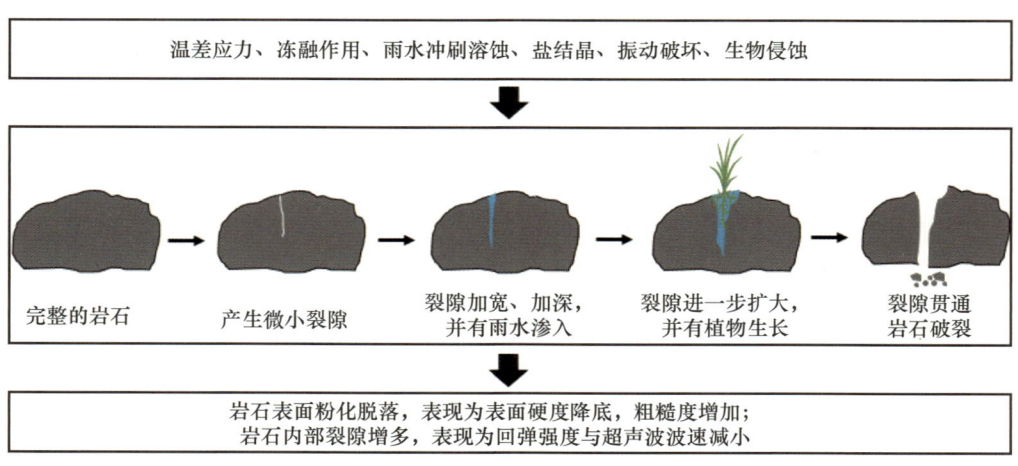

图 3.5.15　飞来峰造像岩石劣化过程示意图

3.5.4　结论

本节以杭州飞来峰造像 5 年的监测为例，从监测框架建立到监测工作开展再到监测数据分析处理，比较完整地介绍了石质文物本体病害监测的过程，得到如下几点认识：

（1）石质文物本体的劣化每时每刻都在发生，且某些病害的发展速度较快，如未及时发现并采取措施干预，将会威胁文物安全，因而建立完善的文物本体病害监测系统非常必要。

（2）文物本体材料的物理力学性质能够反映文物的健康状况，综合使用多种无损检测技术，从文物表面性质、结构性质和水力学性质等多方面进行探测，有助于准确评估石质文物的劣化程度。

（3）石质文物本体病害的发生与发展和所处的环境条件密切相关。飞来峰造像的典型病害包括表层风化、裂隙残损、渗水溶蚀、变色污染以及生物定植等，与该区域温差大，降雨多，且雨水呈弱酸性等环境因素有关。

3.6 灵隐寺双经幢劣化监测

3.6.1 灵隐寺经幢简介

灵隐寺两经幢（图 3.6.1）建于北宋开宝二年，由石灰岩建造，分别位于灵隐寺天王殿的东、西两侧，两幢东西面分别距高墙 2m，平行排列在距冷溪北侧 20m 处。现东幢残高 7.17m，西幢残高 11m，为多层八面形，基座为两层须弥座，幢身刻佛经，东幢刻有《尊胜陀罗尼经》，故称"尊胜塔"；西幢刻有《大自在陀罗尼咒》，故称"大自在塔"。经幢造型经典、雕刻精美、经文清晰，具有重要的历史、文化、艺术、宗教价值。经幢初建时安置在城西钱氏家庙奉先祠内，北宋景祐二年，灵隐主持延珊将其迁至灵隐寺。

(a) 东经幢　　(b) 西经幢

图 3.6.1　灵隐寺东西经幢近照

3.6.2 监测内容与方法

（1）病害监测

灵隐寺经幢本体表面病害监测分为两部分：一是定点监测，每个经幢选择 9 个具有代表性的位置作为每次拍照和检测的观察点（图 3.6.2、图 3.6.3）；二是病害观察，即仔细观察现场，发现新增病害并做好检测记录。

(a) 南　　(b) 东　　(c) 北　　(d) 西

图 3.6.2　灵隐寺东经幢表面病害拍照记录点

(a) 南　　　　　　(b) 东　　　　　　(c) 北　　　　　　(d) 西

图 3.6.3　灵隐寺西经幢表面病害拍照记录点

（2）本体性质监测

① 监测点位

东经幢的监测点位选在龙形雕刻上方塔檐外侧东南面，定位板与沿面右侧卡齐，方向与其平行，从左往右取前 4 个孔位，编号为 LYD1、LYD2、LYD3、LYD4。西侧经幢的监测点位选在龙形雕刻上方塔檐外侧南面，定位板与沿面右侧卡齐，方向与其平行，从左往右取前 4 个孔位，编号 LYX1、LYX2、LYX3、LYX4。

② 监测指标

对灵隐寺经幢的本体性质监测包括表面邵氏硬度、里氏硬度、超声波波速、回弹强度、微波湿度、表面粗糙度以及裂缝宽度，所用仪器信息和工作流程同 3.5.2 节。

环境监测数据包括经幢本体温度、环境温度、光照强度、紫外线强度、二氧化碳、二氧化硫、二氧化氮浓度以及降雨量。其中本体温度由红外测温枪测得，其余数据由安装在飞来峰峰顶的气象监测站获取。其中 2021 年 4 月至 2022 年 4 月一年中灵隐寺降雨量与空气湿度的关系如图 3.6.4 所示。

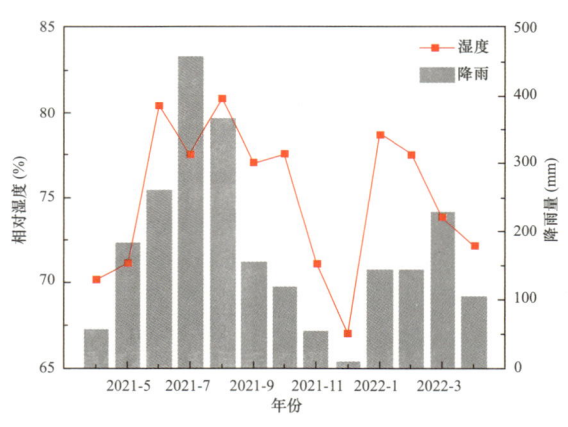

图 3.6.4　2021 年 4 月至 2022 年 4 月一年中灵隐寺降雨量与空气湿度的关系

3.6.3　结果分析

灵隐寺经幢存在的主要病害：缺损、裂隙、表面粉化、生物病害以及长期渗水导致的经幢各层粘结的灰浆流失。经幢上的大块缺损是过去 1000 多年来的大小战火等人为因素造成。近年来，局部区域也有少量构件因风化或人为触碰脱落（图 3.6.5）。经幢本体岩性为石灰岩，长期的雨水溶蚀和干湿循环作用（图 3.6.4）使得构件表面出现许多微小裂隙，采用裂隙测宽仪获取的缝宽数据显示随着风化的进行缝宽在逐年增加（图 3.6.6）。

(a) 修补砂浆　　　　(b) 岩石本体

图 3.6.5　灵隐寺经幢修补砂浆和本体材料脱落

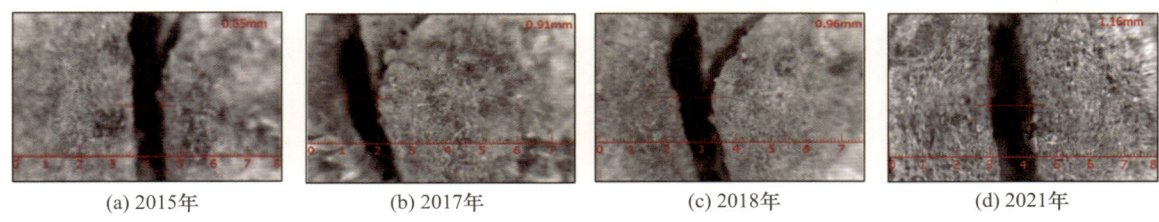

(a) 2015年　　　(b) 2017年　　　(c) 2018年　　　(d) 2021年

图 3.6.6　灵隐寺经幢表面裂隙变化

水对经幢的劣化作用还体现在水对经幢层间灰浆粘结材料的溶蚀，如图 3.6.7（a）所示为雨天拍摄的灵隐寺经幢，幢身层间裂隙可见明显渗水［图 3.6.7（b）］，红外热像照片同样显示出因渗水导致的经幢本体湿度分布不均［图 3.6.7（c）］。在长期的雨水冲刷作用下，幢身层间灰浆大量流失，形成了比较大的缝隙和空腔［图 3.6.7（d）、图 3.6.7（e）］。

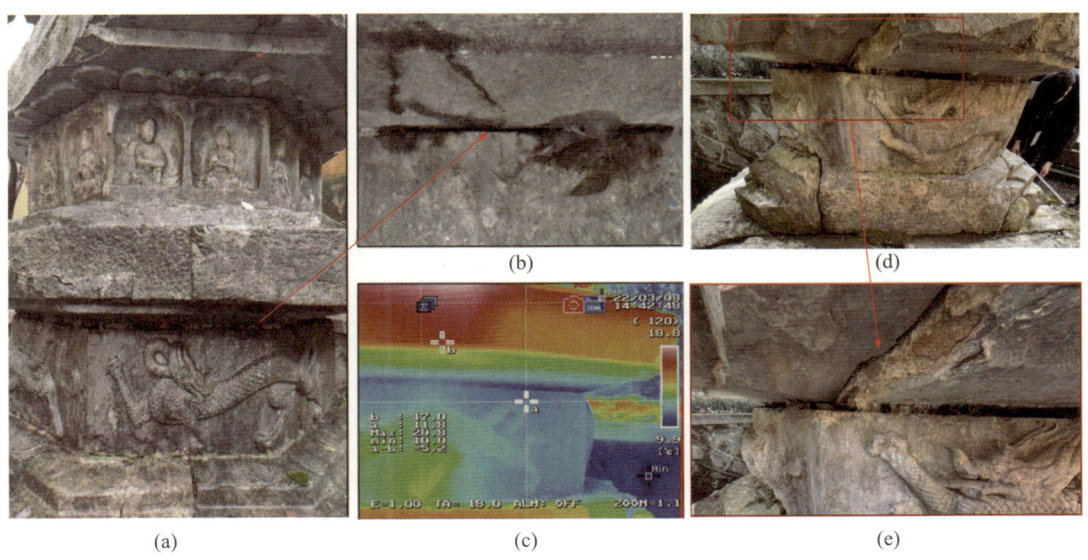

图 3.6.7　灵隐寺经幢渗水与粘结材料流失

经幢岩石表面繁殖的微生物/苔藓等在逐年加重生物风化和溶蚀，使文物表面精美的雕刻逐渐淡化（图 3.6.8）。

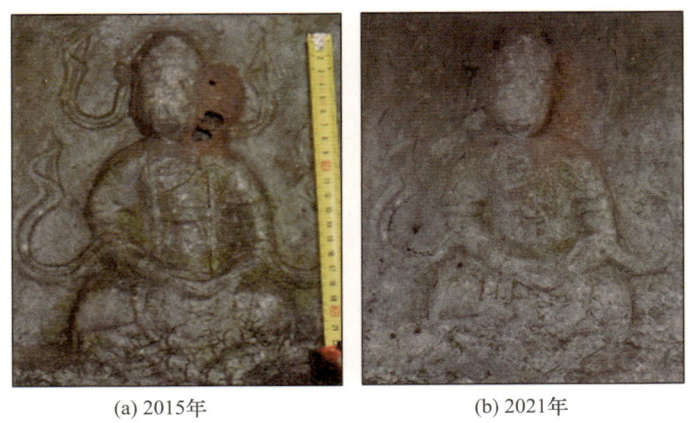

(a) 2015年　　　　　　　　(b) 2021年

图 3.6.8　东经幢上石刻小佛像表面生物风化

针对灵隐寺东经幢开展的本体性质检测结果如图 3.6.9 所示，这里以 2015 年至 2022 年共 8 年的监测结果为例，可以看出东经幢的邵氏硬度和里氏硬度已出现比较明显的下降趋势，但表面粗糙度变化不大。

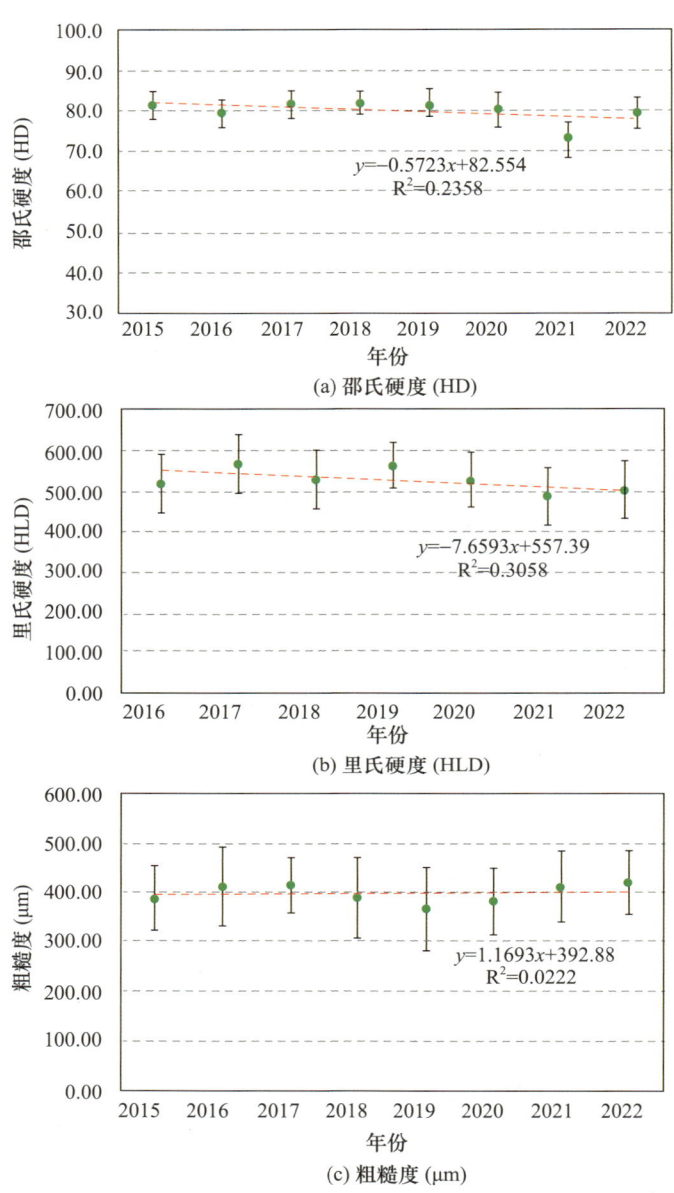

图 3.6.9　灵隐寺东经幢本体性质监测结果趋势

3.6.4　结论

通过对杭州灵隐寺经幢文物本体病害的长期监测，可以归纳出如下问题：

① 受南方多雨潮湿气候影响，灵隐寺经幢文物本体的主要病害是雨水冲刷和溶蚀作用，已造成明显的粘结灰浆流失和岩石裂隙发育。其中，灰浆流失现象多发生于经幢石块的接缝处，已有较大面积的灰缝空缺，持续发展下去将会危及经幢的稳定性。塔身岩石裂隙逐年增多变宽，裂隙定点监测宽度已从 2015 年的 0.85mm 增长至 2021 年的 1.16mm，明显增大；松动的石块构件也在不断脱落流失。

② 受南方湿热天气影响，塔体也受到植物和微生物病害影响，包括微生物、苔藓、草本植物等。微生物/苔藓明显导致石刻精细结构逐渐模糊，植物根系对经幢岩石缝隙的胀破作用也比较明显。

3.7　本章小结

开展检测和监测工作是了解石质文物本体变化状况和劣化程度，发现各种破坏的影响因素，为采取抢救性保护或预防性保护措施提供基础数据的重要前期工作。

（1）本工作以故宫养心殿石质文物的检测为例提出了一种石质文物劣化程度定量测评的"加权改变率"方法。基本原理是：选取同类石材中保存最好的个体或部位作为参照物，测量相同材质石质文物与参照物的性能参数，确定各参数的权重因子，由此计算出该石质文物与参照物性能参数的平均改变率和加权改变率，从而可以定量地判断石质文物相对于参照物的劣化程度。

（2）大型仪器是文物检测的重要工具，本文以云冈石窟污染物检测为例进行说明。为了解云冈石窟污染物以及病害影响因素，我们在云冈石窟石雕表面污染物病害调查基础上对各类主要病害进行取样，用扫描电镜 SEM、能谱 EDAX、傅里叶红外 FT-IR、X 射线衍射 XRD 和偏光显微镜等仪器进行检测，重点揭示污染物与岩石基底的结合方式，以探讨可能的作用机制，判别对石质文物的影响，为污染物病害治理提供依据。

（3）本工作以故宫汉白玉、曲阜孔庙灰岩和灵隐寺经幢灰岩样品为例，建立了一套检测碳酸盐岩石主要元素变化的标准方法，为研究碳酸盐类石质文物劣化过程中主要元素的流失提供了简便易行的方法。包括根据标准碳酸盐样品建立工作曲线，使用 X 射线荧光光谱分析仪 pXRF 进行化学成分检测，通过与大型 XRD 仪器检测结果比较表明该方法检测结果可靠。

（4）为阐述石质文物的监测方法和技术，本文以杭州飞来峰造像第 75 龛和灵隐寺双经幢的监测为例，从监测框架建立、监测工作开展以及监测数据分析处理等，比较全面地介绍了我们在西湖世界遗产石质文物本体病害监测方面的工作。这一工作已连续进行了近 10 年，包括文物健康体检、病害观察、生物种属分析等。

本章参考文献

[1] 许婷华，曲成平，杨淑娟. 建设工程经济 [M]. 武汉：武汉大学出版社，2014：126.

[2] 李海，石云龙，黄继忠. 大气污染对云冈石窟的风化侵蚀及防护对策 [J]. 环境保护，2003（10）：44-47.

[3] OLMEZ I. Instrumental neutron activation analysis of atmospheric particulate matter. [J]. Methods of Air Sampling and Analysis，1989.

[4] CHRISTOFOROU C S，Salmon L G，Cass G R. Deposition of atmospheric particles within the Buddhist cave temples at Yungang，China [J]. Atmos pheric Environ，1994，28：2081-2091.

[5] WEISS J. Handbook of Ion Chromatography [M]. New York：John Wiley & Sons，1986.

[6] 张秉坚，铁景沪，刘婷. 石窟寺研究：第一辑 [M]. 北京：文物出版社，2010：207-213.

[7] MERINO E，BANERJEE A. Terra rossa genesis. lmplications for karst. and eolian dust：a geodynamic thread [J]. The Journal of Geology，2008，116（1）：62-75.

[8] 冯志刚，马强，李石朋，等. 碳酸盐岩风化壳岩-土界面风化作用机制：对岩粉层淋溶模拟的初步研究 [J]. 地质学报，2013，87（01）：119-132.

[9] 虎贵朋，韦刚健，马金龙，等. 粤北碳酸盐岩化学风化过程中的元素地球化学行为 [J]. 地球化学，2017，

46（01）：33-45.

[10] ROSIN H C. Mobilization and redistribution of REEs and thorium in a syenitic lateritic profile：a mass balance study[J]．Geochimica et Cosmochimica Acta，1993，57：4419-4434.

[11] CARTECHINI L，VAGNINI M，PALMIERI M. et al. Immunodetection of proteins in ancient paint media[J]．Accounts of Chemical Research，2010，43：867-876.

[12] UNESCO. Convention Concerning the Protection of the World Cultural and Natural Heritage[Z]．1976.

[13] 赵云，许礼林．中国世界文化遗产监测[M]．北京：中国建筑工业出版社，2017.

[14] 王丽雅，陈建强，崔振华．飞来峰呼猿洞第75龛摩崖造像岩体稳定性专题调查与分析评价[J]．杭州文博，2015（1）：4-10.

第4章

清洗与脱盐

4.1 石质文物清洗概论

4.1.1 表面污染物分类

(1) 问题

石质文物，特别是长期暴露于野外自然环境中的大型石质文物，如石窟造像、摩崖题记、石雕碑刻，以及石塔、石桥、石亭、石牌坊等石质建筑和构件等，在漫长的历史进程中受到了各种因素的作用，包括自然因素，如雨雪、风沙、灰尘、烟雾、可溶盐、生物和微生物等；也包括人为因素，如涂抹、刻画、煤烟、酸雨、不当修缮和加固等，留下了种类繁多的污垢和印迹。这些表面污迹是文物历史沧桑的证物；同时，其中许多污染物也在加速文物风化的过程，破坏文物表面的微结构，若不及时处理，许多历史文化信息将会丧失。

石质文物上的污染物大多直接附着在文物本体上，有的已经渗入岩石一定深度，按照"保持原状"或"最小干预"的保护原则，一般情况下最好不要清洗。但是，当污染物对文物石材造成危害而缩短文物的寿命时，或者严重影响文物的展示效果，会妨碍后续的维修保护的情况下，就需要文物保护工作者根据具体情况权衡是否需要采取清洗措施。在直接干预前至少有两个问题必须考虑：

① 哪些污染物是有害的？
② 何种清洗（或清理）技术比较合适和安全？

这就是本章要探讨的主要内容。

(2) 石质文物表面污染物

石质文物表面污染物泛指由于各种原因附着、沉积、析出或生成的影响文物表面状况的物质，从来源上可分为内源性污染和外源性污染两类。内源性污染是指由石质文物本体岩石产生的污染，包括因岩石中某些化学成分，如铁、钙等成分，与环境中的化学物质发生反应而产生的污染物；也包括因岩石微孔的输运作用，从岩石内部析出的物质，如盐结晶、钙华等。外源性污染是指来自外界环境的污染物，包括受自然环境影响沉积于石质文物表面的污染物，如粉尘沉积、雨水水垢、微生物等，也包括受人为因素影响或人为作用，使石质文物表面受到污染，如工业排放的污染、人为涂鸦、修补水泥等。

石质文物表面的污染物种类繁多，目前还没有比较系统的分类方法。见于文献的多是石质文物病害的分类，例如意大利，1988年建立了石质文物病害描述体系；我国也于2008年发布了行业标准《石质文物病害分类与图示》(WW/T 0002—2007)，将馆藏石质文物的病害分为7类，共计22种。

石质文物表面的污染物并不等同于危害，一般表面污迹（至少在初期）许多还没有明显造成本体材料结构破坏。

为便于清洗技术的讨论，本工作借鉴国内外石质文物病害分类的术语，结合我们的调研，特将常见石质文物表面污染物分类如下：

(1) 粉尘沉积。因灰尘、烟雾、风沙等长时间沉积作用形成的沉积层。
(2) 盐碱结晶。各种来源的在岩石表层结晶析出的盐类。
(3) 石膏壳层。由含硫气体与岩石钙质成分反应形成的以硫酸钙为主要成分的壳层。
(4) 生物和微生物。包括各种在石质文物表面生长的苔藓、地衣、真菌等。
(5) 氧化物色斑。由岩石内部或外部的金属离子，如铁、铜等，氧化后形成的有色斑痕。

(6) 雨迹水渍。因雨水冲刷或长期潮湿导致的岩石表面出现的水迹或湿痕。

(7) 鼠雀秽物。包括鼠类、鸟雀、昆虫等各种生物的排泄物或分泌物形成的污垢。

(8) 油脂污迹。包括蜡液、灯油、长期人手触摸等在岩石表面形成的带油渍的痕迹。

(9) 涂鸦划痕。各种有意或无意刻画在文物表面的墨水、粉笔、色笔等印迹。

(10) 油漆涂料。包括各种原因涂抹或滴溅在文物表面的油漆涂料等。

(11) 保护残迹。包括以前加固和保护所用的各种聚合物、有机物以及老化后的残留物等。

(12) 水泥。因修缮、粘结、支撑、加固等工程措施遗留的或滴溅在文物上的水泥。

文献查阅发现，在上述常见石质文物表面污染物中，究竟哪些类别有害并不清晰，而这将影响保护工程的决策。浙江大学文物保护材料实验室已经进行了"烟熏黑垢""手摸油迹""拓片墨迹"等污迹对岩石风化过程影响的实地调查和实验室模拟研究，具体见本章 4.3 节。

从逻辑上"脱盐"属于"清洗"的技术内容之一，由于"盐碱结晶"对石质文物破坏性较大，治理较为困难，本工作进行了专项研究，为了突出相关内容，我们将"脱盐"与"清洗"并列列入了本章题目。

在本章最后，我们还专门讨论了石质文物清洗效果检测和清洗安全性评估方法。

石质文物的"彩绘与涂层"和"生物病害"也部分涉及清洗内容，由于在治理技术方面的专业性，本书将"彩绘与涂层"和"生物病害"单独列章（第 7 章和第 8 章），进行了专门的研究讨论。

4.1.2 清洗的目的及意义

由于各种原因，处于野外的石质文物会附着、沉积或生成各种沉积物、风化产物或生成物，以及从前保护修复处理的残留物等。通常，清洗的目的是：

(1) 去除有害于石质文物保存或展示的物质，如水溶性盐、灰尘积垢、微生物及杂草、以前处理的残留物等；

(2) 打开被污垢堵塞的岩石气孔，恢复水蒸气通道，消除表面可能危害岩石结构安全的应力；

(3) 为随后的维修和保护处理做准备，例如提高石材对保护剂的吸收率和吸收深度等。

石质文物表面污染物的清除技术是去除直接破坏因素、缓解劣化速率、使后续保护措施能够实施的基础技术。同时，石雕的文物价值集中表现在表面的精细结构上，而有害物质往往直接附着在文物本体表面，许多还渗透进文物表层的微孔和裂隙中，任何不当处理都会直接危害文物，这就对有害污物的清除技术提出了很高的要求，其难度大大超出了普通工业清洗技术的标准。石质文物的清洗有着自身特殊的要求、特殊的工艺和特殊的检测评价体系，这些都使该技术成为文化遗产保护的关键的技术之一，是实施重大石质文物保护工程不可缺少的支撑技术。

4.1.3 清洗技术分类

石质文物清洗技术的分类有多种方法，包括以下三种。

(1) 按污染物种类分

① 锈蚀斑清洗；

② 油污斑清洗；

③ 烟熏黑垢清洗；

④ 盐碱清洗（脱盐）等。

(2) 按施工技术分

① 激光清洗技术；

② 蒸汽清洗技术；

③ 粒子喷射清洗技术；

④ 凝胶清洗技术等。

(3) 按工作原理分

① 化学清洗方法；

② 物理清洗方法；

③ 生物清洗方法等。

4.2 典型污染物破坏或保护作用的试验研究

4.2.1 研究思路

对于石质文物表面的各种污染物，有些污染物的危害性已经比较清楚，如盐碱结晶、生物繁殖等。而有些污染物已经发现具有保护作用，如草酸钙类生物黑垢。例如，在杭州灵隐寺双塔（公元960年建）下部，发现塔体表面有一层半透明膜，膜层下一千多年前在岩石上雕刻的刀痕隐约可见，本实验室曾做过大量草酸钙生物矿化膜作用机理的研究。这种天然形成的具有一定保护作用的矿化膜在国内外许多石质文物上都有发现。若将这类能防酸雨、与岩石相容性好的表面垢层清除，很可能会加速文物的腐蚀。但是，有些污染物如粉尘沉积、墨迹污染、烟熏黑垢、手摸油脂污迹等，它们对岩石本体是否有危害，或者说是否有缓解岩石风化的作用，一般都不太清楚或者有所争议。

对于这些污染物的作用，国内外还鲜有研究报道。在国家科技支撑计划课题"石窟文物表面有害污物清除技术研究"的资助下，浙江大学文物保护材料实验室以云冈石窟石雕为研究背景，采用现场调查和实验室模拟试验的方法，分别对粉尘沉积、烟熏黑垢、遗留墨迹和手摸油脂四类外源性污染物的作用过程进行了近四年的探索性研究。

研究思路：主要从三方面开展研究工作。其一是实验室模拟研究。由于酸性气体（来自外部）和盐碱结晶（来自内部）是石窟造像和摩崖题记的最大破坏威胁，因此可以通过实验室模拟来证实这些污染物是否具有抵抗酸性气体或酸雨侵蚀的作用。其二是通过实际案例，即到石质文物现场进行仔细观察，比较由于这些污染物存在所起的作用。其三是检测分析，即利用各种现代仪器来检测、表征和显微观察，以探讨这些污染物作用的结果并分析原因。无疑，这些工作都是文物保护的基础科学问题。

4.2.2 试验过程

(1) 样品与仪器

文物现场岩石表面污染物样品采自云冈石窟。选择已没有石刻的洞窟壁面的粉尘砂岩、烟熏砂岩、墨汁砂岩、油脂砂岩四种污染物，捡拾或用工具轻轻撬取岩石样块，作为现场样品进行观察和检测。

检测仪器：视频显微镜 KEYENCE VHX-1000（日本）；扫描电镜（SEM）SIRION-100，FEI（美国）；偏光显微镜 Nikon Eclipse E600 POL（日本）；X射线衍射（XRD）AXS D8 ADVANCE（德国）；傅里叶变换红外光谱（FT-IR）NICOLET 560（美国）；照相机 CanonDigital IXUS750。

(2) 污染物样块制作

实验室模拟研究需要大量污染物样品。若从文物现场附近取样,一是数量有限,二是样品的均匀性达不到试验比较的要求,因此必须制作具有代表意义的试验样块。

砂岩取自云冈地区,由当地石材厂切割成 $5\times5\times3$(cm)大小,清水刷去表面浮尘,用去离子水浸泡 24h 后,低温烘干,冷却至室温,称重,编号,放入干燥器中,作为基本样块。

① 粉尘沉积样块:从云冈石窟采集粉尘,低温烘干、过筛、研磨,加水调成稀浆,然后涂到砂岩表面,待渗入,低温烘干,重复 3 次。

② 墨汁遗迹样块:墨汁是以油烟或烟尘为黑色颜料,以动物胶为胶结物制成的。模拟采用北京"一得阁"牌墨汁均匀涂抹在砂岩块表面,晾干后,于清水中浸泡、晾干、再浸泡、再晾干,至墨汁不再溶解,得到墨迹试验样块。

③ 烟熏黑垢样块:自制烟熏炉,底部电热丝加热,使用杂木柴火,控制无明火燃烧,顶部湿敷降温,放入砂岩样块,烟熏大约 3~5d,使样块的颜色从原色变为烟黄色、紫褐色、至黑色。

④ 手摸油迹样块:选用纯净羊毛脂。羊毛脂是由羊的皮脂腺分泌的一种天然油性物质,与人体皮脂腺分泌的油脂有相似的成分(甘油三酯、脂肪酸、蜡酯、角鲨烯、胆固醇及胆固醇酯等),将羊毛脂加热融化后均匀擦抹在砂岩样块的表面,刮擦至类似手摸油迹的薄层状。

(3) SO_2 腐蚀破坏试验

考虑到我国大部分地区空气中腐蚀性气体的主要成分为 SO_2,SO_2 也是云冈石窟空气的主要酸性气体,本研究制作了经典的 SO_2 腐蚀破坏试验装置(图 4.2.1)。即:①用 8mm 厚有机玻璃板制成 35cm×35cm×45cm 空间的密封箱体;②在箱体内安装电风扇(使气体均匀分布)、恒温板、温度计和湿度计,接 U 形汞压力计;③在箱体前端接 SO_2 和 O_2 发生器;④在箱体后端接 2 个串联的饱和 KOH 溶液尾气吸收瓶;⑤后面再接真空泵。SO_2 和 O_2 采用如下化学反应产生:

$$2H_2O_2 \text{(}MnO_2 \text{催化)} = 2H_2O + O_2 \uparrow$$

$$H_2SO_4\text{(浓)} + 2NaHSO_3 = Na_2SO_4 + 2SO_2 \uparrow + 2H_2O$$

每种样品 5 块,用保鲜膜密封样块下 2/5 部分以便收取和比较。

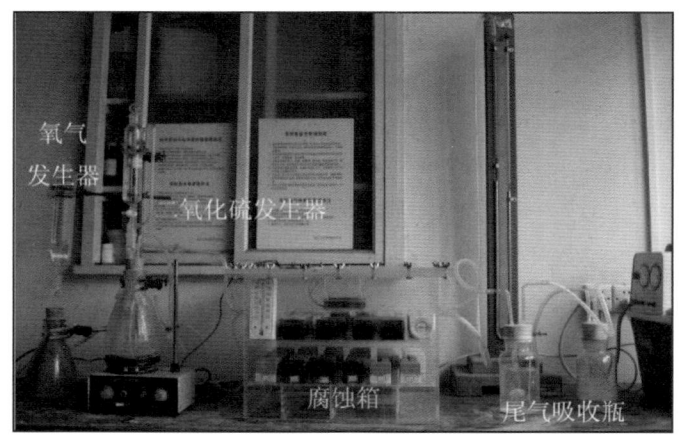

图 4.2.1 SO_2 腐蚀破坏试验装置

SO_2 腐蚀破坏循环试验步骤如下。

①润湿:样块立于平底盘内,蒸馏水浸渍深度 2~3mm,让毛细水向上迁移润湿岩石,时间 0.5h。②SO_2 腐蚀:将样块放入腐蚀箱,控制恒定的 SO_2 浓度和-5mHg 负压;箱中湿度 15%~25%,温度 25~30℃,时间 4h。③干燥:将岩石样块放入干燥箱,于 50℃条件下烘 10h。循环过程中记录样块的外观和质量变化。循环次数为 45 次,耗时 45d。

(4) 盐迁移破坏试验

洞窟造像的主要破坏因素之一是盐碱结晶。云冈石窟内呈现盐碱结晶的有 2236m²。根据云冈的条件设计盐迁移破坏循环试验。步骤如下。

①盐浸：将样块底面浸入饱和硫酸钠水溶液的平底盘中，浸没 2～3mm，让盐溶液以毛细作用向上迁移，历时 4.5h（模拟岩体中盐溶液向外迁移）；②冻融：将样块取出，放入－10℃冰箱中冷冻 2.5h（模拟冬季严寒）；③热干：将样块置于 50℃烘箱中烘 2h（模拟夏季酷热）；④涂酸：取出样块，向样块表面喷或刷少许 pH＝3～4 的稀硫酸溶液（模拟酸雨或酸雾）；⑤烘干：将样块置于 40℃烘箱过夜（模拟水蒸发干燥过程）；⑥称重：取出称重完成一次循环（24h）。然后进入下一次循环，直至样块表面破损。共计进行了 55 个循环。

(5) 吸水率试验

岩石表面污染物改变了砂岩表层的物理性能，其中最主要是水力学性质。岩石样块吸水量 Q 与吸水时间 t 之间具有以下关系：

$$Q=CAt^{0.5}$$

式中，C 为水吸收系数；A 为测试面的面积。

采用欧洲标准 EVS-EN 1925（2001）进行试验。

4.2.3 结果与讨论

(1) 粉尘沉积

粉尘沉积样块与空白样块的 SO_2 腐蚀破坏试验的失重曲线如图 4.2.2 所示。从图 4.2.3 的试验结果可以发现，粉尘沉积样块在试验初期增重比没有粉尘沉积的空白样块要快，在试验后期失重也较快。粉尘沉积样块与空白样块经 SO_2 腐蚀破坏 45 个循环后的表面状况如图 4.2.3 所示。很明显，粉尘沉积样块比空白样块的破损面要大。

粉尘沉积样块与空白样块经盐结晶破坏 55 个循环后的表面状况如图 4.2.4 所示。很明显，粉尘沉积样块比空白样块表面层要更疏松，破损更多。

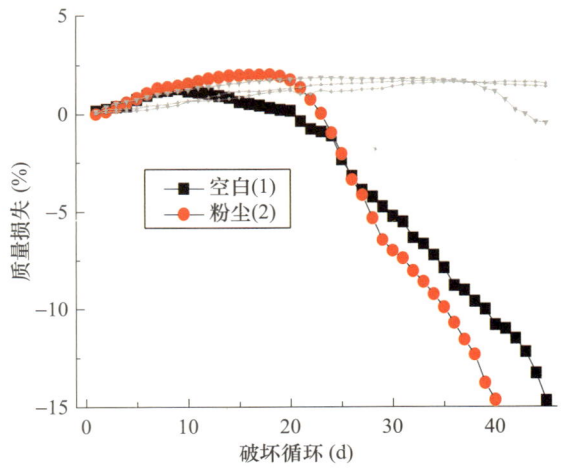

图 4.2.2　粉尘沉积样块与空白样块的 SO_2 破坏失重曲线

(a) 空白样块

(b) 粉尘沉积样块

图 4.2.3　经 SO_2 腐蚀破坏 45 个循环后的表面状况

(a) 空白样块　　　　　　　　　(b) 粉尘沉积样块

图 4.2.4　经盐结晶破坏 55 个循环后的表面状况

为什么粉尘沉积砂岩比空白砂岩的破坏更严重？原因分析如下。

① 吸水吸湿作用增大：粉尘使砂岩表面吸水系数从 14.5 变到 16.3，吸水吸湿作用增大，湿表面更容易吸附 SO_2，使酸浓度更大。

② 催化作用：反应 $SO_2+O_2 \longrightarrow SO_3$ 需要催化剂，由于砂岩上沉积的粉尘中含有大量金属离子，会加速砂岩表面 SO_3 的生成速率。加上吸湿作用，生成更多硫酸，不断渗入砂岩微孔隙，与钙质胶结物进行反应，破坏胶结结构，并生成盐类。

③ 保持作用：粉尘覆盖使催化生成的酸和反应生成的盐，更容易滞留在砂岩表面。随着环境变化，水分在岩石内外迁移，砂岩表面粉尘层聚集的酸和盐持续产生继发性破坏，使酸蚀作用和反复的盐结晶作用更持久（图 4.2.5）。

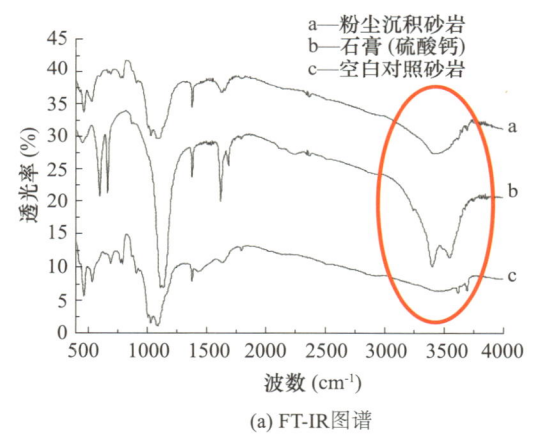
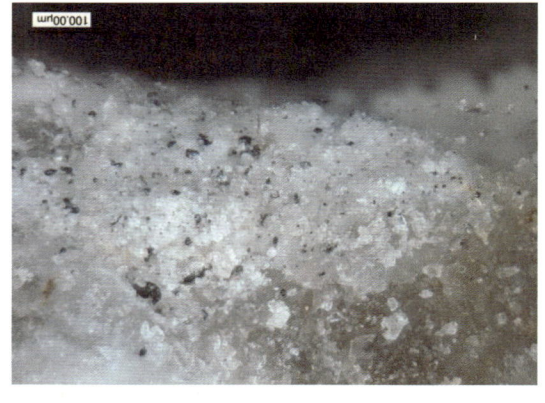

(a) FT-IR 图谱　　　　　　　　　(b) 视频显微镜照片

图 4.2.5　砂岩表面粉尘层聚集的硫酸盐

通过文物现场粉尘沉积实例的观察也可发现，岩石积尘面比立面的破坏更严重（图 4.2.6）。

以上试验和观察表明：岩石上的粉尘沉积具有加速岩石风化的作用，原因是粉尘使砂岩吸水率增大、硫酸生成更多、酸蚀速率加快，并使酸蚀和盐结晶的破坏更持久。

(2) 墨汁遗迹

墨汁遗迹样块与空白样块的 SO_2 破坏失重曲线如图 4.2.7 所示。从图 4.2.7 的试验结果可以发现，在 SO_2 破坏循环试验中，墨迹覆盖使砂岩的腐蚀大为延缓，空白样块在第 8 个循环开始破损，而墨迹覆盖使砂岩的破损推迟到约 38 个循环（图 4.2.8）。

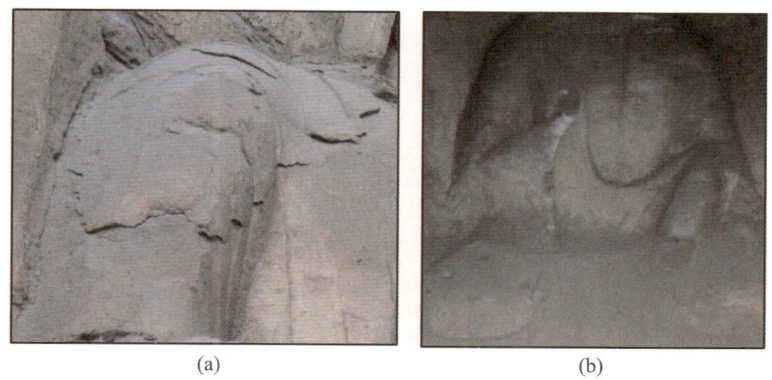

图 4.2.6 文物现场粉尘沉积实例

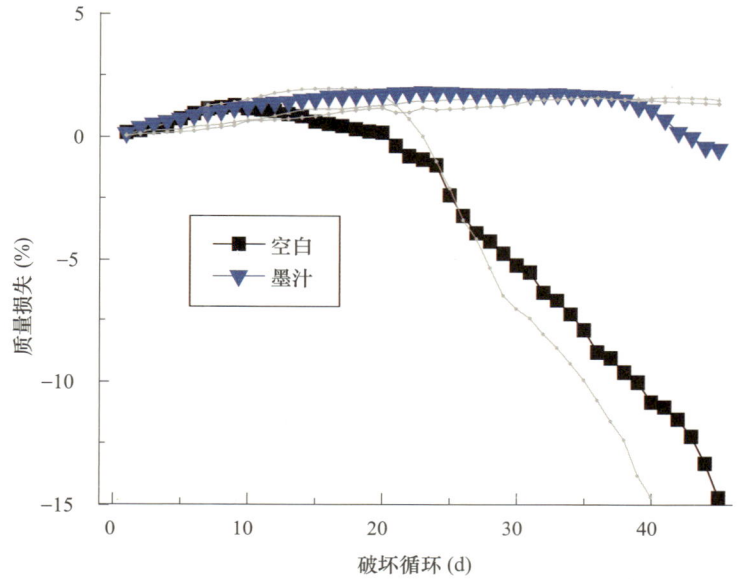

图 4.2.7 墨汁遗迹样块与空白样块的 SO_2 破坏失重曲线

(a) 空白样块　　　　　　(b) 墨汁遗迹样块

图 4.2.8 经 SO_2 腐蚀破坏 45 个循环后的表面状况

墨汁遗迹样块与空白样块经盐结晶破坏 55 个循环后的表面状况如图 4.2.9 所示。从图 4.2.9 的比较可以发现墨迹有缓解可溶性硫酸盐破坏的作用。

(a) 空白样块　　　　　　　　　(b) 墨汁遗迹样块

图 4.2.9　经盐结晶破坏 55 个循环后的表面状况

为什么墨汁遗迹砂岩比空白砂岩要更耐酸腐蚀和盐结晶破坏，原因分析如下。

① 使砂岩吸水率减小：墨迹的覆盖使砂岩的吸水系数从 14.5 降低到 10.7，使砂岩微孔吸入的酸减少。

② 墨迹层的遮蔽作用：墨迹具有明显的填充微裂隙和覆盖遮蔽作用，当墨迹砂岩经 SO_2 腐蚀破坏后尽管表面不断粗糙溶蚀，但未暴露出砂岩的微结构，起到一定遮蔽作用（图 4.2.10）。

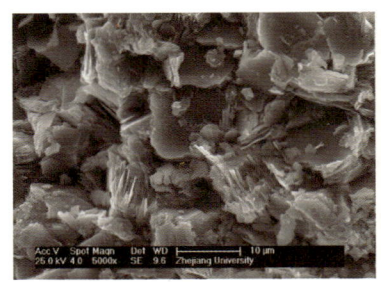 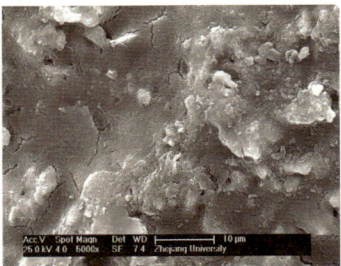 

(a) 空白砂岩样块　　　(b) SO_2 腐蚀前的墨汁样块　　　(c) 经SO_2腐蚀破坏45个循环后的墨汁样块

图 4.2.10　放大 5000 倍的 SEM 照片

③ 较好的透盐作用：发现经盐结晶破坏循环后，硫酸钠盐结晶主要出现在墨迹层上表面，对墨迹下面砂岩的胀破作用较小（图 4.2.11）。

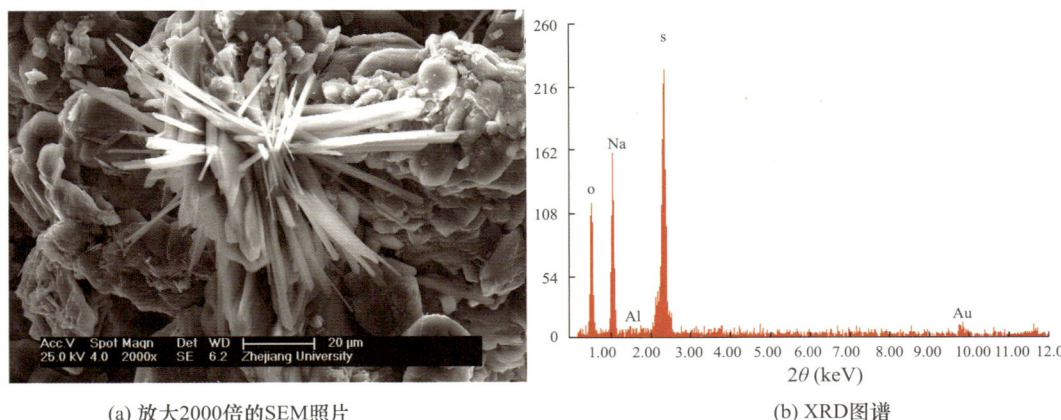

(a) 放大2000倍的SEM照片　　　　　　　　(b) XRD图谱

图 4.2.11　迁移到墨迹层上表面的针状结构的硫酸钠（$Na_2SO_4 \cdot 10H_2O$）

对文物现场墨汁遗迹砂岩石刻的实际观察，例如浙江衢州仙岩洞摩崖题记（图4.2.12），也发现其墨汁遗迹有缓解风化的作用。

(a) 未拓片过的第7号题刻　　　　　　　(b) 卢宜1178年所书的第3号题刻和拓片

图4.2.12　浙江衢州仙岩洞摩崖题记

墨汁遗迹对石刻具有一定保护作用的现象已在许多石刻上发现，这种经验历代相传，保留拓片墨痕已成为目前石刻碑廊保存展示的主要风格，例如杭州放鹤亭石刻和杭州文澜阁碑廊（图4.2.13）。

(a) 杭州文澜阁碑廊　　　　　　　　(b) 杭州放鹤亭石刻

图4.2.13　保留拓片墨痕的杭州文澜阁碑廊和杭州放鹤亭石刻

以上试验和观察表明：石刻表面遗留的中国墨确实具有一定的阻止空气中SO_2侵蚀的作用，同时也可缓解可溶性硫酸盐对石材的酥碱破坏。

（3）烟熏黑垢

烟熏黑垢样块与空白样块的SO_2腐蚀失重曲线如图4.2.14所示。从图4.2.14结果可以发现，经过SO_2腐蚀破坏45个循环以后，烟熏样块仅有微小增重（<0.8%），外观几乎没有发生变化（图4.2.15）。

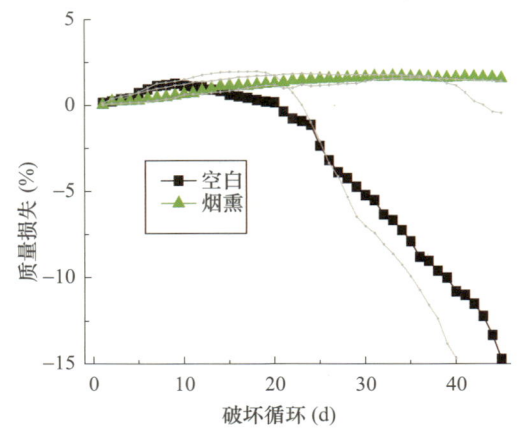

图 4.2.14 烟熏黑垢样块与空白样块的 SO_2 腐蚀失重曲线

(a) 空白样块　　　　　　　(b) 烟熏黑垢样块

图 4.2.15 经 SO_2 腐蚀破坏 45 个循环后的表面状况

烟熏黑垢样块与空白样块经盐结晶破坏 55 个循环后的表面状况如图 4.2.16 所示。从图 4.2.16 的比较可以发现烟熏黑垢砂岩几乎看不到破坏现象。

(a) 空白样块　　　　　　　(b) 烟熏黑垢样块

图 4.2.16 经盐结晶破坏 55 个循环后的表面状况

为什么烟熏黑垢砂岩比空白砂岩要更耐酸腐蚀和盐结晶破坏，原因分析如下。

① 吸水率明显减小：烟尘使砂岩表面吸水系数从 14.5 减小到 3.67；少了近 4 倍。烟尘有阻

止酸和盐溶液渗入岩石内部的作用。

② 碳纳米颗粒层：烟熏黑垢砂岩表面生成了粒径 20~80nm 的碳纳米颗粒的致密表面层（图 4.2.17），隔离了酸性气体等物质的侵蚀。

(a) 放大5万倍　　　　　　　　　　　　　(b) 放大10万倍

图 4.2.17　烟熏黑垢的 SEM 照片

③ 烟熏黑垢层的理化性质：烟熏的碳纳米颗粒层化学性质稳定、透气、有一定憎水性、覆盖致密、能钻入和填充细小裂隙（图 4.2.18）、与本体结合牢固，具有较好防化学腐蚀效果。

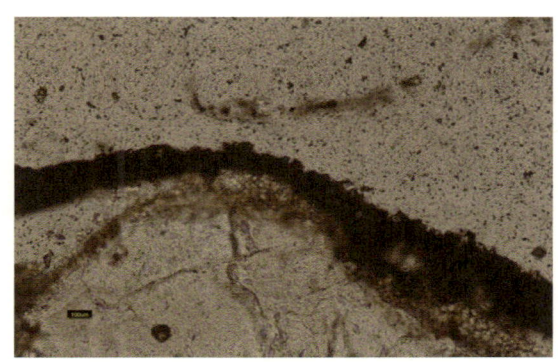

图 4.2.18　烟熏黑垢砂岩横切面放大 800 倍的偏光显微照片

通过文物现场烟熏黑垢实例的观察可以发现，烟熏部位比没烟熏部位石刻保存状况要好（图 4.2.19）。

(a)　　　　　　　　　　　　　(b)

图 4.2.19　云冈石窟第 37 窟烟熏部位比没烟熏部位石刻保存状况要好

以上试验和观察表明：石刻表面的烟熏层有一定的缓解岩石风化的作用，原因是致密的碳纳米颗粒层具有较好的防酸蚀、防盐结晶破坏的效果。

（4）手摸油迹

手摸油迹样块与空白样块的 SO_2 腐蚀失重曲线如图 4.2.20 所示。从图 4.2.20 曲线可以看到，SO_2 腐蚀破坏 45 个循环以后，手摸油迹样块几乎没有失重，明显减缓了 SO_2 的破坏作用（图 4.2.21）。

图 4.2.20　手摸油迹样块与空白样块的 SO_2 腐蚀失重曲线

图 4.2.21　经 SO_2 腐蚀破坏 45 个循环后的表面状况

手摸油迹样块与空白样块经盐结晶破坏 55 个循环后的表面状况如图 4.2.22 所示。从图 4.2.22 的比较可以看到手摸油迹砂岩没有明显破坏现象，盐结晶量减少，盐分主要在油脂表面析出。

为什么手摸油迹砂岩比空白砂岩要更耐酸腐蚀和盐结晶破坏，原因分析如下。

① 吸水率明显减小：手摸油迹使吸水系数从 14.5 显著减小到 1.08，结果是岩石表面不容易被水润湿，SO_2 在岩石表面生成 H_2SO_4 的概率明显降低，从而缓解了酸蚀作用。

② 渗入覆盖作用：油脂层渗入砂岩表层深达数百微米（图 4.2.23），与砂岩结合紧密。在岩石的凸出部位油脂覆盖层很薄约 $10\mu m$ ［图 4.2.24（a）］；在岩石凹陷处，油脂污垢有填补作用［图 4.2.24（b）］，形成整体上平整的外表面；在微观上，油脂污垢填补了砂岩晶体结构间的空隙，形成基本平整的光滑面（图 4.2.25）。

(a) 空白样块

(b) 手摸油迹样块

图 4.2.22　经盐结晶破坏 55 个循环后的表面状况

图 4.2.23　手摸油迹砂岩纵切面的视频显微镜照片

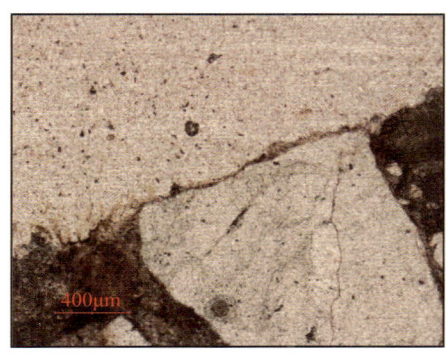 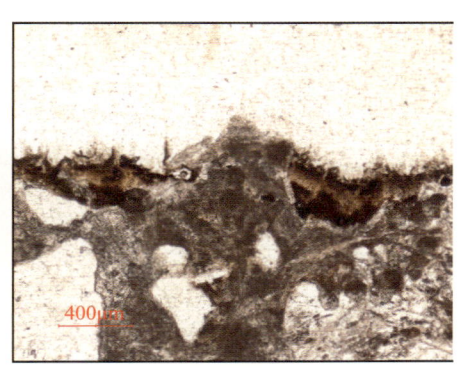

(a) 显示油脂在岩石凸出处覆盖约10μm　　　　　(b) 在凹陷处填补

图 4.2.24　偏光显微照片

(a) 空白样块　　　　　　　　　　　　(b) 手摸油迹样块

图 4.2.25　放大 5000 倍的 SEM 照片

③ 手摸油迹改变了岩石表面的理化性质：首先，手摸油迹具有一定透水透气性，保留了某种程度的盐迁移通道，没发现憎水性保护剂的亲水/憎水界面破坏问题；其次，手摸油迹与岩石相容性好，但与盐结晶不相容，盐结晶碎屑从油脂表面掉落，缓解了盐结晶的破坏力；最后，手摸油迹形成半固化包浆层，具有较好的抗磨和抗腐蚀作用。

对文物现场手摸油迹石刻的实例观察，例如杭州灵隐寺理公塔元代造像：宝藏神，因游人经常触摸形成包浆层，风化程度较轻（图 4.2.26）。而游人触摸不到的元代造像，风化相对严重（图 4.2.27）。

(a)　　　　　　　　　　(b)

图 4.2.26　杭州灵隐寺理公塔元代造像宝藏神上的手摸油迹

图 4.2.27　杭州灵隐寺华严三圣坐像的表面风化

类似的情况也能在云冈石窟（图 4.2.28）与其他石质文物上发现。不仅如此，手摸油迹的保护现象也可以在金属文物、泥塑等其他材质的文物上发现。

图 4.2.28　大同云冈石窟第 40 窟东壁造像

以上试验和观察表明：手摸油迹具有填充、光滑、覆盖和一定防护作用，使岩石表面呈现一定憎水性，且无亲水/憎水界面破坏现象，未影响盐迁移通道。

4.2.4　结论

（1）通过 SO_2 气体腐蚀试验和硫酸盐结晶破坏试验，发现岩石表面的粉尘沉积有加速岩石表面风化的作用，而遗留墨迹、烟熏黑垢和手摸油脂对岩石本体具有（不同程度的）缓解酸性气体侵蚀和可溶盐结晶破坏的作用。

（2）这些结果并不支持使用某些污染物来保护石质文物，因为它们会改变文物的原貌；只是提示：保护工作者需要科学地认知文物表面污染物的作用，谨慎使用清除手段，否则可能加速文物本体的腐蚀。

（3）以上结果对于开发新型石质文物保护材料具有一定启示作用。

4.3 污染物的化学清洗技术

化学清洗泛指使用各种化学品（化学清洗剂）来完成清除工作的清洗技术。化学清洗一般只需要小型工具就能完成，施工简便、经济实惠，是最早应用于石质文物清洗的技术，被称为常规清洗方法。

4.3.1 石质文物化学清洗的基本原理和方法

化学清洗的作用原理包括化学作用（如酸碱反应）、物理作用（如吸附或溶解）和生物化学作用（如酶分解）等。化学清洗剂可以渗透到岩石的内部选择性地清除渗入性污染物（如油污、锈黄斑等），这是其他清洗技术无法替代的。例如，尽管激光清洗近年来发展迅速，但其清洗效果仅限于表面层。一些研究结果显示，在激光清洗后再使用化学清洗可以清除渗入性污迹和因激光照射导致的黄斑。很明显，利用化学药水与污染物发生反应更有针对性，对于清除渗入性污迹是各种物理清洗技术难以相比的。

文物的清洗如同治病，除了了解污染物的成因，关键是正确用药。俗语讲"是药三分毒"，这是告诫人们要慎重且合理用药。了解化学药品的性能和作用原理，挑选副作用最小的方法是石质文物化学清洗前必须考虑的问题。目前，国内外应用于石质文物化学清洗的主要方法有以下几种。

（1）电解质活性离子法

电解质活性离子清洗法是利用酸或碱在水溶液中电离出活性的 H^+ 或 OH^-，与污染物成分中的正或负离子结合，使污染物分子分解或脱离岩石壁面的方法。

在石材工业中经常使用氢氟酸。氢氟酸的最大特点是它能电离出 F^- 与二氧化硅发生剧烈反应并使其溶解，而二氧化硅对其他无机酸都十分稳定，因此用氢氟酸溶液清除含硅的结壳性污垢有特效。由于氢氟酸具有极强的腐蚀性和挥发性，在石质文物的清洗中一般都禁止使用。例如 Gaspar 的研究发现，用氢氟酸清洗过的石灰岩表面，除了严重褪色外，还会产生一系列的其他危害，尤其对于砂岩等孔隙较大的岩石。在文物保护实践中经常采用的是较为温和的氟化氢铵溶液，氟化氢铵是由氢氟酸与氟化铵反应生成的酸性缓冲溶液。例如 Barry 曾采用氟化氢铵配方溶液来清洗墓碑石；而 Kovachy 采用了各种氟化氢铵配方来清洗砂岩、大理石、花岗岩以及砖、瓦、水泥等材质的文物。此外，Mamillan 的研究发现，氟化氢铵溶液对于砂岩有较强的溶蚀作用，而对于石灰岩和花岗岩则腐蚀比较轻微。

相比之下，含有氢氧根活性离子的碱性溶液的应用比较广泛，主要用于皂化除油和转化溶解硫酸盐污垢。常见的碱性清洗剂主要是碳酸铵、氨水、小分子磷酸盐和硅酸盐类等。另外，低浓度的硼砂水溶液也用于清洗一些较为严重的油污。国外许多历史建筑的石质外墙都曾采用碱性溶液配方来清洗，如意大利北部布雷西亚文艺复兴时期的圣母教堂的修复中，采用了碳酸铵药膏敷贴，以清除石灰岩表面的黑色石膏壳层和白色结垢物；据 Giovanna 报道，在米兰历史建筑 Ca' Granda 酒店的修缮中，曾采用碳酸铵溶液来清除石材表面的大量盐类；在 Králová 等的研究中，比较了尿素、氨基甲酸铵、氨水、乙二胺四乙酸、柠檬酸和草酸溶液对模拟的石膏壳层样品的清洗效果，从经济和有效性方面考虑，认为碳酸铵效果最好。此外，国内的一些清洗实践也表明，氨水对于油烟污垢有效。值得指出的是，在石质文物的化学清洗中，要尽量避免使用强碱性清洗剂，主要问题是残留物的危害。例如有研究报道称，在1970年对费城30号大街Amtrak车站的罗马洞石构件进行清洗时，采用了含氢氧化钠的商业清洗剂，此后20年的跟踪调查发现，清洗后的建筑物风化现象十分严重。

总之，含强酸或强碱的清洗剂都可能危及石质文物，中性或弱碱性清洗剂是石质文物化学清洗的选择范围。另外，不要轻易使用市售装饰石材清洗剂，因为其中很可能含有强酸或者强碱，并由此埋下加速风化的祸害。

(2) 螯合法

螯合清洗法是借助能与污染物中金属离子发生配位反应的螯合剂，使污垢转变为易溶于清洗的螯合物的清洗方法。螯合清洗剂能与某些特定的金属离子形成较稳定的螯合物，具有特殊的选择性，因此对于岩石表面的难溶盐（如钙盐）的沉积物和金属锈斑都有较好的效果。常用于石质文物清洗的螯合剂主要是氨基羧酸类，如乙二胺四乙酸（EDTA）、氨基三乙酸（NTA）等。例如在Santamaría的研究中，为了去除建筑物花岗岩表面的棕色斑痕，配制了一种由EDTA、纤维素和水的溶胶体，用以去除花岗岩表面的矿化斑痕。另外，也有报道称多价螯合剂六偏磷酸钠也具有一定的清洗效果。

由于许多螯合剂能与钙离子发生作用，当用螯合法清洗含钙岩石时，是否对文物和环境有害是人们十分关注的问题。在清洗佛罗伦萨圣马可修道院露天的白色大理石雕像时，Toreno研究了EDTA溶液对石灰岩和大理岩的清洗情况，结果表明EDTA可以单独或结合碳酸铵清除掉两种石材表面的黑色石膏壳层；但研究发现EDTA能使碳酸钙重结晶，因此，使用EDTA清洗石灰岩等含钙石材时还是应当谨慎，只有当石膏结壳严重时才推荐使用。此外，螯合剂中的有机磷酸盐类，尽管对许多金属离子如钙、镁、铜、锌等都有较好的螯合能力、缓释能力，且化学稳定性好，常用作工业阻垢剂和去垢剂。但研究表明，含磷的清洗剂会因清洗残液滞留在石质文物的微孔隙中而成为微生物繁殖的营养成分，从而促使藻类和真菌等生物在文物表面生长；特别在砂岩中，磷酸盐可以与砂岩中的含铁物质反应，从而在含铁较多的砂岩中残留更多的含磷物质。有研究证明，在缺铁的砂岩中用含磷溶液清洗后，石质文物表面的地衣会持续繁茂2年，而在富含铁的砂岩中却能繁茂5年之久。因此应该尽量避免在石质文物上使用含磷清洗剂。

总之，EDTA等螯合剂可有效去除石质文物表面的钙质壳层，但是也可能会对岩石有一定的影响，使用时应当根据污染物的情况选用，并注意控制合适的浓度。

(3) 氧化还原法

氧化还原清洗法主要借助于能与污染物分子发生氧化或还原反应的氧化剂或还原剂，使污垢溶解或分散于清洗液中，从而清除污垢的方法。在石质文物清洗中常用的氧化剂主要有卤素及其化合物（如氯气、次氯酸盐）、过氧化物（臭氧、过氧化氢、过硼酸钠等）。例如，有人采用氯气或次氯酸盐作为生物或微生物的杀灭剂，以清除岩石表面的生物污垢。又如，过氧化氢溶液经常作为石质文物表面有机物色斑的清除剂，如Martinez采用过氧化氢溶液清洗了岩石表面的微生物斑痕；Sharma也报道了对于大理石表面的黄褐色痕迹，可以采用氨水和过氧化氢的混合溶液来清理。在石材和石质文物的清洗中经常使用的还原剂主要有草酸、二氧化硫脲等，主要用于清除因金属离子氧化产生的氧化物色斑，如铁锈的痕迹和污垢等。

利用氧化还原原理清洗色斑的技术常用于石质文物的化学清洗中。

(4) 离子交换树脂法

离子交换树脂清洗法是利用离子交换树脂的活性化学基团与污染物分子发生相互作用，以清除石质文物表面的污染物。通常的做法是将离子交换树脂制成糊状膏体贴敷于污垢处。根据离子交换树脂活性化学基团的性质，可以有选择性地溶解某些特定的污染物，例如硫酸盐、硅酸盐、硅石等。该方法对于岩石表面薄层钙质污垢和一些游离的污染物离子有很好的清除效果。匈牙利人在清洗许多重要的石灰岩建筑时就曾采用离子交换树脂法，据称没有发现对石材表面造成损害。Arkarazo 采用一种商业离子交换树脂（Lewatit® VP OC1071），用于清除西班牙港口城市毕尔巴鄂一幢历史建筑的石灰岩表面的黑色壳层（主要是烟灰、硝酸盐和石膏），效果较好。而 Francesco 的研究中提到，在修复米兰马利亚修道院教堂的入口大门时，也用到了阴离子交换树脂，以去除表面残留的丙烯酸树脂和灰尘污垢。

离子交换树脂法的最大的优点是在使用过程中，其溶解污染物的作用相当缓慢，并且只在湿润的接触部位才发生溶解作用，一旦去掉贴敷树脂，溶解立即停止，从而可以适时控制清洗操作的进程，避免了药物渗透的危害，非常适合于文物的清洗。但是，为了避免其他离子降低树脂的化学活性，该方法对膏状体各组分的纯度要求比较高。另外，对树脂的颗粒也有要求，如应控制在 100～200 目，以增加膏体与岩石表面的接触面，因此，该清洗法成本相对较高。总体来讲，离子交换树脂法仍然是具有广阔应用前景的化学清洗方法之一。

(5) 凝胶吸附法

凝胶吸附清洗法是运用胶原材料或树脂，单独使用或者加入其他化学清洗剂，生成凝胶状物质覆盖于污垢上，利用物理吸附或化学反应作用去除污垢的方法。凝胶树脂加入化学清洗药物制作成的凝胶清洗体系可以减缓清洗剂挥发，延长清洗剂与污染物接触时间，促进界面反应过程，已有许多实际应用的报道。例如 Carretti 和 Dei 曾采用一种聚丙烯酸凝胶体系清洗壁画表面的聚乙烯薄膜取得了较好的效果。Kavenagh 在清洗一座建筑物的外墙时，采用甲基纤维素和羧乙烯聚合物，以及低黏度的化学清洗剂一起制成凝胶体，使得凝胶体能很好保持在外墙的表面，达到了较好的清洗效果。而 Carretero 采用海泡石-纤维素凝胶药膏进行石质文物表面的脱盐研究，结果表明该凝胶药膏有较大的吸附能力，不仅有助于盐类在岩石中的溶解，而且也有助于岩石微孔中的可溶盐离子向外迁移。

总之，使用凝胶作为载体使化学清洗剂的溶解性能、挥发速度和可操作性都得到了很大改善，防止了污染物随着溶剂的扩散而扩散，提高了清洗效率。凝胶吸附清洗法在石质文物清洗中还有很大的发展空间。

(6) 有机溶剂法

有机溶剂清洗法是利用有机溶剂对污染物的溶解能力，使污染物溶解或溶胀而脱离岩石表面的清洗方法。有机溶剂具有"相似相溶"的特点，对于有机质污染物，如油脂、油漆、树脂、石蜡，以及由这些物质包裹形成的油性污垢和黑污斑等，选择某些溶剂就能较快地将其溶解分散，清洗的速度比较快。常用的有机溶剂是烃类和卤代烃类。早期对石材表面的油斑、色斑和烟熏黑垢经常用丙酮、苯、甲苯、乙醚、二甲苯、松节油和纤维素溶剂等来清除；大理石表面的油斑用氯胺-T 来清除；灰尘和烟垢用甲醇、甲苯和氨水来清洗干净；苔藓和地衣用环烷酮和苯酚清除。例如 Sharma 在清洗印度安德拉邦石柱表面的微生物斑痕时，采用了环烷酸酮汽油溶剂，而其表面的蜡则采用甲基丙烯酸甲酯的甲苯溶液。Rodrigues 等在修复葡萄牙里斯本的耶利米修道院的回廊时，为了去除生物导致的石材表面的黑色斑痕，采用了甲苯、季铵盐和甲醇的混合物。总之，有机溶剂对于去除石质文物表面的有机污垢和生物污垢具有较好的效果。

有机溶剂清洗法的问题较多。首先多数有机溶剂对人体具有一定的毒性，且挥发性强，会污染空气和危害操作人员的健康，甚至引发火灾；另外也容易导致溶解的污染物在砖石基底上扩散开，形成新的污迹。在实际使用中，有机溶剂清洗法大多局限于小范围的有机质污垢的清洗。另外，有机溶剂清洗对多数无机类污垢基本无效。

(7) 表面活性剂法

表面活性剂清洗法是利用表面活性剂分子极性的亲水基团和非极性的憎水基团与污染物分子作用，使污垢润湿、乳化、增溶、分散，从而脱落或脱离岩石基底的清洗方法。根据表面活性剂活性基团所带电荷的不同，表面活性剂主要有阴离子型、阳离子型、非离子型与两性型四种类型。由于表面活性剂的作用效果非常明显，在实际化学清洗配方中往往只占很小的分量，因此常称为助剂。与工业和生活清洗剂不同，在能查到的用于石质文物清洗的配方中只有很少几例使用表面活性剂的报道。例如 Grassi 采用加入了十二烷基硫酸钠（SDS）的微乳液用于清除大理石文物表面的有机聚合物。

由于岩石的多孔性质和表面活性剂的吸附作用，要想将残留的表面活性剂从岩石的微孔中清除干净是相当困难的，很可能留下远期的危害，因此一般不主张在石质文物的清洗中使用表面活性剂。

(8) 生物法

生物清洗是指利用微生物或生物酶来完成清洗的方法。一般是将微生物悬浊液依托适当载体贴敷到石材表面，利用微生物的营养摄取特点与新陈代谢特质完成对石材表面污染物的清除工作。酶是由生物产生的，具有催化能力的蛋白质。在污染物的清洗中，它可以和污染物发生相应的生化反应，促进污垢的分解与脱落。例如把蛋白酶、脂肪酶、淀粉酶、纤维素酶等加入清洗液中，可以加快相应污垢的清除过程。

微生物能够产生酶，也能够通过体内细胞将污垢分解。Gauri 等利用微生物细胞内硫酸盐还原菌 Desulfovibrio 将大理石雕像等石质文物表面的石膏质黑垢 SO_4^{2-} 还原为零价 S，而 S 在细菌细胞内部酶的催化作用下，进一步形成 H_2S 气体释放到外界，而石膏离解出的钙离子则与细菌代谢过程中产生的 CO_2 作用生成 $CaCO_3$。碳酸钙作为岩石的组分胶结在石质文物中，从而达到既清洗又修复的目的。特别对于石灰岩文物，这种方法具有明显的优势。不过按当时的技术，还需要将石质文物浸入含有该细菌的溶液中，因此不适用于大型石质文物。后来，Ranalli 等采用海泡石作为 Desulfovibrio 的负载体，用于清洗古老的大理石柱子，效果很好。但是，海泡石恢复活化过程时间太长，而且会生成硫化铁沉淀。此后 Cappitelli 等选择煤胶体 Carbogel 作为载体，并且事先去除掉载体中的铁化合物，从而避免了黑色硫化铁的生成，最终使得这项生物清洗技术可以用于大型石质文物，如大理石外墙雕刻表面的黑色污垢的清除。Cappitelli 等后来在清洗意大利米兰大教堂弦月窗的大理石雕刻时，对比了生物清洗和传统化学清洗的效果，结果认为生物清洗产生的碳酸盐比其他化学过程产生的碳酸盐具有更高的抗压强度，较之无机沉淀产生的方解石具有更好的耐溶解性，证明生物清洗比碳酸铵-EDTA 等化学方法的效果更好。由此可见，生物技术在清洗石质文物表面黑壳石膏壳层等方面具有特殊的效果。不过，根据 Graef 的研究，采用硫杆菌来清洗被地衣污染的混凝土表面时，发现生物清洗后的表面颜色变白，原因是硫杆菌的纯度问题。一般讲，硫酸盐还原细菌的培养需要较严格的条件，当该技术大范围实施时可能还会遇到杂菌等一系列实际问题。总之，作为一种绿色环保的清洗技术，生物清洗在石质文物的应用前景仍然被人们看好。

(9) 结论

综上所述，可以得出以下结论：

① 化学清洗是利用化学品的特定作用原理，与石质文物表层或内部的污染物作用，以清除污染的技术。由于清洗剂具有渗透性，能够渗入岩石表层内，并可选择性地与各种污染物发生作用，这是激光清洗、蒸汽清洗、粒子喷射清洗等特种清洗技术难以做到的。化学清洗技术实施简便，

经济实惠，与其他特种清洗有互补性，是石质文物清洗施工的不可缺少的技术。

② 化学清洗的基础是化学作用原理，这是一项理论性较强的技术。学习了解基本原理，汲取前人的经验，根据污垢的特点、环境的情况和文物岩石的性质，积极探索最安全有效的配方和最合适的操作技巧，是做好石质文物化学清洗的前提。

4.3.2 石质文物化学清洗的工艺措施

石质文物表面污染物的清洗是一种直接"干预"行为，由于化学清洗剂或清洗后的残留物也很可能与文物基材发生作用，稍有不当就可能对文物本体造成破坏，因此选择恰当的化学清洗剂和正确的清洗操作工艺不仅是保证清洗效果的前提，更是确保石质文物本体安全的关键环节，直接关系到文物清洗工程的成败和远期效果。

为避免不当清洗药品或不当清洗操作对文物造成不可逆损坏、破坏周边环境甚至威胁人员的健康，在化学清洗之前、清洗过程之中和清洗之后的全过程中都应当规定和采取一系列防范措施。

(1) 前期调研

不可移动石质文物化学清洗前的调研工作主要包括：

① 污染物调查。调查的内容涉及污染物成分、成因、危害性等。所谓对症下药，"症"即文物表面及孔隙内部的污染物。了解污垢的种类、特性、形成原因、污染程度、是否加速文物的破坏等，是决定是否需要进行清洗的前提条件。

② 文物本体调查。包括岩石成分、孔隙特征、风化程度等。只有充分了解石质文物的性状才能正确选择清洗剂，方可对症下药。

③ 修复保护历史调查。由于各种原因，文物表面可能已被化学品处理过，这对确定清洗方案有重要影响。例如一些清洗剂会与曾经涂过的石材加固剂发生化学反应，产生黄色斑痕，从而污染石质文物；许多水性清洗剂在涂过防护剂的石材表面因难以渗透、无法发挥功效等。

因此，做好前期调研工作具有重要意义。相关内容在文物保护行业标准《石质文物保护修复方案编写规范》（WW/T 0007—2007）中已有明确规定。

(2) 化学清洗剂的选择

石质文物的清洗不同于建筑装饰石材的清洗。原则上讲，装饰石材的清洗剂一般不能用于石质文物。已经发现的破坏案例很多，尽管国内少有相关报道，但在国际文献上能够查阅到的破坏案例不少，应引起今天文物保护人员的足够重视。

一般说来，石质文物清洗剂和相关清洗药品的选择应遵循以下原则：

① 对石质文物本体，包括石材、表面颜料和粘结物等没有破坏性；

② 能达到较好的清除指定污垢的效果；

③ 施工完成后不改变文物原来的艺术效果；

④ 清洗方法和清洗材料不能对施工人员和周围环境造成伤害或污染。

实际选择时，涉及的物性指标有：pH、表面活性剂含量、清洗剂的黏度、表面张力、泡沫情况、闪点与稳定性、外观气味等。

清洗剂的 pH。一般说来，在石质文物化学清洗中，对不同的岩石基质应使用不同的清洗剂，但都应避免使用强酸、强碱性清洗剂，其主要原因是这些药品容易侵蚀石材。如非必要，一般情况下，石质文物的清洗应尽量使用中性的无侵蚀性的清洗剂。

清洗剂的含磷指标。清洗剂中的某些成分对环境的影响也是需要考虑的内容，例如清洗剂的含磷指标。有研究证明使用含磷清洗剂清洗石质文物后，残留的磷会成为微生物繁殖的营养成分，促使藻类和真菌等生物在文物表面生长，特别在孔隙较大的砂岩上使用含磷清洗液后，文物表面的地衣（lichen）及藻类（alga）等会持续繁茂 2 年，尤其在富铁砂岩中这些生物能繁茂 5 年之久，从而造成石质文物表层的生物侵蚀。

表面活性剂指标。低残留是选择石质文物化学清洗剂的重要原则。与工业清洗或生活清洗不同，渗入岩石微孔中的表面活性剂很难清除干净，从而给文物留下隐患。由于岩石的多孔性质和表面活性剂的强吸附作用，残留在微孔内部的表面活性剂是很难清除的，长时间后，清洗剂中的表面活性剂会造成岩石表面泛黄等破坏现象，因此一般都不主张在石质文物的清洗液中使用表面活性剂。

清洗剂的安全性。由于文物的不可再生性，不经过安全性评估，化学清洗剂是不能用于石质文物的。对清洗剂的安全性检测包括：清洗剂对文物本体、对施工操作人员以及对周围环境是否安全。相关叙述见 4.6.2 节。

(3) 化学清洗施工工艺的选择

由于岩石的多孔性质，石质文物化学清洗的主要任务往往是清除已经渗入岩石微孔的污物，我们称之为"深层清洗"。一般讲，石质文物深层化学清洗至少应包括以下三个步骤：

① 化学清洗剂经过渗透过程进入岩石的微孔隙；
② 清洗剂与污垢分子发生物理的或化学的作用；
③ 通过吸出或稀释等步骤清除残留的化学物质。

这里①项和③项是完成清洗的基本操作步骤，而②项步骤，即能与污垢分子发生作用的清洗剂需要根据污垢的性质、岩石的材质以及处理过程的方便而精心设计。

化学清洗剂大多为液态，液体的流动性和渗透性使清洗剂容易在岩石表面流淌和向岩石内部渗透，另外一些有机物成分也容易快速挥发而造成环境空气污染。因此，在规模化施工中直接在岩石表面喷洒或涂刷液体清洗剂的清洗工艺已经越来越受到限制。近二十年来，针对大型石质文物的化学清洗，发展较快的施工方法是膏药（paste）贴敷法，即将清洗剂与纤维、纸浆、胶体、海泡石等吸附材料按一定比例混合制成膏药，然后涂抹在石质文物待清洗区域表面，以完成污物清除的工艺方法。贴敷法施工技术的主要工艺环节包括：

① 清洗剂与吸附材料混合贴敷体的制备；
② 贴敷、保湿、渗透过程控制，如用塑料薄膜覆盖等；
③ 吸附污物和抽提残液过程，如在薄膜上开出适当通气孔，利用毛细现象抽提等；
④ 残留药水和污染物的清除操作，如使用清水贴敷并干燥等。

贴敷法的优点很多，如用药量少，作用时间可调，抑制向深处渗透，避免干扰或污染周边其他部位，便于垂直面操作等。化学清洗的成功，不仅仅取决于清洗原理和清洗剂配方的得当，也取决于施工操作的技巧。目前，贴敷法已成为国际上大型石质文物化学清洗最主要和最有效的方法之一。

(4) 吸附贴敷材料的选择

膏药贴敷体的制备是贴敷法施工的关键技术，包括清洗剂的用量和浓度、吸附贴敷材料的选择等。目前，石质文物化学清洗常用的贴敷材料主要有以下几种：

① 黏土矿物类多孔材料。这是目前国际上大型石质文物化学清洗中应用最广泛的材料，常见的有活性白土、活性炭、凹凸棒石、沸石、分子筛、硅胶、海泡石（sepiolite）、膨润土、坡缕石（palygorskite）等。国外许多历史建筑的石质外墙都曾采用黏土矿物膏药贴敷法来清洗，取得了较好的清洗效果。从国内的研究来看，清洗石质文物表面的黑色油烟渍时曾对涂刷法和贴敷法的效果进行过对比，结果证明，尽管涂刷法比贴敷法见效快，但其对石材的负面影响较大，而贴敷

法虽然作用时间较长，但清洗效果好，且清洗后石材表面状况以及其他不需要清洗的部位未受到影响。采用黏土矿物类材料作为贴敷材料价格相对便宜，与环境友好，可能存在的问题是容易在文物表面孔隙中留下黏土矿物的粉末。

② 纸或纸浆等纤维类材料。纸或纸浆等纤维类材料也是石质文物，特别是小型石质文物化学清洗中常用的吸附载体，一般包括纸浆、吸水纸、纤维素、棉布、脱脂棉、无纺布等。国际上有许多成功的应用案例，如有人在清洗埃及花岗岩石碑表面的红褐色风化结壳层时曾将 EDTA 钠盐、碳酸氢铵、碳酸氢钠、丙酮等液体混合后，采用棉花作为吸附载体贴敷在岩石表面，取得了较好的效果，且周围未清洗区域表面没有受到影响。纤维类材料具有较大的比表面积，这使其具有一定的吸附性，有利于岩石孔隙内部可溶盐的溶解和离子的迁移，并随着药膏的干燥使溶解的污物在纤维类材料上析出。研究表明，尽管使用纸浆等纤维类材料作为吸附载体具有较好的清洗效果，但是纤维类材料保持溶剂的能力有限，操作稍有不当易造成对周围区域的化学污染，影响清洗工程质量，因而常将纸浆纤维等与海泡石等黏土矿物联合使用制成膏药贴敷，以更好地控制和提高污垢清洗效果。

③ 离子交换树脂类材料。离子交换树脂由于具有活性化学基团，可以选择性地与污染物分子发生相互作用，从而对某些特定的石质文物表面污垢具有较好的清除效果。离子交换树脂作为贴敷材料不仅是良好的清洗剂载体，其本身也是一种优良的清洗剂。当作为贴敷清洗剂使用时，离子交换树脂可以根据污染物的种类来设计，对污染物的吸附速率也有一定的调控作用。

④ 溶胶凝胶等胶体类材料。近年来，使用凝胶作为清洗剂的载体是国际上文物清洗发展的趋势之一。凝胶材料是由液体和高分子组成的以氢键等作用力连接而成的具有三维网络结构的类固类液的超分子物质，液体可以是水或清洗剂。常用的凝胶高分子材料有聚丙烯酸酯凝胶体、甲基纤维素和羧乙烯聚合物凝胶、海泡石-纤维素凝胶等。凝胶清洗药膏有较大的吸附能力，贴敷后不仅有助于污染物和盐类在岩石中的溶解，而且也有助于它们在岩石微孔中向外迁移。与其他清洗剂的载体相比，使用凝胶体系的优点是大大缩短了贴敷时间，且不受表面状况（凹凸不平等）的限制，对易挥发溶剂的保有能力也较强。值得注意的是，某些清洗剂有破坏凝胶稳定的作用，使相应的凝胶体系不具普适性，这在一定程度上限制了它的使用范围。

总之，石质文物化学清洗贴敷材料的选择需要根据污垢的种类、石质文物的状态和材质、环境条件以及材料获取的难易和成本等方面综合考虑。在配制技术层面，可以在现场调查的基础上进行设计和实验室验证。例如。浙江大学文物保护材料实验室通过系列试验对比，已运用黏土矿物类材料制成了清除脂类污染物的贴敷膏药；运用吸水纸等纤维类材料制成了清除锈黄斑和可溶盐的贴敷膏药；运用聚乙烯等高分子凝胶制成了清除烟熏黑垢和灰尘沉积垢的贴敷凝胶体等。

(5) 清洗剂作用时间控制

为了减少所用化学药品的剂量，往往需要适当延长药品的作用时间，清洗剂的作用时间是石质文物化学清洗最重要的控制指标之一。一般讲，贴敷法用药量比喷洒/涂刷法要少，而作用时间相对较长。每种清洗剂在特定的工艺中都有最佳作用时间。如石窟佛像表面油烟渍清洗时发现不同的清洗剂涂刷后，文物本色恢复的时间不同，时间过长就会出现泛白现象。另外，环境温度的不同也会明显影响最佳作用时间，根据 Vant-Hoff 经验规则，在常温附近，温度每升高 10℃，其反应速率增大 2~4 倍，因而清洗工作在冬天或者夏天的操作时间也要有所不同，例如锈黄的去除，如果在夏天需要 2h 作用时间，冬天清除需要的时间往往需要翻倍。不同的岩石、清洗剂、贴敷材料以及清洗对象都有特定的最佳作用时间，这就需要先在实验室中摸索，才能更好地在文物现场应用。

(6) 保湿处理

在贴敷法施工中，保湿处理是十分重要的工艺步骤之一，即需要用塑料薄膜等保湿材料覆盖膏药若干时间，以利于清洗剂的渗透和减少液体的挥发速度；在适当时候，还需要在薄膜表面打孔（适当透气）以促进清洗液体的蒸发，并利用水的毛细返迁现象达到抽提污物和残留物的目的。保湿时间过短，容易使清洗剂固化在岩石表面形成药物性斑痕，这种斑痕一般都很难清除；保湿时间过长，则增加了清洗剂的作用时间，不仅失去拔出污物的作用，还可能造成对岩石的破坏。保湿时间和适当透气时间的长短直接关系到清洗的效果，这已由大量的清洗实践所证明。本实验室在对云冈石窟污垢的模拟清洗中也对比了不同保湿处理措施的效果，其最佳结果往往取决于具体污染物和所用清洗剂，因此实际清洗实施前需要先做小试验确定。

(7) 残留物的清除

在石质文物化学清洗工艺中，清除残留物是必不可少的重要工序。化学清洗的最大风险之一是可能在文物岩石中残留化学品或反应产物，从而对文物造成各种远期的难以预料的危害，如腐蚀、泛碱、变色、促进生物生长等。目前已发现不少化学清洗负面案例的报道。例如用酸性清洗剂清洗石材表面的盐碱斑之后产生了严重锈斑，清洗锈斑之后又产生了严重水斑等。上述案例说明化学清洗剂的残留对石材，特别是已经相当脆弱的石质文物的损害是十分明显的。

清除渗入岩石微孔的化学药品或反应产物的技术类似于脱盐技术，主要利用贴敷法，一般采用水作为稀释和毛细吸附的介质，与普通药物贴敷不同的是最后让贴敷体在岩石表面干燥，以达到尽可能多地吸附由毛细水带出的未反应物或反应产物等残留物。吸附残留物的操作可能需要数次才能比较彻底。每一次的吸附量可以通过分析贴敷物中的标志性残留物（如某离子的含量等）或物性（如 pH 等）来测定。清除渗入岩石微孔的化学残留物是一项难以用肉眼直观效果的工作，因而很容易被忽视，需要在化学清洗的工艺规范中明确规定该操作步骤。

(8) 小试验

为了尽可能减少石质文物化学清洗的风险，小试验的要求是必须的工艺规程。小试验包括实验室模拟和现场小试验等。

实验室模拟涉及污染小石样制作、清洗剂筛选、安全性判别、配方和工艺优化等，是制订清洗方案、选择清洗剂种类、确定工艺步骤、预测清洗效果的基础。从国内外比较成功的化学清洗看，都经过了实验室阶段的研究。本实验室曾分三个小组耗时近一年，对云冈石窟的十来种污染物的清洗方法和药品进行了一系列探索，才初步有所认识。

现场小试验是文物保护工程前期研究不可缺少的工作。化学清洗现场小试验应当注意以下几点。

① 试验区域的选择：所选区域对于整个病害分布应具有代表性，具体指标有岩石材质、病害类型、污染程度及状态等，另外，试验位置应避开视点敏感区域并便于试验操作；

② 试验面积适当：一般试验区域单块面积约为 (20～50) cm×(20～50) cm，特殊情况可适当缩小；

③ 过程记录：对试验全过程涉及的每一步都要有照片及文字记录，特别是污染物清洗前后，以及清洗工作完成前后的整体效果，做好清洗前后的时间、温度、湿度、石材表面状况等记录；

④ 清洗效果的检测和评定：小试验完成后，要及时进行效果评定并安排后续的观察，关注清洗工作对深层岩石及周边区域可能造成的危害；

⑤ 环境气候条件记录：为保证试验的可重复性并便于后续的应用，应记录现场小试试验时的气候条件，包括环境的温湿度等数据。

4.3.3 典型污染物的化学清洗试验

(1) 试验仪器与试剂

试验仪器：同 4.2.2 节。

试验试剂：二氯甲烷、聚乙烯醇 AH-26、正丙醇、十水合硼酸钠、硫酸、碳酸钠、碳酸氢铵、柠檬酸铵、碳酸铵、乙二醇、氟化氢铵、羧甲基纤维素钠等，均为国药化学试剂；丙酮、95%乙醇为杭州大方化学试剂；Ziboxan 黄原胶（淄博申轩生化）；香蕉水（杭州万彩化工）；DECERA/P（Faber chimica s.r.l，Italy）；除蜡除污剂（Faber chimica s.r.l，Italy）。

(2) 粉尘黑垢清洗

粉尘样块制作使用云冈石窟同类砂岩，制作方法见 4.2.2 节。

前期试验选择羧甲基纤维素钠、碳酸钠、碳酸氢铵、柠檬酸铵、碳酸铵、EDTA 二钠、乙醇、乙二醇、二氯甲烷、氟化氢铵等十多种常用清洗化学试剂对粉尘样块进行了单组分和复配清洗小试验，清洗效果均不理想，改用凝胶法清洗。

凝胶法清洗试验步骤如下。

① 聚乙烯醇硼砂凝胶制备

a. 将 3.2g 硼砂溶解在 400mL 水中，稍加热充分溶解；

b. 在搅拌下将 16g 聚乙烯醇缓缓加入溶解在 400mL 水中，密封加热到 90℃，使充分溶解；

c. 在搅拌下将 b 液加入 a 液中，搅拌并密封（防止挥发性成分蒸发）加热到 90℃，反应 3h，反应结束后冷却到室温。

② 将凝胶涂于所要清洗的表面，待凝胶初步凝固，以凝胶既不会因固化过头粘在样块表面，又不会因固化不够无法揭取为贴敷时间

③ 用镊子揭取凝胶，观察样块表面粉尘清除情况，拍照记录，对试验结果打分

打分标准为 0～10 分制，未清洗的空白对照为 0 分，完全清洗干净、露出石材原有颜色的为 10 分，清洗效果认为不理想的均≤5 分。

凝胶清洗粉尘黑垢的最佳揭取时间、清洗效果和揭取难易情况见表 4.3.1。

表 4.3.1 凝胶清洗粉尘黑垢贴敷时间、清洗效果和揭取难易程度

时间（min）	清洗效果评分	揭取凝胶难易程度
10	6	较易
15	6	不易
20	5	不易
25	4	不易

由于粉尘成分复杂，凝胶有可能会被其中的某些成分（如金属催化剂等）破坏，导致清洗效果不佳，故需要控制凝胶清洗粉尘的停留时间，一般取停留时间 10min 为佳。

④ 将凝胶与水结合使用，比较出较为理想的清洗方案，见表 4.3.2 及图 4.3.1。

表 4.3.2 凝胶与水结合使用清洗粉尘黑垢

编号	清洗配方	清洗效果评分
2AS1-1	水-水-水	7
2AS1-2	水-凝胶-水	8
2AS1-3	凝胶-凝胶-水	8

(a) 清洗前粉尘样块　　　　　(b) 清洗后

图 4.3.1　凝胶与水结合使用清洗粉尘黑垢效果

上述三配方中 2AS1-1 边缘处清洗不够干净，故定为 7 分，其他为 8 分。

(3) 烟熏黑垢清洗

烟熏样块制备使用云冈石窟同类砂岩，制作方法见 4.2.2 节。

与粉尘黑垢清洗类似，前期试验选择羧甲基纤维素钠、碳酸钠、碳酸氢铵、柠檬酸铵、碳酸铵、EDTA 二钠、乙醇、乙二醇、二氯甲烷、氟化氢铵等十多种常用化学试剂对烟熏黑垢样块进行了单组分和复配清洗小试验，清洗效果均不理想；再采用洗衣粉、洗衣皂、香蕉水、双氧水、乙醇、除蜡除污剂、DECERA/P 等商品清洗剂进行了单组分和复配清洗小试验，清洗效果也不理想；故改用凝胶法清洗。

烟熏黑垢凝胶清洗试验步骤如下。

① 将准备好的烟熏黑垢样块用透明胶带分隔成田字格，即每个 5cm×5cm×3cm 样块可以尝试使用 4 种不同的凝胶清洗配方而不互相干扰。贴上标签编号，拍照记录原始情况；

② 制作聚乙烯硼酸凝胶（同前）；

③ 在凝胶中加入可增强清洗效果的化学试剂；

凝胶 a：加入质量分数为 15% 的丙酮，密封搅拌 10min，静置 20min 即可得丙酮凝胶。

凝胶 b：加入质量分数为 10% 的 DECERA 试剂，密封搅拌 15min，静置 20min 即可得 DECERA 凝胶。

凝胶 c：加入质量分数为 15% 的二氯甲烷试剂，密封搅拌 10min，静置 20min 即可得二氯甲烷凝胶。

凝胶 d：加入质量分数为 5% 的双氧水（30%），密封搅拌 10min，静置 20min 即可得双氧水凝胶。

④ 将不同的凝胶涂于所要清洗的表面；

探索凝胶的最佳揭取时间、评价清洗效果（10 分制）和揭取难易情况见表 4.3.3。

表 4.3.3　凝胶清洗烟熏黑垢的最佳揭取时间、清洗效果评分和截取难易情况

时间（min）	清洗效果评分	除凝胶难易程度
10	3	容易
15	5	较易
20	6	不易
25	6	不易

综合考虑凝胶清洗效果和除去凝胶的难易程度,根据表4.3.3数据统计,室温下凝胶清洗烟熏黑垢的停留时间可定在15~18min。

⑤ 不同凝胶配方清洗烟熏黑垢效果比较。

将上述四种凝胶用于清洗烟熏黑垢样块,其效果如图4.3.2所示,结果打分见表4.3.4。

图4.3.2 四种不同凝胶配方清洗烟熏黑垢的效果

表4.3.4 四种不同凝胶配方清洗烟熏黑垢效果评价(清洗一次)

编号	凝胶配方	样块表面变化	打分
5SC3-1	双氧水+Gel	颜色变浅,有一定效果	5
5SC3-2	丙酮+Gel	颜色变浅明显,效果较好	7
5SC3-3	DECERA/P+Gel	颜色变浅,露出部分石面	5
5SC3-4	二氯甲烷+Gel	颜色变浅,效果较好	6

由图4.3.2(c)可以看到,凝胶揭除时胶体颜色变黄,这是因为凝胶吸附了烟尘颗粒。只要根据环境温度控制好凝胶的停留时间,凝胶的揭取去除就比较容易,在岩石表面的残留就很少。为达到较好的清洗效果,凝胶法清洗烟熏黑垢一般需要做3遍。

(4) 锈黄斑清洗

锈黄斑是石质文物表面很常见的一类污染物病害,不仅影响文物的艺术效果,而且有可能加快岩石的风化。

① 实验室模拟样块的制备

a. 砂岩样块制备方法与4.2.2节相同,制成10cm×10cm×2cm样块;

b. 据云冈石窟锈黄斑成分分析，配制类似成分的铁锈溶液；

c. 用黑色记号笔在样块上表面画出 4 个区域，上部区域为空白对照区，两端正方区为清洗试验区，中间为污染对照区（图 4.3.3）；

d. 将样块下部浸入铁锈溶液中，而上部空白对照区保持在液面以上，浸泡 1min 后用软布/卷纸吸干表面液体；

e. 放入 60℃ 烘箱内烘干；

f. 重复步骤 d、e 若干次，直至样块表面呈棕黄色且着色均匀，对试验区编号，拍照记录，做 5 个平行样。

图 4.3.3　锈黄斑模拟样块

最终，锈黄斑砂岩模拟样块如图 4.3.3 所示。

② 贴敷法清洗试验步骤

a. 将折叠好的 4 层纤维纸，贴敷于待清洗样块锈黄污迹表面，缓慢滴加 2.5mL 清洗剂；

b. 用保鲜膜将样块包裹，减缓液体挥发，用卷筒轻轻滚动压平，使其纤维纸紧贴样块表面；

c. 静置 4h 后，在保鲜膜上用针扎出五个小孔，使其透气，静置 10h；

d. 拆除保鲜膜和贴敷纤维纸，用去离子水代替清洗剂按上述步骤再贴敷一次，以清除微孔中的残留物；

e. 待样块在室温下干燥后，拍照记录，按照未清洗的污染样块为 0 分，未污染的空白样块为 10 分，对清洗效果打分。

③ 锈黄斑化学清洗试验

工业石材表面铁锈的清除技术已较为成熟，一般采用草酸作为清洗剂。考虑到酸对岩石的腐蚀作用，石质文物清洗必须使用中性清洗剂，因此需要特别设计。铁锈的清除原理是先将有色的三价铁离子还原为无色的二价铁离子，然后通过吸附去除铁离子。经初步试验确定，以 pH=7 为控制条件，以少量草酸为主剂，以氨水、碳酸氢铵、三乙醇胺、浙大自制还原剂等易挥发的氨/胺类物质作为助剂，调节溶液的 pH，这样可以避免清洗完成后药物在岩石微孔中残留。锈黄斑清洗剂体积比配方、清洗溶液 pH、贴敷一次清洗后样块表面状况和评分见表 4.3.5，贴敷清洗后效果见图 4.3.4。

表 4.3.5　锈黄斑清洗剂配方、pH、贴敷一次清洗后表面状况和评分

样块编号	配方体积比	pH	贴敷一次清洗后样块表面状况	评分
NO.1	$V_1:V_3=20:1$	7.0	清洗较均匀	4.0
NO.2	$V_1:V_2=28:1$	7.0	锈黄明显变浅，微孔内稍有残余	7.0
NO.3	$V_1:V_5=10:1$	7.0	效果不好，微孔中残留黏稠物	2.0
NO.4	$V_1:V_4=24:1$	7.0	清洗较均匀	5.0

注：V 为体积。下标 1 为 0.157mol/L 草酸；下标 2 为 ZD50% 还原剂；下标 3 为氨水；下标 4 为碳酸氢铵；下标 5 为三乙醇胺。

综合清洗后样块的表面状况和评分结果，选取配方 NO.2（0.157mol/L 草酸＋ZD50% 还原剂）继续进行试验。

为了确定合适的贴敷材料（选择了粗细两种卷纸、细绒无纺布、脱脂棉、胶粉）、薄膜开孔数量、保湿时间等条件对锈黄斑清洗效果的影响，设计了一个三因素四水平的正交试验（表 4.3.6）。试验条件：温度 15℃，湿度 RH=60%（饱和碳酸钾溶液控制湿度）。

图 4.3.4 锈黄斑贴敷一次清洗试验结果
（1）氨水配方；（2）ZD 还原剂配方；（3）三乙醇胺配方；（4）碳酸氢铵配方；（5）污迹对照区

表 4.3.6 贴敷材料、保湿时间、开孔数量的影响因素对锈黄清洗效果影响的正交试验

试验序号	影响因素			样块表面状况	评分
	贴敷材料	保湿时间（h）	开孔数量（个）		
1-a	粗面纸	1	1	因面纸有褶皱，去污面不均匀	5.0
1-b		2	2		5.0
1-c		3	3		4.0
1-d		4	4		4.5
2-f	细绒无纺布	1	2	整体清洗效果较好，去污面均匀	8.0
2-g		2	3		8.5
2-h		3	4		9.0
2-i		4	1		8.0
3-k	脱脂棉	1	3	有一定效果，但保湿时间太短	2.5
3-l		2	4		2.5
3-m		3	1		2.5
3-n		4	2		3.0
4-p	细面纸	1	4	整体效果较好，但有面纸残留面	3.5
4-q		2	1		2.5
4-r		3	2		3.0
4-s		4	3		4.5
5-t	糊状胶粉*	1	1	岩石微孔隙里粘满胶粉，表面泛白，效果很差	0
5-u		2	2		0
5-v		3	3		0
5-w		4	4		0
极差值 R	1.5	0.375	0.5	—	—
偏差值 S	7.172	0.422	0.547	—	—

*糊状胶粉是指用清洗剂配方溶液和胶粉以一定比例混合均匀而制成的糊状物。

试验结果表明细绒无纺布作为锈黄斑清洗的贴敷材料，贴敷 3h，薄膜开孔 4 个效果最好。本清洗剂配方及工艺已申请国家发明专利（公开号 CN201110091776.5）。

（5）有机黄斑清洗

石质文物表面的有机黄斑是由各种有机物或生物形成的黄色斑痕，最常见如茶叶水、酱油、咖啡、胶黏剂、生物排泄物、生物糜烂液等渗入岩石微孔形成的污迹，是不可移动石质文物表面最常见的污迹之一。

① 实验室模拟样块制备

a. 砂岩样块制备方法与前述锈黄斑清洗相同；

b. 污染液采用茶叶水（西湖龙井）、酱油（海天）、咖啡（雀巢），将锈黄斑模拟中的铁锈溶液分别换成酱油/咖啡/茶叶水液，按照锈黄斑样块制作步骤进行制备，每种 5 个平行样。

制备好的酱油黄斑和咖啡黄斑试验样块如图 4.3.5 所示。

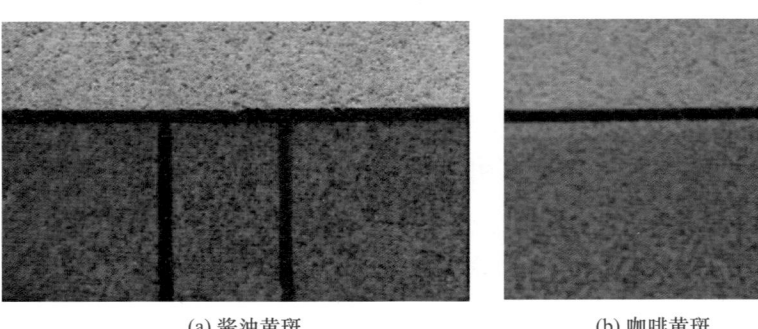

(a) 酱油黄斑　　　　　　　　　(b) 咖啡黄斑

图 4.3.5　有机黄斑模拟样块

② 有机黄斑样块清洗

分别取制备好的有机黄斑样块（酱油样块、咖啡样块、茶叶样块），选用前面锈黄斑清洗试验中确定的最佳试验组合，即按配方（0.157mol/L 草酸＋ZD50％还原剂）和细绒无纺布贴敷 3h，清洗试验液 pH、清洗后样块表面状况、色差变化和清洗效果评分见表 4.3.7 和图 4.3.6。色差 ΔE 值测定以未污染空白样块做参比测得 5 个数值后取平均值。

表 4.3.7　有机黄斑样块贴敷一次清洗试验效果和评分

编号		清洗剂 pH	样块表面状况	ΔE	分数
酱油	1号	6.5	随 pH 增加岩石表面颜色渐淡，表面无明显腐蚀	16.3	5.0
	2号	7.0		13.2	6.0
	3号	7.5		9.8	7.0
咖啡	1号	6.5	随 pH 增加岩石表面颜色渐淡，表面无明显腐蚀	15.7	5.0
	2号	7.0		12.5	6.0
	3号	7.5		10.9	7.0
茶叶	1号	6.5	随 pH 增加岩石表面颜色渐深，表面无明显腐蚀	15.3	7.0
	2号	7.0		18.7	5.5
	3号	7.5		20.6	4.5

③ 清洗试验结果与讨论

从试验记录可以看出，不论是锈黄斑的清洗还是有机黄斑的清洗，在保持 pH 为中性条件下，以 50％还原剂和草酸的复配清洗剂效果较好。

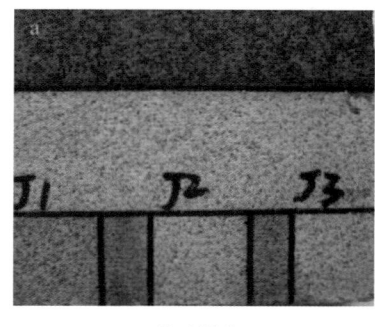 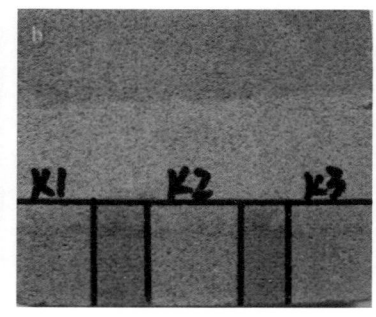 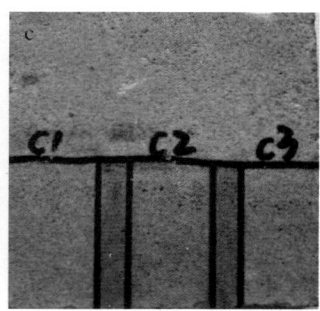

(a) 酱油样块　　　　　　　　(b) 咖啡样块　　　　　　　　(c) 茶叶样块

图 4.3.6　不同 pH 下有机黄样块清洗试验效果

从正交试验结果看，细绒无纺布具有良好的溶液保有能力，且与岩石表面接触紧密，有利于清洗剂溶液的下渗，延长了清洗剂与污垢的作用时间，提高了清洗效果，因而确定为本试验最佳贴敷材料。

从试验结果得知，当保湿时间为 3h，开孔数量为 4 个时，清洗效果最好。清洗不同有机黄斑样块时，对 pH 要求略有差异，例如咖啡、酱油等酸性有机黄斑样块在弱碱性清洗环境下更为有效，而茶叶等碱性有机黄斑则在弱酸性清洗环境下更有效。

（6）粉笔印迹的清洗

① 样块制作

使用云冈石窟同类砂岩，将砂岩样块（5cm×5cm×2cm）用白色粉笔在样块表面均匀涂上较厚一层粉笔痕，然后喷水使粉笔印迹渗入岩石微孔，待表面干燥后拍照。

② 清洗试验步骤

a. 由于粉笔主要成分为石膏，在初步试验基础上选用一些钙离子络合剂和弱碱盐进行清洗试验，试剂见表 4.3.8，将所选试剂配制成 5%（质量分数）稀溶液；

表 4.3.8　清洗粉笔印迹使用的试剂

编号	1	2	3	4	5	6
试剂名称	碳酸钾	酒石酸钾钠	二水合柠檬酸三钠	三聚磷酸钠	六偏磷酸钠	EDTA 二钠盐

b. 采用贴敷法，将吸水纸叠成样块一半大小，用清洗剂润湿后贴敷于样块表面（图 4.3.7），另一半作为对照。塑料薄膜覆盖保湿，放置 3h 晾干，观察结果并评分；

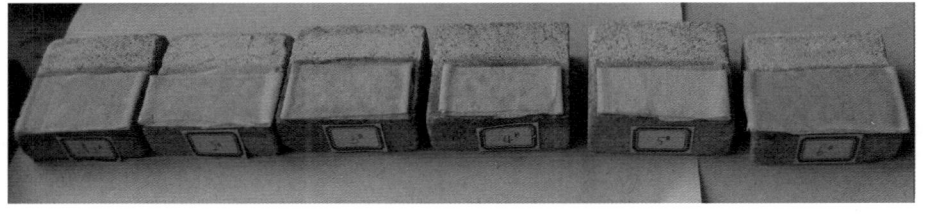

图 4.3.7　粉笔印迹样块贴敷清洗试验照

c. 另选新样块，重复步骤 b，将吸水纸替换成面膜纸，拍照记录结果，并用色差仪检测与未污染样块的色差值。

③ 清洗试验结果与讨论

使用表 4.3.8 的试剂，用吸水纸贴敷一次清洗粉笔印迹的效果如图 4.3.8 所示，使用面膜纸贴敷一次清洗的效果如图 4.3.9 所示。各试剂清洗粉笔印迹的色差检测结果和评分见表 4.3.9。

图 4.3.8　使用吸水纸贴敷清洗粉笔印迹的效果

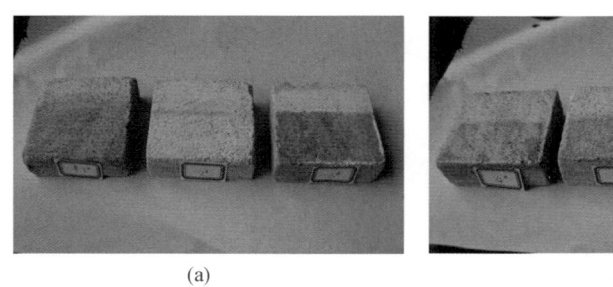

(a)　　　　　　　　　　　　(b)

图 4.3.9　使用面膜纸贴敷清洗粉笔印迹的效果

表 4.3.9　各试剂贴敷一次清洗粉笔印迹的评分和色差检测结果

各试样编号	吸水纸效果	色差 ΔE	评分	面膜纸效果	色差 ΔE	评分
1	有效果	8.02	5	剩下薄雾状粉	8.23	7
2	几乎无效	23.25	1	几乎无效果	23.96	1
3	能部分去除	8.40	5	印迹基本清除	2.4	9
4	几乎无效果	19.62	2	印迹层变浅	7.82	5
5	能洗去少量印痕	15.16	3	少量印迹残留	5.27	8
6	印痕变浅仍有残留	6.13	6	少量印迹残留	7.3	8

清洗试验结果表明：使用二水合柠檬酸三钠清洗岩石表面粉笔印迹的效果较好，六偏磷酸钠、EDTA 二钠盐和碳酸钾也有效果；选用面膜纸做贴敷材料效果明显优于吸水纸，面膜纸可以将岩石孔隙中的粉笔印迹更好地吸附去除。

以上粉笔印迹清洗溶液均为弱碱性，对岩石本体无腐蚀；从避免药物残留看，所用药剂浓度越低，在岩石表层的残留将越少。

（7）记号笔印迹清洗

①记号笔印迹样块制作

使用云冈石窟同类砂岩，将砂岩样块（5cm×5cm×2cm），用记号笔在表面画网格。

② 试验步骤

a. 在样块的四角部分放双层吸附纸，将初步试验得到的清洗试剂滴加在吸附纸上使其浸湿，以未放置吸附纸的部位做对照。

b. 用保鲜膜将样块包住，用橡皮筋分区域扎紧固定，如图 4.3.10 所示。

c. 放置 3h 后，将保鲜膜、吸附纸去除，观察效果。

d. 选出效果较好的试剂，重复上述步骤，贴敷材料改用面膜纸。

e. 将样块放入 60℃恒温烘箱，烘至恒重后取出，对清洗效果打分。

f. 选用效果最显著的试剂，按照试剂∶水∶黄原胶＝10∶10∶1 的比例配制溶液，静置 12h 使其形成胶状物。

图 4.3.10 记号笔印迹样块的贴敷清洗

j. 将配置的胶状物涂在样块表面，放置 12h 待胶状物凝固后撕去，放入 60℃ 恒温烘箱，烘至恒重后，观察清洗效果。

③ 清洗试验结果

用表 4.3.10 所列 6 种试剂，用面膜纸贴敷清洗砂岩表面记号笔印迹的效果如图 4.3.11 所示。图中 7 号和 8 号为乙醇做清洗剂的对照试验。6 种试剂贴敷一次的清洗效果评分表见表 4.3.11。

表 4.3.10　记号笔印迹清洗的试剂

编号	1	2	3	4	5	6
试剂	丙酮	二氯甲烷	异戊醇	苯甲酸甲酯	磷酸三乙酯	乙酰乙酸乙酯

图 4.3.11　6 种试剂面膜纸贴敷清洗记号笔印迹的效果

表 4.3.11　使用 6 种试剂和面膜纸贴敷一次清洗记号笔印迹的效果评分

编号	效果	打分
1	痕迹稍有变浅但不明显	3
2	痕迹变模糊	4
3	痕迹变浅但散开使周围的岩石变色	6
4	痕迹变浅许多且没有晕开	7
5	痕迹大部分被洗去	8
6	痕迹颜色变浅	5

通过比较，试剂磷酸三乙酯的清洗效果较为明显。将其用黄原胶配制成胶状物贴敷，一次贴敷的清洗效果如图 4.3.12 所示。

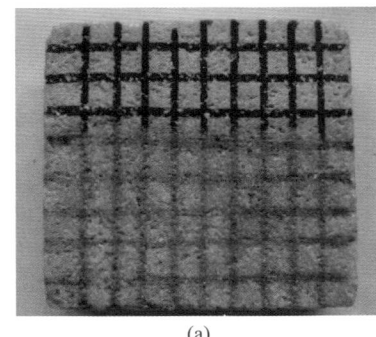 

图 4.3.12　使用磷酸三乙酯胶状物贴敷一次清洗记号笔印迹的效果

总体来看，清洗记号笔印迹效果较好的试剂是磷酸三乙酯，用面膜纸贴敷较为方便；异戊醇溶解记号笔印迹的能力也很强，但是会使记号笔颜色渗透扩散到岩石内部，造成新的污染，而磷酸三乙酯没有明显扩散现象。

由于记号笔印迹与岩石的结合很牢固，且已经渗入岩石微孔，经过一次贴敷清洗很难清除干净，可以经过多次贴敷逐步使记号笔印迹变浅。

(8) 墨汁印迹清洗

① 墨汁印迹样块制备

墨汁印迹样块制备方法见 4.2.2 (2)。

② 清洗试验步骤

a. 用记号笔印迹清洗试剂对墨汁印迹样块进行贴敷，观察结果；

b. 用黄原胶与水混合搅拌至米黄色的胶状物，涂在样块表面，观察效果。

③ 清洗试验结果和讨论

使用表 4.3.10 中清洗记号笔印迹的试剂，用面膜纸贴敷清洗墨汁印迹，清洗结果发现没有明显效果。墨汁的主要成分为动物胶和炭黑，其中炭的性质稳定，而动物胶黏性强，常被作为胶黏剂且性质稳定，仅溶于水，而不溶于油类、蜡、有机溶剂和无水乙醇，因此使用溶剂来去除墨汁印迹没有效果。

图 4.3.13　不同比例配制的黄原胶对墨汁的清除效果

试验表明，用黄原胶与水配制的胶状物清洗墨汁印迹有一定效果，涂抹贴敷 2 次后，大部分墨汁可以去除，如图 4.3.13 所示。将空白砂岩、涂抹墨汁的样块和贴敷清洗后的样块置于电镜下观察，可以清楚地看到经过黄原胶配方贴敷清洗后的岩石表面的微观结构（图 4.3.14）已明显裸露出来，说明表层墨汁印迹已被清除。

(a) 砂岩表面　　　　　　　(b) 涂墨汁样块表面　　　　　　(c) 清洗后的样块表面

图 4.3.14　黄原胶清洗墨汁效果电镜图

黄原胶可以溶于冷水和热水中，具有较高的黏度，其 1% 水溶液的黏度相当于明胶的 100 倍，在贴敷试验中可以将岩石表面的墨汁印迹层吸附撕下，而且黄原胶的水溶性极好，在使用中残留物较少，即使有也可用水洗去。此外，黄原胶还具备性质稳定（在 pH 为 1~12 范围内能保持原有特性），价格便宜，无毒无害（是一种安全的食品添加剂）等优点，适用于石质文物墨汁印迹的清除操作。

4.3.4 云冈石窟污染物现场清除试验

为了不影响游客游览且尽量避免在石雕本体上直接进行试验，现场清洗试验区域选择在没有游客进出的龙王庙沟附近。该区域离石雕不远，与石雕有相同的岩石结构和污染物。

（1）试验过程

① 试验区域选择

a. 代表性：在岩石材质、风化状态、病害类型（粉尘、烟熏黑垢等病害）、污染程度（中重度以上）与目标污染物病害基本相同；

b. 便于操作：选择高度适中，表面较平整的石面；

c. 面积适当：考虑到凝胶的使用量和不同条件对照，本次试验区域大小定为 16cm×16cm。

② 试验准备

a. 贴标签：在醒目位置贴上"正在试验请勿触碰"警示牌及标尺；

b. 拍照：对原始试验区拍照，作原始记录；

c. 测量温湿度：记下试验当时现场的温度和湿度；

d. 确认试验物品：检查所需的药品、辅料和器具，按顺序摆放妥当。

③ 试验区域表面预处理

a. 除尘：用大毛刷轻轻刷去试验区域表面的灰尘等易除污染物，并用洗耳球吹掉浮尘，拍照；

b. 框定试验区：用泡沫胶带框定四方形试验区域，压紧、拍照，底边以下粘贴一层保鲜膜至地面，防止液体清洗剂流挂到壁面，并在下方铺上卷纸以吸走液体；

c. 测 pH：用喷壶喷出少量去离子水润湿表面，测定岩石表面 pH，用棉花擦拭简单清洗并拍照。

④ 凝胶贴敷法清洗过程操作步骤

a. 凝胶准备：将凝胶与清洗剂（15%）混合，密封搅拌（防止丙酮等清洗剂挥发）10min 至混合均匀；

b. 敷贴清洗剂和载体：将纱布放入凝胶中润湿并适量蘸取凝胶，取出贴敷于清洗区表面，凝胶厚度为 2~3mm；若局部凝胶过多向下流挂，则用玻棒或滚筒往上推以使清洗区每个部分都有足够的凝胶，凝胶保持 15min，待凝胶初步固化；

c. 清除凝胶：先用镊子将纱布连凝胶一起揭取下来，残留的少量凝胶用脱脂棉蘸水擦除；

d. 清水清洗：为确保无残留，在试验清洗区表面喷洒少量水，用软布吸干；

e. 测 pH：用喷瓶喷出少量清水润湿试验区表面，用 pH 试纸测试岩石表面酸碱度，若与清洗前的 pH 相差较大则再次用去离子水润湿试验区，用软布吸干，直至 pH 与清洗前相近；

f. 观察效果和重复操作：待清洗区基本干燥后拍照，确定清洗效果，评分；若清洗结果不理想则重复 b~d 步骤。

⑤ 善后处理

a. 清洗区域检查：检查残留物和腐蚀状态，拍照，记录；

b. 拆除试验物品：将警示牌、标尺纸、泡沫胶和防污染膜等拆除干净，泡沫胶残留用棉花蘸丙酮清除；

c. 打扫卫生：将试验区周边和地面打扫干净，将垃圾装袋带出；

d. 整体拍照善后：将清洗区及周边整体取景拍照，确保不留下试验污迹。

（2）现场清洗试验结果

按照上面所述的试验过程，浙江大学文物保护材料实验室于2011年5月在云冈石窟第4～5窟的龙王庙沟附近完成了试验区域现场清洗试验，试验数据记录见表4.3.12。

表 4.3.12　云冈石窟现场清洗试验结果报告

试验区：第4～5窟的龙王庙沟 $T=15℃$，20%RH				区域规格：16cm×16cm		操作员：沈薇
序号	污染物区域	清洗剂配方与（pH）	清洗试验方法	清洗前岩石表面pH	清洗后岩石表面pH	清洗效果评分
1	粉尘-1	凝胶（7.5）	贴敷15min	7	7	9
2	粉尘-2	凝胶（7.5）	贴敷15min	6	6	9
3	烟熏-1	丙酮＋凝胶（7.5）	贴敷15min	6.5	6.5	7
4	烟熏-2	DECERA/P＋凝胶（8）	贴敷15min	6.5	7.5	8

① 粉尘-1号现场清洗试验

由表4.3.12可以看到，粉尘-1号清洗试验区采用聚乙烯醇硼砂凝胶进行清洗，在凝胶中未添加任何有机溶剂，清洗结果评分为9分，粉尘-1号区域现场清洗小试验状况如图4.3.15所示。

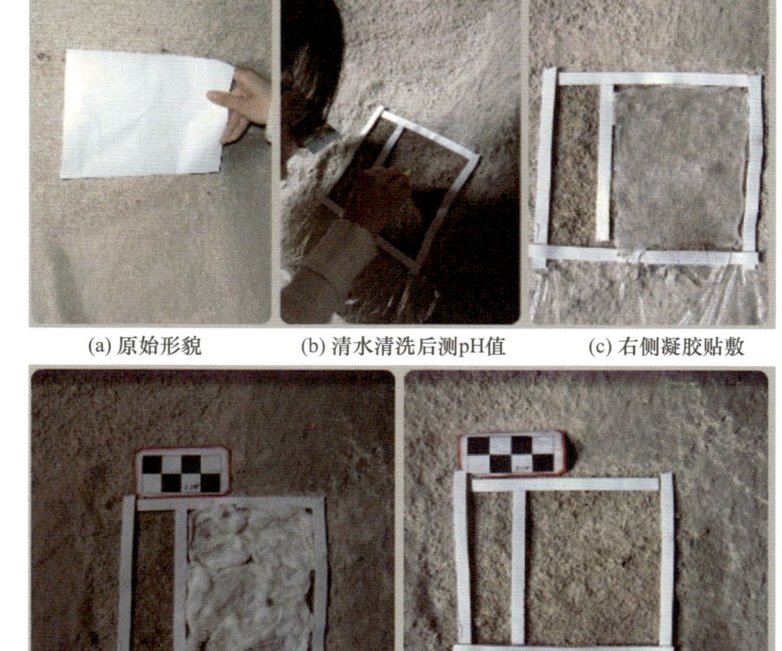

(a) 原始形貌　　(b) 清水清洗后测pH值　　(c) 右侧凝胶贴敷

(d) 棉花擦去残留凝胶　　(e) 第一次清洗后效果

图 4.3.15　云冈石窟粉尘-1号现场清洗小试验状况

② 烟熏-1号现场清洗试验

同样由表4.3.12可以发现，烟熏-1号清洗试验区采用聚乙烯醇硼砂凝胶加丙酮的配方进行清洗，清洗结果评分为7分，具体现场清洗效果如图4.3.16所示。小试验清洗效果不够满意的主要原因是石壁表面不平整，凸出部分的烟熏黑垢已基本清除干净，而凹陷下去的部位仍局部留有少量烟熏黑垢，需要进行第二次贴敷清洗。

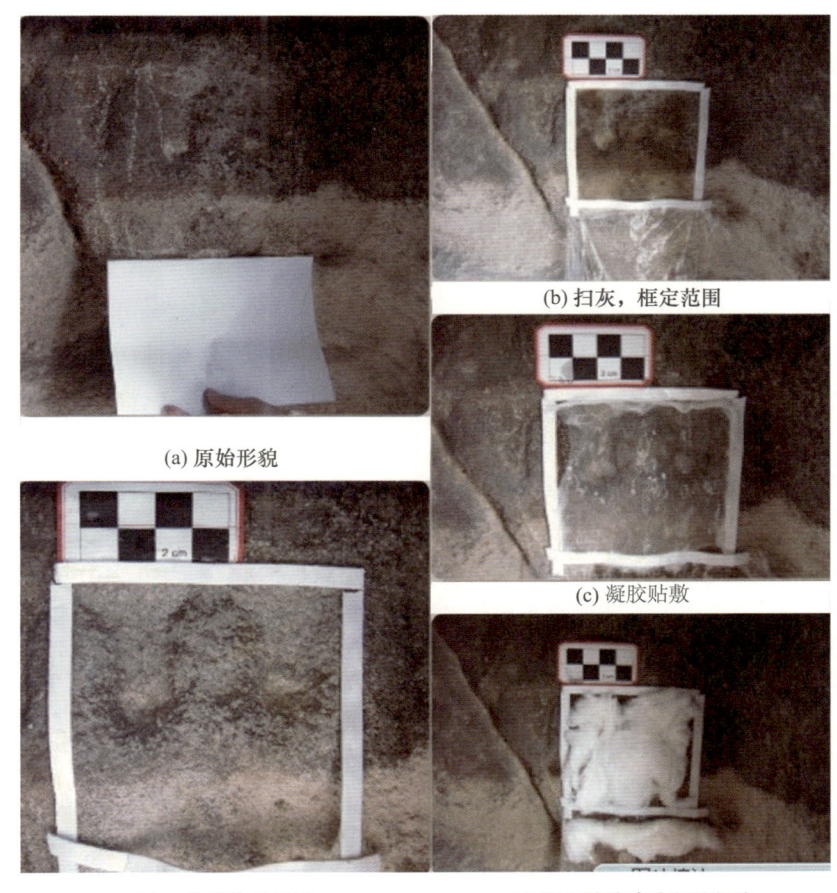

图4.3.16　云冈石窟烟熏黑垢1号区域现场清洗小试验

(3) 现场试验小结

现场清洗小试验初步重现了实验室的清洗效果。但是，现场小试验也发现现场岩石表面情况比实验室模拟样品要复杂许多，尤其是岩体的高低不平影响贴敷法清洗的均一性，需要有密贴凹坑的贴敷材料。

4.4　污染物的物理清洗技术

物理清洗是指使用物理或机械的方法完成清洗工作，通常不使用化学或生物药品。同时，机械自动化清洗代替工人手工清洗操作，可以减小劳动强度，便于规模化工程施工，整体效果也更均匀，因此物理清洗越来越受到文物保护工作者的青睐。

应用较广泛的物理清洗方法有蒸汽清洗技术、粒子喷射清洗技术、激光清洗技术等。

4.4.1 蒸汽清洗技术

蒸汽清洗也称蒸汽喷射清洗，主要利用喷射蒸汽的冲击和分散作用、高温溶解和杀灭作用、冷凝水的浸润软化和吸尘作用来达到清洗目的。蒸汽清洗在石质文物上的应用案例很多，例如2005年，西安东方石业防护公司与浙江大学文物保护材料实验室合作，使用蒸汽清洗对浙江省绍兴市秋宫里石牌坊雕刻表面的黑色沉积物和生物污垢进行了工程清洗。近年来，蒸汽清洗技术发展很快，在我们实施的石质文物保护工程中已广泛应用于清除鸟粪、微生物、粉尘沉积、烟熏黑垢等（具体见第9章）。

（1）蒸汽清洗的基本原理是：

① 蒸汽高温的溶解、熔融和杀灭作用：普通蒸汽的喷出温度都在100℃以上，高压蒸汽的喷出温度可达150℃以上，能大大增加污渍成分在蒸汽汽雾中的溶解度，使高溶点高黏度油脂溶化或流态化，使低溶点有机物升华或分解，使生物和微生物失活或被杀灭，使污垢急速受热膨胀而降低附着力并脱离基底表面等。这一系列物理化学变化能使油污和污垢等迅速驱散和脱落。

② 蒸汽的冲击力和分散作用：高温蒸汽从喷嘴中射出，能产生高达0.5MPa的冲击压强，使污垢猛然受力而发生位移和松动脱落，同时蒸汽遇冷迅速凝聚成极微小的雾滴，形成巨大的气液表面，对灰尘和污渍成分产生较大的吸附和分散作用，从而使污渍碎化而脱离基底表面，增大了污渍成分在蒸汽汽雾中的溶解度。喷射蒸汽产生的摩擦力也对污渍有很强的机械清除作用。

③ 冷凝水的浸润软化和吸尘作用：喷射出的蒸汽和雾滴在固体表面凝结，能使许多污垢吸水软化，并被冲击力打散，高度分散的冷凝水又防止了清洗过程尘埃的飞扬。

蒸汽清洗在古旧砖石质建筑、石质文物、装饰石材等的清洗工程中应用很多，应用类型广泛，已呈现相当出色的去污能力，尤其是对油污、涂料和生物污染物的清洗效果良好，被评价为非常安全环保的清洗方法。

（2）在石质文物保护中，蒸汽清洗的主要优点

① 对油污和蜡质污垢的清洁能力极强，效率高。高温高压蒸汽能在被清洗物体表面有效作用半径内驱散油脂和溶解微小的油脂颗粒，几乎所有的油脂都抵挡不住饱和蒸汽的冲刷，包括机油、胶泥、油漆、沥青、口香糖胶渍和记号笔印迹等。浙江大学文物保护材料研究室的试验表明，饱和蒸汽对花岗石表面机油的去除能力是水流冲洗的8倍以上。

② 对大面积灰尘沉积物和软垢层等污渍有良好去除效果。高温蒸汽能够冲散附着在砖石等建筑材料表面的各种软性垢层，使其溶于或吸附于无数细小的冷凝水颗粒中，并被汽流带走。

③ 饱和蒸汽的除盐能力强。大多数盐类的溶解度随温度增加，因而在饱和蒸汽凝结水中的溶解度较大，饱和蒸汽对盐的去除力很强。

④ 对微生物的杀灭能力出色。喷出的高温蒸汽可以杀灭各种微生物，如蒸汽喷射3s或5s就可以清除68.9%或86.7%的顽固型细菌孢子，并对各种虫螨和虫卵有很强的杀灭能力，比其他清洗方法更能预防微生物（地衣和藻类）和虫螨的再生。

⑤ 清洗细节部位的能力很强。饱和蒸汽能沿曲线冲入石材的凹面或雕刻的缝隙和孔洞，有效清除隐藏或镶嵌在其中的污染物。适合于清洗各种不规则的岩石、建筑物外墙、地面火烧板、仿古面和墙面浮雕。

⑥ 适合于清洗脆弱疏松的石材。饱和蒸汽的单点冲击力可控，没有喷水清洗的集中冲击力，不易造成脆弱石雕边角部位脱落，对于疏松的濒危石质文物、古建筑、砖石雕刻等都有良好的安全性和清洗效果。

⑦ 环境适应能力强。在高温和低温环境都可以有效工作，尤其能出色地完成寒冷地区的清

洗，不用担心结冰等副作用问题。

⑧ 防止了水浸泡的系列危害。蒸汽清洗所用水量很少，也很容易干，这样就防止了水流渗入石块接缝，避免了灰浆因水浸泡产生的溶胀和软化问题，也对抑制微生物繁殖，防止可溶盐迁移有积极作用，对盐结晶破坏和吸湿性水斑等病变有预防作用。

⑨ 无环境污染。清洗过程中无须添加任何有害化学介质，被清洗的石质文物表面干燥迅速，不产生废水，很少飘尘，无二次污染，除臭能力很强。

⑩ 节水节能。相对于水流清洗，蒸汽清洗节水节能，一般情况下单台设备耗水 $5\sim10kg/h$，不到水流喷射清洗的 1%；耗电 $9\sim10kW\cdot h$。

(3) 蒸汽清洗技术的不足

① 蒸汽清洗易产生局部高热，对一些极脆弱石材的表层可能造成热应力伤害，使表面产生微裂纹，如蒸汽近距离喷射大理石 90min 后，表面放大 750 倍的照片上就可以明显看出有微裂隙和溶解的现象发生。

② 蒸汽清洗尽管冲击力小，但长时间集中一点也会形成破坏，例如蒸汽喷嘴距离大理石表面 7.5cm 喷射 60min 后，可以发现表面粗糙度增大了 $2.5\mu m$。

③ 只能清洗表面污渍，不能有效清除渗入物体内部一定深度的污渍。

④ 对较厚的和热容较小的硬壳层污垢的清洗效果和效率不佳。

⑤ 少量的喷射回弹汽雾飘尘可能被操作人员吸入而危害人体健康。

⑥ 操作不当时，可能被喷出的高温蒸汽烫伤，尤其是大功率的锅炉式蒸汽发生器存在一定安全隐患。

⑦ 大功率的蒸汽清洗机有一定的噪声，而小功率的蒸汽清洗机的保持蒸汽稳定性的能力较弱，在工作数分钟后蒸汽的温度和压力往往有明显的波动或降低。

4.4.2 粒子喷射清洗技术

粒子喷射清洗技术利用空气动力使不同硬度和粒径的粒子喷射而出，以清除固体表面的污垢或者磨削表面层。

粒子喷射清洗技术在工业上应用相当广泛，是许多领域，包括建筑和材料领域在清洗和表面处理方面的主要技术之一。在文物保护领域，从前使用粗糙石英砂在气流压力（一般为 $10^6 Pa$）下喷砂摩擦的方法已经逐步被淘汰，因为会严重磨损石材的表层，特别是一些棱角部位。现代粒子（直径 $0.1\sim0.5mm$）或微粒子（直径 $0.05\sim0.1mm$）喷射清洗（图 4.4.1）采用的气流压力为 $2\times10^5 Pa$ 左右。尽管气流压力小了许多，但是精心设计的各种喷嘴能够使粒子很好地清洗石材和石雕的各个细微部位，粒子材料的种类也大为拓宽，有石英粉、刚玉粉、方解石粉、玻璃微珠、鼓风炉渣粒、塑料粒子、核桃壳粉、秸秆粉等。操作过程产生的飘尘有两种处理方式，其一是（干法）用真空吸尘器吸掉，粒子可以自动回收和循环使用；其二是（湿法）在喷射粒子的同时也喷出少量的水雾，以吸附飘尘。一般情况下，喷射材料的莫氏硬度应小于石材本身。2013 年时周伟强等使用微粒子喷射法试验清洗了广西花山岩画表面的污染物，试验采用软性磨料，证明了该清洗法对岩画表面的浮灰、生物、土锈结壳及墨迹均有较好的去除作用。

(1) 粒子喷射清洗技术有许多优点

① 粒子喷射为物理清洗，不使用任何化学品，无化学品残留问题。

② 能够使不规则或粗糙的表面脱去表层污垢而恢复原有的外观，包括对砖石墙面、对火烧板及复杂的拼接或雕刻面都有很好的效果。

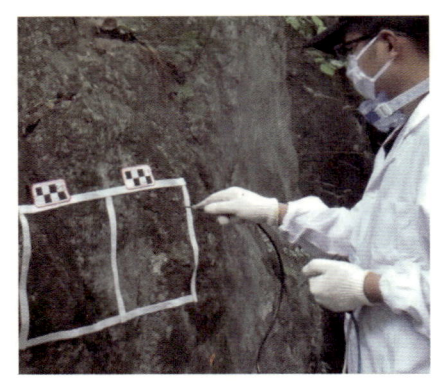 

(a) 清洗现场　　　　　　　　　　　　　　(b) 清洗仪器

图 4.4.1　2015 年 5 月浙江大学文物保护材料实验室与陕西省文物保护研究院
联合在杭州飞来峰造像区对生物污垢进行微粒子喷射清洗试验

③ 便于大面积施工，包括地面、墙面、顶面。

④ 不用水或用很少的水，没有水冲击破坏、水浸泡溶胀、微生物繁殖、可溶盐迁移和结晶、吸湿性水斑病变等一系列潮湿危害问题。

⑤ 能使新修复的石材表面产生可控粗糙度的亚光效果，与原文物石材的感观接近等。

（2）粒子喷射清洗可能产生的问题

① 粒子种类和气流压力选择。一般讲，硬度高和边角锐利的粒子易磨损石材表面，而较软和较光滑的粒子的清垢效率较低。因此，粒子的种类、大小和气流压力等必须根据被清洗石质文物的石料、部位和污垢等具体情况精心选择和设计，以保证既要达到清洗目的又不对文物本体造成伤害。一般选择比石质文物本体岩石硬度低一些的粒子种类。

② 飘尘问题。目前，国内生产的粒子喷射机械大多属于老式喷沙产品，没有灰尘处理系统。因此，使用时飘尘很多，以至于不得不同时进行喷雾洒水处理，结果可能引起文物本体的潮湿问题。

③ 喷嘴磨损问题。国内外粒子喷射清洗机械的共性问题是喷嘴磨损较快，由此导致使用寿命短和更换频繁，并使喷出的粒子流不稳定。几十年以来，研究者从喷嘴的材质、造型和加工工艺等方面提高喷嘴的工作寿命，但后两项措施收效甚微，主要依靠改进喷嘴的材料，使寿命由几小时逐步提高到数百小时或更长些，目前这方面的探索仍然在继续。

④ 对操作工人的技术要求较高。在粒子喷射清洗过程中，喷嘴离石质文物本体的距离、角度，每趟扫过行程的重叠率等都需要准确控制，否则就可能影响清洗质量，或者磨损文物石材。

4.4.3　激光清洗技术

激光清洗主要利用激光束的脉冲振动来清除岩石表面的附着物。激光清洗具有去污能力强、控制精确、无水无药品污染等优点。

随着人类环境保护意识的提高，以及文物清洗精确度的要求越来越高，用激光技术清洗历史建筑和石质文物的报道在许多发达国家已经很常见。激光清洗主要利用激光束来清除岩石表面的附着物。

（1）激光清洗技术的原理

① 激光脉冲的振动，即利用较高频率的脉冲激光冲击被清洗物的表面，光束转变为声波并从下层硬表面返回，与入射波发生干涉，从而产生共振使污垢层或凝结物振动碎裂。

② 粒子的热膨胀，即利用基底物质与表面污物对某一波长激光能量吸收系数的差别（例如灰白色岩石上的黑色污垢），使污垢更多地吸收能量而热膨胀，克服基底对污垢粒子的吸附力而脱落。

③ 分子的光分解或相变，即利用激光的较高能量使污垢分子或使人为涂上的辅助液膜瞬间汽化、分解、蒸发或暴沸，使表面污垢松散并随微冲击作用而脱离基底表面。

具体应用方式，激光波长范围、脉冲频率、功率大小，以及是否需辅助涂覆水与乙醇等液膜都要根据文物与污垢的实际情况经过试验确定。

最常见的激光发射器有：Nd-YAG 激光器，采用钇铝石榴石晶体，一般以 1064nm 的波长为主；Nd-YVO$_4$ 激光器，采用掺钕钒酸钇晶体，一般波长为 914nm、1064nm、1342nm。处于紫外区的激光比红外区的激光更易于清理石质文物上的生物污染。一般采用短脉冲激光以减少激光对文物表面的损伤，不同材质的石材对于激光的损伤阈值有所不同，因而在实际操作前需要进行试验，一般使用不超过阈值 80% 的强度进行施工。例如 2015 年叶亚云等在实验室确认了激光对砂岩上烟熏、墨迹、粉尘、油漆四种典型污染物均有清洗效果后，采用研制的激光清洗设备对云冈石窟西第 43 窟的游人墨迹进行了清洗试验（图 4.4.2），最终确认纯水＋乙醇的湿式清洗对墨迹去除效果最佳。

图 4.4.2　2011 年 9 月由中国工程物理研究院研制的中国第一台石质文物激光清洗机在云冈石窟西第 43 窟进行墨迹清洗试验

（2）激光清洗的主要优点

① 激光清洗省时、省力、节水。

② 安全可靠、适用面广。

③ 易于自动控制。

④ 特别适合于石雕、石刻、各种边角等石面精细结构，以及年代久远的石质文物等高档石材的清洗。

（3）激光清洗的缺点

① 激光设备成本高，尤其是大功率设备。

② 容易造成表面氧化脱色。

③ 激光清洗施工中闪射或反射的强光可能伤害操作者的眼睛。

④ 激光清洗时轻烟状的尘雾也可能被呼吸吸入，危害附近人们的健康。

国际上，激光清洗已经成为一项比较成熟的石质文物的清洗技术。在国内石质文物保护工程中，应用激光技术清除表面污垢的工作还刚刚开始。

2016 年 Pozo-Antonio 等人对比了花岗岩表面黑垢污染物化学清洗与激光清洗的效果，结果发现经过化学试剂处理的样块上再进行激光清洗的结果更好。可见，在石质文物清洗工作中激光清洗与化学清洗的结合也是一种新的发展方式。

4.4.4　蒸汽清洗与粒子喷射清洗在飞来峰造像的现场试验

现场试验以杭州飞来峰造像青林洞区域岩石表面污迹为清洗对象，应用蒸汽清洗技术和粒子喷射清洗技术对岩石表面的生物污垢、沉积物和风化产物等进行清除，同时通过清洗试验进行安全性测评，以及清洗效率研究，考察这两种物理清洗方法在石窟寺石质文物上应用的可行性。

（1）飞来峰造像群及其表面污染状况

飞来峰青林洞石刻区地层为石炭系灰色-深灰色生物碎屑灰岩、藻灰结核灰岩。灰岩质纯。根据 X-衍射、X-荧光成分分析结果表明，灰岩中方解石含量为 98%。

造像区岩石表面污染物主要有灰尘泥垢、白色凝华、黑色结壳、绿色棕色苔藓、浅绿色及铁红色真菌群、灰色水泥斑点、游客手摸油污七大类，许多污染物往往混杂在一起，如图 4.4.3 所示。其中造像表面白色凝华、绿色棕色生物繁殖、白色及铁红色真菌群为飞来峰造像区最为突出的污染现象。飞来峰造像群各类污染物具体成分、性质参见表 4.4.1。

图 4.4.3　飞来峰青林洞区域造像表面典型污垢

表 4.4.1　飞来峰青林洞区域污染物综合评价表

污染物种类	化学组成	结合方式	疏松程度	分布	活跃程度	污染类型	去除必要性
灰尘泥垢	粉质黏土	松散	疏松	整体	否	外源	必要
白色凝华	碳酸钙、石膏	紧密	密实	出水挂水部位	活跃	内源	必要
黑色结壳	石膏、石英、碳酸钙等杂合体	紧密	密实	凸起及其缓坡部位	一般	外源	必要
绿色、棕色生物侵蚀	地衣、苔藓藻类菌群	松散	疏松	出水及其挂水部位	活跃	外源	必要
白色、铁红色真菌群	真菌	松散	较疏松	出水及其挂水部位	活跃	外源，人为	必要
灰色水泥斑点	硅铝酸盐	紧密	密实	施工部位周边	否	外源	必要
手摸油污	动物性油脂	紧实	密实	靠下部位	否	外源，人为	有争议

飞来峰造像区岩石表面清洗的主要目标是在保证基岩安全的前提下，采用有效技术手段去除或减少表面污染物质，为后续保护措施服务，提高造像展示效果。

（2）试验设备

微粒子喷射机系统（CTS-5，意大利，1500kW），热蒸汽清洗机（HB-101A，杭州慈溪宏邦，900W），色度仪（CR-10，柯尼卡美能达），硬度计（邵氏 D 型，上海川陆量具），表面粗糙度仪（Elcometer224，英国易高），手持式数码显微镜（A005+，深圳西派克光学）。

（3）试验过程（图 4.4.4）

① 挑选表面有典型污垢、较为平整，面积较大且离造像文物本体有一定距离的区域作为试验区域。

② 调试粒子喷射机、蒸汽清洗机等试验所需仪器。

③ 选择 A、B、C 三处位置，在尺寸为 25cm×30cm 的

图 4.4.4　在杭州飞来峰造像青林洞区域岩石表面进行蒸汽清洗试验
（2015.05）

区域分别贴上方框,左边区域使用蒸汽清洗,标记为 A-1、B-1、C-1;右边区域使用粒子喷射清洗,标记为 A-2、B-2、C-2,在方框上部贴编号标签。

④ 在每个方框内选定三个 1cm×1cm 表面有污垢覆盖,且便于仪器操作的测试点,以方框左下两边作为 xy 轴,记录选定点坐标。

⑤ 拍摄清洗前照片,测定选定点清洗前的色度、硬度、粗糙度,每个点测三组数据,拍摄显微照片。

⑥ 使用蒸汽清洗机清洗,喷口距离岩石表面 5cm 垂直均匀喷射 5min。

⑦ 使用粒子喷射机清洗,灌装氧化铝磨料,喷嘴距离岩石表面 10cm,垂直均匀喷射,当表面污垢(如灰尘、泥垢等)基本干净时,记下喷射时间。

⑧ 拍摄清洗后照片,测定选定点清洗后的色度、硬度、粗糙度,每个点测三组数据,拍摄显微照片。

(4)试验数据及分析

① 岩石耐受性试验

在进行蒸汽清洗和粒子喷射清洗现场试验前,使用与造像区域相同材质的岩石进行耐受性试验,试验方法及其结果见表 4.4.2。

表 4.4.2 杭州飞来峰造像青林洞区域物理清洗安全性考察表

清洗方法	操作方法	基岩耐受能力
热蒸汽喷射清洗	采用 130℃、设备工作极限压力 30Pa,连续吹洗作用面 5min 以上	岩石表面无损伤
微粒子喷射清洗	分别采用 120 目以上硬料(白色氧化铝、石榴石、玻璃微珠)、软料(海绵颗粒、核桃壳粉),采用设备工作极限压力 40Pa,连续喷洗作用界面 5min	采用硬性磨料白色氧化铝、玻璃微珠时,岩石表面在 30s 后出现损伤。而软性磨料海绵及其核桃壳粉对砂岩石表面无损伤

② 现场清洗效果对比

A 区域:飞来峰青林洞 A 区域岩石表面蒸汽清洗和粒子喷射清洗试验前后照片如图 4.4.5 所示。

图 4.4.5 飞来峰青林洞 A 区域岩石表面蒸汽清洗和粒子喷射清洗试验照片

B区域：飞来峰青林洞B区域岩石表面蒸汽清洗和粒子喷射清洗试验前后照片如图4.4.6所示。

图4.4.6　飞来峰青林洞B区域岩石表面蒸汽清洗和粒子喷射清洗试验照片

C区域：青林洞C区域岩石表面蒸汽清洗和粒子喷射清洗试验前后照片如图4.4.7所示。

图4.4.7　青林洞C区域岩石表面蒸汽清洗和粒子喷射清洗试验照片

飞来峰青林洞 A、B、C 各区域蒸汽清洗和粒子喷射清洗前后岩石表面色差、邵氏硬度、粗糙度检测数据见表 4.4.3。

表 4.4.3　青林洞区域蒸汽清洗和粒子喷射清洗前后岩石表面检测数据

区域编号	检测点位置坐标（cm）	色差 ΔE	邵氏硬度（HD） 前	后	硬度差	粗糙度（μm） 前	后	粗糙度差
A-1 蒸汽清洗	4.5/13.0	13.99	79.0	86.0	7.0	428.0	326.9	−101.1
	8.0/10.3	9.91	83.3	86.7	3.3	386.4	356.1	−30.3
	14.0/13.5	7.83	87.0	91.3	4.3	348.5	333.3	−15.2
	平均值	10.58	83.1	88.0	4.9	387.6	338.8	−48.9
A-2 粒子喷射	5.0/13	27.84	87.5	92.5	5.0	462.6	412.3	−50.3
	11.0/8	24.59	82.5	83.5	1.0	526.3	435.0	−91.3
	5.0/14	31.95	81.0	85.0	4.0	294.3	232.5	−61.8
	平均值	28.12	83.7	87.0	3.3	427.7	359.9	−67.8
B-1 蒸汽清洗	18.0/5.0	3.34	82.8	85.8	3.0	476.0	336.8	−139.2
	20/8.5	1.95	90.0	91.3	1.3	201.5	201.0	−0.5
	6.0/27	5.00	84.8	84.5	−0.3	429.5	359.8	−69.7
	平均值	3.43	85.8	87.2	1.3	369.0	299.2	−69.8
B-2 粒子喷射	5.5/7	24.21	90.0	90.3	0.3	370.5	293.6	−76.9
	16/6.5	3.50	94.0	95.3	1.3	220.0	153.9	−66.1
	9.0/3.0	12.35	86.0	87.5	1.5	412.0	362.3	−49.7
	平均值	13.35	90.0	91.0	1.0	334.2	269.9	−64.2
C-1 蒸汽清洗	17/14.5	9.90	86.8	90.0	3.3	354.0	284.7	−69.3
	20.0/8.0	5.17	78.0	87.8	9.8	334.0	245.0	−89.0
	11.0/13.0	19.83	84.5	87.0	2.5	405.4	342.8	−62.6
	平均值	11.63	83.1	88.3	5.2	364.5	290.9	−73.6
C-2 粒子喷射	8.0/22.0	18.25	70.3	73.7	3.3	371.0	245.9	−125.1
	19/20	24.12	74.0	89.3	15.3	383.7	311.5	−72.2
	13.0/5.0	16.50	89.0	91.3	2.3	305.4	208.8	−96.6
	平均值	19.62	77.8	84.8	7.0	353.4	255.4	−98.0

蒸汽清洗和粒子喷射清洗工作所耗时间见表 4.4.4。

表 4.4.4　青林洞区域蒸汽清洗和粒子喷射清洗所耗时间

清洗方法	区域编号	初步干净所需时间	干净所需时间
蒸汽清洗	A-1	10′	注
	B-1	10′	注
	C-1	10′	注
粒子喷射清洗	A-2	1′26″	4′02″
	B-2	1′14″	3′51″
	C-2	1′06″	3′42″

注：为避免蒸汽清洗率小、难以准确判断清洗干净时间点问题，统一以清洗时间 10min 为准，观测比较清洗效果。

(5) 结论与建议

① 蒸汽清洗对浅绿色微生物群落、灰尘泥垢、部分苔藓有较好的清洗效果，且无污染。清洗后约 10min 表面返干、无残留，清洗成本较低，但对白色凝华、黑色结壳、灰色水泥斑点的清洗效果较弱。由于本试验所用蒸汽清洗机为低压款，温度、压力较低，一次续航能力约为 3min。实际工程清洗时，宜采用大功率高压蒸汽清洗机，预期可以提高清洗效率。

② 由显微照片观察可以发现，粒子喷射清洗可以迅速去除灰尘泥垢、白色凝华、黑色结壳、绿色棕色生物、浅绿色及铁红色微生物、灰色水泥斑点，将岩石基底完全暴露出来，清洗去垢作用明显。但是，对于具体石质文物清洗到何种程度为妥，值得深入研究。

③ 粒子喷射清洗前后色差明显大于蒸汽清洗前后，说明粒子喷射清洗的去垢效率高于蒸汽清洗。两种方式清洗后岩石表面硬度变大、粗糙度变小，说明清洗过程有效去除了表面硬度较软、粗糙度较大的覆盖物，露出了硬度较大且粗糙度较小的基岩。

④ 现场试验显示，蒸汽清洗、微粒子喷射清洗的过程是可控的，在选择适合的操作条件下具备安全性和可操作性，可以满足石质文物现场施工的需求，具备快捷、经济、环保、无残留等优势。两种清洗技术的优势分析参见表 4.4.5。

表 4.4.5　蒸汽清洗和微粒子喷射清洗技术现场比较评价表

清洗技术	安全性	残留	见效时间	实施有效性	清除速度	经济性
蒸汽清洗	中低温安全	无	较快	浮尘泥垢、浅绿色真菌群、苔藓	较快	高
微粒子喷射	硬性磨料喷射过久或喷嘴距离过近，会对岩石产生较大伤害，操作时应控制好时间和距离	无	很快	灰尘泥垢、白色凝华、黑色结壳、绿色棕色生物、浅绿色及铁红色真菌群、灰色水泥斑点	很快	中
	软性磨料使用安全，对操作时间和距离的控制要求较低		快		较快	

⑤ 施工建议

a. 为满足石质文物保护工程施工需要，宜选用蒸汽压力 50Pa 以上，续航能力 30min 以上的蒸汽清洗机。

b. 为避免粒子喷射清洗时扬尘和噪声对环境、游客和操作者的影响，粒子喷射机宜选用具有湿法粒子喷射功能，或者吸尘功能的机器。配套空压机应选用静音无油空压机，以降低施工中的噪声污染和消除喷射气流中的油污污染。

本项试验是石质文物蒸汽清洗和粒子喷射清洗的小试验，在实际文物保护工程实施前还必须对所用设备、方式方法、操作程序等进行中间试验，以确保文物安全。

4.5　石质文物脱盐技术

可溶性盐的结晶破坏是石质文物最普遍和最大的危害之一。可溶盐的结晶膨胀是自然界天然岩石风化的重要因素，也是建筑石材和野外大型石质文物风化破损的重要原因。造成这类风化的可溶盐类主要有碱或碱土金属的氯化物和硫酸盐类，例如氯化钠和硫酸钠等。盐结晶的破坏作用是由密闭空间（微孔）内盐结晶过程（包括水合过程）产生的膨胀压力造成的。当盐结晶的膨胀压力大于岩石微孔的破裂模量，经过数次反复，就能导致岩石微结构的崩溃和局部解体。

可溶盐的入侵已经成为许多石质文物，特别是石窟寺造像和壁画破坏的头号元凶，被人们形象地称为造像和壁画的"癌症"。如何有效地脱盐已经成为文物保护工作者面临的最重要的技术问题之一。

为减少或防止可溶盐对石材和石质文物破坏，最好的方法是控制周边的环境，防止可溶盐的入侵。但是这对于大型石质文物是很困难的，因为难以隔绝它们与大气和大地的联系。大气中的酸性气体借助于雨或雾附着到岩石的表面，并与岩石中的钠、钾、钙、镁等成分反应形成盐类；地下的可溶盐类也常常随毛细水的上升和蒸发进入岩石体内，并逐渐聚集到岩石的表面层。

从国内石质文物保存现状来看，众多石质文物饱受盐碱的侵蚀，如根据本实验室 2010 年的调查结果，可溶性盐碱结晶已经成为云冈石窟第二大污染物病害，洞窟内绝大多数艺术品都受到盐碱破坏的威胁。其他石窟，例如敦煌莫高窟、四川大足北山石窟等也都不同程度地遭受可溶盐的风化破坏。因此，盐碱病害的预防和清除工作对石质文物的保存具有重要意义。

4.5.1 吸附脱盐技术

在石质文物盐碱病害治理工作中，吸附脱盐技术是最常用的方法，国内外文保工作者已做过大量的岩石表面脱盐研究。吸附脱盐主要是利用吸附材料和液态水进行贴敷，使表层盐分溶解，并随着液态水从吸附材料蒸发，而将盐分吸出。本试验的目标是筛选验证合适的石质文物吸附脱盐材料配方。

（1）试验材料和样品制备

① 吸附脱盐材料配方

经过前期研究，本试验使用纤维纸、钙基膨润土或钠基膨润土制备脱盐吸附材料。配方1：纤维纸∶钙基膨润土∶水＝1∶3.6∶25，三组平行试验编号为 a、b、c；配方2：纤维纸∶钠基膨润土∶水＝1∶3.6∶10，三组平行试验编号为 d、e、f。

② 脱盐纸浆制备

根据吸附脱盐材料配方，分别称取 20g 碎末状纤维纸、72g 钙基膨润土或钠基膨润土，放入 500mL 水中浸泡搅拌均匀，置于 65℃水浴锅中保温 6h，取出后静置至常温，得到脱盐纸浆。测量纸浆电导率后密封待用。

③ 含盐岩石样块制备（图 4.5.1）

分别配制 3% 的氯化钠与硫酸钠盐水溶液，将切好的岩石样块 5cm×5cm×2cm 浸泡至盐溶液中，15min 之后取出样块，擦干表面，先置于 −20℃冰箱中冷冻 1h，然后放入 85℃烘箱中 1h，冷却至室温后再放入盐溶液中。照此步骤使样块吸盐，共 15 个循环，得到含盐岩石样块。

(a) 样块浸泡于盐溶液中　　　　　　　　(b) 将样块放入烘箱中烘干

图 4.5.1　含盐岩石样块制备过程

考虑到不可移动石质文物的脱盐，往往只有朝外的表面可以贴敷。为模拟该情形，将上述制备好的含盐岩石样块，除上表面外，其他五个表面用熔融的石蜡涂抹封闭。

（2）实验室脱盐试验（图 4.5.2）

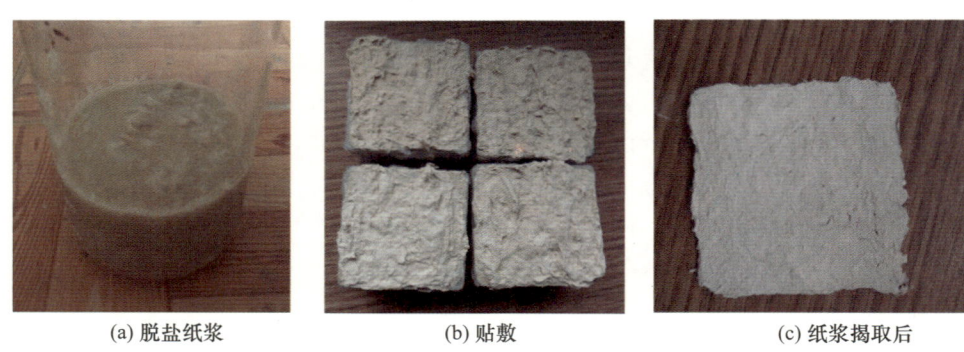

(a) 脱盐纸浆　　　　　　(b) 贴敷　　　　　　(c) 纸浆揭取后

图 4.5.2　岩石样块表面脱盐纸浆贴敷揭取试验

① 纸浆贴敷

将制备好的纸浆均匀贴敷于含盐岩石样块的未蜡封表面，约 2～4mm 厚，等待纸浆吸盐干燥。为加快干燥速率可使用吹风机加速。

② 纸浆揭取

待纸浆干燥后，揭取纸浆。剪取定量纸浆泡入定量去离子水中，测量电导率。然后再次贴敷纸浆进行脱盐，直至纸浆电导率基本不变为止。

③ 试验结果与分析

将每一次循环测得的纸浆电导率对循环次数制图，计算纸浆脱盐效率。按照前述脱盐吸附材料配方，对三个平行的钙基膨润土配方（纤维纸∶钙基膨润土∶水＝1∶3.6∶25）和三个钠基膨润土配方（纤维纸∶钠基膨润土∶水＝1∶3.6∶10）的吸附脱盐效率如图 4.5.3 所示。

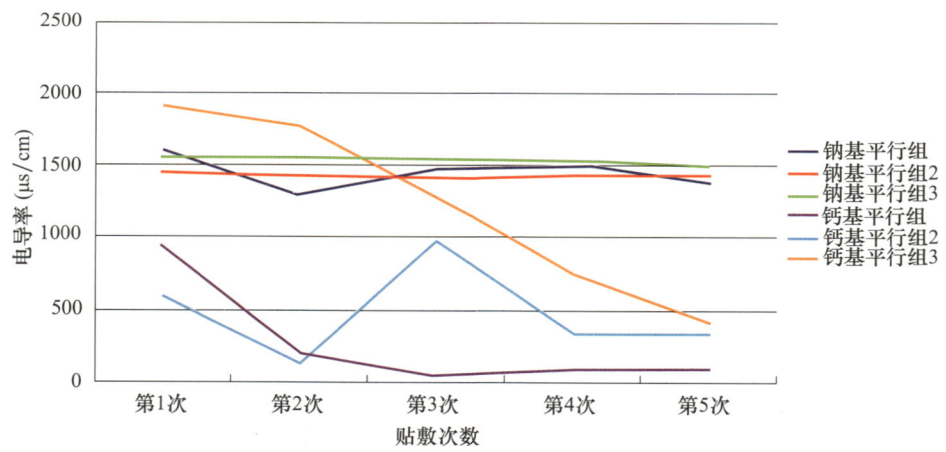

图 4.5.3　钙基膨润土配方和钠基膨润土配方贴敷脱盐的效率（电导率-吸附次数曲线）

（3）小结

① 试验结果表明，由钙基膨润土制备的贴敷纸浆具有明显的脱盐效果；而钠基膨润土由于本身钠离子含量高，制备成贴敷纸浆后不会降低电导率，即没有吸附易溶盐的作用。钙基膨润土制成的脱盐纸浆性能明显优于钠基膨润土等制备的纸浆。

② 钙基膨润土制成的脱盐纸浆对含氯化钠或硫酸钠盐等易溶盐的岩石样块具有良好的脱盐效

果，贴敷三次可去除样块中的大部分盐碱。

③ 从 2016 年开始，钙基膨润土制成的脱盐纸浆已被多次应用于不可移动石质文物的现场脱盐试验，例如在浙江省级文物保护单位温岭石塘陈宅的紧靠海边的青石（灰绿岩）栏板上进行脱盐等。

4.5.2 抑制剂促析脱盐技术

传统的脱盐方法是贴敷吸附法，主要材料是吸附介质和水，但是用此方法脱盐的效率比较低，每一次贴敷所吸出的可溶盐的质量有限，因此不得不多次地重复，比较费时、费力、费材料。

是否能够在脱盐过程中加入一种促进可溶盐析出的化合物，从而提高脱盐效率？

本实验室最早提出和完成了利用结晶抑制剂进行石质文物脱盐的方法，其中包括两方面的工作成果：

① 对结晶抑制剂工作原理的认知和利用。一般结晶抑制剂的工作原理是抑制盐的结晶，本工作是利用结晶抑制剂促进可溶盐向岩石表面迁移，以避免盐在岩石微孔内结晶，由此减轻盐结晶对岩石的破坏。

② 通过近两年的试验工作，定量测量出不同结晶抑制剂的脱盐效率，分别筛选出针对两类常见盐的最佳脱盐用结晶抑制剂的种类和浓度配方，即对碱金属氯化物盐（如氯化钠等）使用亚铁氰化物，对碱金属硫酸盐（如硫酸钠等）使用有机磷酸盐。

(1) 试验仪器及试剂

① 试验仪器

恒温鼓风干燥箱（DHG-9023A 上海精宏）；场发射扫描电镜（SEM）（SIRION-100，FEI 美国）；三维数码显微镜（KEYENCEVHX-1000）等。

② 试验试剂

抑制剂 1 亚铁氰化钾（KFeC）、抑制剂 2 氨基三亚甲基膦酸（ATMP）、抑制剂 3 羟基亚乙基二膦酸（HEDP）、氯化钠、硫酸钠、碳酸氢铵、碳酸铵（均为 AR，国药集团）。

③ 脱盐试验设计

在石质文物表面析出的盐碱病害中，氯化钠是最常见的可溶盐，而硫酸钠则是破坏性最大的盐类。根据敦煌莫高窟和云冈石窟等石窟寺盐碱病害的取样分析结果可知，氯化钠和硫酸钠是威胁石窟石刻保存的主要破坏因素，因此本试验选取氯化钠和硫酸钠两种可溶盐类进行实验室脱盐技术研究。试验内容包括两部分：硫酸钠脱盐试验和氯化钠脱盐试验。

(2) 结晶抑制剂促析脱除氯化钠的试验研究

① 含盐岩石样块制备

a. 取新鲜云冈当地砂岩切割成 5cm×5cm×2cm 规格小块，配制饱和氯化钠溶液 500mL；

b. 用黑色记号笔在样块侧面编号，分析天平称重，拍照记录；

c. 在 2 个洁净平底容器底部垫上塑料网格，依次正面朝上放入样块，在玻璃棒引流下分别加入已配制好的饱和氯化钠溶液，刚好没过岩石底部 1mm 即可，注意引流过程中溶液不可溅到样块表面及侧面；

d. 浸泡样块，待表面润湿后用软布吸干表面液体，放入 60℃烘箱内烘 8h；

e. 扫去表面浮盐，放入干燥器内于室温下自然冷却，准确称重，拍照记录；

f. 重复步骤 c~e 若干次，直至前后两次称重差值小于 0.01g，说明岩石样块吸盐已达到饱和，记录试验数据，如图 4.5.4 和表 4.5.1 所示；

g. 分别对 5 组平行样块增重量取平均值，以吸盐次数为横坐标，样块质量变化量 Δm 为纵坐标，做出岩石样块对氯化钠盐的吸附曲线图（图 4.5.5）；

图 4.5.4　含盐岩石样块制备过程

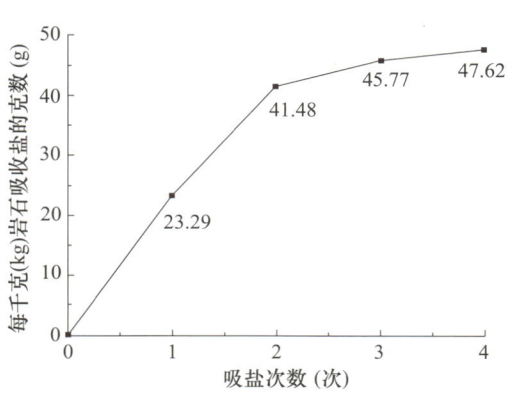

图 4.5.5　岩石样块对氯化钠盐的吸附曲线

表 4.5.1　每千克（kg）岩石吸收氯化钠的质量变化 Δm

样块	D-0	D-2	D-3	D-4	平均
净质量	0	0	0	0	0
第一次	25.55	24.52	21.87	21.20	23.29
第二次	40.40	42.46	42.41	40.64	41.48
第三次	45.16	45.45	47.71	44.76	45.77
第四次	46.35	47.25	50.36	46.53	47.62

h. 将氯化钠样块放入 60℃ 烘箱内彻底烘干，称重，拍照，后续脱盐试验计算的脱盐率均以彻底烘干后的质量为基准；

i. 用保鲜膜将制备好的样块底部及侧面包裹（图 4.5.6），用胶带纸缠紧，称量，拍照，置于干燥器内待用。

② 脱盐试验步骤

a. 从干燥器内取出干燥的含盐岩石样块，用洁净滴管在样块上表面分别滴加去离子水或结晶抑制剂溶液约 2.5mL，将样块放入温度 25℃、相对湿度 60% 的干燥瓶内，放置 10h。用恒温水浴槽控温，用饱和碳酸钾水溶液控制干燥瓶内相对湿度，如图 4.5.7 所示；

(a) 正面　　(b) 侧面

图 4.5.6　用保鲜膜将样块底部及侧面包裹

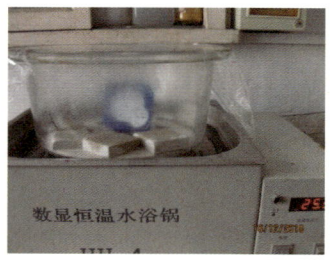

图 4.5.7　在控温控湿的干燥瓶内进行脱盐试验

b. 小心取出样块放入60℃烘箱中干燥10h，以除去水分；

c. 称重 m_1，拍照。扫去表面浮盐，再次称取质量 m_2，拍照。两次称取质量差值（$\Delta m = m_1 - m_2$）即为第一次脱盐的脱盐量。计算各脱盐溶液配方的脱盐率 $= \Delta m / m$，m 为样块彻底烘干后的质量；

d. 以上为一个循环。以去离子水代替上述脱盐溶液配方循环脱盐若干次，直至样块两次扫盐后的质量差值小于0.01g；

e. 彻底烘干岩石样块，观察表面变化状况，与样块吸盐前质量相比较。称取质量，拍照。以上为一个循环。

③ 抑制剂脱盐最佳浓度研究

经过前期小试验筛选，已经发现结晶抑制剂KFeC具有较好的抑制氯化钠溶液结晶的功能。为探讨KFeC对含盐岩石样块盐脱除过程的影响，分别配制KFeC浓度为0.1mol/L、0.05mol/L、0.01mol/L的结晶抑制剂脱盐溶液，按照表4.5.2的设计进行脱盐试验，使用清水和三个不同结晶抑制剂浓度贴敷一次脱除氯化钠盐的试验数据见表4.5.3，贴敷一次脱盐后照片见图4.5.8（扫盐前）和图4.5.9（扫盐后）。

表 4.5.2　不同浓度抑制剂促析脱除氯化钠的试验设计

配方	浓度（mol/L）		pH
传统清水	去离子水		6.5
抑制剂浓度1	抑制剂KFeC	0.1	7.2
抑制剂浓度2		0.05	6.8
抑制剂浓度3		0.01	6.7

(a) 清水

(b) 0.1mol/L
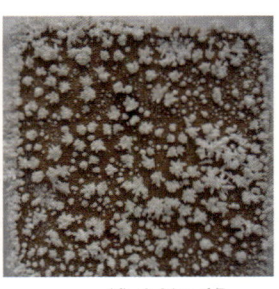
(c) 0.05mol/L
(d) 0.01mol/L

图 4.5.8　不同浓度结晶抑制剂贴敷一次脱除氯化钠的试验照片（扫盐前）

(a) 清水

(b) 0.1mol/L

(c) 0.05mol/L

(d) 0.01mol/L

图 4.5.9　不同浓度结晶抑制剂贴敷一次脱除氯化钠的试验照片（扫盐后）

表 4.5.3　不同浓度结晶抑制剂溶液贴敷一次脱除氯化钠盐的效率

贴敷循环次数	脱盐率（%）			
	传统清水法 （KFeC）=0	抑制剂浓度 1 （KFeC）=0.01mol/L	抑制剂浓度 2 （KFeC）=0.05mol/L	抑制剂浓度 3 （KFeC）=0.1mol/L
1	5.75	27.3	44.7	39.3
2（清水）	11.5	28.4	47.1	44.0
3（清水）	17.2	31.8	49.4	45.2
4（清水）	20.7	35.2	52.9	47.6
5（清水）	25.3	39.8	55.3	51.2
6（清水）	31.0	44.3	57.6	54.8

注：脱盐率=（脱盐量）/（样块总吸盐量）×100%。

在表 4.5.3 中，仅是第一次贴敷脱盐中使用了结晶抑制剂，在第 2~6 次贴敷脱盐中都是使用清水，目的是观察脱盐率与脱盐循环次数的关系。由表 4.5.3 可以看到结晶抑制剂 KFeC 浓度为 0.05mol/L 时的脱盐效率最高，1 次脱盐率是清水脱盐的 7.8 倍；以后都使用清水，2 次脱盐率是清水脱盐的 4.1 倍，3 次脱盐率是清水脱盐的 2.9 倍……很明显，首次使用结晶抑制剂明显提高了脱盐效率。

④ 抑制剂法脱除氯化钠的工艺研究

为了进一步提高脱盐率，考察多次使用结晶抑制剂的效果，按照表 4.5.4 的配方和工艺设计进行试验，结果见表 4.5.5。试验在第 5 次贴敷脱盐循环后全部使用清水脱盐。

表 4.5.4　结晶抑制剂脱除氯化钠的工艺研究

配方	清洗剂		pH
清水贴敷 A	去离子水		6.5
结晶抑制剂法 B	抑制剂 （KFeC）	0.05mol/L	6.8
结晶抑制剂法 C		初始为 0.5mol/L，逐次减半	—

表 4.5.5　不同工艺结晶抑制剂溶液贴敷 5 次脱除氯化钠盐的效率

贴敷循环次数	脱盐率（%）		
	传统清水法 A （KFeC）=0	结晶抑制剂法 B （KFeC）=0.05mol/L	结晶抑制剂法 C 从 0.5mol/L 起逐次减半
1	5.75	44.7	43.6
2	11.5	48.9	47.6
3	17.2	60.0	52.4
4	20.7	62.8	57.3
5	25.3	63.8	59.8
6（清水）	31.0	64.9	61.0
7（清水）	35.5	67.0	63.4
8（清水）	38.6	69.1	65.9

注：脱盐率=（脱盐量）/（样块总吸盐量）×100%。

由表4.5.5可以看到，每次脱盐循环都使用浓度为0.05mol/L的KFeC时的脱盐率和脱盐效率都是最高的，3次脱盐循环后的脱盐率达到60%，是清水脱盐的3.5倍。为防止结晶抑制剂残留在岩石内，使用结晶抑制剂溶液脱盐后都需要再用清水进行脱盐。

⑤ 抑制剂脱除氯化钠的脱盐机理分析

为了解结晶抑制剂脱除氯化钠盐的微观状况，分别取（a）云冈石窟砂岩析出盐、（b）清水贴敷法析出盐，（c）结晶抑制剂法脱盐析出盐，进行XRD矿物成分分析和SEM显微形貌观察。从图4.5.10中使用结晶抑制剂析盐的XRD图可知，析出物质是氯化钠盐。从图4.5.11的SEM照片可以看到，同样放大2000倍观察，云冈石窟砂岩析出盐[图4.5.11（a）]，盐结晶充满岩石微孔中，棱角分明，粒径较大，约10μm，有明显挤压迹象；清水贴敷法析出盐[图4.5.11（b）]的盐结晶粒径明显较大，约20μm；本试验0.05mol/LKFeC结晶抑制剂脱出的盐[图4.5.11（c）]盐

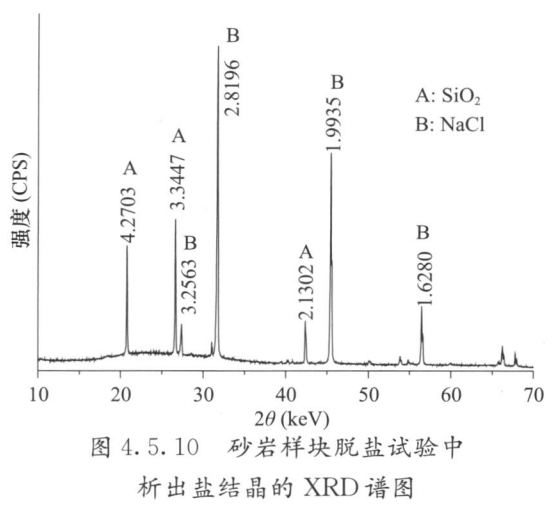

图4.5.10 砂岩样块脱盐试验中析出盐结晶的XRD谱图

结晶粒径细小，在放大10000倍下观察，其结晶粒径仍然很小，约3μm，这说明结晶抑制剂的存在抑制了氯化钠盐的结晶，降低了盐结晶的颗粒度，促使过饱和盐溶液更多地迁移到了岩石表层，由此减小了对岩石微孔的压力，降低了盐的风化破坏作用。

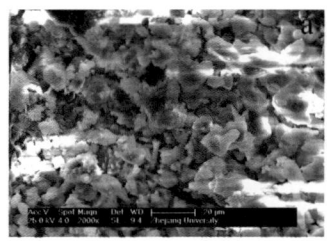  

(a) 云冈石窟盐样块(2000倍)　　(b) 清水贴敷析盐(2000倍)　　(c) 0.05mol/L结晶抑制剂析盐(10000倍)

图4.5.11 SEM照片

(3) 结晶抑制剂促析脱除硫酸钠的试验研究

① 含硫酸钠岩石样块的制备

岩石样块预处理和含硫酸钠岩石样块的制备如同本小节（2）所述，与含氯化钠岩石样块的制备相同，只是将饱和氯化钠溶液换成饱和硫酸钠溶液即可。以吸盐循环次数为横坐标，以每千克（kg）岩石吸收硫酸钠的质量（g）为纵坐标，做出硫酸钠吸收曲线，如图4.5.12所示。

② 有机磷酸结晶抑制剂最佳浓度试验

在前期试探性研究的基础上，按照表4.5.6的配方设计，分别配制不同浓度的有机磷酸抑制剂2和抑制剂3溶液，并用饱和碳酸铵溶液调节溶液pH，使溶液pH=7.5。

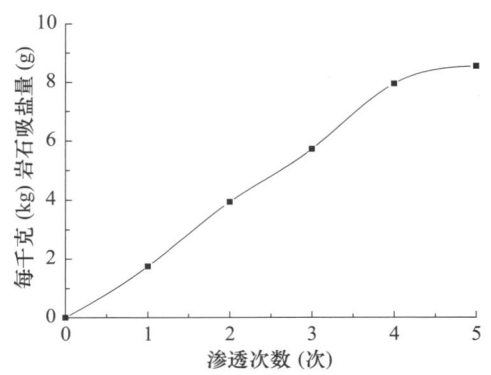

图4.5.12 岩石样块硫酸钠吸收曲线

表 4.5.6　不同浓度有机磷酸抑制剂脱除硫酸钠的试验设计

配方	浓度（mol/L）	体积比（mL）		pH
		有机磷酸	碳酸铵	
抑制剂 2（ATMP）+碳酸铵	0.0005	40	0.06	7.5
	0.001	20	0.06	7.5
	0.003	10	0.06	7.5
蒸馏水	—	0	0	6.5
抑制剂 3（HEDP）+碳酸铵	0.03	6.00	0.18	7.5
	0.005	6.5	0.36	7.5
	0.07	5.5	0.42	7.5
	0.01	10	0.06	7.5

脱除硫酸钠的试验按照 4.5.1 中（2）的类似试验步骤进行，从试验数据计算出脱盐率，不同浓度有机磷酸抑制剂一次贴敷脱除硫酸钠的脱盐率见表 4.5.7。

表 4.5.7　不同浓度有机磷酸抑制剂一次贴敷脱除硫酸钠的脱盐率

配方	浓度（mol/L^{-1}）	质量变化（Δm）	脱盐率（%）
抑制剂 2（ATMP）	0.0005	0.18	57.88
	0.001	**0.223**	**70.79**
	0.003	0.192	69.06
抑制剂 3（HEDP）	0.03	0.161	62.16
	0.01	**0.254**	**64.96**
	0.001	0.15	49.50

从表 4.5.7 可以发现抑制剂 2（ATMP）的最佳浓度为 0.001mol/L，在 pH=7.5 时，其一次贴敷脱除硫酸钠的脱盐率可达 70%，原含硫酸钠岩石样块、脱盐试验扫盐前和扫盐后的表面状况如图 4.5.13 所示。

(a) 原含盐样块　　(b) 扫盐前　　(c) 扫盐后

图 4.5.13　浓度 0.001mol/L 抑制剂 ATMP 在 pH=7.5 时一次贴敷脱除硫酸钠的试验照片

从表 4.5.8 也可以发现抑制剂 3（HEDP）的最佳浓度为 0.01mol/L，其一次贴敷脱除硫酸钠的脱盐率可达 65%。原含盐岩石样块、脱盐试验扫盐前和扫盐后的表面状况如图 4.5.14 所示。

③ 脱盐溶液最佳 pH 筛选

由于有机磷酸抑制剂脱盐溶液的 pH 对脱盐率有明显影响，以碳酸铵为 pH 调节剂，按照表 4.5.8 所示体积比分别配制 pH=6、pH=7 和 pH=8 的溶液，并按照前面试验步骤再次进行脱除硫酸钠的试验。

(a) 原含盐样块　　　　　(b) 扫盐前　　　　　(c) 扫盐后

图 4.5.14　浓度 0.01mol/L 抑制剂 HEDP 在 pH＝7.5 时一次贴敷脱除硫酸钠的试验照片

表 4.5.8　不同 pH 有机磷酸抑制剂脱盐溶液的配方设计

配方		体积比（mL）		pH
		有机磷酸	碳酸铵	
0.001mol/L 抑制剂 2（ATMP）＋碳酸铵	a	80.00	0.06	8.0
	b	90.00	0.06	7.0
	c	100.00	0.06	6.2
0.01mol/L 抑制剂 3（HEDP）＋碳酸铵	d	15.00	0.06	6.2
	e	10.00	0.06	7.0
	f	16.00	0.12	8.0
蒸馏水	g	—	—	6.5

按照表 4.5.8 的不同 pH 有机磷酸抑制剂脱盐配方，第一次贴敷使用抑制剂，从第二次贴敷开始都使用清水脱盐，试验得到对含硫酸钠岩石样块的不同贴敷次数的脱盐率见表 4.5.9。

表 4.5.9　不同 pH 有机磷酸抑制剂溶液对硫酸钠的脱盐率　　　　　　（单位：%）

序号		首次脱盐率	二次脱盐率	三次脱盐率	四次脱盐率	五次脱盐率	六次脱盐率
抑制剂 2（ATMP）	a	55.48	70.01	75.3	76.62	77.94	79.26
	b	**74.01**	**84.34**	**87.78**	**89.5**	**91.22**	**92.94**
	c	61.28	77.99	80.78	83.57	86.35	86.35
抑制剂 3（HEDP）	d	**72.49**	**81.02**	**85.29**	**87.42**	**89.55**	**91.68**
	e	63.24	75.1	79.05	83	86.96	90.91
	f	54.42	68.03	71.43	74.83	78.23	78.23
蒸馏水	g	42.31	53.85	57.69	61.54	61.54	61.54

注：只有首次脱盐使用了抑制剂，从第二次开始都是使用清水脱盐。

由表 4.5.9 可以看到，对于 0.001mol/L 抑制剂 2（ATMP）的最佳 pH＝7.0，即表 4.5.9 中 b 组配方。其一次贴敷脱除硫酸钠的脱盐率达 74%，三次脱盐率达 87%，六次脱盐率达 92% 以上。原含硫酸钠岩石样块、脱盐试验扫盐前和扫盐后的表面状况如图 4.5.15 所示。

由表 4.5.9 也可以看到，对于 0.01mol/L 抑制剂 3（HEDP）的最佳 pH＝6.2，即表 4.5.9 中 d 组配方。其一次贴敷脱除硫酸钠的脱盐率达 72%，三次脱盐率达 85%，六次脱盐率达 91% 以上。尽管比抑制剂 2（ATMP）的最佳 pH 配方效果稍低，但相差不大。其原含硫酸钠岩石样块、脱盐试验扫盐前和扫盐后的表面状况如图 4.5.16 所示。

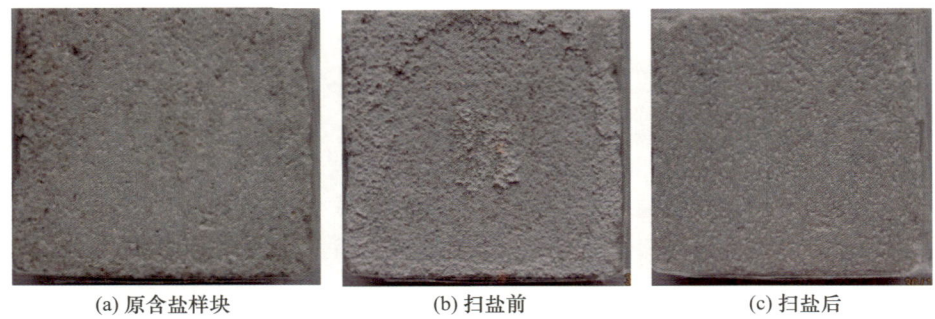

图 4.5.15　浓度 0.001mol/L 抑制剂 ATMP 在 pH＝7 时一次贴敷脱除硫酸钠的试验照片

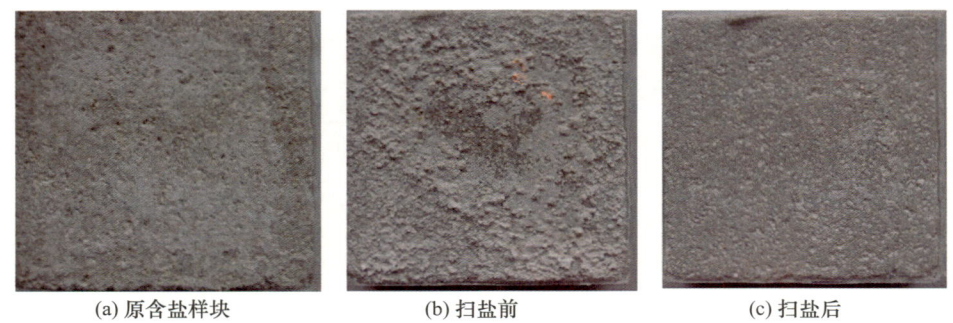

图 4.5.16　浓度 0.01mol/L 抑制剂 HEDP 在 pH＝6.2 时一次贴敷脱除硫酸钠的试验照片

将表 4.5.9 数据以贴敷次数为横坐标，以脱盐率为纵坐标作图（图 4.5.17），可以看到 b 和 d 组配方对硫酸钠的脱除具有很好的效果。

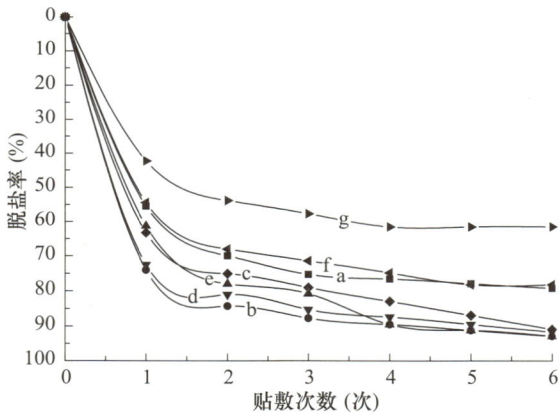

图 4.5.17　不同 pH 有机磷酸抑制剂对含硫酸钠岩石样块的脱盐率曲线

④ 抑制剂脱除硫酸钠盐机理分析

为了解结晶抑制剂脱除硫酸钠盐的机理，分别取 a. 云冈石窟砂岩析出盐、b. 清水贴敷法析出盐、c. 抑制剂 2 脱盐析出盐、d. 抑制剂 3 脱盐析出盐，进行 XRD 矿物成分分析和 SEM 显微形貌观察。从图 4.5.18 可以看到，2 种有机磷酸结晶抑制剂脱盐析出的物质都是硫酸钠盐。从图 4.5.19 的 SEM 照片可以看到，与云冈石窟盐碱病害析盐 [图 4.5.19（a）] 和清水脱盐 [图 4.5.19（b）] 相比，两种有机磷酸抑制剂（ATMP 和 HEDP）脱出盐 [图 4.5.19（c）、4.5.19（d）] 的粒径更小，结晶度更低。低的结晶度和粒径使可溶盐更容易随毛细水迁移至岩石表面，从而减小孔隙内部的结晶压力。

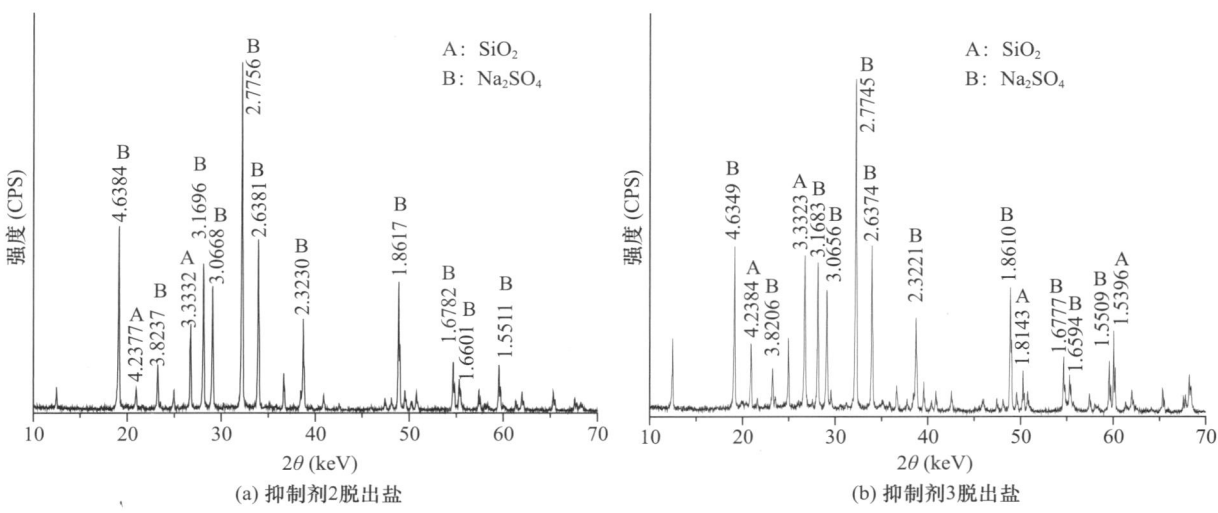

图 4.5.18 有机磷酸结晶抑制剂脱盐的 XRD 谱图

图 4.5.19 不同方式析出硫酸钠盐的 SEM 图

（4）小结

可溶盐在岩石微孔内聚集会产生结晶压力，产生酥碱病害，是威胁石质文物保存的主要病害之一。本工作以云冈石窟砂岩的脱盐为研究背景，选取氯化钠和硫酸钠这两种石质文物最常见和破坏性最大的可溶盐进行脱盐技术研究，提出了一种采用结晶抑制剂脱盐的新方法。结晶抑制剂脱盐方法主要通过改变可溶盐在石质文物微孔内的结晶度（饱和度）和减小结晶颗粒来发挥作用，可使过饱和的盐溶液更快速地随毛细水迁移至岩石表层后析出。

针对氯化钠盐，选取 0.05mol/L 的抑制剂 1（KFeC）作为结晶抑制剂，其一次贴敷脱盐率可达到50%，其后继续几次清水贴敷，总脱盐率可达70%以上。

对于硫酸钠盐，采用0.001mol/L抑制剂2（ATMP）在pH=7.0条件下，一次贴敷脱盐率达74%。三次脱盐率达87%，六次脱盐率达92%以上。采用浓度0.01mol/L抑制剂3（HEDP）在pH=6.2条件下，一次贴敷脱盐率达72%，三次脱盐率达85%，六次脱盐率达91%以上。

使用结晶抑制剂的脱盐方法比通常纯水贴敷法的脱盐效率高3～5倍，具体实施工艺可结合实际脱盐需要和脱盐人力物力成本在本研究的基础上进行选择。

本工作相关配方和工艺已申请国家发明专利（公开号CN101921135A）。

4.6 石质文物清洗效果和安全性评估

石质文物清洗是石质文物保护工程的重要工序，也是目前遗留问题较多，预后较困难，且检测评价方法比较混乱的领域。在国家科技支撑计划课题"石窟文物表面有害污物清除技术研究"等项目资助下，我们开展了"不可移动石质文物表面污染物化学清洗效果评估技术规范"等课题研究。石质文物清洗的评估涵盖"效果评估"和"安全性评估"两方面内容。

4.6.1 石质文物清洗效果评估

石质文物的清洗效果是指经过清洗处理过程，将石质文物表面或表层污染物去除的程度。清洗效果评估是运用科学方法对污染物去除的程度进行判别。客观定量的判别需要依靠各种检测仪器。

（1）相关评估方法和技术标准

根据文献调查，目前国内外还没有专门针对石质文物清洗效果评估的技术规范或标准。经过查阅国外发达国家的相关标准，包括：美国材料测试协会（ASTM）标准、德国标准研究所（DIN）标准、国际标准化组织（ISO）标准、意大利石质材料标准（NORMAL）、英国标准（BS）等，其中ASTM标准较为全面。在ASTM标准中，涉及石材（及砖块、水泥）属性检测（包括吸水性、强度、弹性、抗折性、热膨胀性、耐化学腐蚀性等）的标准有148项。涉及各种材料（包括石材、金属、玻璃、陶瓷、砖块、水泥等）清洗除垢或清洗剂配制的相关标准有185项，其中同时与"石材"和"清洗"相关的仅有8项。尽管这些标准没有一项是专门针对石质文物的，但是我们可以根据实际评估工作的需要，筛选必要的常规检测技术，具体参见表4.6.1。

表4.6.1 ASTM标准中可供借鉴的一些关于清洗效果检测的常规技术

检测方法	ASTM编号
目测	ASTMD4258—05、ASTMD4261—05、ASTMD4610—98（2009）、ASTMD5107—03（2007）、ASTM D5703—95（2007）
pH测定	ASTMD1172—95（2007）、ASTMD4262—05
湿度测定	ASTMD4263、ASTMD4444—92、ASTMF2170—02
腐蚀率测定	ASTMD4992—94、ASTMD5779—95、ASTMG1—03
质量测定	ASTMG122—96（2008）
折光率测定	ASTMD5343—06
表面粗糙度测定	ASTMD7127—05
	ASTME1274—03

续表

检测方法	ASTM 编号
硬度及强度测定	ASTMC170—90、ASTMC217—94、ASTMC241—90、ASTMC267—01、ASTMC880—06、ASTMD5873—05、ASTMG171—03
清洗后化学残留物测定	ASTMD5544—05；ASTMD5627—94、ASTME1721—01、ASTMG136—03
表面颜色变化测定	ASTMD2244—05、ASTME308—01
表面吸水渗水性测定	ASTMC121—06、ASTMC1585—04、ASTMC1601—06、ASTMD2216—05、ASTMD6532—00
细菌成活率测定	ASTME2274—09
水蒸气透过率测定	ASTME96/E96M—05、ASTME398—03

由于文物的不可再生性，石质文物检测的要求远高于石材，因此清洗效果评估还必须根据文物保护的准则，如"不改变原貌""最小干预"等原则，开展深入研究，探讨这些常规检测技术应用于石质文物清洗效果评估的可行性。

（2）实验室检测方法

随着科学技术的发展，国内外许多学者都已开始将先进检测技术应用于石质文物表面清洗效果的评估。其中使用最多的是一些实验室大型检测仪器和设备。使用的仪器包括：扫描电子显微镜-能谱分析（SEM-EDS）、傅里叶变换红外光谱（FT/IR）、X射线衍射（XRD）、激光诱导击穿光谱（LIBS）、光学显微镜（OM）等，用以检测污染物的形貌、化学组成和岩石清洗前后的变化情况。利用这些检测数据可以从岩石表层元素含量的变化情况、表层微结构是否受到清洗的破坏、各类污染物的清除和残留情况等，来评估清洗的效果。

但是，由于多数仪器设备体型较大，或者样品室较小，或者要求真空条件等，迫使清洗效果检测评价只能依靠从实物上取样或模拟制样来实现检测，这样就可能使文物受损，也难做到适时监测。

（3）原位无损检测方法

由于文物的不可再生性和保护理念的发展，尽可能在不可移动文物原位或保护工程清洗现场，使用小型、便携和多功能的检测设备进行无损分析，来评价清洗效果是目前国内外的发展趋势。

例如便携式拉曼色散微探针光谱仪（dispersive Raman microprobe spectroscopy）、振动光谱技术（vibrational spectroscopic techniques）、激光干涉仪（laser interferometer）、可移动荧光激光雷达（LIDAR）、差分吸收激光雷达（DIAL）系统都已有应用于不可移动文物原位检测的案例。另外，激光诱导荧光（LIF）、激光诱导击穿光谱（LIBS）和拉曼（Ramam）光谱等技术都已把检测的功能拓展到室外环境，能不受自然光的干扰进行远距离监测。这些技术于20世纪70年代初期被研发用于海洋监测，在20世纪90年代中期应用到文物的监测。

（4）石质文物清洗效果评估基本要求

① 检测对象

a. 污染样（contaminated sample）。

污染样是表面附着污染物，没有经过清洗的样品或区域的统称。包括没有经过清洗的人工模拟污染样品、没有经过清洗的现场污染样品和没有经过清洗的现场污染区。

b. 非污染样（uncontaminated sample）。

非污染样是表面没有附着污染物的样品或区域的统称。包括：无污染参比样品，现场无污染参比样品和现场无污染参比区。

c. 清洗样（cleaned sample）。

清洗样是表面附着污染物,并且经过清洗的样品或区域的统称,包括经过清洗的人工模拟污染样品、经过清洗的现场污染样品和经过清洗的现场污染区。

② 检测方式

检测方式分为实验室检测和现场无损检测。

a. 实验室检测。

根据污染物的不同,用不同的清洗方法清洗样品或样区,用实验室装备检测、比较和评估清洗效果。

b. 现场无损检测。

对石质文物现场的污染区、无污染参比区和现场污染清洗区,在不采样的前提下,用便携仪器设备进行无损或微损检测、比较和评估清洗效果。

③ 制样

a. 实验室模拟样品。

采集与待清洗文物材质相同的岩石,切割成一定大小的长方体样块,用清水洗去表面可视污垢,用去离子水浸泡1d后,于100℃以下烘干至恒重,冷却至室温后称重、记录数值、编号,放入干燥器待用。根据现场拟清洗污染物分析结果中的主要成分和与岩石的结合方式,配制污染物质和制备污染样品。根据现场拟使用的清洗技术制备清洗样品,有特殊要求的按照特殊要求处理(如检测设备对样品尺寸的要求)等。

用于清洗效果评估的实验室模拟样品分为:经过清洗的人工模拟污染样品;没有经过清洗的人工模拟污染样品;无污染的参比样品。

要求所有样品纹理朝向和被清洗石质文物纹理朝向尽可能一致,在条件许可的情况下每组试验使用的平行样品应在3块以上。

为了使样品属性基本相同或其他实际操作需要,可以在一块样品上划分区域,组合出现清洗、非清洗、无污染三种状态。根据实际操作需要,清洗和非清洗状态也可以是同一样品的同一污染区域清洗前后的状态。

b. 现场取样样品。

从现场采集的样品。进行清洗效果比较的现场取样样品分为:经过清洗的现场污染样品;没有经过清洗的现场污染样品;现场无污染参比样品。

c. 现场试验区。

选取石材岩性、污染物类型、污染程度及文物状况都有代表性的,表面较平整、操作较方便、位置不醒目的石面。一般现场试验区域单块约为(20~30)cm×(20~30)cm,特殊情况可适当缩小。进行清洗效果比较的现场试验区分为:经过清洗的现场污染区;没有经过清洗的现场污染区;现场无污染参比区。

④ 常用检测评估方法

a. 肉眼比色观察。

参考 ASTMD5343-06,采用模拟的标准日光照射,由至少3名成员组成的评审小组对清洗样进行打分定级,其中0级为污染样的污染程度,5级为非污染样的污染程度,精确到0.5级。

b. 放大镜和显微镜检测。

参考 ASTMD4610-98-09,在清除前后用10~100倍的放大镜检测真菌、藻类和其他污染物的去除情况。然后使用放大镜和显微镜,更加细致地观察表面去污情况。定级方式参照该标准实施。

c. 色度计检测。

参考 WW/T 0028—2008,使用 WSC-S 测色色差仪,对比色差变化。采用色度测量仪测定样品的 10 个测试点，记录 L、a^*、b^* 值，求其 ΔE^* 值的平均值，清洗样和污染样的 ΔE^* 平均值越大清洗效果越好，清洗样和非污染样的平均值越小清洗效果越好。必须注意由于石材表面本身表面色度不均匀对测试结果产生影响，所以要求对处理前后的 10 个检测点必须逐一对应，避免岩石自身色度不均造成的干扰。

  d. 污染物质量变化检测。

  参考 ASTMG122-96（2008），定量地测定清洗效果因子：

$$(CEF) = (MX_2 - MX_3) / (MX_2 - MX_1)$$

式中，MX_1 为非污染样质量，MX_2 为污染样质量，MX_3 为清洗样质量。单位面积残留的污染物为：

$$(MX_3 - MX_1) / S$$

式中，S 为污染面积。

  e. 透气性检测。

  用于检测表面固体状或油状污染物去除后岩石表面透气性改善情况，以此评估清洗效果，可参考 GB/T 17146—1997。

  f. 脱盐效果检测。

  参考 WW/T 0028—2008。

  g. 可溶性残留污染物测定。

  参考 ASTMG136-03-09，把样品置于装有定量溶剂的容器中，然后把容器放入超声波清洗槽中一段时间，取出后分析试液中从样品中萃取出的非挥发性物质残留量。

  h. 污染物残留情况检测。

  可采用扫描电镜、能谱、X 射线衍射仪、红外光谱仪等检测表面污染物组成和结构，确定污染物残留情况。

  相关检测技术对试样的适用性见表 4.6.2。

表 4.6.2 检测技术对试样的适用性对照表

检测技术	标准样品			现场取样样品			现场试验区		
	清洗样	污染样	非污染样	清洗样	污染样	非污染样	清洗样	污染样	非污染样
肉眼比色	√	√	√	√	√	√	√	√	√
放大镜和显微镜	√	√	√	√	√	√	√	√	√
色度计	√	√	√	√	√	√	•	•	•
污染物质量变化	√	√	√						
污染物厚度变化	√	√	√						
透气性	√	√	√						
脱盐效果	√	√	√				√	√	√
可溶和不可溶残留污染物	√	√	√						
XRD	√	√	√	√	√	√			
SEM/EDS	√	√	√	√	√	√			
红外光谱仪	√	√	√	√	√	√			
光度计	√	√	√	√	√	√	•	•	•
拉曼光谱仪	√	√	√	√	√	√	•	•	•

注：√ 为适用；• 为检测技术相对应的便携式仪器适用；空为不适用。

4.6.2 石质文物清洗安全性评估

（1）石质文物清洗的安全性：

① 清洗过程不能伤害石质文物本体，包括产生划痕、裂隙等机械损伤，溶蚀、变性等化学侵蚀，以及残留、淤积、变色等各种新的污染；

② 不能危害人的健康，包括清洗作业人员、游客等；

③ 不能污染周边环境，包括土壤、植被等。

清洗的安全性评估涉及对文物、人员和环境的科学检测，这种检测不仅需要在清洗之中和清洗之后进行，而且需要在清洗完成后相当长的时间内不断地进行检测（监测），才能较好地完成评估。

（2）清洗安全性评估的必要性

在石质文物的清洗过程中，各种清洗操作不仅会作用于表面的污染物，同时也会影响污染物覆盖的岩石基底和污染物周边的文物表面，很可能造成文物表面化学、物理、结构、纹理和色彩等性状的改变。在清洗过程中，任何不必要的或多余的行为都可能增加文物表层发生不可逆改变或伤害的风险。实际上，这种损害在文物清洗中经常发生，为了避免这类人为破坏，研究石质文物表面清洗安全性评估技术是非常必要的。

（3）长期跟踪观察是安全性评估的基础

石质文物清洗的安全性问题，往往很难在清洗后立即发现，尤其是化学清洗和生物清洗。从文献看，已有不少跟踪观察研究的案例。例如，Alfano 等报道了在化学清洗意大利马泰拉大教堂的砂岩后，对清洗效果进行了为期 6 年的监测工作，以观察清洗的负面作用。许多重大化学清洗的弊端都是通过多年跟踪观察发现的。例如，1991 年美国 Getty 研究所 Doebly 等报道：1970 年美国费城 30 号大街历史建筑 Amtrak 车站石质墙体使用含氢氧化钠的商业清洗剂，此后 20 年的跟踪发现该建筑物表面不断泛碱，表面粉化疏松等风化现象严重，说明强碱用于石质文物清洗是有害的。很明显，跟踪观察是发现清洗技术安全问题，为未来技术改进提供实证的重要环节。目前，在国内还很少看到清洗工程后跟踪观察的研究报道。

（4）已经形成的一些共识

目前，为确保石质文物清洗的安全性，在理念原则、方法和药品选择、实施技术等方面正在逐步形成一些共识。

① 没必要不清洗

石质文物表面污迹在一定意义上属于文物和文物历史的一部分，清洗是对文物的直接"干预"，按照"保持原状"和"最小干预"的保护原则，一般情况下最好不要清洗。只有当污染物会对文物石材造成危害而缩短文物的寿命，或者会严重影响文物的展示效果，或者会妨碍后续的维修保护的情况下，才需要文物保护工作者根据具体情况权衡是否需要采取清洗措施。

② 安全性比有效性更重要

文物是不可再生的，任何不必要、不恰当、或过分的清洗行为都可能增加文物表层发生不可逆改变或伤害的风险，给人员和环境增加危害或负担。因此在石质文物清洗方法的选择上始终要将"安全、环保"放在首位。

③ 物理清洗代替化学清洗

由于已经证实许多化学清洗剂会给文物和环境带来问题，如强酸、强碱、表面活性剂、含磷试剂等，因此许多保护工作者不主张使用化学清洗，而推荐使用不需要化学品的物理清洗，例如蒸汽清洗、粒子喷射清洗和激光清洗等。

④ 提倡无残留清洗

由于化学清洗很难被全部替代，因此在不得已需要使用化学药品时，提倡使用对石质文物和环境较为安全的药剂，例如：

a. 挥发性药剂，如乙醇、丙酮、氨水等。

b. 可自动降解或分解的药剂，如双氧水、碳酸氢铵等。

c. 功能明确、浓度低、副作用少、易于去除的药剂或配方。

要求清洗后的化学残留物最终不能遗留在文物本体中，所用化学品不能对岩石本体和环境有任何潜在危害。

⑤ 限范围、限方法、限程度清洗

在施工技术上，只对最必要的部位、使用最安全的方法、进行最低程度的清洗。

⑥ 清洗前必须先进行试验研究

由于每一处石质文物的石质、污垢和环境都不尽相同，为尽可能降低清洗的危害，所用清洗技术和材料需要经过事先实验室研究和现场试验验证。

⑦ 跟踪观察必不可少

为保证文物、人员和环境安全，石质文物清洗后的跟踪观察不仅是为了清洗工作的后期评价，更是改进清洗技术的不可缺少的研究环节，在这方面国内目前还处于空白状态，需要尽快跟上。

(5) 石质文物清洗安全性评估基本内容

① 文物本体安全性检测评估

根据污染物的不同、清洗方法的不同、所用清洗材料的不同进行取样检测，包括实验室检测、现场无损检测和现场取样送专业机构检测。

② 人类健康危害评定

为了确保清洗工作人员和游客等的健康安全，必须对清洗过程所用技术和材料进行检测评估，包括施工程序和化学品等有可能危害健康的因素。

③ 环境危害评定

为了有效控制清洗作业对环境造成污染，对某些可能威胁环境安全的清洗项目必须进行污染检测和评定，包括水生的（包括沉积物）、陆生的、大气的、通过食物链积累产生的潜在影响、污水处理系统的微生物活动的潜在影响。没有通过检测的清洗技术不能用于石质文物清洗作业。

④ 清洗化学品安全性检测评定

某些化学清洗剂和清洗施工辅助材料含有挥发性物质、重金属物质等，可能会影响清洗工作人员的健康安全，造成环境污染。针对可能用到的这些化学及生物材料应根据 GB 8978—1996、GB/T 18883—2002 和 GB 26453—2011 的有关规定进行检测评定，提出排放限值和采取相应措施。

4.7 本章小结

(1) 石质文物表面污迹是文物历史沧桑的证物，一般情况下最好不要清洗。清洗是对石质文物本体的直接"干预"行为，除非污染物会对文物石材造成危害而缩短文物的寿命，或者会严重影响文物的展示效果，或者会妨碍后续的维修保护，并在能够确保清洗方法安全有效的前提下才可考虑。

(2) 通过检测研究典型污染物与石质文物表面的结合方式，试验验证典型污染物对文物岩石的破坏或保护作用，发现岩石表面的"粉尘沉积"有加速岩石表面风化的作用，而"遗留墨迹"、"烟熏黑垢"和"手摸油迹"对文物岩石本体具有一定的缓解酸性气体侵蚀和抵御易溶盐结晶破坏的作用。

（3）本工作以云冈石窟石雕表面有害污物的研究为例，通过实验室模拟污迹清洗试验和现场污迹清洗试验表明，化学清洗和凝胶吸附清洗对石质文物上的各种污染物有较好的选择性，能够清除渗入岩石表层内的污染物，这是蒸汽清洗、粒子喷射清洗等特种清洗技术难以做到的。由于化学清洗和凝胶吸附清洗技术实施简便，经济实惠，与其他特种清洗有互补性，目前仍然是大型石质文物清洗施工的不可缺少的技术之一。

（4）为了减少化学清洗的风险，应当从文物安全的角度设计好清洗过程的每一项操作步骤，包括前期论证、现场小试验、周边区域保护、残留物清除方法等。严格的和安全的清洗工艺是保障化学清洗成功的必要前提。

（5）现场试验显示，蒸汽清洗、微粒子喷射在选择适合的操作条件下具备安全性和可操作性，可以满足现场大面积实施的需求，且具备快捷、经济、环保、无残留等优势。

（6）盐碱结晶是危害石质文物的重要影响因素之一，脱盐作为最常用的一种清除技术越来越受到保护工作者的重视。本章我们探讨了两种有效的脱盐技术，即吸附脱盐技术和抑制剂促析脱盐技术。其中抑制剂促析脱盐技术是利用结晶抑制剂阻止盐溶液在岩石微孔内结晶析出，促进可溶盐在岩石表面上结晶，从而可以加快盐的析出速率，减轻盐结晶对岩石的破坏。通过试验分别筛选出了两大类常见盐类的最佳结晶抑制剂种类和用量，得到了比吸附脱盐技术高得多的脱盐效率，有较好的应用前景。

（7）针对目前石质文物清洗遗留问题较多，预后较困难，缺乏且检测评价方法的现状，本团队进行了"不可移动石质文物表面污染物清洗效果评估技术"研究，内容涵盖"效果评估"和"安全性评估"两方面内容，提出了一系列评估策略、方法和技术，可供选择和参考。

本章参考文献

[1] MICHELI, MARIO, ZHAN C F. Problemsof conservation and restoration [M]. Beijing: Science Press, 2005: 127.

[2] LIU Q, ZHANG B J, SHEN Z Y, et al. A crude protective film on historic stones and its artificial preparation through biomimetic synthesis [J]. Applied Surface Science, 2006, 253: 2625-2632.

[3] 潘昌初, 张秉坚, 杨富巍. 鸟粪层磷灰石矿化过程模拟及新型膜保护材料的制备研究 [J]. 化学学报, 2009, 67 (22): 2559-2565.

[4] 孙延忠, 陈青. 石质文物加固中细菌诱导碳酸钙生成的研究 [J]. 文物保护与考古科学, 2008, 21 (3): 29-33.

[5] PRICE C A. Stone conservation: An overview of current research [M]. Los Angeles: The Getty Conservation Institute, 1996.

[6] VÈRONIQUE V B, LABOURÉ M. Poultices as a way to eliminate the yellowing effect linked to limestone laser cleaning [C] //Lasers in the conservation of artworks: Lacona Ⅵ proceedings. Berlin: Springer, 2005: 115-124.

[7] GASPAR P A. Topographical assessment and comparison of conservation cleaning treatments [J]. Cult Herit, 2003, 4 (1): 294-302.

[8] BARRY M E. Method and composition for cleaning tombstones: US [P]. 1962-11-13.

[9] KOVACHY J M. Process for cleaning stone: US [P]. 1964.

[10] MAMILLAN M. Recent studies of the cleaning of limestone facades, Annales de l'Institut technique du bâtiment et des travaux publics no. 199-200 [M]. US: The Getty Conservation Institute, 1964.

[11] GIOVANNA A. The church of S. Maria dei Miracoli in Brescia (Italy) stone work, decay and conservation [M] //KAMALAKAR E, Ed. Birla Archaeological and Cultural Research Institute, 1995: 173-184.

[12] GIOVANNA A. On the cleaning of deteriorated stone minerals [M] //THIEL M J. Ed. Conservation of stone and other materials. held at UNESCO headquarters, Paris, June 29-July 1, 1993: 503-511.

[13] KRÁLOVÁ. Cleaning poultices for the removal of sulfate crusts from stone [M]. Sborník restaurátorských prací 4. 1989: 94-102.

[14] DOEBLY CARL E. Detergent and hypochlorites for the cleaning of travertine [M] //APT bulletin 23. The Getty Conservation Institute, 1991 (2): 54-58.

[15] SANTAMARÍA P. Removal of thematization stains from granite [J]. Proceedings of the 4th International Symposium on the Conservation of Monuments in the Mediterranean. Technical Chamber of Greece, 1997 (3): 275-280.

[16] TORENO. Study of the action of tetrasodium EDTA on calcium, copper, and iron compounds present in calcareous materials [J]. OPD restauro: rivista dell'Opificio delle pietre dure e laboratorio di restauro di Firenze, 2004, 16: 114-121.

[17] YOUNG M. Algal growth on building sandstones: effects of chemical stone cleaning methods [J]. Quart J Eng Geol, 1998, (3): 315-324.

[18] MARTINEZ M, MARTINEZ P. Microbiological studies of biofilm present on stones from the National Museum building, Bogotá, Colombia. Proceedings of the International Congress on Molecular Biology and Cultural Heritage [C] //Proceedings of the Inter national congress on Molecular Biology and Cultural Heritage. [S.l]: [S. n.], 2003: 259-262.

[19] SHARMA B R N. Chemical treatment and preservation of the One Thousand Pillar Temple, Hanamkonda, Andhra Pradesh, Conservation of cultural property in India1 [M]. New Delh: Conservation laboratory, National Museum, 1966.

[20] RIEDERER J. The maintenance of historic tombstones [J]. Schönere Heimat, 1972, 61: 287-291.

[21] ARKARAZO M. Thermodynamic and Raman spectroscopic speciation to define the operating conditions of an innovative cleaning treatment for carbonated stones based on the use of ion exchangers: A case study [J]. Talanta, 2008, 75 : 511-516.

[22] FRANCESCO D. Innovative experiences and corroboration in treatments with soluble oxalates on stone surfaces and metal alloys [M] Il, Guido, Ed. Arcadia ricerche. 2007: 243-255.

[23] CARRETTI E, Dei L. Gels as cleaning agents in cultural heritage conservation [M] //Weiss R G. Terech P. Eds. Molecular Gels. Materials with Self-Assembled Fibrillar Networks, 2006: 929-938.

[24] KAVENAGH. Evaluation of cleaning methods for the exterior brick at the Brooklyn Historical Society [J]. J Am Inst Conserv, 2003, 42 (1): 97-112.

[25] CARRETERO M I. Application of sepiolite-cellulose pastes for the removal of salts from building stones [J]. Appl Clay Scie, 2006, 33 (1): 43-51.

[26] RODRIGUES D. A brief note on the elimination of dark stains of biological origin [J]. Stud Conserv, 2003, 48 (1): 17-22.

[27] GRASSI S, FAVARO M, TOMASIN P, et al. Nanocontainer aqueous systems for removing polymeric materials from marble surfaces: A new and promising tool in cultural heritage conservation [J]. J Cult Herit, 2009, 10 (3): 347-355.

[28] GAURI L, PARKS K, JAYNES J, et al. Proceedings of the International Conference [C]. Robin I Ed. 1992: 160-165.

[29] RANALLIi G. The use of microorganisms for the removal of sulphates on artistic stoneworks [J]. Int Biodeteriorat Biodegradat, 1997, 40 (2-4): 255-261.

[30] CAPPITELLI F, TONIOLO L. Advantages of using microbial technology over traditional chemical technology in

removal of black crusts from stone surfaces of historical monuments [J]. Appl Envir Microbiol, 2007, (9): 5671-5675.

[31] GRAEF B D. Cleaning of concrete fouled by lichens with the aid of Thiobacilli [J]. Mat Struct, 2005, 38: 875-882.

[32] 周伟强,齐扬,叶亚云. 广西花山岩画表面污染物去除研究 [J]. 中原文物, 2013 (02): 97-100.

[33] 叶亚云,齐扬,秦朗,等. 激光清除石质文物表面污染物 [J]. 中国激光, 2013 (09): 90-95.

[34] POZO-ANTONIO J S, RAMIL A, FIORUCCI M P. Effectiveness of chemical, mechanical and laser cleaning methods of sulphated black crusts developed on granite [J]. Construction and Building Materials, 2016, 112: 682-690.

[35] ALFANO G, LUSTRATO G. The bioremoval of nitrate and sulfate alterations on artistic stonework: the case-study of Matera Cathedral after six years from the treatment [J]. International Biodeterioration & Biodegradation, 2011, 65 (7): 1004-1011.

第 5 章

表面防护与渗透加固

5.1 化学保护的破坏现象和原因

多数不可移动石质文物暴露在自然界的风化环境中，随着岁月的流逝不断地受到各种自然和人为因素的破坏，近代工业带来的环境污染和酸雨使文物古迹受到更严重的侵蚀，若不采取有效的保护措施，许多石刻的文化特征和有关历史信息将逐渐消失。根据最小干预和不影响文物原貌的原则，最好的保护方式是改善文物的存放环境。显然，对多数不可移动石质文物而言，很难在较短的时期内完成环境的变更。所以，通常的做法是在岩石表面使用化学防护或化学加固材料进行化学保护。目前，用于石质文物保护的主要材料是有机聚合物，其中有机硅等化合物由于各方面的优越性得到了广泛的应用，它们能够在基本不改变文物外貌的前提下起到一定的防水和加固作用。但是化学保护也存在不少问题，例如有机材料的耐老化性不够，基底与保护材料的相容性不好等等。另外，一些潜在的危害还没有引起人们足够的重视。其中，因为化学保护剂渗透性的限制，在岩石表层产生的亲水-憎水界面就可能导致石材受某些应力的加速破坏。这种破坏的迹象已在多处发现（图5.1.1），但是有关这方面研究的报道还很少。

(a) 青砂岩古桥栏杆　　(b) 红砂岩洞窟摩崖题刻

图 5.1.1　憎水性化学保护导致的石质文物表面加速破坏

为了证实化学保护界面的危害性，探索其中的规律，我们选用了几种通用有机硅类保护剂作为表面保护材料；以常见文物石材：砂岩、凝灰岩、白云岩、大理岩和花岗岩为保护对象；模拟主要破坏因素，包括干湿循环、盐结晶、冻融和加热等的作用和联合作用，进行了一系列试验研究。

5.1.1　试验过程

（1）试验材料

试验石样选用5种代表性未风化石材：①砂岩（sandstone）5cm×5cm×2cm；②凝灰岩（tuff）10cm×10cm×2cm；③白云岩（dolomite）12cm×4cm×2cm；④花岗岩（granite）10cm×10cm×2cm；⑤大理岩（marble）5cm×5cm×2cm。

化学表面保护材料选用3种常用有机硅类防水加固剂：①长链硅氧烷防护剂；②短链硅氧烷加固剂；③烷基硅酸钾防护剂。其为广泛应用的石材防护剂，具有较好的渗透性和一定的透气性，不会改变岩石的外貌。

（2）试验方法

① 样品的预处理

取清洗干净的石样，用蘸满防护剂的毛刷，暂参照行业标准《建筑装饰用天然石材防护剂》（JC/T 973—2005）在指定石面均匀涂覆渗透4遍，于室温下自然干燥48h，记录试验样品的起始质量。

试验石样处理方式分为三类：

a. 石样表面未处理（即空白），简称"不涂"；

b. 模拟不可移动石质文物表面涂刷保护材料，只在石样正表面涂覆渗透化学保护剂（包括侧面的一半，反面未涂），简称"半涂"，如图 5.1.2 所示；

c. 石样表面全部涂覆渗透保护剂（包括六个面），简称"全涂"。

为了试验的准确性，每一项检测都做平行试验。

② 石样吸水率的测试：

参照国家石材标准《天然饰面石材试验方法 第 3 部分：体积密度、真密度、真气孔率、吸水率试验方法》（GB/T 9966.3—2001）将试样用刷子清扫干净放入（105±2）℃烘箱中干燥 24h，取出冷却到室温，称其质量 m_0（g），精确到 0.02g。再将试样放入室温的蒸馏水中，浸泡 48h，取出，用拧干的湿毛巾擦去表面水分，并立即称量质量 m_1（g），精确到 0.02g。吸水率 Δm_a（%）按下式计算：

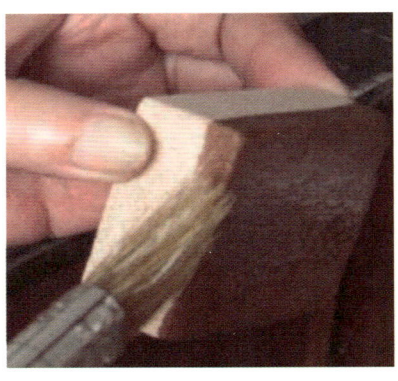

图 5.1.2 模拟不可移动石质文物表面防护，在石样正表面涂覆渗透化学保护剂（简称"半涂"）

$$\Delta m_a = \frac{m_1 - m_0}{m_0} \times 100\%$$

③ 水的接触角测定

用 JC2000A 接触角仪（上海中晨数字）测量表面处理后石样表面对水的接触角，以定量地表征化学保护处理后石样表面的憎水性大小。

④ 腐蚀循环试验

环境温度、干湿循环和盐结晶是破坏石质本体和保护材料的重要因素，为了模拟石质文物被侵蚀的实际环境，对石样分别进行盐浸、冻融和加热的腐蚀循环试验（图 5.1.3），在该过程中也始终隐含了水的干湿循环作用。

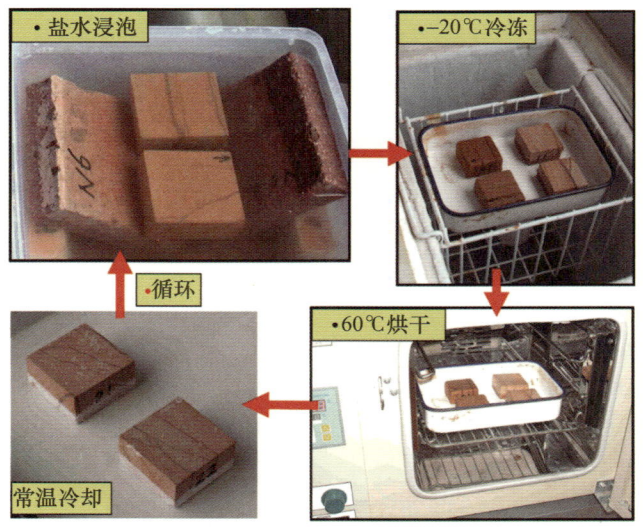

图 5.1.3 石质文物模拟样块腐蚀循环试验过程

腐蚀循环试验操作如下。

a. **盐浸**：将石样直立浸泡于盛有 $0.5M Na_2SO_4$ 溶液的容器中 12h；

b. 冻融：置于-20℃冰箱中冷冻 4h；

c. 加热：于 60℃烘箱中恒温 4h，冷却后，记录其质量。

以上记为一个循环。破坏状态由质量损失率 Δm 表征，Δm 按下式计算：

$$\Delta m = \frac{m_{终} - m_{始}}{m}$$

⑤ 破坏因素强弱对比试验

为了探讨各种破坏因素对化学保护后岩石的影响程度，我们以半涂保护剂的砂岩为例进行了下列试验。

a. 双因素试验：即在腐蚀循环试验中，分别将盐浸、冻融、加温三个破坏因素去除一个因素；

b. 单因素试验：即将盐浸、冻融、加温三个破坏因素去除两个因素，这是一个破坏因素的正交试验，以探索盐结晶、冻融、加温分别对化学保护后岩石的影响。

5.1.2 结果与讨论

（1）基本试验现象

颜色变化：当处于干燥状态时，涂过和未涂保护剂的石样表面颜色没有区别；但是将石样浸入盐溶液后，涂过和未涂保护剂的石样表面颜色对比鲜明，未涂的部分颜色变深，涂覆的部分颜色无明显变化，这说明未涂的部分吸湿性很强，而涂了保护剂的部分几乎不吸水。半涂保护剂的砂岩的情况如图 5.1.4 所示。其他系列的石样也有类似现象，只是白云岩和大理岩本身是白色的，颜色对比不太明显。

图 5.1.4　半涂化学保护剂的砂岩在盐水溶液中浸泡时的颜色

长度变化：石样经过溶液浸渍后，不涂保护剂的石样都有所增长，如砂岩的长度增加了 0.1%，凝灰岩的长度增加了 0.08%，白云岩的长度增加了 0.18% 等；而全涂保护剂的石样的长度基本上没有变化；半涂保护剂的石样的长度处于两者之间。这一事实说明石材有吸湿膨胀的性质。涂上化学保护剂的石材不吸水，这样在半涂情况下石材的干、湿两部分之间必然引起湿胀应力差。

（2）腐蚀循环试验

在盐浸、冻融和加热腐蚀循环试验中，半涂、不涂和全涂长链硅氧烷防护剂的 3 种不同处理的砂岩石样在经过 4 次腐蚀循环后，半涂的两块砂岩石样的表面已开始起壳、鼓泡。剥裂现象最为明显的地方发生在涂与不涂保护剂的界面处；不涂的石样表面稍微变得毛糙；全涂石样无明显变化。具体表面状态如图 5.1.5 所示。经过 7 次腐蚀循环后，半涂石样的破坏现象已很严重，而不涂的石样只是在表面有轻微变化（图 5.1.6）。上述 3 种不同处理的砂岩石样的失重率曲线如图 5.1.7 所示。图 5.1.7 定量地证明了上述现象，即半涂石样破坏严重，不涂石样破坏较轻微，全涂石样无明显变化。图 5.1.7 中，不涂和半涂石样的失重率曲线开始时上升是由于石材吸收盐溶液后残留了部分析出的盐分；不涂石样 7 次循环后质量急速下降是因为石样已发生破裂。

(a) 不涂保护剂　　　　(b) 半涂保护剂　　　　(c) 全涂保护剂

图 5.1.5　3 种不同处理的砂岩石样在经过 4 次腐蚀循环后的表面状态

(a) 不涂保护剂　　　　　　　　(b) 半涂保护剂

图 5.1.6　7 次腐蚀循环后，不涂和半涂化学保护的砂岩石样的表面状态

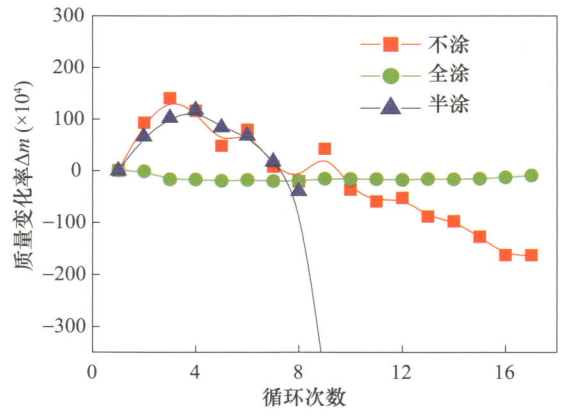

图 5.1.7　3 种不同处理的砂岩石样经历腐蚀循环的失重率曲线

经过腐蚀循环试验的凝灰岩也有砂岩的类似现象,即半涂石样破坏严重,不涂石样破坏较轻微,全涂石样无明显变化。如 5 次腐蚀循环后凝灰岩石样的表面状态如图 5.1.8 所示,失重率曲线如图 5.1.9 所示。

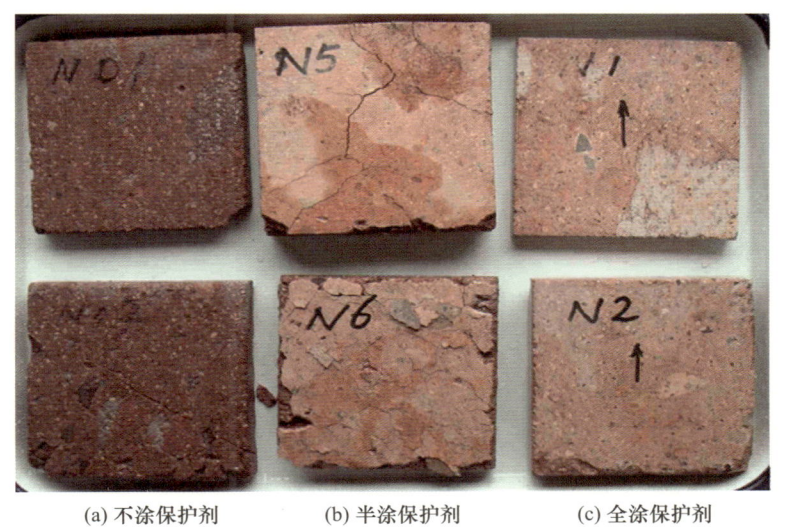

(a) 不涂保护剂　　　(b) 半涂保护剂　　　(c) 全涂保护剂

图 5.1.8　3 种不同处理的凝灰岩石样在经过 5 次腐蚀循环后的表面状态

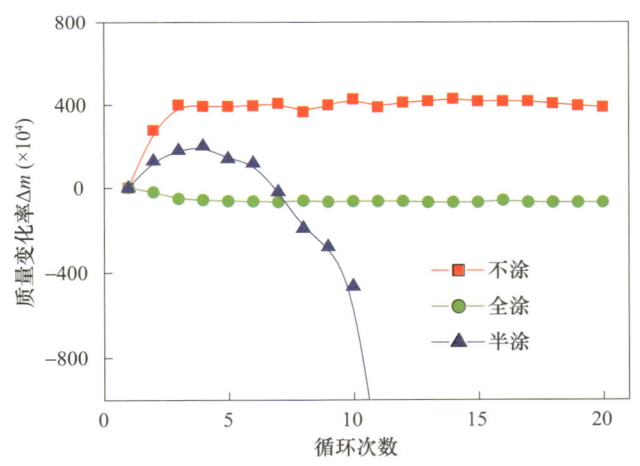

图 5.1.9　3 种不同处理的凝灰岩石样经历腐蚀循环的失重率曲线

砂岩和凝灰岩石样的腐蚀循环试验表明如下两点:

① 有机硅保护层在渗透整个岩石时有一定的保护作用,但在野外对实际大型石质文物进行保护时往往很难实现。因为:ⓐ一般情况下,化学保护剂的渗透深度有限;ⓑ多数石质文物如摩崖石刻、石碑、石塔等体量很大,且都直接与大地相连。

② 憎水性化学保护有可能造成岩石更严重的破坏。原因是表面化学保护(半涂)使岩石内外两部分存在物理性质的明显差异,包括ⓐ热胀系数不同;ⓑ湿胀系数不同;ⓒ岩石微孔吸水性(亲水性)不同。在环境温度变化、岩体内干湿交替和可溶性盐的参与下形成了界面破坏应力。

(3) 岩石性质的差别

同样是半涂长链硅氧烷防护剂的石样,不同种岩石可以经受的腐蚀循环的次数不同。相对于砂岩和凝灰岩，白云岩的破坏过程要缓慢得多，仅在第 10 次腐蚀循环后半涂石样的棱角处结构变得疏松。此外，花岗岩和大理岩的破坏过程更加缓慢。不同种新鲜岩石半涂长链硅氧烷防护剂石样表面破裂的最少腐蚀循环次数与岩石的性质见表 5.1.1。

表 5.1.1　半涂长链硅氧烷防护剂石样破裂最少腐蚀循环次数与岩石性质的关系

岩石种类	砂岩	凝灰岩	白云岩	花岗岩	大理岩
破坏最少循环次数（次）	4	5	15～20	>60	>60
岩石抗压强度（MPa）	20	25	80	100	100
岩石吸水率（%）	4.48	6.45	0.20	0.32	0.12
岩石化学成分	SiO_2	SiO_2	$CaMg(CO_3)_2$	SiO_2	$CaCO_3$

从表 5.1.1 可以看到在各种岩石的半涂保护剂的石样中，强度最弱的岩石最先被破坏；吸水率高的岩石最容易被破坏。表面化学保护后容易造成破坏的程度依次为：砂岩＞凝灰岩＞白云岩＞花岗岩/大理岩。一般说来，古旧石材的表层经历过长年的风化，其表层强度往往较低，吸水率往往较高，因此容易受到应力破坏。

接触角试验发现：经过 35 次腐蚀循环后，大理岩石样表面保护层的憎水效果已经消失。这可能是大理岩受表面化学防护影响较小的原因。大理岩的主要成分是碳酸钙，几乎不含 SiO_2（白云岩中含有少量 SiO_2），因此难以很好地吸附—OH 活性基团，进而与有机硅防护材料形成稳定的硅氧键，导致有机硅防护涂层在大理岩表面上容易掉落。另外发现，经过 60 次腐蚀循环以后，花岗岩等各种石样表面保护层的憎水效果都大为减弱，使半涂保护剂石样的试验意义减小，因为半涂石样内部两部分物理性质的差异已逐渐消失。

（4）保护剂憎水性强弱的影响

由以上讨论可以看出，岩石表面化学保护层的破坏作用主要来自其憎水性，或者说憎水的保护层与亲水的基材之间的矛盾。为了进一步验证，我们选取了憎水性不同的 3 种有机硅保护材料：①长链硅氧烷防护剂；②短链硅氧烷加固剂；③烷基硅酸钾防护剂。分别涂覆砂岩石样的正表面（半涂），测得水的接触角分别为：134.6°、131.7°、119.5°，角度依次递减。然后按照图 5.1.3 的过程进行腐蚀循环试验，发现石样表层剥落的时间分别为 7 次循环、13 次循环、15 次循环，耐腐蚀性呈现依次递增的趋势。试验表明保护材料憎水性越大，界面应力越集中，破坏速度也越快。由此从另一侧面证明了憎水的保护层与亲水的基材之间的矛盾是造成岩石表层破坏的重要原因。

（5）破坏因素强弱对比试验

① 双因素破坏试验

以半涂长链硅氧烷防护剂的砂岩为例，双因素腐蚀循环试验的条件见表 5.1.2，18 次破坏循环后半涂砂岩石样的表面状态如图 5.1.10 所示。

表 5.1.2　双因素破坏试验条件

石样编号	盐结晶	冻融（-20℃）	加热（60℃）
SA	水浸	常温	加温
SB	盐浸	冷冻	常温
SC	盐浸	常温	加温

(a) 编号SA　　　　(b) 编号SB　　　　(c) 编号SC

图 5.1.10　双因素破坏试验第 18 次破坏循环后半涂长链硅氧烷防护剂砂岩石样的表面状态

② 单因素破坏试验

以半涂长链硅氧烷防护剂的砂岩为例,单因素破坏试验的条件和被破坏的最少循环次数见表 5.1.3。

表 5.1.3　单因素破坏试验的条件和被破坏的最少循环次数

石样编号	盐结晶	冻融（-20℃）	加热（60℃）	破坏循环次数（次）
O1	盐浸	冷冻	加温	4
O2	盐浸	常温	常温	24
O3	水浸	冷冻	常温	>60
O4	水浸	常温	加温	>60

从上述双因素和单因素破坏试验可以发现,破坏因素对半涂保护剂石样的影响大小的排序是:盐结晶＞加热＞冻融。从破坏作用力考虑,岩石微孔吸水率不同导致的亲水-憎水界面,并由此引起的盐结晶膨胀应力的破坏性最大。相对于盐结晶的应力,热胀系数不同导致的热胀应力和湿胀系数不同导致的湿胀应力的破坏性小一些。而水在各种破坏应力中都是重要的媒介。在对野外大型石质文物进行化学保护时,由于岩体大多与大地相连,如果化学保护层不能透过水汽,带有可溶性盐的水分会在保护层下随着干湿和冷热的变化产生压力,直到顶破保护层;如果化学保护层可以透过水汽,可溶性盐会在保护层下水汽挥发处结晶、积累,强大的结晶压力可以强行顶破岩石。

5.1.3　结论与提示

（1）结论

① 大型石质文物表面的憎水性化学保护在保护剂渗透深度仅几毫米的情况下有可能产生严重的破坏作用。岩石的强度越小,吸水率越高,越容易受到破坏;保护剂的憎水性越强,界面应力越集中,破坏速度将越快。

② 破坏的主要原因是被保护部分的憎水性和岩石基底的亲水性在干湿过程中产生的物理性质的差异和界面应力。通过水在岩石内部的运移和相变过程,盐结晶、加热、冻融将加剧表面保护层的破坏速度,其中盐结晶的影响最大,加热和冻融次之。

（2）提示

上述研究结果提示我们在石质文物的保护中应该谨慎使用憎水性表面化学保护。在必须使用时应注意:

① 应了解水（潮气）在岩体内外的运移和相变情况,避免干湿循环本身产生和由此引发的应力破坏;

② 应了解可溶盐在岩石内部的运移情况,注意岩体脱盐和隔离盐的来源;

③ 避免环境温度和湿度的急剧波动以减缓破坏速度；
④ 化学保护剂渗透岩体达到相当深度以抗衡界面应力，或建立憎水梯度以分散界面应力。

用有机聚合物对石质文物进行表面化学保护时，有机材料的憎水性与岩石亲水性的矛盾总是难以避免的。解决途径之一是开发与岩石相容性良好的保护材料，例如亲水性生物矿化材料、纯无机材料等。

5.2 缓解憎水性化学保护破坏的研究

憎水性化学保护的负面作用主要表现在被保护文物的表面层起壳剥落，可以发现这些部位的基底大多与潮湿有关。同时在憎水性化学材料渗透到的部分和未达到的部分之间存在着亲水-憎水界面。

尽管知道化学保护有负面作用，但是化学防护和化学加固仍然是挽救不可移动濒危文物的重要手段。文物保护工作者必须设法避免因保护不当而引起的破坏。为了完善文物保护技术，本实验室开展了一系列有关对策的研究，包括：恰当憎水性的防护、多层防护、阻断毛细水迁移、新防护材料探索等。

5.2.1 恰当憎水性的防护

试验已经发现化学保护材料的憎水性越强，保护层与基底材料之间的界面应力就越集中，破坏速度也越快。那么，是否可以通过调节化学保护材料的憎水性或者用不同憎水性的化学材料的混合或复配来减小破坏程度呢？为此本节进行了不同憎水程度化学材料的混合保护试验。

试验以砂岩为试验样品，以24%羟基丙烯酸乳液（纯丙）、5%甲基硅酸钾（甲硅）和水按照三因素两水平正交试验方式，配成不同憎水性的表面防护剂，参照石材行业标准涂覆，注意只涂上半截表面，简称"半涂"，干燥48h后，测量其在破坏循环试验前后的接触角和耐污性，并观察表面破损程度，以了解防护剂憎水性与破损程度的关系。

试验样品编号、防护剂配方、初始接触角和耐污性评分见表5.2.1。

表 5.2.1　半涂防护剂的砂岩样品经 5 次破坏循环试验后的结果

样品编号	防护剂配方（mL）		接触角（°）		耐污性评分		表面破坏程度
	纯丙（mL）	甲硅（mL）	初始	最终	初始	最终	
a1	2	2	114	58	5	2	中等
a2	2	2	115	60	5	2	中等
a3	2	0	83	45	4	3	最小
a4	2	0	87	48	4	3	最小
a5	0	2	130	38	5	1	大
a6	0	2	131	36	5	1	最大
a7	0	0	0	0	0	0	小
a8	0	0	0	0	0	0	小

试验样品分为四组：样品a1、a2为纯丙与甲硅的混合防护，是"中憎水样品"，接触角约为115°；样品a3、a4为纯丙防护，是"低憎水样品"，接触角约为85°；样品a5、a6为甲硅防护，是"高憎水样品"，接触角约为130°；样品a7、a8为"空白样品"，接触角为0°，每组两个平行样品，腐蚀循环试验前样品的表面状况如图5.2.1（a）所示。腐蚀循环试验之前滴墨水测定涂防护剂后的耐污性，耐污性排序从优到劣依次是："高憎水样品"＞"中憎水样品"＞"低憎水样品"＞"空白样品"，如图5.2.1（b）所示。

经过 7 次腐蚀循环之后，观察各样块表面的破坏程度，这时从高到低依次是："高憎水样品"＞"中憎水样品"＞"空白样品"＞"低憎水样品"，如图 5.2.1（c）所示。再次滴墨水测量各样块的耐污性，结果从优到劣依次是："低憎水样品"＞"中憎水样品"＞"高憎水样品"＞"空白样品"。

由图 5.2.1 和表 5.2.1 的结果可知：

① 样品 a1、a2、a5、a6 的初始憎水性很好，但经腐蚀循环试验后接触角下降值也最多；尽管初始耐污性不错（全为 5 分），但最后全不满 3 分，即基本失去了防水防污能力；结果这些样品的表面破坏程度都在中等以上［图 5.2.1（c）］；

图 5.2.1　砂岩样块腐蚀循环试验前后的耐污性和表面状态

a5、a6—高憎水样品；a1、a2—中憎水样品；a3、a4—低憎水样品；a7、a8—空白样品

② 样品 a3、a4 的初始憎水性不好，或者说是部分亲水的，但经腐蚀循环试验后接触角下降值较少；尽管初始耐污性不是很好（全为 4 分），但最后仍为 3 分，即保持了一定的防污性能；最后，其表面破坏程度也是所有样品中最小的［图 5.2.1（c）］。这种试验现象对于其他岩石，以及砖和土等亲水性的基材也同样存在。上述试验说明，对于亲水性的基材，憎水性不强的保护材料更能经受破坏循环试验的考验，因此可以通过选择适当憎水性的保护剂来降低化学保护的负面作用。

5.2.2　多层防护

前面的试验已经发现，憎水性较强的防护材料防污性好，但容易引起应力破坏；憎水性较弱的保护材料不容易引起应力破坏，但初始防水防污效果差一些。能否结合两者的优点，采用多层防护？

最简单的设计是采用双层防护，即基层应用部分亲水（憎水性较弱）的保护材料，这样与文物本体材料的性质比较接近，因此不容易受到界面应力的破坏；表面层使用强憎水性保护材料，这样可以使表面保护的效果更理想。

（1）双层化学防护试验

为了考察双层化学防护的效果，本试验以仿制的劣化岩石为防护对象，以纯丙乳液为基层防护材料，以氟橡胶为表层防护材料做双层加固。具体是：样品 S1 和 S2 为 2602 氟橡胶防护，S3 和 S4 为 2601 氟橡胶防护，S5 和 S6 为纯丙乳液防护，S7 和 S8 为硅氧烷防护，S9 和 S10 为纯丙（基层）和 2602 氟橡胶（表层）双层防护，S11 和 S12 为纯丙（基层）和硅氧烷（表层）双层防护。按照 5.1.1（2）所述方法完成防护剂的"半涂"和养护，浸水后样品的表面状况如图 5.2.2（a）所示。

(a) 试验之前的表面状态　　　　　　　　(b) 试验之后的表面状态

图 5.2.2　不同防护剂双层防护后在腐蚀循环试验前后的表面状态

由图 5.2.2（a）可以看出，在腐蚀循环试验前样品表面所涂防护剂的渗透深度和防水效果。很明显，硅氧烷防护后（S7 和 S8）的憎水性最强（表面未湿，颜色最浅），渗透性也较好，界面很明显；纯丙乳液防护后（S5 和 S6）仍亲水（表面颜色最深），界面不明显；氟橡胶由于黏度较大，渗透性不好，只有表面很薄一层（S1、S2、S3、S4）。

图 5.2.2（b）是按照 5.1.1（2）所述腐蚀循环试验方法，破坏循环 5 次试验后的照片。很明显，单层硅氧烷防护（S7 和 S8）的界面破坏最严重，整个表层已完全脱落；纯丙乳液和氟橡胶的双层防护（S9 和 S10）的抗破坏性最好。

(2) 双层化学防护缓解破坏的机理

为了仔细观察，我们将样品 S2（2602 氟橡胶单层）、S5（纯丙单层）、S8（硅氧烷单层）、S9（纯丙＋2602 氟橡胶双层）横断面局部放大（图 5.2.3）。图中 a、b、c 分别为初始状态、3 次破坏循环后、5 次循环后。

由图 5.2.3 可以发现，石样的破坏基本上都发生在界面上，即在防护剂渗到的部分与未渗到的部分之间，且防护剂憎水性越强破坏性越严重（如 S8），渗透越浅剥离层也越薄（如 S2）。而双层渗透防护使界面应力分散（如 S9），因此界面应力的破坏也最小。分析原因，主要是亲水性石材具有吸湿膨胀的性质，而渗透了憎水性化学防护材料的岩石不易润湿，因此在干湿交界面上就会产生拉应力，由此产生了应力破坏。而双层防护（如样品 S9）由于基层化学材料的部分亲水性，使拉应力得到缓冲或分散，由此可明显减小界面应力的破坏。

按照上述理念对砂岩样块做双层防护，使用低憎水的纯丙乳液（接触角约 85°）做基层防护，再使用高憎水的 2602 氟橡胶（接触角 115°）做表层防护，如图 5.2.4（a）所示中 C1 样块；同时以高憎水的氟橡胶做单层防护的对照样［图 5.2.4（a）中 B7 样块］。然后，也按照前面试验的方法进行腐蚀循环试验［图 5.2.4（b）］。经 6 次腐蚀循环之后，双层防护的 C1 样块几乎完好无损；而以高憎水的氟橡胶做单层防护的对照样 B7 表面已明显破损［图 5.2.4（b）］。另外，我们也进行过三层防护的试验，即让防护剂的憎水性逐层增加，结果表明，三层防护的防护效果更好。

(a) 样品S2：氟橡胶单层防护 (b) 样品S5：纯丙乳液单层防护

(c) 样品S8：硅氧烷单层防护 (d) 样品S9：纯丙乳液+氟橡胶双层防护

图 5.2.3　不同防护剂单层或双层防护后在腐蚀循环试验前后的表面状态

a—初始状态；b—3 次循环后的状态；c—5 次循环后的状态

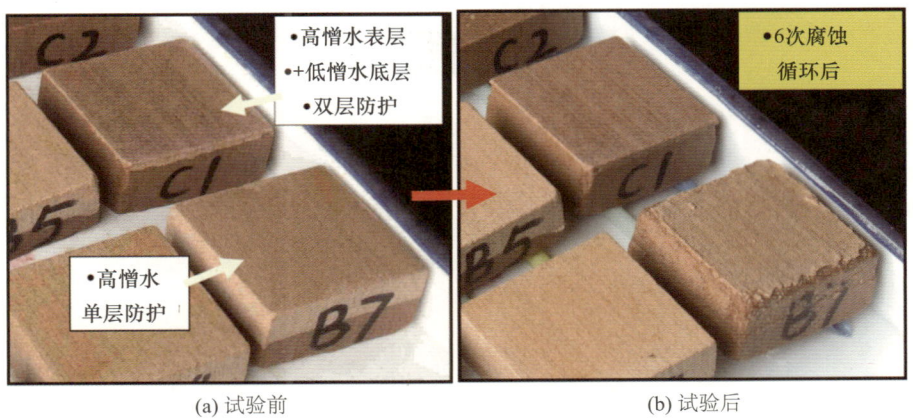

(a) 试验前　　　　　　　　　　(b) 试验后

图 5.2.4　双层防护与单层防护砂岩样品在破坏循环试验前后的表面状态

C1—纯丙乳液（基层）和氟橡胶（表层）双层防护；B7—氟橡胶单层防护

(3) 多层化学防护对盐结晶破坏的缓解作用

岩石属于多孔性介质，各种可溶性盐类会随着水的迁移在岩石微孔中不断迁移，随着水的汽化不断聚集和结晶。由于不可移动石质文物都与大地相连，若化学保护层不能透过水汽，带有可溶性盐的水分会在保护层下随着干湿和冷热的变化产生水力压力，直到顶破保护层；若化学保护层可以透过水汽，可溶性盐会在保护层下水汽挥发处结晶、积累，强大的结晶压力可以强行顶破保护层，造成剥离。

图 5.2.5（a）为砂岩样品经硅氧烷单层防护后，可溶盐在憎水-亲水界面上析出，图 5.2.5（b）为样品沿界面剥离的情形。很明显，是盐结晶膨胀的应力使界面层剥离开来。

(a) 可溶盐在憎水-亲水界面附近析出

(b) 砂岩样品沿界面表层剥离的状态

图 5.2.5　硅氧烷单层防护后的破坏情况

图 5.2.6 为砂岩样品经氟橡胶单层防护后，可溶盐在憎水-亲水界面下结晶析出的体视显微镜放大照片（纵切面）。图 5.2.7 为砂岩样品经纯丙乳液和氟橡胶双层防护后的体视显微镜放大照片（纵切面）。图 5.2.6（a）和图 5.2.7（a）均为盐溶液浸泡后的初态，图 5.2.6（b）和图 5.2.7（b）均为盐在防护层下析出时的情形。

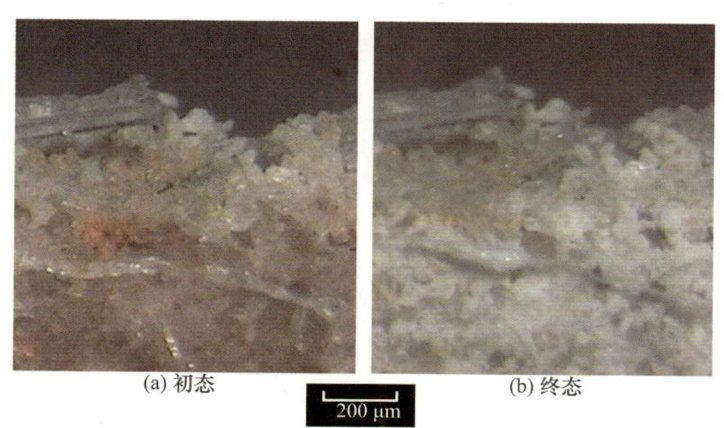

图 5.2.6　砂岩表面氟橡胶单层防护后可溶盐在憎水-亲水界面下结晶析出的体视显微镜放大照片

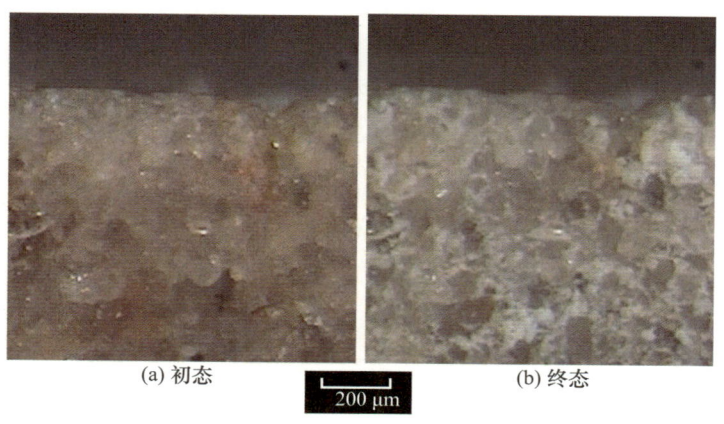

图 5.2.7　砂岩表面用丙烯酸乳液和氟橡胶双层保护后可溶盐在基层中均匀析出的体视显微镜放大照片

仔细观察可以看出，图 5.2.6 与图 5.2.7 类似，可溶盐在憎水-亲水界面层下析出，只是由于氟橡胶单层防护层很薄，且具有一定弹性，使盐结晶的破坏程度有所降低。而从图 5.2.7 可以观察到，盐的结晶体被双层防护层分散开来，比较均匀地分布在整个保护层中，由此使盐结晶的应力得到分散，因此，双层防护不易受到盐结晶的破坏。

5.2.3　阻断毛细水迁移的探索

由前一节的试验（图 5.2.5）可以发现：由于毛细水的迁移导致了基底材料的干湿膨胀，同时也导致了可溶盐的迁移和结晶膨胀，由此引起了亲水-憎水界面处的应力破坏。因此避免界面应力破坏的最简单的方法是阻断毛细水的迁移，如何阻断毛细水的迁移是值得探索的课题。

为了考察阻断毛细水的效果，我们设计了一个简单试验：将每两块砂岩样品用砂浆粘结（水泥∶河砂＝1∶2.5），其中部分砂岩样品（图 5.2.8 中 5#、6# 样品）的底面事先用石底封闭剂（本实验室研发的不透气型封护剂）涂刷处理。粘结好的样品侧面用保鲜膜包住，只允许毛细水向上迁移。在分别用两种憎水性防护剂[硅氧烷（1）# 和硅氧烷（2）#]做好表面防护后，将双层粘结的样品底部接触 Na_2SO_4 饱和盐水，即淹没 2~3mm，使盐水向上进行毛细渗透。渗透 15h 后放入 60℃ 环境中干燥 5h，自然冷却后再接触饱和盐水，7 次循环之后，做过憎水性表面防护比没有做过石底面封闭处理的样品破坏明显，见图 5.2.8 中 2#、3# 样品；相反，做过石底面封闭处理之后再做了憎水性表面防护的样品，图 5.2.8 中 5#、6# 样品没有被破坏。

图 5.2.8　双砂岩样块经 Na_2SO_4 盐水迁移破坏循环试验后的表面状态
1#—未做任何防护处理；2#—硅氧烷（1）渗透加固单层；3#—硅氧烷（2）表面防护单层；
5#—石底防护＋硅氧烷（1）加固双层；6#—石底防护＋硅氧烷（2）防护双层

由图 5.2.8 的试验结果可以明显看到，在岩石底面做封闭性处理能够极大地降低表面防护产生的负面作用。其原因很简单，石底面经封闭剂处理（石底封护）后，隔断了毛细水由下向上地迁移，这样就避免了在亲水-憎水界面处由于润湿产生的湿胀应力，同时也避免了可溶盐迁移导致的盐结晶膨胀应力。

5.2.4　结论

（1）在亲水性石质文物表面涂布化学保护材料时，保护剂的憎水性越强，所受界面应力越集中，破坏速度也越快；相反，憎水性与基底石材相近的保护材料不容易受到界面应力的破坏。

（2）以憎水性较弱且相容性较好的渗透保护材料作为基础层，以憎水性较强的保护材料作为表面层，由此构成的双层或多层保护可以使吸湿膨胀的拉应力分散，使盐结晶的膨胀应力得到缓解。

（3）使用化学封闭剂材料阻断石材基底毛细水和可溶盐的运移，能够去除产生破坏的原因，使化学保护层不容易受到破坏。

总之，对于亲水性石质文物，在不得不使用憎水性化学保护的情况下，可以通过控制憎水强度、采用双层或多层化学保护、隔断毛细水等方法降低界面应力破坏的负面作用，其理念和方法值得在实际应用中探索使用。

5.3 风化石质文物有机-无机复合加固材料研究

5.3.1 研究目标

作为风化石质文物的加固材料，最基本的性能要求是：渗透性好，粘结加固力强，与基底岩石相容性好，耐老化且寿命很长。

一般有机加固材料，例如丙烯酸、硅氧烷类材料，往往是渗透性和粘结力较好；而无机加固材料，例如氢氧化钡、硅酸钾类材料，往往是相容性和耐老化性较好。能否结合有机材料与无机材料的优点，研制出性能更加优越的石质文物有机-无机复合加固材料，这是本节的主要研究目标。

复合材料研究是通过物理和化学方法，将两种或两种以上不同原材料结合起来，使之在宏观上具有这些原材料各自的优点，提高综合性能的研究领域。

根据过去三十多年石质文物保护的经验，我们选用的有机材料是烷氧基硅烷，无机材料是硅溶胶，采用化学结合的复合方式进行复合。

烷氧基硅烷和硅溶胶都是目前石质文物加固领域中应用广泛的材料，并且各自具有较好的单项性能，同时这些材料在完全老化或干燥后都会变成 SiO_2，与硅酸盐石质文物本体材料相同，对文物影响较小。

5.3.2 试验部分

（1）合成原理与试验设计

① 合成原理

有机硅类材料具有较好的耐候性、耐酸碱性、憎水性，对紫外线也有较强的抵抗能力，通过水解缩聚可以形成—Si—O—Si—结构，能与硅酸盐岩石很好结合，其聚合物具有较好的透气性，是最常用的有机加固材料。本工作选用的有机硅类材料为最简单的硅氧烷：正硅酸乙酯（TEOS）、甲基甲氧基硅烷（MTMS）、甲基乙氧基硅烷（MTES）。

硅溶胶是一种纳米二氧化硅在水中的分散体系，呈现乳白色，能够稳定存在。硅溶胶胶粒具有特殊的双电层结构，可以表示为 $mSiO_2 \cdot nH_2O$，内部通过 Si—O—Si 的化学键进行连接，形成一种三维网状结构。其结构如图 5.3.1 所示。

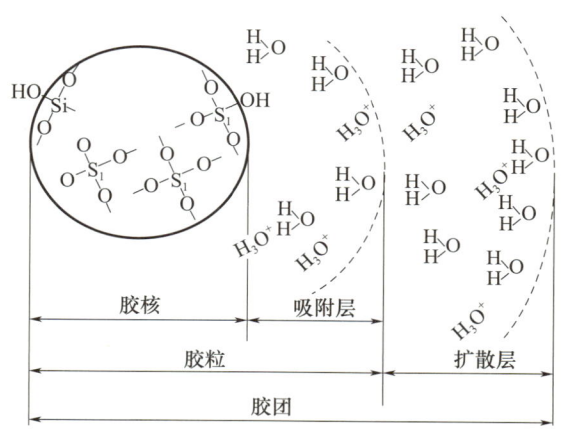

图 5.3.1　硅溶胶粒子结构

由于硅溶胶表面存在的大量羟基，是一种亲水性物质；同时能够与石材表面的羟基结合，很好地吸附在岩石微孔中。利用硅氧烷偶联剂的化学作用或电荷作用，可以对硅溶胶的纳米颗粒进行修饰，从而对硅溶胶进行改性和进一步反应。

有机-无机复合材料的合成原理如下：

a. 硅氧烷的水解缩聚反应。

MTES/MTMS 与 TEOS 的溶胶-凝胶反应通常分为两步：第一步为前驱体在催化剂作用下的水解过程，形成羟基化合物（图5.3.2～图5.5.4）；第二步为羟基化合物的缩聚过程，一定时间后形成具有一定聚合度的链状聚合物（图5.3.5）。

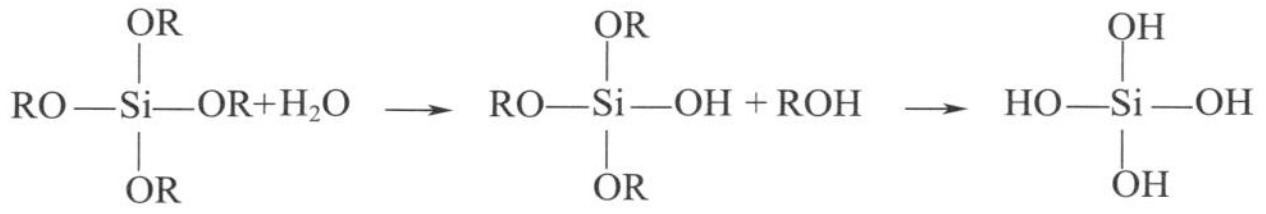

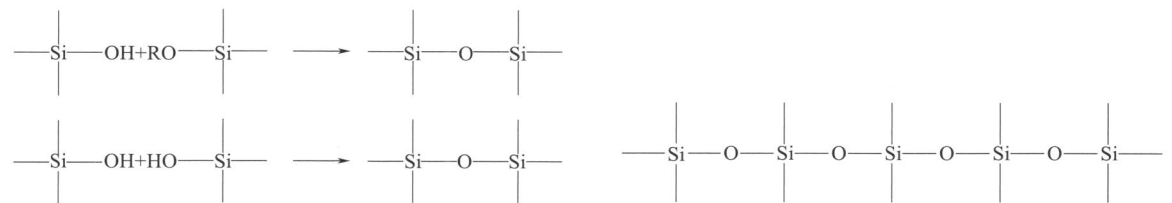

图 5.3.2　TEOS 的水解过程

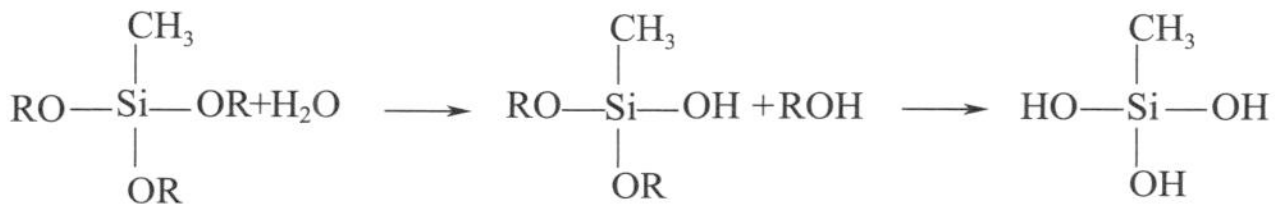

图 5.3.3　MTES/MTMS 的水解过程

图 5.3.4　MTES/MTMS 与 TEOS 的缩聚过程

图 5.3.5　硅氧烷水解缩聚形成的链式结构

b. 加入硅溶胶的有机-无机脱水缩聚复合反应。

硅氧烷水解缩聚物加入硅溶胶后，由于硅溶胶表面存在的大量羟基，可与硅氧烷缩聚物进一步作用，同时未水解的 MTES/MTMS、TEOS 又可以充当交联剂，最终生成一种立体三维网状结构，其脱水缩合过程如图 5.3.6 所示。

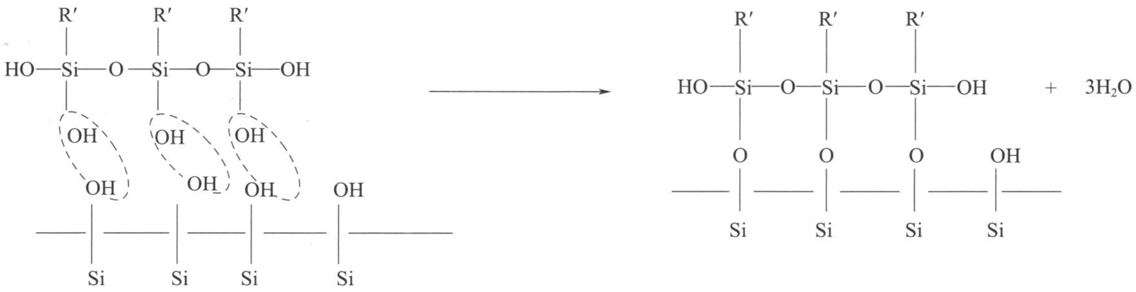

图 5.3.6　链状结构上羟基与硅溶胶表面羟基脱水缩合

最终得到的网状结构加固剂能够与岩石很好地结合。

② 试验设计

选取甲基三甲氧基硅烷（MTMS）和甲基三乙氧基硅烷（MTES），先与正硅酸乙酯（TEOS）进行水解缩聚，得到的链状缩聚物，再与硅溶胶混合脱水缩合反应，最终得到目标产物的有机-无机复合加固剂。性能评价采用毫无粘结力的砂粒加固后进行抗压强度测试、渗透深度和粘结性能测试，以评价加固剂的渗透加固效果。

a. 溶剂选择：综合考虑目标加固剂的性能，选择易于挥发、无毒、廉价的溶剂，最终确定乙醇作为溶剂。溶剂的加入量过少时，反应物浓度过高，容易快速形成三维网状结构，产生沉淀；加入量过多时，反应物浓度过低，不容易发生聚合。经过预试验，采用乙醇占 1/3 体积分数。

b. 水用量：一方面，水是反应的产物，水的加入量影响着反应速度及聚合度；另一方面，水也充当着溶剂的角色，会对产物的浓度造成影响，从而影响到产物的黏度以及干燥时间。通过预试验，选择 H_2O 与 $-OCH_2CH_3$ 的比例为 1:1。

c. 催化剂选择：酸和碱都可以催化该过程，但是二者有区别，在酸性条件下，H^+ 首先使 TEOS 上 $-OR$ 基团质子化，使中心 Si 正电性增加，H_2O 进攻 Si 原子，形成一个五配位的过渡体，最终完成水解。随着 $-OH$ 的增多，Si 正电性增加，H_3O^+ 难以进攻 Si 原子，导致水解变慢，而缩聚反应随着 TEOS 的水解同时进行，因此使用酸催化最终可得到链状的聚合物。而用碱催化，OH^- 进攻 Si 原子，则随着水解的进行，$-OH$ 增多，由于诱导作用，更加有利于水解，最终导致 TEOS 完全水解，形成无定型 SiO_2 团簇，不利于加固，所以宜选择酸催化。

经过预试验，尝试使用了醋酸、盐酸及硝酸。由于醋酸调节 pH 至 3 的能力较差，HCl 由于含有 Cl^- 对石质文物不利，而 HNO_3 的残留物最终可变成氮气挥发掉，对文物本体无害，因此选择硝酸作为催化剂。

（2）仪器与试剂

① 试验仪器

场发射扫描电子显微镜（FSEM）(FRI, SIRION-100)，微机电子万能材料试验机（CTM2500，上海协强），X 射线衍射仪（XRD）(EDAX)，红外光谱仪 FT-IR (NICOLET560)，精密光泽度仪（威孚光电），UV 紫外光固化机。

② 试验试剂

正硅酸乙酯（98%），甲基三甲氧基硅烷（98%），甲基三乙氧基硅烷（98%），甲基硅酸钾，氢氧化钡八水合物（98%），磷酸（85%），草酸二水合物（>99.5%），甲醇（99.5%）（均采购自阿拉丁试剂），硅溶胶（SiO_2 固含量 25%~26%，pH=2~4，青岛基亿达），盐酸（30%），无水 Na_2SO_4，氢氧化钙，无水乙醇。

（3）预试验及反应条件筛选

通过预试验，对反应条件进行了选择（图 5.3.7），包括反应物、硅溶胶酸碱性、反应温度、催化剂及用量、溶剂及用量、水用量、反应时间、固化时间等。评价标准包括表面颜色变化、是否炫光、加固砂块的硬度、粘结强度。由此确定了试验条件。

图 5.3.7 对反应条件进行摸索预试验

（4）有机-无机复合加固剂的合成

① 试验设计

以甲基三甲氧基硅烷（MTMS）、甲基三乙氧基硅烷（MTES）、正硅酸乙酯（TEOS）、酸性硅溶胶为原料。取定量的 MTMS 和 MTES，分别加 TEOS 于烧杯中，加入摩尔数与烷氧基硅烷相同量的去离子水和占总体积 1/3 的乙醇作为溶剂，用 HNO_3 调节至 pH=3，室温下搅拌 2h，加入定量酸性硅溶胶，继续搅拌 2h，分别得到 MTMS+TEOS+硅溶胶（简称 MTMS 加固剂）和 MTES+TEOS+硅溶胶（简称 MTES 加固剂）的三组分有机-无机复合加固剂。

改变 MTMS:TEOS 的比例，分别为 4:1，6:1，8:1，10:1，12:1，14:1；加入体积与 MTMS 和 TEOS 体积之和相同的酸性硅溶胶。

改变 MTES：TEOS 的比例，分别为 1∶2，1∶1.5，1∶1，2∶1，4∶1，8∶1，10∶1，12∶1，加入体积与 MTES 和 TEOS 体积之和相同的酸性硅溶胶。

② 配方筛选

a. 抗压强度。

将反应得到的上述有机-无机复合加固剂分别与 20～30 目的砂粒混合搅拌，比例为 10mL：40g，搅拌充分后注入模具，室温下定型固化得到 3cm×3cm×3cm 的样块（图 5.3.8），放置 7d 后使用电子万能材料试验机进行抗压强度测试（图 5.3.9），平行三组，取平均值。

图 5.3.8　加固剂与砂比例为 10mL：40g 的 3cm 正立方体样块

图 5.3.9　使用万能材料试验机进行抗压强度测试

加固砂块的抗压强度随 MTMS：TEOS 和 MTES：TEOS 比值变化情况如图 5.3.10 所示。

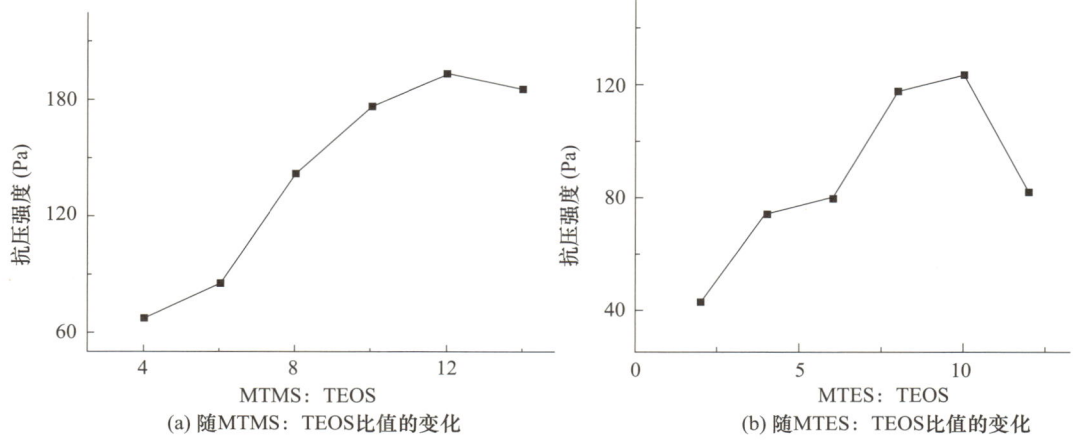

(a) 随 MTMS：TEOS 比值的变化　　(b) 随 MTES：TEOS 比值的变化

图 5.3.10　加固剂对加固砂块的抗压强度随 MTMS：TEOS 和 MTES：TEOS 比值的变化

从图 5.3.10 可以看到，MTMS 加固剂加固的样块抗压强度在 MTMS：TEOS 比值为 12：1 处最大，接近 200Pa；MTES 加固剂加固的样块抗压强度在 MTES：TEOS 比值为 10：1 处最大，达到 120Pa 以上。

b. 渗透深度及加固质量。

分别取不同 MTMS：TEOS 比值和不同 MTES：TEOS 比值的加固剂 0.5mL，滴加到装满 20~30 目砂粒的烧杯中，常温放置 7d 后取出，测量加固后固化体的长度和质量，得到加固剂的渗透深度 L 以及加固质量 m，并分别按 MTMS：TEOS 比值和 MTES：TEOS 比值作图，其变化趋势如图 5.3.11 所示。

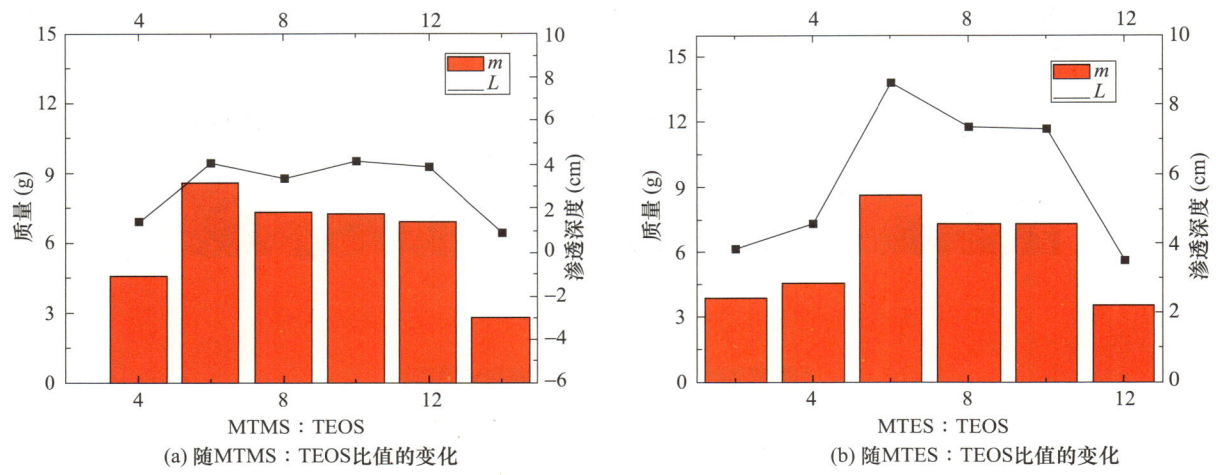

图 5.3.11　加固剂的渗透深度 L 和加固质量 m 随 MTMS：TEOS 比值和 MTES：TEOS 比值的变化

由图 5.3.11（a）可以看到，MTMS：TEOS 比值为 6~12 时渗透深度较好，其中比值为 10 时渗透深度最好，可达 4cm；在 MTMS：TEOS 比值为 6 时，加固砂的质量可达 8g 以上。由图 5.3.11（b）可以看到，MTES：TEOS 比值为 6 时其渗透深度和加固砂的质量都处于最大值，分别为达到 8cm 以上和 8g 以上。

c. 接触角随 MTES 与 TEOS 比值的变化。

接触角的大小与材料的化学组成与表面微观结构有关，由于加固砂块表面凹凸不平，通过大量测量并取平均值的方法，可以定性地估算接触角。MTES 加固剂和 MTES 加固剂分别加固砂块的表面接触角，按 MTMS：TEOS 和 MTES：TEOS 比值的变化作图如图 5.3.12 所示。

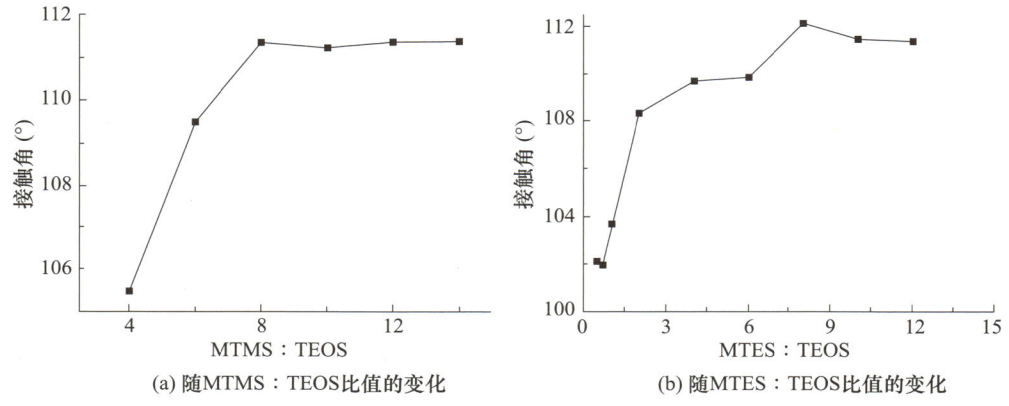

图 5.3.12　加固的砂块表面接触角随 MTMS：TEOS 比值和 MTES：TEOS 比值的变化

可以看出随着 MTMS∶TEOS 比值和 MTES∶TEOS 比值的增加，接触角呈现上升的趋势，在比值大于 8 之后接触角趋于稳定，维持在 110°以上。

③ 硅溶胶比例的确定

根据上述配方筛选结果，对于 MTMS 加固剂选择 MTMS∶TEOS 比值为 12；对于 MTES 加固剂选择 MTES∶TEOS 比值为 10；改变硅溶胶的添加比例，使其分别占原液体积的 0%、25%、50%、100%，其他反应条件不变，得到各加固剂的渗透深度和加固质量随硅溶胶比例的变化如图 5.3.13 所示，各加固砂块的抗压强度随硅溶胶比例的变化如图 5.3.14 所示。

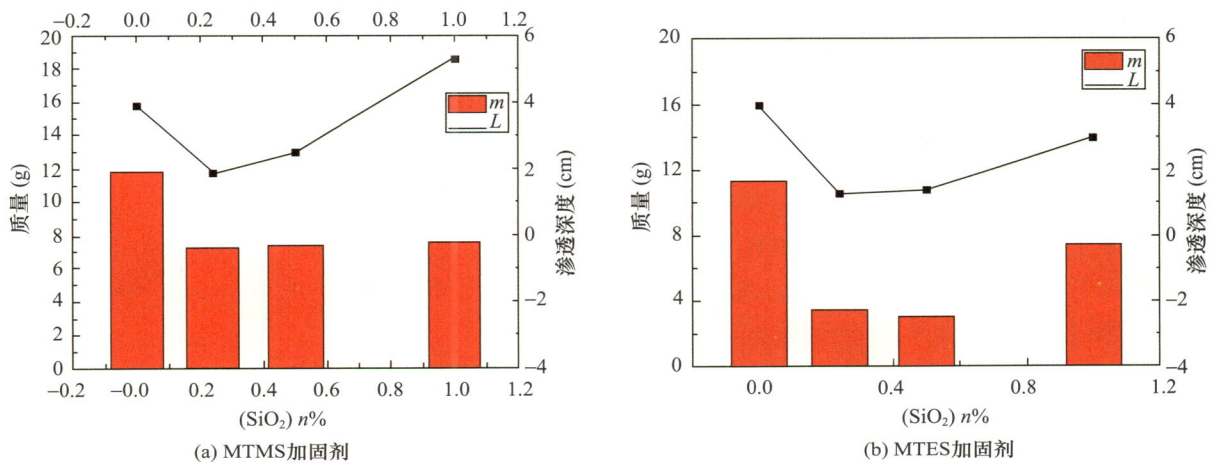

图 5.3.14　在不同硅溶胶比例下的渗透深度 L 和加固质量 M

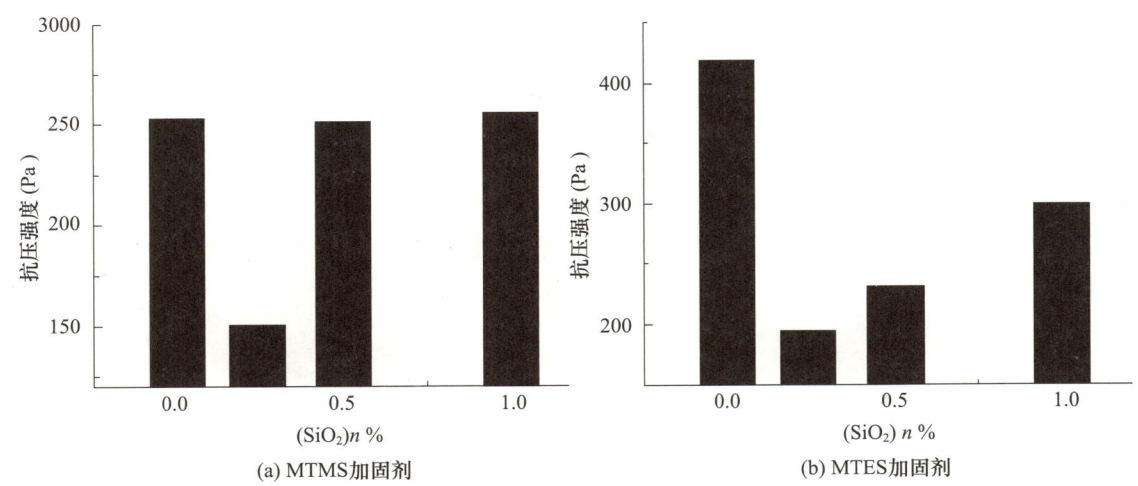

图 5.3.15　在不同硅溶胶比例下加固砂块的抗压强度

从图 5.3.14（a）可以看到，有机-无机复合的 MTMS 加固剂对砂粒加固的抗压强度，从不加硅溶胶、加入体积比 0.5 倍和 1 倍的硅溶胶，砂粒样块的抗压强度都可达到 250Pa。而 MTES 加固剂不加硅溶胶的强度就能达到 400Pa 以上，硅溶胶的加入使抗压强度明显下降，且随着硅溶胶所占比例的提升，抗压强度呈现增加的趋势；在加入体积比为 1∶1 的时候，砂粒样块抗压强度可达 300Pa。重要的是，从显微照片可以看到，硅溶胶的加入可以大大减少硅氧烷水解缩聚后的裂纹，从而改善单纯有机硅烷聚合物加固石质文物后因体积收缩产生的开裂。

另外，从图 5.3.13 可以看到，单纯的有机硅氧烷脱水缩合产物的渗透能力及加固能力都很好。添加硅溶胶比例达到 1∶1 的时候，渗透深度及砂粒加固能力也可以达到较高的水平。

④ 最终配方确定

综合以上检测数据，对 MTMS 加固剂，取 MTMS∶TEOS 比值为 12，加入摩尔数与烷氧基基团相同量的去离子水和占总体积 1/3 的乙醇作为溶剂，用 HNO_3 调节至 pH=3，室温下搅拌 2h，加入与 MTMS 加 TEOS 总体积相同的酸性硅溶胶，继续搅拌 2h，得到基于 MTMS+TEOS+硅溶胶的有机-无机复合加固剂。

同上，对 MTES 加固剂，取 MTES∶TEOS 比值为 10，加入摩尔数与烷氧基基团相同量的去离子水和占总体积 1/3 的乙醇作为溶剂，用 HNO_3 调节至 pH=3，室温下搅拌 2h，加入与 MTES 加 TEOS 总体积相同的酸性硅溶胶，继续搅拌 2h，得到基于 MTES+TEOS+硅溶胶的有机-无机复合加固剂。

⑤ MTMS 加固剂与 MTES 加固剂性能对比

a. 抗压强度。

按照上述最终配方，分别用 MTMS∶TEOS∶$(SiO_2)_n$ 为 12∶1∶13 的加固剂与 MTES∶TEOS∶$(SiO_2)_n$ 为 10∶1∶11 的加固剂制备砂块，检测抗压强度，得到的 3cm 立方体样块的抗压强度随时间的变化见表 5.3.1。

表 5.3.1　加固剂加固得到的 3cm 立方体样块的抗压强度随时间的变化

加固剂配方	抗压强度（Pa）		
	放置 3d	放置 7d	放置 14d
MTMS∶TEOS∶$(SiO_2)_n$=12∶1∶13	未测	194	256
MTES∶TEOS∶$(SiO_2)_n$=10∶1∶11	68	123	301

从表中数据可以看到，抗压强度与放置时间存在着明显的相关性，总体上抗压强度随放置时间的变长而明显提高。

b. 吸水性。

参照国家文物保护相关标准，分别将两种加固剂加固的样块，烘至恒重 m_1，浸入去离子水中，24h 后取出，擦干净表面水分，称重得到质量 m_2，吸水率为：

$$\Delta m_a = \frac{m_2 - m_1}{m_1} \times 100\%$$

经测定，MTMS 加固剂加固砂块的吸水率为 5.11%，MTES 加固剂加固砂块的吸水率为 6.13%。吸水率反映了孔隙率的大小，也与硅溶胶表面的羟基有关，硅溶胶表面的羟基可以与水结合形成氢键，从而可以吸附更多的水。

c. 耐水、酸、碱、盐性能。

将制备得到的 3cm 立方体样块烘干恒重后，分别浸没在去离子水、1% 的 HCl 溶液、1% 的 NaOH 溶液、10% 的 Na_2SO_4 溶液中，观察样块表面变化及质量变化，见图 5.3.15 和表 5.3.2。

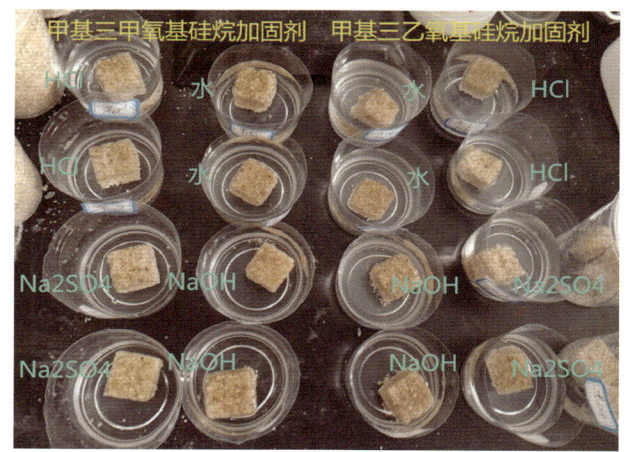

图 5.3.15　经加固剂加固得到的砂粒样块浸没在水、酸、碱、盐溶液中 7d 后

表 5.3.2　加固剂加固样块经水，酸，碱，盐浸泡 7d 后的变化情况

所处环境	MTMS 加固剂			MTES 加固剂		
	外观变化	打分	前后质量变化（%）	外观变化	打分	前后质量变化（%）
水	颜色略变深无砂粒脱落	4	−0.450	颜色略变深无砂粒脱落	4	−0.186
1%NaOH	颜色略变深少量砂粒脱落	4	−5.82	颜色略变深大量砂粒脱落	2	−14.8
1%HCl	颜色无变化无砂粒脱落	5	−0.120	颜色无变化无砂粒脱落	5	−0.969
10%Na₂SO₄	颜色无变化无砂粒脱落	5	+1.21	颜色无变化无砂粒脱落	5	+0.822

从外观变化及质量变化可以看出，MTMS 加固剂和 MTES 加固剂加固的样块对水、碱、酸、盐均具有较强的抵抗能力，放置 7d 后并没有明显的破碎，外观无明显变化，质量损失均在 1% 以下。

d. 耐紫外老化。

利用 UV 紫外线光固化机对两种加固剂加固的样块进行光老化试验，在 $80W/cm^2$ 的强度下，每次光照 5min，冷却 1min，进行 18 组，观察样块表面变化及脱落情况，如图 5.3.16 所示。

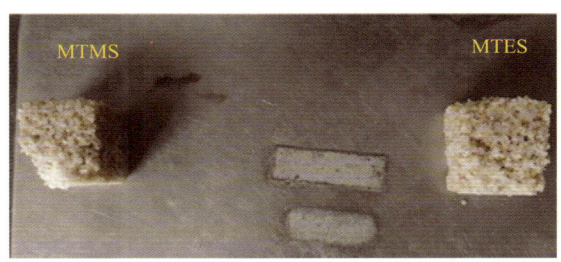

图 5.3.16　使用 UV 紫外线光照射两种加固剂加固的立方样块后

经过紫外老化试验，MTES 加固剂与 MTMS 加固剂加固得到的样块表面均无颜色变化，也无明显的砂粒脱落情况，可以看出加固剂对紫外光具有较好的耐受性，可以在紫外照射下稳定存在，不会剥离脱落。

⑥ 微观结构表征

a. 红外光谱。

分别对硅氧烷水解缩聚后的产物、硅溶胶以及水解缩聚产物与硅溶胶复合后的产物进行红外表征，得到红外光谱图，如图 5.3.17 所示。

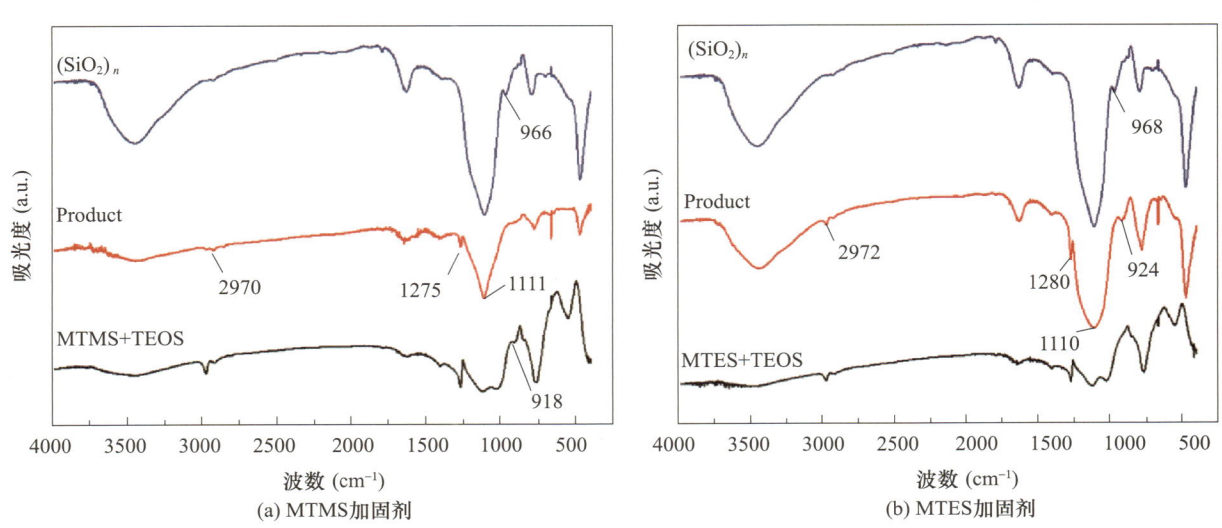

图 5.3.17　硅溶胶、硅氧烷水解缩聚物以及最终复合产物的红外光谱图

在图 5.3.17 中，1110cm^{-1} 处是—Si—O—Si—不对称伸缩振动吸收的特征峰，1275cm^{-1} 处是 Si—C 的特征吸收峰，2970cm^{-1} 是甲基上 C—H 的伸缩振动峰。可以看出反应前后，Si—C 的吸收峰基本没有变化，说明 Si—C 结构在产物中稳定存在。916～966cm^{-1} 处的吸收峰是 Si—OH 伸缩振动产生的，可以看出，在硅溶胶中含有大量的硅羟基，MTMS 与 TEOS 水解缩聚得到的链状分子中也有硅羟基的存在，但是在最终产物中，硅羟基的吸收峰消失，其原因是在反应的过程中，硅羟基脱水缩合，形成了新的—Si—O—Si—。而在 MTES 与 TEOS 的水解缩聚之后，并没有出现明显的硅羟基的峰，反映了 MTES 与 MTMS 相比水解速率较慢，从而产生了较少的硅羟基。在产物中 923cm^{-1} 也出现了硅羟基的吸收峰，可以认为是硅溶胶中的硅羟基脱水缩合不充分，所以在产物中依旧存在大量的硅羟基。这也从侧面反映出了放置 7d 后基于 MTMS 的加固剂形成的网状结构比基于 MTES 的加固剂更充分，这也解释了二者强度上的差异。

b. SEM。

将 MTES 加固剂加固得到的样块与 MTMS 加固剂加固得到的样块在 90℃下烘 4h，然后掰碎，选一平整断面喷金，用 SEM 进行观察，分别如图 5.3.18 所示。

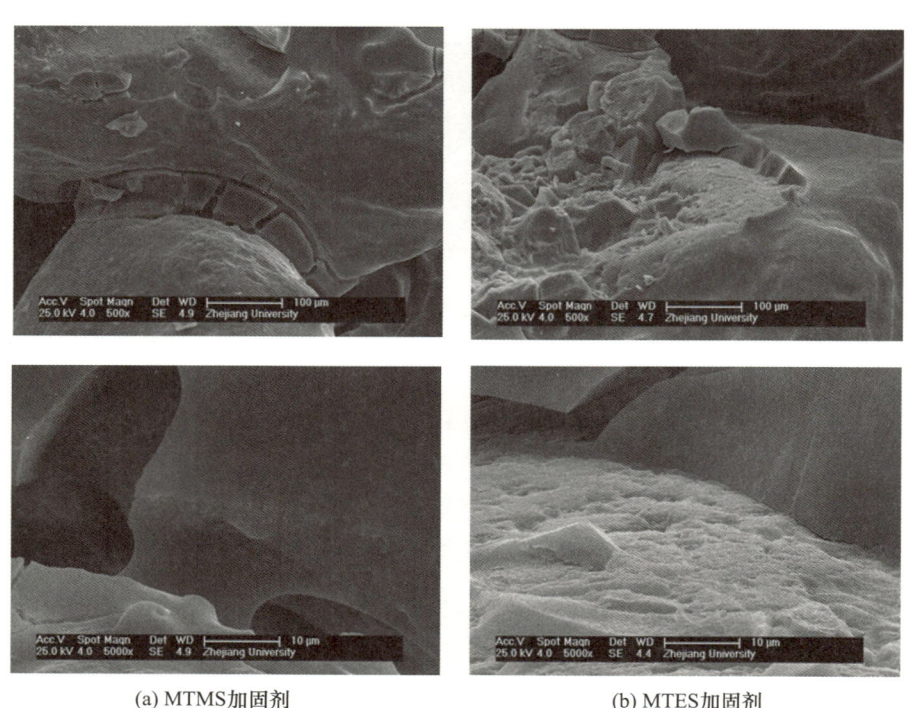

(a) MTMS加固剂　　　　　　　　　(b) MTES加固剂

图 5.3.18　加固样块的 SEM 照片

从 SEM 结果可以看出，无论是 MTMS 加固剂还是 MTES 加固剂，加固剂对表面粗糙的砂粒进行了包裹，并在相邻的砂粒之间形成了致密的连接，连接处平整，仅有少量裂缝存在，通过裂缝的缝隙可以看出加固剂内部并非实心构造，而是有孔洞存在。

c. XRD。

从图 5.3.19 的 XRD 结果看，硅氧烷水解缩聚物、硅溶胶以及最终加固剂的峰都是宽峰，表明均为非晶形，具有长程无序性特征。通过最终产物、水解缩聚物和硅溶胶的衍射峰的对比可以看出，其在 $2\theta=22.5°$ 衍射峰发生略微偏移，位置介于第一步水解缩聚产物与硅溶胶之间，说明最终加固剂的晶型与二者大致相同但略有改变，硅溶胶与硅氧烷链连接后晶胞大小发生了变化。另外，最终产物的基线明显低于硅氧烷水解缩聚物与硅溶胶，说明产物中 Si—O—Si 的相对含量更高，进一步说明最终得到的加固剂是硅溶胶与有机硅氧烷链进一步脱水缩合的产物。

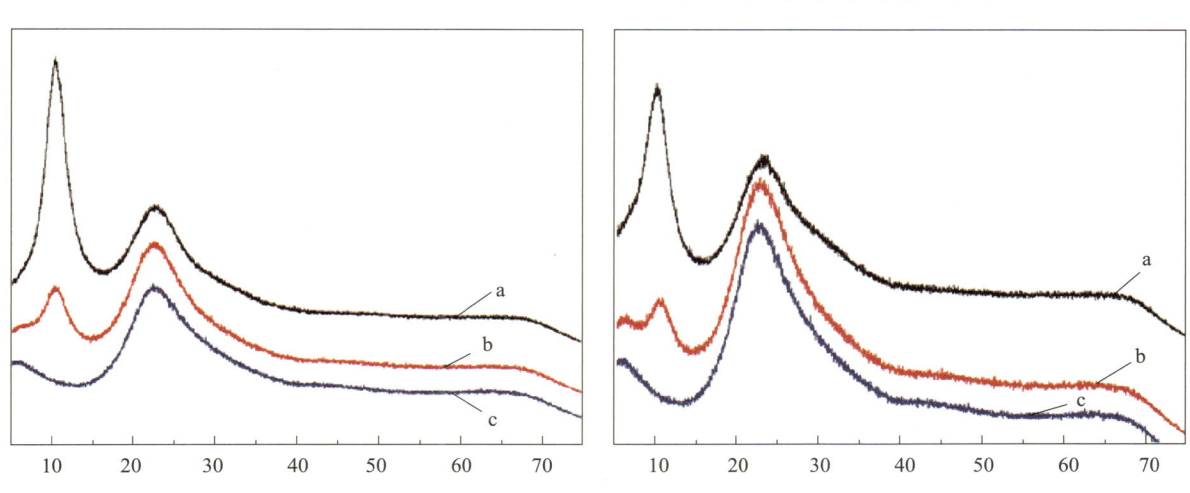

图 5.3.19　加固样块的 XRD 图谱
a—硅氧烷水解缩聚物；b—最终加固剂；c—硅溶胶

5.3.3　结论

将传统石质文物有机、无机加固材料进行结合，探索具体反应条件，制备出了一种新型的石质文物有机-无机复合加固材料。基本原理是采用有机硅氧烷（甲基三甲氧基硅烷、甲基三乙氧基硅烷）与正硅酸乙酯进行水解缩聚，再加入硅溶胶进行脱水缩合反应，最终得到了两种硅酸盐石质文物的有机-无机复合加固剂。

基于 MTMS＋TEOS＋硅溶胶的有机-无机复合加固剂，其渗透深度可达 4cm，0.5mL 加固剂可加固 6.5g 砂粒，固砂样块 14d 抗压强度达 2.84×10^5 Pa，表面接触角达 110°。

基于 MTES＋TEOS＋硅溶胶的有机-无机复合加固剂，其渗透深度可达 7cm，0.5mL 加固剂可加固 7g 砂粒，固砂样块 14d 抗压强度可达 3.34×10^5 Pa，表面接触角达 110°。

这两种加固材料对水、酸、盐、紫外线均有较好的耐受性。

与传统的有机加固材料和无机加固材料相比，新合成的新型有机-无机复合加固材料兼具有机加固剂的渗透性以及良好的力学强度，也具有无机加固剂的耐候性，加固效果更加持久。

5.4　草酸钙类生物矿化材料

5.4.1　研究目标

多数大型石质文物暴露在自然界的风化环境中，近代环境污染和酸雨明显加速了石质文物的侵蚀损坏速度，若不采取有效措施，其表面最具文物价值的珍贵记录将全部或部分消失，因此如何稳妥地保护石质文物已经成为文物界，以至全社会十分关注的课题。根据"最低人为干预"和"不改变文物原状"的保护原则，控制和改善文物存放环境应是首选的保护措施。但是，由于目前环境控制和治理的局限性，对一些濒危石质文物不得不采取必要的保护处理，以减缓或阻止其毁损。除了岩体加固之外，岩石表面的保护性处理是最重要的保护方法。但是，从目前情况看，还没有令人满意的表面保护材料。

长期以来，已用于石质文物表面保护的材料主要有无机和有机两大类。无机保护材料，例如石灰、氢氧化钡、硫酸盐和磷酸盐等，案例表明这些材料容易生成不相容的硬壳，许多还会形成可溶性盐而造成盐结晶破坏；有机保护材料，例如环氧树脂、丙烯酸树脂、有机硅或氟的聚合物等，其主要问题有：

（1）有机高分子防护材料在野外的实际有效寿命达不到文物保护的要求，失效的防护材料易产生泛黄、粉化和堵塞微孔等不可逆作用。

（2）石材本身亲水性与有机防护膜憎水性的矛盾，表层的憎水性会使石头的内外层产生显著的湿度梯度而容易造成应力破坏。

（3）表层高分子防护膜阻止了可溶性盐在石材内部和表面的迁移，盐的结晶压力可以顶破保护层，胀破石材微孔，使表层剥落。因此，探索新的石质文物保护材料已是当务之急。

浙江大学文物保护材料实验室对野外的各种石质古迹进行考察时发现，在某些石刻文字保存完好的含钙岩石表面，有一层天然形成的亲水性半透明无机膜。其对岩石表面细微结构的保护效果令人称奇，因为在这些膜层下，一千多年前在岩石上雕刻的刀痕都还隐约可见。用 FTIR、PLM、EDAX、SEM 和 TEM 等分析表明这是一种以一水草酸钙为主要成分（含量大于 55%）的致密的带有明显生物成因特点的矿化物，并推测是微生物协助下生物矿化过程的产物。其后，又通过化学方法在含钙岩石表面制得了一水草酸钙保护膜。

上述化学法制备草酸钙保护膜的方法需要使化学试剂与石材基底发生化学反应，这就限制了该方法只能在含钙岩石表面应用。

人为模拟天然生物矿化过程来合成材料的技术属于"化学仿生合成"，该合成过程需要先形成有机物的自组装体，使无机先驱物于自组装聚集体和溶液的相界面发生化学反应，在自组装体模板的作用下，形成无机-有机复合体，控制矿物的成核和生长，由此形成具有特定组织结构的无机材料。用该方法成膜的关键是控制无机前驱物在基底表面上异相成核，从而抑制在溶液本体的均相成核。本工作采用在生物体内常见的生物粘多糖——硫酸软骨素作为有机模板，以草酸钙的亚稳过饱和溶液作为无机前驱物，室温下在石材表面仿生合成了主要成分为一水草酸钙的无机表面保护材料。

5.4.2　试验部分

（1）材料与试剂

材料：未风化汉白玉大理石，$5cm \times 5cm \times 2cm$。

试剂：氯化钙（AR）、草酸钾（AR）、硫酸软骨素（简称 CS，含量>96.0%）。

所用溶剂为蒸馏水。

（2）仪器表征

X 射线衍射仪（AXS D8 ADVANCE，德国布鲁克）。扫描探针显微镜系统（CSPM-2003，广州本原纳米仪器），扫描探针为氮化硅，横向分辨率 0.26nm，垂直分辨率 0.01nm。接触角测量仪（JC2000A，上海中晨数字技术）。

（3）试验方法

① 将汉白玉大理石块用清水洗去浮尘，干燥后待用

为了清洁基底表面并降低表面能，使用低碳有机醇类浸泡 12h；干燥后，喷淋模板有机物溶液，即由硫酸软骨素与去离子水配成的生物两亲功能性预处理液，自然流淌，使之成膜；再喷淋预先配制好的草酸钙亚稳过饱和溶液，可得到结晶颗粒细密、与基底石面结合牢固、不影响原汉白玉大理石颜色、手感和光泽度的无机防护膜。

② 正交试验设计

为了确定最佳制备条件，在完成初步制备试验后，又选定：A 有机模板（硫酸软骨素）的浓度、B 制备的保护膜的层数、C 石材表面的预处理方式和 D 草酸钙成矿离子前驱液种类（D1：经过滤的草酸钙亚稳过饱和溶液；D2：未过滤的草酸钙亚稳过饱和溶液；D3：氯化钙稀溶液＋草酸钾稀溶液）作为考察的 4 个因素，选用 $L_9(3^4)$ 正交表进行正交试验，见表 5.4.1。

表 5.4.1 $L_9(3^4)$ 正交试验表

序号	A—CS 浓度（%）	B—保护膜层数	C—表面预处理方式	D—前驱液种类	接触角（°）
1	0.01	3	无	D1	62.4
2	0.01	6	乙醇	D2	60.2
3	0.01	9	丙醇	D3	60.0
4	0.02	3	乙醇	D3	57.8
5	0.02	6	丙醇	D1	58.9
6	0.02	9	无	D2	58.8
7	0.03	3	丙醇	D2	58.2
8	0.03	6	无	D3	61.9
9	0.03	9	乙醇	D1	66.2

③ 保护材料性能表征

a. 憎水性。保护材料的憎水效果以保护处理后石样对水的接触角来定量表示。

b. 耐污性。污染试剂为纯蓝黑墨水。

标样的制备：在 5 块干净的汉白玉石块表面分别滴加 1 滴不同浓度的蓝黑墨水，静置 1min 后，用去离子水冲去，相应的污染级别见表 5.4.2。

保护处理后耐污等级的确定：操作与标样的制备相同，只是在被测石样表面滴加纯蓝黑墨水，与标样进行比对，以颜色深浅的程度来确定耐污等级。

表 5.4.2 标样蓝黑墨水的浓度（墨水∶水的体积比）

级别Ⅰ	级别Ⅱ	级别Ⅲ	级别Ⅳ	级别Ⅴ
1∶4	2∶3	3∶2	4∶1	5∶0

c. 耐酸性。

配制一系列不同浓度的 H_2SO_4 溶液，pH 分别为 3.0，2.5，2.0，1.5，1.0，0.8，0.6，0.4，0.2，0.0，−0.3 和 −0.6。

用滴定管在石样表面滴加不同 pH 的 H_2SO_4 溶液，持放大镜仔细观察 2min，期间若无气泡产生则说明其能够抵抗此酸度的 H_2SO_4 溶液腐蚀，耐酸值就为该 H_2SO_4 溶液 pH。若无气泡则继续检测，直至测到的 pH 等于 −0.6 为止。耐酸值＝pH。

5.4.3 结果与讨论

(1) 试验结果分析

① 在石样表面仿生合成草酸钙保护薄膜的大量试验主要以接触角、耐污性、耐酸性作为考察指标。在完成初步制备试验后，在确定最佳制备条件的正交试验中，由于耐污性和耐酸性的数值变化不大，正交试验主要以接触角的大小作为考察指标。正交试验结果表明，影响因素的大小顺序为 A＞D＞C＞B。最佳制备条件为：A3、B3、C2、D1。

② 根据仿生合成的原理，在石材表面仿生合成无机保护材料的关键是抑制成矿离子在前驱液本体中的均相成核，从而促进成矿离子在石材表面异相成核。

按均相成核理论，成核过程自由能变 ΔG 与溶液过饱和度 S、温度 T、溶液-晶粒表面能 σ 和晶粒表面积 A 有关：

$$\Delta G = -RT\ln S + \sigma A$$

式中，R 为理想气体常数，如果同时考虑异相成核，则自由能变为：

$$\Delta G = -RT\ln S + \sigma_{cl}A_{cl} + (\sigma_{cs} - \sigma_{sl})A_{cs}$$

式中，下标 c、s 和 l 分别代表晶粒、基质和溶液。如果晶粒-基质间的界面能低于晶粒-溶液间的界面能，即：$\sigma_{cs} - \sigma_{sl}) \leqslant \sigma_{cl}A_{cl}$，就利于异相成核。通过在石材表面形成硫酸软骨素的薄膜，降低了晶核和膜界间的净自由能，使之小于晶核与溶液界面间的自由能，故在石材表面控制生成了草酸钙晶体。

③ 从正交试验的结果可以看出

a. 影响因素中，硫酸软骨素的影响最大，这是因为草酸钙亚稳过饱和溶液中的钙离子和硫酸软骨素分子中的带负电荷的活性基团-SO_3H 形成一种螯合配位结构，使得钙离子由游离态变为化合态，从而显著降低晶核和膜界间的净自由能。钙离子在有机模板分子主链附近的特定位点上形成比其他位点较高的局域浓度，并首先过饱和而形成排列有序的结晶中心，由此形成结晶颗粒极为细密的草酸钙表面防护膜。而且随着硫酸软骨素浓度的增加，带负电荷的活性基团就越多，结晶中心也越多。

b. 草酸钙成矿离子前驱液种类的影响次之，是因为无机成矿离子前驱液过滤后使用，消除了亚稳过饱和溶液中的不良结晶中心，使之尽可能在石材表面异相成核。

c. 石材表面经有机溶剂预处理较之未处理的效果优，是由于有机溶剂不仅可以清洁石材基底的表面，可能还影响了晶粒-基质间的界面能，并且乙醇的极性强于丙醇，故引入了更多的羟基，有利于有机模板等与石材表面通过氢键相连。

d. 保护膜层数的影响较小可能是因为，随着层数的增加，会改善保护膜的一些表面缺陷，但由于制备条件的随机波动，这些缺陷并不总是存在，所以对于已经较完善的保护膜，层数增加的意义不十分明显。

以下样品的制备处理均按此正交试验优化后的条件进行。

（2）结构和形貌分析

图 5.4.1 为保护处理后石样的 XRD 图谱，一水草酸钙系列特征峰的出现表明石样的表面已经被保护材料所覆盖，保护材料的主要成分为一水草酸钙。此外，XRD 图谱还出现有方解石的系列特征峰，这是石材基底的衍射峰，表明一水草酸钙的保护层较薄。

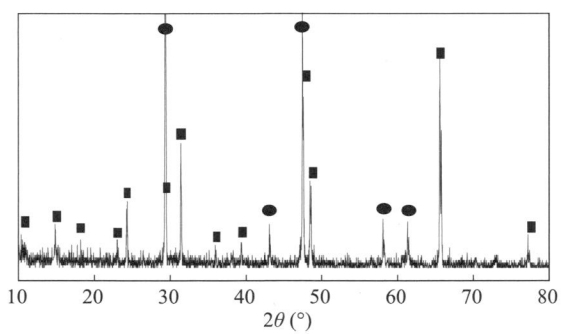

图 5.4.1 经保护处理的石样的 XRD 图

■—水草酸钙石；●—方解石

图 5.4.2 是保护处理后石样的 AFM 图,成像模式为接触式成像,扫描范围为 $24\mu m \times 24\mu m$,像素为 $440pt \times 440pt$。扫描样品 $10mm \times 10mm \times 1mm$,切割是按 "1.3 试验方法" 保护处理的石样。切割过程中,为了保护刀具和切割的顺利进行,边切割、边流水冲洗。由图 5.4.2 可以看出,石材基底已经被约 100nm 厚的保护材料所覆盖,保护材料呈现岛状。

(a) 未保护处理　　　　　　　　(b) 已保护处理

图 5.4.2　经保护处理石样与空白样的表面对比 AFM 图

(3) 保护材料的性能表征

① 憎水效果。

接触角数据表明,经保护处理的石样和未处理的空白石样的憎水性能明显不同。未处理空白石样的接触角约为 $(25 \pm 5)°$,而保护处理过的石样接触角增大为 $(60 \pm 5)°$。经保护处理后,石样的接触角有了一定程度的提高,但仍然维持其亲水的特性。

② 防污效果。

经保护处理后,石样的耐污能力达到 Ⅱ 级,这是由于:a. 表面憎水性能的提高使耐污性相应地得到提高;b. 在石材基底的表面形成了一层较致密的一水草酸钙结晶薄膜,石材表面的微孔被填充堵塞,降低了石材的孔隙率,相应提高了石材的耐污性能。

③ 防酸效果。

仿生制备的保护材料的主要成分是一水草酸钙,其在水中的溶解度小于碳酸钙,特别是在酸性溶液中,其溶解度相对于碳酸钙几乎要低一个数量级。因此,经保护处理后石样的耐酸性得到了改善。试验测得其耐酸性为 0.8,即在其表面滴加 pH=0.8 的酸性溶液,放置 2min 无气泡产生,而空白石样表面滴加相同的酸液,会有大量气泡持续冒出。

5.4.4　结论

综上所述,本工作采用仿生合成法在石样表面合成了结构致密的一水草酸钙保护薄膜,并且不会改变原岩石基底的外观、颜色和手感。

(1) 通过正交试验优化了保护膜的制备条件,即:

① 有机模板硫酸软骨素的浓度为 3%;

② 石材表面用乙醇预处理;

③ 前驱液为过滤的草酸钙亚稳过饱和溶液;

④ 保护膜层数可以为多层。测试结果表明经保护处理的石样的憎水性、耐污性和防酸性都得到一定的改善和提高。

(2) 制备的草酸钙保护薄膜还具有一些显而易见的特点：

① 草酸钙防护膜的制备过程与被保护的石材没有直接关系，不受基底岩石种类的限制，能适用于各种类型的岩石；

② 作为一种无机成矿材料，草酸钙与岩石的物理化学性质较为接近，兼容性好，结合牢固；

③ 仿生合成膜结构致密，膜厚约 100nm，没有以往无机盐保护材料的成壳问题；

④ 草酸钙是很稳定的无机化合物，耐候性好，不会发生有机高分子保护膜的老化泛黄现象；

⑤ 尤为重要的是，草酸钙防护膜的制备操作在常温常压条件下进行，对环境友好，较好地符合了文物保护的要求。总之，本工作为开拓新型石质文物保护材料和方法提供了一种实验室技术和新的思路。

5.5 磷灰石类生物矿化材料

5.5.1 启发与研究思路

Arocena 等在南极洲的一个四周环水的岛上发现：变质安山岩石（Andesiticrock）的表面覆盖着大片的钙磷酸盐薄膜（鸟粪层磷灰石），膜厚约 $25\mu m$。经 SEM、XRD、FTIR 分析和化学组成分析表明，这种薄膜是企鹅（以附近海域的磷虾为食）的排泄物经分解以后，在雨水的冲淋下，富含钙和磷的溶液在岩石表面经过上千年的沉积而形成的。文中透露了几个很重要的信息：①薄膜层的形成离不开有机质的参与和相对潮湿的气候条件；②这种较坚硬的薄膜主要由 O、C、Ca、P、Si 五种元素构成，从化学成分看：可以认为占主体的是羟基磷灰石，并包含了少量的方解石和石英；③据估计薄膜层的保护使岩石的渗透性降低，改变了光波的吸收和反射特性，从而明显减缓了当地岩石的风化速度。

该文的重要启示是发现了一种天然形成的能缓解岩石风化速度的表面保护材料，即以羟基磷灰石为主要成分的薄膜层。羟基磷灰石［Hydroxylapatite，简称 HA，化学分子式：$Ca_{10}(PO_4)_6(OH)_2$］，它是人体和动物骨骼的主要无机成分。制备羟基磷灰石粉体的传统方法有：溶胶-凝胶法、液相沉淀法、水热生成法、固相合成法、模拟体液法等。其中，溶胶凝胶法是用含高化学活性组分的化合物作为前驱体，在液相条件下将这些原料均匀混合，并进行水解、缩合化学反应，在溶液中形成三维空间网络结构的凝胶。凝胶经过干燥、烧结固化制备出分子乃至纳米微结构的材料。鸟粪层磷灰石的形成与溶胶-凝胶法制备羟基磷灰石有某些相似之处，如在羟基磷灰石的自然生成过程中，都需要有机质和 H_2O 的参与，并且产物都以细分散相胶状结构存在等。但两者的不同是，溶胶-凝胶法制备羟基磷灰石往往需要采用高温热处理以提高结晶度，而鸟粪层磷灰石的矿化成因主要是在雨水的冲淋下，富含钙和磷的溶液受到岩石表面极性基团，如活性羟基的矿化诱导，加速了成核的速度并取向生长，经过一层一层地沉积逐渐形成的。鸟粪层磷灰石的矿化机理为我们提供了常温常压下大规模合成羟基磷灰石的可能。

HA 相的溶胶-凝胶体系研究始于 Masuda 等，虽然制备出了较纯的 HA 相，但需要不断调节 pH，工艺繁琐。从已有的研究看，制备时前驱体主要采用硝酸钙和磷酸酯，尽管这两种物质符合鸟粪的基本成分，但磷酸酯一般不易水解和缩聚，常温下反应过程耗时过长，难以在短时间内实现；使用硝酸钙则会引入硝酸根离子，使体系处于强酸性环境，从而可能与石质基底反应生成可溶性盐类，不利于石质材料等的保护。而完全按照鸟粪层磷灰石的矿化机理也有许多问题，比如自然界鸟粪的分解和被氧化的过程非常复杂且需要的时间很长，难以大规模地人工实现。值得注意的是，鸟粪降解过程中出现的最主要的成分之一是醇类物质，它的存在会大大增加高化学活性的物质——氧化物的溶解度。因此，为了提高体系中高化学活性物质的浓度并适当加快反应进程，经过一系列筛选并综合考虑黏度等问题，我们选择了 CaO 的乙二醇溶液和 P_2O_5 的乙醇溶液为前驱体。此外，根据鸟粪层钙磷酸盐薄膜含硅的特点，本工作在制备时引入少量的正硅酸乙酯，由此在汉白玉石材表面合成出了与石材结合牢固、结构有序而致密的含硅钙磷酸盐薄膜。

5.5.2 试验部分

（1）试剂与材料

试剂：P_2O_5（AR）、乙二醇（AR）、正硅酸乙酯（TEOS，AR）、无水乙醇（AR）、去离子水。

基底材料：为了便于性能检测和仪器分析，被保护基底材料有三种，即 1.0mm×7.5mm×7.5mm 的汉白玉石材、经 100 目和 1000 目过筛的重质碳酸钙颗粒、120 目过筛的经粉碎的汉白玉颗粒。

（2）表征手段

采用 XRD（AXS D8 ADVANCE），SEM（FEI SIRTON-100），EDAX（GENENIS4000），FT-IR（Nicolet Nexus FT-IR 670），JC2000A 接触角测量仪（上海中晨），YC-125B 拉压力试验仪（银驰仪器），KQ2200B 超声清洗仪，DDS-307 实验室电导率仪。

（3）样品制备和性能测试

① 材料制备

前驱体混合液：0.561g CaO 溶于 20mL 乙二醇中，电磁加热搅拌至液体呈淡黄透明；0.443g P_2O_5 溶于 25mL 无水乙醇（超声混合后得到的溶液 pH≈10）；混合两溶液，密闭条件下，超声 15min，备用。

② 表面保护溶液

在上述前驱体混合液超声前加入 0.5mL 正硅酸乙酯，其他与上述工艺相同。

③ XRD 和 FT-IR 检测样品制备

取 30mL 前驱体混合液或表面保护溶液，于 50mL 烧杯中静置于室内 7d，之后 120℃下恒温干燥，直至得到白色粉末；白色粉末经去离子水、无水乙醇分别洗涤 3 次，再经 120℃下恒温干燥；之后经 5℃/min 匀速升温，800℃下保温 2h，得到检测样品。

④ SEM 样品制备

取 1.0mm×7.5mm×7.5mm 的汉白玉固体小块，用去离子水浸泡 3d，之后分别投放到前驱体混合液或表面保护液中，室温放置在室内敞开体系中。2 周后，用去离子水、无水乙醇分别洗涤 3 次，完毕后置于去离子水中超声 15min，干燥后用于 SEM 分析。

⑤ 耐酸性测试

为了更加灵敏地检测到酸的侵蚀，增大固液相之间的接触面积，试验采用 120 目过筛的汉白玉颗粒作为被保护基材。汉白玉颗粒先经去离子水浸泡 3d，30℃恒温箱干燥 3h 后备用。称取 1.0g 经预处理过的汉白玉颗粒，加入含 30mL 表面保护溶液，电磁搅拌 3h 后，于室内静置 2 周；然后用去离子水和无水乙醇分别洗涤 3 次，再于去离子水中超声 15min，30℃恒温箱干燥 3h。称取 0.5g 所得颗粒置于含有 50mL 去离子水的烧杯中，定速电磁搅拌下，缓慢而匀速地滴加入 5mL0.1mol/L 的盐酸（模拟实际 pH=3~4 的酸雨），观察水体的电导变化情况。

⑥ 劣化岩石的仿制和抗压能力检测

本试验使用 100 目和 1000 目过筛的重质碳酸钙颗粒来仿制疏松的劣化岩石。分别称取 75g100

目颗粒状碳酸钙和75g1000目粉末状碳酸钙，混合均匀后，加入15mL水，继续充分混合。移入 ϕ39.8mm×80mm的不锈钢击实模具中，用566g击实锤，高度277mm击实50次，脱模后自然干燥，得到成形的疏松岩石仿制样品，即空白仿制样品。仪器和方法均参照《土工试验方法国家标准》（GB 50123—1999）设计。

同上操作，将15mL水换成15mL表面保护溶液，得到被加固样品。

抗压强度检测一律取室温下自然干燥7d的样品用拉压力试验仪进行测量。

5.5.3 结果与讨论

（1）化学组成和结构

前驱体混合液和表面保护溶液经自然放置得到的凝胶都具有很强的吸水性，100℃以下均以果冻状态存在，限制了多种分析手段的应用。为了获得更多化学组成和结构等方面的信息，有必要在分析之前先进行处理。本工作主要采用120℃恒温干燥和800℃加热两种处理。

前驱体混合液经120℃恒温干燥后得到的白色粉末的XRD谱如图5.5.1a所示，FT-IR谱图如图5.5.2c所示。由图5.5.1a可知，前驱体混合液干燥后的产物是一种无定形物质；图5.5.2c中峰1491cm^{-1}、1438cm^{-1}对应的是CO_3^{2-}的吸收峰，1630cm^{-1}的隆起以及位于3440cm^{-1}的宽带是由水分子的存在造成的，875cm^{-1}峰表明有HPO_4^{2-}基团存在，谱图中其他峰则属于PO_4^{3-}基团。白色粉末再经800℃加热，其XRD谱如图5.5.1b所示，其FT-IR谱如图5.5.2a所示。从图5.5.1b可以看出，800℃加热后峰形变得尖锐清晰，与未经热处理前相比，结晶度有了很大提高。各衍射峰的位置与标准卡片（JCPDS09—432）对应较好，说明产物为HA相。图5.5.2a中没有1491cm^{-1}和1438cm^{-1}，也没有875cm^{-1}峰，表明经800℃热处理，CO_3^{2-}和HPO_4^{2-}已消失。图5.5.2a与HA的标准谱图符合很好，没有杂峰，表明前驱体混合液经800℃加热后得到的是HA。

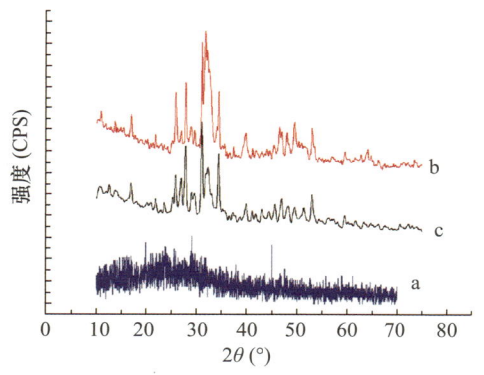

图5.5.1 XRD分析图谱

a—无Si 120℃恒温干燥；b—无Si 800℃恒温干燥；
c—引入Si 800℃恒温干燥。

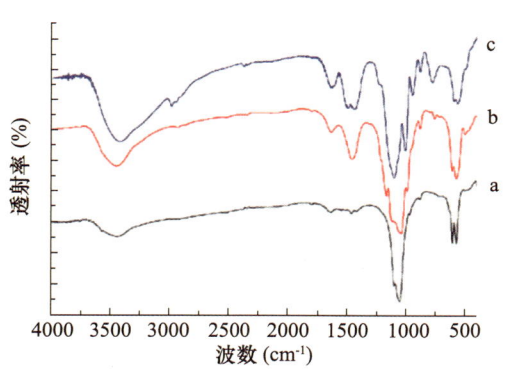

图5.5.2 FT-IR分析图谱

a—无Si 800℃恒温干燥；b—引入Si 120℃恒温干燥；
c—无Si 120℃恒温干燥。

与上面的处理方法相同，表面保护溶液经120℃恒温干燥和800℃加热后的白色粉末的XRD谱如图5.5.1c所示。对比图5.5.1c和图5.5.1b，可以看出：随着硅的引入，半高峰宽变得更窄，表明硅的引入改变了晶体结构参数。由于Si^{4+}的离子半径比P^{5+}大，且Si—O（0.161nm）键长比P—O（0.155nm）长，SiO_4^{4-}四面体比PO_4^{3-}四面体大，替代后必然导致晶胞参数产生变化。这与唐晓恋等的研究结果一致。替代过程可以用下列方程式描述：

$$10Ca^{2+} + (6-x)PO_4^{3-} + (2-x)OH^- + xSiO_4^{4-} \longrightarrow Ca_{10}(PO_4)_{6-x}(SiO_4)_x(OH)_{2-x}$$

表面保护溶液经120℃恒温干燥得到的白色粉末的FT-IR谱如图5.5.2b所示。谱中的吸收峰985cm^{-1}和473cm^{-1}分别是由Si—O—Si键的对称伸缩振动和弯曲振动引起的。1117cm^{-1}处的吸收峰则是由Si—O—Si键的不对称伸缩振动引起的。表明虽经去离子水、无水乙醇分别洗涤3次，Si还是以价键的形式牢固地存在。

（2）结合力和结晶形貌

考虑到鸟粪层钙磷酸盐薄膜含硅的特点以及钙磷酸盐与方解石两种无机物之间很难有较好结合力的事实，硅的存在到底起到何种作用值得探讨。本文主要探讨了硅的存在对钙磷酸盐和汉白玉石材之间结合力以及对钙磷酸盐在汉白玉石材表面的结晶形貌的影响。

① 对钙磷酸盐和汉白玉石材之间结合力的影响

图5.5.3给出了120目过筛的汉白玉颗粒经前驱体混合液作用2周后，再经去离子水、乙醇和超声破坏后检测得到的XRD谱和FT-IR谱。由图5.5.3（a）可知，样品基线十分平整，在2θ为10°~70°间显示多重衍射峰。对照PDF标准卡片（PDFNo：41-1475，05-0586），可以确定产物系属方解石晶相。而由图5.5.3（b）可知，在1421cm^{-1}，875cm^{-1}和712cm^{-1}处存在方解石的特征吸收峰，同时并没有出现磷酸根的特征吸收峰。说明汉白玉颗粒经去离子水、乙醇和超声破坏后，表面没有其他物质吸附或包裹。这一点可以由SEM观察得到佐证。图5.5.4（a）给出的是经前驱体混合液作用，又经去离子水、乙醇和超声清洗破坏的汉白玉石材表面的SEM照片，图5.5.4（b）是作为对照的汉白玉石材空白。两者都处于5000倍的放大倍率上。可以看出，图5.5.4（a）和图5.5.4（b）所显示的表面形貌非常相似。

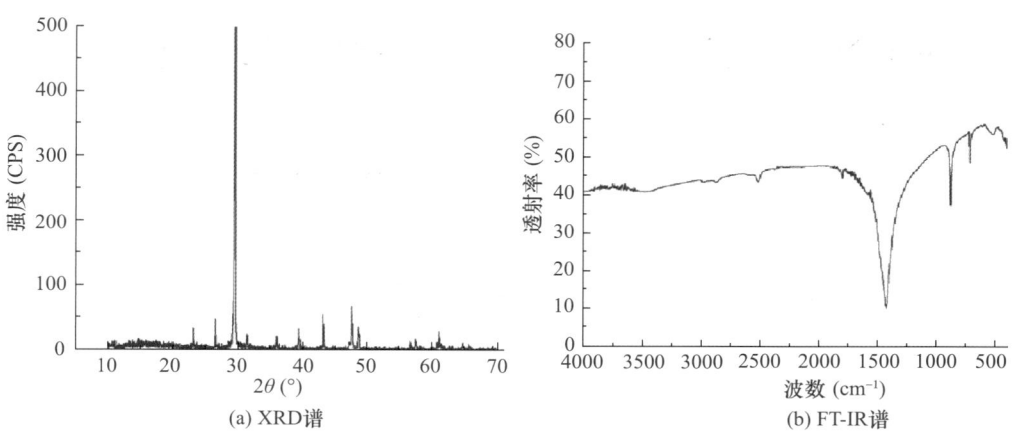

图5.5.3 汉白玉颗粒

图5.5.4 汉白玉石材

图 5.5.5（a）为经过表面保护溶液处理的汉白玉石材表面的结晶形貌，与前面一样也经过去离子水、乙醇和超声清洗的破坏。可以看出，虽然经过破坏，钙磷酸盐薄膜还是跟汉白玉石材结合在一起。其中与前面不同的是配方中加入了正硅酸乙酯，正硅酸乙酯在水溶液中主要发生如下水解反应：

$$Si(OC_2H_5)_4 + 4H_2O \longrightarrow Si(OH)_4 + 4C_2H_5OH$$

前驱体混合液以溶胶形式存在，具有很大的比表面积，在溶液中表面存在许多外露的键，因此在其表面存在大量的活性中心。此外，汉白玉石材表面也存在有大量的活性羟基。因此，正硅酸乙酯的水解产物可以与前驱体混合液及汉白玉石材表面的活性羟基反应并偶联在一起，形成一种稳定的膜结构。图 5.5.5（c）为图 5.5.5（a）表面片状结构的能谱分析。从能谱数据可以看出，经表面保护后的汉白玉石材表面确实有少量硅的存在，印证了硅的存在有助于提高前驱体混合液与汉白玉石材之间的结合力。这一点可以由电导分析耐酸性变化的结果作为印证。

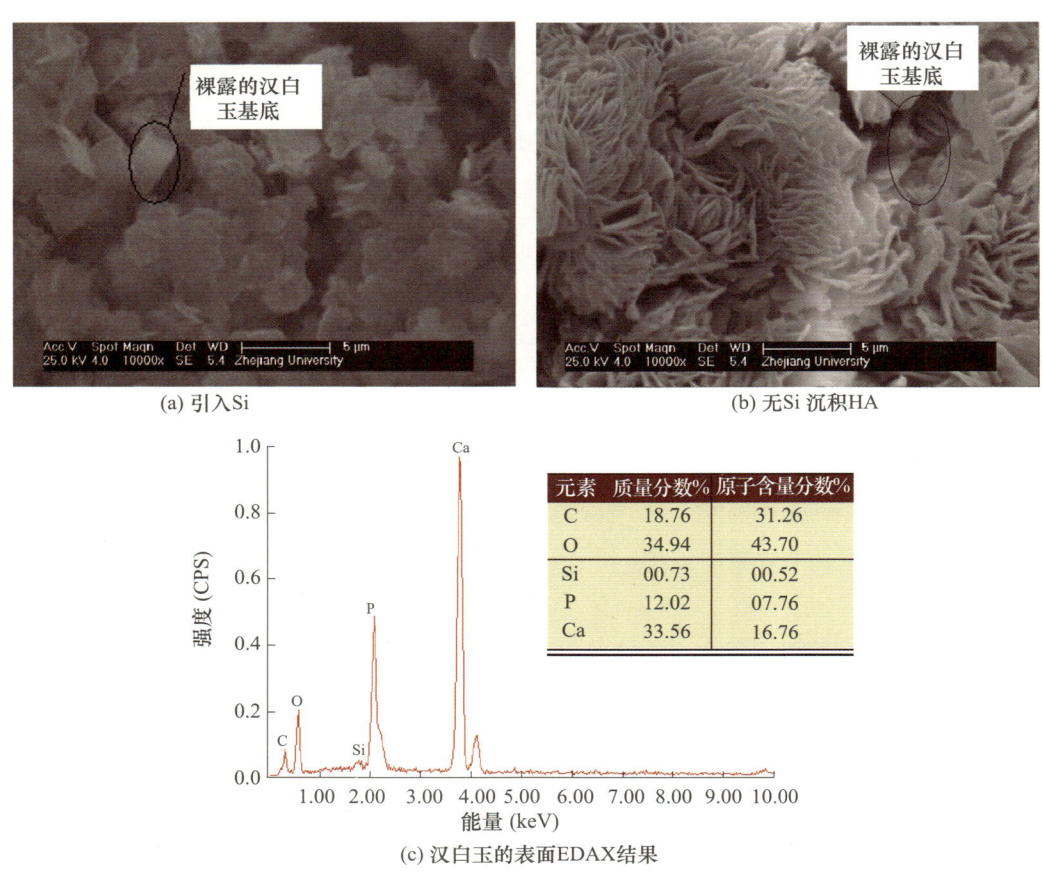

图 5.5.5　SEM 和 EDAX 分析结果

② 对钙磷酸盐在汉白玉表面结晶形貌的影响

图 5.5.5（b）对应的是前驱体混合液在汉白玉石材表面的结晶形貌（未经去离子水、乙醇和超声清洗的破坏）。引入正硅酸乙酯后，生成的晶体平行于汉白玉石材表面定向生长[图 5.5.5（a）]；在没有引入正硅酸乙酯时，生成的晶体垂直汉白玉石材表面定向生长[图 5.5.5（b）]。两者均为片状结构。

溶胶-凝胶法最初得到的产物通常都不具备羟基磷灰石的晶体结构，而是一种无定形的物质，称之为无定形磷酸钙（简称 ACP）。ACP 在水溶液当中具有很高的反应活性和溶解速率，很容易转化为磷灰石相。由于汉白玉石材在敞开于空气的环境中分别经前驱体混合液和表面保护溶液作用了几个星期，各种钙磷酸盐具有充足的时间进行溶解-再结晶（凝胶吸附了空气中大量的水，呈果冻状态），而体系的pH缓慢地由约10变化到约8的范围，在此条件下HA相在所有钙磷酸盐中是最稳定的。因此，我们认为图5.5.5（a）和图5.5.5（b）显示的片状晶体均为HA相，只是图5.5.5（a）显示的是HA经正硅酸乙酯的偶联作用，与汉白玉石材牢固的结合在一起的形貌；图5.5.5（b）显示的是HA堆叠在汉白玉表面的形貌。值得注意的是，从图5.5.3（c）看，Ca/P比与试验的设置值（1.67）有较大偏差，可能是由于膜层较薄造成的，能谱中有较大比例的C正好说明了这点。此外，元素组成经SEM-EDAX测试，具有大约±10%的不确定性，误差也是造成偏离的原因之一。图5.5.5（b）的晶体尺寸相对图5.5.5（a）要大一些（两者都处于10000倍的放大倍率上），说明正硅酸乙酯的引入，不但会改变晶体的排列方式，也在一定程度上抑制了HA晶体的生长。

无论是图5.5.5（a）还是图5.5.5（b），汉白玉石材表面都存在部分裸露的现象。Arocena等在南极洲小岛上发现的HA膜层，经历了几千年的沉积，最后才达到大约25μm。由于制备条件的随机波动以及汉白玉石材表面的不规整性，这些缺陷总是存在的。我们可以通过增加矿化时间和矿化层数来减少裸露的部分，得到比较完整的保护膜。

(3) 性能检测

① 电导分析耐酸性变化

图5.5.6（a）和图5.5.6（b）分别为经前驱体混合液和表面保护溶液处理过的120目汉白玉颗粒在酸性水体中电导变化的情况。图5.5.6（a）对应没有引入正硅酸乙酯的水体，图5.5.6（b）对应引入正硅酸乙酯的水体。由图可以看出，随着盐酸的加入，溶液的电导率都开始增大。电导率的变化斜率与盐酸添加速度有关，在试验中，采取的是单次盐酸滴加速率保持一致。图5.5.6（a）比图5.5.6（b）的电导率变化斜率要大，这是因为添加盐酸的速率更大引起的。图5.5.6（a）中先出现电导率最大值，之后以一定斜率保持下降，整个过程和盐酸滴定空白汉白玉的趋势一致，这一结果与XRD、SEM、FT-IR的分析结果一致，即前驱体混合液中如果不引入正硅酸乙酯，生成物就不能有效地与汉白玉石材结合。对照图5.5.6（a）和图5.5.6（b），可以看出表面保护材料显著提高了石材的耐酸性能。Klein等的研究表明，羟基磷灰石在pH>4.2的溶液中是一种最稳定的钙磷酸盐。Cl^-与HA晶体的构晶离子OH^-的电荷与尺寸相似，在酸性环境中，Cl^-能在很短时间内完成与OH^-的交换，生成的氯代羟基磷灰石在酸中的溶解度比羟基磷灰石要小。图5.5.6（b）的电导平衡后的数值（约$2000\mu s/cm^{-1}$）要比图5.5.6（a）中出现的最大值（约$2750\mu s/cm^{-1}$）要小，可能是因为发生了离子交换，提高了汉白玉石材的耐酸性能。同时，交换OH^-又会和H^+发生中和反应，这也是耐酸性提高的原因之一。而图5.5.6（b）的电导平衡后的数值（约$2000\mu s/cm^{-1}$左右）要比图5.5.6（a）中平衡后的数值（约$1250\mu s/cm^{-1}$）要大，这是由于HCl与$CaCO_3$反应生成了$CaCl_2$，而Ca^{2+}的摩尔电导率小于H^+。当然，材料中有硅元素的存在，也可能促进了耐酸性的提高。

② 加固性能测试

乙醇、乙二醇、氧化钙、五氧化二磷的量不变，分别在前驱体混合液中引入正硅酸乙酯0mL、0.5mL、1mL、1.5mL、2mL、3mL、4mL、5mL，对仿制的劣化岩石样品进行加固性能测试。由表5.5.1可知，引入量对加固性能有一个最佳值，大致在1.5mL附近。空白仿制样品的抗压力值为51.4N。试验出现的抗压强度最大值与空白仿制样品的抗压强度值相比，提高了8.5倍。分析认为，正硅酸乙酯引入过少的话，将影响前驱体混合液和碳酸钙石材的结合能力；而引入量过多，被加固样品的抗压强度反而有下降的趋势，这是因为正硅酸乙酯与碳酸钙石材相比，两者极性差异较大，影响了前驱体混合液在碳酸钙石材中的分散性，以及两者结合的紧密程度。

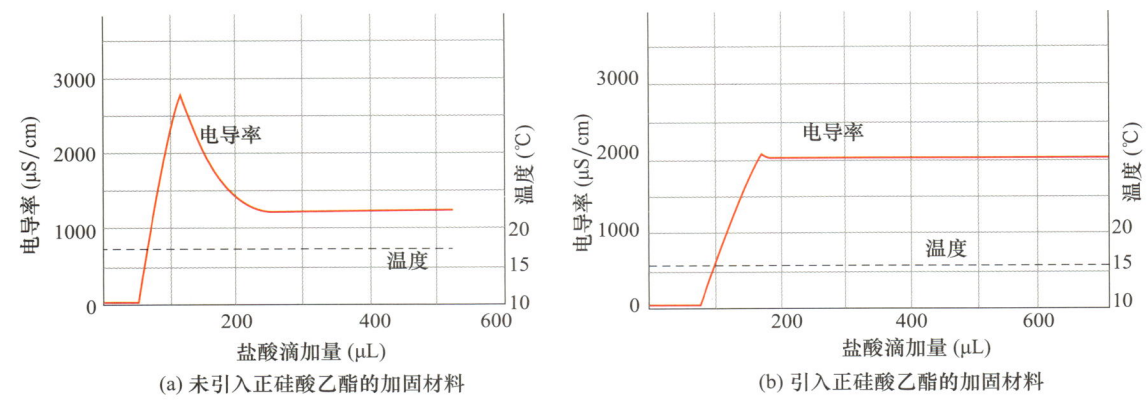

(a) 未引入正硅酸乙酯的加固材料　　(b) 引入正硅酸乙酯的加固材料

图 5.5.6　电导分析耐酸性

表 5.5.1　正硅酸乙酯引入量对汉白玉表面保护性能的影响

加入的量（mL）	0	0.5	1	1.5	2	3	4	5	空白
被加固样品的抗压强度（N）	461.4	320.3	487.6	489.1	326.7	362.2	307.1	302.8	51.4

③ 表面亲水-憎水性测试

要想使保护材料与被保护基材之间结合牢固，即相容性好，它们的物理性质需要足够接近。其中材料的亲水-憎水性能是重要的指标之一。

洗净汉白玉块，烘干后，做接触角分析，记为空白试验，再把制备好的表面保护溶液涂覆在汉白玉的表面，自然放置 7d。用水反复洗涤表面，自然风干后测接触角。未处理空白石样的接触角约为（35±5）°，保护处理过的石样接触角为（40±5）°。经保护处理的石样和未处理的空白石样的亲水-憎水性没有明显变化。说明经保护处理后，维持了其亲水的特性（图 5.5.7）。

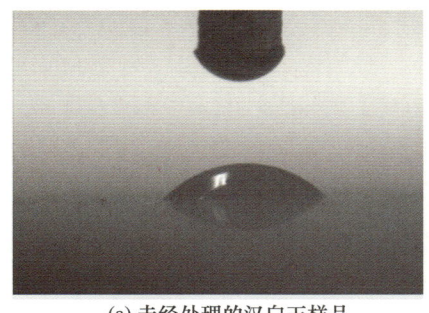 

(a) 未经处理的汉白玉样品　　(b) 经过保护处理过的汉白玉

图 5.5.7　憎水性测试

5.5.4　结论

本工作根据鸟粪层磷灰石的矿化机理，借鉴溶胶-凝胶法，采用 CaO 的乙二醇溶液和 P_2O_5 的乙醇溶液作为前驱体，利用岩石表面的活性羟基进行矿化诱导，加速形核速率并使晶体取向生长，得到了一种在常温常压条件下制备羟基磷灰石（HA）的新工艺。所得结论如下：

（1）结合鸟粪层磷灰石含硅的特点，在制备时引入少量的正硅酸乙酯，由此使 XRD 谱的衍射峰变得更加尖锐，改变了 HA 的晶体结构参数和结晶形貌，同时也在一定程度上抑制了 HA 晶体的生长；

（2）SEM-EDAX 等分析表明，由于硅的存在，虽经去离子水、无水乙醇和超声的多次破坏，HA 能与汉白玉石材牢固地结合在一起，说明正硅酸乙酯的引入提高了钙磷酸盐和汉白玉石材之间结合力；

(3) 电导分析表明，经过本工作的表面保护溶液作用的 120 目汉白玉颗粒能耐受 pH＝3～4 的盐酸的侵蚀；

(4) 抗压强度检测表明，经过本表面保护溶液加固的疏松仿制石材样品的抗压能力大大提高，可比空白样品提高 8.5 倍；

(5) 接触角测量数据表明，经保护处理的石样的接触角为 $(40\pm5)°$。未处理的空白石样的接触角为 $(35\pm5)°$，说明经保护处理后亲水-憎水性没有明显变化。

此外，整个制备过程在常温常压条件下进行，无须调节 pH，操作简单，适合于大面积操作；表面保护材料本身属于无机保护产品，具有耐久性好、与基体兼容等突出优点。总之，本工作为开拓新的石质文物的保护材料提供了一种新的思路。

5.6 基于磷灰石的石灰岩文物仿生加固

5.6.1 意义

我国石质文物古迹丰富。其中以石灰岩为基质的文物占了相当大的比例。石灰岩（Limestone）简称灰岩，是以方解石等碳酸盐为主要成分的岩石。石灰岩中一般都含有一些白云石和黏土矿物，当黏土矿物含量达 25％～50％时，称为泥质灰岩；白云石含量达 25％～50％时，称为白云质灰岩。由于质地的原因，石灰岩文物在自然环境中容易风化损坏。除了物理因素之外，导致石灰岩文物风化损坏的原因还有：①溶蚀作用，在潮湿环境中，石灰岩的主要化学成分碳酸盐会和水及空气中的二氧化碳反应而溶解；②酸解作用，大气中的酸性气体，如硫和氮的氧化物都会造成碳酸盐的分解；③微生物侵蚀，微生物对石灰岩具有明显的侵蚀作用。

我国许多石灰岩文物已经遭受到比较严重的风化损害。20 世纪 50 年代以来，为保护石质文物免受进一步的损坏，有机合成高分子类化合物比如丙烯酸树脂、醋酸乙烯树脂、环氧树脂、有机氟化物和有机硅树脂等被广泛用作加固和表面防护材料。不过，经过几十年的应用检验，这些合成高分子材料的保护效能已经开始受到质疑。

本工作研究了利用类骨磷灰石加固风化石灰岩的方法。仿照骨头的生长原理，钙源和磷源被引入风化的石质岩文物，经常温矿化后生成多孔、相互连接的磷灰石加固相。为了避免可溶盐副产物对文物的侵蚀，本研究中采用的钙源为纳米氢氧化钙的异丙醇分散体系，磷源为磷酸铵溶液。

5.6.2 试验部分

(1) 试剂与材料

无水氯化钙（$CaCl_2$）、氢氧化钠（$NaOH$）、凡士林、异丙醇和磷酸铵（$(NH_4)_3PO_4$）皆为分析纯，使用前未经进一步纯化。重质碳酸钙石粉，含水率$<0.08\%$，1000 目过筛。碳酸钙岩石颗粒，含水率$<0.01\%$，10 目过筛。

(2) 试验方法

① 风化多孔石灰岩模拟试块制备

风化多孔石灰岩模拟试块（圆柱体，直径 4.0cm，高 10.0cm）制备：75g 碳酸钙粉末，75g 碳酸钙颗粒和 15mL 去离子水混合搅拌均匀以后加入圆筒试模，压实锤从 277mm 高处落下 50 次以压实样品，期间压实功为 $1159.42kJ/m^3$。所得试块在 25℃和 $(60\pm5)\%$ 湿度条件下保存 7d 备用。

② 纳米氢氧化钙醇分散体系制备

纳米氢氧化钙醇分散体系制备：900mL，0.6mol/L NaOH 逐滴加入到 0.3mol/L 同样体积的

$CaCl_2$ 溶液中，滴加速度控制在 4mL/min，反应温度控制在 90℃。24h 以后，用去离子水洗涤制得的样品若干次以除去反应中生成的可溶盐 NaCl，去除程度用硝酸银溶液检定。在负压和 80℃ 条件下，将悬浊液浓缩至钙水比（$Ca(OH)_2/H_2O$）为 0.6，然后加入 1000mL 异丙醇以得到悬浮浓度为 10g/L 的分散体系。悬浮液的稳定性 ξ 采用如下公式计算：

$$\xi = \{1 - (A_{t0} - A_t)/A_{t0}]\} \times 100\%$$

式中，A_{t0} 为初始的吸光度，A_t 为时间 t 时的吸光度。

③ 模拟风化石灰岩试块的加固步骤

钙的引入：首先利用喷淋的方法从上表面将 10g/L 纳米氢氧化钙醇悬浮液 100mL 引入风化的石灰岩试块中。

磷的引入：引入钙源 24h 以后，用同样的方法将 5.0% 的磷酸铵溶液 150mL 引入风化的石灰岩试块中。

（3）仪器与测试条件

检测仪器同前一节。万能材料试验机（YC125B，上海）。硬度计（LXA 和 LXD 型，无锡市前洲），测试点之间的距离大于 10mm，每个样品测试 5 个数值，然后进行平均，结果用邵氏硬度表示。

（4）加固效果评价

加固效果通过 STT（胶带黏附）试验、抗压强度测试、毛细水吸收、透气性和抗风化试验进行检验。抗压强度由万能材料试验机测定。测试时压力加载速率为 0.01MPa/s。毛细水吸收根据《建筑砂浆基本性能试验方法标准》（JGJ/T 70—2009），Part14 中所示方法测定。透气性由湿杯法测定：首先，将试块放在盛水的玻璃杯上，然后用凡士林将试块与玻璃杯密封。试块底部与水面之间的空气层厚度为 10mm。密封好的试块与玻璃杯放置在湿度为 50.0% 的恒湿装置中，每 24h 称重，直到透气率达到稳定。抗风化试验根据《建筑砂浆基本性能试验方法标准》（JGJ/T 70—2009），Part11 中的方法测定：试块浸泡于 20℃ 的饱和硫酸钠溶液中 4h，然后在零下 15℃ 冷冻 4h，如此循环，直至受试样品出现明显的损坏。

5.6.3 结果与讨论

（1）纳米氢氧化钙分散体系制备

制得氢氧化钙粉末的 SEM 图片如图 5.6.1 所示。经分析，90% 的氢氧化钙颗粒的直径都在 100nm 以下。所得氢氧化钙粉末的 XRD 结果（图 5.6.2a）表明，它是羟钙石晶型。

图 5.6.1 制备氢氧化钙的 SEM 图片

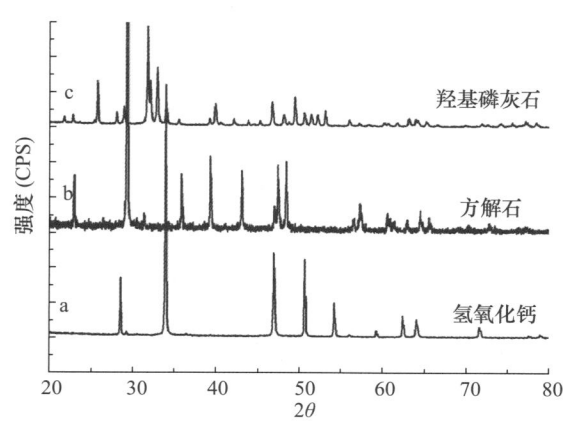

图 5.6.2 氢氧化钙、斜方晶粒和类骨状结构的 XRD 图谱

纳米氢氧化钙在水中很不稳定，大部分的悬浮颗粒都在 30min 以内沉降。纳米氢氧化钙的醇分散体系则稳定得多，由式（5.3）计算的纳米氢氧化钙的异丙醇悬浮液的稳定性 ξ 可以稳定存在超过 20h（图 5.6.3），这与醇的界面作用有关，醇可以阻止氢氧化钙粒子的团聚和沉降。

（2）钙源的引入

10g/L 的纳米氢氧化钙醇分散体系作为钙源按前述方法引入风化的石灰石试块。2 周以后，试块被剖开用 SEM 观察。

图 5.6.4（a）是未经处理的风化石灰岩试块内部形貌，试块内部显得粗糙和支离破碎。图 5.6.4（b）是经纳米钙源处理后的内部形貌。

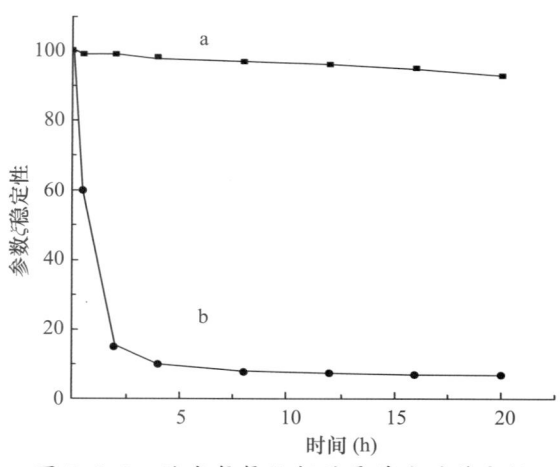

图 5.6.3　纳米氢氧化钙的悬浮液的稳定性
a—异丙醇；b—水

可以看出，处理后破碎石块之间的裂缝和孔洞被氢氧化钙颗粒所填塞。图 5.6.4（c）是经纳米钙源处理 2 周后的内部形貌。可以看出，原来引入的氢氧化钙颗粒已经转变成一种斜方晶粒。EDX 分析结果（图 5.6.5）表明，这种物质是由 Ca、C 和 O 三种元素构成。XRD 测试结果（图 5.6.2b）进一步确认它是方解石型的碳酸钙。这表明作为钙源引入的氢氧化钙已经转化成了碳酸钙。不过，这些碳酸钙是以孤立的颗粒［图 5.6.4（c）］而非连续相存在。由于引钙量高，纳米氢氧化钙醇分散体系可以是良好的钙载体和填充剂，但由于前述原因，它不是有效的石质文物加固剂。

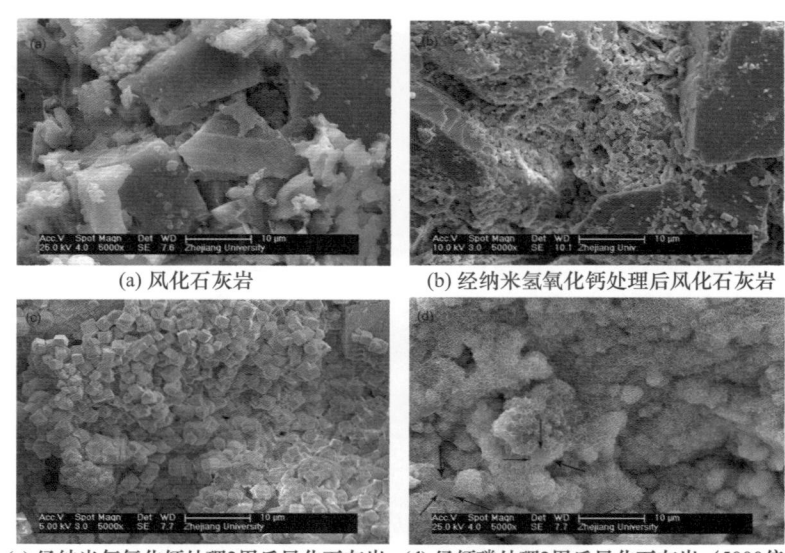

(a) 风化石灰岩　　　　　　(b) 经纳米氢氧化钙处理后风化石灰岩

(c) 经纳米氢氧化钙处理2周后风化石灰岩　　(d) 经钙磷处理2周后风化石灰岩（5000倍）

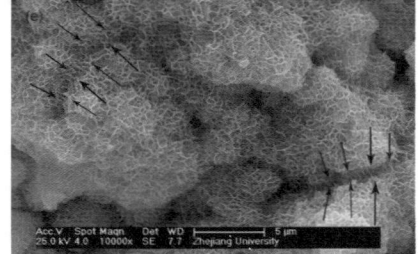

(e) 经钙磷处理2周后风化石灰岩（10000倍）

图 5.6.4　试块断面的 SEM 图

（3）磷源引入

钙源引入 24h 以后，根据所述方法，磷源被引入风化的石灰岩试块。试块在 25℃ 和 $(80\pm5)\%$ 湿度环境下养护 2 周以后，将试块剖开用 SEM 观察断面。

试块断面的内部形貌如图 5.6.4（d）和图 5.6.4（e）所示。经过钙源和磷源加固处理后，一种多孔、相互连接的结构形成了，此种结构与动物骨骼的结构很相似（图 5.6.6）。此种多孔、相互连接的结构将前面引入的钙源和破碎的风化石块粘结在了一起[图 5.6.4（d）]。EDX 结果（图 5.6.2）表明，此种物质由 Ca、P 和 O 三种元素构成，而且钙磷比（Ca/P）等于 1.67（表 5.6.1），几乎和羟基磷灰石的钙磷比相等。

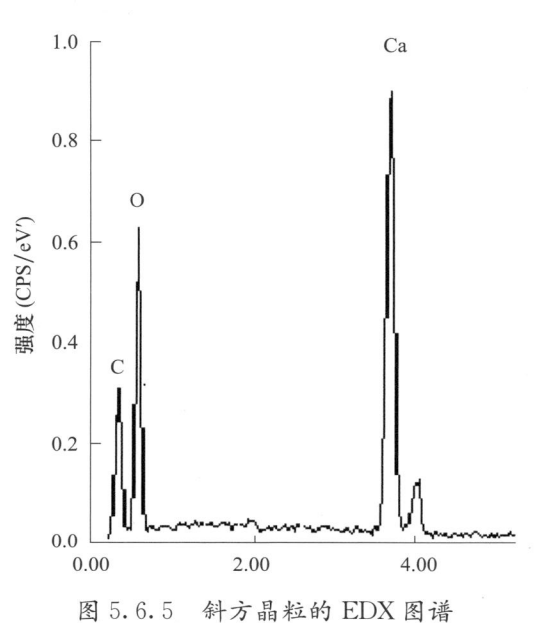

图 5.6.5　斜方晶粒的 EDX 图谱

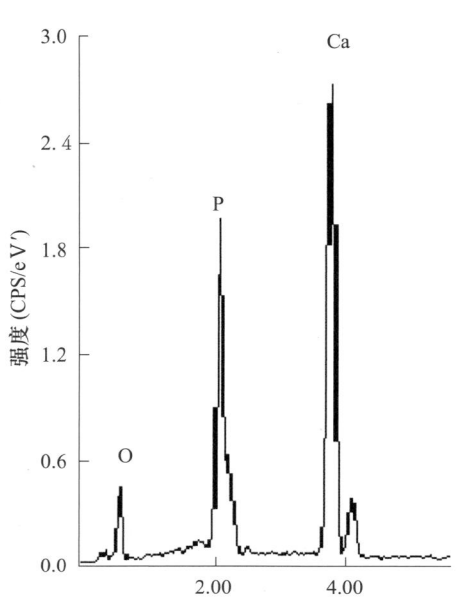

图 5.6.6　类骨加固相的 EDX 图谱

表 5.6.1　类骨加固相的 EDX 结果

元素	质量分数（%）	原子含量分数（%）
O	37.73	57.72
P	19.81	15.82
Ca	42.86	26.46

XRD 结果表明，此种物质就是羟基磷灰石，热力学上最稳定的磷酸钙形式。羟基磷灰石应该来自于氢氧化钙、碳酸钙和磷酸铵之间的置换反应。其中氢氧化钙来自未完全碳化的钙源，碳酸钙来自已经碳化的钙源和风化石灰岩。据研究，该反应是一个溶解-重结晶过程，相关的反应如下：

$$CaCO_3 \longrightarrow Ca^{2+} + CO_3^{2-}$$
$$Ca(OH)_2 \longrightarrow Ca^{2+} + OH^-$$
$$5Ca^{2+} + 3PO_4^{3-} + OH^- \longrightarrow Ca_5(PO_4)_3OH$$

通过上式，由氢氧化钙和碳酸钙溶解而来的钙离子与作为磷源的磷酸根离子反应后以羟基磷灰石的形式沉淀下来，引入的松散钙源被粘结起来，以连续的磷灰石加固相[图 5.6.4（d）]的形式存在。置换反应也发生在破碎的风化石块和磷源之间，所生产的磷灰石矿物将破碎的风化石块和钙源粘结在了一起[图 5.6.4（e）]。

一般地，磷酸钙的存在形式与 pH 直接相关。在 pH=6.0~8.0 时，羟基磷灰石是最稳定的存在形式。本研究中，所用磷酸盐的 pH=7.4，有利于羟基磷灰石的形成。不过，风化石灰岩和磷酸铵之间的置换反应并不完全。试样断面 [图 5.6.4（d）] 的 EDX 的结果表明，断面区域的主要成分仍是碳酸钙，说明置换反应只发生在表面。这一结果与羟基磷灰石的溶解度（$K_{sp}=69.6\times 10^{-126}$）远低于碳酸钙（$K_{sp}=4.5\times 10^{-9}$）有关。由于溶解度太低，生成的羟基磷灰石迅速在石质文物表面沉积，阻挡了碳酸钙的进一步溶解。随着反应的进行，钙离子不断消耗，碳酸钙和磷酸根之间的置换反应也随之结束。

（4）加固效果评价

① 胶带粘除 STT 试验

STT 试验用来评估风化石灰岩的表面加固效果。其结果见表 5.6.2，单纯纳米氢氧化钙处理的表面加固效果并不理想（$\Delta V<20.0$），这应该和所引入碳酸钙的最终存在形式有关。毕竟，没有粘结能力的粉末只能起填充作用而没有多少加固能力。经过钙磷仿生加固处理以后，风化试块的表面强度有了显著的提高（$\Delta V>99.0$），这应该归功于仿生加固处理后生成的类骨磷灰石结构。

表 5.6.2 胶带粘除 STT 试验结果

试样	胶带粘除量（mg·cm^{-2}）	ΔV（%）
未处理	19.44（0.20）	—
经纳米石灰处理	15.62（0.10）	19.65
经钙、磷处理	0.05（0.01）	99.74

② 抗压强度

抗压强度试验用来评估风化石灰岩的整体加固效果，测试结果见表 5.6.3。经纳米氢氧化钙处理后，风化石灰岩的抗压强度与未经处理的试块相同（<0.05MPa），基本上没有任何提高。这也说明以粉末状态存在的碳酸钙是没有多少加固能力的。钙磷仿生加固处理则可以使风化石灰岩试块的整体强度大大提高。经加固处理后，风化石灰岩试块的抗压强度可达 4.52MPa 以上。显然，这应归功于仿生加固处理后生成的相互连接的类骨磷灰石矿物，它们将引入的纳米氢氧化钙转化为磷灰石，把支离破碎的风化石块粘结在了一起而达到了很好的加固效果。

表 5.6.3 经纳米氢氧化钙及仿生钙磷加固处理后风化石灰岩试块的物理性质

试样	水吸收（%）	透气性（cm/s）	抗压强度（MPa）
未处理	16.72（1.26）	3.73×10^6（0.53×10^6）	<0.05
纳米石灰处理	16.15（0.91）	3.60×10^6（0.82×10^6）	<0.05
经钙、磷处理	16.2（1.02）	3.58×10^6（0.75×10^6）	4.52（0.20）

③ 毛细水吸收

毛细水吸收测试结果见表 5.6.3。无论对于纳米氢氧化钙处理还是仿生加固处理，试块的毛细水吸收能力都略有下降。这说明这两种处理方法都有一定程度的填充效果，它们都可以使风化石灰石试块更加致密而更不易被水透过。较低的毛细水吸收对石质文物保护是有利的，它可以减缓水、可溶盐和碱对石质文物的侵蚀。

④ 透气性测试

透气性测试结果见表 5.6.3。与毛细水吸收的结果相似，纳米氢氧化钙和仿生加固处理都会导致风化石灰岩试块透气性略微降低。这说明仿生处理是合适的石灰岩文物加固处理方法：它不会显著改变石质文物本身的透气性,保留了文物本身的"呼吸功能"。现有的大多数高分子加固材料都会造成文物固有孔隙的阻塞,阻断文物内部的水汽循环,进而造成可溶盐的累积而加速文物的破坏。

⑤ 抗风化试验

抗风化试验结果见表5.6.4。纳米氢氧化钙处理过的风化石灰石试块几乎没有任何抗风化能力,遇水即散。仿生加固处理的试块则有良好的抗风化性能。它们甚至可以经历至少40次冻融循环而依然保持外观完整和良好的力学性能。其质量损失和抗压强度损失都在5.0%以下。

表5.6.4 抗风化试验结果

试样	冻融循环次数	质量损失率(%)	抗压强度衰减(%)
未处理	—	—	—
经纳米石灰处理	<3	>40	>80
经钙、磷处理	>40	<2.5	<4.0

(5) 钙磷仿生加固方法在石质文物保护中的应用

杭州梵天寺石经幢建于北宋乾德三年(公元965年)。两经幢相距十余米,左幢高14.31m,右幢高14.64m。由于年代久远,石经幢已经出现了严重的风化,幢体所刻文字亦开始模糊不清。

2010年1月,在梵天寺石经幢保护工程中,使用钙磷仿生加固方法在石经幢上做了局部试验。试验区在石经幢北栋基座以上1m见方部位(图5.6.7~图5.6.9)。经幢的保护处理方法如下:先喷淋浓度为10g/L的纳米氢氧化钙醇分散液;待基本挥发干净后(24h后),再喷淋磷酸铵溶液。保护处理后,经幢表面外观基本上看不出任何变化,实际加固保护效果一直在观察中。

图5.6.7 钙磷仿生加固保护前的石经幢

图5.6.8 钙磷仿生加固处理中

图5.6.9 钙磷仿生加固处理后

5.6.4 结论

本节研究了风化石灰岩文物的磷灰石仿生加固方法。

(1) 制备了纳米氢氧化钙的醇分散体系。制得的氢氧化钙粒子大小约70nm。和水分散体系相比,纳米氢氧化钙的醇分散体系具有优良的稳定性,它可以稳定保存20h以上。

（2）纳米氢氧化钙的醇分散体系和磷酸铵分别被作为钙源和磷源先后引入风化石灰岩试块。经室温矿化以后，引入的钙和磷反应生成了一种多孔的、相互连接的羟基磷灰石类骨加固相。通过这种仿生方法，使引入的钙源与风化碳酸钙石块之间形成较好的结合：多孔、相互连接的类骨磷灰石将碎裂的风化岩石颗粒粘结在了一起。

（3）测试结果表明，经仿生加固处理后，风化石灰岩试块的表面强度、整体抗压强度和抗风化能力都有了显著提高。此外，仿生加固处理基本上不改变风化石灰岩文物基材的透气性和毛细水吸收，可以保持文物固有的"呼吸功能"。从以上的试验结果来看，磷灰石仿生处理有可能用于石灰岩文物的加固。

5.7 纯无机渗透加固材料

5.7.1 问题与思路

砂岩、凝灰岩等石材因为质地相对疏松，强度不高，凿刻起来比较容易，因此全球范围的很多大型石窟，如中国的敦煌莫高窟、大同云冈石窟、洛阳龙门石窟、天水麦积山石窟和广元千佛崖，巴基斯坦的巴米扬石窟等都是砂岩类质地的石窟。由于风化作用，这些石质文物表面往往呈现表面疏松、粒状脱落、表皮剥脱等现象，最终失去作为文物所承载的历史信息、艺术价值和科学价值。

风化砂岩等石质文物的加固一直是文物保护领域的难题之一。为了缓解风化，防止文物进一步劣化，需要研制性能良好的加固材料。

1867 年，法国科学家索瑞尔发明了氯氧镁气硬性胶凝材料，这类材料是将轻烧 MgO、$MgCl_2$ 和水按照一定的比例混合，在常温下固化形成 $3MgO \cdot MgCl_2 \cdot 8H_2O$ 和 $5MgO \cdot MgCl_2 \cdot 8H_2O$ 等多相化合物，固化后样品具有很高的抗压强度和抗拉强度，同时具有优异的耐候、耐火和耐腐蚀性能，能够粘结和加固从花岗岩到锯末等多种填料。这种纯无机镁基胶凝材料目前还没有应用于文物保护的研究报道。

本工作探究了不同摩尔比的镁基胶凝加固液用于散砂加固的渗透深度、加固质量、表面颜色变化和加固强度，筛选出最佳的原料配比，以开发能用于风化砂岩加固的无机加固材料。

5.7.2 试验过程

（1）原材料

三种初始原料分别是氧化镁（MgO，AR 上海阿拉丁）、六水合氯化镁（$MgCl_2 \cdot 6H_2O$，AR 上海阿拉丁），离子水，标准砂。

预处理：使用前先将氧化镁在干燥箱中 100℃下干燥 3h，取出后过 180 目的筛，保证氧化镁颗粒小，易于分散。砂分别过 20 和 30 目筛，使粒径处于 0.600～0.850mm，这样砂的颗径与风化砂岩接近。散沙的强度可视为（近似等于）零。

（2）抗压强度测试

根据前期试验结果，将加固液和砂子按照质量比 1:4 比例搅拌均匀，然后填入试样金属模具（20mm×20mm×20mm）中压实。2d 后取出。具体步骤如图 5.7.1 所示。

在室温条件下，自然养护 5d 后测试模拟样块的抗压强度。微机电子万能材料试验机运动速率 5mm/min，记录试样破坏时最大荷载，按下式计算抗压强度：

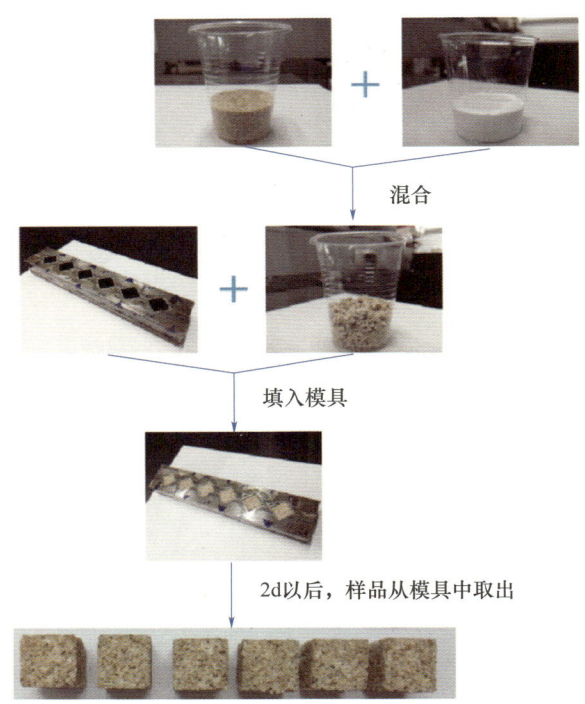

图 5.7.1 加固液与石英砂混合制备模拟样块的过程

$$T=\frac{P}{A}$$

式中，P 为试样破坏时的最大荷载（N）；A 为接触面积（mm²）；T 为抗压强度（MPa）。

（3）色差测试

砂岩加固前后的颜色变化按照测试标准 EN 15886—2010 的要求，使用色度计测试和计算，计算公式如下：

$$\Delta E^* = \sqrt{(L_2^* - L_1^*)^2 + (a_2^* - a_1^*)^2 + (b_2^* - b_1^*)^2}$$

式中，L_1^*、a_1^* 和 b_1^* 为加固处理前的色度；L_2^*、a_2^* 和 b_2^* 为加固处理后的色度。

（4）XRD 分析

按照表 5.7.1 配制加固液并放置在室温下固化，7d 后取出研磨成粉末用于 XRD 测试，以确定不同配比下对应的反应产物。

（5）SEM 分析

SEM（Hitachi SU8010），测试是将固化样块切割，暴露截面以进行成像。测试样品在真空条件下喷金，在 5.0kV 的条件下成像，观察不同比例的加固液固化后内部的微观形貌。

（6）耐水性测试

首先在塑料杯中加入 100mL 去离子水，记下日期，然后将模拟样块称重记为 m_0，后放入去离子水中。每隔 3d 增加一组，当模拟样块在去离子水中分别浸泡 3d、6d、9d、12d、15d、18d 后取出，用滤纸吸去表面水，放入 105℃干燥箱中 24h，取出冷却至室温，待质量稳定后记下在水中浸泡 Y 天后样块的质量 m_Y，由此质量计算质量损失率：

$$\omega_Y（\%）=\frac{m_0 - m_Y}{m_0} \times 100\%$$

另外，还可以测试浸泡 Y 天后样块的抗压强度。为了解样块浸泡时溶解于水中的主要成分，塑料杯中的水溶液通过蒸发、结晶后，进行 XRD 测试，确定析出物的主要成分。

(7) 吸水率测试

① 模拟样块制备

将未风化的砂岩在研钵中研碎，然后过筛，得到不同粒径的砂土，分别称重得到各粒径砂的质量百分比。按此质量比分别称取样品砂土原料，将石灰水与混合砂土混合均匀，填入金属模具中，自然养护 7d 后取出得到模拟砂岩样块备用。分别用纯无机镁基加固材料和 TEOS 加固材料加固模拟样块，用于吸水率测试。

② 测吸水率

依据国标通用方法测试样块的吸水系数，并与未风化的砂岩样品对比。测试时只有试块的底面与水接触。吸水系数可以通过以下公式计算：

$$A_w = \frac{\Delta m_t - \Delta m_0}{\sqrt{t}}$$

式中，Δm_t 是在时间 t 时的质量；Δm_0 是模拟样块未浸泡时的质量（kg/m^2）；t 为测试持续时间，（s）；A_w 是水吸收系数（$kg/(m^2 \cdot s^{1/2})$）。

(8) 湿膨胀率测试

采用无侧限膨胀试验，方法参考土工试验标准。先将样块置于玻璃容器中，然后在千分表针头与样块之间放一块厚 0.17mm 的盖玻片以避免针刺入样块中，将千分表卡牢，固定指针在 0 刻度处。将水泵入玻璃容器中，控制水线在 1min 内达到盖玻片位置。从加水开始，每隔一定时间读取千分表，直至数值无变化。样块湿膨胀值测试如图 5.7.2 所示。

 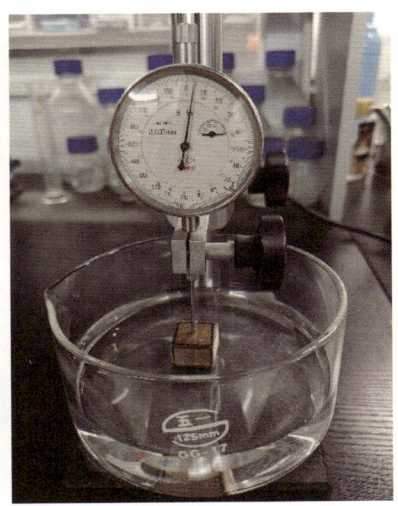

图 5.7.2 机械千分表测试样块湿膨胀率

膨胀率的计算公式为：

$$e = \frac{n}{h}$$

式中，n 为测得的胀缩数值；h 为样块厚度；e 为膨胀率。

5.7.3 结果与讨论

为探究 MgO、$MgCl_2 \cdot 6H_2O$ 和 H_2O 溶液加固砂岩的最佳比例，试验设计了不同摩尔比的加固液，见表 5.7.1。表中，纵列表示 MgO：$MgCl_2 \cdot 6H_2O$ 的摩尔比，横行表示 H_2O：$MgCl_2 \cdot 6H_2O$ 的摩尔比。例如，左上角的混合加固液的摩尔比 MgO：$MgCl_2 \cdot 6H_2O$：$H_2O = 3:1:10$。

表 5.7.1　不同摩尔比的加固液的研究矩阵

$MgO:MgCl_2\cdot 6H_2O$ (M)	$H_2O:MgCl_2\cdot 6H_2O$ (H)										
	10	12	14	16	18	20	22	24	26	28	30
3	√	√	√	√	√	—	—	—	—	—	—
5		√	√	√	√	√	—	—	—	—	—
7	—	—	√	√	√	√	√	—	—	—	—
9	—	—	—	—	—	√	√	√	√	√	—
11	—	—	—	—	—	—	√	√	√	√	√

加固液的配制：按照表 5.7.1 中的比例先将去离子水加入氯化镁中，然后将称好的氧化镁分多次少量加入氯化镁溶液中搅拌调和均匀。

（1）渗透深度、加固质量和色差

称取 50g 散砂放入一次性塑料杯中，按照表 5.7.1 比例配制加固液，用胶头滴管按照 10 滴/分钟的速度滴入松散的砂中，每组定量滴加 1g。待加固液在砂中完全固化后，取出加固的部分，结果见表 5.7.2。

表 5.7.2　不同摩尔比的加固液渗滴加固松散石英砂效果

$MgO:MgCl_2\cdot 6H_2O:H_2O$				
3：1：10 	3：1：12 	3：1：14 	3：1：16 	3：1：8
5：1：12 	5：1：14 	5：1：16 	5：1：18 	5：1：20
7：1：14 	7：1：16 	7：1：18 	7：1：20 	7：1：22
9：1：20 	9：1：22 	9：1：24 	9：1：26 	9：1：28

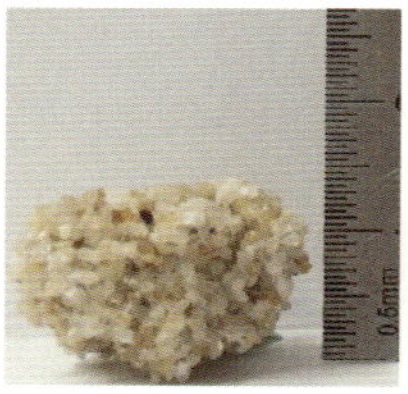

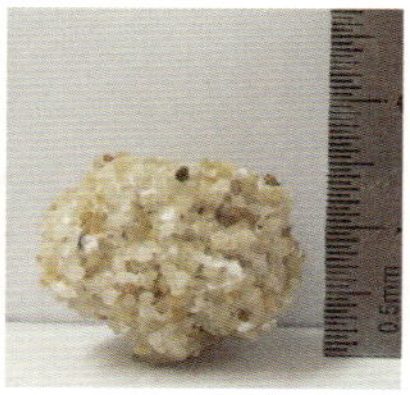

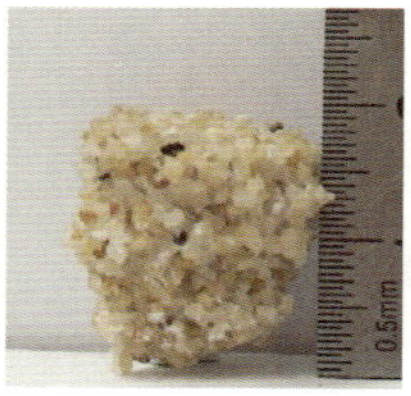

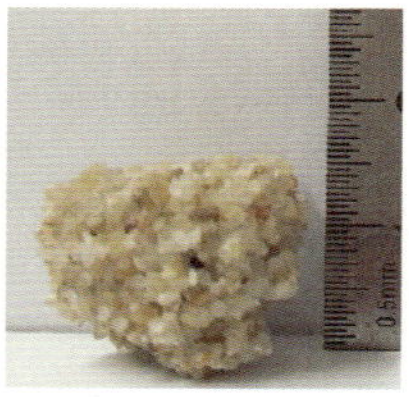

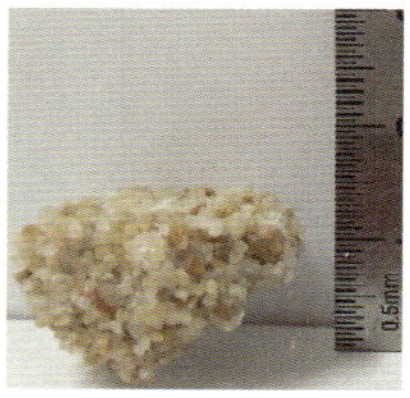

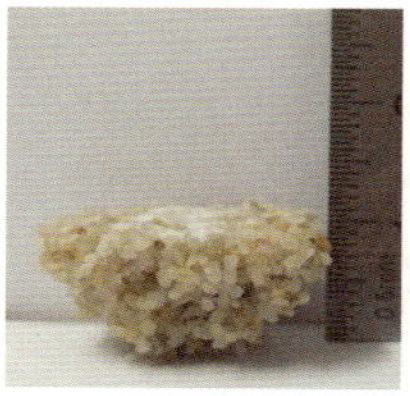

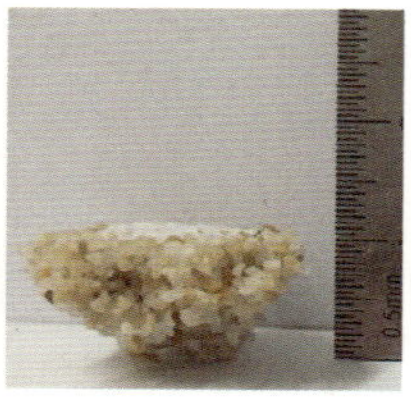

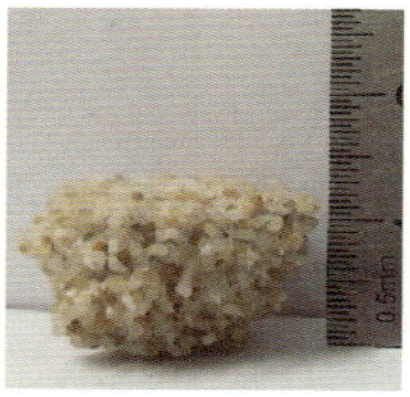

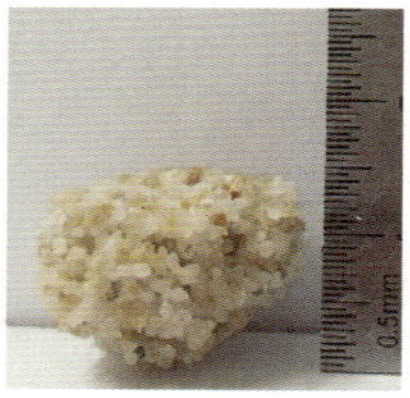

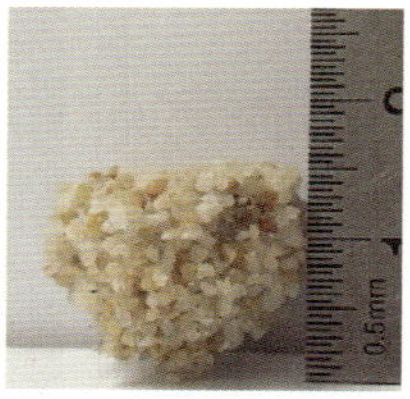

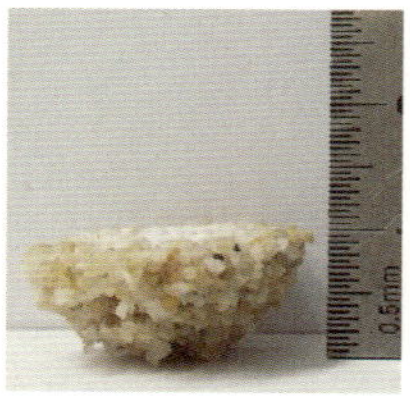

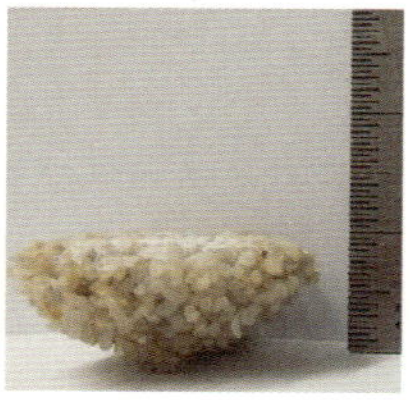

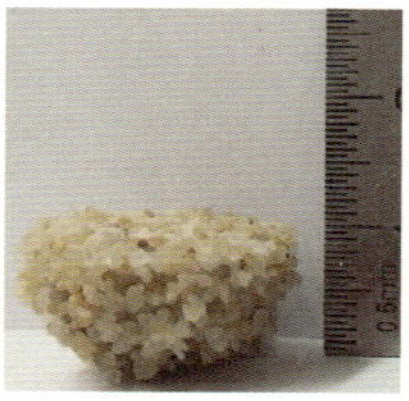

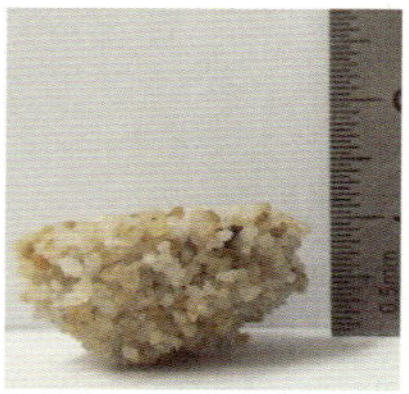

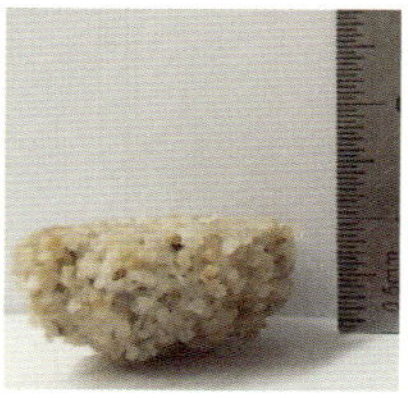

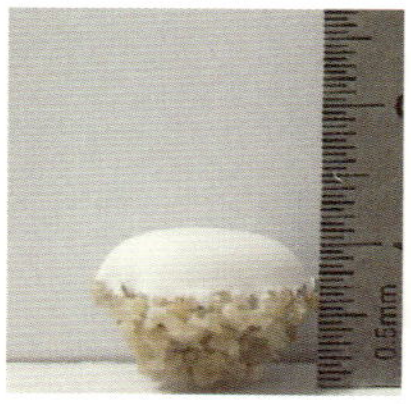

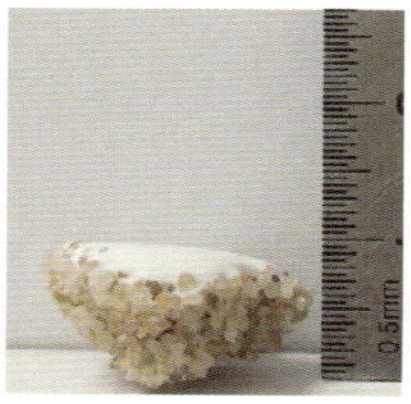

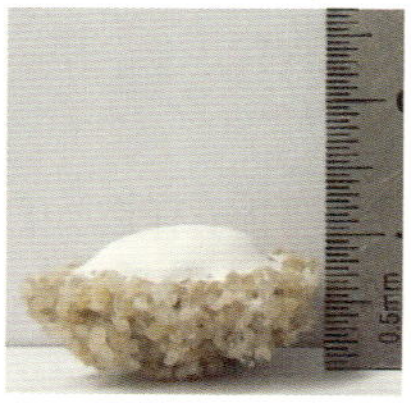

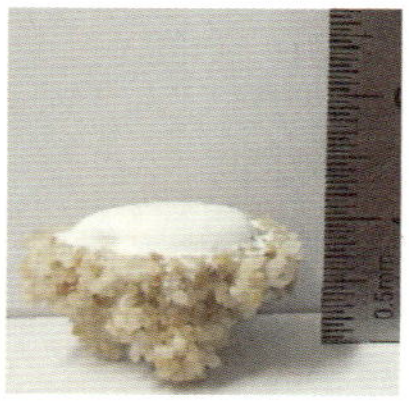

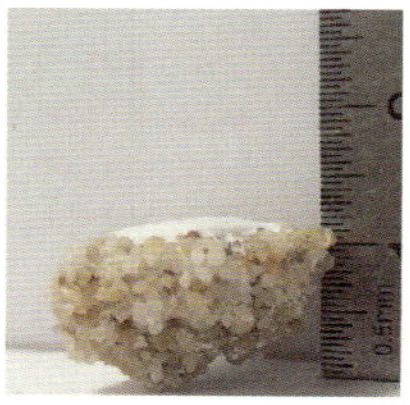

续表

MgO：MgCl₂·6H₂O：H₂O				
11：1：22	11：1：24	11：1：26	11：1：28	11：1：30

将表 5.7.2 中的样块称重，并测量其高度和与砂石的色差，结果见表 5.7.3。

表 5.7.3　加固液滴渗加固石英砂的渗透深度、加固质量和色差结果

MgO：MgCl₂·6H₂O：H₂O	渗透深度（mm）	加固质量（g）	色差（ΔE）
3：1：10	13.37	4.897	4.0
3：1：12	13.74	4.903	4.3
3：1：14	15.85	4.920	3.4
3：1：16	15.23	4.915	4.8
3：1：18	13.20	4.906	3.4
5：1：12	10.72	4.403	8.9
5：1：14	10.99	4.417	6.7
5：1：16	11.72	5.056	4.7
5：1：18	12.49	4.832	5.0
5：1：20	15.29	4.693	3.7
7：1：14	10.09	4.340	16.8
7：1：16	10.52	4.549	12.5
7：1：18	10.74	4.604	12.4
7：1：20	11.15	5.242	10.9
7：1：22	11.34	5.173	6.7
9：1：20	7.21	2.025	14.3
9：1：22	8.45	2.757	12.5
9：1：24	8.50	2.887	11.8
9：1：26	10.03	3.234	12.4
9：1：28	11.11	3.935	11.3
11：1：22	5.68	1.612	11.9
11：1：24	6.61	1.667	18.7
11：1：26	6.64	1.707	16.8
11：1：28	6.88	1.768	17.3
11：1：30	7.09	2.175	17.9

由表 5.7.2 和表 5.7.3 可知：从渗透深度看 3：1 系列的加固液随着 H_2O 的增加渗透深度先增大后减小，其中当 MgO：MgCl₂·6H₂O：H₂O＝3：1：14 即 H_2O 的质量分数约为 41.65％时加固液的渗透深度最大为 15.85mm。5：1、7：1、9：1 和 11：1 系列的加固液渗透深度都随着 H_2O 的增大而增大，水在这里除了作为固化的反应物外还有分散氧化镁提高渗透深度的作用。对

比 $MgO:MgCl_2·6H_2O:H_2O$ 的比例分别为 3∶1∶16、5∶1∶16 和 7∶1∶16 以及 7∶1∶22、9∶1∶22 和 11∶1∶22 可知：随着氧化镁的增多加固液浓度增大，渗透深度降低。

渗透深度和加固质量呈正相关，加固液渗透深度较高时对应的加固质量也比较大。9∶1 和 11∶1 系列的加固液的渗透深度和加固质量显著减小，在此比例下，加固液中氧化镁的含量在 32.82% 以上，严重限制了加固液的渗透。

从色差来看，仅 3∶1 和部分 5∶1 系列的加固液加固砂岩后的色差不明显，因为我们知道当色差大于 5 时，颜色变化能够被肉眼识别。从 $MgO:MgCl_2·6H_2O:H_2O=3:1:10$ 时的色差等于 4 可知，当水的含量大于 33.8% 时，加固液能够很好地渗入砂岩中并确保没有明显的色差；从 $MgO:MgCl_2·6H_2O:H_2O=5:1:12$ 时的色差等于 8.9 可知，当氧化镁的含量大于 29.2% 时，加固液不能很好地渗入并对固化后的砂岩颜色影响较大。

综合以上分析，五组加固液的综合性能比较结果是：3∶1＞5∶1＞7∶1＞9∶1＞11∶1（按 $MgO:MgCl_2$ 的比例）。

(2) 抗压强度

不同摩尔比的加固液混合石英砂制备的模拟样块在自然条件下养护 7d 后的抗压强度测试结果如图 5.7.3 所示。

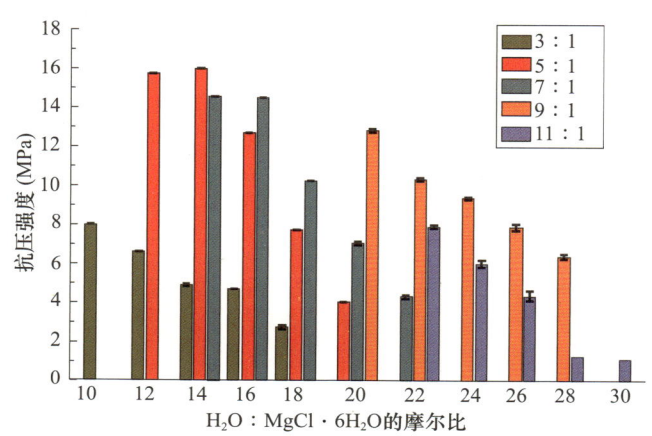

图 5.7.3　加固液与石英砂混合制备模拟样块的抗压强度

试验结果表明：当 $MgO:MgCl_2·6H_2O$ 的摩尔比一定时，随着 $H_2O:MgCl_2·6H_2O$ 摩尔比的增大，模拟样块的强度减小。此外，在 $H_2O:MgCl_2·6H_2O$ 摩尔比一定的情况下，$MgO:MgCl_2·6H_2O$ 的摩尔比越大，模拟样块的强度也越大，除了 $MgO:MgCl_2·6H_2O:H_2O=7:1:14$ 和 11∶1∶22。当 $MgO:MgCl_2·6H_2O:H_2O=5:1:14$ 时，最高强度是 16.04MPa，而最低强度 1.139MPa 是在 $MgO:MgCl_2·6H_2O:H_2O=11:1:30$ 时。综合以上分析，五组加固液的加固性能比按 $MgO:MgCl_2$ 的比例是：5∶1＞7∶1＞9∶1＞3∶1＞11∶1。

根据保护材料的基本要求：①具有一定的渗透深度；②色差范围 $\Delta E^* < 5$；③具有一定的加固强度。筛选出最佳加固液比例为：$MgO:MgCl_2·6H_2O:H_2O$ 摩尔比为 5∶1∶16，此时氧化镁的质量分数为 27.74%，水的质量分数为 39.94%，加固后与本体的色差为 4.7，抗压强度为 12.72MPa。

(3) XRD 分析结果

为进一步探究在最佳比例下加固液的固化产物和水对加固液固化的影响，试验选择了 $MgO:MgCl_2=5:1$ 系列的加固液进行 XRD 分析，固化产物的 X 射线衍射图堆放在图 5.7.4 中。

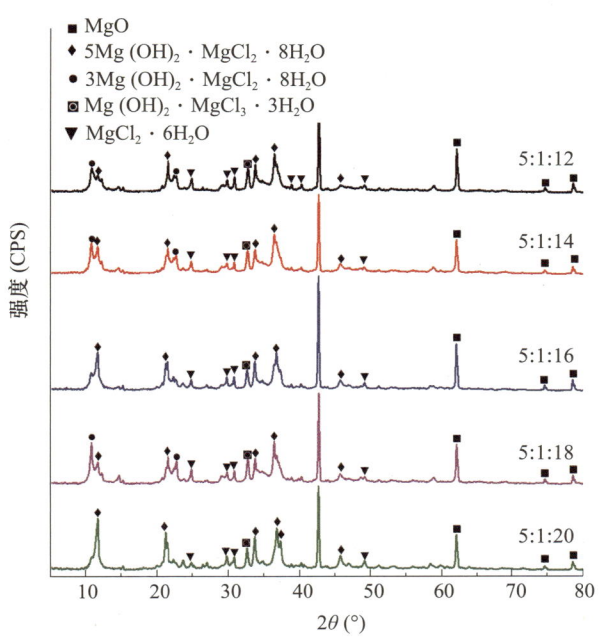

图 5.7.4 加固液固化后的 X 射线衍射图谱

从 XRD 分析结果来看：5∶1 系列的加固液固化后主要含有 Mg(OH)$_2$。由峰强度可知，随着水的增多 phase5 相的含量降低，Mg(OH)$_2$ 的比例增多，加固液有效成分减少，是强度下降的主要原因。

结果显示：MgO∶MgCl$_2$·6H$_2$O＝5∶1 系列加固液固化产物的种类是相同的，除了未反应的 MgO 和 MgCl$_2$·6H$_2$O 外，主要有 Mg(OH)$_2$·MgCO$_3$·3H$_2$O、5Mg(OH)$_2$·MgCl$_2$·8H$_2$O（phase 5）以及少量的 3Mg(OH)$_2$·MgCl$_2$·8H$_2$O(phase 3)，因为水的量不同，各种固化产物的含量也各不相同。加固液的加固强度主要是由 phase 5 和 phase 3 决定，其中加固液 M5/H14 中氧化镁几乎已完全反应，并且在此比例下强度最高；加固液 M5/H16 主要是由相 5 组成，但是仍有少量水过量，因此加固强度略有降低；加固液 M5/H18 的氧化镁很少并且相 5 的含量也比较高，强度却降低很多，这可能是因为自由水过量，这意味着加固液中不能再加水了。

另外当加固剂暴露在空气中后由 3 相态有转化成氟碳化合物的趋势，这一趋势对于增强加固液的耐水性有积极的影响，因为含量较少可能没有被检测到。

$$3Mg(OH)_2 \cdot MgCl_2 \cdot 8H_2O + 2CO_2 \longrightarrow Mg(OH)_2 \cdot MgCl_2 \cdot 2MgCO_3 \cdot 6H_2O + 4H_2O$$

（4）SEM 分析结果

图 5.7.5 为 MgO∶MgCl$_2$·6H$_2$O∶H$_2$O＝5∶1∶16 时加固液固化后的微观形貌。

从图 5.7.5a、b 可以看出，加固液固化后结构密实，表明加固液反应很充分。phase 5 结晶相的晶型多为针杆状并相互交叉形成致密的网状结构。图 5.7.5c、d 为加固液气泡内部的微观形貌，从图中可以看到气孔中有很多 phase 5 针状结晶，这种气泡和针状结晶的存在保证了砂岩加固后的透气性。图 5.7.5e、f 是加固液在砂岩中固化后填充在砂粒与砂粒之间的缝隙中，同时加固液与砂岩本体中剩余的砂岩颗粒通过加固液的固化反应紧密结合起来，针状结晶的存在能够插入砂岩内部的细小空隙中，具有很高的强度，能够实现对松散砂岩的加固。从微观形貌来看，加固液固化后与砂岩本体间没有分层的现象，也没有收缩裂隙，表明加固材料与砂岩颗粒兼相容性好。

（5）耐水性能分析

选取了最佳比例做耐水性试验，分析加固液加固砂岩后的耐水性能，分别从在水中浸泡不同时间后的质量损失率、析出物的成分分析和抗压强度三个方面分析加固液的耐水性能，测试结果如图 5.7.6～图 5.7.8 所示。

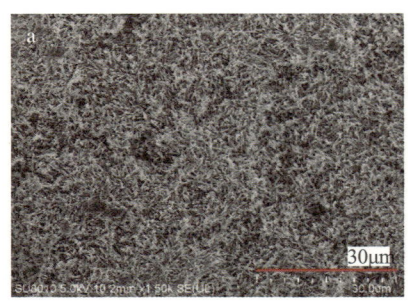
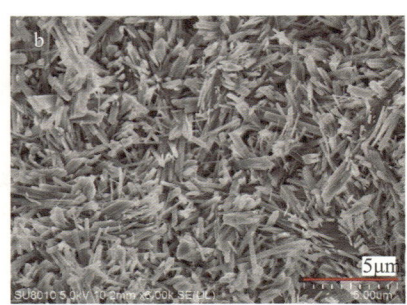

(a) 加固液固化后截面的微观形貌 (a:放大1500倍，b:放大6000倍)

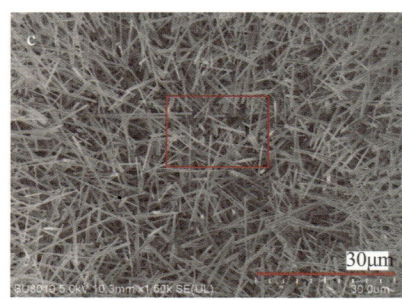

(b) 内部气泡中的针状结晶 (c:放大1500倍，d:放大6000倍)

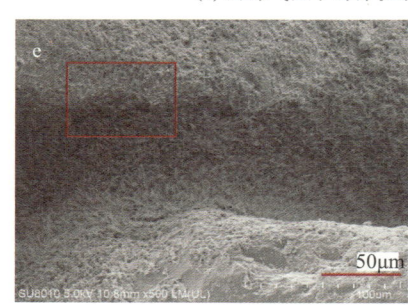
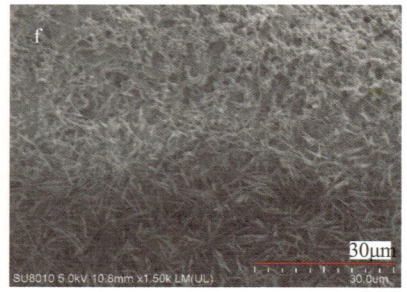

(c) 加固液固砂岩颗粒的微观形貌 (e:放大1500倍，f:放大1500倍)

图 5.7.5　纯无机镁基加固材料固化后和加固砂岩后的 SEM 图

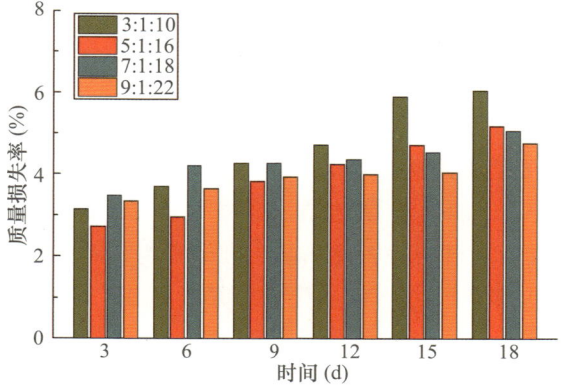

图 5.7.6　模拟样块在水中浸泡不同时间后的质量损失率

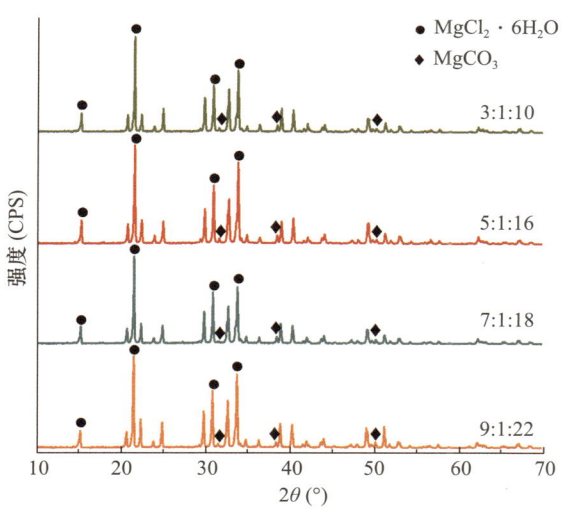

图 5.7.7 不同比例的加固液析
出物成分分析

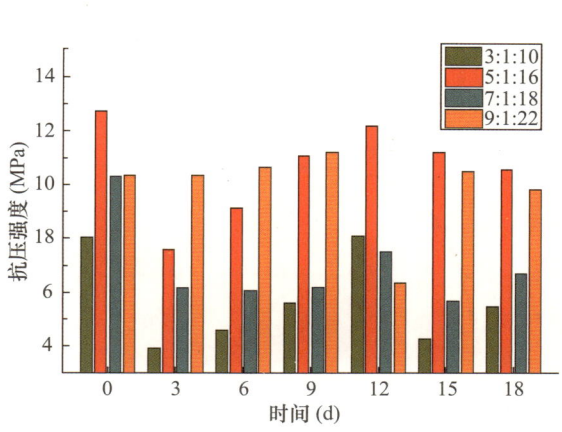

图 5.7.8 模拟样块在水中浸泡
不同时间后的抗压强度

质量损失率在耐水性试验中被记录。图 5.7.6 显示了模拟样块分别在水中浸泡 3d、6d、9d、12d、15d、18d 后的质量损失率。从质量损失率的趋势来看，随着浸泡时间的增加，质量损失率也逐渐增大，表明在浸泡的过程中有可溶物从模拟样块中析出。经过 18d 的浸泡，除 3∶1∶10 的加固液质量损失率较大外，其他三个比例的加固液质量损失都不超过 5%，说明加固液加固砂岩后的耐水性较好。

XRD 的分析结果显示加固液析出物的主要成分均为 $MgCl_2 \cdot 6H_2O$ 和少量的 $MgCO_3$，表明质量损失的主要来源是加固液中尚未反应的氯化镁和微溶物碳酸镁的溶解析出，其中 $MgCO_3$ 的生成是受欢迎的，因为 $MgCO_3$ 溶解度小（$K_{sp}=3.5\times10^{-8}$），每当有水出现，过量的 MgO 就会与水和水中溶解的 CO_2 反应，生成 $Mg(OH)_2 \cdot MgCO_3 \cdot 3H_2O$，能够形成保护性的表皮，使保护材料免受水的快速攻击。加固材料的长期稳定性取决于氯化物非常缓慢地浸出和加固液与水菱镁矿的转化，保护性的表皮的生成起到减缓氯化镁可溶盐析出的作用。碳酸镁微溶于水，在水中的溶解度较氢氧化镁大，因此碳酸镁的析出会被检测到。

从水浸泡不同时间后模拟样块的强度来看，在水浸泡 3d 后强度减小最明显，随着浸泡时间的增长，模拟样块的强度又逐渐增大，其变化趋势大致表现为先减小后增大。以 5∶1∶16 的加固液为例，经过 18d 的浸泡，模拟样块没有崩解，其强度仅降低了 16.8%，表明该加固液有较好的耐水性能，并且随着时间的延续，模拟样块在浸泡 40d 后仍没有崩解。

(6) 样块湿膨胀率测试结果

按照前述的湿膨胀率测试方法，得到未风化的砂岩，以及镁基材料和 TEOS 材料分别加固的模拟风化砂岩的湿膨胀率如图 5.7.9 所示。

加固材料在应用时，一般都是对砂岩表面的风化层进行加固，加固层的湿膨胀系数与砂岩本体越相近，在干湿频繁变化环境中就越不容易受到界面应力的破坏。由图 5.7.9 可以看到，TEOS 加固样块的湿膨胀系数很小，加固砂岩后会形成疏水表面，因此容易受干湿界面应力破坏；而纯无机镁基加固材料加固后，其湿膨胀系数与未风化砂岩样块比较接近，相对而言与未风化砂岩的相容性就比较好。

(7) 吸水率测试结果

吸水率与湿膨胀率有类似的说明意义。图 5.7.10 显示了两种材料分别处理模拟风化砂岩后的吸水率，以及未风化样块的吸水率。试验结果表明：相对于 TEOS 加固的模拟样块，纯无机镁基加固材料加固后样块的吸水率与未风化砂岩的吸水率比较接近，因此更进一步说明纯无机镁基加固材料与未风化砂岩的相容性较好。

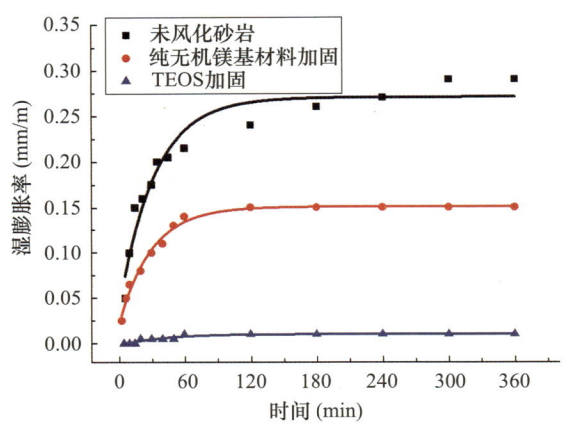

图 5.7.9　模拟风化砂岩样块加固后和未风化的砂岩的湿膨胀率

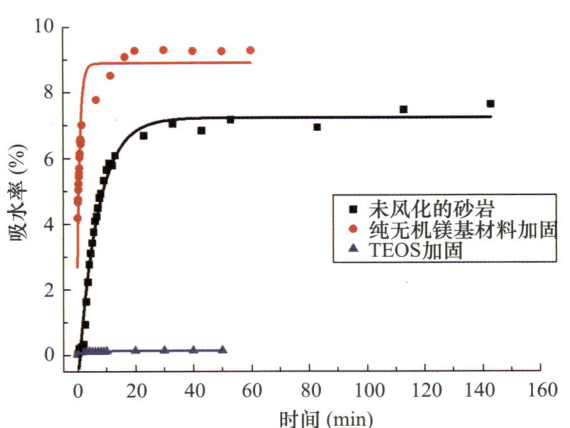

图 5.7.10　模拟风化砂岩样块加固后和未风化砂岩的吸水率

5.7.4　结论

本工作已研发出一种可用于风化砂岩类石质文物渗透加固的纯无机镁基加固材料。由于砂岩风化后胶结物流失，留下了比较多的孔隙，这些大大小小的孔隙为纯无机镁基加固液的渗入提供了可能。

试验结果表明，纯无机镁基加固液在合适的比例下可以同时达到足够的渗透深度和加固强度，并且对文物的表观颜色不会产生明显的影响。该材料用于砂岩渗透加固的最佳摩尔配比是：$MgO：MgCl_2·6H_2O：H_2O=5：1：16$，此时每 1g 加固液对松散砂层的渗透深度可达 11.7mm，加固质量为 5.05g，加固后的色差是 4.7，对砂的加固强度可达 12.72MPa，加固生成产物主要是 phase5 和 phase3。

从耐水性测试结果来看，水浸泡的析出物 $MgCl_2$ 和微溶的碳酸镁，加固液加固的样块在水中浸泡 18d 后强度下降不明显，40d 后未崩解，表明加固样块具有较强的耐水性。

加固的微观机理是加固液与砂岩本体中剩余的砂岩颗粒通过加固液的固化反应，生成针状结晶，使砂岩颗粒紧密结合起来，从而实现加固松散砂岩的目的。

湿膨胀和吸水率的试验结果表明，纯无机镁基加固材料处理风化砂岩后的水力学性质与未风化砂岩接近，表明加固材料与砂岩本体相容性好，不容易受到因干湿循环产生的界面应力的破坏。

以上性能使纯无机镁基加固材料有可能成为一种加固高度风化砂岩类石质文物的加固材料。本工作相关配方和工艺已申请国家发明专利（授权公告号 CN110510985B）。此外，相关原料、配方和工艺的改进还在进行中。

5.8　本章小结

（1）石质文物表面的憎水性化学保护，包括表面防护和渗透加固，在保护剂渗透深度很有限的情况下，会形成表面憎水层

试验发现，由于表层憎水性和岩石基底亲水性的差异，在环境干湿变化、冷热变化、水盐迁

移过程中，因两部分物理性质的差异，会产生明显的界面应力，从而破坏岩石本体。在影响因素中，岩石的强度越小，吸水率越高，越容易受到破坏；保护剂的憎水性越强，界面应力越集中，破坏速度越快；在各种破坏中，盐结晶的作用力最明显。

（2）为缓解化学保护对石质文物的破坏作用，本实验室提出以下技术措施

①适当憎水的化学保护，即采用与岩石憎水性相近的化学保护材料，可以明显减小界面应力，从而避免保护性破坏；②双层保护，即以憎水性较弱的渗透保护材料作为基础层，以憎水性较强的保护材料作为表面层，由此构成的双层或多层保护，由此可以分散界面应力，使保护性破坏现象得到缓解；③隔断毛细水，即使用化学封闭剂材料阻断基底毛细水和可溶盐的运移，由此能够去除产生破坏的原因，使化学保护层不容易受到破坏。

（3）制备新型有机-无机复合加固材料

采用甲基三甲氧基硅烷与正硅酸乙酯进行脱水缩合，再加入硅溶胶反应，探索得到力学性能与渗透性能最佳的加固剂。该材料对水、酸、盐、紫外线有很好的抵抗性能，憎水性适当，能够在自然环境中保护石质文物。

（4）采用常温仿生合成法在石灰岩样品表面合成了结构致密的厚约100nm的一水草酸钙保护薄膜

该保护膜不会改变原岩石外观、颜色和手感，可改善石样的耐污性和防酸性，与岩石本体的物理化学性质较为接近，兼容性好，结合牢固，为开拓新型石质文物保护材料提供了新的思路。

（5）根据鸟粪层磷灰石的矿化机理，借鉴溶胶-凝胶法，在常温常压条件下制备出羟基磷灰石（HA）

HA能与汉白玉石材牢固结合，改善汉白玉的耐盐性能，提高疏松仿制石材样品的抗压强度，石材经过保护处理后亲水-憎水性没有明显变化。该纯无机保护材料与岩石基底兼容性良好，为汉白玉类石质文物保护提供了新的思路。

（6）为改进风化石灰岩文物的磷灰石仿生加固方法，制备出纳米氢氧化钙的醇分散液

其氢氧化钙粒子大小约70nm；将该溶液作为钙源，再引入磷酸铵溶液作为磷源，先后处理风化石灰岩试块，可以常温生成多孔的羟基磷灰石类骨加固相。测试表明，经该方法仿生加固处理后，风化石灰岩试块的表面强度、整体抗压强度和抗风化能力都有了显著提高，不会改变风化石材的透气性和毛细水吸收能力，是一种有效的疏松石灰岩文物加固方法。

（7）为加固高度风化的砂岩类石质文物，开发了一种纯无机镁基渗透加固材料和技术

经过优化，每1g加固液对松散砂层的渗透深度可达11mm，加固提取质量为5g，加固强度可达12MPa，样块水浸泡18d后强度下降不明显，40d后未崩解，表明加固样块具有较强的耐水性。其湿膨胀和吸水率与未风化砂岩接近，相容性好。

本章参考文献

[1] 全国人民代表大会. 中华人民共和国文物保护法［M］. 北京：中国民主法制出版社，2002.
[2] 陆寿麟. 文物的科学研究和文物保护修复的原则［J］. 文物科技研究，2004，1：11-15.
[3] 黄克忠. 石质文物的化学保护方法［J］. 文物科技研究，2004（1）：16-23.
[4] AROCENA J M, HALL K. Calcium Phosphate Coatings on the Yalour Islands, Antarctica: Formation and Geomorphic Implicat［J］. Arctic Antarctic & Alpine Research, 2003, 35（2）：233-242.
[5] MASUD Y, MATUBARA K, SAKKA S. Aynthesis of hydroxyapatite from metal alkoxides through sol-gel technique［J］. Journal of the Ceramic Society of Japan, 1990（11）：1255-1266.

[6] International Center for Diffraction Data. Powder Diffraction File [M]. Philadelphia: Joint Committee on Powder, 1992.

[7] 唐晓恋, 肖秀峰, 刘榕芳. 含硅羟基磷灰石的水热合成与结构表征 [J]. 无机化学学报, 2005, 21 (10): 1500-1510.

[8] KLEIN C P, DE BLIECK-HOGEMRST J M, WOLKE J G, et al. Solubilities of different calcium phosphate ceramic particles in vitro [J]. Biomaterials, 1990, 11 (7): 509-512.

[9] GABRIELLI G, CANTALE F, GUARINI G G T. Adsorption of amphiphilic mixtures and stabilization of suspensions of hydrophobic solids in wate [J]. Colloids & Surfaces A Physicochemical & Engineering Aspects, 1996, 119 (2-3): 163-174.

[10] 中华人民共和国住房和城乡建设部. 建筑砂浆基本性能试验方法标准: JGJ/T 70—2009 [S]. 北京: 中国建筑工业出版社, 2009.

[11] KUMAR E, XIE J, CHITTUR K, RILEY C. Transformation of modified brushite to hydroxyapatite in aqueous solution: effects of potassium substitution [J]. Biomaterials, 1999, 20 (15): 1389-1399.

[12] HAFEZ I T, PARASKEVA C A, TOLIZA A, et al. Calcium Phosphate Overgrowth on Silicate Sand [J]. Crystal Growth & Design, 2006, 6 (3), 675-683.

[13] SOREL S. On a new magnesium cement [J]. Comptes Rendus Acad Sci, 1867, 65 (2): 102-104.

[14] SAM A, WALLING, JOHN L. Magnesia-Based Cements: A Journey of 150 Years, and Cements for the Future? [J]. Chemical Reviews, 2016, 116 (7): 4170-4204.

[15] 中华人民共和国住房和城乡建设部. 土工试验方法标准: GB/T 50123—2019 [S]. 北京: 中国计划出版社, 2019.

[16] SORRELL C A, ARMSTRONG C R. Reactions and equilibria in magnesium oxychloride cements [J]. Journal of the American Ceramic Society, 1976, 59 (1): 51-54.

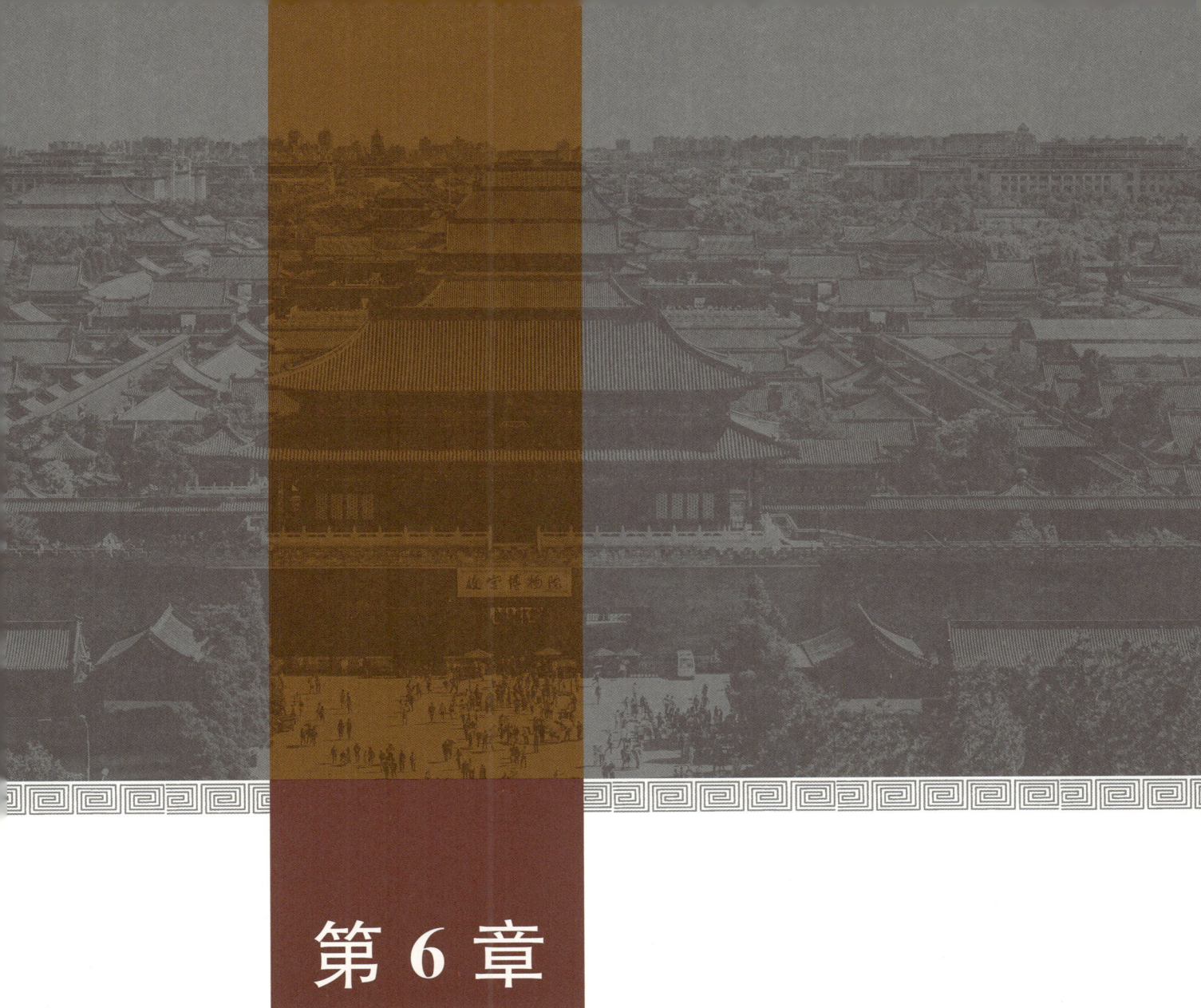

第6章

粘结与灌浆材料

6.1 技术概念和定义

由于常年风吹雨淋，不可移动石质文物大多存在不同程度的风化、开裂、破损等病害。粘结"裂隙"、填补"缺失"不仅可以减缓文物的破损速度，有利于文物的稳定，同时能保持文物完整的风采。因此，石质文物粘结、灌浆、修补的材料和技术一直是文物保护的重要研究方向。

粘结、灌浆的修补材料都依赖于胶凝材料。胶凝材料也称胶结物，是在物理或化学作用下，能从浆体变成固体，将散粒状或块状材料粘结成整体，制成具有一定机械强度的复合固体的基础材料。

历史上，用于石质文物的胶凝材料有黏土、石膏、石灰、沥青、大漆、树汁等，既有无机材料，也有有机材料。近百年来，常用于石质文物的胶凝材料主要有硅酸盐水泥、环氧树脂、水硬性石灰、火山灰、PS-粉煤灰、偏高岭土等。

（1）粘结材料

石质文物的粘结材料是指在物理、化学作用下，能从浆体变成具有一定机械强度的石状体，将石质文物脱落块体回贴原位，或将断裂部位连接成一体，或能拼接石质碎片的胶凝材料。

（2）灌浆材料

石质文物灌浆材料属于一种粘结材料，能利用液压、气压等原理注入裂隙、孔隙等内部空间，对石质文物的裂缝、空鼓部位进行填充，使之相互粘结，凝固成一体，改善石质文物物理性状及力学性能的材料。

（3）仿石修复材料

石质文物仿石修复材料是指能对破裂、残断、缺损的石质文物进行填补和塑形，使修复后的文物从视觉和触觉上都能恢复到原石料感觉的材料。一般由粘结材料和与石质文物相同石材的石粉配制而成。

6.2 环氧树脂胶粘材料的评价研究

6.2.1 问题

环氧类粘结材料自20世纪80年代开始在我国文物保护领域中应用，是文物保护工作中最常用的粘结材料之一。数十年的应用已经发现，各种环境因素会使环氧树脂加速老化。例如，环氧树脂受到紫外线辐照之后容易变色而改变文物的外观；环氧树脂可能给微生物的繁殖提供碳源，不仅会改变文物的外观，其分泌物还会与文物本体发生化学反应；环氧树脂的老化和失效会使文物再次处于危险状态，可能使文物产生新的裂隙甚至坍塌。因此有必要研究环氧树脂的老化问题。

国外学者对环氧树脂老化的研究最早始于20世纪70年代，研究方法多为力学分析。Adams研究发现导致环氧树脂老化的条件有高温、高湿和高剂量辐射。Birkina等人研究了由不同固化剂配制而成的环氧树脂的耐辐射能力。这一阶段的研究均未能有效揭示环氧材料失效的机理。21世纪初，国外学者将各种分析技术应用于环氧树脂老化的研究，并且将研究重点转移到对老化机理的探索。Damian等人研究了热氧老化、放射性化学老化和水解老化这三种老化类型对环氧树脂结构性能的影响。他们运用失重法、质谱法与热重法联用、红外光谱法、核磁共振分析、差示扫描量热法和吸附法，发现热氧老化会导致挥发性物质的生成，水解老化会改变环氧树脂的吸湿率和扩散率。Karad等人发现热冲击、聚合物的组成成分和树脂的结构是影响氰酸酯改性环氧树脂吸湿性的主要因素，研究方法为动态热机械分析法和热重分析。Queiroz等人使用红外光谱法、差示扫描量热法、溶胶凝胶分析法研究了环氧树脂受到γ射线辐射时的降解,结果显示氧化程度随辐照量的增加而加强,氧化会生成过氧化氢并导致环氧树脂聚合物断链降解。国内学者对于影响环氧树脂老化的因素、老化后性质的改变等方面也开展了一些研究工作,但机理研究较少。

综合国内外研究情况,可以得知目前对于环氧树脂的单一老化因素已经做了很多试验和检测,比如热氧老化、光老化、水解老化等。已经尝试从化学键层面解释某些环氧树脂老化的化学过程。但众所周知,石质文物保护所用的环氧类材料通常暴露在室外环境下,所经历的老化过程比较复杂,一般是两三种老化因素(如光、热氧、水解等)同时进行或者交替进行。但目前国内还没有见到环氧树脂多因素交替循环老化的试验研究报道。

为了研究环氧类粘结材料的老化过程,本工作选择最常用的双酚 A 型环氧树脂作为主剂,与几种常用固化剂、稀释剂、偶联剂混合配制成粘结剂;模拟自然界的极端条件对环氧类粘结材料进行循环老化研究。

6.2.2 试验部分

(1) 试剂

为了对比不同成分的环氧树脂胶黏剂的老化情况,本试验选择了 4 种文物保护中常用的固化剂和稀释剂,具体见表 6.2.1。

表 6.2.1 试验所用试剂

试剂	试剂名称	主要成分	分子式	纯度	性质
主剂	水性环氧树脂	二酚基丙烷	$C_5H_{16}O_2$	固含量 58%	白色液体
主剂	油性环氧树脂	二酚基丙烷	$C_5H_{16}O_2$	工业纯	无色黏稠液体
稀释剂	D-691	邻甲苯基缩水甘油醚	$C_{10}H_{12}O_2$	工业纯	无色透明液体
稀释剂	糠醛	2-呋喃甲醛	$C_5H_4O_2$	分析纯	浅黄色油状液体
稀释剂	丙酮	二甲基酮	C_3H_6O	分析纯	无色透明液体
固化剂	2101-CN 咪唑	含有两个间位氮原子的杂环化合物	$C_3H_4N_2$	工业纯	浅黄色透明液体
固化剂	650 聚酰胺	桐油酸二聚体+二乙烯三胺		工业纯	淡棕色黏稠液体
偶联剂	550	r-氨丙基三乙基硅烷	$C_9H_{23}NO_3Si$	工业纯	无色透明液体
填料	石英粉	二氧化硅	SiO_2		白色粉末

(2) 试验仪器

试验仪器设备:DGH-0923A 型电热恒温鼓风干燥箱,UV 光固化机,HH-2 数显恒温水浴锅,FA1004 万分天平,美能达 CR-10 测色色差计,VHX-700 数码显微系统,Nicolet 170SX 傅里叶红外(FT-IR)分析仪等。

(3) 试验方法

① 样品制备

取 32mm×24mm 盖玻片若干,置于 1% 的 NaOH 溶液和浓硫酸中分别浸泡 1h,用去离子水反复清洗,烘干备用。根据如下的质量比配制环氧树脂胶黏剂。

水性环氧:A 组分:B 组分:填料=6:2:9;

油性环氧:主剂:填料:偶联剂:稀释剂 D691:固化剂咪唑=1:1:0.03:0.15:0.1;

主剂:填料:偶联剂:稀释剂 D691:固化剂聚酰胺=1:1:0.03:0.15:1;

主剂:填料:偶联剂:稀释剂丙酮+糠醛:固化剂咪唑=1:1:0.03:0.15:0.1;

主剂:填料:偶联剂:稀释剂丙酮+糠醛:固化剂聚酰胺=1:1:0.03:0.15:1。

将配制好的胶黏剂倒在盖玻片上置于避光无尘处固化,直至固化完全。

② 样品老化

本试验模拟自然界各种因素对环氧样品进行老化,老化条件有紫外线辐照、湿热老化、低温老化、干热老化。试验样品老化循环条件见表6.2.2。

表6.2.2 试验样品老化循环条件

组编号	编组代号	紫外辐照<50℃	湿热40℃	低温−20℃	干热60℃
1	光湿冷热	√	√	√	√
2	湿冷热	—	√	√	√
3	光湿热	√	√	—	√
4	光冷热	√	—	√	√
5	光湿冷	√	√	√	—

试验共有5种不同的循环老化安排和一个对照组,每组循环老化对应的样品中有一种水性环氧树脂和四种不同配方的油性环氧树脂,再加一组用于对照的空白样品,试验共需样品30个。样品循环老化的具体操作如下。

紫外线辐照老化:将1,3,4,5组样品置于UV光固化机中进行紫外线辐照老化(紫外辐射为UVB,波长范围315～280nm,紫外辐照强度为8.2MW/cm²)1h,控制温度低于50℃。

湿热老化:将1,2,3,5组样品分别置于4个小烧杯中,倒入相同体积的蒸馏水,放入水浴锅中调至40℃加热1h。

低温老化:将1,2,4,5组样品置于−20℃冰箱中冷冻1h。

干热老化:将1,2,3,4组样品置于60℃烘箱中加热1h。

③ 样品表观性能测量

样品的表观性能有质量变化率和色差值。在每两轮老化结束后测量并记录数据。

质量变化率:使用万分之一天平称量样品初始质量记为m_0,第i轮老化结束后称量样品质量记为m_i,质量变化率Δm(%)按下式计算:

$$\Delta m = \frac{m_i - m_{(i-2)}}{m_0} \times 100 \tag{6.1}$$

色差值:使用测色色差计对老化样品和对照样品间的色差进行测量。校准色差计后将其置于对照组样品上测量色度值,然后直接置于对应的老化组样品上进行测量,得到色差值。

④ 样品的微观形貌观察和结构分析

超景深显微系统观察:在老化前后将所有样品置于超景深显微镜下观察并拍照。

红外光谱法分析:待超景深显微观察结束后,在液氮中将样品研磨成粉末,在110℃下烘干1h,与溴化钾粉末混合均匀后压片,置于仪器舱内检测。

DSC差示扫描量热法:在液氮中将样品研磨成粉末,在氮气保护下以10℃/min的速度从室温升至600℃,得到失重曲线。

6.2.3 结果与讨论

(1) 试验现象和数据

① 体积变化

以丙酮和糠醛为稀释剂,以咪唑为固化剂的样品经过老化后体积收缩,导致样品的载体碎裂甚至剥落(图6.2.1)。其他组样品的体积没有发生明显变化。

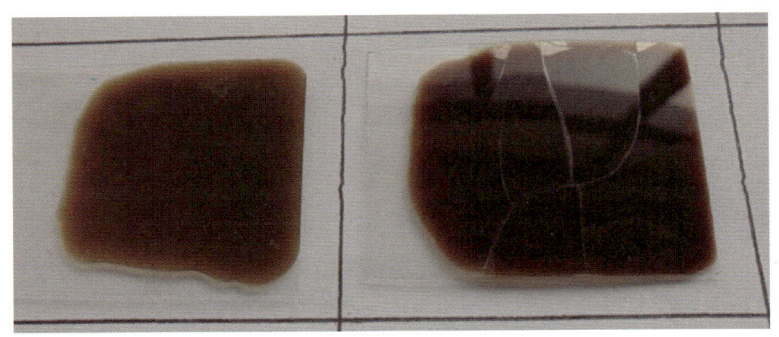

图 6.2.1　以咪唑为固化剂的油性环氧样品老化后样品体积收缩对比照片

② 质量变化率

老化过程中样品的质量变化率如图 6.2.2 所示。

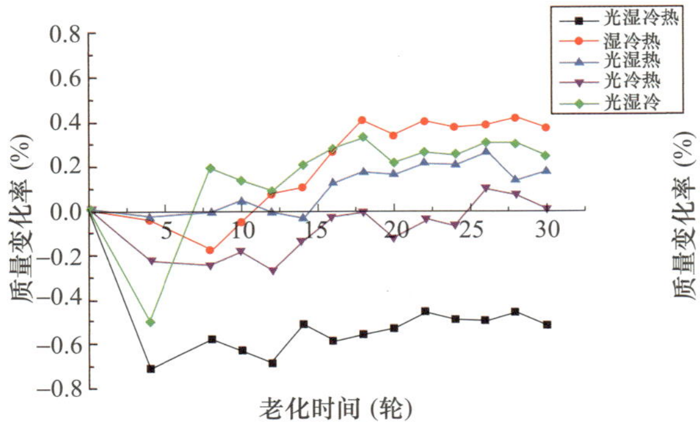

(a) D691聚酰胺组样品质量变化率

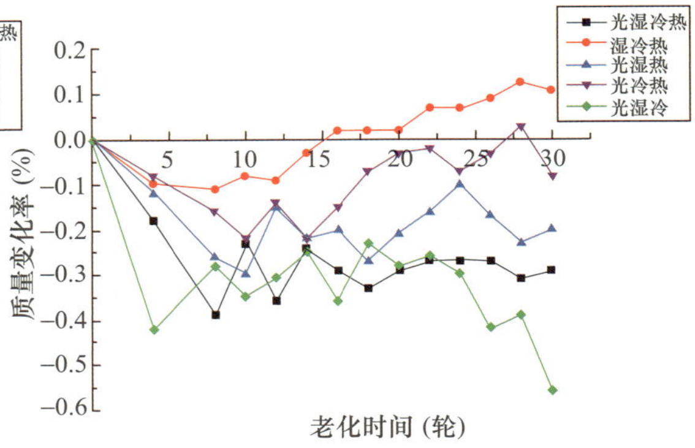

(b) D691咪唑组样品质量变化率

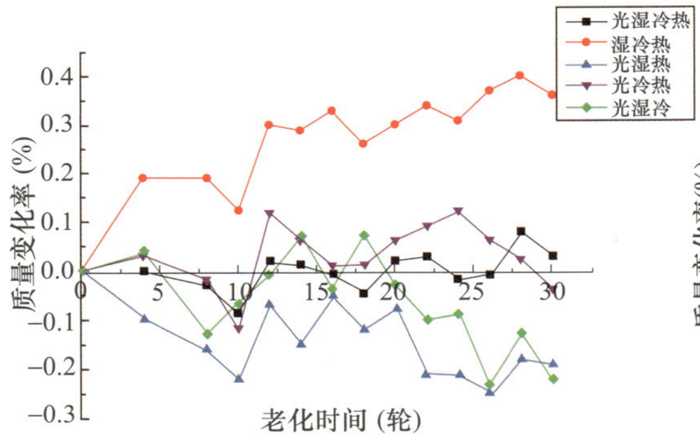

(c) 丙酮聚酰胺组样品质量变化率

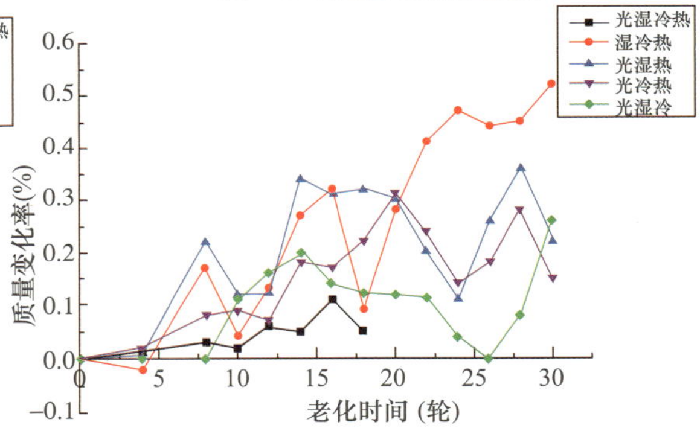

(d) 丙酮咪唑组样品质量变化率

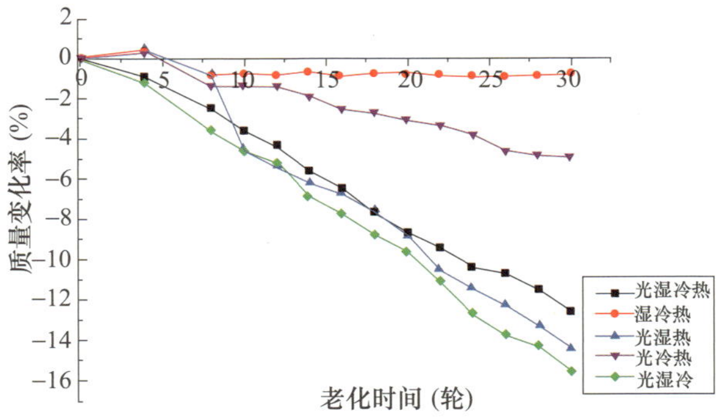

(e) 水性环氧样品质量变化率

图 6.2.2　老化过程中样品质量变化率折线统计图

观察图 6.2.2 可知，油性环氧在各组样品中未经过紫外线辐照老化样品（湿冷热）的质量损失都是最小的（红色线），同一组分的油性环氧样品老化过程中的质量变化没有明显规律，大部分样品在老化初始阶段出现质量损失，随着老化的进行质量呈现增大趋势。水性环氧质量变化规律较为明显，即样品质量随着老化的进行不断减小。紫外线辐照对水性环氧样品的质量损失影响程度最大，未经过紫外线辐照老化的样品质量损失率保持平稳。

③ 颜色变化和色差值变化

观察样品发现，经过 30 轮循环老化的水性环氧样品表面有不同程度的变黄；以聚酰胺为固化剂的油性环氧样品颜色变化不明显；以咪唑为固化剂的样品，经过紫外线辐照老化后颜色明显变深；未经过紫外线辐照老化的样品颜色变化不明显。老化过程中样品的色差变化如图 6.2.3 所示。

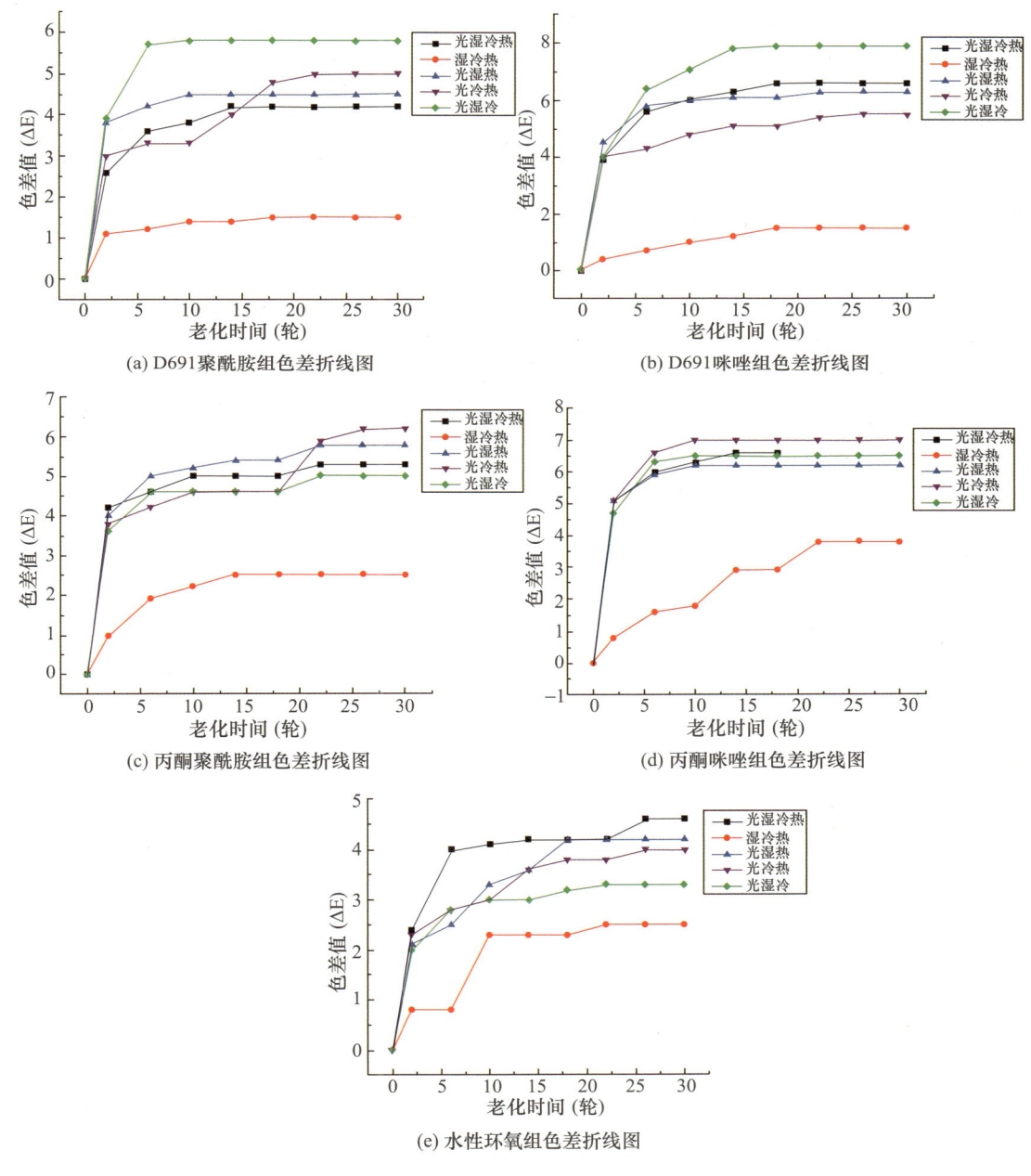

图 6.2.3 老化过程中样品色差变化折线图

从图 6.2.3 可以明显看出，第 30 轮老化结束后在各组样品中未经过紫外线辐照老化样品（湿冷热）的色差变化是最小的（红色线）。此外，所有经历紫外线辐照的样品到第 30 轮老化结束时，以 D691 为稀释剂、以咪唑为固化剂的样品色差值大约在 4.5～8，以 D691 为稀释剂、以聚酰胺为固化剂的样品色差值大约在 4～6。观察以丙酮为稀释剂的样品色差图可以得出相同结论，以咪唑为固化剂的样品色差值大于以聚酰胺为固化剂的样品。

（2）微观形貌观察和结构分析

① 微观形貌观察

使用超景深显微观察老化后样品，以各种老化条件都具备的第 5 组样品为例，选择典型状态拍照。为对比样品老化前后的情况，图 6.2.4 中列出了相同材质相同放大倍数的对照组照片。对照组和老化组样品为同一批配制，初始形貌相同均一。

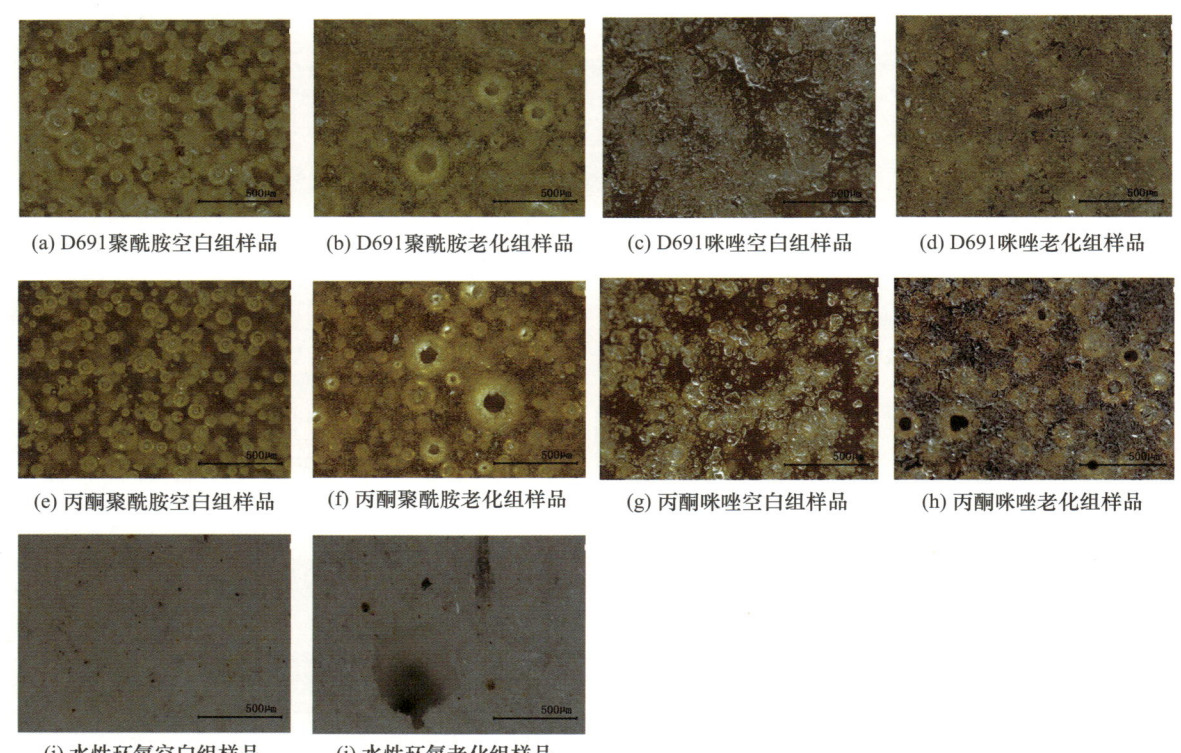

(a) D691聚酰胺空白组样品　　(b) D691聚酰胺老化组样品　　(c) D691咪唑空白组样品　　(d) D691咪唑老化组样品

(e) 丙酮聚酰胺空白组样品　　(f) 丙酮聚酰胺老化组样品　　(g) 丙酮咪唑空白组样品　　(h) 丙酮咪唑老化组样品

(i) 水性环氧空白组样品　　(j) 水性环氧老化组样品

图 6.2.4　空白组和光湿冷热全循环老化样品表面形貌超景深显微图像

对比油性环氧老化前后的表面形貌可知，在相同面积的视野内，D691 聚酰胺组样品表面出现少量孔洞，D691 咪唑组几乎没有出现孔洞。以 D691 为稀释剂的两组环氧样品固化后表面形成的气泡较少，且直径小。另外两组样品固化后表面形成的气泡数量较多，直径大小不均匀，其直径普遍大于以 D691 为稀释剂的两组。水性环氧样品中，只有第 5 组样品表面的突起出现一个较大孔洞，推测是在突起处固化时形成的气泡在老化过程中破碎。总体看，环氧样品老化的重要特征是固化时表面生成的气泡有不同程度的碎裂。

② 红外光谱法分析

光湿冷热全循环老化样品和对照组样品红外光谱图如图 6.2.5 所示。

各样品红外光谱吸收峰波数见表 6.2.3。通过对比发现老化前后环氧样品对应的波峰并没有明显位移，也没出现新的特征峰。

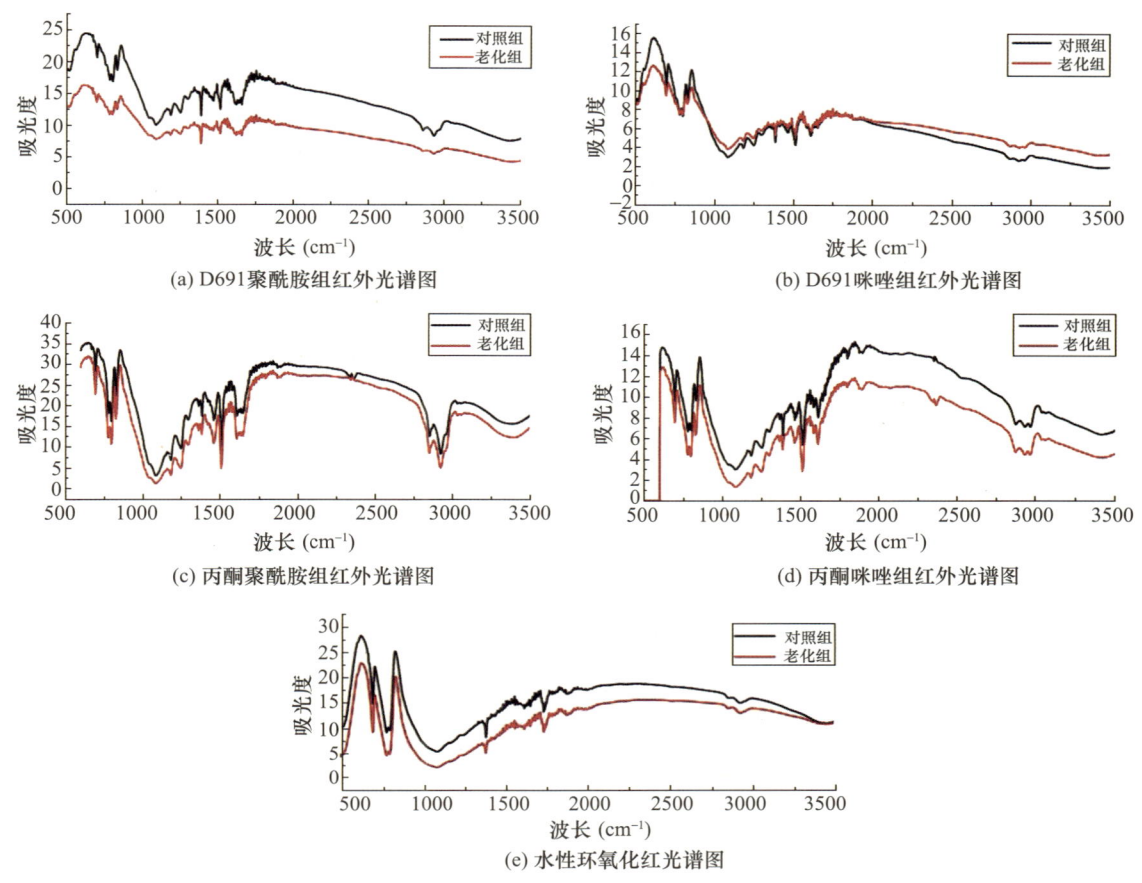

图 6.2.5 光湿冷热全循环老化样品和对照组样品老化前后红外光谱图

表 6.2.3 各样品红外光谱吸收峰位置

样品	波数（cm^{-1}）
D691 650 组	2924　2851　1608　1509　826　851　798　778　693　512　459
D691 咪唑组	2926　2869　1608　1510　1382　852　793　775　694　459
丙酮 650 组	2925　2852　1607　1508　1383　854　777　694
丙酮咪唑组	2927　1608　1508　1383　851　826　796　774　692
水性环氧	2934　2858　1732　1381　795　774　693

③ 差示扫描量热法分析

对照组和光湿冷热全循环老化组样品的 DSC 曲线如图 6.2.6 所示。

对比油性环氧老化前后 DTG 曲线后发现，样品在 0～600℃ 的质量损失率均为 45%，有机物含量没有变化。固化剂不同的样品的分解温度不同，以咪唑为固化剂的样品分解温度接近 420℃，而以聚酰胺为固化剂的样品分解温度接近 450℃，这表明由不同固化剂配制的样品固化后生成的有机物结构不同。

对比水性环氧老化前后 DTG 曲线后发现，水性环氧老化前在 0～600℃ 的质量损失率均为 11%，老化后在 0～600℃ 的质量损失率约为 6%，老化后有机物含量下降。DSC 曲线老化后 350～400℃ 的峰的位置偏移至 300～350℃，老化后的分解温度降低。

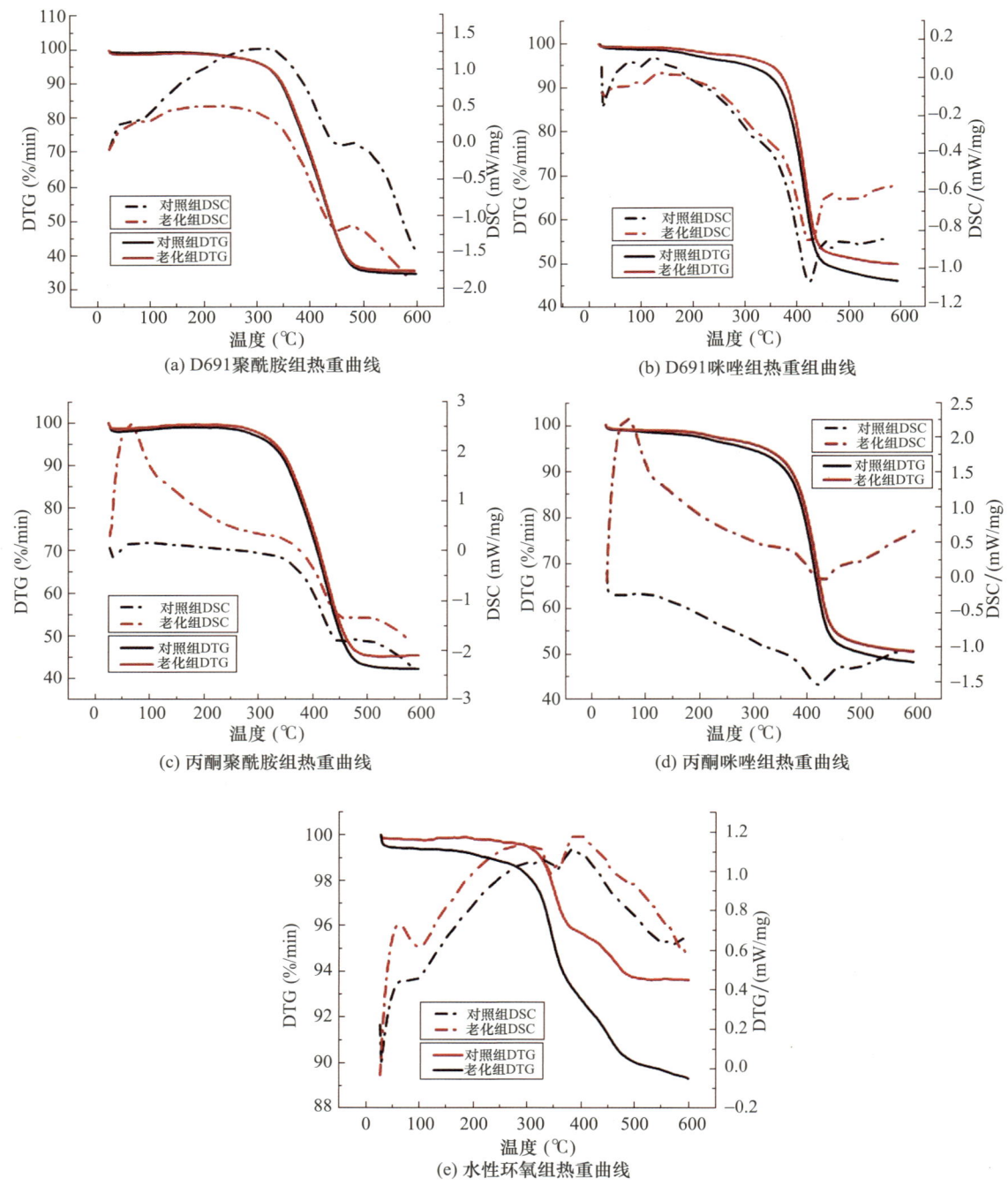

图 6.2.6 对照组和光湿冷热全循环老化样品 DSC 曲线

（3）讨论

① 环氧老化的影响因素

从图 6.2.2 可以看出，各组样品中未经过紫外线辐照老化样品的质量变化率折线（红色线）基本上都位于其他老化条件折线的上方，表明未经过紫外线辐照老化的样品质量损失最小。从图 6.2.3 可以看出，未经过紫外线辐照老化样品的色差变化折线（红色线）位于其他老化条件折线的下方，表明未经过紫外线辐照老化的样品的色值最小。由此可以判断，紫外线辐照是影响环氧老化的最主要因素。观察图 6.2.2 和图 6.2.3，除紫外线辐照外，考察湿热、低温和干热的影响，从油性环氧样品老化折线看，很难分辨出它们影响程度的差异；从水性环氧样品老化折线看，发现经过紫外线辐照老化的样品中，未经过湿热老化的样品质量损失率（粉色线）小于其他样品，未经过热氧老化样品的色差值（浅蓝色线）小于其他样品，因此难以确定影响水性环氧老化的次要因素。

② 样品质量变化原因

从图 6.2.2（a）～（d）可以看出，油性环氧样品的质量变化率呈先减后增的趋势，观察（图 6.2.4）样品表面形貌发现样品固化时形成的气泡有不同程度的碎裂，样品的红外光谱（图 6.2.5）中没有发现新的特征峰，推测引起油性环氧样品质量先减后增的原因应该是一种物理过程。初始阶段样品质量减小是由于表面气泡碎裂产生的物质损失，后一阶段质量增加是由于湿热老化过程中水分通过气泡碎裂形成的孔洞进入样品中。干热老化（60℃）后水分未能完全蒸发，导致样品质量不断增大。

从图 6.2.2（e）可知水性环氧样品经过紫外线老化后质量损失率明显增大。对比图 6.2.5 中水性环氧老化前后的红外光谱，未发现新的特征峰；图 6.2.6 的热重结果显示样品老化后分解温度降低，表明水性环氧可能由于紫外线辐照老化发生降解，使粘结强度降低，导致表面已经老化的样品不断脱落。另外，水性环氧样品固化过程中因水分的蒸发留下了水蒸气通道，样品中不存在较大孔隙或孔洞来储存水分，所以水性环氧样品随着老化的进行质量持续减小。

③ 样品颜色变化原因

首先，由图 6.2.4 可知，环氧样品老化后表面微观孔洞数量增加，阴影面积增大，给人的视觉感知是颜色变深，微孔洞数量越多、孔洞直径越大、颜色就越深。其次，从图 6.2.3 可以发现，当样品经历紫外线辐照老化时，并且稀释剂和其他成分都相同的情况下，以咪唑为固化剂的样品老化后的色差均大于以聚酰胺为固化剂的样品，也就是说固化剂的种类对色差变化有明显影响。第三，变色原因还可能由于环氧老化过程中某些发色结构的生成，这些发色结构因量极少被其他强大的特征峰掩盖，因此在红外谱图中很难体现。

为解释固化剂种类对色差变化的影响，考察咪唑与环氧树脂反应的化学式（6.2）和（6.3），咪唑反应结束后咪唑五元环内形成了共轭结构；再考察胺类固化剂与环氧树脂反应的化学式（6.4）和（6.5），胺类固化剂中伯胺的活性氢与环氧基反应生成仲胺，仲胺中的活性氢再进一步反应生成叔胺。由 Tzu Hsuan Chiang 等人的研究可知，环氧中所含叔胺越多，变黄程度越低，由此可知以聚酰胺为固化剂的样品变色程度较小。

咪唑环与苯胺一样，容易在空气中继续氧化；另外环氧化合物中的咪唑环在受紫外辐射时，易生成咪唑环自由基，并发生 π→π* 的跃迁，π* 中的电子极易与极性分子结合，稳定性增强，能量降低，导致 π→π* 跃迁能级差减小，对自由基激发态起稳定作用，从而导致吸收带向长波长位移，发生颜色变化。从图 6.2.3 可见老化后以聚酰胺为固化剂的样品的色差小于以咪唑为固化剂的样品。

6.2.4 结论与提示

模拟自然界极端环境条件，对典型环氧类粘结材料进行老化，通过紫外、湿热、低温、干热老化循环破坏试验得到：

（1）在紫外、湿热、低温、干热等影响因素中，紫外线辐照是破坏环氧树脂粘结材料的最主要因素。

（2）环氧树脂老化的重要特征之一是本身质量不断减少，原因包括气泡破碎、树脂老化降解、黏结力下降等引起的质量损失。

（3）环氧树脂老化的另一个重要特征是色差增大、颜色变深。原因是树脂老化产生了微小孔洞，另外很可能是环氧老化过程中某些发色结构的生成。

（4）固化剂的种类对环氧树脂色差变化有明显影响，以咪唑为固化剂的样品老化后颜色变黄程度大于以聚酰胺为固化剂的样品。

上述研究提示在使用环氧树脂作为石质文物的胶黏剂时要注意：

（1）环氧树脂用于可能暴露在阳光下的文物时，应该在树脂表面覆盖紫外线遮挡材料或者配合紫外线吸收剂使用。

（2）谨慎选择固化剂和稀释剂，不要使用咪唑等容易引起变色的固化剂和丙酮等容易生成气泡的稀释剂。

（3）在环氧树脂胶黏剂配制时，应注意各组分配比恰当，使胶黏剂黏度适中，减少微小气泡形成，并增加真空脱气工序，防止气泡破损引起的质量和强度损失。

6.3 水泥类灌浆材料的评价研究

6.3.1 研究意义

石窟寺和摩崖造像等许多石质文物都依附于山崖崖体，崖体的稳定性对石窟寺和摩崖造像至关重要，一旦崖体危岩垮塌，不仅对文物造成毁灭性打击，而且会对游客的安全构成严重威胁。危岩体的质量一般都比较大，裂隙灌浆或危岩加固需要高强度的植筋锚固和灌浆材料。危岩加固常用的灌浆材料为环氧树脂或水泥浆等，其中体量较大的应用主要是水泥，例如麦积山石窟、灵隐飞来峰造像、天龙山石窟等都曾采用水泥砂浆进行裂隙灌浆或喷锚进行危岩加固。虽然水泥基灌浆材料经常在实际保护工作中使用，但很少有关于这类材料对文物影响的评价研究。例如不同水泥材料氯离子渗出情况如何，水泥析出的可溶盐是否会随水分迁移到文物本体表面造成污染和破坏等问题，一直没有深入研究。

鉴于以上问题以及杭州飞来峰造像加固工程评估的需要（第一期和第二期均采用水泥砂浆灌浆加固），本工作对典型水泥类灌浆材料，包括不同种类水泥和经过添加剂改性的水泥的工作性能、力学性能、防水性和耐久性等问题进行了实验室评价研究，同时也选取其中几种材料进行了现场试验评估，希望为未来石窟文物灌浆加固材料选择提供借鉴。

6.3.2 典型水泥基灌浆材料

(1) 材料与样品制备

① 材料

普通硅酸盐水泥 P·O 42.5（OPC）（钱潮牌，余杭钱潮）；三狮超细水泥（SC♯1）（浙江三狮集团）；超细水泥灌浆料 DH-900（SC♯2）（沈阳德美斯）；标准砂（厦门艾思欧）；减水剂（聚羧酸型，法国艾森 C-SP）；水玻璃（萧山凤凰化工）；硅溶胶 JN-40 碱性（青岛麦克）；有机硅（四甲基环四硅氧烷，网上自购）；硅丙、纯丙（固含量 50%，由敦煌研究院提供）；氢氧化钠（CP，国药集团）；去离子水。

② 仪器

雷磁 DDS-307A 型电导率仪、雷磁 PHS-25 型 pH 计（上海仪电科学）；钙离子电极（上海三信仪表）；微机控制电子万能试验机（深圳新三丝计量）；离子色谱 ICS-2100（美国戴安）；扫描电镜-能谱仪（SEM-EDS）（SIRION-100，FEI）；X 射线衍射光谱仪（XRD，UltimaIV）。

③ 样品制备

试验选取普通硅酸盐水泥、超细水泥为主要原料，制备不同灌浆砂浆，具体配方见表 6.3.1。浆料制备时，称取一定量的粉料和骨料进行预混拌，然后将添加剂分散在适量水中与上述混合干料混合并搅拌均匀。将拌好的浆料注入试模中，振荡使其密实，1d 后脱模，样品置于温度（25±2）℃，相对湿度（75±5）% 的环境中进行养护。样品规格为 20mm×20mm×20mm 和 40mm×40mm×160mm，分别用于强度、离子溶出和收缩率测试。

表 6.3.1 样品制作配方

编号	名称	胶结料	胶砂比	水灰比	减水剂（%）	添加剂（%）
1	OPC	普通水泥	1:1	0.26	0.5	—
2	OPCW	普通水泥		0.26		水玻璃 0.5
3	OPCS	普通水泥		0.32		硅溶胶 1
4	OPCO	普通水泥		0.26		有机硅 0.5
5	OPCSA	普通水泥		0.3		硅丙 1
6	OPCPA	普通水泥		0.3		纯丙 1
7	SC♯1	超细水泥		0.27		—
8	SC♯1O	超细水泥		0.27		有机硅 0.5
9	SC♯2	超细水泥灌浆料		0.29		—

注：OPC 为普通水泥；W 为水玻璃；S 为硅溶胶；O 为有机硅；SA 为硅丙；PA 为纯丙；SC 为超细水泥。

(2) 性能评价

① 流动度

灌浆材料需要良好的流动性才能保证可灌性。本试验流动度采用《水泥胶砂流动度测定方法》（GB/T 2419—2005），将灌浆料装入试模中，插捣并抹平；慢慢提起试模并启动跳桌（跳动频率 1 次/s），在 25s 里完成，结束后用卡尺测量砂浆底面相互垂直的两个方向直径，计算平均值。

② 收缩率

不同配方样品 7d 和 28d 的收缩率使用游标卡尺进行测量，使用样品规格为 40mm×40mm×160mm。测量时，对每个样品的 4 个长边进行测定，结果取平均值。

③ 抗压强度

固化后灰浆的 28d 抗压强度采用微机控制电子万能试验机进行测试，样品规格为 20mm×

20mm×20mm，每组样品至少平行测试3次，结果取平均值。

④ 防水性

砂浆防水性采用吸水系数进行表示，测试方法参考标准EVS-EN 1925，吸水系数越小表示防水性越好。测试前，首先对样品表面进行打磨除去表层，然后用去离子水清洗后放入烘箱（50℃）中烘干；测试时，每组样品平行测试3次，结果取平均值。

⑤ 离子溶出性

水泥在古建修复中应用最大的一个问题是水泥中可溶性盐溶出，造成保护性破坏。本文主要考察各配方SO_4^{2-}、Ca^{2+}和总离子强度。首先，选取养护28d外观完整的试块3个（20mm×20mm×20mm），对样品表面进行打磨，用去离子水冲洗干净，放入烘箱（50℃）中干燥24h；然后，将样品浸泡在800mL去离子水中；最后，每隔1d、3d、5d、7d、14d、28d、120d进行取样分析，每次取样20.00mL，取样后再补充20.00mL去离子水。水样的总离子强度采用电导率仪测定，SO_4^{2-}采用离子色谱分析，Ca^{2+}采用钙离子电极测定，OH^-采用pH计测定。

（3）结果与讨论

① 流动度

对于灌浆材料的流动性，不同研究者和文献有不同的看法。本工作选取流动度300mm为分界，以此来确定灌浆材料的水灰比。试验结果如图6.3.1所示。

结果显示，在普通水泥中掺加水玻璃和有机硅对砂浆水灰比没有影响，而掺加硅溶胶、硅丙和纯丙均会增加砂浆需水量，其中掺加硅溶胶使砂浆水灰比提高了约19%。过高的水灰比可能对砂浆固化后强度以及收缩带来不利影响。对比普通水泥和超细水泥，两种超细水泥水灰分别是普通水泥的104%和112%，即不同品牌超细水泥在工作性能方面有一定差异。此外发现，在超细水泥中添加有机硅后砂浆的水灰比也没有变化，再次证明添加有机硅对水泥砂浆水灰比无影响。

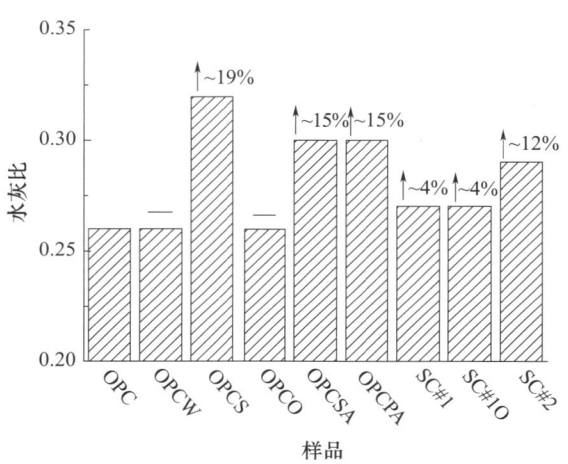

图6.3.1 不同灌浆材料样品达到一定流动度所需水量对比

② 收缩率

不同砂浆样品固化过程中收缩情况见表6.3.2。比较不同添加剂得到，水玻璃（OPCW）、有机硅（OPCO）和硅溶胶（OPCS）对于改善砂浆干缩性具有一定帮助，而硅丙（OPCSA）和纯丙（OPCPA）则没有作用。比较不同水泥得到，前7d超细水泥样品（SC♯1和SC♯2）固化后收缩均比普通水泥大，但是28d收缩率接近，可能是这两种砂浆在配制时水灰比比普通水泥大。

表6.3.2 不同配方灌浆材料样品收缩率和强度测试结果

样品名称	收缩率（%）		28d抗压强度（MPa）
	7d	28d	
OPC	0.35	0.41	77.37
OPCW	0.30	0.38	76.82
OPCS	0.29	0.37	60.67
OPCO	0.30	0.37	75.28

续表

样品名称	收缩率（%）		28d 抗压强度（MPa）
	7d	28d	
OPCSA	0.35	0.44	68.88
OPCPA	0.37	0.43	70.78
SC♯1	0.38	0.42	120.5
SC♯1O	0.33	0.38	113.0
SC♯2	0.37	0.40	63.25

③ 抗压强度

样品 28d 抗压强度测试结果见表 6.3.2 所示。由于使用非标准的 20mm×20mm×20mm 小样块，受到环箍效应和试样内部缺陷等影响，测得抗压结果要大于其他文献值。因此，该测试结果数值只能用于本研究不同配方样品之间的对比。结果显示，加入添加剂后均会使砂浆强度有所降低，其中，水玻璃和有机硅的影响很小，硅溶胶影响最大，使强度降低约 22%。对比两种超细水泥发现 SC♯1 强度是普通水泥的 156%，而 SC♯2 只有普通水泥的 82%，这再次证实，不同厂家生产的产品性能存在较大差距，在实际应用时应该先做试验评价，然后根据加固对象选择合适的水泥品种。

④ 防水性

水泥砂浆的防水性可以减少可溶性离子的溶出。结果见表 6.3.3，水玻璃和有机硅对提高水泥砂浆防水性有一定帮助，它们分别使水泥砂浆吸水系数降低 6% 和 22%。相反，硅溶胶、硅丙和纯丙对于降低砂浆吸水系数有一定负面作用，特别是硅溶胶，使砂浆吸水系数升高 124%。比较不同种类水泥得到，SC♯1 具有较好的防水性，吸水系数为普通水泥的 64%，但是 SC♯2 防水性并不突出，该结果同样反映出不同超细水泥之间存在着较大差异。此外，有机硅对 SC♯1 的防水性并没有多少影响，这可能是因为该超细水泥砂浆本身防水性已经很好，进一步提高比较困难。

表 6.3.3　不同配方灌浆材料样品吸水系数测试结果

样品名称	吸水系数 [$g/(m^2 s^{0.5})$]	样品名称	吸水系数 [$g/(m^2 s^{0.5})$]
OPC	0.0112	OPCPA	0.0160
OPCW	0.0105	SC♯1	0.0072
OPCS	0.0251	SC♯1O	0.0070
OPCO	0.0087	SC♯2	0.0136
OPCSA	0.0132		

⑤ 离子溶出情况

水泥在文物保护中使用，最受关注的是可溶离子析出情况，这是污染文物和材料失效的重要原因。

浸出液碱度分析结果如图 6.3.2 所示。总体而言，所有样品浸泡液的 OH^- 浓度呈现先增加后减小的趋势，最大浓度多出现在 14d 左右。发生这种情况的原因很可能是浸泡器皿有空气进入，使部分 OH^- 被 CO_2 中和（同样的情况也发生在 Ca^{2+} 和总离子浓度分析时）。但是，考虑到所有样品浸泡器皿是同一规格且存放环境一致，因此本试验的数据依然具有一定参考价值。对比几种添加剂对水泥浆碱溶出度的影响得到水玻璃和硅溶胶基本没有抑制效果，纯丙抑制效果很微弱，有机硅和硅丙具有相对较好的抑制效果。对比两种超细水泥得到 SC♯2 碱溶出较少，而加入有机硅后，SC♯1 的碱溶出量也得到了控制，表明有机硅对抑制水泥碱溶出有一定效果。

图 6.3.3 是不同样品浸泡液中 Ca^{2+} 浓度随时间变化的测定结果。结果表明，有机硅和硅丙可以有效抑制水泥砂浆中 Ca^{2+} 的析出，而水玻璃、硅溶胶和纯丙似乎并没有作用。两种超细水泥对比得到，SC♯1 的 Ca^{2+} 溶出较多，需要采用添加剂进行控制。

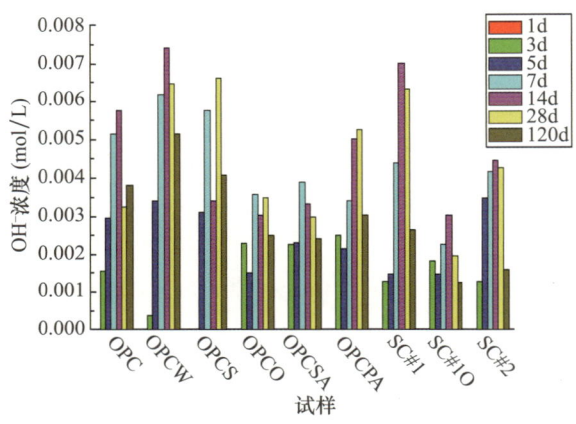

图 6.3.2　不同灌浆材料样品浸泡液中 OH^- 浓度随时间变化情况

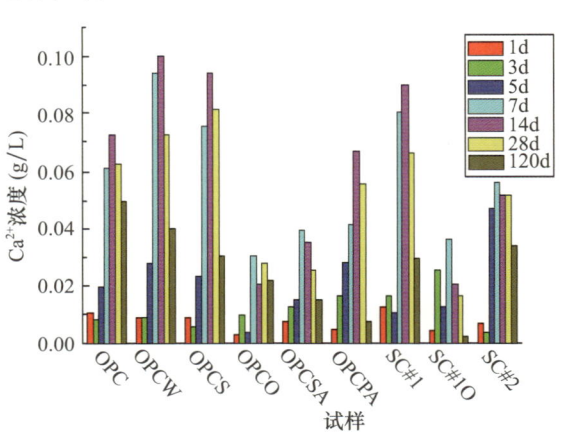

图 6.3.3　不同灌浆材料样品浸泡液中 Ca^{2+} 浓度测试结果

不同配方样品浸泡 7d 和 120d 后溶液中硫酸根含量的测试结果如图 6.3.4 所示。测试结果显示，选取的几种添加剂对于抑制水泥中硫酸根溶出不仅没有作用，反而有加剧硫酸根析出的风险，特别是硅丙和纯丙，使硫酸根析出量分别增加了 83% 和 41%。而两种超细水泥对比得到，SC♯1 硫酸根含量非常高（是普通水泥的 3~4 倍），结合 Ca^{2+} 浓度分析，很可能该水泥中添加的硫酸钙比较多，这可能会成为文物加固中的潜在风险。综合比较不同水泥种类和添加剂发现，水泥种类对固化后砂浆 SO_4^{2-} 溶出的影响大于添加剂。因此，在实际灌浆加固工程中，应该首先考虑选择合适的水泥品牌和型号。

最后，各配方样品总离子析出量采用电导率表示（图 6.3.5）。由于样品中存在离子价态等不同，该结果只具有参考作用。从结果看，超细水泥中掺入有机硅后，溶出液随时间变化的电导率最低，表明其总离子溶出可能最少；普通水泥掺有有机硅和硅丙的样品，其浸泡液电导率相比不掺添加剂的纯普通水泥略低；而其他几种添加剂对普通水泥的效果并不明显。此外，对比两种超细水泥得到，SC♯2 浸泡液的电导率比 SC♯1 的略低，但差距并不大。

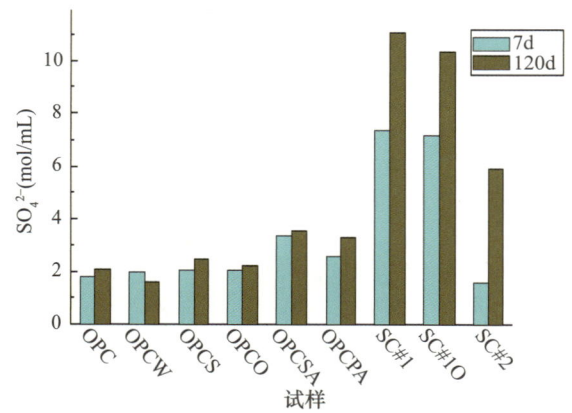

图 6.3.4　不同灌浆材料样品浸泡 7d 和 120d 后溶液中硫酸根含量

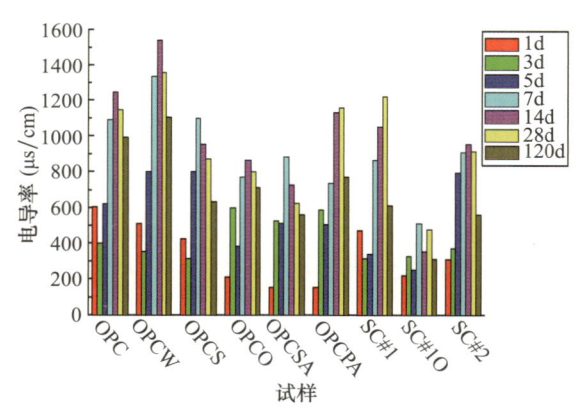

图 6.3.5　不同灌浆材料样品浸泡液电导率测试结果

⑥ 组成与结构分析

为探讨影响灰浆性能的原因，本工作对三种水泥原料和养护 28d 的不同配方样本分别进行了 XRD，EDS 和 SEM 分析。XRD 测试采用铜靶，扫描速度为 20°2θ/min。EDS 测试方法为：选取适量待测水泥原料压成厚度为 0.2cm 左右的小圆片，进行 EDS 测试，每个样品随机测量 3 个区域，结果取平均值。SEM 测试时，选择试样新鲜断面，表面喷金后进行形貌分析。

EDS 结果（表 6.3.4）显示，普通水泥和超细水泥所含主要元素都是 O，Si 和 Ca，普通水泥中 Si 和 Ca 的比例较大。三种水泥都含有少量 Mg，Al，S 和 K 元素，其中普通水泥含 S 较少（0.71%），SC♯1 中 S 含量很高，约为普通水泥的 5 倍。上文分析得到（图 6.3.4），SC♯1 制备的样品硫酸根溶出量很高，这可能与该种水泥含硫量较高有关。此外，比较两种超细水泥发现，SC♯1 的含硫量高，而 SC♯2 的镁含量高，成分上的差异可能是导致两种水泥性能有较大差异的本质原因。这也证实，不同厂商生产的超细水泥有较大区别。

表 6.3.4　灌浆材料 EDS 分析结果　　　　　　　　　质量分数,%

名称	元素						
	Ca	Si	Al	K	Mg	O	S
OPC	29.28	16.32	4.40	1.69	1.23	46.36	0.71
SC♯1	40.76	11.17	3.56	1.51	1.94	37.08	3.97
SC♯2	37.48	13.68	4.21	1.36	3.04	38.63	1.6
片状结构a	44.14	3.33	0.74	0.21	0.32	51.07	0.19
条状结构b	34.89	1.12	6.46	0.23	0.27	44.72	9.94

a 对应图 6.3.7 中 F 中片状结构；
b 对应图 6.3.7h1 中针状结构。

XRD 分析结果如图 6.3.6 所示，4 种水泥所含主要无机矿物为方解石，石英，硅酸三钙和硫酸钙。比较 d 值为 3.3344、3.0236 和 2.7703（分别为石英，方解石和硅酸三钙主峰）的峰强度可以发现，OPC 中 $d=3.3344$ 处峰强于 $d=2.7703$ 处峰，而在 SC♯1 和 SC♯2 中结果相反，这表明 OPC 中石英和硅酸三钙的比例和 SC♯1，SC♯2 不同；$d=3.0236$ 处峰是方解石的主峰和硅酸三钙的叠加峰，它在 SC♯1 和 SC♯2 中强度最高，远远高于 OPC 中该处的峰值，这表明 SC♯1 和 SC♯2 配方中方解石的比例要高于 OPC，这些结果都与 EDS 分析（表 6.3.4）相符合。此外，在 SC♯2 中 $d=2.8786$ 处有一个较强的峰，而在 SC♯1 中未发现，这可能是两种超细水泥矿物成分有差异。

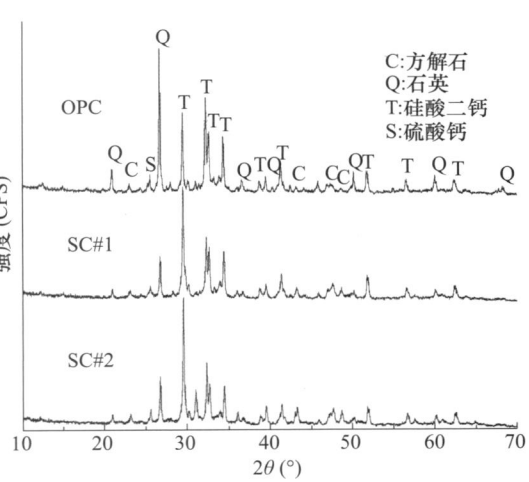

图 6.3.6　三种水泥原料 XRD 图谱

不同配方灌浆材料养护 28d 后内部形貌结构如图 6.3.7 所示。首先，比较采用 OPC 制备的灌浆材料（图 6.3.7A～F）发现，加入水玻璃后，砂浆结石体比较致密（图 6.3.7B），这可能有助于提高砂浆的耐候性；硅溶胶、有机硅和硅丙对砂浆结石体的形貌影响较小（图 6.3.7C，D，E）；在含纯丙的样品中出现了许多片状结构（图 6.3.7F），EDS 分析该结构的主要元素组成是 Ca 和 O（表 6.3.4），推断可能是氢氧化钙，这可能加剧该砂浆 Ca^{2+} 和 OH^- 的析出，结果也和离子溶出分析相符（图 6.3.2、图 6.3.3）。其次，比较采用超细水泥制备的样本得到结石内部含有大小不同的气孔（图 6.3.7G，H，I），直径在 50～350μm，显示两种超细水泥中可能添加了引气剂。研究表明，该结构能提高砂浆的抗冻融性能。局部放大后显示，气孔内部结构和外部不同，气孔内含有大量针状条形结构（图 6.3.7g1，h1，i1），EDS 分析显示该结构主要元素是 Ca，S，Al 和 O（分别约占 35%，10%，6% 和 45%）（表 6.3.4），结合相关文献推断该结构为钙矾石。收缩率分析（表 6.3.2）得到，使用超细水泥样品虽然初期干燥收缩较大，但是 28d 时和普通水泥相当，这可能和超细水泥中生成较多钙矾石有关。

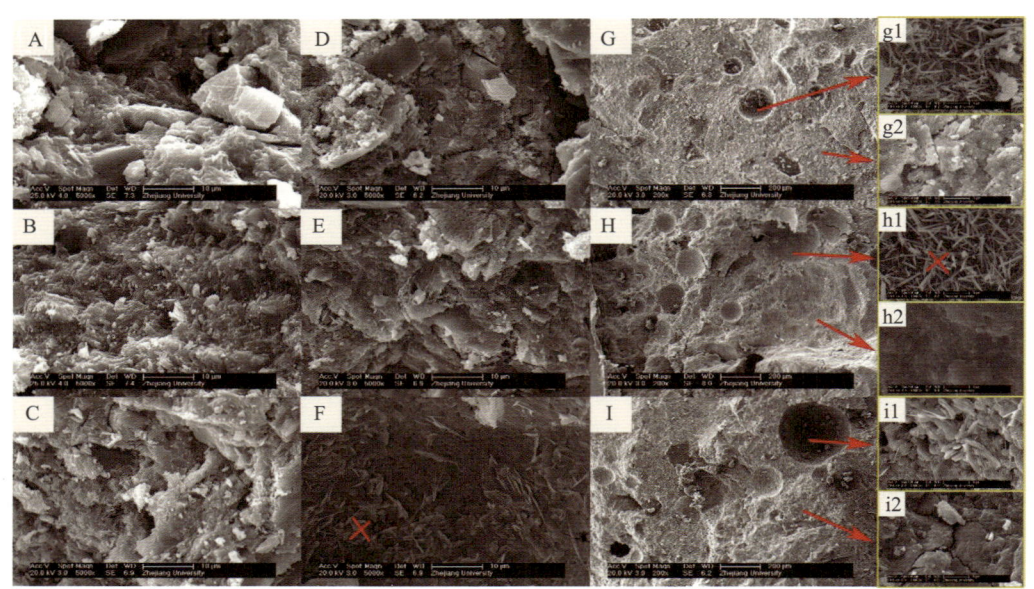

图 6.3.7 不同配方灌浆材料养护 28d 后结石内部结构的 SEM 照片
A—OPC；B—OPCW；C—OPCS；D—OPCO；E—OPCSA；F—OPCPA；G—SC♯1；H—SC♯1O；I—SC♯2

(4) 结论

通过以上对各种水泥类灌浆材料的工作性能、力学性能、防水性和离子溶出等的量化比较研究得到：

① 普通水泥的离子溶出率较大，防水性能一般，因此直接用于文物加固会有离子溶出和污染文物的风险。

② 使用添加剂对普通水泥配方进行改进发现，有机硅和硅丙可以有效抑制水泥中可溶性离子的析出，而水玻璃、硅溶胶和纯丙的作用不大。此外，有机硅的添加不影响水泥浆的工作性能且对强度影响也比较小，而硅丙会使砂浆的需水量提高并使固化后砂浆的抗压强度降低约 12%。

③ 与普通水泥相比，超细水泥在强度、抗析盐和防水性能上具有一定优势，但是不同品牌和型号的超细水泥组成和性质差异较大。

④ 文物修缮应尽量避免使用现代水泥，但是在摩崖石刻危岩加固中迫不得已需要使用水泥砂浆时，建议根据应用需要，采用 $CaSO_4$ 含量低的超细水泥，添加有机硅，并进行配方试验和检测，特别是离子溶出量检测。

6.3.3 现场试验

经过实验室试验，最终选取了 4 种配方用于现场试验，它们分别是普通硅酸盐（OPC），普通硅酸盐水泥掺有机硅（OPCO），超细水泥（SC♯1）和普通硅酸盐水泥掺偏高岭土（OPC1M2）。

该试验是为飞来峰第三期保护工程做准备。为使试验数据具有可比性，在飞来峰后山挑选了 4 处条件相接近的裂隙（缝宽约 5~15cm，深度约 10~15cm），使用以上灌浆材料约 3.5kg 分别进行灌浆加固，以评价材料的可灌性、粘结性以及固化后的状态。

（1）可操作性

不同灌浆材料的可操作性以及灌浆施工的连续性和工人对施工情况的表述，结果表明 OPC 的操作性很差，经常会堵塞灌浆管道使灌浆工作无法顺畅进行。OPCO 的灌浆流畅性也不是很好，工人需要不停搅动砂浆以保证砂浆骨料不沉降。相对而言，SC♯1 和 OPC1M2 的灌浆过程较为流畅，特别是后者，工人现场试用反馈良好。

（2）可灌性

灌浆材料的可灌性采用观察灌浆材料和岩石之间的结合情况来表述。具体方法是：灌浆加固 28d 后，钻取一定深度带有岩石和灌浆料的样品，观察灌浆材料是否充满裂隙，即材料是否与岩石壁面紧密接触，取样结果如图 6.3.8（c）所示。从图可以发现，使用 OPC 灌浆的裂隙，在灌浆材料和裂隙壁面之间有明显的空隙，即灌浆材料未充满裂隙，材料可灌性较差。相反，SC♯1 和 OPCO 两种材料充满了裂隙，灌浆材料和裂隙壁面紧密接触，证明可灌性较好。而 OPC1MK2 的情况和以上几种材料不同，在钻取芯样的时候灌浆材料已经破损，即它的强度很低。

图 6.3.8　现场试验概况

(a) 现场试验地点全景和试验点；(b) 灌浆工作和加固后样品取芯；(c) 4 种材料灌浆后所取芯样照片

（3）匹配性

材料和被加固岩石的力学匹配性采用表面硬度测试。加固 28d 后灌浆材料的表面硬度，如果和被加固岩石表面硬度接近，则表示匹配性较好，结果见表 6.3.5。每种灌浆材料取两个芯样，一个在裂隙上部，一个在下部。结果显示，灌浆现场岩石的表面硬度在 90HD 左右。这个数值比所用 4 种灌浆材料的表面硬度都高，而在这 4 种材料中，SC♯1 的表面硬度最高，且比较接近岩石的表面硬度；OPC1M2 的表面硬度最低，这个结果也和取芯过程中该材料被破坏情况相符合。加入有机硅可以使 OPC 的表面硬度提高。此外，比较各类灌浆材料上、下部芯样的表面硬度发现，上部的硬度大于下部，这可能是由于材料固化不均匀和骨料沉降引起的。

表 6.3.5　灌浆材料和裂隙周围岩石表面硬度

编号	周围岩石表面硬度（HD）	灌浆取芯样品		
		灌浆材料名称	表面硬度（HD）	
			上部	下部
1#	92	OPC	75	68
2#	94	OPCO	86	83
3#	85	SC#1	90	87
4#	89	OPC1M2	48	40

（4）沉降度

通过分析固化 28d 后的灌浆材料样品的均匀性来评价灌浆材料的沉降度。具体方法是：分别在固化砂浆的上部和底部钻取样品，通过视频显微镜观察样品的均匀性，结果如图 6.3.9 所示。从显微镜照片可以发现，OPC 灌浆材料靠近缝隙的顶部主要是水泥胶结料，而靠近缝隙的底部则是大量的骨料。相反，通过对比其他 3 种材料发现，胶结料和骨料分布相对比较均匀，和实验室分析基本一致。

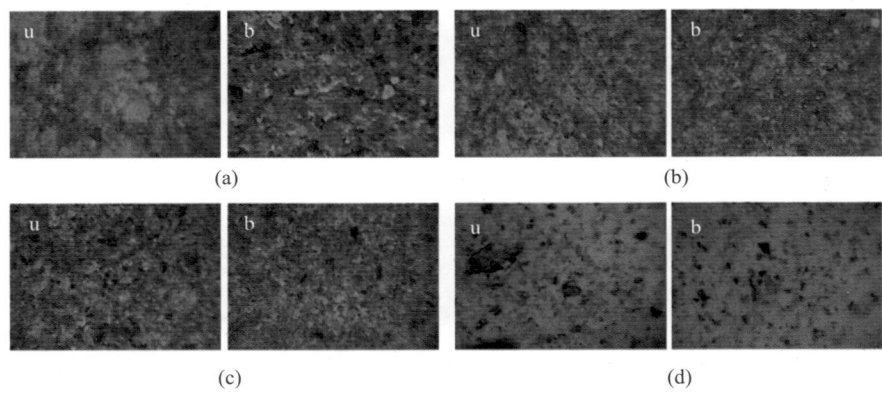

图 6.3.9　不同材料加固 28d 后显微镜照片
(a) u—OPC 上部；b—OPC 下部；(b) u—OPCO 上部；b—OPCO 下部；
(c) u—SC#1 上部；b—SC#1 下部；(d) u—OPC1M2 上部；b—OPC1M2 下部

水泥类灌浆材料为了得到理想的可灌性，常常需要较大的水灰比，这会引起骨料沉降，不仅影响灌浆工作而且还会影响固化材料的性能。但通过添加有机硅等材料，或者更换水泥品种（如超细水泥）可以改善这些情况。

（5）结果评价

通过以上实验室与现场试验对各类水泥基灌浆材料固化前后的性质进行评价，得到以下结论：

① 水玻璃除了可以改善水泥基灌浆材料的耐候性，没有其他作用；有机硅尽管对于新鲜水泥基灌浆材料的性能影响不大，但是可以降低固化后材料离子的溶出。

② 水泥种类对最终灌浆材料的性能影响明显，使用不同品种水泥，甚至可以得到截然相反的结论。因此，在实际工作中应该首先根据工程的需求，选择适合的水泥品种和品牌。

③ 添加偏高岭土（MK）会使水泥基灌浆材料的强度降低，流动性变差，尽管能帮助固定砂

浆中的钙离子，但会增加硫酸根离子析出。

④ 现场试验显示，采用超细水泥可以得到操作性良好水泥基灌浆材料；添加有机硅对水泥基灌浆材料也有帮助。

⑤ 文物修缮应尽量避免使用现代水泥，但是在摩崖石刻危岩加固中迫不得已需要使用水泥砂浆时，建议根据应用需要，采用 $CaSO_4$ 含量低的超细水泥，添加有机硅，并事先进行配方试验和溶出物检测。

6.3.4 岩石界面对灌浆的影响

（1）岩石界面

灌浆作为一种有效的加固方法经常用于石窟渗水治理和危岩加固。为提高效率，研究者对灌浆材料进行过大量研究。例如，Camille 研究了聚合物（聚醋酸乙烯酯和丁苯橡胶）对自凝混凝土进行改性，提高水泥基修补材料的附着力和粘结性能。Liu 测试了水灰比和温度对水泥浆流变特性的影响。灌浆料的流变性将对其在岩石和砖的裂缝中的扩散半径产生较大的影响。然而，影响灌浆效果的因素除了灌浆材料自身外，还有很多其他因素，如灌浆材料与裂隙之间的界面。

由于裂隙通常长时间暴露在环境中，导致各种物质填充在裂隙中（如植物枝叶、土壤、碎石等）。另外，还有一些附着在裂隙表面的堆积物（如苔藓、真菌、风化物等）。这些物质都会影响灌浆材料的充填和粘结性能。因此，在灌浆前需要对裂隙进行清洗。目前，常用的清洗方法有物理清洗和化学处理。前者主要是通过高压水流或者气流的冲力来冲刷掉裂隙中的填充物和裂隙表面的附着物，后者主要是通过界面剂增加灌浆材料与岩石之间的粘结性。

虽然上述两种方法对灌浆材料在裂隙中的填充和粘结都有积极作用，但是，前者的冲击力可能会导致裂隙扩大。此外，在实际应用中遇到的裂隙有时又窄又深。此时，无论使用高压水流还是气流都无法将裂隙中的填充物和附着物清除干净。本节将讨论采用界面剂改善此问题的可能性。

（2）现场调查

为了解影响灌浆效果的裂隙中的填充物和附着物，我们以杭州飞来峰青林洞为例进行了现场调查。现场调查结果显示，飞来峰青林洞裂隙表面常见的附着物有四种：苔藓、真菌、泥土和风化物质（图 6.3.10）。这些附着物改变了原始岩石的性质，最终影响灌浆材料的防渗和粘结效果。因此，本研究以这四种岩石表面附着物为例，试图采用界面剂提高水泥基灌浆料与岩石裂隙的粘结效果。

 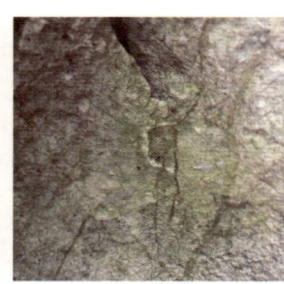 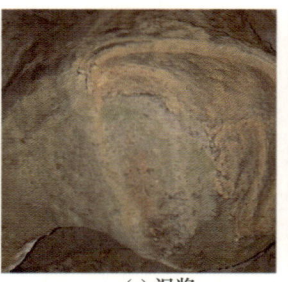 

(a) 苔藓　　　　　　(b) 真菌　　　　　　(c) 泥浆　　　　　　(d) 风化材料

图 6.3.10　岩石表面常见的附着物

（3）试验设计

① 模拟岩石表面

根据调查，岩石表面常见的附着物有苔藓、真菌、泥土、风化产物等。因此，需要准备以上四种模拟表面，具体做法如下。

苔藓表面：在浙江大学校园内搜集完整的大片苔藓，经鉴定其属于真藓目；用去离子水冲洗掉苔藓根部，去除杂质和土壤；将洗净的苔藓在 45℃ 的烘箱中压平并干燥 3h；将干苔藓切成小块（2～4cm^2）备用。

真菌表面：从飞来峰采集常见真菌，在实验室条件下进行培养，然后将真菌切成小块（2～4cm^2），进行高温处理后备用。

泥浆表面：用去离子水将黄泥浆（主要成分为石英和长石）制成膏状，并均匀涂抹于岩石表面。待样品自然风干后备用。

风化表面：配制浓度为 0.005mol/L 的硫酸溶液，并以 0.05mL/min 的滴速滴到大理石表面，连续作用一个月后，将大理石置于烘箱中烘干备用。

部分模拟样品如图 6.3.11 所示。

(a) 苔藓　　(b) 泥浆
(c) 真菌　　(d) 风化表面

图 6.3.11　模拟表面照片

② 试剂

本工作使用了四种界面剂：离子表面活性剂 Cetyltrimethylammonium bromide（CTAB）、非离子表面活性剂 Polysorbate-80（Tween-80）、溶剂 Triethylamine（三乙胺）（均为 AR，国药集团）和偶联剂 γ-(2,3-epoxypropoxy) propytrimethoxysilane（KH560）（GR，南京辰工有机硅材料公司）。

③ 分析过程

模拟表面的修饰：将上述四种表面修饰材料分别配制成浓度为 1‰ 的溶液，均匀滴到模拟样品表面，溶液滴加量约为 0.5mL/cm^2。将处理好的模拟样品在实验室环境下保存 6h，备用。

接触角：将上述修饰和未修饰的模拟样品置于烘箱（50℃）中干燥 2h，然后用于接触角仪（JC2000C1）进行分析测试。每隔一定时间记录接触角图像，采用 3 点法计算接触角。

渗透深度与扩散半径：不同模拟表面改性前后灌浆材料在其表面的渗透深度与扩散半径采用视频显微镜（VHX-2000）进行观察。

灌浆材料使用常见水泥基灌浆材料，配比为：水泥∶水∶减水剂＝100∶38∶0.5。用滴管（1mL）吸取适量灌浆料，在每个模拟样品表面滴加一滴灌浆料。当灌浆料完全固化后，使用视频显微镜测量其渗透深度与扩散直径。渗透深度取最大值，扩散直径取最大和最小直径的平均值。

（4）结果与讨论

① 亲水性

不同模拟表面用界面剂改性前后的亲水性测试结果：改性前的数据显示，水滴滴到裸露的岩石表面（未被任何附着物覆盖）时的瞬间接触角约为48°，并且，该数值在5min内只降低了6°。干燥的苔藓和真菌制备的表面表现出相似的表面特性，它们的瞬间接触角分别为133°和125°，5min后接触角分别为132°和123°，表明这两种表面具有很强的疏水性。相反，当水滴滴到泥浆或者风化的岩石表面后，水滴快速消失，表明这两种表面具有很强的亲水性。以上结果证明，这四种附着物均可以改变岩石表面的亲水性。其中，苔藓和真菌显著提高了岩石的疏水性，从而影响灌浆材料在岩石表面的扩散，使灌浆材料不能与岩石紧密贴合。相反，泥浆和风化面明显增加了岩石的亲水性，灌浆材料滴加到表面后迅速失去流动性，导致灌浆料渗透能力降低，使灌浆材料与岩石之间产生空隙。

采用界面剂改性后模拟表面接触角测试结果如图6.3.12所示。结果显示，四种界面剂均可使模拟表面接触角有不同程度降低。其中，未被任何附着物覆盖的岩石表面经过界面剂处理后［图6.3.12（a）］，瞬间接触角降低了10%～83%不等。干燥苔藓经界面剂处理后［图6.3.12（b）］，四种界面剂处理效果较为接近，瞬间接触角降低了5%～23%不等；30s后接触角值基本达到稳定，除三乙胺外，其他三种界面剂处理后接触角均降到0。干燥真菌经界面剂处理后［图6.3.12（c）］，瞬间接触角降低了12%～40%不等，总体规律与干燥苔藓相似，但是，30s后接触角值都降低到0。风化岩石经界面剂处理后［图6.3.12（d）］，瞬间接触角降低了56%～87%不等，同样的，30s后接触角值都降低到0。对于泥浆覆盖的表面，界面剂处理前后接触角始终为0。总体而言，四种界面剂中，KH560的处理效果最显著，三乙胺效果较差。

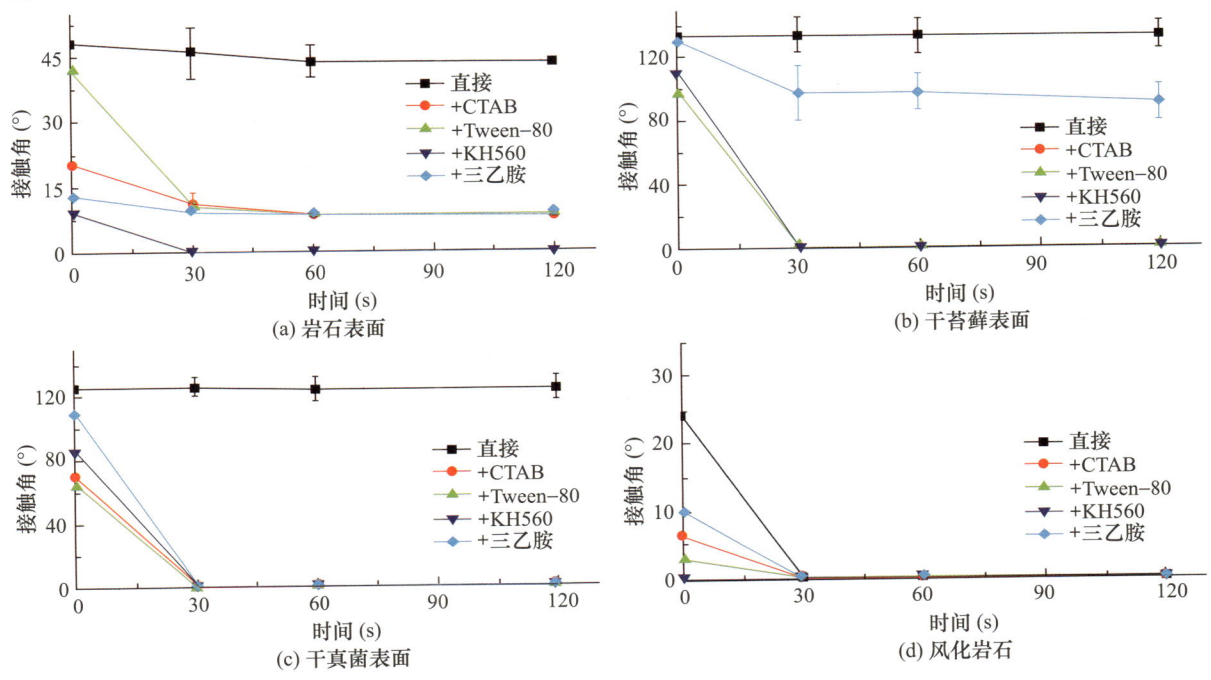

图6.3.12 不同模拟表面改性后的接触角值

② 扩散直径

为了评价灌浆材料在模拟试样表面的性能，采用水泥基灌浆材料在其表面的扩散能力进行了评价。

改性前的数据显示，水泥基灌浆料在裸露岩石表面（未被任何附着物覆盖）的扩散直径为 5.8mm。当岩石表面被干苔藓、干真菌、泥浆和风化物覆盖后，扩散直径分别降低了 40%、40%、34% 和 21%。这意味着岩石被这些附着物覆盖后，水泥灌浆料无法在它们表面充分展铺，将会降低灌浆料封堵渗水和粘结加固的效果。

改性后水泥灌浆料在不同模拟表面的扩散直径如图 6.3.13 所示。结果显示，四种界面剂均可提高水泥灌浆料在不同模拟表面的扩散能力。其中，未被任何附着物覆盖的岩石表面 [图 6.3.13（a）] 经过 CTAB、吐温（Tween）-80 和 KH560 处理后的水泥灌浆料的扩散能力提升效果相近，扩散直径提高了 35% 左右。干燥苔藓经界面剂处理后 [图 6.3.13（b）]，水泥基灌浆料在其表面的扩散直径增加了 10%~40% 不等，提升效果 KH560＞CTAB＞吐温-80＞三乙胺（Triethylamine）。干燥真菌经界面剂处理后 [图 6.3.13（c）]，水泥基灌浆料在其表面的扩散直径同样也增加了 10%~40% 不等，提升效果 KH560＞吐温-80＞CTAB＞三乙胺。泥浆表面经界面剂处理后 [图 6.3.13（d）]，水泥基灌浆料在其表面的扩散直径增加了 20%~80% 不等，吐温-80 的效果十分显著，其他三种材料的效果相近。风化岩石表面经界面剂处理后 [图 6.3.13（e）]，水泥基灌浆料扩散直径增加了 30%~40% 不等。通过以上分析可知，四种界面剂中，KH560 的处理效果最显著，三乙胺效果较差。

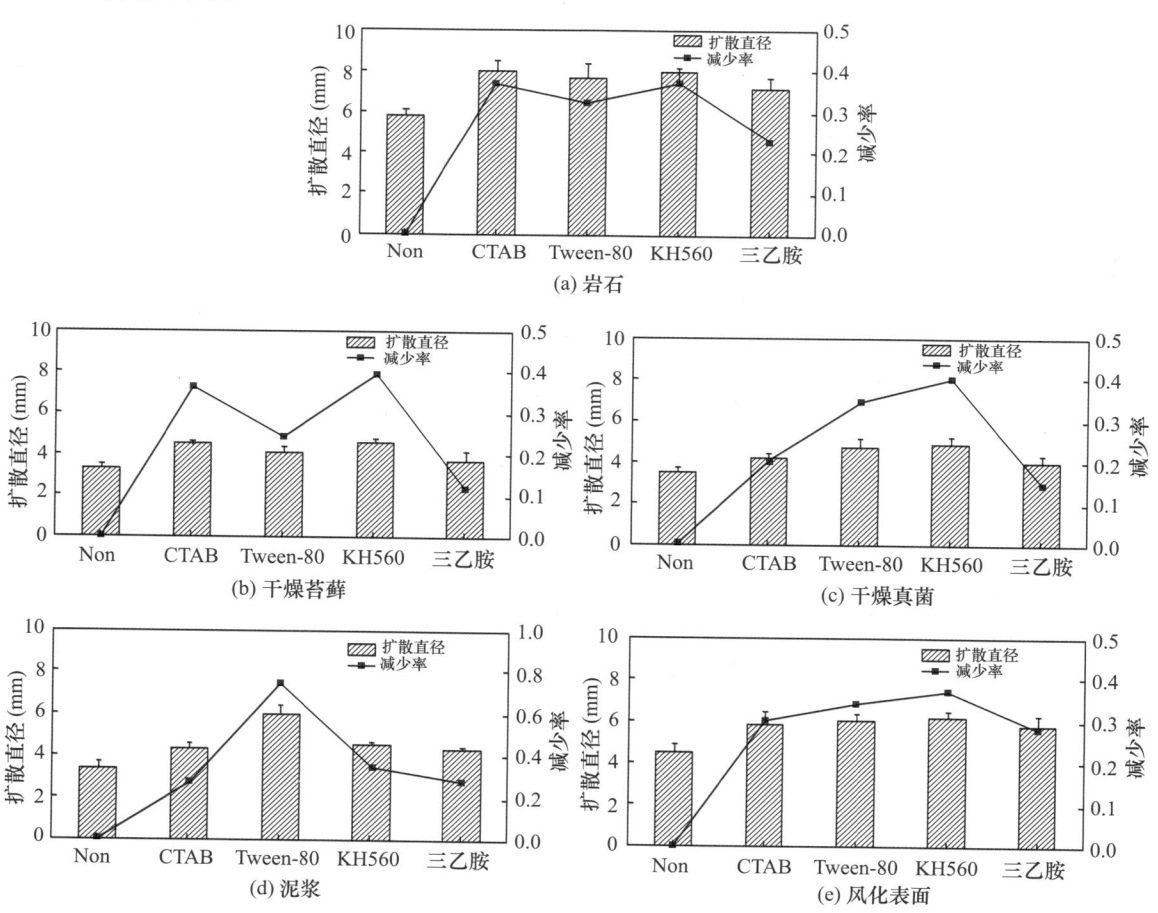

图 6.3.13　水泥基灌浆材料在不同模拟表面的扩散直径

③ 渗透深度

由于本研究中制备的风化层较薄，干燥苔藓与真菌表面性质相似，故本节仅讨论水泥基灌浆料在干燥苔藓和泥浆表面的渗透深度。

改性前后灌浆料在干燥苔藓表面的渗透深度测试结果如图 6.3.14 所示。结果显示，水泥基灌浆料在未经处理的干燥苔藓表面渗透深度约为 1350μm，占干燥苔藓厚度的 50% 左右。水泥基灌浆料在 CTAB、吐温-80 和三乙胺处理后的干燥苔藓表面渗透深度在 1300～1400μm，渗透深度占干燥苔藓厚度的 60%～70%。相对而言，水泥基灌浆料在 KH560 处理后的干燥苔藓表面渗透深度最大，达到 1750μm，是其他几种情况的 1.3 倍左右。可见，从渗透深度角度分析，KH560 的效果同样是最好的。

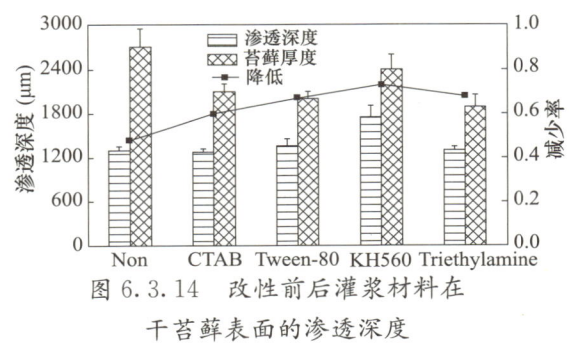

图 6.3.14 改性前后灌浆材料在干苔藓表面的渗透深度

图 6.3.15 为水泥基灌浆料与泥浆覆盖表面的粘结状态。结果显示，不做任何处理的泥浆表面，当灌浆料与泥浆表面分离后，灌浆材料上附着了一些泥浆（图 6.3.15a），泥后面的岩石没有显露出来。当泥浆表面使用 CTAB、吐温-80 或三乙胺处理后，灌浆材料上也附着了一些泥浆（图 6.3.15b，c 和 e）。与未处理的样品所不同的是，这些处理后的样品，当灌浆料与泥浆表面分离后，泥后面的岩石部分显露出来了（图 6.3.15B，C 和 E）。与以上四种情况相比，经过 KH560 处理后，当灌浆料与泥浆表面分离后，部分灌浆料粘连在泥浆后面的岩石表面上（图 6.3.15D）。这意味着经过 KH560 处理后，灌浆材料渗透到泥浆中，与岩石相结合。以上结果表明，对于泥浆覆盖的岩石表面，KH560 的改性效果最好。

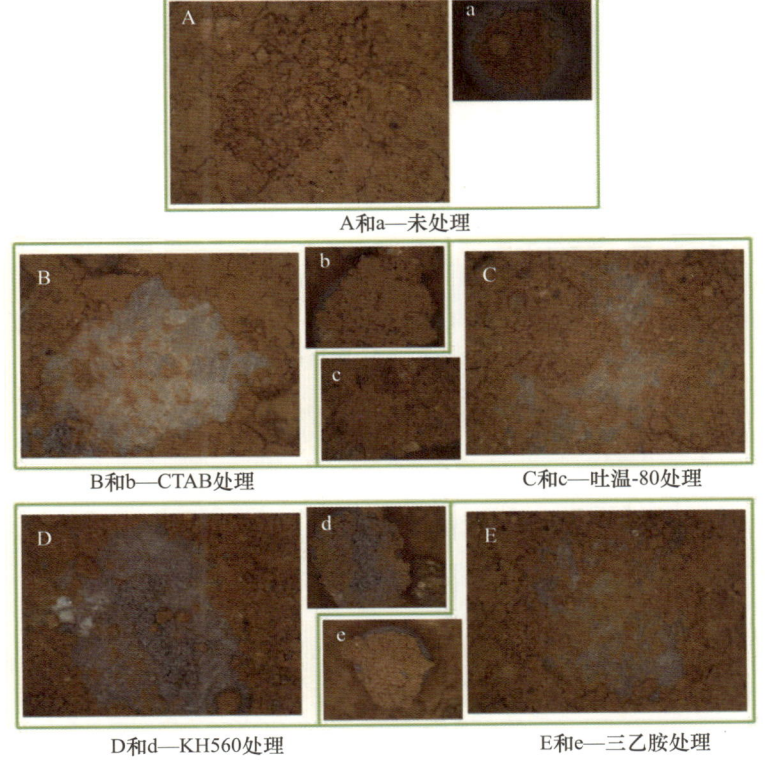

图 6.3.15 水泥基灌浆料与泥浆覆盖表面的结合状态照片

(5) 结论和建议

根据实验室研究，可以得出以下结论和建议。

① 干苔藓和干真菌会显著增加岩石的疏水性，从而影响灌浆材料在岩石表面的展铺效果。泥浆和硫酸钙会大大增加岩石的吸水性，使水泥基灌浆材料快速失去流动性。这些情况都会导致灌浆材料与岩石无法紧密结合，从而影响防渗堵漏效果。

② 采用四种改性剂对模拟试样表面进行处理，根据灌浆材料在改性后的岩石表面的扩散半径和渗透深度得到：KH560 的整体效果最好，Tween-80、CTAB 和三乙胺显示出类似的效果。经过 KH560 处理后，灌浆材料在四种模拟表面的扩散半径增加了约 40%，灌浆材料在泥浆和干苔藓表面的渗透深度增加了约 55%。

③ 由于三乙胺溶液挥发性较好，我们建议联合使用 KH560 和三乙胺作为改性剂，以减少改性剂冲刷岩石表面造成的二次污染。

6.4 基于传统灰浆的灌浆材料研究

6.4.1 传统灰浆材料

与环氧类高分子材料和水泥类材料不同，一些古建筑所使用的传统粘结材料表现出耐久性好、与建筑物兼容等优点。例如钱塘江明清鱼鳞大石塘、西安古城墙等处的灰浆材料，经过长时间的自然风化，依然保存至今，仍具有使用价值。鉴于此，人们对传统灰浆的作用机理产生了兴趣。我们的研究发现，糯米灰浆中的糯米成分具有生物矿化过程中有机模板的类似作用，影响了石灰浆固化时碳酸钙晶体的微结构，形成了无机-有机物的相互协同作用。糯米灰浆等传统灰浆材料的优点包括：耐老化性好、强度适中；具有可逆性、自牺牲性和自修复性。

在传统灰浆配方的基础上，改进得到性能优异的灌浆加固材料，并应用于文物保护工程，是近几十年来的研究方向之一。本实验室就曾对传统糯米灰浆进行改性，制作了灰浆样品，并用于德清县寿昌桥等处的修复工程中，取得了较好的效果。

6.4.2 灰浆类灌浆材料配方的正交试验

(1) 正交试验的设计

基于传统灰浆的灌浆材料涉及：①石灰种类，②骨料种类，③有机添加物种类及浓度，④胶砂比，⑤水灰比，⑥水硬性成分添加物种类及添加量，⑦减水剂种类及添加量，⑧特种改性添加物等，需要同时考察 10 多个试验因素，若进行全面试验，则试验的规模大，耗时长，正交试验是进行多因素试验的高效率试验方法。

正交试验设计是寻求多因素最优水平组合的一种高效率试验方法，主要利用正交表来安排与分析多因素试验，找出最优的水平组合。

正交试验需要安排正交表，其特性有以下三点：

① 正交性

任一列中，各水平都出现，且出现的次数相等；任两列之间各种不同水平的所有可能组合都出现，且出现的次数相等，即每个因素的一个水平与另一因素的各个水平所有可能组合次数相等。

② 代表性

任一列的各水平都出现，使得部分试验中包括了所有因素的所有水平；任两列的所有水平组合都出现,使任意两因素间的试验组合为全面试验。

③ 综合可比性

任一列的各水平出现的次数相等;任两列间所有水平组合出现次数相等,使得任一因素各水平的试验条件相同。这就保证了在每列因素各水平的效果中,最大限度地排除了其他因素的干扰。从而可以综合比较该因素不同水平对试验指标的影响情况。

本试验影响因素较多,利用正交试验方法对试验方案进行筛选,可大大减少试验次数,缩短试验时间。

(2) 正交试验结果分析

① 极差分析

a. 确定试验因素的优水平和最优水平组合:对于单指标试验,通过某一水平指标的均值判断其对指标的影响大小,各个因素的优水平组合为试验的最优水平组合。

b. 确定因素的主次顺序:根据极差 R 的大小,可以判断各因素对试验指标的影响主次,R 值愈大表示因素对指标的影响大,因素越重要。

c. 绘制因素与指标趋势图:以各因素水平为横坐标,试验指标的平均值为纵坐标,绘制因素与指标趋势图。由趋势图可以更直观地看出试验指标随着因素水平的变化趋势,可为进一步试验指明方向。

② 方差分析

极差分析法不能将试验中由于试验条件改变引起的数据波动同试验误差引起的数据波动区分开来。为了弥补极差分析的缺陷,可采用方差分析。方差分析基本思想是将数据的总变异分解成因素引起的变异和误差引起的变异两部分,构造 F 统计量,进行 F 检验,即可判断因素作用是否显著。

(3) 试验材料与仪器

① 试验材料

试验材料:食品级氢氧化钙,工业重质碳酸钙,食品级轻质碳酸钙(上海江沪钛白公司);陈化石灰;碳酸钙颗粒(临安天富矿粉厂);糯米粉(无锡);实心瓷粉(3M zeeospere 实心瓷粉);高岭土(景德镇)。试剂:木质素磺酸钠(阿拉丁);木质素磺酸钙(阿拉丁);硬脂酸锌(阿拉丁);氢氧化钙(国药,AR);二水磷酸氢钙(国药,AR);磷酸二氢钾(国药;硝酸(国药);正硅酸乙酯(国药,以下简称 TEOS);正丙醇(国药);四水硝酸钙(国药)。

② 试验仪器

NICOLET 560 傅里叶红外光谱仪;D8 ADVANCE 射线衍射仪;SCI145 砂浆稠度仪;AXS D8 ADVANCE 射线衍射仪;马弗炉;抗压强度测试仪;BT-2002 型激光粒度分布仪;3cm×3cm×9cm 型标准模具。

③ 材料制备

硅酸二钙(C_2S)制备:采用溶胶-凝胶法制备 C_2S。将前驱物 TEOS 和正丙醇混合均匀后加入 1mol/L 的硝酸溶液,在 50℃ 左右的恒温水浴锅中充分搅拌,加入经过正丙醇部分溶解的四水硝酸钙,搅拌至四水硝酸钙完全溶解,继续搅拌至溶液达到适当黏度,最终加入试剂摩尔比为四水硝酸钙:TEOS:正丙醇=2:1:5,水和 TEOS 的摩尔比为 8。将生成的溶胶置于 70℃ 的烘箱中陈化至形成凝胶,再于 90℃ 烘箱中干燥 5d 得到干凝胶。将干凝胶于 1150℃ 马弗炉中煅烧 4h,取出后于室温中急速冷却,得到 C_2S 粉末。

偏高岭土制备:将高岭土置于 800℃ 马弗炉煅烧 2h,于空气中冷却得到偏高岭土。

α-磷酸三钙(α-TCP)制备:将二水磷酸氢钙与食品级轻质碳酸钙按 2:1 摩尔均匀混合,然后于 1200℃下煅烧 1h，在空气中急速冷却制得 α-TCP。

（4）试验方法

在浙江大学文物保护材料实验室前期研究的基础上，选取对灰浆灌浆材料的抗压强度、稠度、收缩率等有较大影响的 10 个因素，每个因素选取 3 个水平，进行正交试验设计，初步确定的具体影响因素与水平如下。

① 石灰种类：食品级氢氧化钙、国药氢氧化钙、陈化石灰。

② 骨料种类：食品级轻质碳酸钙、工业重质碳酸钙、配制碳酸钙（食品级轻质碳酸钙：工业重质碳酸钙：细粒碳酸钙＝1∶1∶1）。

③ 糯米浆浓度：2%、4%、6%。

④ 胶砂比：1∶2、1∶1、2∶1。

⑤ 水灰比：0.7、0.8、0.9。

⑥ 水硬性成分种类：C_2S（硅酸二钙）、α-TCP（磷酸三钙）、偏高岭土。

⑦ 水硬性成分替代率：0、50%、100%。

⑧ 减水剂种类：木质素磺酸钙、硬脂酸锌、木质素磺酸钠。

⑨ 减水剂掺量：0.1%、0.2%、0.3%。

⑩ 特种添加物：实心瓷粉、空白。

通过 $L_{27}(3^{13})$ 正交表生成 27 组试验，见表 6.4.1，考察不同因素对灰浆稠度、抗压强度和收缩率的影响，并确定最优水平组合。

（5）试块制作

① 糯米浆制备

称取一定质量的生糯米粉于烧杯中，加入一定质量的水配成所需浓度，标记原始刻度，在 100℃恒温水浴加热 4h，期间不定时搅拌，并加入适量水使糯米浆浓度保持不变。

② 搅拌工艺

将灰加入搅拌机混匀，再加入 70%的糯米浆，继续搅拌 5min 使灰浆充分混合，加入剩余的 30%糯米浆，继续搅拌 5min。

③ 试块浇模

先对 3.0cm×3.0cm×9.5cm 的标准三联模具喷涂脱模剂，再将搅拌好的灰浆浇注于模具中，通过振动将灰浆内气泡赶出，并将试块表面刮平。

④ 试块养护及脱模

将试块放置于相对湿度为 90%的养护箱中，1d 后脱模，在常温常压下放置。

（6）物性测试

① 稠度测试

参照中华人民共和国行业标准《建筑砂浆基本性能试验方法标准》（JGJ/T 70—2009），使用水泥标准稠度凝结测定仪进行测定。将搅拌好的灰浆倒入砂浆稠度仪的锥形模具中，将灰浆表面刮平，将模具置于试验机上，使标准圆锥尖端与浆面刚好接触，旋紧制动螺丝，校正指针为零点，松开旋钮，使标准圆锥垂直自由下降，10s 后读出下沉刻度。

② 固化时间测定

灰浆搅拌均匀即为开始时间，在第一天里每隔 1h 测定一次，从第二天起每隔 5h 测定一次直到灰浆样品达到初凝，记录初凝所需时间。待灰浆样品达到终凝后，记录终凝所需时间。

③ 收缩率测试

从脱模之日开始，每日测量并记录试块的长度、宽度、高度和质量，连续测量 14d。

表 6.4.1 灰浆配方表

所在列	1	2	3	4	5	6	7	8	9	10	11	12	13
因素	空白	浓度	氢氧化钙种类	碳酸钙种类	胶砂比	水灰比	空白	水硬性种类	水硬性替代率	添加剂	添加剂掺量比	空白	特种添加物
试验 1	空白	0.02	食品	食品	1:02	0.7	空白	硅酸二钙	0	木钙	0.001	空白	实心瓷粉
试验 2	空白	0.02	食品	食品	1:01	0.8	空白	a-ICP	0.5	硬酯酸锌	0.002	空白	空白
试验 3	空白	0.02	食品	食品	2:01	0.9	空白	偏高岭土	1	木钠	0.003	空白	空白
试验 4	空白	0.04	国药	工业重质	1:02	0.7	空白	a-TCP	0.5	硬酯酸锌	0.003	空白	空白
试验 5	空白	0.04	国药	工业重质	1:01	0.8	空白	偏高岭土	1	木钠	0.001	空白	实心瓷粉
试验 6	空白	0.04	国药	工业重质	2:01	0.9	空白	硅酸二钙	0	木钠	0.002	空白	空白
试验 7	空白	0.06	陈化	标准砂	1:02	0.7	空白	偏高岭土	1	木钙	0.002	空白	空白
试验 8	空白	0.06	陈化	标准砂	1:01	0.8	空白	硅酸二钙	0	木钙	0.003	空白	空白
试验 9	空白	0.06	陈化	标准砂	2:01	0.9	空白	a-TCP	0.5	硬酯酸锌	0.001	空白	实心瓷粉
试验 10	空白	0.02	国药	标准砂	1:02	0.8	空白	硅酸二钙	0.5	木钠	0.001	空白	实心瓷粉
试验 11	空白	0.02	国药	标准砂	1:01	0.9	空白	a-TCP	1	木钙	0.002	空白	空白
试验 12	空白	0.02	国药	标准砂	2:01	0.7	空白	偏高岭土	0	硬酯酸锌	0.003	空白	空白
试验 13	空白	0.04	陈化	食品	1:02	0.9	空白	a-TCP	1	木钙	0.003	空白	空白
试验 14	空白	0.04	陈化	食品	1:01	0.7	空白	偏高岭土	10	硬酯酸锌	0.001	空白	实心瓷粉
试验 15	空白	0.04	陈化	食品	2:01	0.8	空白	硅酸二钙	0.5	木钠	0.002	空白	实心瓷粉
试验 16	空白	0.06	陈化	工业重质	1:02	0.7	空白	偏高岭土	0	木钠	0.002	空白	空白
试验 17	空白	0.06	陈化	工业重质	1:01	0.9	空白	a-TCP	0.5	木钙	0.003	空白	实心瓷粉
试验 18	空白	0.06	食品	工业重质	2:01	0.7	空白	偏高岭土	1	硬酯酸锌	0.001	空白	实心瓷粉
试验 19	空白	0.02	陈化	标准砂	1:02	0.9	空白	偏高岭土	1	木钙	0.001	空白	空白
试验 20	空白	0.02	陈化	工业重质	1:01	0.7	空白	硅酸二钙	0	硬酯酸锌	0.002	空白	空白
试验 21	空白	0.02	食品	食品	2:01	0.8	空白	a-TCP	0.5	木钠	0.003	空白	实心瓷粉
试验 22	空白	0.04	食品	标准砂	1:02	0.8	空白	偏高岭土	0	木钙	0.001	空白	实心瓷粉
试验 23	空白	0.04	食品	标准砂	1:01	0.7	空白	偏高岭土	0.5	木钙	0.002	空白	空白
试验 24	空白	0.04	食品	标准砂	2:01	0.9	空白	硅酸二钙	1	硬酯酸锌	0.003	空白	空白
试验 25	空白	0.06	陈化	食品	1:02	0.7	空白	偏高岭土	0.5	木钠	0.001	空白	空白
试验 26	空白	0.06	陈化	食品	1:01	0.8	空白	硅酸二钙	1	硬酯酸锌	0.002	空白	空白
试验 27	空白	0.06	国药	食品	2:01	0.9	空白	a-ICP	0	木钠	0.003	空白	空白

④ 抗压强度测试

参考国家行业标准《建筑砂浆基本性能试验方法标准》（JGJ/T 70—2009），采用 30mm×30mm×95mm 的三连模，测试时将试块用两块夹具垂直夹住，使受力面积为 3.0cm×3.0cm，用抗压强度测试仪测试，计算可得试块抗压强度。

⑤ 分析表征

对部分原料及试块进行 XRD、SEM 表征。

6.4.3 结果与讨论

(1) 稠度

由表 6.4.2 可以看出，骨料种类对稠度影响最大；石灰种类、水灰比、减水剂掺量对稠度影响也较大；添加剂种类对稠度影响最小；糯米浆浓度，胶砂比影响也较小。各因素最优水平分别为：糯米浆浓度为 2%，石灰种类为食品级氢氧化钙，骨料种类为标准砂，胶沙比为 1:1，水灰比为 0.9，水硬性成分种类为 α-TCP，水硬性成分替代率为 100%，添加剂种类为硬脂酸锌，添加剂掺量为 0.3%，不加入实心瓷粉。

表 6.4.2　各因素对稠度影响极差分析表

所在列	1	2	3	4	5	6	7	8	9	10	11	12	13
因素	糯米种类	浓度	氢氧化钙种类	碳酸钙种类	胶砂比	水灰比	养护条件	水硬性种类	水硬性替代率	减水剂	减水剂掺量	固化液	特种添加物
均值1	33.778	41.889	46.111	27.444	38.667	31.778	36.000	42.111	36.556	35.778	32.222	38.333	34.556
均值2	43.444	37.778	36.889	42.778	41.333	38.667	41.778	43.222	35.222	40.667	38.444	38.778	35.889
均值3	38.333	35.889	32.556	45.333	35.556	45.111	37.778	30.222	43.778	39.111	44.889	38.444	45.111
极差	9.666	6.000	13.555	17.889	5.777	13.333	5.778	13.000	8.556	4.889	12.667	0.445	10.555

(2) 固化时间

初凝时间。表 6.4.3 中，影响样品初凝时间的主要因素：特种添加剂＞石灰种类≈减水剂掺量＞水灰比。对缩短初凝时间，各因素的贡献顺序为：实心瓷粉＞空白；食品级氢氧化钙＞国药氢氧化钙＞陈化石灰；0.1% 减水剂＞0.2% 减水剂≈0.3% 减水剂；水灰比 0.7＞水灰比 0.8＞水灰比 0.9。

表 6.4.3　以初凝时间为试验结果输出的直观极差分析表

所在列	1	2	3	4	5	6	7	8	9	10	11	12	13
因素	糯米种类	浓度	氢氧化钙种类	碳酸钙种类	胶砂比	水灰比	养护条件	水硬性种类	水硬性替代率	减水剂	减水剂掺量	固化液	特种添加物
均值1	317.889	244.667	190.111	243.778	268.389	194.833	222.833	204.611	257.889	223.556	177.444	268.222	129.222
均值2	203.444	230.889	246.667	225.000	230.167	244.444	220.444	280.222	267.833	258.167	281.056	223.833	301.333
均值3	210.278	256.056	294.833	262.833	233.056	292.333	288.333	246.778	205.889	249.889	273.111	239.556	301.056
极差	114.445	25.167	104.722	37.833	38.222	97.500	67.889	75.611	61.944	34.611	103.612	44.389	172.111

终凝时间。表 6.4.4 中影响样品终凝时间的主要因素：特种添加剂＞水灰比＞石灰种类＞减水剂掺量。对缩短终凝时间，各因素的贡献顺序为：实心瓷粉＞空白；水灰比 0.7＞水灰比 0.8＞水灰比 0.9；食品级氢氧化钙＞国药氢氧化钙＞陈化石灰；0.1% 减水剂＞0.2% 减水剂≈0.3% 减水剂。

表 6.4.4　以终凝时间为试验结果输出的直观极差分析表

所在列	1	2	3	4	5	6	7	8	9	10	11	12	13
因素	糯米种类	浓度	氢氧化钙种类	碳酸钙种类	胶砂比	水灰比	养护条件	水硬性种类	水硬性替代率	减水剂	减水剂掺量	固化液	特种添加物
均值1	368.361	297.806	234.528	297.028	315.139	235.583	278.639	267.861	304.472	257.028	230.250	328.528	166.583
均值2	269.399	279.778	312.667	273.833	293.611	305.722	266.944	325.611	335.389	309.278	328.611	278.389	363.278
均值3	250.889	311.056	341.444	317.778	279.889	347.333	343.056	295.167	248.778	322.333	329.778	281.722	358.778
极差	117.472	31.278	106.916	43.945	35.250	111.750	76.112	57.750	86.611	65.305	99.528	50.139	136.695

（3）收缩率

各样品的由表 6.4.5 可以看到，收缩率最小的为试验 18。再选取收缩率居中的试验 15 和试验 21，以及收缩率较大的试验 10，分别将长、宽、高的收缩率作图，结果如图 6.4.1 所示。对于不同的试验组，其线性收缩在前 3d 最明显，7d 后基本已不再收缩。

表 6.4.5　灰浆样品的线性收缩率　　　　　　　　　　（单位：%）

收缩率＼编号	1	2	3	5	6	7	8	10	11	12	13	14	15
长	1.62	2.99	2.61	2.61	4.22	4.28	6.21	4.62	2.44	2.93	0.14	6.19	2.81
宽	1.69	6.49	7.01	2.46	5.81	6.02	8.33	6.50	2.61	4.69	6.86	6.42	3.46
高	1.35	4.48	19.24	2.60	5.23	7.00	6.73	6.07	1.53	4.17	2.04	5.95	2.85

收缩率＼编号	16	17	18	19	20	21	22	23	24	25	26	27	
长	3.49	2.50	0.23	6.04	5.01	2.50	4.65	3.91	2.92	2.41	1.28	4.59	
宽	2.41	7.26	1.39	9.15	10.40	3.14	3.94	5.84	2.77	3.09	2.37	5.19	
高	1.78	4.71	0.73	9.19	10.11	3.09	3.64	7.84	3.43	2.47	1.80	4.18	

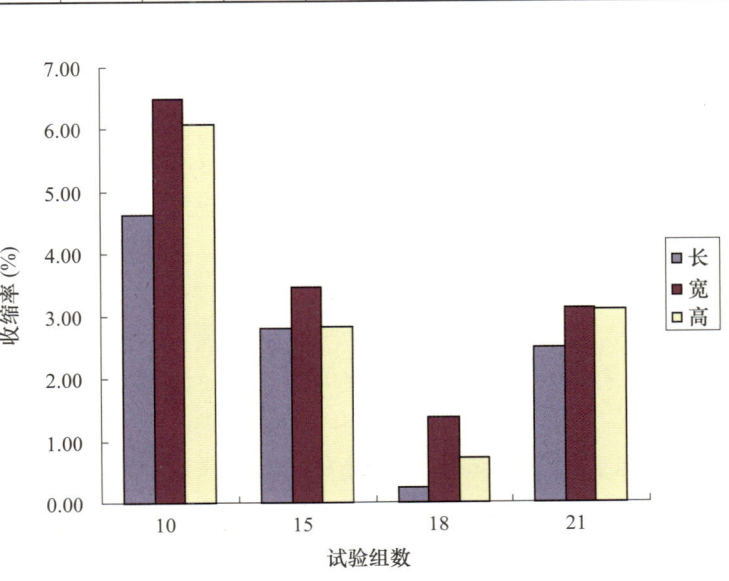

图 6.4.1　线性收缩率关系图

(4) 抗压强度

以样品脱模日期为第1d,在湿度60%±5%,温度(20±2)℃的环境下养护14d,然后用抗压强度测试仪测定其抗压强度,将抗压强度数据输入"正交设计助手Ⅱ专业版"中设计好的正交表的试验结果栏,然后利用软件进行直观分析。由软件得到的直观分析的结果见表6.4.6。从表6.4.6看到极差大于0.3MPa的一共有4组,分别是胶砂比、水灰比、养护条件和水硬性石灰种类,且水灰比＞胶砂比＞养护条件＞水硬性石灰种类,在正交试验中极差越大说明这个因素对结果指标的贡献越大,又因为试验控制的养护条件均为统一的养护环境,最后得到胶砂比、水灰比和水硬性石灰种类对样品抗压强度的贡献最大。

表6.4.6 以抗压强度为试验结果输出的直观分析表

所在列	1	2	3	4	5	6	7	8	9	10	11	12	13
因素	糯米种类	浓度	氢氧化钙种类	碳酸钙种类	胶砂比	水灰比	养护条件	水硬性种类	水硬性替代率	减水剂	减水剂掺量	固化液	特种添加物
均值1	0.519	0.488	0.717	0.452	0.428	0.780	0.569	0.599	0.590	0.734	0.624	0.531	0.611
均值2	0.630	0.546	0.448	0.747	0.571	0.610	0.766	0.739	0.473	0.511	0.571	0.708	0.588
均值3	0.617	0.732	0.601	0.567	0.767	0.376	0.431	0.428	0.702	0.520	0.570	0.527	0.567
极差	0.111	0.244	0.269	0.295	0.339	0.404	0.335	0.311	0.229	0.223	0.054	0.181	0.044

在水灰比因素下,均值1(水灰比0.7)＞均值2(水灰比0.8)＞均值3(水灰比0.9),所以水灰比越低,样品的抗压强度越大;在胶砂比因素下,均值3(胶砂比2)＞均值2(胶砂比1)＞均值1(胶砂比0.5),所以胶砂比越高,样品的抗压强度越大;同理,在水硬性石灰种类因素下,α-TCP优于C2S优于偏高岭土。

(5) 讨论

① 主要影响因素

对于初凝时间和终凝时间,水灰比都是主要影响因素,而石灰种类和减水剂的掺量也有重要影响,说明这3个因素是影响样品固化时间以及抗压强度最重要的3个因素。以初凝时间和终凝时间为标准,得出的最优的因素为:4%糯米浆浓度,食品级氢氧化钙,工业重质碳酸钙,胶砂比1:1,水灰比0.7,C_2S,水硬性替代率100%,0.1%木质素磺酸钙,实心瓷粉。

单比较单组试验的固化时间可以得到最优的试验组是18号,配方为:6%糯米浆,食品级氢氧化钙,工业重质碳酸钙,胶砂比2:1,水灰比0.7,水硬性成分为α-TCP,水硬性替代率100%,0.1%的木质素磺酸钙,其初凝时间为8.5h,终凝时间为15.5h,抗压强度为2.15MPa;次优的试验组为26号,配方为:6%糯米浆,国药氢氧化钙,食品级轻质碳酸钙,胶砂比1:1,水灰比0.7,水硬性成分C_2S,水硬性替代率100%,0.3%硬脂酸锌,实心瓷粉。

比较正交试验方法得出的结果与单组试验的结果,可以发现α-TCP、C_2S水硬性成分的加入对灰浆固化时间的减短还是有较大帮助的,而且使用α-TCP时,灰浆的抗压强度达到2.15MPa,较大领先其他试验组。

总结以上结果:在初凝时间、终凝时间两个指标中,水灰比都是主要影响因素,而氢氧化钙种类和减水剂的掺量也有3次作为重要影响因素,说明这3个因素是影响样品抗压强度、初凝时间、终凝时间最重要的3个因素。以初凝时间和终凝时间为标准,得出的最优的因素为:4%糯米浆浓度,食品级氢氧化钙,工业重质碳酸钙,胶砂比1:1,水灰比0.7,C_2S,水硬性替代率100%,0.1%木质素磺酸钙,实心瓷粉。

② SEM 检测分析

对原料中的实心瓷粉，养护 14d 的试验 76 号样块和 18 号样样块用扫描电镜（SEM）进行观察，结果如图 6.4.2 所示。

(a) 原料实心瓷粉　　　　　　　　(b) 试验26号样块　　　　　　　　(c) 试验18号样块

图 6.4.2　SEM 检测分析

根据图 6.4.2（a）的 SEM 照片，实心瓷粉呈规则的球状颗粒，表面光滑，粒径分布很广，绝大部分颗粒粒径小于 3μm。这些特性使得实心瓷粉的添加能有效地增强灰浆的流动性，这与实心瓷粉的加入对灰浆稠度的影响结果相符。

根据图 6.4.2（b），试验 26 中的硅酸二钙在实心瓷粉表面形成结晶，使颗粒之间相互交错，中间形成了一定的空间，无法紧密结合，灰浆结构较为松散，这是试验 26 这组灰浆收缩率低的微观解释。

图 6.4.2（c）中为 α-TCP 的水化产物，其晶体表面平整，形状规则，但由于它的排列十分混乱，颗粒之间有较大空隙，大大降低了灰浆的收缩率。另一方面，晶体表面吸附了部分糯米浆颗粒，增加了灰浆与晶体之间的握裹力，对灰浆的抗裂性的提高有一定的补充增强作用。

6.4.4　结论

在浙江大学文物保护实验室前期灰浆研究的基础上，试验研究了糯米浆浓度、氢氧化钙种类、碳酸钙种类、胶沙比、水灰比、水硬成分种类、水硬成分替代率、添加剂种类、添加剂掺量、特殊添加物和实心瓷粉对灰浆各种性能的影响，得到了综合性能较好的基于传统灰浆配方的灌浆材料。初步结果是：

（1）灰浆试块的初期养护条件对灰浆试块的影响较大，相对湿度太低，试块会在短时间内产生较大收缩，导致试块开裂；相对湿度过大则难以在较短时间内定形，导致不易脱模。

（2）减水剂的使用对灰浆收缩率影响最大，其中质量分数为 0.2% 的木质素磺酸钙对减小灰浆收缩率的效果最好。

（3）水硬性成分 α-TCP 的加入能够加快糯米灰浆达到收缩稳定的时间，同时还能有效降低灰浆的收缩率。

（4）偏高岭土虽然能够增强灰浆的流动性，并在一定程度上降低灰浆的收缩率，但它会大幅降低灰浆的抗压强度。

（5）按照前述初步设计，样块综合性能最优的配方是：糯米浆浓度 6%，碳酸钙种类为工业重质碳酸钙，胶砂比为 2∶1，水灰比为 0.7，水硬性成分种类为 α-TCP，水硬性成分替代率为 100%，添加剂种类为木质素磺酸钙，添加剂掺量为 0.1%。经检测样块抗压强度达到 2.14MPa，稠度为 54mm，符合灌浆要求，平均线性收缩率为 0.78，是试验组中最小的。

本工作对传统灰浆灌浆材料配方的正交试验还只是初步的尝试，正交试验的影响因素和水平的选择还可在现有试验的基础上进一步改进，使糯米灰浆灌浆材料的配制技术更加完善。

6.5 无机镁基灌浆粘结材料研究

6.5.1 研究背景及思路

使用纯无机材料作为石质文物保护材料的优点主要有两点,其一是在野外环境中的耐光老化性优异;其二是与岩石的水力学性能接近,同为亲水性多孔材料,能更好地抵御干-湿循环界面应力的破坏。但是纯无机材料也有一些不足,例如由于亲水,在干湿变化中材料的无机离子会不断析出,因此理想的无机保护材料应具有抑制离子析出的功能。

在第 5 章 5.7 节中,我们已经研究了纯无机镁基加固材料。这种加固材料的固结能力已经得到验证,但是将无机镁基材料用于灌浆粘结还需要进一步考虑抑制离子析出的问题。

在无机材料制备中,常见的抑制无机物离子析出的无机添加剂有无机酸、无机盐以及一些活性矿物(如飞灰、硅灰、矿渣等)等。研究表明:无机酸的添加会造成灌浆粘结材料强度的明显降低;无机盐的添加会使灌浆粘结材料固化后体积膨胀和引入新的盐害;活性矿物不溶于水,添加后往往难以混匀,且可能给保护材料的外观带来影响。近年来,有机酸,如柠檬酸、酒石酸、乙醇酸等作为改善无机离子析出的添加剂受到关注。这些添加剂均易溶于水,应用于灌浆粘结材料会有被水溶出的风险,为此需要选择新的添加剂。经过一系列前期研究,本工作选择了一种螯合剂 SAA,SAA 分子中有丰富的羟基和羧基,能够和无机粘结剂中的 Mg^{2+} 发生螯合反应,生成稳定的化合物。SAA 为白色针状晶体,仅微溶于水,添加到无机粘结剂中后多以晶体形式存在于固结产物中。在露天环境中,当有水进入岩体时,SAA 会微量缓慢地溶解在水中并与固结产物中析出的 Mg^{2+} 结合,强化固结产物的耐水性。

基于以上考虑,本节以螯合剂 SAA 作为镁基粘结材料的添加剂,通过测试灌浆固结产物的机械强度、表面亲疏水性能和耐水性能等,确定添加剂的最佳用量和镁基灌浆粘结材料的制备工艺。

6.5.2 试验部分

(1)试验材料和仪器

试验所需的试剂:氧化镁、六水合氯化镁(AR,国药集团);螯合剂 SAA(≥99.0%)。

试验仪器:超声波清洗机(JP-020S,深圳洁盟),AFES 接触角测量仪(FCA2000A1,上海艾飞思),微机控制万能材料试验机(CTM2500,上海协强仪器),粉末 X 射线多晶衍射仪(Max-2550pc,日本理学株式会社),冷场发射扫描电子显微镜(SU8010,株式会社日立制作所)。

(2)试样制备

为准确测试加固剂在添加了耐水材料后的强度变化、体积变化和耐水性能变化,本章使用的待测试样由 MgO-$MgCl_2$-H_2O 三相体系制备而成。考虑到加固剂在其他方面的应用,该三相体系的比例为 $n(MgO):n(MgCl_2·6H_2O):n(H_2O)=5:1:12$。待测试样的制备方法如下:

① 将 20.3g 的 $MgCl_2·6H_2O$ 溶解在 21.6g 的去离子水中得到氯化镁溶液。然后,将 20.0g 的 MgO 粉末分多次少量加入氯化镁溶液中搅拌均匀。采用相同的方法重复制作 18 份加固剂。

② 向 18 份加固剂中分别加入质量分数为 0、0.5%、1%、1.5%、2% 和 2.5% 的螯合剂 SAA,搅拌均匀后超声 5min,得到优化后的浆体。

③ 将上述浆体倒入尺寸为 16mm×16mm×16mm 的立方体模具中,振荡排出空气。随后,将模具置于室温条件(20℃±1℃ 和 65%RH)下固化。

④ 待浆体固化后，将其从模具中取出。用不同目数的砂纸将试样表面打磨平整，然后将试样置于培养箱中继续固化。

⑤ 上述 18 种配方的加固剂每种制备 10 个试样，将其分成两份，每组 5 个。其中一份用来测试固化 7d 时的抗压强度，另一份用来测试固化 28d 时的抗压强度。

(3) 性能测试

① 接触角测试

将待测试样放置在样品台上，调整注射器的位置和高度使试样位于平头针正下方 1cm 的位置。旋转出水阀从针头处释放约 $2\mu L$ 的液滴。移动针头向下，将液滴滴在试样表面。采用连续拍摄法分别记录水滴接触试样表面时和在试样表面停留 3s、10s 时的接触角。每组样品重复测试 5 次，计算平均值。

② 耐水性测试

将试样放在 105℃的干燥箱中烘干并称重。待试样冷却至室温后，放入装有 100mL 去离子水的一次性塑料杯中并用保鲜膜密封，每组 12 个样品，设置浸泡时间为 7d、14d、21d 和 28d。到达预定时间后将试样取出。置于干燥箱中再次烘干后，首先称重，计算试样在整个过程中的质量损失率。然后，拍照记录试样的表面形貌。

③ 抗折强度测试

选择尺寸为 50mm×50mm×30mm 的立方体砂岩样品，按照 $n(MgO):n(MgCl_2\cdot 6H_2O):n(H_2O)=5:1:12$ 的比例并添加质量分数 2% 的螯合剂 SAA 制备粘结剂。将其涂布在搭接面上，对接后固定，自然环境中固化 28d。如图 6.5.1 所示，使用万能材料试验机测试粘结后的抗剪强度。设置仪器下降速度为 1mm/min、两支点间标距为 80mm，记录断裂时的最大应力值。抗折强度按照下式计算：

$$F_{cf}=\frac{FL}{bh}$$

图 6.5.1 抗折强度测试过程图

式中，F 为试样破坏时的荷载（N）；L 为两支点间的距离（80mm）；b 为试样截面宽度（mm）；h 为试样截面高度（mm）。

6.5.3 试验结果与讨论

(1) 抗压强度

试样固化后的测量的强度如图 6.5.2 所示。

从总的强度变化趋势来看，SAA 的加入不同程度地降低了试样的强度。与固化 7d 后的强度相比，固化 28d 后试样强度有了显著的提升。结果表明试样的固化是一个较为缓慢的过程。由于 SAA 的添加延长了固化时间，固化 28d 后，含有不同浓度的 SAA 的试样强度分别增加了 74.9%、91.4%、83.6%、88.5%和 69.3%，如图 6.5.2 所示，试样强度经历了先降低再增加后降低的过程。

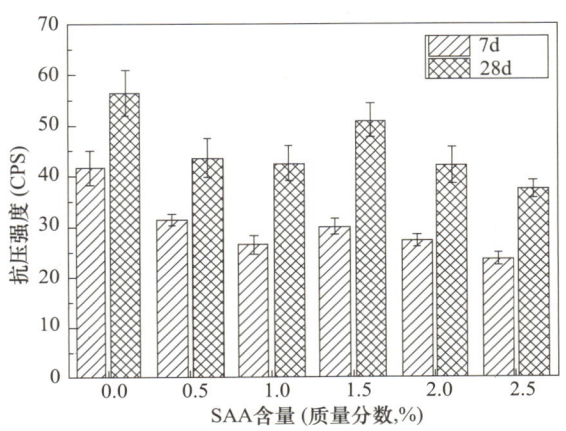

图 6.5.2 含有螯合剂 SAA 试样的抗压强度

（2）抗折强度

粘结材料需要具有足够的抗折强度，以确保其在受到应力时不会再次断裂。表 6.5.1 所示，添加了螯合剂 SAA 的镁基材料粘结的 3 个试样，固化后的抗折强度分别为 2.926MPa、3.435MPa 和 3.132MPa，表明镁基粘结剂用作砂岩粘结时具有较高的抗折强度。样品 4、5、6 是在前面配方的基础上添加了质量分数 2% 的 Fe_2O_3 粉，目的是调节粘结剂的颜色使其与岩石相似，粘结后试样抗折强度的平均值为 2.847MPa。

表 6.5.1 镁基粘结材料固化后抗折强度测试结果

试样序号	截面宽度（mm）	截面高度（mm）	最大荷载（N）	抗折强度（MPa）	平均值±标准偏差
样品 1	50.30	31.07	1776	2.926	
样品 2	50.23	30.96	2067	3.435	3.164±0.256 (RSD：8.1%)
样品 3	50.26	30.52	1833	3.132	
样品 4	50.22	30.55	1532	2.615	
样品 5	50.18	30.46	1627	2.796	2.847±0.261 (RSD：9.2%)
样品 6	50.24	30.88	1874	3.129	

（3）固结产物的物相分析

添加 SAA 后，镁基粘结材料固结产物的物相分析如图 6.5.3 所示。由 XRD 分析结果可知，固结产物主要由相 5、相 3 和 MgO 组成。尽管添加剂的含量不同，试样最后的固结产物并没有大的区别。除了上述三种产物，还可能存在 $Mg(OH)_2$ 和 $MgCO_3$。然而，固结产物中并没有检测到，这可能是因为固结产物中相 5、相 3 和 MgO 的含量很高，生成的产物量比较少，特征峰被遮挡。另一种可能存在的原因是添加剂的加入阻止了 MgO 的水化反应和碳化反应。

（4）接触角分析

接触角反映了试样与水接触后被润湿的难易程度。当 $\theta<90°$ 时表示固体表面是亲水性的，固体容易被润湿。当 $\theta>90°$ 时则表示固体表面是疏水性的，固体不容易被润湿。如图 6.5.4 所示，在没有任何添加剂的情况下，试样的接触角为 31.5°±1.9°。当添加剂 SAA 的含量为质量分数 0.5%、1%、1.5%、2%、2.5% 时，试样接触角分别为 73.0°±6.3°、83.6°±2.5°、93.4°±1.2°、98.1°±1.3° 和 100.4°±2.6°，试样表面接触角随 SAA 含量的增加而增大。很明显 SAA 的添加降低了试样的表面张力，使试样表面不容易被润湿，因此可以通过 SAA 的添加量调节粘结材料固化后的接触角，即可调节镁基粘结材料的亲水性。

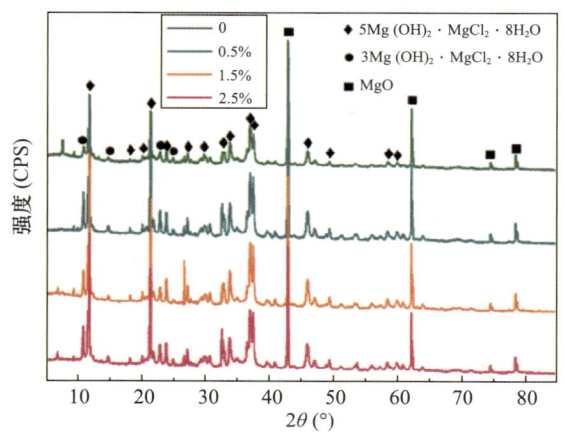

图 6.5.3 含有螯合剂 SAA 添加剂的试样固结产物的 XRD 谱图

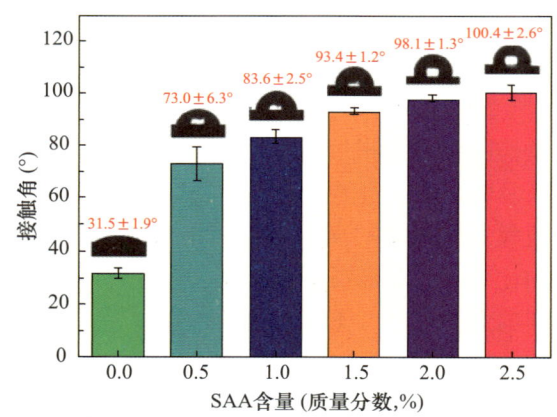

图 6.5.4 含 SAA 添加剂试样的表面接触角

(5) 耐水性比较

图 6.5.5 显示了添加 SAA 的试样浸泡在水中不同时间后的质量变化，随着浸泡时间的延长，试样的质量损失逐渐增加。其中，不含添加剂的试样在浸泡 14d 后质量损失率达到 23.0%，随后逐渐趋于稳定。当添加剂 SAA 的含量为质量分数 0.5%、1%、1.5%、2% 和 2.5% 时，试样在水中浸泡 28d 后的质量损失率分别为 19.8%、17.1%、12.1%、5.1% 和 6.4%，试样的质量损失随 SAA 添加量的增多表现出显著的降低趋势。

(6) 浸泡后强度变化

图 6.5.6 显示了添加 SAA 的试样浸泡在水中不同时间后的抗压强度。当添加剂为 0 时，试样在浸泡 28d 后强度从最初的 56.29MPa 降至 11.08MPa，强度下降了 80.3%。

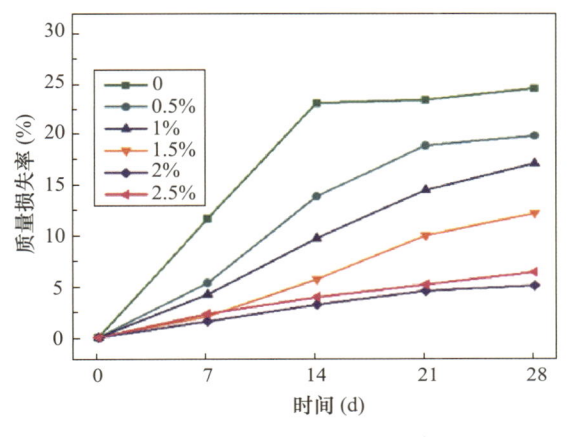
图 6.5.5 试样浸泡在水中不同时间后的质量损失率

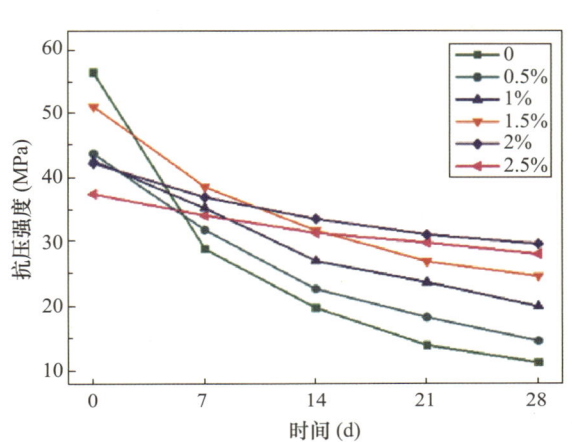
图 6.5.6 试样浸泡在水中不同时间后的抗压强度

当添加剂 SAA 的含量为质量分数 0.5%、1%、1.5%、2% 和 2.5% 时，试样在水中浸泡 28d 后的强度降低率分别为 66.9%、53.4%、51.8%、30.0% 和 25.1%，该结果表明随着 SAA 含量的增加，试样的耐水性能增强，SAA 能够有效降低可溶无机离子的析出量，对试样强度的保持具有积极作用。

图 6.5.7 为不含添加剂（a，b）和添加有质量分数 2% 的螯合剂 SAA（c，d）的试样浸泡在水中 28d 后的截面 SEM 图像。

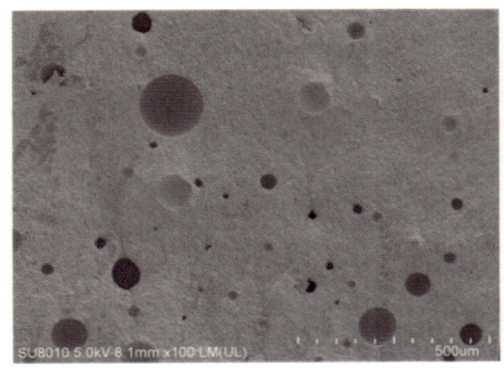
(a) 放大100倍

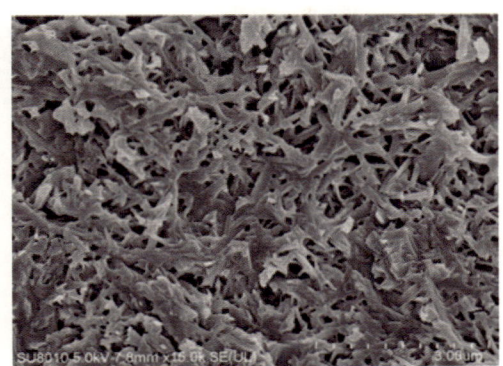
(b) 放大15000倍

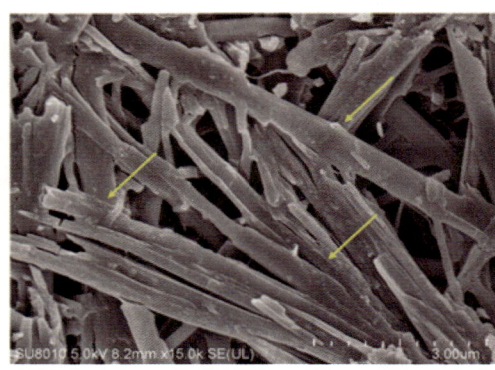

(c) 放大100倍　　　　　　　　　　　　　(d) 放大15000倍

图 6.5.7　不含添加剂［(a)，(b)］和添加有质量分数 2% 的螯合剂 SAA［(c)，(d)］的试样浸泡在水中 28d 后的截面 SEM 图像

6.5.4　应用小试验

（1）断裂岩石的粘结过程

本小节以崖壁上脱落的风化岩石的粘结为例（图 6.5.8），在实验室进行粘结试验，具体步骤如下：

① 用软毛刷轻轻扫去岩石表面和断裂面的灰尘，用手术刀剔除附着的污染物。然后，用棉签蘸取 75% 的乙醇对断裂面进行清洗。

② 用去离子水将岩石断裂面轻微润湿。然后，吸取粘结剂缓慢注射到岩石断裂面上并将其涂布均匀。注意粘结剂的用量要适量，防止对接后溢出污染岩石。

③ 将两块岩石断裂面对齐，轻轻按压使其粘合在一起，固定好等待固化。

④ 待基本固化 30~50min 后，再次吸取加固剂，注入填充裂缝边缘。

⑤ 自然固化 7d 后，剖开观察粘结截面。

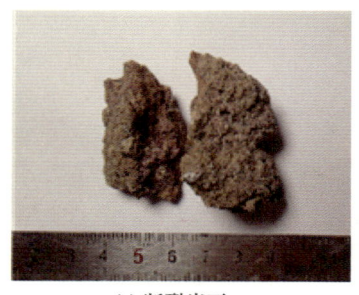
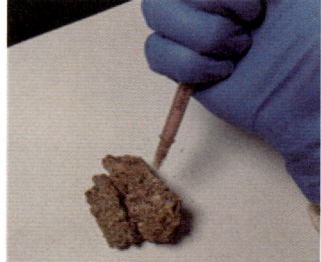

(a) 断裂岩石　　　　　　　　(b) 注粘结剂　　　　　　　　(c) 粘结后

图 6.5.8　粘结断裂岩石样品的过程

（2）粘结后的截面形貌

将粘结后的岩石样品在垂直断裂面切割开，经打磨抛光后截面的微观形貌如图 6.5.9 所示。从图中可以看出，粘结材料在固化后没有收缩或膨胀产生的裂隙。结合图 6.5.10 中 SEM 图像可以看出，固结产物与岩石本体之间没有开裂，显示出较好的整体性，表明二者结合紧密。能谱分析表明，截面的元素主要由 O、Si、Al、Mg 和 Cl 组成，其中 Si 和 Al 是岩石中石英（SiO_2）、长石（$NaAlSi_3O_8$ 或 $KAlSi_3O_8$）的主要组成元素，而 Mg 和 Cl 则是固结产物（$5Mg(OH)_2 \cdot$

MgCl$_2$·8H$_2$O 或 3Mg(OH)$_2$·MgCl$_2$·8H$_2$O）的特征元素。从元素 Mapping 图像可以看出，本工作改进的镁基粘结剂与岩石在分布上呈现互补的状态，表明固结产物与岩石之间具有良好的相容性。

(a) 放大100倍　　　　　　(b) 放大200倍　　　　　　(c) 放大500倍

图 6.5.9　粘结后岩石截面微观形貌图

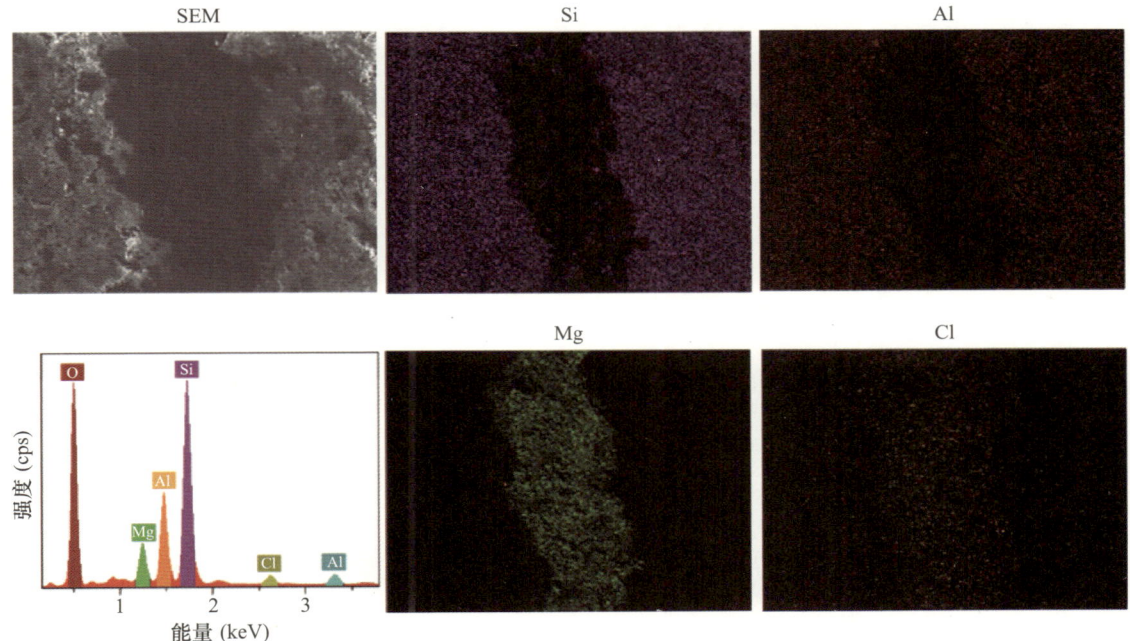

图 6.5.10　粘结后岩石截面 SEM-EDS 和元素 Mapping 图像

6.5.5　结论

本节研究了使用螯合剂 SAA 抑制无机粘结剂离子析出和改善粘结剂耐水性能的工作。螯合剂 SAA 的使用使试样的强度有不同程度的降低，但试样的耐水性提高。当添加量为质量分数 2% 时，试样浸泡在水中 28d 后的质量损失率为 5.1%、强度仍有 29.4MPa，表明此时固结产物具有较好的耐水性和适宜的强度。我们把这种添加了螯合剂 SAA 的新的镁基胶凝材料简称为 MMH 粘结剂。

使用 MMH 粘结剂粘结断裂的砂岩，其抗折强度可达 3.16MPa，性质稳定，固结产物与岩石基底之间相容性好。本项成果已申请国家发明专利（授权公告号 CN11356380B），相关原料、配方和工艺还在继续改进中。

6.6 本章小结

（1）石质文物的粘结和灌浆材料一直是文物保护的重要研究内容。本章专门探讨了曾在石质文物保护领域广泛应用过的环氧树脂的问题和失效机理，以及在不得已需要使用时应注意的事项。这些研究可以为评价环氧类粘结和灌浆材料提供思路和参考。

（2）根据杭州飞来峰造像加固工程对水泥基灌浆材料的需求，对典型水泥类灌浆材料，包括不同种类水泥和经过添加剂改性的水泥的工作性能、力学性能、防水性和耐久性等问题进行了实验室评价，选取其中几种材料进行了现场试验评估；同时探讨了不同岩石界面对灌浆效果的影响以及各种界面改性剂的改进作用，可为摩崖石刻灌浆设计提供启示。

（3）传统糯米灰浆耐老化性好、强度适中，同时还具有可逆性、自牺牲性和自修复性等优点，但是传统糯米灰浆制作工艺费时繁杂。为改进传统配方和工艺，在浙江大学文物保护实验室前期研究的基础上，尝试运用正交试验技术研究石灰种类、糯米浆浓度、胶砂比、水灰比、水硬成分、添加剂等十来个影响因素对灰浆性能的影响，为获得综合性能较好的基于传统灰浆的灌浆材料配方提供了思路。

（4）鉴于纯无机粘结材料耐光老化性优异、与岩石水力学性能接近，材料匹配性好，在我们研发的纯无机镁基加固材料的基础上，进一步开展抑制离子析出和提高材料耐水性方面的研究。选择微溶于水的螯合剂SAA，适量添加到无机镁基粘结剂中，得到MMH胶凝材料。试验表明，MMH胶凝材料具有较好的耐水性。

本章参考文献

[1] ADAMS J H. Analysis of the nonvolatile oxidation products of polypropylene, Ⅱ process degradation [J]. Polymer Science, 1970, 8 (5): 1269-1277.

[2] BIRKINA N A, NEVEROV A N, BOCHARNIKOV V K. Radiation resistance of epoxy resins [J]. Polymer Mechanics, 1967, 3 (3): 476-482.

[3] DAMIAN C, ESPUCHE E, ESCOUBES M. Influence of three ageing types (thermal oxidation, radiochemical and hydrolytic ageing) on the structure and gas transport properties of epoxy-amine networks [J]. Polymer Degradation and Stability, 2001 (72): 447-458.

[4] SUNIL K K, FRANK R J, ATTWOOD David. Moisture absorption by cyanate ester modified epoxy resin matrices. Part V: effect of resin structure [J]. Polymer, 2005 (36): 764-771.

[5] QUEIROZ D P R, FRAIISSE F F, FAYOLLE B, et al. Radiochemical ageing of epoxy coating for nuclear plants [J]. Radiation Physics and Chemistry, 2010 (79): 362-364.

[6] FARKAS A, STROHM P F. Imidazole catalysis in the curing of epoxy resins [J]. Journal of Applied Polymer Science, 1968, 12 (1): 159-168.

[7] 孙曼灵. 环氧树脂应用原理与技术 [M]. 北京: 机械工业出版社, 2009.

[8] CHIANG T H, HSIEH T E. Effects of tertiary amines on yellowing of UV-curable epoxide resins [J]. Polymer International, 2007, 56 (12): 1544-1552.

[9] 杨为华, 肖国民, 孔祥翔. 六芳基二咪唑类化合物的合成及光致变色性能 [J]. 应用化学, 2004, 20 (4): 406-408.

[10] LANAS J, ALVAREZ J I. Masonry repair lime-based mortars: factors affecting the mechanical behavior [J]. Cement and Concrete Research, 2003, 33: 1867-1876.

[11] DU L X, FOLLIARD K J. Mechanisms of air entrainment in concrete [J]. Cement and Concrete Research, 2005, 35: 1463-1471.

[12] CAMILLE A I, JOSEPH J A. Stability and bond properties of polymer-modified self-consolidating concrete for repair applications [J]. Materials and Structures, 2016.

[13] LIU Q S, LEI G F, PENG X X, Rheological characteristics of cement grout and its effect on mechanical properties of a rock fracture [J]. Rock Mechanics & Rock Engineering, 2018, 51: 613-625.

第7章

石质文物表面的彩绘与涂层

石质文物表面的彩绘包括岩画、石雕彩绘、石刻彩绘、石窟壁画、摩崖题刻彩绘等，是石质文物的重要组成部分，也是最令人瞩目的部分，蕴含着大量文物信息。从材质结构看，石质文物表面彩绘的共同特点是至少包括石质支撑基底和表面颜料层，有的还有底色层和地仗层。石质文物表面颜料层比较脆弱，最容易受到环境自然因素和人为因素的破坏，引起褪色、粉化、起甲、脱落、污染等病害，是石质文物保护技术的难点。考虑到颜料层病害的特殊性，我们将石质文物表面彩绘与涂层的保护研究独立成章进行探讨。

7.1 石刻彩绘的病害——以四川安岳石窟彩绘为例

自唐朝"安史之乱"以后，随着经济中心转移向南方，石窟艺术传至四川进入安岳。安岳石窟地处四川省资阳市安岳县，毗邻大足县，全县有石刻摩崖造像达 135 处，有造像 18500 余尊。其石刻造像内容丰富，规模恢弘，十分精美。安岳石窟石刻在我国石窟艺术中享有上承敦煌、云岗、龙门石窟，下启大足石刻的重要位置。

安岳石窟石刻题材多为佛教和道教造像，造像鼎盛时期集中在盛唐至北宋的 400 年间，并一直延续到明清甚至现代。其中列入全国重点文物保护单位的有 9 处，分别是卧佛院、玄妙观、千佛寨、圆觉洞、华严洞、毗卢洞、茗山寺、孔雀洞、木门寺。这些经典的石刻艺术作品，见证了石刻艺术由全盛走向衰落的过程，蕴含着极高的艺术与历史价值（图 7.1.1～图 7.1.3）。

图 7.1.1　四川安岳卧佛院卧佛像的整体照片

(a) 净瓶观音像　　(b) 孔雀明王像

图 7.1.2　安岳圆觉洞与孔雀洞

(a) 06龛风化现状　　(b) 水月观音像

图 7.1.3　安岳茗山寺与毗卢洞

由于自然风化和各种人为因素的影响，目前川渝地区石窟石刻和表面彩绘保存现状较差，各类病害发育严重，不仅严重影响了石刻造像的观赏性和艺术价值，而且在逐渐破坏文物的完整性，尤其是处于表面的最具艺术价值的彩绘信息。从发展趋势看，若不采取适当维护措施，石刻彩绘病害将会加速发展，甚至全部脱落，造成无可挽回的损失。为了实施保护措施，必须摸清安岳石刻彩绘的现存状况，开展调查分析等基础性工作，包括存在哪些病害，严重程度如何，各种病害的范围数量，石刻彩绘的材质和工艺情况，等等。

7.1.1　石刻彩绘病害调查方法

浙江大学文物保护材料实验室和四川省文物考古研究院工作人员于 2017 年 7 月下旬对安岳石窟石刻彩绘的现存状况进行了调研（共 10 人，分 3 组，见图 7.1.4）。调研前先统一了调查方法，使用同样的记录表格，采取相同的计算模式。在安岳当地文保部门的带领和配合下，先后勘测了安岳县境内的8处石窟造像国家重点文物保护单位，按调查时间先后顺序排列分别为圆觉洞、孔雀洞、茗山寺、毗卢洞、华严洞、卧佛院、玄妙观、千佛寨。8处调研地点的位置分布见图7.1.5。

图7.1.4　浙江大学文物保护材料实验室和四川省文物考古研究院调查组合照
（2017.07.19）

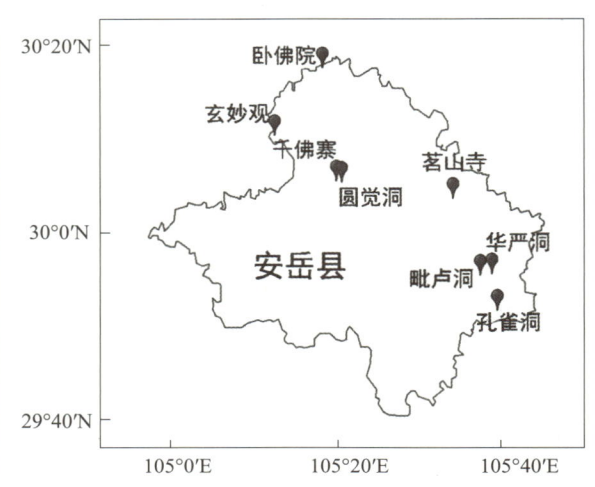

图7.1.5　安岳石窟的8处国保单位分布点示意图

（1）彩绘病害分类方法

参照国家文物行业标准《古代壁画病害与图示》（WW/T 0001—2007），将彩绘病害分为粉化、颜料层脱落、地仗层脱落、褪色、变色、起甲、龟裂、裂隙、空鼓、微生物、植物、动物破坏、水渍、泥渍、烟熏和其他病害，共16种，进行病害辨别、测量、记录、拍照，并按照病害情况将其分为轻、中、重三种程度。

（2）使用设备

激光测距仪，手电筒，相机，软卷尺，坐标纸，小绳等。

（3）勘测方法

先对文物整体拍照，放置标尺、从正面开始，顺时针从各方向（正面、左面、后面、右面）拍照。然后完成彩绘面积与病害面积勘测记录，包括彩绘总面积和病害面积，确定病害严重程度。彩绘面积与病害面积由激光测距仪、软卷尺、坐标纸与细绳按相似几何图形相加或相减算出。为便于统计比较，对裂隙病害的记录是测量裂隙的长度，然后乘以裂隙的3倍宽度。所有记录统计精确至分米（dm）。

（4）病害细节观察记录

对各典型病害的细节进行观察并拍照，记录严重程度，同时记录当时环境信息。

（5）对已脱落的彩绘和地仗微量取样（约黄豆大小），带回实验室分析成分。

7.1.2　结果统计

本次勘测调研的彩绘总面积达1612m^2，其中包含黑、白、深红、土红、绿、蓝、黄、天蓝等颜色。由于石窟造像彩绘历时久远，各种病害问题较多。8处石窟造像彩绘病害调查测量结果汇总于表7.1.1中。

表 7.1.1　安岳石窟石刻彩绘主要病害勘测结果统计表（2017.07.24）　　　　　　　　dm²

病害种类/地点	圆觉洞	孔雀洞	茗山寺	毗卢洞	华严洞	卧佛院	玄妙观	千佛寨
粉化	1969.1	96.5	1.1	1528.3	508.1	0.00	61.46	10019.9
颜料层脱落	12012.3	1807.8	298.7	9380.1	2103.6	4797.1	999.9	3160.9
地仗层脱落	23.8	0.0	17.1	520.0	4.5	0.00	100.7	1.21
褪色	746.1	0.0	7.8	108.6	467.0	12.0	78.8	429.7
变色	34.2	15.0	6.8	0.0	50.00	0.00	4.00	23.8
起甲	81.8	747.4	323.9	207.8	345.0	346.2	393.8	1094.8
龟裂	0.0	106.9	76.0	0.00	0.00	0.00	27.0	0.00
裂隙	9.3	14.0	7.0	30.0	65.2	280.0	82.3	334.0
空鼓	0.0	10.8	53.7	8.2	326.2	115.0	31.0	110.9
微生物	0.0	265.0	0.0	276.5	30.0	30.0	86.0	52.6
植物	0.0	171.1	6.00	0.00	0.0	0.0	24.0	9.00
动物破坏	1.0	29.4	57.4	16.4	0.0	0.0	0.04	1.25
水渍	0.0	0.0	0.0	203.0	0.0	0.0	0.0	680.0
泥渍	0.0	3.0	1.0	0.0	0.0	0.0	0.0	7.50
烟熏	2702.0	44.0	43.7	534.5	0.0	1080.0	167.3	833.5
其他病害	1.0	0.0	130.6	81.5	0.0	0.0	28.9	189.0
病害总面积	17580.6	3310.8	1031.0	12894.8	3899.5	6660.2	2085.2	16947.8
彩绘总面积	28053.6	9843.3	10416.2	25548.9	17856.3	37407.9	4087.8	28018.0

注：彩绘总面积中包括了近代重绘上去的新涂彩绘。

由表 7.1.1 计算得到，安岳石窟石刻彩绘病害总面积高达 644m²。将安岳石刻彩绘 16 种病害按面积由高到低排序，并计算出发病率和病害占比，结果见表 7.1.2。其中发病率为病害面积与彩绘总面积之比，病害占比为某种病害面积与总病害面积之比。彩绘病害占比位列前三的分别为颜料层脱落 53.7%、粉化 22.0% 和烟熏 8.4%。

表 7.1.2　安岳石窟石刻彩绘发病率和病害占比统计表（2017.07.24）

病害种类	病害面积（dm²）	发病率（%）	病害占比（%）
颜料层脱落	34560.3	21.44	53.66
粉化	14184.4	8.80	22.02
烟熏	5404.9	3.35	8.39
起甲	3540.5	2.20	5.50
褪色	1850.0	1.15	2.87
水渍	883.0	0.55	1.37
裂隙	821.8	0.51	1.28
微生物	740.1	0.46	1.15
地仗层脱落	667.3	0.41	1.04
空鼓	655.7	0.41	1.02
其他病害	431.2	0.27	0.67
植物	210.1	0.13	0.33
龟裂	209.9	0.13	0.33

续表

病害种类	病害面积（dm²）	发病率（%）	病害占比（%）
变色	133.8	0.08	0.21
动物破坏	105.5	0.07	0.16
泥渍	11.5	0.01	0.02

安岳石窟石刻彩绘各病害的严重程度统计见表 7.1.3。

表 7.1.3 安岳石窟石刻彩绘病害严重程度统计表（2017.07.24）

病害	数值（dm²）			占病害总面积比值（%）		
	轻度	中度	重度	轻度	中度	重度
颜料层脱落	215.2	4443.6	29550.5	0.33	6.90	45.88
粉化	1.6	1214.1	12634.1	0.00	1.88	19.62
烟熏	44.0	75.0	5286.0	0.07	0.12	8.21
起甲	151.2	547.8	2867.4	0.23	0.85	4.45
褪色	57.8	421.6	1412.0	0.09	0.65	2.19
水渍	0.00	35.0	848.0	0.00	0.05	1.32
裂隙	55.7	137.1	629.0	0.09	0.21	0.98
微生物	199.0	164.5	370.6	0.31	0.26	0.58
地仗层脱落	0.0	48.1	619.4	0.00	0.07	0.96
空鼓	33.1	434.4	188.2	0.05	0.67	0.29
其他病害	15.8	225.4	212.5	0.02	0.35	0.33
植物	6.0	62.0	144.1	0.01	0.10	0.22
龟裂	18.0	157.3	34.6	0.03	0.24	0.05
变色	0.0	104.2	27.6	0.00	0.16	0.04
动物破坏	0.6	39.9	65.0	0.00	0.06	0.10
泥渍	3.0	1.0	7.5	0.00	0.00	0.01

7.1.3 彩绘病害及保存现状分析

调查统计结果中，安岳县 8 处国保单位石窟造像表面残存彩绘的总面积约 1612m²，其中病害面积有 644m²，多发病害为颜料层脱落和粉化，分别约占总病害面积的 54% 和 22%。下文对安岳石窟中各类病害的具体表现进行分析讨论。

（1）颜料层脱落

颜料层脱落是指颜料层脱离底色层（依附层）的现象，在此次调查中病害占比最高，病害面积约 34560dm²，其病害占比约为 54%，且多为重度病害。以图 7.1.6 为例，图 7.1.6（a）、图 7.1.6（b）分别为圆觉洞中宋代净瓶观音裙摆褶皱处和圆觉洞造像衣裙下部的颜料层脱落病害照片。从图中可以看出部分彩绘包含多个颜料层，表层颜料的脱落使底部被覆盖的其他颜色显露出来，颜料层脱落对彩绘区域造成了不可逆的伤害，且脱落的颜料碎片早已不见踪影。

（2）粉化

粉化为此次调研的第二大病害，病害面积达 14184dm²，病害占比约为 22%。颜料粉化一般表现为胶结材料失效，颜料颗粒呈粉状脱落，用手触摸这些区域，手指上会有粉状物残留。粉化病害的破坏力很大，会严重影响彩绘的美观度。图 7.1.7 为玄妙观第 18 窟 03 龛背景彩绘上的粉化现象，病害区域的颜料层已经失去了原有的色泽，美观程度大打折扣，且修复较为困难。

(a) 圆觉洞净瓶观音裙摆

(b) 圆觉洞右数第三尊造像底部

图 7.1.6　颜料层脱落病害照片（2017.07.19）　　　图 7.1.7　玄妙观第 18 窟 03 龛背景彩绘
　　　　　　　　　　　　　　　　　　　　　　　　　　　　　粉化病害现象（2017.07.19）

（3）烟熏

此次调研的 8 处安岳石窟分布点的彩绘上都存在烟熏病害，其病害总面积约 5405dm²，病害占比约 8.4%，其中圆觉洞和卧佛院的烟熏病害最为严重（图 7.1.8）。烟熏病害中的黑垢主要来自有机物燃烧，民间自古就有对神佛、祖先的烧香祭拜等活动，活动中产生的炭颗粒容易凝结在石窟彩绘表面形成烟熏病害，并覆盖掉造像上的原始颜料层。

(a) 圆觉洞南岩佛龛

(b) 卧佛院卧佛头部

图 7.1.8　圆觉洞与卧佛院的烟熏病害照片（2017.07.20）

调研过程发现许多烟熏黑垢之下仍保留有彩绘，故勘测中将烟熏黑垢的面积一并计入彩绘面积。

（4）起甲、裂隙、地仗层脱落和空鼓

此次调研中（图 7.1.9），起甲是安岳石窟彩绘的第四大病害，病害面积达 3540dm²。起甲是由于彩绘底色层或颜料层发生破裂或龟裂，进而产生的彩绘边沿卷翘现象。仔细观察后发现，安岳石窟彩绘起甲病害的卷翘部分大多非常脆硬，若要进行回贴修复有一定难度，这是安岳石窟彩绘中比较特殊的一类病害。

裂隙往往是由造像本体或地仗开裂所引起的，此次调研中估算得到的裂隙病害面积约为 822dm²，实际上该数值偏小。石窟彩绘上裂隙的危害很大，若任其发展会导致造像本体或地仗层开始脱落，对文物造成不可逆的永久损伤。

(a) 茗山寺颜料层起甲

(b) 玄妙观颜料层起甲与空鼓

(c) 毗卢洞水月观音起甲与空鼓

(d) 圆觉洞造像裂隙

图 7.1.9　起甲、地仗层脱落、空鼓和裂隙的病害照片（2017.07.19）

地仗层脱落病害是指彩绘底部的地仗层脱离了支撑体而掉落；空鼓是指彩绘地仗层局部脱离支撑体，但未完全掉落的现象。此次统计中由于许多位置无法被触摸到，所以地仗层脱落和空鼓病害的统计面积总体上偏小，这两类病害的实际面积会更大一些。

（5）褪色、变色及水渍

褪色是指颜料的色度降低、由深变浅的现象（图 7.1.10）；变色是指颜料色相发生变化。此次调研中这两种病害面积分别约为 1850dm² 和 134dm²。这两种病害产生原因比较类似，都是颜料受光照和温度变化影响而导致的劣化。

水渍是水流在彩绘表面侵蚀留下的沉积物或痕迹，主要由岩体、建筑构体或遮挡罩漏水等原因引起，多发生在有水滴渗漏流经的彩绘部位。本次勘测中水渍的病害面积约 883dm²。

（6）动物侵害以及其他病害

安岳石窟彩绘上存在着不少动物侵害现象，具体类型有蜘蛛网、蜂巢、鸟窝、虫蛹等。由于许多石窟彩绘都位于室外，动物频繁活动使得彩绘不断被破坏。因此石窟环境整治应当成为未来保护措施的重点（图 7.1.11）。

图 7.1.10　千佛寨背光彩绘褪色照片
（2017.07.18）

图 7.1.11　千佛寨动物侵害照片
（2017.07.17）

勘测中列入其他病害部分的大多是灰尘覆盖现象。由于摩崖造像具有一定高度和体量，一些容易积灰的部位很难清扫，当灰尘沉积达到一定厚度时会完全掩盖彩绘的颜色，严重影响石窟整体的美观。

（7）新涂彩绘

勘测发现部分造像的色彩十分鲜艳，与同区域其他造像形成了强烈对比（图 7.1.12）。经询问当地文物主管部门，得知安岳石窟中有部分彩绘是近现代重绘的，这些新彩绘已经完全覆盖了原先的颜料。考虑到当地人的习俗，本次统计中未将新涂彩绘视为"不当修复"病害。

(a) 茗山寺四大天王照片　　(b) 玄妙观01龛照片

图 7.1.12　近现代新涂彩绘照片（2017.07.19）

经统计，安岳石窟的新涂彩绘总面积约为 14212dm^2，约占彩绘总面积的 9%。新彩绘主要出现在茗山寺、孔雀洞和玄妙观，面积分别为 8330dm^2，5509dm^2，373dm^2。新涂彩绘区域也有病害发生，但病害面积相对旧彩绘要少许多。为避免新涂彩绘下原文物彩绘的统计遗漏，本次统计的总彩绘面积中也包括了新涂彩绘。

（8）调研小结

通过对安岳石窟彩绘保存状况的调研勘测，小结如下：

① 在安岳县境内 8 处石窟造像国家重点文物保护单位中，现存石窟彩绘总面积为 1612m^2，现存彩绘颜色有黑、白、深红、土红、绿、深蓝、淡蓝等多种颜色。其中近现代新涂彩绘面积约为 142m^2，主要分布在茗山寺、孔雀洞、玄妙观三处，茗山寺中的新涂彩绘最多，面积约 83m^2。

② 从现存石窟彩绘面积看，卧佛院面积最大，约有彩绘 374m^2，其次是圆觉洞、千佛寨、毗卢洞，分别约为 281m^2、280m^2、255m^2；而玄妙观和孔雀洞的彩绘面积较少（两者造像区面积也较小），分别约为 41m^2 和 98m^2。

③ 安岳石窟彩绘的病害总面积约为 644m^2。前三大病害为颜料层脱落、粉化和烟熏，其病害占比分别为 54%、22% 和 8.4%。各类彩绘病害如起甲、裂隙、地仗层脱落和空鼓等都有发现，这些病害正在持续地发育中。

④ 明显影响安岳石窟彩绘保存的因素有：常年露天环境的风化作用、人为祭祀活动、部分区域的光照度过强和动物活动影响等。

7.2　石刻彩绘材料检测

石质文物表面有彩绘的文物，包括岩画、石雕彩绘、石窟壁画、摩崖题刻彩涂等。本节仍以安岳石窟石刻彩绘为例，进行彩绘材料检测技术的探讨。

石刻彩绘文物一般由基础支撑体、白灰层和颜料层组成。底部基底，即天然崖体经雕凿或人工泥胎被造型后形成的原始支撑体；中间为白灰层，均匀涂在支撑体上用以打底，以便于彩绘上色，部分地区的石刻表面也可能没有白灰层；上层是颜料层，颜料层中通常含有颜料（各种无机矿物颜料，也有有机颜料）和胶结物。由于颜料层处于彩绘文物的最外层，直接暴露在空气中，比较容易受到破坏并发生病害。

为维护石刻彩绘，从古至今人们每隔一定时间就会在石刻表面进行重新绘制，因此古老的石刻彩绘颜料层往往具有多层结构。

一直以来，颜料层都是文物保护研究的重点对象，研究者通过各种检测手段分析颜料与胶结物中的主要成分，试图还原古代工匠绘画的工艺技术，推断彩绘文物的劣化机制，为修复方案提供基础数据。

7.2.1　石刻彩绘样品

为了进一步解读安岳石窟石刻彩绘的颜料、胶结物等成分以及传统工艺信息，在石窟实地调研过程中，我们对部分代表性的彩绘区域进行了微量取样。取样尺寸约 $10\,mm^2$，全部取自重度病害处（半脱落的局部彩绘），同时尽量取到不同色彩的样品。

2017 年 7 月，我们共取得了 22 个石刻彩绘样品（表 7.2.1），其中 12 个来自宋代开凿的石窟，6 个来自唐代开凿的石窟，4 个来自隋代开凿的石窟。图 7.2.1 是这 22 个样品的超景深显微镜照片。

表 7.2.1　安岳石窟石刻彩绘样品信息（2017.07.24）

样品编号	颜料色调	初造年代	取样位置
AY-Y-01	多层	宋代（10—13 世纪）	圆觉洞-07 龛
AY-Y-02	多层		圆觉洞-42 龛
AY-Y-03	多层		圆觉洞-07 龛
AY-K-04	红		孔雀洞-01 龛
AY-M-05	淡蓝		茗山寺-06 龛
AY-P-06	金		毗卢洞-水月观音金箔
AY-P-07	绿		毗卢洞-水月观音身
AY-P-08	蓝		毗卢洞-水月观音
AY-H-09	金		华严洞-大般若洞
AY-H-10	绿		华严洞-大般若洞
AY-H-11	白		华严洞-01 窟
AY-H-12	多层		华严洞-01 窟
AY-W-13	绿	唐代（7—10 世纪）	卧佛院-卧佛身
AY-W-14	蓝		卧佛院-卧佛身
AY-W-15	白		卧佛院-卧佛身
AY-X-16	红		玄妙观-20 龛
AY-X-17	黑		玄妙观-18 龛
AY-X-18	绿		玄妙观-02 龛

续表

样品编号	颜料色调	初造年代	取样位置
AY-Q-19	红	隋代（6—7世纪）	千佛寨-西方三圣窟
AY-Q-20	绿		千佛寨-西方三圣窟
AY-Q-21	蓝		千佛寨-西方三圣窟
AY-Q-22	白		千佛寨-西方三圣窟

图 7.2.1 安岳石窟石刻表面颜料样品超景深照片

AY-Y-01、AY-Y-02、AY-Y-03 和 AY-H-12 为四个多层颜料样品，由肉眼可见碎片中包含着不同的颜料层。AY-K-04、AY-X-16 和 AY-Q-19 为红色单层颜料样品，前两个样品都取自佛龛的背光处，AY-Q-19 取自造像底座部位。AY-M-05、AY-P-08、AY-W-14 和 AY-Q-21 都为蓝色单层颜料样品，AY-M-05 呈现出淡蓝色，另三个都为深蓝色。AY-P-06、AY-H-09 都为金箔样品。AY-P-07、AY-H-10、AY-W-13、AY-X-18 和 AY-Q-20 都为单层绿色样品。AY-H-11、AY-W-15 和 AY-Q-22 都是白色的单层样品，由照片可见其白色中混有杂质颗粒。AY-X-17 为黑色颜料样品，其表面覆盖有白色颗粒。

7.2.2 彩绘颜料检测技术

从化学成分来讲，颜料可分为无机颜料和有机颜料。古代彩绘使用的颜料大多是无机颜料，但也有有机颜料。古代的有机颜料主要是从植物汁液提取而来，其颜色不如矿物性无机颜料艳丽，质地较为透明，覆盖能力较弱。颜料中有机物质容易老化褪色，所以在年代久远的彩绘文物上较难被检测出。

常见的彩绘颜料分析检测方法包括拉曼光谱、偏光显微镜、X 射线衍射、扫描电子显微镜能谱、X 射线荧光光谱等。本节我们以四川安岳石窟石刻彩绘颜料为例进行检测。

（1）颜料检测分析仪器

本项颜料检测，先使用显微镜拍摄样品照片，再通过拉曼光谱仪测得颜料样品的拉曼特征曲线以确定其颜料类型，然后对样品进行扫描电镜能谱分析，以对比验证拉曼检测结果。

① 超景深显微镜观察分析

使用 2 台超景深显微镜进行观察：在拍摄块状样品时，使用日本基恩士 VHX-5000 超景深显微镜，其放大倍数为 30~150 倍；在拍摄样品的横截面时，使用日本基恩士 VHX-700FC 超景深显微镜，其放大倍数为 100~1000 倍。

② 拉曼光谱仪分析

使用的显微共焦拉曼光谱仪型号为 HORIBA JY LabRAM HR Evolution。用硅片进行校准后，把样品放置在载玻片上，使用 50 倍的奥林巴斯镜头对焦到样品表面有色区域，光谱采集范围在 50~3000 波数间。使用 532nm 激发光源检测蓝、绿色颜料；用 785nm 激发光源检测红、橙、黄、黑、白色颜料。

③ 扫描电镜-能谱仪分析

对于单层的颜料样品，使用日立 TM3000 扫描电子显微镜配置 Quantax70 能谱仪以检测颜料中存在的元素。在样品表面选取代表性的矩形面积区域进行能谱扫描，以验证拉曼检测结果。操作过程中使用背散射模式，工作电压为 15kV。检测过程中不进行喷金预处理，使得样品能够完全被回收。

（2）检测结果

结合拉曼光谱与扫描电镜-能谱仪两种检测分析方法，对来自安岳石窟的 22 个彩绘文物样品进行了综合分析，最终得到表 7.2.2 的结果。

表 7.2.2 安岳石窟石刻彩绘颜料显色成分分析结果表

样品编号	色调	主要显色成分	拉曼特征峰（cm^{-1}）	化学式
AY-Y-01	多层	石膏（a 层）	1006	$CaSO_4$
		铅丹；朱砂（b 层）	119，545；252，342	Pb_3O_4；HgS
		朱砂（c 层）	253，342	HgS

续表

样品编号	色调	主要显色成分	拉曼特征峰（cm^{-1}）	化学式
AY-Y-01	多层	石膏；朱砂（d层）	1007；252，341	$CaSO_4$；HgS
		朱砂（e层）	253，342	HgS
		铅丹（f层）	120，163，447，545	Pb_3O_4
		炭黑（g层）	1320，1586	C
		朱砂（h层）	251，341	HgS
		炭黑（i层）	1315，1600	C
AY-Y-02	多层	镜铁矿（a层）	226，292，411	Fe_2O_3
		砷铅矿；石膏（b层）	812；1006	$Pb_5Cl[(P,As)O_4]_3$；$CaSO_4$
		群青；石膏（c层）	542，1098；1007	$(Na,Ca)_8(AlSiO_4)_6(SO_4,Cl,S)_2$；$CaSO_4$
AY-Y-03	多层	羟氯铜矿（a层）	152，400，449，507	$Cu_2Cl(OH)_3$
		石膏（b层）	1008	$CaSO_4$
		普鲁士蓝（c层）	266，532，2153	$Fe_4[Fe(CN)_6]_3$
		石膏（d层）	1008	$CaSO_4$
		普鲁士蓝（e层）	270，534，2151	$Fe_4[Fe(CN)_6]_3$
		氯砷钠铜石（f层）	547，854	$NaCaCu_5(AsO_4)_4Cl·5H_2O$
		铅铬黄（g层）	340，840	$PbCrO_4$
AY-K-04	红	赤铁矿	223，290，411	Fe_2O_3
AY-M-05	天蓝	群青；羟氯铜矿	256，546，1098；151，401，440，514	$(Na,Ca)_8(AlSiO_4)_6(SO_4,Cl,S)_2$；$Cu_2Cl(OH)_3$
AY-P-06	金箔	金	—	Au
AY-P-07	绿	羟氯铜矿	152，356，440，449，507	$Cu_2Cl(OH)_3$
AY-P-08	蓝	群青	253，546，1093	$(Na,Ca)_8(AlSiO_4)_6(SO_4,Cl,S)_2$
AY-H-09	金箔	金	—	Au
AY-H-10	绿	氯砷钠铜石	546，854	$NaCaCu_5(AsO_4)_4Cl·5H_2O$
AY-H-11	白	石膏	1005	$CaSO_4$
AY-H-12	多层	炭黑；群青（a层）	1313，1592；254，544，1089	C；$(Na,Ca)_8(AlSiO_4)_6(SO_4,Cl,S)_2$
		群青（b层）	545，1096	$(Na,Ca)_8(AlSiO_4)_6(SO_4,Cl,S)_2$
		铅丹（c层）	116，475，545	Pb_3O_4
		朱砂（d层）	253，343	HgS
AY-W-13	绿	氯砷钠铜石	547，854	$NaCaCu_5(AsO_4)_4Cl·5H_2O$
AY-W-14	蓝	群青	546，1095	$(Na,Ca)_8(AlSiO_4)_6(SO_4,Cl,S)_2$
AY-W-15	白	石膏	1008	$CaSO_4$
AY-X-16	红	赤铁矿	225，295，413	Fe_2O_3
AY-X-17	黑	炭黑	1314，1598	C
AY-X-18	绿	孔雀石	147，176，265，430	$Cu_2(CO_3)(OH)_2$
AY-Q-19	红	赤铁矿	227，294，414	Fe_2O_3
AY-Q-20	绿	假孔雀石	366，447，479，608，966，1005	$Cu_5(PO_4)_2(OH)_4$
AY-Q-21	蓝	石膏；群青	1007；546	$(Na,Ca)_8(AlSiO_4)_6(SO_4,Cl,S)_2$；$CaSO_4$
AY-Q-22	白	方解石	281，1086	$CaCO_3$

① 红色颜料

在 5 个样品上发现了红色颜色层，其中 AY-Y-01、AY-K-04、AY-H-12 分别来自圆觉洞、孔雀洞、华严洞，AY-X-16 取自玄妙观，AY-Q-19 来自千佛寨。

红色颜料在拉曼光谱中的特征峰非常清晰（图 7.2.2），朱砂的拉曼谱图大概在 253 cm^{-1} 和 343 cm^{-1} 位置会有特征峰，因此 AY-Y-01 和 AY-H-12 中的红色成分都为朱砂，这两个样品中的朱砂都在颜料内层。赤铁矿的拉曼特征峰在 227 cm^{-1}、294 cm^{-1}、424 cm^{-1} 附近，所以 AY-K-04、AY-X-16 和 AY-Q-19 的红色显色物质是赤铁矿，这三个都是单层样品。

安岳石窟石刻中检出朱砂的样品几乎都来自造像表面，而检出赤铁矿的样品都取自佛龛背光彩绘。朱砂与赤铁矿都是我国古代彩绘中最常用的红色颜料，有着鲜艳的颜色和相对稳定的性质。朱砂的化学名称为硫化汞，朱砂早在前 7000 年左右就已作为红色颜料被应用到新石器时代彩陶中，至今仍是重要红色颜料之一。赤铁矿的主要成分为三氧化二铁，我国古代石窟、庙宇、寺院中的壁画常用赤铁矿颜料作画。

② 橙、黄色颜料

来自圆觉洞的 AY-Y-01、AY-Y-03 和华严洞的 AY-H-12 样品均为多层结构，它们的拉曼曲线如图 7.2.3 所示。AY-Y-01 中有 2 层是橙色的，铅丹的拉曼最强峰出现在 120 cm^{-1} 和 548 cm^{-1} 附近，朱砂的最强特征峰是 252 cm^{-1} 附近，由此可见 b 层包含有铅丹、朱砂两种矿物，f 层的主要成分为铅丹。AY-H-12 颜料中的橙色成分也为铅丹。铅丹的化学成分为四氧化三铅，其化学稳定性差，温度、湿度和光照的变化都能引起铅丹老化变色。AY-Y-03 样品 g 层的黄色成分为铅铬黄，在扫描电镜-能谱仪的检测结果中发现样品中有铅和铬的存在，因此证实了黄色的颜料是铅铬黄，这是一种 19 世纪出现的由人工合成的有机颜料。

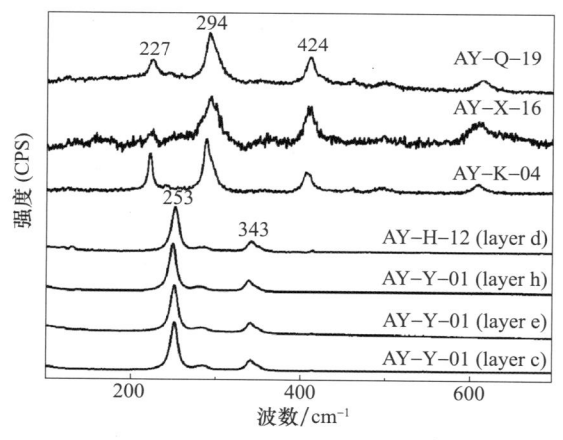

图 7.2.2 红色颜料层的拉曼光谱图

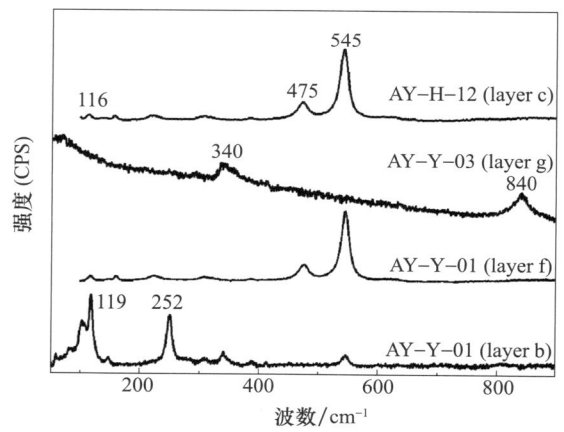

图 7.2.3 橙、黄色颜料层的拉曼光谱图

③ 绿色颜料

绿色彩绘样品共有 6 个，均来自不同的石窟。其中，样品 AY-Y-03 内部含有两层绿色颜料，AY-P-07、AY-H-10、AY-W-13、AY-X-18 和 AY-Q-20 这 5 个样品都为单层的绿色颜料，拉曼特征峰如图 7.2.4 所示。

由拉曼谱图可知，AY-Y-03 样品中的两层绿色颜料并不是同种物质。a 层颜料的拉曼特征峰出现在 152 cm^{-1}、400 cm^{-1}、449 cm^{-1}、507 cm^{-1} 峰位，表明其成分为羟氯铜矿，而在 f 层的绿色物质的特征峰在 546 cm^{-1}、854 cm^{-1} 左右，与氯砷钠铜石的拉曼峰相吻合。AY-P-07 样品的绿色成分为羟氯铜矿，AY-H-10 和 AY-W-13 的绿色物质为氯砷钠铜石。AY-X-18 和 AY-Q-20 样品的拉曼峰分别对应着孔雀石和假孔雀石。

孔雀石是天然的绿色矿物，曾被普遍使用于我国古代彩绘中，但其成本高昂。羟氯铜矿是铜绿类颜料的一种，在北朝以后由于人工合成铜绿技术的推广，铜绿成为了最受欢迎的绿色颜料。假孔雀石在古代彩绘中的发现较少。氯砷钠铜石的彩绘发现也不多，它有可能是由其他含有 Cu 和 As 的颜料（如巴黎绿）降解得到的。1850 年以后，我国的许多建筑上都广泛地刷上了巴黎绿，因此安岳石窟中的氯砷钠铜石也有可能是由巴黎绿颜料降解得到的。

④ 蓝色颜料

蓝色彩绘样品共有 7 个，其中 AY-Y-02 和 AY-Y-03 都是多层颜料，其他 5 个是单层蓝色颜料样品，它们的拉曼光谱如图 7.2.5 所示。

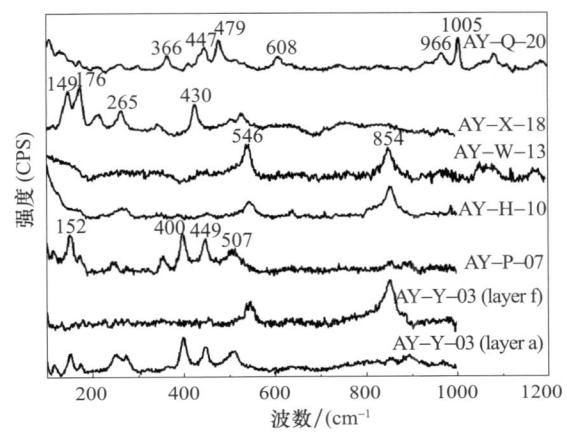

图 7.2.4　绿色颜料的拉曼光谱图

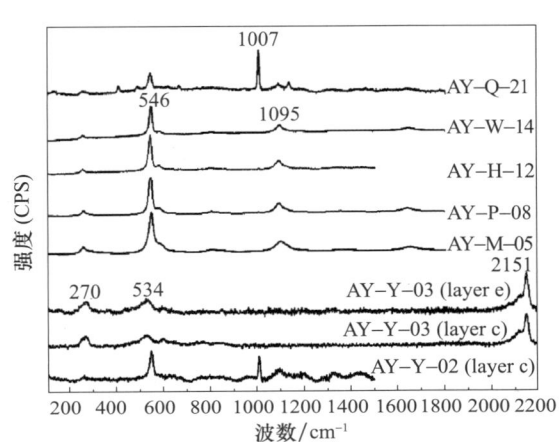

图 7.2.5　蓝色颜料的拉曼曲线

AY-Y-02 的蓝色出现在样品表层，其拉曼特征峰在 546cm^{-1} 和 1095cm^{-1} 附近，表明这是群青。AY-Y-03 样品中的蓝色颜料层 c 和 e 都在样品的内部，拉曼峰位置在 270cm^{-1}、534cm^{-1} 和 2151cm^{-1} 附近，对应普鲁士蓝的特征峰。AY-M-05 来自茗山寺，是所有样品中唯一的淡蓝色样品，其显色成分为羟氯铜矿和群青，羟氯铜矿是一类蓝绿色的矿物，颜色较浅，而群青本身是深蓝色，两者的混合使得颜色呈现出淡蓝色。AY-P-08、AY-H-12、AY-W-14 和 AY-Q-21 分别来自毗卢洞、华严洞、卧佛院和千佛寨，其蓝色显色成分都是群青。

群青有天然与人工之分。天然群青也叫青金石，是古代彩绘中常用的一种蓝色矿物颜料，已有超过 5000 年的颜料使用历史，在我国石窟壁画（如麦积山石窟、敦煌莫高窟）上都有使用。人工群青是在 19 世纪被合成出来的，价格低廉且工业产量大。有学者发现，群青可以用 Na/S 比值来区分：天然群青的 Na/S 比值大于 1，工业群青的 Na/S 比值小于 1。在 SEM-EDS 检测中发现 AY-P-08 和 AY-W-14 的 Na/S 比值小于 1，由此推测其为工业用群青。

⑤ 黑色颜料

4 个彩绘样品中有着黑色颜料层。已知炭黑的拉曼谱图大约在 1314cm^{-1} 和 1598cm^{-1} 位置有两个很宽的峰，所以 AY-Y-01 中的两层黑色颜料的主要成分为炭黑（拉曼谱图见图 7.2.6），AY-H-12 和 AY-X-17 的黑色成分也都为炭黑。此外，在 AY-Y-02 在拉曼检测中检出了赤铁矿的存在，能谱结果中也发现了 Fe 元素的存在，故推测该黑色颜料可能为镜铁矿（赤铁矿的一个亚种），由于赤铁矿的峰位在 200~450cm^{-1} 之间，所以没有将其列在图 7.2.6 中。

⑥ 白色颜料

有 6 个样品中含有白色层，其中 AY-H-11、AY-W-15、AY-Q-22 这 3 个样品是白色单层颜料，而另 3 个样品 AY-Y-01、AY-Y-02、AY-Y-03 都是多层结构。拉曼结果显示（图 7.2.7）除 AY-Q-22 样品外，其他所有曲线在 1007cm^{-1} 附近都有拉曼峰，这是石膏的特征峰。此外，AY-Y-01 的颜料层 d 中还出现了朱砂的特征峰（252cm^{-1}、341cm^{-1}），AY-Y-02 的颜料层 b 中出现了砷铅矿的拉曼峰（812cm^{-1}），砷铅矿作为我国古代常用的白色颜料，主要来自祁连山脉中的天然铅矿。AY-Q-22 的拉曼特征峰在 281cm^{-1} 和 1086cm^{-1}，说明这是唯一一个成分是方解石的白色颜料。

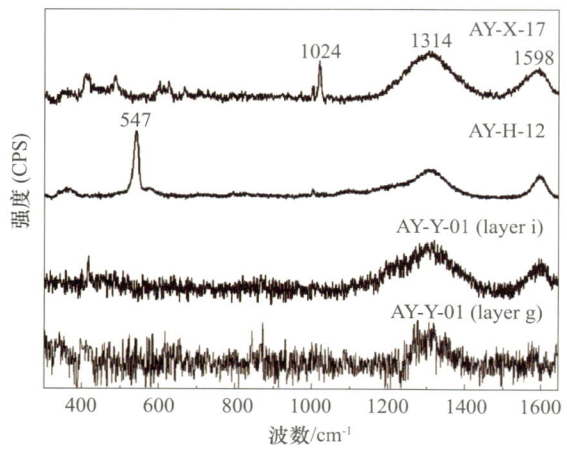

图 7.2.6　黑色颜料的拉曼曲线

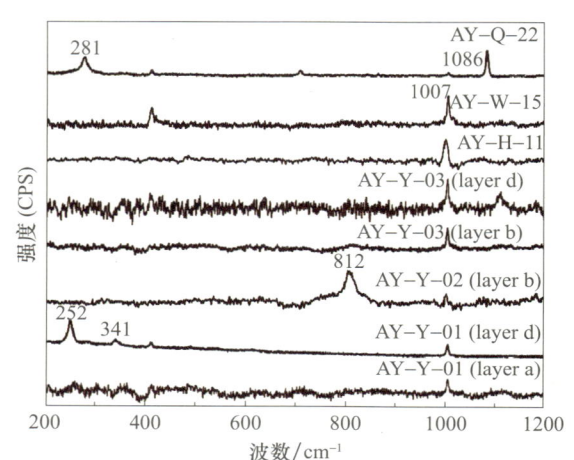

图 7.2.7　白色颜料的拉曼曲线

⑦ 金箔

AY-P-06、AY-H-09 是安岳石窟样品中的两个金箔，金元素本身在拉曼检测中没有特征峰，故用扫描电镜-能谱仪检测其元素含量。

毗卢洞的水月观音身上的金箔样品 AY-P-06 中，Au 元素占质量分数 92%，O 元素占质量分数 8%。华严洞样品 AY-H-09 中 Au 元素占质量分数 34%，O 元素占质量分数 43%。结果表明两个金箔样品的主要成分为金元素和氧元素，且毗卢洞的样品中金元素含量非常高，华严洞样品的金元素含量较低。

⑧ 多层颜料的层间结构分析

在上述石刻彩绘样品中，有 4 个样品内部具有多层结构，其中 AY-Y-01、AY-Y-02、AY-Y-03 来自圆觉洞，AY-H-12 来自华严洞，这两个石窟的初造年代都为宋代。

检测前先对这 4 个多层样品进行包埋预处理，将样品放在容器中加入环氧树脂包埋剂，固化 12h 后取出整个包埋块并用砂纸进行打磨，砂纸目数由粗到细，再用抛光机进行抛光，得到最终的包埋样块。

图 7.2.8 为样品 AY-Y-01 的横截面照片，颜料层总厚度约为 100μm，可以明显观察到此样品中包含红、橙、黑等多种颜色，根据各层间的颜色不同，将彩绘内到外的层次顺序分为 a～i 共 9 层。

由拉曼光谱得到了明确的颜料分析结果，a 层颜料为最内层，呈白色，成分以石膏为主，

图 7.2.8　样品 AY-Y-01 的横截面照片

a—最内层；i—最外层

这是彩绘初次绘制时的白灰层。b、c 层分别为橙色颜料铅丹和红色颜料朱砂。d 层可见一条清晰的白色分界，白色中还混杂着一些蓝色群青颗粒和红色朱砂颗粒。白色层以石膏为主要成分。古代壁画在重新绘制时，会在原先的颜料层上涂一层白灰再上色，由此推断从 d 层开始，其后的颜色层都是后期绘制上去的。由于初期和后期重绘两部分之间受尘埃等影响，样品包埋碾磨时形成了空腔，呈现出一条排列着不同大小气泡的黑色间隔层。e 层上薄薄的红色物质为朱砂。f 层主要为橙色铅丹。g 层呈现出黑棕色，为炭黑。h 层为红色的朱砂。i 层主要为炭黑，由于取样位置正好靠近香火祭祀区域，所以最外层的炭黑有可能是蜡烛等有机物燃烧产生的烟熏层。

图 7.2.9 所示样品 AY-Y-02 主要包含黑色（图 7.2.9a）和蓝色（图 7.2.9c）两层厚度均匀的颜料，中间还有一层清晰的白色分界（图 7.2.9b）。其中 a 层是位于基础白灰层之上的第一层颜料，厚度约为 150μm，其主要成分为镜铁矿。而中间白色的 b 层中检出了石膏和砷铅矿，推测它是 c 层绘制前的白灰底层。c 层为蓝色颜料层，厚度约为 190μm，显色成分为群青。

样品 AY-Y-03 的横截面厚度约为 350μm，从图 7.2.10 可以看到样品的主要颜色有淡蓝色、深蓝色、黄色和白色，可将其分为 7 层。a 层色调为绿色，主要成分为羟氯铜矿。b 层白中带灰，拉曼检测出了石膏，这是白灰层。c 层为蓝黑色的普鲁士蓝。d 层为灰白色，主要成分为石膏，与 b 相似，也是一层白灰。e 层的蓝黑色与 c 层一致，为普鲁士蓝。普鲁士蓝颜料是在 1775 年之后随贸易进入中国的，由此推测 c 层至 g 层都是在 1775 年之后绘制的。f 层主要为绿色的氯砷钠铜石。g 层为黄色，主要成分为铅铬黄。铅铬黄的首次合成时间是在 1809 年，此后作为颜料被进口到了中国。

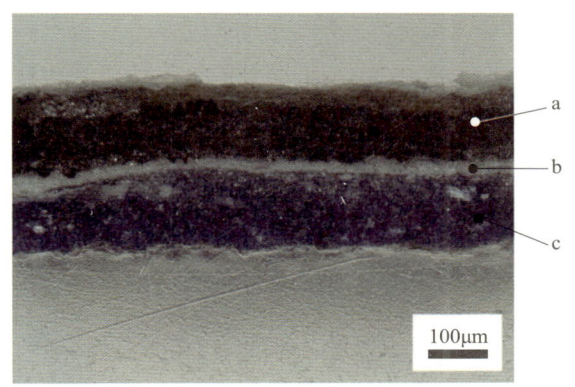

图 7.2.9　样品 AY-Y-02 的横截面照片
a—内层；c—外层

图 7.2.10　样品 AY-Y-03 的横截面照片
a—最内层；g—最外层

根据样品内的白灰层可以推断，该样品在宋代之后至少被重绘过两次。第一次重绘时，只使用了普鲁士蓝颜料（c 层），而普鲁士蓝颜料传入中国是在 1775 年之后，所以自 c 层开始到 g 层都是在这个时间之后被重绘的。第二次重绘，用到了普鲁士蓝、氯砷钠铜石和铅铬黄作为颜料。铅铬黄具有出色的遮盖能力和性价比，在 19 世纪到 21 世纪初期曾被广泛用于绘画中，说明最后一层黄色的绘制年代至少是 19 世纪后，与第一次重绘的时间相距较近。此外，既然氯砷钠铜石与普鲁士蓝都是后期涂绘的，那么在样品 AY-H-10 和 AY-W-13 中检出的氯砷钠铜石很有可能也是后期涂绘上去的。

样品 AY-H-12（图 7.2.11）主要有黑、蓝、橙、红四个颜色层。最内层 a 是最厚的，主要成分为炭黑与群青。b 层与 a 层颜色较为接近，成分为深蓝色的群青。c 层为橙白色，拉曼检测只发现了铅丹的特征峰。d 层是最外层，显色矿物为朱砂。与 AY-Y-01 相似，铅丹和朱砂层绘制在一起，这也许是一种增强颜料稳定性的方法。

在这 4 个样品的横截面分析中，圆觉洞的 3 个样品中间都有明显的石膏白灰层，由此推断它们都被重绘过，其中 AY-Y-03 样品还至少被重绘过两次。

（3）颜料检测小结

在 22 个安岳地区石刻彩绘样品中成功检出了多种颜料成分。红色颜料包括朱砂和赤铁矿；橙色颜料有铅丹；黄色颜料为铅铬黄；绿色颜料有羟氯铜矿、氯砷钠铜石、孔雀石和假孔雀石；蓝色颜料主要为群青和普鲁士蓝，其中一个淡蓝色颜料中含有羟氯铜矿与群青；黑色颜料有炭黑和镜铁矿；白色

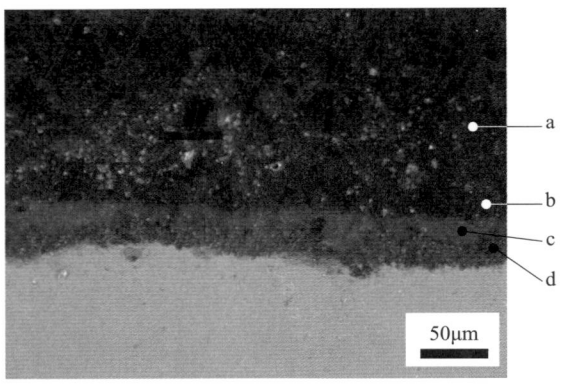

图 7.2.11　样品 AY-H-12 的横截面照片

颜料有石膏、砷铅矿和方解石；金箔的主要元素成分为金和氧。

在多层颜料中发现了多个石膏白灰层，说明安岳石窟中的部分颜料层经历过多次的绘制，且后期重绘的朝代可通过重绘层颜料进行判断。其中的 AY-Y-03 样品至少被重绘过两次，由重绘层中人工合成颜料的应用年代可推测第一次重绘在 18 世纪后，第二次重绘在 19 世纪后。

7.2.3　石刻彩绘胶结物检测技术

彩绘文物中常用的胶结物可分为蛋白质类、多糖类、油脂类等，常见的猪皮胶、牛皮胶、蛋清、鱼胶属于蛋白质类，桃胶、白芨胶等植物胶属于多糖类，桐油、亚麻籽油等属于油脂类。这些胶结材料基本都是有机大分子，随时光流逝往往容易老化降解，因此颜料层中残留胶结物的含量往往较低、杂质偏多，给检测工作带来了不少的挑战。

目前，胶结物的检测方法以仪器分析为主，如红外光谱法、气相色谱质谱联用法、核磁共振法、紫外光谱法等。然而仪器分析方法的鉴别目标是样品所含的全部组分，对于成分复杂的颜料彩绘层来说，微量胶结物的信号强度和特异性明显不够，特征信号往往被掩盖，近年来研究人员将生物免疫技术引入到彩绘检测中，其中免疫荧光分析与酶联免疫分析在文物检测中已有过成功报道，本实验室已进行过许多研究。

免疫荧光显微技术（Immunoflurorescence microscopy，IFM）能够对复杂样品中的蛋白质进行类型识别和定位。其原理是：在含有抗原的样品中滴加用荧光素标记好的抗体，抗体会与抗原结合生成抗原-抗体复合物，因而呈现出标识性的荧光，研究者通过荧光显微镜观察视野中是否有荧光就可以判断抗原的存在，并且能够识别出抗原所在的位置。例如本实验室胡文静等人用免疫荧光分析成功检测出了秦始皇兵马俑表面彩绘上所用的蛋白胶结材料。免疫荧光显微技术侧重于观察目标分子的空间分布情况，能够检测出彩绘文物修复的痕迹。

酶联免疫吸附技术（Enzyme-linked immunosorbent assay，ELISA）可用来鉴别胶结材料的类型。其原理是让抗原先附着在某一固相载体上，接着加入酶标抗体，使之与抗原结合后得到抗原-抗体复合物，最后以酶标记物是否显色为判定依据，鉴别目标中是否含有某种抗原。本实验室曾用该方法发现麦积山石窟彩绘颜料中使用过动物胶和鸡蛋清。ELISA 具有检测限低、灵敏度高等特点，能够对胶结物进行定量分析。

本节使用这两种免疫分析技术对安岳石刻彩绘样品中的胶结物进行了分析，用 ELISA 检出胶结物的成分类型，用 IFM 确定胶结物在颜料层中的位置。

(1) ELISA 方法检测

对本次取得的 22 个安岳石刻彩绘样品都进行了 ELISA 检测。分别把酪蛋白、鸡蛋清蛋白、动物胶原蛋白和桃胶作为酪素（酪蛋白）、蛋清、动物胶和植物胶的标记物，以检测彩绘中是否存在这些类型的胶结物。

① 试剂

a. 一抗型号：兔多克隆抗酪蛋白（Abcam 公司，AB166596，稀释浓度 1∶5000）；兔多克隆抗卵清蛋白（Sigma-Aldrich 公司，MFCD00162221，稀释浓度 1∶1000）；兔多克隆抗 I 型胶原蛋白（Millipore 公司，AB749P，稀释浓度 1∶5000）；兔多克隆抗桃胶（杭州华安生物科技公司，稀释浓度 1∶5000）。

b. 二抗型号：辣根过氧化氢酶标记山羊抗兔 IgG（H+L）（谷歌生物，浓度 1∶5000）。

② 溶液配制

包被缓冲液：1.59g Na_2CO_3 与 2.93g $NaHCO_3$ 加超纯水定容至 1L，得到包被缓冲液；TBS-T 溶液：将 Tris-HCl（4.0g）、NaCl（8.0g）、KCl（0.2g）和吐温 20（1mL）混合后，加入超纯水定容至 1L，调节 pH 至 7.4 左右，得到 TBS-T 溶液；封闭液：1g 牛血清蛋白（BSA）用 TBS-T 溶液定容至 100mL，得到 1%浓度的封闭液；显色液 A：10mg 四甲基联苯胺（TMB）溶解于 1mg 二甲基亚砜（DMSO）；显色液 B：0.1mol/L 的醋酸钠溶液；最终显色液：显色液 A、B 与 H_2O_2 混合后得到最终显色液；终止液：2mol/L H_2SO_4 溶液。

③ 检测步骤

a. 把研磨好的样品放入离心管中，加 1mL 包被缓冲液，超声 30min 之后离心 10min。取样品上清液，放于聚苯乙烯微孔板中，每孔 50μL。空白对照中只加包被缓冲液，阳性对照中加入稀释至 10^{-6} 浓度的抗原。把微孔板放置在 4℃环境下，12h 后取出。

b. 弃孔内溶液，用 TBS-T 溶液清洗每个孔，每孔 180μL。洗好后每个孔中加入 50μL 封闭液，再把微孔板放置在 37℃恒温箱中孵育，1h 后取出。

c. 弃孔内液，在每个孔中加入 50μL 一抗溶液，再把微孔板放置在 37℃的恒温箱中，1h 后取出。

d. 弃孔内液，用 TBS-T 溶液清洗每个孔，每孔 180μL，洗 3 次后加入二抗溶液，每孔 50μL。在 37℃恒温箱中孵育 45min 后取出。

e. 弃孔内液，用 TBS-T 溶液清洗 3 次，每孔 180μL，然后加入最终显色液，在 37℃下放置 5min 后取出微孔板。

f. 每孔中加入 90μL 终止液，若孔中存在目标抗原，反应后会呈现出黄色。

g. 用板式酶标仪分别检测各个孔在 450nm 和 630nm 下的吸光度数据。最终吸光度（OD 值）$=OD_{450nm}-OD_{630nm}$。

④ 检测结果

每个样品设置了 3 个试验组，把每个孔中的吸光度数值相减得到 OD 值（$OD=OD_{450}-OD_{630}$），最终得到每个样品的 $OD±SD$ 数值（表 7.2.3）。

表 7.2.3 安岳石刻彩绘样品酶联免疫法检测结果

样品编号	酪素（$OD±SD$）	蛋清（$OD±SD$）	动物胶（$OD±SD$）	植物胶（$OD±SD$）
AY-Y-01	0.024±0.001	0.023±0.005	**0.329±0.037**	0.086±0.012
AY-Y-02	0.032±0.002	**0.080±0.002**	0.047±0.009	**0.494±0.026**

续表

样品编号	酪素 (OD±SD)	蛋清 (OD±SD)	动物胶 (OD±SD)	植物胶 (OD±SD)
AY-Y-03	**0.046±0.002**	0.037±0.001	**0.236±0.055**	**0.277±0.033**
AY-K-04	0.037±0.005	0.026±0.002	**0.121±0.042**	**0.317±0.014**
AY-M-05	0.029±0.003	0.041±0.003	0.070±0.006	0.103±0.010
AY-P-06	0.031±0.005	0.021±0.001	0.049±0.012	0.165±0.018
AY-P-07	**0.360±0.006**	**0.273±0.020**	**0.450±0.015**	**0.202±0.014**
AY-P-08	0.038±0.004	0.026±0.002	0.057±0.013	0.074±0.013
AY-H-09	**0.072±0.002**	**0.079±0.008**	**0.131±0.013**	**0.208±0.007**
AY-H-10	0.035±0.004	0.032±0.002	0.037±0.002	0.184±0.016
AY-H-11	**0.040±0.007**	0.025±0.001	**0.101±0.010**	**0.242±0.011**
AY-H-12	0.033±0.002	0.035±0.006	0.078±0.008	**0.272±0.006**
AY-W-13	0.032±0.006	0.025±0.003	0.079±0.006	0.171±0.004
AY-W-14	**0.051±0.003**	0.050±0.007	**0.256±0.015**	**0.500±0.005**
AY-W-15	0.030±0.004	0.030±0.001	0.037±0.002	**0.237±0.022**
AY-X-16	0.036±0.005	**0.100±0.010**	**0.100±0.009**	0.109±0.013
AY-X-17	**0.043±0.008**	**0.204±0.014**	**0.111±0.009**	**0.304±0.006**
AY-X-18	0.036±0.005	**0.057±0.003**	0.087±0.009	**0.364±0.016**
AY-Q-19	0.037±0.005	0.026±0.005	0.054±0.006	0.133±0.022
AY-Q-20	0.030±0.002	0.022±0.002	0.041±0.006	**0.397±0.018**
AY-Q-21	**0.048±0.003**	0.031±0.002	0.091±0.009	**0.213±0.011**
AY-Q-22	0.035±0.002	0.038±0.007	0.056±0.004	**0.264±0.014**

注：加粗数据表示检测呈阳性。

将空白对照的 $OD+SD$ 数值设为最低检出限，高于这个值表示检测结果为阳性，因此酪素、鸡蛋清、动物胶和植物胶检出的最低阈值分别是 0.046、0.058、0.108 和 0.206。

结果表明安岳石刻彩绘中含有酪蛋白、蛋清、动物胶和植物胶。在 7 份样品中检出了酪蛋白，6 份样品检出了蛋清，9 份样品检出了动物胶，14 个样品检出了植物胶。

蛋清和动物胶在我国古代绘画中曾被广泛使用，而酪蛋白在古代中原地区几乎没有使用的记录。安岳石刻中酪蛋白的发现，也许是因为川东区域与青藏高原地域相近，一定程度上受到了西部游牧民族的影响。

植物胶的主要成分是多糖，可能来自桃树、漆树或其他植物，本研究没有进行更具体的物种区分。

部分样品中存在多种类型的胶结物，如 AY-X-17 对四种胶结材料反应结果都为阳性。这些不同类型的胶结材料可能在一开始就是混合配方，用以改良或提升单一类型粘合剂的物理性能，也可能是在后期补涂时被掺入了不同类型的胶结物。

另外，当壁画样品中的胶结物浓度低于一定值后，ELISA 试验结果也会呈现出阴性，所以没有检出胶结物的样品并不意味着原始颜料中就没有胶结物。

（2）IFM 方法检测

荧光免疫法（IFM）能够有效确定胶结物在颜料中的位置，从而帮助解析颜料的内部结构。在上一步的 ELISA 检测中已测出样品中胶结物的类型，下面通过 IFM 检测以更进一步地确定胶结物所在位置。

① 样品预处理

IFM 检测前需对样品进行预处理，先用聚丙烯酸树脂将颜料样品包埋在容器中，置于常温下固化 12h。等到包埋剂处于半固化状态时，将样品包埋块从容器中取出并切成薄片，固定于载玻片上，再用砂纸将样品切片打磨至透光，其包埋过程如图 7.2.12 所示。

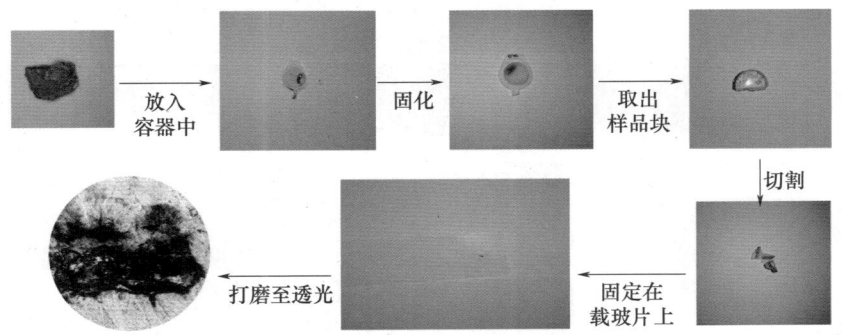

图 7.2.12　免疫荧光分析样品预处理步骤示意图

由于 ELISA 试验后所剩余的样品量已很少，所以仅选取了 4 个样品（AY-Y-01、AY-Y-02、AY-K-04 和 AY-X-18）进行荧光免疫分析。从 ELISA 试验中已知这四个样品含有的胶结物类型，所以对 AY-Y-01 和 AY-K-04 进行动物胶的免疫荧光分析，对 AY-Y-02 和 AY-X-18 进行蛋清的免疫荧光分析。

② 试剂

a. 一抗型号（同前述 ELISA 方法）。

b. 二抗型号：Alexa Fluor 488 标记的山羊抗兔 IgG（H+L）（Invitrogen-MP 公司，稀释浓度 1:1000）。

c. 溶液：包被缓冲液、TBS-T 溶液、封闭液。配制流程与 ELISA 方法完全相同。

③ 检测步骤

a. 对每个样品都设置了两个试验组，所以 4 个样品共有 8 个包埋切片，试验前先对玻片上的样品进行显微镜拍照。

b. 在固定了包埋样品切片的载玻片上滴加封闭液，将其放置在 37℃下孵育 1h。

c. 吸去载玻片表面液体，滴加一抗溶液，在 AY-Y-01 和 AY-K-04 的切片上滴加动物胶一抗，在 AY-Y-02 和 AY-X-18 的切片上滴加蛋清一抗。将载玻片放置在 4℃下 12h；

d. 用 TBS-T 溶液清洗玻片表面 3 次，再在每片载玻片上滴加等量的二抗溶液，37℃下恒温孵育 1h；

e. 用 TBS-T 溶液清洗载玻片表面 1 次。最后，在奥林巴斯 CX41 荧光显微镜（配有奥林巴斯 U-RFLT50 钨灯）下观察载玻片上的样品是否有荧光。

④ 检测结果

在每个样品的两个试验组中各选取了代表性的结果照片，如图 7.2.13 所示。图中的 1c、2c、3c 和 4c 分别为 AY-Y-01、AY-Y-02、AY-K-04 和 AY-X-18 的荧光免疫反应后的照片，其中 1c、2c 中有较为明显的荧光，3c 和 4c 中未见明显荧光。胶结物都出现在样品中间层。

图 7.2.13 中 1a 和 1b 分别为 AY-Y-01 样品在试验前的照片，与图中 1c 和上一节中多层样品横截面照片图 7.2.8 对比可以看出，该样品的荧光出现在中间白灰层部位。AY-Y-02 的荧光较为微弱，但可发现样品的确对卵清蛋白反应呈阳性，且反应位置大概在样品的中间层。而样品 AY-K-04 和 AY-X-18 在荧光显微镜下无肉眼可见的荧光现象。

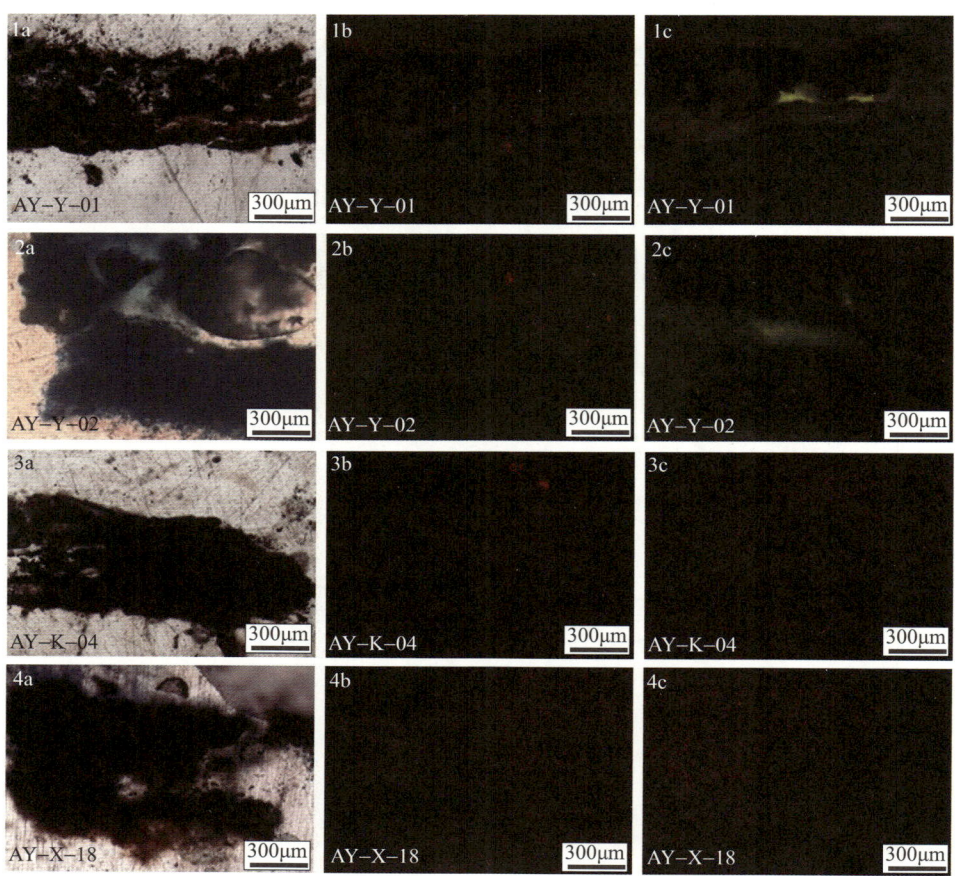

图 7.2.13　四个样品的免疫荧光分析照片

从图 7.2.13 的免疫荧光结果中可以发现，样品中现存的胶结物含量已经很少了，即使在 ELISA 检测中 AY-K-04 和 AY-X-18 已经检测出存在胶结物，荧光显微镜下也并没有出现肉眼可见的荧光。传统壁画中的胶结物应该是较均匀地出现在整层颜料或者白灰层中，而 AY-Y-01 和 AY-Y-02 中的荧光现象是断断续续的，这很可能是因为石窟年代久远，彩绘中有机胶结材料已经严重老化降解。

（3）胶结物检测小结

通过免疫分析方法成功测出了安岳石刻彩绘样品中胶结物的类型以及部分样品中胶结物的位置。结果表明，安岳石刻彩绘中曾使用过酪素、蛋清、动物胶和植物胶，动物胶和植物胶在样品中检出较多。不少样品中存在多种胶结物，表明胶结材料可能有过混合使用的情况。样品的免疫荧光检测发现，荧光断断续续出现，表明彩绘中有机胶结物老化降解比较严重。

7.3　石窟壁画保护材料评价研究

7.3.1　莫高窟壁画修复保护所用材料调研

（1）保护修复历史

敦煌莫高窟是目前全世界规模最宏大、内容最丰富、艺术最精湛、保存最完整的佛教石窟壁画宝库。创建于前秦建元二年（公元 366 年），而后历经北凉、北魏、西魏、北周、隋、唐、五代、宋、西夏、元代等各王朝的修建，迄今保存着各种类型的洞窟共计 735 个，其中有壁画和彩塑的洞窟492个。现存壁画约45000m²，彩塑2000余身，唐宋木构窟檐5座。1961年被国务院列为第一批全国重点文物保护单位，1987年被联合国教科文组织列为世界文化遗产，是我国首批列入世界文化遗产名录的著名物质文化遗产。

敦煌莫高窟自开创至今的1600多年中，石窟在自然因素的作用和人为活动的影响下，出现了诸多病害，破坏了壁画的艺术性和完整性，同时还威胁着壁画的安全。最典型的壁画病害有：颜料变色、褪色，颜料层龟裂、起甲、霉变，地仗层酥碱、粉化、空鼓、脱落，以及人类活动造成的烟熏、污染、刻画等。

近五十年来，敦煌研究院联合国内外许多专家一起对壁画病害进行了研究、治理和修复，成为国内洞窟壁画保护的先行者和典范。一系列技术措施和加固材料已应用于敦煌莫高窟壁画的维修保护，包括对于起甲的回帖，对于空鼓的灌浆加固，对酥碱病害的防治和洞窟日常环境的监测等。通过大大小小的一系列抢救性保护措施，已修复了约3000m²的壁画，抢救了大量濒危壁画。

抢救性保护措施除了工艺技术之外，最为关键的是粘结加固材料。在长期的修复实践中，敦煌研究院已经对粘结加固材料进行了一系列的筛选研究和探索性试验，其中最具代表性的有三大类：

① 聚醋酸乙烯乳液

聚醋酸乙烯乳液是由乙酸乙烯酯通过自由基聚合（或离子聚合）而成的高分子聚合物（PVAc），工业上主要用于制造水性涂料和胶黏剂，是文物领域常见的保护材料。二十世纪五六十年代，敦煌研究院初选聚醋酸乙烯酯乳液作为敦煌壁画的修复材料，并沿用下来，例如莫高窟第94、108窟等都是采用该材料进行修复的。

② 纯丙乳液和硅丙乳液的混合液（简称硅丙混合乳液）

纯丙乳液是纯丙烯酸乳液的简称，由甲基丙烯酸酯类、丙烯酸酯类和丙烯酸三元共聚的乳状液体，广泛用作建筑涂料、防水涂料、纺织助剂等。硅丙乳液是有机硅改性丙烯酸乳液的简称，是含有不饱和键的有机硅单体与丙烯酸类单体加入合适的助剂，通过核壳包覆聚合而成的乳液，硅丙乳液兼有有机硅树脂和丙烯酸酯树脂两者的优点。近三十年来，硅丙混合乳液被应用于壁画修复实践，例如第23窟和第217窟的起甲病害均采用该材料进行保护修复。

③ 明胶溶液

明胶是动物胶原的水解产物，是一种无脂肪的高蛋白物质。近二十多年来考虑到古代壁画的原始胶粘材料是牛皮胶等天然水溶性胶类，遵从"使用原来材料"的理念，使用了明胶溶液作为壁画病害的粘结修复材料，例如第85和98窟均采用了明胶进行修复。

这些粘结加固材料的应用效果如何？其中哪些措施和材料更合适？值得深入研究。

2012年7月，为实施国家973计划研究课题"已用典型保护材料的功能和失效规律研究"，在敦煌研究院的协助下，浙江大学文物保护材料实验室对莫高窟已修复洞窟进行了调研（图7.3.1）。

(a)

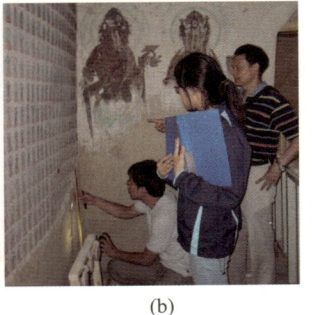
(b)

图7.3.1　浙江大学文物保护材料实验室对莫高窟已修复洞窟进行调研（2012.07.28）

(2) 现场调查统计

本次调查选择了莫高窟的几个具有代表性的已修复洞窟，这些洞窟的壁画曾分别采用聚醋酸乙烯乳液、硅丙混合乳液、明胶溶液进行过修复。为了便于比较，所选洞窟全部位于崖体底层。整个调查过程遵循文物保护行业标准《古代壁画现状调查规范》（WW/T 0006—2007）的相关要求。调查分为三个小组，逐洞逐面逐片进行测量，按照统一标准，用数字、符号、文字、简图和图像进行记录，并用显微镜及红外热像仪等进行观测。

列入调查的病害种类包括：①起甲，②颜料层脱落，③地仗层脱落，④酥碱，⑤空鼓，⑥龟裂，⑦点状脱落。病害程度分为轻微、一般和严重三个等级。

本次调查统计发现：

① 酥碱病害

酥碱病害是指壁画地仗中的可溶盐，随环境湿度变化而溶解、结晶，所产生的膨胀-收缩反复作用，使壁画地仗结构破坏而产生的疏松状态。调查发现，壁画修复后再次出现酥碱病害的面积为 $16.37m^2$，占调查总面积的 4%，占病害总面积的 39.4%，是所调查各类病害中最为严重的一种。其中，重度病害面积为 $12.3m^2$，占酥碱病害面积的 75.1%。中度病害面积为 $3.11m^2$，轻度病害面积为 $0.96m^2$。

调查发现，再次出现酥碱病害的区域仍然是那些原来在地仗层和岩石层含盐量较高的区域，或者说几乎与原来盐分的分布情况相吻合。这与使用哪一种粘结加固材料进行修复几乎无关。说明，现用的各种修复加固材料都很难阻挡酥碱病害的再次发生。图 7.3.2 为莫高窟第 85 窟西壁再现酥碱病害处的照片及酥碱局部的显微照片，可以明显看出酥碱部分的颜料层出现大量可溶盐结晶。

(a) 酥碱病害照片　　　　　　　　　　(b) 酥碱显微照片250倍

图 7.3.2　莫高窟第 85 窟西壁酥碱照片及局部显微照片（2012.07.28）

② 起甲病害

起甲病害是指壁画的底色层或颜料层发生龟裂，进而呈鳞片状卷翘（图 7.3.3）。本次调查统计表明，壁画修复后再次出现起甲病害的面积为 $9.08m^2$，占调查总面积的 2.2%，占所有病害总面积的 21.9%。其中，重度病害面积为 $5.40m^2$，占起甲病害面积的 59.4%。中度病害面积为 $1.83m^2$，轻度病害面积为 $1.85m^2$。

从调查数据看，壁画修复后再次出现的起甲病害发生在使用明胶或硅丙混合乳液的洞窟中，聚醋酸乙烯乳液使用的洞窟中起甲病害发生的概率较小。

③ 空鼓病害

空鼓是壁画地仗层局部脱离支撑体，但脱离部分的周边仍与支撑体连接的现象。本次调查发现的空鼓病害总面积为 $6.55m^2$，占调查总面积的 1.6%，占病害总面积的 15.8%。其中，重度空鼓病害的面积为 5.07m²，占空鼓病害面积的 77.4%。中度病害面积为 1.15m²，轻度病害面积为 0.33m²。

(a) 第44窟中心柱的壁画起甲病害　　(b) 使用明胶修复后的壁画起甲病害

图 7.3.3　莫高窟壁画起甲病害照片（2012.07.28）

调查发现，壁画空鼓病害主要出现在离地 2m 以下的区域内，大部分都是重度病害，有些地方已经凸起，有些地方可以看到断裂纹，随时都有掉落的可能（图 7.3.4）。

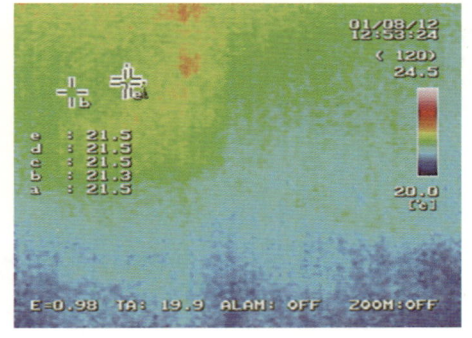

(a) 第29窟下部的空鼓照片　　　　　(b) 该处的红外热像仪的照片

图 7.3.4　壁画空鼓照片及红外热像仪照片（2012.07.28）

目前看，壁画修复以后新出现的属于自然脱离的空鼓病害的面积不多。在莫高窟，现存壁画大部分的地仗层与崖体的粘结都还比较好，这是古代工匠们长期实践经验和工艺技术传承的结果。

④ 颜料层脱落病害

颜料层脱落指颜料层脱离底色层（依附层）或地仗层。本次调查统计涵盖了各种颜料层脱落的现象，包括片状（直径≥2mm）脱落、点状（直径＜2mm）脱落和粉状脱落的现象。统计表明颜料层脱落病害总面积为 6.43m²，占所有病害总面积的 1.6%，占调查总面积的 15.5%。其中，重度病害的面积为 3.98m²，占颜料层脱落病害总面积的 61.9%。中度病害的面积为 1.91m²，轻度病害的面积为 0.54m²。

调查发现，颜料层脱落病害大多出现在酥碱病害比较严重的区域，表现为大面积的整体脱落，以重度病害为主。严重的酥碱使颜料层与地仗失去粘结作用，是颜料层大面积脱落的重要原因。而壁画起甲则会造成颜料层开裂、起翘，最终脱落。起甲造成的颜料层脱落在调查中较为常见，大多为中轻度病害。酥碱病害和起甲病害也常常一起出现，引起严重的颜料层脱落病害。如

图7.3.5所示，为莫高窟第29窟北壁处颜料层脱落的照片。

⑤ 统计结果

经过统计，本次调查的壁画总面积为411.38m²（以下称调查总面积），其中使用聚醋酸乙烯修复的面积为138.72m²，使用硅丙混合乳液修复的面积为116.89m²，使用明胶进行修复的面积为155.77m²。已修复过的壁画再次出现的病害（次生病害）的总面积为41.53m²（以下称病害总面积），其中以酥碱、起甲、空鼓和颜料层脱落为主，具体面积比例如图7.3.6所示。

图7.3.5 莫高窟第29窟北壁处的颜料层脱落病害（2012.07.28）

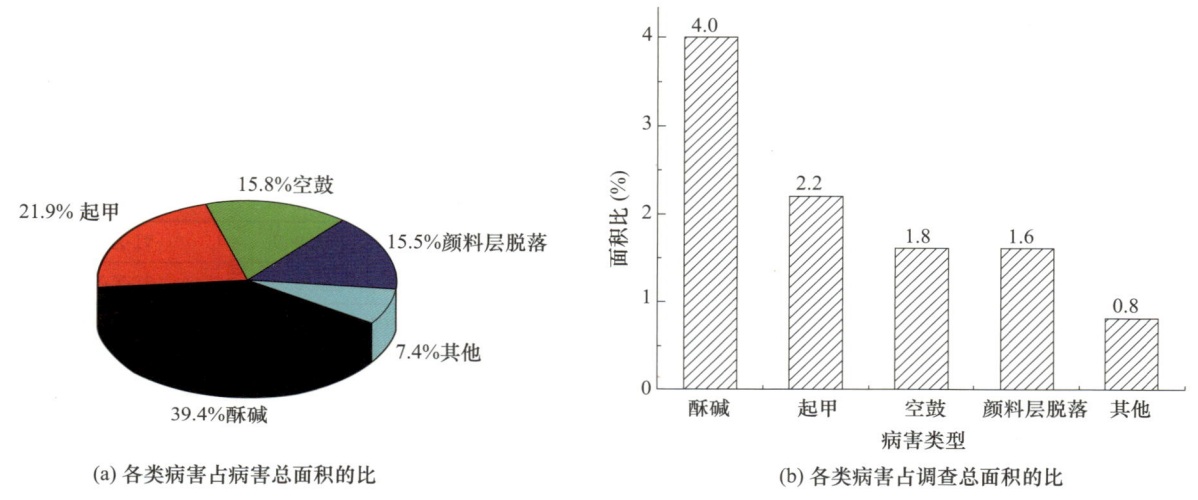

(a) 各类病害占病害总面积的比

(b) 各类病害占调查总面积的比

图7.3.6 已修复过的壁画再次出现的主要病害的比例

使用聚醋酸乙烯修复后出现的主要病害是酥碱、空鼓及颜料层脱落，分别占出现病害面积的51.4％、26.8％和14.7％，占调查面积的5.5％、2.8％和1.6％。

使用明胶修复的主要病害有酥碱、起甲、颜料层脱落和龟裂，分别占出现病害的33.9％、31.2％、21.3％和10.6％，占调查面积的4.4％、4.0％、2.7％和1.4％。

使用硅丙混合乳液修复出现的病害是空鼓、起甲和酥碱，分别占出现病害面积的37.5％、32.7％和30.0％，占调查面积的2.2％、1.9％和1.7％。

调查发现，壁画再现病害大部分集中在离地2m高度以下的范围内，特别是在离地0.5～2m的区域内最为集中，占病害总面积的98.3％。在离地0.5m以下的底部，大部分区域因修复前就病害严重，导致大面积的颜料层及地仗层脱落，修复时已使用水泥加白灰进行修补，实存壁画很少，故0.5m以下的次生病害仅占病害总面积的1.2％。另外，离地2m以上的病害仅占病害总面积的0.5％，比例极小，尤其是使用聚醋酸乙烯保护过的洞窟上部几乎无显著病害。

整体而言，即使使用同一种保护材料进行修复，出现严重病害的种类及位置也不完全相同，明显与各个洞窟所处的具体位置和周边环境有关。

(3) 调查小结

通过对莫高窟已修复过洞窟的实地调查，初步得到以下结论：

① 在修复过的洞窟中，比较严重的壁画病害分别是：酥碱、起甲、空鼓和颜料层脱落，占本

次统计的病害总面积的90％以上，且大部分是重度病害，对壁画的长期保存威胁很大。

② 近三十年来已修复过的洞窟再次出现的壁画病害（次生病害）大部分与水-盐的作用有关。可溶盐的运移和聚集对壁画的危害很大，且很难根除。调查发现，修复所用的三种主要粘结材料，包括聚醋酸乙烯乳液、硅丙混合乳液、明胶，都有较好的修复保护壁画的作用。但是，在洞窟内水盐活动频繁区域，三种材料都很难对抗酥碱的破坏，保护材料的加固能力远远小于环境的破坏力。

③ 从目前有限的统计看，在洞窟环境条件基本一致的情况下，使用聚醋酸乙烯乳液修复的壁画较少再次出现起甲病害；使用硅丙混合乳液修复的壁画较少出现颜料层脱落。目前这还只是初步现象的观察，有待进一步机理研究。

④ 如何安全清除那些已经失效，甚至危害到壁画保存的粘结材料也成为需要突破的技术问题，将在下面7.3.3节探讨。

7.3.2 壁画典型保护材料的实验室评价

实验室评价研究需要大量的试验样品，古代壁画的不可再生性决定了不可能使用文物样品进行试验，这就需要模拟制作出与石窟壁画实际状况基本符合的样品。

（1）莫高窟壁画样品制作

本研究工作是在敦煌研究院前期工作的基础上，以敦煌壁画的传统制作工艺为基础，照顾到洞窟壁画的普遍性，尽可能标准化、定量化制作。

① 基本结构和材料

a. 支撑体：莫高窟壁画的支撑体为当地酒泉系砾岩，其中大于2.0mm的砾石组分约占50％～60％，2.0～0.1mm的砂粒组分约占12％～30％，小于0.1mm的粉粒和黏粒占10％～15％，胶结物以钙质和泥质为主。考虑到砾岩的不均匀性，本次选取质地与敦煌岩体相类似的，钙含量在2％左右颗粒均匀的粗砂岩作为模拟样品的支撑体。

b. 地仗层：敦煌壁画的地仗层主要由粗泥层和细泥层两部分组成。粗泥层是含有较粗纤维（麦草、麻筋等）或较大粒径沙砾的黏土质结构层，厚度一般为1～3cm。细泥层是含有较细纤维（黄麻、亚麻、棉、毛、纸筋等）的平整的黏土质结构层，厚度一般为0.3～0.5cm。其中粉土粒径为0.05～0.005mm，沙的粒径为2～0.05mm。粉土取自莫高窟窟前宕泉河河床的沉积粉土（敦煌称澄板土）。本工作选择粗泥层的粗砂粒径在0.15mm以下，细泥层的细砂粒径在0.85mm以下，砂均取标准砂；粉土采用敦煌澄板土，粒径在0.15mm以下；粗纤维使用北方地区的麦秸；较细纤维使用市售黄麻。

c. 底色层（又称白灰层）：敦煌壁画的底色层，是在细泥层上涂刷的一层非常薄的高岭土、熟石灰或石膏之类的粉层。本工作选择使用熟石灰，为避免成分差异和碳化程度影响均一性，统一以分析纯氢氧化钙替代。

d. 颜料层：敦煌壁画所用颜料以无机颜料为主。敦煌壁画中常见红、绿、蓝三色，本次样品选择铅丹、石绿和石青三种颜料。敦煌壁画多以牛皮胶作为固色剂，水作为展色剂。胶的含量无具体定量。由于牛皮胶成分复杂，市面上鲜有销售，选择5％含量的明胶溶液作为颜料层的固色剂。

② 样品制作流程

样品主要依据莫高窟唐代典型壁画制作工艺进行制作。即在岩石上先抹一层掺有麦秸的较厚的粗泥层，再在粗泥层上抹一层较薄的掺有细麻的细泥做出较光滑的平面，用水抹平；粗泥层和细泥层的厚度比为 3∶1 左右。最后刷一层由石灰和明胶水调配的平整的白粉层，在其上涂绘颜料。样品具体制作过程（图 7.3.7）如下。

(a) 砂岩块浸泡

(b) 黄麻制成小段捶打

(c) 麦秸秆剪成小段捶打
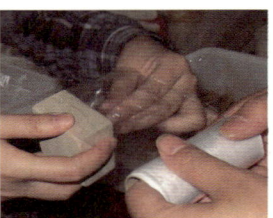
(d) 周边包保鲜膜

(e) 套样品模具

(f) 施加粗泥和细泥层

(g) 施加底色层
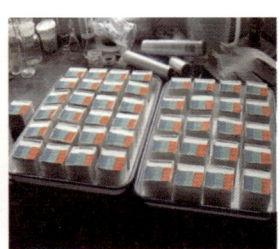
(h) 施加颜料层后

图 7.3.7　洞窟壁画试验样品制作过程

a. 岩石样块前处理：选取粗砂岩，切割成 5cm×5cm×3cm 的正方体，浸没于清水中 12h，于 105℃干燥至恒重；再在清水中浸泡 12h，取出阴干。

b. 黄麻与麦秸的前处理：将黄麻浸没于清水中 24h，取出于 50℃干燥至恒重，剪成长度约 0.3cm 左右的小段，捶打起毛。将麦秸剪成长度约 0.5cm 的小段，捶打起毛。

c. 样品周边包保鲜膜：为了控制毛细水只能从里向外轴向迁移，在样品周边包上保鲜膜。

d. 样品模具制备：用厚 2.5mm 的聚乙烯板，裁成 5cm×5cm 和 5cm×5.5cm 的规格方形板，绕砂岩块围成内部尺寸 5cm×5cm×5cm 的正方体，用胶带固定。

e. 粗泥层制作：将土和砂于 105℃烘干，敲打粉碎，土过 100 目筛，砂过 20 目筛。称取质量为 m 的土，m 的砂，$(6/100)m$ 的麦秸，混合均匀；取 $(1/2)m$ 的水，分多次加入，搅拌均匀。然后再将粗泥填充至样品模具中，用工具用力压实抹平，使粗泥层表面距样品模具上缘 0.5cm；置于温度 20℃、湿度 40%～50% 环境中干燥。

f. 细泥层制作：将土和砂过 100 目筛，称取质量为 m 的土样，$(36/64)m$ 的砂，$(3/64)m$ 的麻，混合均匀；取 $(30/64)m$ 的水，分多次加入，搅拌均匀；参考粗泥层施加方法，将模具填充至全满，压刮平整。置于温度 20℃、湿度 40%～50% 环境中至样品干燥。

g. 底色层制作：称取质量为 m 的氢氧化钙，$(3/97)m$ 的明胶；将明胶溶于约 10 倍明胶量的水中，于 60℃水浴中搅拌配成明胶溶液，与氢氧化钙混合搅拌至浆能挂住毛笔为止；用毛笔在样品表面涂刷 3 遍，至看不到泥土的颜色且平整为止；置于温度 20℃、湿度 40%～50% 环境中阴干。

h. 颜料层制作：称取质量为 m 的颜料，$(5/95)m$ 的明胶。将明胶溶于约 15 倍明胶量的水中，于 60℃水浴中配成明胶溶液，加入颜料搅拌，少量补加水至浆适于毛笔涂绘。按照样品表面划分的区域，分别用毛笔蘸取第一种颜色，涂抹 2～3 次，至看不到底色层的白色且平整为止；换用毛笔蘸取第二种颜色，依上述同样方法涂抹，至各区域涂满。最后将样品置于温度 20℃、湿度 40%～50% 环境中至完全干燥，拆除模具（注意保留周边包裹的保鲜膜），仿敦煌壁画样品制作完成。

(2) 破坏循环试验

洞窟壁画的盐害与当地环境的温湿度及含盐量等因素有关。按现代标准测量的莫高窟窟外最高温度为43.6℃，最低温度为－27.6℃。窟内温度变化规律与窟外大致一致，均是1月份温度最低，7月份温度最高，呈季节性变化。但窟内温度相对变化平缓，波动也较小。莫高窟窟内湿度变化与温度的变化大体相关，最低湿度出现在1月，最高湿度为7月。窟内相对湿度最低值仅有10%、最高达到80%；窟内水汽含量最低为0.83g/kg，最高达8.46g/kg。

莫高窟地仗中所含盐类主要有Na_2SO_4、$NaCl$、$MgSO_4$、KCl、$NaHCO_3$、$CaSO_4$。导致壁画病变的可溶盐主要是$NaCl$和Na_2SO_4，其中$NaCl$含量为0.34%~0.76%，Na_2SO_4含量为0.42%~0.47%。

根据莫高窟环境情况和洞窟内盐迁移状态，考虑到莫高窟自开创至今的1600多年中，窟门敞开、洪水漫入、酷暑严寒、无人管护的日子占有相当比例，加速破坏循环试验可以当地自然条件的极限值考虑，破坏循环试验流程设置如下。

① 将制作好的样品烘干称重，测量高度，逐个拍照，然后按以下步骤操作

a. 盐水浸渍：将样品放入装有$NaCl$-Na_2SO_4混合盐溶液的平底盘中，盐溶液按照20℃下$NaCl$-Na_2SO_4-H_2O三元平衡体系$NaCl$和Na_2SO_4组成（质量分数，%）为3.86%和14.68%的平衡组成配置；盘底垫塑料网，溶液高过塑料网1~2mm，淹没石头底面约1~2mm，使盐溶液以毛细作用向上迁移（模拟暴雨季节水盐从围岩向地仗的迁移），时间4.5h。

b. 冷冻：取出后，用面纸吸去表面显水，放入－20℃冰柜内冷冻2h（模拟冬季的寒冷）。

c. 解冻：从冰柜内取出，置于20℃室温，待完全解冻（约1h）（模拟春季）。

d. 表面润湿：用喷壶将蒸馏水在样品表面喷雾6次（约1mL每个样品），待水分被样品表面吸收（模拟夏季洞窟壁面冷凝水）。

e. 烘干：放入50℃的烘箱内过夜（模拟高温干旱季节）；第二天取出，称重，测量高度，并逐个拍照。

重复a~e的步骤，以24h为一个破坏循环周期，连续试验直至样品出现病害。

② 结果与讨论

a. 破坏循环试验过程中，模拟样品质量和高度随循环周期变化的测量值如图7.3.8所示。很明显，随着破坏循环次数的增加，样品的质量和高度都在不断增加，直到样品破裂（第13个循环后）。

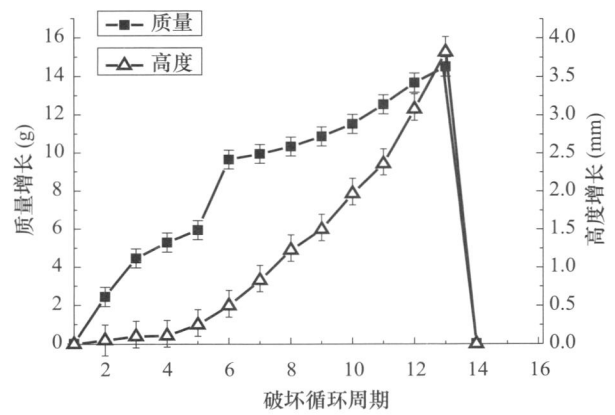

图7.3.8　模拟样品质量和高度值随破坏循环周期变化图
■—试样质量；△—试样高度

b. 在每一个破坏循环周期中，样品的质量和高度也在不断变化。以第三个破坏循环为例，样品的质量和高度随每一破坏步骤的变化，如图7.3.9所示。试样的质量在浸渗盐溶液4.5h后

达到最高,冷冻和解冻过程稍有下降,烘干后质量明显下降,但是仍明显高于该循环的初始值,说明已有盐沉积下来。试样的高度在浸渗盐溶液后有所上升,冷冻后明显增加,解冻后达到最高值,烘干后高度明显下降,但是仍高于该循环的初始值,说明样品在每一个破坏循环后都会膨胀一些。

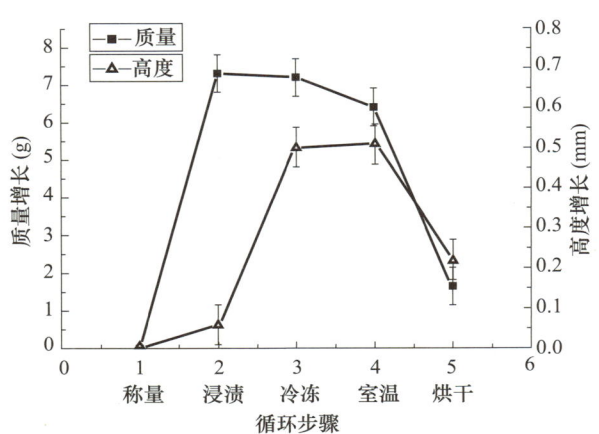

图 7.3.9　破坏循环试验过程中模拟样品质量和高度随循环步骤变化图
■—试样质量；△—试样高度

c. 对于壁画模拟样品的每一层(即粗泥层、细泥层和底色层),由专门制作的 30mm×30mm×30mm 标准样品测量得到的不同温度下的热膨胀率如图 7.3.10(a)所示；同样由标准样品测量得到的随润湿时间变化的湿膨胀率如图 7.3.10(b)所示。比较两种膨胀率,可以发现湿膨胀率要比热膨胀率大一个数量级以上,说明湿膨胀是重要的破坏因素之一。这也从物理上定量地解释了莫高窟下层洞窟壁画,特别是下半部壁画容易受潮湿破坏的原因。

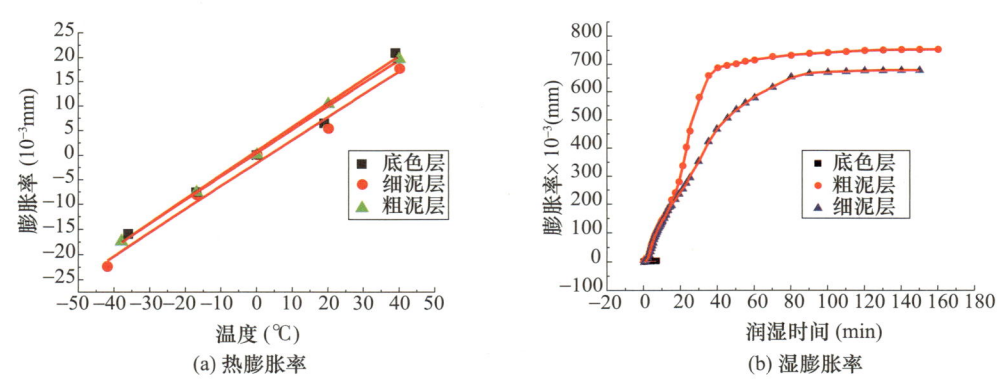

图 7.3.10　壁画模拟样品各层(粗泥层、细泥层和底色层)的膨胀率

d. 最后外观状况：经过 10～12 次循环之后[图 7.3.11(a)],模拟样品逐渐变得疏松,底色层开始起壳,颜料层出现脱落,露出的细泥层变软和粉化,产生了与莫高窟壁画实际状况相似的酥碱病害[图 7.3.11(b)]。说明本工作模拟制作的样品和破坏循环试验具有一定代表性,能初步反映洞窟壁画的可溶盐破坏过程。

e. 最后微观状况：对模拟样品出现酥碱的部位[图 7.3.12(a)]用显微镜进行观察,可以明显发现可溶盐的结晶,以及顶破底色层和颜料层的现象[图 7.3.12(b)]。这与文献中所述的,在酥碱病害发生部位出现的显著的盐分的表聚作用相吻合,也与莫高窟壁画酥碱病害表面的实际状况一致。

(a) 实验室模拟样品表面状况

(b) 莫高窟壁画酥碱病害状况

图 7.3.11　模拟样品与莫高窟壁画酥碱病害表面状况比较

(a) 样品酥碱病害照片

(b) 酥碱部位放大1000倍的显微照片

图 7.3.12　模拟样品酥碱部位照片

（3）壁画保护材料试验评估

① 保护材料

a. 聚醋酸乙烯乳液；

b. 硅丙混合乳液；

c. 明胶溶液；

d. Paraloid B72：Paraloid-B72（简称 B72）是甲基丙烯酸乙酯和丙烯酸甲酯的共聚物。

② 模拟颜料层脱落后的粘结修复

颜料层脱落是指底色层与地仗层的脱离，因此，在制作样品的底色层时，人为地将它与地仗层分开。

a. 具体制作方法：在填涂白灰之前的步骤遵照 7.3.2 中（1）步骤莫高窟壁画样品制作②流程（即 a～f）。将已填好粗细泥且表面干燥的样品，拆去模具和包裹的保鲜膜。用一层保鲜膜紧贴于细泥层表面，拉平整并固定［图 7.3.13（a）］。然后继续遵照制作流程（即 g、h）用毛刷在保鲜膜表面涂刷上白灰浆，室温阴干后再涂抹颜料层。因为保鲜膜的隔离，阴干后的底色层很容易从保鲜膜上脱离，且底色层底面形貌可以完全与细泥层表面契合［图 7.3.13（c）］。放置老化后，对其进行回贴修复。

b. 模拟粘结修复：分别配制 1%、2%、3%、4%、5% 的聚醋酸乙烯乳液、纯丙乳液、硅丙乳液、明胶溶液、PB-72 乙酸丁酯溶液，按照莫高窟壁画修复工艺，用小针管量取 3mL 不同种类不同浓度的保护材料，慢慢将其注射在颜料层与细泥层之间，再将颜料层逐步回贴，在回贴好的样块上依次压上吸水纸、海绵、石块，使其表面平整并粘合紧密，如图 7.3.14 所示。

(a) 在细泥层表面覆盖保鲜膜　　(b) 刷底色层　　(c) 刷颜料层

图 7.3.13　颜料层脱落样品制作

(a) 涂抹定量的保护材料　　(b) 颜料层的回贴　　(c) 压实阴干后

图 7.3.14　模拟修复颜料层脱落病害

③ 模拟地仗层脱落后的粘结修复

地仗层脱落是指地仗层与支撑体之间的脱离，因此，在制作样品的过程中，人为将地仗层与支撑体（砂岩块）分开。

a. 具体制作方法：将处理好的砂岩块表面包裹一层保鲜膜，拉平固定，然后按照莫高窟壁画样品制作流程（即 b～h）进行制作。当样品完全干燥后，除去模具和样品四边包裹的保鲜膜，同时也除去砂岩块与粗泥层之间的保鲜膜，使地仗层与支撑体之间自然分离。放置老化后，进行地仗层的注浆回贴。

b. 模拟粘结修复：分别配制 5%、10%、15%、20% 的聚醋酸乙烯乳液、纯丙乳液、硅丙乳液、明胶溶液，按照莫高窟壁画修复工艺，配制 1.5g 上述保护材料与 1.5g 细泥相混合，将混合物填充在粗泥层与支撑体的界面之间，将脱落的模拟样品粘结加固，并在回贴后的样品上依次压上吸水纸、海绵、石块，使粘结处平整并粘合紧密。PB-72 乙酸丁酯溶液很难对地仗层脱落的模拟样品进行粘结，故而舍弃不用。

最后，将粘合牢固的仿真模拟样品缠上高度约 6cm 左右的保鲜膜，并贴上标签，进行破坏循环试验。

④ 破坏循环试验

对保护材料效果性能评估的试验循环详见 7.3.2 中"（2）破坏循环试验"。

每天循环开始前进行称重，量高度，并拍照。样品开始出现病害以后，及时地拍摄显微照片，观察破坏的规律，每天循环 1 次（图 7.3.15）。

图 7.3.15　粘结修复后经破坏循环试验第 12d 时样品表面状况

⑤ 试验结果与数据分析

破坏循环试验中样品的质量变化曲线可以反映所用保护材料的耐候性，由此可以评估不同浓度的各种粘结剂的保护性能。

对于颜料层脱落壁画样品修复后的破坏循环质量变化曲线，从图 7.3.16（a）中可以看到 3%、4% 和 5% 浓度的聚醋酸乙烯酯出现破坏的时间最晚，在 20d 左右，特别是 4% 浓度下的样品比不加任何保护材料的空白样品的破坏周期更长，保护效果最好。图 7.3.16（b）中浓度为 4% 的纯丙乳液出现破坏最迟，表明保护效果最佳；1%、2%、3% 浓度的破坏状况次之；而浓度为 5% 的破坏出现最早，保护效果最差。图 7.3.16（c）中 2%、4% 和 5% 浓度的硅丙乳液保护效果较好，尤其是 4% 浓度的保护材料在破坏循环中出现破坏状况时间比较晚，效果较好。图 7.3.16（d）五种浓度的 PB72 保护情况几乎相同，很快就被破坏掉，比空白样的破坏循环周期短，保护效果最差。图 7.3.16（e）中 3%、4% 和 5% 浓度的明胶溶液保护效果较好，但是其破坏周期仍比空白试样的破坏周期短，而 1% 和 2% 浓度的明胶样块很快就被破坏了，整体保护效果不佳。

由图 7.3.16 可知，对于不同种类的保护材料，较高浓度的保护效果较好，特别是 4% 浓度下，大多保护试剂表现出较优良的保护效果。比较各种保护材料中保护效果最好的浓度，如图 7.3.16（f）所示，4% 浓度下的聚醋酸乙烯和硅丙乳液样品出现破坏状况的时间最迟，具有较好的保护效果。

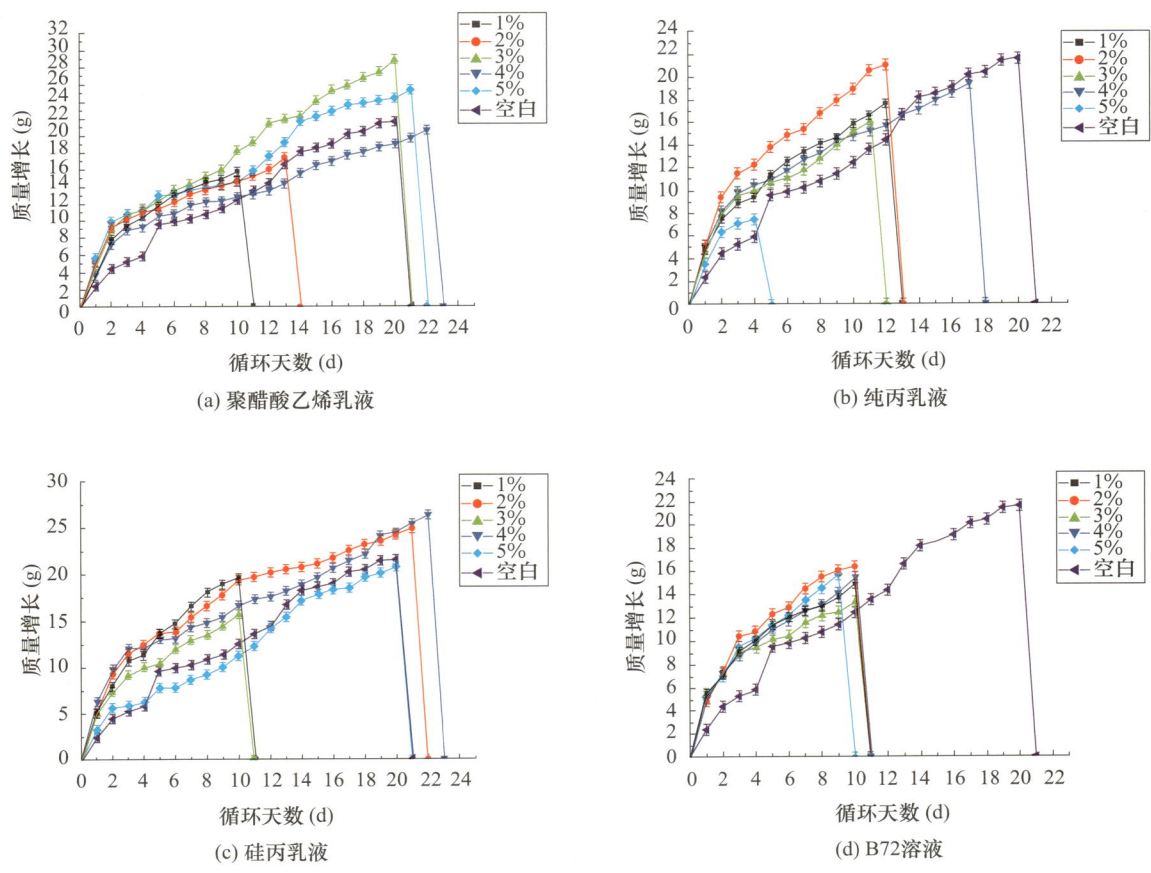

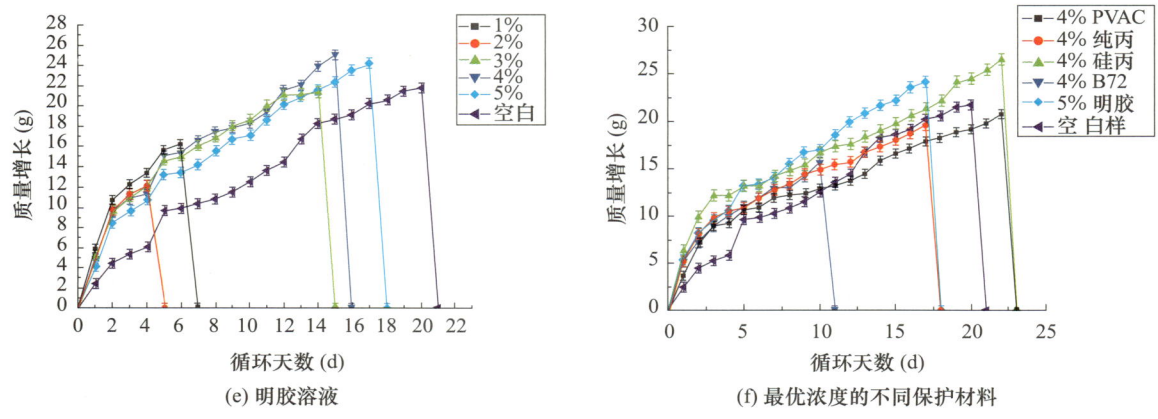

(e) 明胶溶液 (f) 最优浓度的不同保护材料

图 7.3.16　颜料层脱落壁画样品用不同材料修复后的破坏循环质量变化曲线

使用保护材料对地仗层脱落的保护修复情况，从图 7.3.17（a）中可以看到 15％和 20％浓度的聚醋酸乙烯出现破坏的时间最晚，达 20d 以上；图 7.3.17（b）中浓度为 5％和 15％的纯丙乳液破坏出现最迟，显示出较好的保护效果；图 7.3.17（c）15％和 20％浓度的硅丙乳液出现破坏的时间最晚，但是其破坏周期仍比空白试样短，效果不太理想；图 7.3.17（d）五种浓度下的明胶溶液保护效果都很差，相对而言，15％浓度下的明胶溶液保护效果较好；但是均很快被破坏掉，整体保护效果不佳。

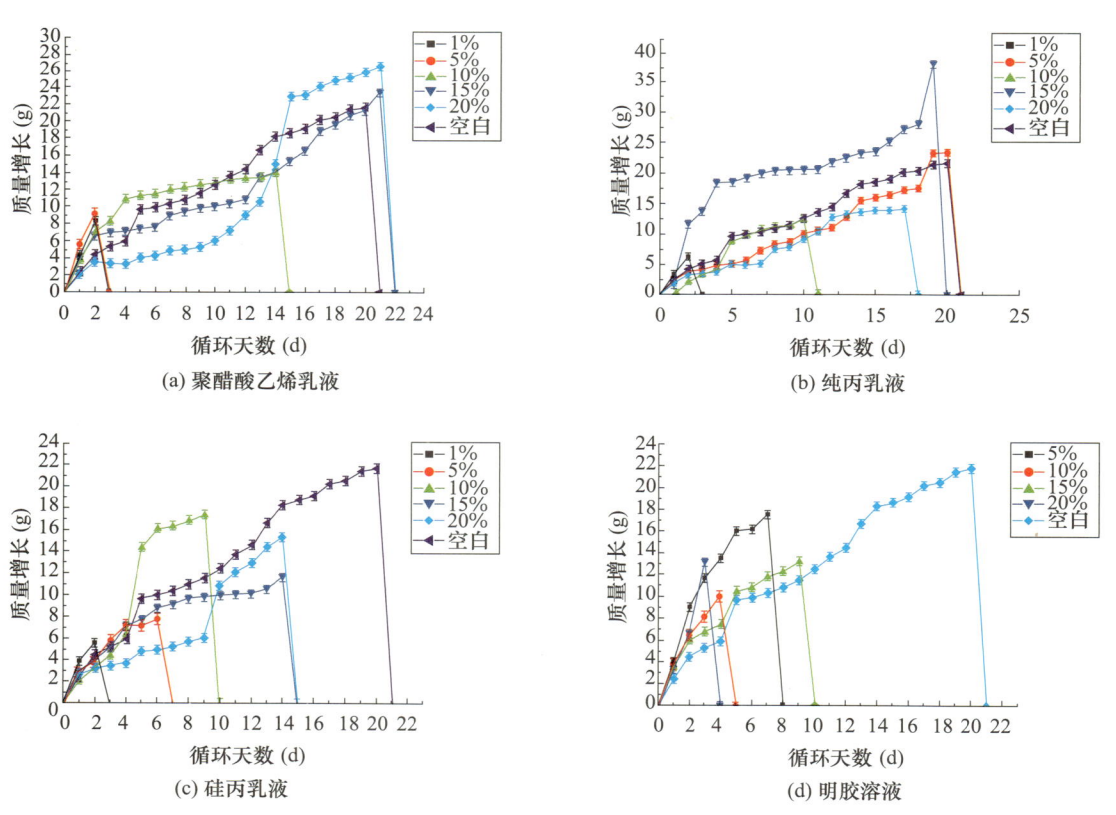

(a) 聚醋酸乙烯乳液 (b) 纯丙乳液

(c) 硅丙乳液 (d) 明胶溶液

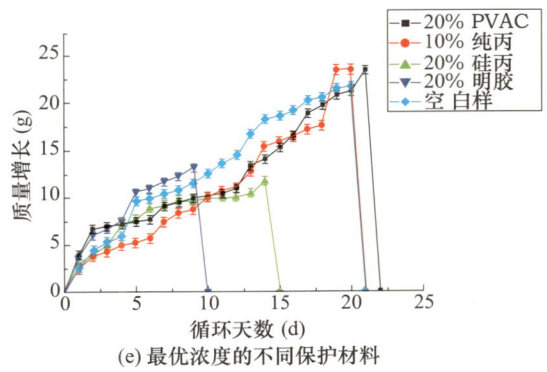

图 7.3.17　地仗层脱落壁画样品用不同材料修复后的破坏循环质量变化曲线

由上可知，对于地仗层脱落壁画修复，各类保护材料在 15% 浓度时表现出较优良的保护效果；低浓度的保护材料保护效果较差。其中 15% 浓度的聚醋酸乙烯和纯丙乳液起到了较好的保护效果；而硅丙乳液和明胶溶液则在保护效果上较差。

（4）结论

通过上述破坏循环试验，可以得到以下结论：

① 对于颜料层脱落的修复，4% 浓度粘结剂综合效果较好；对于地仗层脱落的修复，15% 浓度粘结剂综合效果比较好。

② 聚醋酸乙烯乳液和硅丙乳液对颜料层脱落病害的修复效果相对较好，而聚醋酸乙烯乳液和纯丙乳液对地仗层脱落病害的修复效果较为突出。综合来看，聚醋酸乙烯乳液是几种粘结材料中对壁画保护效果最好的。

7.3.3　典型保护材料的适应性评估

已经发现壁画修复后，在保护材料明显老化之前就会发生一些次生病害，这表明保护材料有适应性问题。适应性是指保护材料使用以后，在环境温湿度等影响因素变化时，保护材料能够与文物本体同时变化，无不相容现象。

（1）壁画保护材料适应性试验方法

考虑到壁画的分层结构，以敦煌莫高窟壁画为例，一般包含了支撑体、粗泥层、细泥层、白灰层和颜料层，如图 7.3.18 所示。

除了壁画原有的多层结构，加固保护材料的涂抹和渗入也会形成新的物理性质不同的层面。当环境变化时，新的层面就可能产生应力，形成局部裂隙，破坏壁画的稳定结构。图 7.3.19 是实测观察到的壁画裂隙形成过程情况。在图 7.3.19（a）中，因右侧层渗入防水剂，对水不敏感，在受潮时其膨胀量很小；而左侧无防水剂，受潮时其膨胀量大，这样在两层之间就会形成应力，造成裂隙。图 7.3.19（b）和图 7.3.19（c）是样品施加保护材料前后，内外两层变化状况的显微照片。反复长期的胀缩和收缩，就会形成不可逆的破坏。此外，裂隙还可能成为盐迁移的通道和结晶的聚集处，多因素的耦合会进一步加速壁画的劣化。

为了评估保护材料的适应性，我们设计了一系列试验，用以测试典型壁画保护材料，包括：①聚丙烯酸乳液（PAA），②聚醋酸乙烯乳液（PVAc），③硅丙乳液，④Paraloid B72（B72）。施用于壁画仿真样品后，在环境干湿变化条件下样品胀缩的变化量，并根据相互变化差异越小应力越小的原则，对保护材料的适应性进行评估。

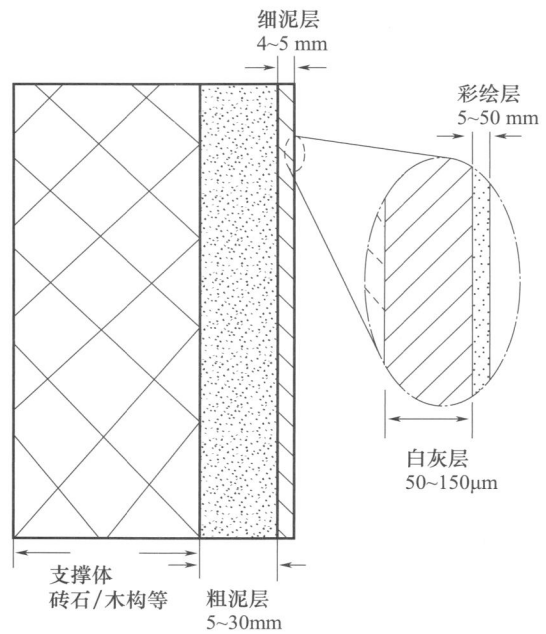

图 7.3.18 敦煌壁画的多层结构示意图

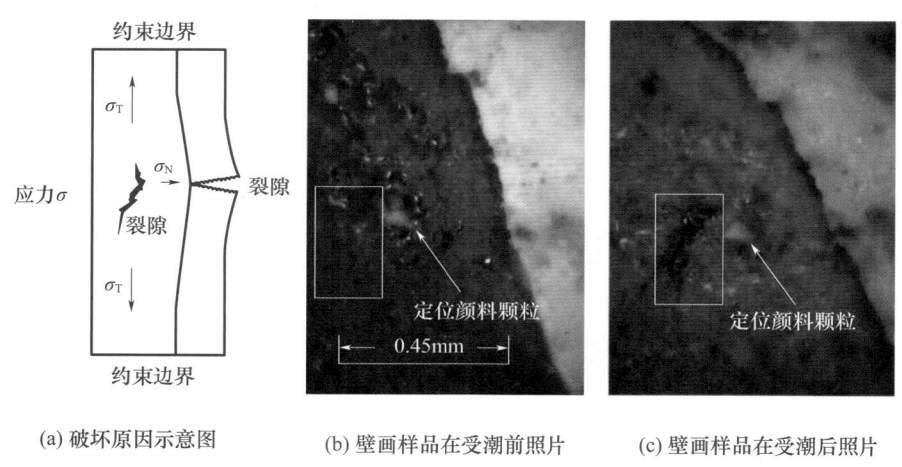

(a) 破坏原因示意图　　(b) 壁画样品在受潮前照片　　(c) 壁画样品在受潮后照片

图 7.3.19 基底亲水和表面层憎水在受潮时膨胀应力影响示意图及试验照片

注：方框内可观察到裂隙出现

(2) 试验过程

① 样品制作

按照 7.3.2 节壁画模拟样品的制作方法，分别在制备白灰层、细泥层和粗泥层样品时加入不同固含量的各种保护材料。待各层模拟样品干燥后，放入待测温度，或者润湿环境中，平衡后用机械千分表测量样品的膨胀量。

各层样品的组成配比见表 7.3.1。澄板土取自敦煌莫高窟边大泉河河床的沉积土，在实验室中经干燥（110℃）和过筛（<0.075 mm）后，用于壁画样品制备。粗砂和细砂来自于标准砂过筛（100 目和 20 目）。麦秸和黄麻在敦煌搜集。丙烯酸乳液（BS-1118，江苏三木）、聚醋酸乙烯乳液（波士胶 Fendli）、硅丙乳液（敦煌研究院提供）和 B72。前三种为乳液型的保护材料，试验中直接用水稀释到一定固含量；B72 则先用醋酸正丁酯溶解，然后加入正丁醇和水混合搅拌，制备成乳

液。试验使用的保护材料固含量为 0.5%、1%、2% 和 4%。

为了使样品有较好的一致性,试验未采用渗透加固而采用了制备过程中加入保护材料的方法。制备时,首先按表 7.3.1 将固体物质混匀,其次加入保护材料乳液。然后视情况需要加入少量水,以达到土体塑限。将混合物分 3 次放入 30mm×30mm×29mm 的模具中并压实。将模具置于通风处阴干,约 24h 后拆模。半干的样品置于 60℃ 的烘箱内干燥 10h。白灰样品需要额外在室温下养护至少 24h。所有样品在使用前保存于电子干燥箱中(20% RH)。同时制备了未加入保护材料的空白样品。

表 7.3.1 模拟石窟壁画样品的组分配比

分层结构	填料		骨料		纤维		保护材料乳液
	名称	质量(g)	名称	质量(g)	名称	质量(g)	质量(g)
白灰层	CaO/Ca(OH)$_2$	24.5/3.5	—	—	—	—	18
细泥层	澄板土	25.6	细砂	14.4	黄麻	1.2	10
粗泥层	澄板土	20	粗砂	20	麦秸	1.2	10

② 测试方法

样品的膨胀与收缩测试方法参考土工试验标准,用机械千分表(0~1mm,d=0.001mm)测量,如图 7.3.20 所示。千分表用大理石基座和不锈钢柱支撑,千分表针头和样品之间放一块 1mm 厚的盖玻片以避免针刺入样品。测量得到的胀缩数值除以样品的厚度(30mm),得到膨胀率(mm/m)。在试验过程中,用数码显微镜(深圳 Sinkinp,SO2 型)对样品结构进行观察。

a. 热膨胀测试方法。

在常温下将模拟样品卡压在千分表下,轻拍桌面使指针振荡数次后保持 30min,使读数稳定。然后按图 7.3.21 所示的顺序,将装置转移到各个温度环境下,保持一定时间并读数。通过千分表示数变化监测样品在这一过程中的膨胀与收缩。同时用 30mm 厚的锡块作为空白样品,校正测量体系本身的胀缩。

热膨胀测试须注意控制样品所处环境的湿度,以避免样品吸湿膨胀。冰箱中放置有温湿度计和干燥剂以控制相对湿度低于 20%。

(a) 热膨胀试验

(b) 湿膨胀试验

图 7.3.20 机械千分表测量样品膨胀值的照片

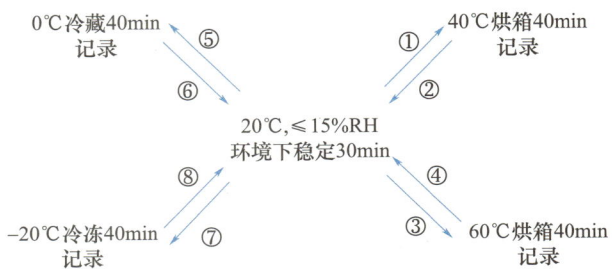

图 7.3.21 热膨胀试验步骤示意图

b. 湿膨胀测试方法。

湿膨胀测量分为有侧限和无侧限的膨胀试验。两者区别在于有侧限的试验中,样品的四个侧面用塑料片和橡皮筋绑住,使样品在试验中不坍塌。

将样品置于大小合适的玻璃容器中,在常温下(20℃)用千分表卡压好。然后按一定速率将水(15~17℃)泵入容器中,水线在 2 min 内达到盖玻片位置。从加水开始每隔一定时间读取千分表示数,直至 10min 内变化不超过 10^{-3} mm(千分表的一格)为止。

③ 保护材料渗透形成新层与病害试验

制备 3cm×3cm×0.8cm 的细泥层的样品,并在薄片的表面用不同的保护材料(1mL)进行渗透加固,加固并稳定后的样品放入 -5℃ 和 20℃ 的环境中各 12h 进行冻融循环试验,循环 15 次后,观察样品表面病害情况并拍照。

(3) 结果与讨论

① 湿膨胀与热膨胀的数据拟合

试验发现,样品的热膨胀和湿膨胀速率呈现一定的规律性:-20~40℃ 温度区间内,样品膨胀率正比于温度差(图 7.3.22、表 7.3.2)。以 PVAc 加固的样品为例,线性拟合的效果很好。而湿膨胀速率先快后慢,最后降为 0。

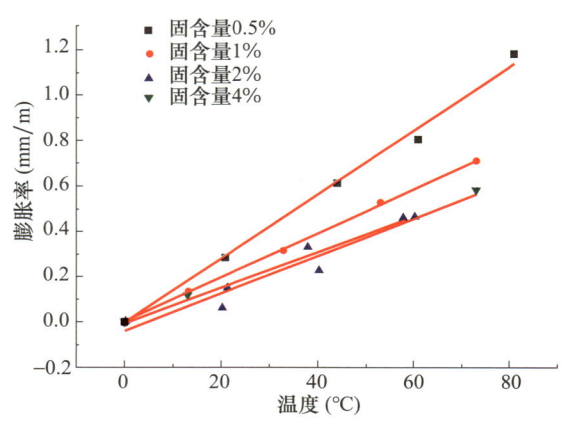

图 7.3.22　PVAc 加固样品的膨胀率随温度变化图

表 7.3.2　PVAc 加固样品的热膨胀率与保护材料固含量的关系

分层结构	固含量(%)	0	0.5	1	2	4
白灰层	热膨胀率(mm/m℃)	0.016	0.013	0.014	0.012	0.013
	相关系数 R	0.991	0.999	0.991	0.995	0.997
细泥层	热膨胀率(mm/m℃)	0.014	0.014	0.01	0.008	0.008
	相关系数 R	0.993	0.997	0.999	0.995	0.996
粗泥层	热膨胀率(mm/m℃)	0.015	0.015	0.016	0.017	0.013
	相关系数 R	0.999	0.99	0.999	0.998	0.998

样品膨胀率随浸湿时间的拟合采用方程:

$$y = A_1 \times \exp(-x/t_1) + y_0$$

拟合的结果良好,且拟合得到的参数 y_0 与实际测量得到的样品最大膨胀值基本一致(图 7.3.23、表 7.3.3)。

实际情况下,莫高窟壁画只在少数凝露天气下会接触液态水。浸湿试验除了反映雨季或凝露天气下壁画吸湿情况外,还能够部分地反映壁画从空气中吸收水分并膨胀的情况。有文献模拟了澄板土与砂的混合样品保存在一定温湿度条件下从空气中吸湿和放湿的过程,得到的吸水量-时间的函数与本章采用的拟合方程一致。

根据以上拟合,可计算出贴近实际条件下样品的热膨胀与湿膨胀率,并进行进一步分析。根据莫高窟中配置的无线微环境检测系统所记录的数据,洞窟内年均湿度约为 30%,变化范围为 10%~100%RH,有时壁画表面会经历凝露;温度变化范围为 0~28℃。参考以上数据,本研究计算样品在温度变化为 25℃ 时的热膨胀率和最大湿膨胀率 y_0,以进一步进行比较。

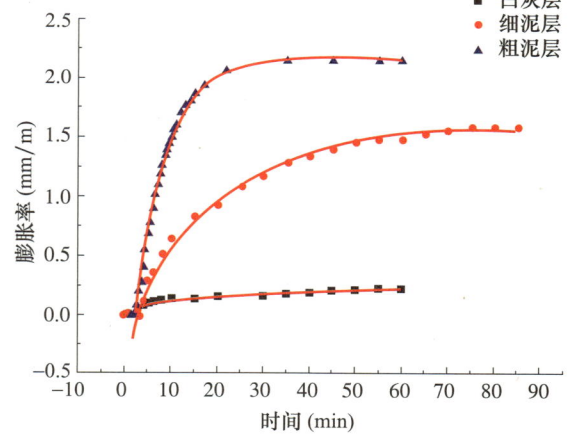

图 7.3.23　湿膨胀随浸润时间的变化图
(固含量 4% 的 PVAc 乳液的样品,无侧限试验)

表 7.3.3　PVAc 加固样品的湿膨胀曲线的拟合结果

分层结构	固含量（%）	0	0.5	1	2	4
白灰层	y_0（mm/m）	0.213	0.155	0.124	0.178	0.274
	相关系数 R	0.981	0.976	0.991	0.992	0.952
细泥层	y_0（mm/m）	—	3.524	3.91	3.229	1.59
	相关系数 R	—	0.967	0.978	0.991	0.994
粗泥层	y_0（mm/m）	—	1.019	1.777	2.657	2.188
	相关系数 R	—	0.929	0.921	0.952	0.992

注：未加固的细泥层和粗泥层样品在浸水后会因强度不足而迅速坍塌，因此无最大膨胀率。

② 热膨胀与湿膨胀的比较

样品的湿膨胀主要是由其所含的黏土和添加剂所决定的。细泥层和粗泥层中含有高岭土、绿泥石等成分，这些成分的吸湿膨胀很大，而白灰层（碳酸钙）的湿膨胀较小，这就造成了较大的膨胀差。与之相比，热膨胀造成的膨胀差很小。如图 7.3.24 所示，温度差为 25℃时，所有样品的热膨胀都在 0.3mm/m 左右，差异不大。湿膨胀不仅膨胀量较大，同时其造成的层间膨胀差异更大。这说明在壁画的劣化中，水是比温度变化更为重要的因素。

从莫高窟的壁画保护的实际看，许多实例可以证明原本稳定的壁画在遭遇湿度变化时，受到的破坏比遭遇温度变化更大。为了简化讨论，在下面的分析中将以湿膨胀为基础，暂不考虑热膨胀。

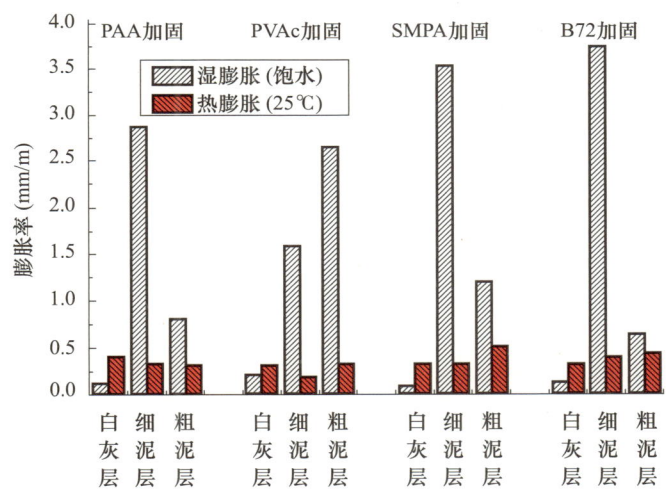

图 7.3.24　保护材料固含量 4% 样品的热膨胀与湿膨胀的比较图

③ 加固剂的评价

加固剂加固后的壁画样品的层间膨胀差越小，其引起的层间应力就越小，就越不容易受到界面应力的破坏。分别将白灰层和粗泥层的湿膨胀率减去细泥层（位于两层中间），可以得到不同种类不同浓度加固剂加固后的壁画样品层间湿膨胀差图，如图 7.3.25 所示。由图看到，丙烯酸乳液加固样品的层间湿膨胀差较小，聚醋酸乙烯乳液加固样品的更小。例如当聚醋酸乙烯乳液固含量为 2% 时，加固的白灰与细泥层的膨胀差为 2.92mm/m，而同样条件下，聚丙烯酸乳液和硅丙乳液的膨胀差分别高出 12% 和 27%。B72 加固样品的膨胀差更是高一倍以上。

在敦煌当地的调查中，一线工作修复人员的介绍也证实了聚丙烯酸乳液和聚醋酸乙烯乳液的效果在各种已用材料中较好。

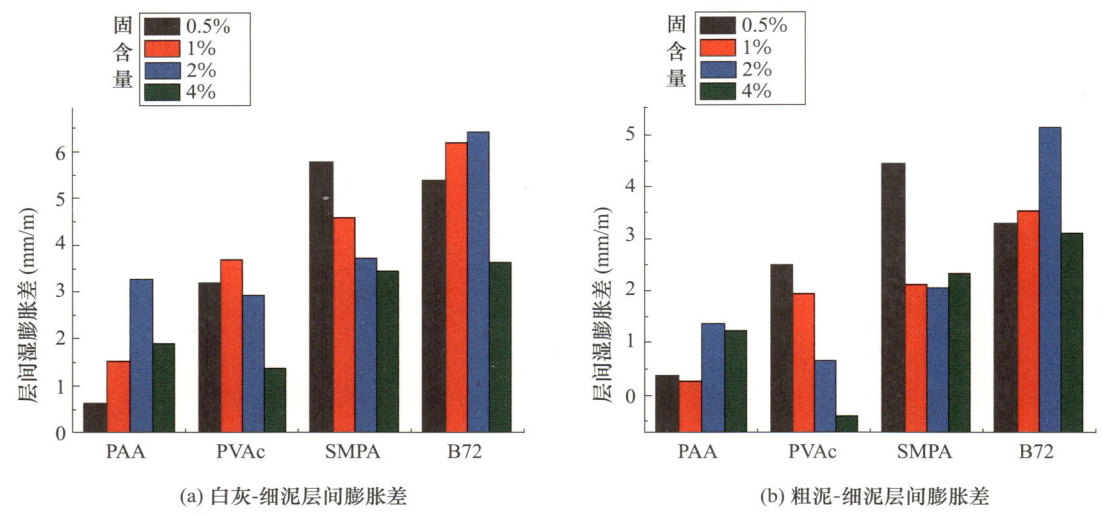

图 7.3.25　不同种类不同浓度加固剂加固后的壁画样品层间湿膨胀差

（4）结论

① 壁画的特点是分层结构。当环境温湿度变化时，各层胀缩的不同会在层间形成应力。本节通过一系列试验，定量测量了各种粘结材料分别加固壁画各层后的膨胀性能，以此评估保护材料的适应性。

② 在敦煌干燥环境下，壁画湿膨胀的数值比热膨胀大得多。因此环境湿度变化对壁画劣化的影响远大于温度变化。

③ 使用不同粘结剂分别加固壁画各层，从膨胀数据的大小判断，丙烯酸乳液和聚醋酸乙烯乳液是较好的壁画加固剂。使用这两种加固剂的样品具有较小的层间膨胀差异，因此将具有较小的层间应力。

7.4　南方潮湿地区壁画保护材料评价

7.4.1　研究背景

我国南方和北方环境差异很大，适合于西北干旱地区壁画保护的材料是否适合于南方潮湿地区需要深入研究。文献调查显示，南方潮湿地区壁画保护材料研究欠缺，为弥补这一欠缺，本工作模拟南方气候条件对壁画表面加固材料和裂隙灌浆材料进行了保护效果评价研究。

常见壁画病害主要有两大类：①表面病害，如粉化、龟裂、起甲、颜料层脱落等；②结构性病害，如空鼓、裂隙等。

对于表面病害，常需要使用渗透性加固剂进行表面加固处理。对于结构性病害，常用的处理方法是使用灌浆材料对病害区域进行填补和粘结。本工作根据西北地区壁画保护的成熟配方，针对南方典型有地仗壁画的表面粉化和裂隙病害，使用三种常见纯丙烯酸乳液，分别配制表面加固材料和裂隙灌浆材料，模拟我国南方的极端气候条件进行耐候性试验，对壁画保护材料的保护效果进行实验室评价研究，希望为我国南方潮湿地区壁画彩绘的保护提供借鉴。

7.4.2 表面加固材料性能评价

(1) 仪器和材料

① 仪器

精密光泽度仪（WG68，威福光电），快速高低温交变湿热试验箱（TEMI990，上海沪升），UV紫外光固化机（清苑中冉益坤），场发射扫描电镜（FEI SIRION-100，荷兰FEI公司），维卡仪（无锡中科建材），接触角测试仪（JC2000C1，上海中晨）。

② 化学材料

纯丙烯酸乳液RS1930（江苏三木，固含量53.2%），纯丙烯酸乳液RS1389（江苏三木，固含量51%），纯丙烯酸乳液ZB-SE-3A（兰州知本化工，固含量54.6%），氢氧化钙（上海江沪实业）。

③ 原材料

老旧粉化的墙面样块（表面白灰/黄泥地仗）连同黄泥地仗，揭取自浙江余姚半露天废弃老旧民宅，切割成规格75mm×60mm的小块。

(2) 试验与检测

① 表面加固样块制备

将75mm×60mm尺寸老旧粉化墙面样块背面涂抹普通三合土，胶结在同尺寸的陶片上，待三合土完全凝固后用热塑性膜封边（图7.4.1）。以水为溶剂，将RS1930、RS1389和ZB-SE-3A分别配制成3种纯丙乳液，每种5个质量分数（1.0%、1.5%、2.0%、2.5%、3.0%），用油画笔刷蘸取上述乳液，在老旧墙面样块表面先横向涂抹，渗入后再纵向涂抹后，阴干。

(a) 老旧粉化墙面样块　　　　　　(b) 热塑性膜封边后

图7.4.1　表面粉化加固样块

② 光泽度与防水性

使用光泽度仪（60°）进行样块表面光泽度的测定，对于同一样品选点5处记录数据，根据光泽度变化情况和眩光程度以表征乳液浓度适用性。使用接触角测试仪进行样块表面与水的接触角的测定，对于同一样品选点5处记录数据，通过亲疏水性判别防水性能。

③ 耐老化性

耐老化试验分两部分——光老化和干湿老化，操作如下：

a. 光老化试验：将待测样品表面朝上放置在UV紫外光固化机中（λ365nm，E_{av}=80W/cm²，t=60℃）进行循环照射。照射7min，散热10min，并喷水降温为一循环。重复循环40次，记录外观变化，结束后使用扫描电镜对样品进行表面形态分析。

b. 干湿老化试验：将样品表面朝上放置于快速高低温交变湿热试验箱内。试验根据南方潮湿地区多年的气象监测数据，合理模拟试验条件，温度上下极值为55℃和-10℃，湿度最大值100%，以加速老化反应过程。温、湿度设置见表7.4.1，以经历4个温湿度阶段为一个循环，重复循环 65 次，记录外观变化，结束后使用扫描电镜对样品进行表面形态分析。

表 7.4.1　交变湿热试验箱老化循环温湿度设置

温度（℃）	相对湿度（%）	时间（h）
−10	—	1.5
15	80	1.3
25	100	1.7
55	20	1.5

（3）试验结果与讨论

① 光泽度与防水性

涂抹表面加固材料以后，对老旧墙面样块各取点 5 个进行光泽度测量，取平均值，计算方差。光泽度测量结果如图 7.4.2 所示。RS1930 乳液涂抹样品光泽度随浓度增加稍有提升，变化趋势平缓，在 2.5% 与 3.0% 浓度区间样品出现少量眩光。RS1389 乳液涂抹样品的光泽度在质量分数 2.0% 以上出现明显提升，在 2.5% 与 3.0% 浓度区间的样品出现眩光。ZB-SE-3A 乳液涂抹样品在低浓度区间出现负的光泽度现象，在 2.5% 与 3.0% 浓度区间出现眩光。很明显，加固材料质量分数大于 2.5% 的乳液已经导致眩光，不适合作为表面加固材料使用，因此在后面试验中仅以质量分数 1.0%、1.5% 和 2.0% 的乳液开展试验。

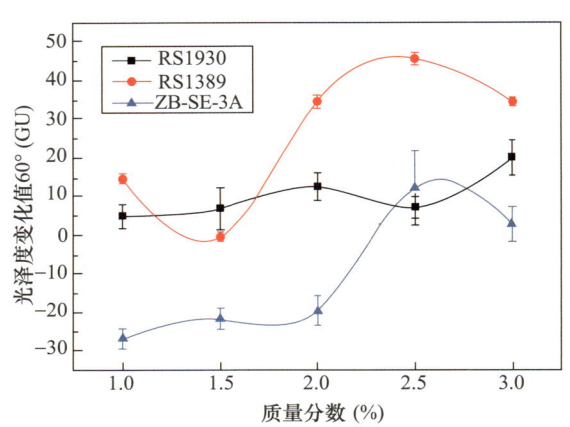

图 7.4.2　不同浓度三种纯丙乳液表面加固样品的光泽度值

使用质量分数 1.0%、1.5% 和 2.0% 的乳液加固样块后，表面接触角测量结果如图 7.4.3 所示。未涂乳液的样品接触角为 20°左右，涂上乳液后接触角提高到 105°～125°，表现出明显的疏水性，具备一定防水效果。在三种乳液中 ZB-SE-3A 乳液随浓度升高接触角值减小，其值略小于另外两种乳液，即比较亲水，从避免亲水-憎水界面应力破坏的角度看，ZB-SE-3A 乳液的水力学性能更合适。

综合以上光泽度试验和接触角测量试验的结果，可以判别 RS1389 乳液的性能相对差一些，为减少试验量，在后续试验中仅以 RS1930 和 ZB-SE-3A 乳液开展试验评价。另外，为防止眩光，后续表面加固材料涂抹均采用质量分数分别为 1.0%、1.5%、2.0% 的乳液。

② 耐老化性

a. 光老化试验。

老旧墙面表面加固样品光老化试验结果如图 7.4.4 所示。很明显，光老化试验使样品明显变黄。试验发现，光老化 10 个循环后使用质量分数 2.0% 的乳液加固的样品表面会出现眩光。使用场发射扫描电镜对光老化循环后的样品进行表面形态分析，结果见表 7.4.2 和表 7.4.3。试验前样品表面呈现颗粒状，经强烈的紫外光照射后，使用 RS1930 进行加固的样块，在高倍镜下基底明显出现光滑膜，可能是加固材料进一步交联形成胶状膜。而使用 ZB-SE-3A 乳液加固的样块，主要呈现出多孔状的形貌。对比质量分数 1.0% 和 1.5% 乳液涂抹表面可以发现，纯丙乳液虽在老化过程中不断损耗流失，但 1.5% 的乳液对墙体表面包裹程度较好，可认为耐久性好一些，而 1.0% 的乳液因质量分数较低，膜层更易随时间增加而减少。

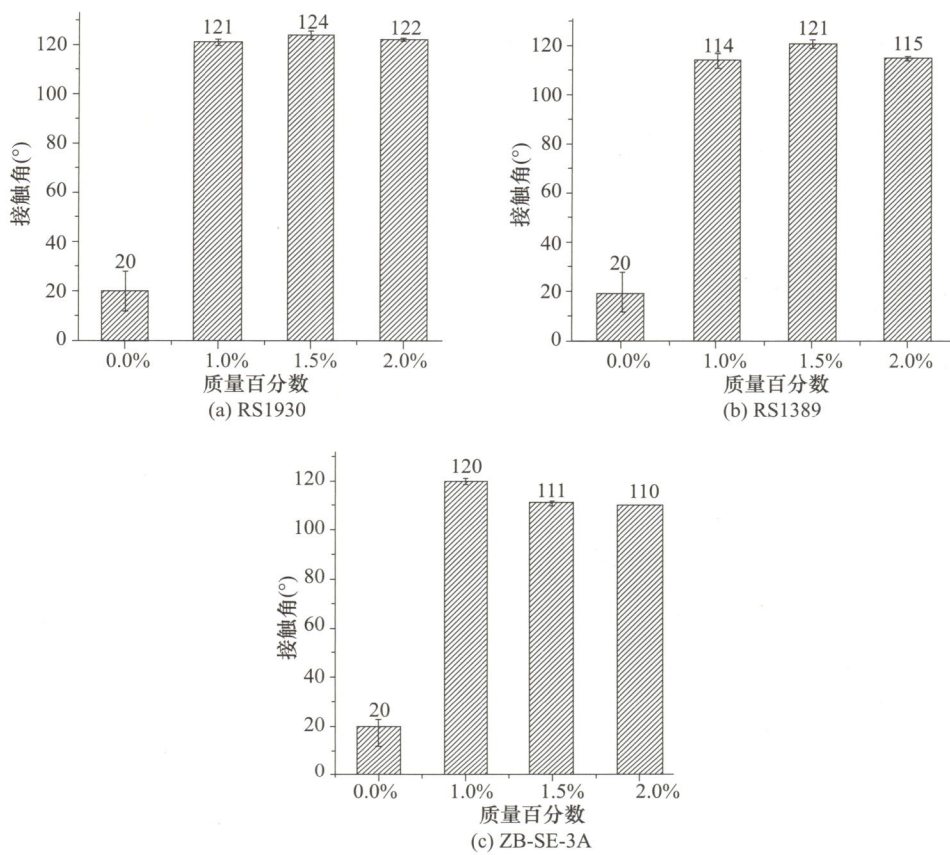

图 7.4.3 不同浓度三种纯丙乳液表面加固样接触角测量平均值

(a) 质量分数1.5%RS1930加固样品试验前照片

(b) 质量分数1.5%RS1930加固样品试验后照片

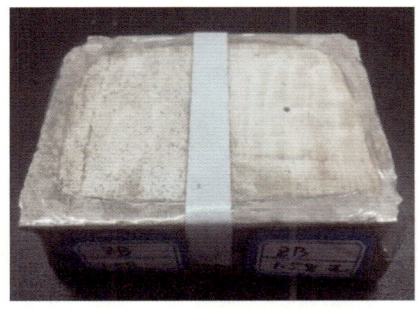

(c) 质量分数1.5% ZB-SE-3A加固样品试验前照片

(d) 质量分数1.5% ZB-SE-3A加固样品试验后照片

(e) 空白样品试验前照　　　　　　　　(f) 空白样品试验前后照片

图 7.4.4　表面加固样品光老化试验前后照片

表 7.4.2　RS1930 乳液表面加固样品老化试验前后的 SEM 图（放大 5000 倍）

乳液（质量分数,%）	老化前	光老化后	干湿老化后
0.0			
1.0			
1.5			
2.0			

表 7.4.3　ZB-SE-3A 乳液表面加固样品老化试验前后的 SEM 图（放大 5000 倍）

乳液（质量分数,%）	老化前	光老化后	干湿老化后
0.0			

续表

乳液（质量分数,%）	老化前	光老化后	干湿老化后
1.0			
1.5			
2.0			

b. 干湿老化试验。

表面加固样品干湿老化试验前后对比照片如图 7.4.5 所示。可以发现，经过干湿老化试验，空白样品出现了局部轻微粉化，而表面涂抹乳液的样品则只出现极其轻微的粉化，所有涂抹加固乳液样品的变化情况较为一致，说明乳液具有一定保护作用。使用场发射扫描电镜对干湿老化循环后的样品进行表面形态分析，见表 7.4.2 和表 7.4.3，使用 RS1930 乳液涂抹的样品表面呈现颗粒状形貌，而使用 ZB-SE-3A 乳液涂抹的样品表面出现了明显的多孔状结构。

(a) 质量分数1.5%RS1930加固样品试验前照片　　(b) 质量分数1.5%RS1930加固样品试验后照片

(c) 质量分数1.5% ZB-SE-3A加固样品试验前照片　(d) 质量分数1.5% ZB-SE-3A加固样品试验后照片

(e) 空白样品试验前照片　　　　　　　(f) 空白样品试验后照片

图 7.4.5　表面加固样品干湿老化试验前后照片

（4）壁画表面加固材料小结

① 根据西北地区壁画保护的经验，经过模拟试验评价，纯丙乳液可以作为南方潮湿环境壁画表面的加固材料使用。

② RS1930 和 ZB-SE-3A 两种纯丙乳液作为壁画表面加固材料的最佳使用浓度均为质量分数 1.5%。其中 RS1930 使用后，表面光泽度变化较小，能在表面形成肉眼看不到的膜层，耐干-湿破坏能力较强，具有一定的抗光老化能力，综合来看，比较适合于南方潮湿气候环境的壁画保护。

③ ZB-SE-3A 因受光老化影响较小，可酌情用于受到日光直射影响的室外壁画。

7.4.3　壁画灌浆材料性能评价

（1）试验材料和试验方法

① 仪器

微机控制电子万能材料试验机（CTM2500，上海协强仪器），超景深三维显微镜（VHX-700F，日本 KEYENCE），其他同 7.4.2 节。

② 试剂

纳米 TiO_2（99.8%，阿拉丁），纳米 ZnO（99.9%，麦克林），浓硝酸（AR，65%～68%），浓硫酸（AR，95%～98%），进口减水剂，水硬性石灰（杭州，自购），碳酸钙（1250 目，山东优索化工），玻璃微珠（$\phi=1mm$，EASYBIO）。

③ 原材料

老旧墙面样块揭取自浙江余姚半露天废弃老旧民宅，切割成规格 75mm×28mm 的小块，陶片（规格 70mm×60mm×8mm），大理石块（杭州，规格 50mm×50mm×20mm）。

（2）性能评价试验

① 灌浆材料制备

基于水硬性石灰和传统石灰两类材料，根据已有文献再设计，经过多次预试验后，按照表 7.4.4 所示配方制备灌浆材料。各配方以石灰材料为基础，为防止水分过量添加了占石灰质量分数为 0.5% 的减水剂，为增强防水加固性能添加了质量分数 3% 纯丙乳液，为达到一定的防霉效果添加了约 1% 的纳米 TiO_2 和 1% 纳米 ZnO 材料。通过预试验确定加水量，使浆体流动性和黏稠度符合要求，最终计算出水灰比。

表 7.4.4　壁画裂隙灌浆材料配方

配方	水硬性石灰 (g)	Ca(OH)$_2$ (g)	CaCO$_3$ (g)	乳液种类	乳液 (g)	减水剂 (g)	纳米 TiO$_2$ (g)	纳米 ZnO (g)	H$_2$O (mL)
C1	0	11	89	RS1930	3	0.5	1	1	34
C2	100	0	0	RS1930	3	0.5	1	1	56
C3	0	11	89	ZB-SE-3A	3	0.5	1	1	34
C4	100	0	0	ZB-SE-3A	3	0.5	1	1	60

② 浆料的凝结时间、收缩性与强度

将刚配制的灌浆材料完全注满培养皿，静置于空气中，隔一定时间使用维卡仪测定凝固程度。维卡仪粗针头下降 1mm 时可视为初凝，初凝后换用细针头，下降小于 1mm 可视为终凝。同样，将刚配制的灌浆材料完全注满培养皿，表面刮平，完全固化后，用玻璃微珠填补因灌浆材料干燥而收缩的区域，刮去多余玻璃微珠，称量填补的玻璃微珠质量 m，然后与装满培养皿的玻璃微珠质量 M 相比，收缩率为：$(m/M) \times 100\%$。用灌浆材料粘结两块大理石，待完全凝固后，使用微机控制电子万能材料试验机以三点式折断方式进行最大荷重值测定，以折断强度表示粘结强度。

③ 灌浆材料的防霉性与防水性

将 100μL 草酸青霉菌液（10^6 CFU/mL）均匀涂在琼脂基培养皿中。将滤纸（25mm×20mm）浸入灌浆材料。使滤纸均匀挂满灌浆材料后在紫外灯下杀菌、晾干，然后放置于在菌液-琼脂的表面区域。同时设置对照组，即配制不添加纳米材料的灌浆材料，滤纸重复上述操作。试验组与对照组培养一周后，观察菌落生长情况。使用接触角测试仪对灌浆材料表面与水的接触角进行测定，同时设置对照组，即配制不添加纯丙乳液的灌浆材料，重复上述操作。对于同一样品选点 5 处记录数据，通过亲疏水性判别防水性能。

④ 灌浆加固样品耐干湿老化性

让两块 75mm×28mm 尺寸老旧墙面样品按长边平行、表面等高放置，留 1~2mm 缝隙，背部涂抹三合土地仗层，胶结在同尺寸的古建瓦片上，待地仗层凝固后使用。将灌浆材料灌注到样品缝隙中，凝固后同表面加固试验样块一同放置在交变湿热试验箱内，重复循环 65 次，试验结束后用超景深三维显微镜观测缝隙与横截面的情况。

(3) 试验结果与讨论

① 凝结时间、收缩性与强度

为对比传统石灰基灌浆材料和水硬性灌浆材料在潮湿条件下的性能，按照表 7.4.4 所列配方进行试验。在灌浆试验过程中，C4 配方成糊状物，不利于使用而废除。按照 C1~C3 配方进行配制和检测，试验结果见表 7.4.5。从凝结时间看，初凝时间均约为 1d，终凝时间均约为 2d，差异不大。从收缩率检测结果看，三个配方的数值差异同样不大。而强度测试结果表明：C1 配方强度最小，压力稍大便导致样品开裂；C2 配方强度中等；C3 配方强度最大，且粘结效果较好。因此，选用配方 C3。

表 7.4.5　灌浆材料凝结时间、收缩性与强度性能数据

配方	凝结时间		收缩性		强度	
	初凝（h）	终凝（h）	收缩率（%）	标准偏差	最大荷重（N）	标准偏差
C1	26	50	7.62	0.12	14.76	3.43
C2	20	45	7.50	0.18	65.48	7.68
C3	20	42	6.69	0.36	157.20	6.40

② 防霉性与防水性

灌浆材料防霉性试验结果如图 7.4.6 所示。与试验前相比，在挂满灌浆材料的滤纸块上霉菌极少生长，仔细比对试验组和左侧的对照组，可发现对照组边缘位置出现霉菌生长，而试验组少有此现象，说明添加纳米材料可以提升防霉效果。从三种灌浆材料配方对比来看，传统石灰基的 C1 和 C3 配方的防霉效果要优于水硬石灰基的 C2 配方。

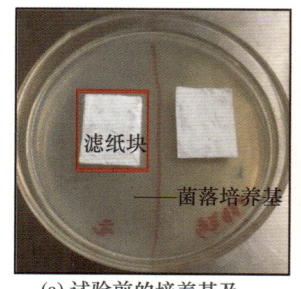
(a) 试验前的培养基及灌浆材料滤纸块

(b) C1配方试验后的菌落生长情况

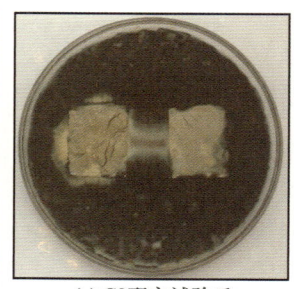
(c) C2配方试验后的菌落生长情况

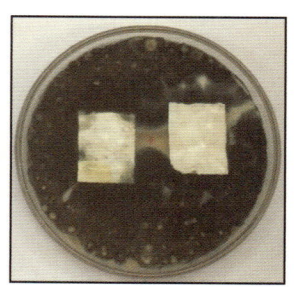
(d) C3配方试验后的菌落生长情况

图 7.4.6　灌浆材料防霉试验效果照片

注：(a) ～ (d) 中的左侧滤纸块为对照组，不含有纳米材料

灌浆材料样品接触角的测试数据如图 7.4.7 所示，图中对照组是指未添加乳液的样品。与对照组相比，添加乳液后，3 种灌浆材料的防水性都有提升。C1 的接触角从 27°提高到 45°；C3 从 27°提高到 51°；而水硬性的 C2 从 12°提高到 35°。在南方潮湿地区要尽量避免灌浆材料与本体材料的干湿应力差，因此认定 C1 和 C3 配方优于 C2 配方，即更宜采用传统石灰基灌浆材料。

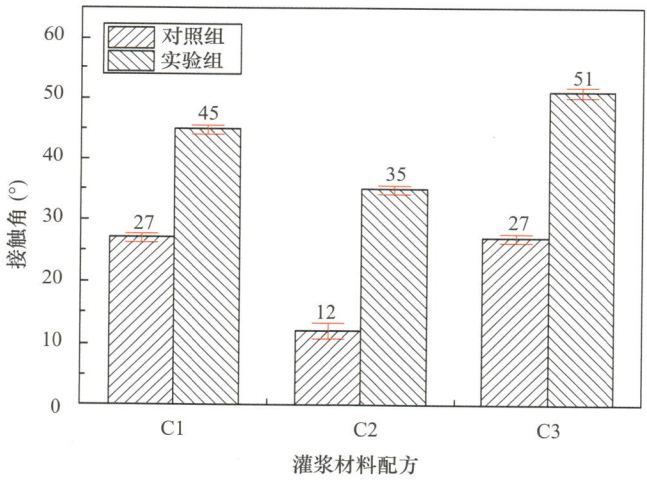

图 7.4.7　灌浆材料接触角平均值

③ 灌浆材料耐干湿老化性检测

按照表 7.4.1 的交变温湿度设置，裂隙灌浆材料经过 65 次干湿破坏循环试验，结果如图 7.4.8 所示。从图 7.4.8 (b) 看，灌浆材料致密，无缺口、无粉化；从图 7.4.8 (c) 看，地仗层与灌浆材料联合牢固，未见松散；从图 7.4.8 (d) 看，灌浆材料经过干湿循化过程以后仍能与地仗层材料良好胶结。以上结果说明 C1 灌浆配方能够经受长期干湿循环的变化。从 C2 灌浆配方涉及的图 7.4.8 (f)、(g) 和 (h) 看，效果差不多，但灌浆材料的微结构稍粗糙一些。C3 灌浆配方因与 C1 同为传统气硬石灰基材料，灌浆样品干湿破坏循环试验的粘结效果与 C1 相近。总体讲，

从表面观察和显微照片看,3 种配方的裂隙灌浆样品很难看出试验前后的差异,称重记录也显示样品总体质量试验前后变化轻微。从灌浆密实度看,传统石灰基的 C1 和 C3 配方稍好于水硬性石灰基的 C2 配方。

(a) C1配方灌浆样品的正面

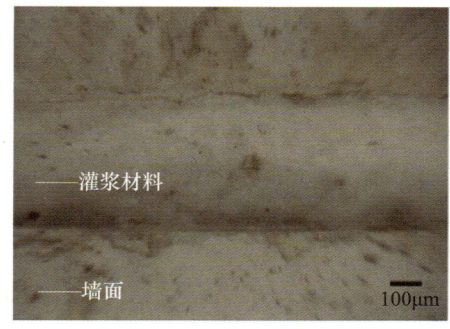
(b) 样品正面的100倍超景深显微图

(c) C1配方灌浆样品的横截面

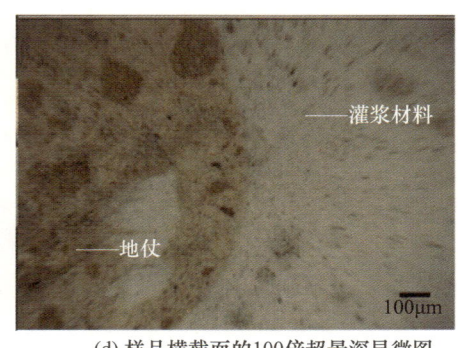
(d) 样品横截面的100倍超景深显微图

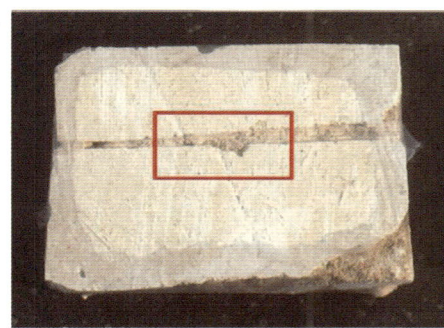
(e) C2配方灌浆样品的正面

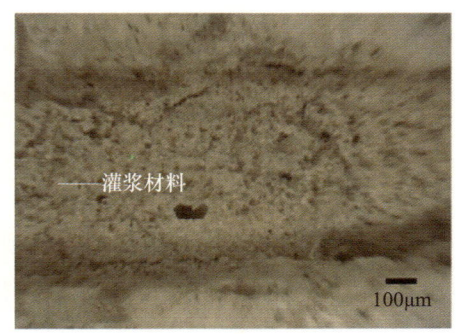
(f) 样品正面的100倍超景深显微图

(g) C2配方灌浆样品的横截面

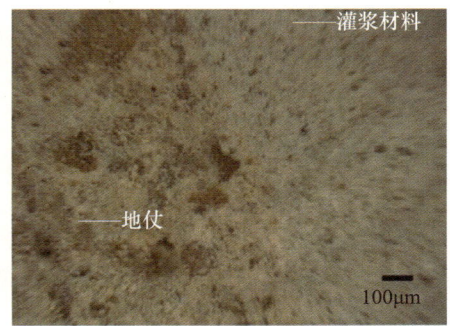
(h) 样品横截面的100倍超景深显微图

图 7.4.8　干湿老化试验后的裂隙灌浆样品图

(4) 裂隙灌浆材料评价小结

根据西北地区壁画保护的成熟配方，使用市面常见原材料配制壁画裂隙灌浆材料，通过模拟南方典型湿热气候条件进行系列配方筛选和耐候性等评价试验，得到：

① 纯丙乳液对于改进灌浆材料的性能具有有着重要作用。以不产生过大干湿界面应力为前提，纯丙乳液的添加量大约为石灰质量的3%。

② 南方潮湿环境下壁画修复材料易生霉菌，可适量添加金属氧化物纳米材料，如纳米 TiO_2 和纳米 ZnO，总添加量大约为石灰量的2.0%。

③ 为便于灌浆操作和降低水灰比，可添加石灰量0.5%的减水剂。

④ 综合试验结果，使用传统石灰作为基料，添加3%纯丙乳液 ZB-SE-3A 和2.0%纳米材料，适量加水配制的灌浆材料具有较好的可灌性、强度、防霉性、防水性与耐老化性，可以作为潮湿地区壁画裂隙的灌浆加固材料。

7.5 壁画表面保护材料的清除技术

7.5.1 失效保护材料清除问题

为了延续石窟壁画和石刻彩绘的寿命，人们已经采用了许多保护措施，包括各个时期进行的一系列传统修复措施，以及现代各种新的保护材料，包括表面防护、渗透加固、裂隙粘结等方面的材料。但是随着时间的推移，有些材料已经开始劣化，失去作用，甚至在加速壁画彩绘的破坏；有些材料尽管目前还安然无恙，但总有失效的一天。因此，在不破坏原始壁画彩绘的基础上，如何清除失效的保护材料已成为一项重要的文物保护技术。

加固保护材料的清除技术是在确保不破坏原壁画彩绘的基础上，通过各种物理或化学措施，将附着在石质文物颜料层表面的或已经渗入颜料层内部的已经老化的保护材料提取出来。主要清除原理是吸附，即利用合适的溶剂和吸附材料将失效材料部分溶解，经过抽提、运移、吸附过程使之脱离原颜料层。

目前，已发现的失效保护材料主要是一些有机高分子树脂材料，比较有效的保护材料清除方法主要有：有机溶剂贴敷法和凝胶吸附法。

本章以敦煌莫高窟壁画保护材料的去除为研究背景，以四种传统保护材料（Paraloid B72，PVAc 乳液，硅丙乳液，纯丙乳液）为清除目标，基于传统有机溶剂贴敷清除法、定型凝胶清除法和非定型凝胶清除法进行了试验研究，以验证相关方法是否会对颜料层产生破坏，探讨了适用的清洗剂，优化了清洗工艺，计算了在每种清除方法下的每种材料的清除率，并探讨了老化等因素对清除率的影响。

7.5.2 基于有机溶剂贴敷的保护材料清除研究

(1) 试验材料

① 仪器

紫外老化箱（1kW），电热恒温鼓风干燥箱（DHG-9070），分析天平（FA1004，d=0.1mg），恒温水浴锅（HH-1），3D 显微镜（VHX-2000，KEYENCE China Co., Ltd）。

② 材料

瓷板，尺寸 10cm×10cm×0.6cm；陶块，尺寸 10cm×5cm×1cm（均产自杭州）；澄板土（由敦煌研究院提供）；砂（标准砂）；黄麻（市售）；脱脂医用棉；特级明胶（苏州姜思序堂）；石绿 A22、朱膘 A107、石青 A29（均来自北京岩彩天雅公司）。

③ 保护材料

纯丙乳液、硅丙乳液（由敦煌研究院提供）；聚醋酸乙烯酯乳液（简称 PVAc，波士胶芬得利公司）；Paraloid B72（进口，以下简称 B72）。

④ 有机溶剂清洗剂

SDS（十二烷基硫酸钠，CP）；水；EG（乙二醇，AR）；Tween-20（吐温 20，CP）；PC（碳酸丙烯酯，99%，AR）；EA（乙酸乙酯，CP）；PX（对二甲苯，CP）；1-PeOH（正戊醇，AR）。

(2) 方法

① 清洗剂对胶结材料（明胶）的破坏试验

以瓷板为基底，制作壁画样块。取 m 克明胶溶于 $10m$ 克水中，放入 60℃水浴中加热半小时，并不断搅拌，待明胶完全溶解后加入 $0.25m$ 克颜料于溶液中并不断搅拌，待颜料完全溶解后均匀涂在瓷板表面上，于室温下自然晾干。

单组分试验，如图 7.5.1（a）所示。用棉球（直径 1cm）分别蘸取 8 种适量清洗剂（1 号 SDS，2 号水，3 号 EG，4 号 Tween-20，5 号 PC，6 号 EA，7 号 PX，8 号 1-PeOH）铺于瓷板颜料表面，覆盖薄膜，一组 2h 后取下棉球，另一组 24h 后取下棉球，观察颜料表面破坏情况，筛选出对颜料层影响最小的单组分清洗剂。

多组分试验，如图 7.5.1（b）所示。将上述试验筛选出的单组分清洗剂两两复配（质量分数为 1:1），用棉球蘸取适量混合液分别铺于瓷板颜料上，覆盖薄膜，一组 2h 后取下棉球，一组 24h 后取下棉球，观察颜料表面破坏情况。

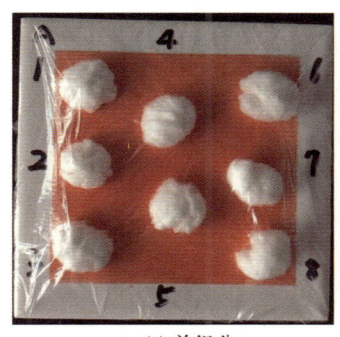 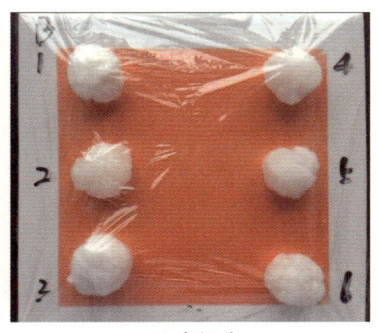

(a) 单组分   (b) 多组分

图 7.5.1 清洗剂对颜料层的破坏试验

② 定性试验

为了使试验现象更直观，将少量油溶红染料溶解于保护材料中，再将保护材料分别涂抹于明胶样块表面，晾干并老化一定时间，把用清洗剂润湿的脱脂棉球放在样品表面，用保鲜膜包好，在保鲜膜上开小孔，利用溶剂挥发抽提吸附，12h 后，去掉保鲜膜和脱脂棉，拍照，观察样块表面，比较保护材料的清除状况，选择最好的 2~3 种清洗剂进行定量试验。

③ 定量试验

a. 称取质量为 m_1 的保护材料，置于 80℃烘箱中烘至恒重，取出称量得到 m_2，计算保护材料的固含量：m_2/m_1；

b. 取保护材料，用小刷涂满试验样品表面，称量涂刷前后所用保护材料（包括一次性烧杯与小刷）的质量，记为 m_3 和 m_4；

c. 将样品自然放置半天后，置于 80℃烘箱中烘至恒重；

d. 剪取与瓷片表面大小基本相同的脱脂棉，置于 80℃烘箱中烘至恒重，取出称量，得到脱脂

棉的原始质量,记作 N_1;

e. 将脱脂棉用清除剂润湿,置于已涂过保护材料的瓷片表面,用保鲜膜包好,在保鲜膜上开一定数量的小孔,使溶剂挥发抽提吸附;

f. T 小时后揭掉保鲜膜,取下脱脂棉,置于 80℃烘箱中烘至恒重,取出称量,得到脱脂棉和所吸附的保护材料的质量,记作 N_2;

g. 计算一次取出率:一次取出率 $W = (N_2 - N_1) / [(m_4 - m_3) \times (m_2/m_1)] \times 100\%$;

重复步骤 c~f,可得到多次取出率;

h. 计算清除率:清除率 $= \sum W$

为证实颜色(红,蓝,绿)对清除率是否有影响,选择三种不同颜料涂刷,分别进行一次清除率的定量计算。

④ 最佳孔数与时间的确定

孔数:将清洗时间设置为 4h,薄膜孔数分别为 4、8、12、16、20、24,选择清洗剂为 PX(10mL),保护材料 B72,进行六组定量试验。定量计算方法按照上文所述,比较清除率的大小,选出最佳孔数 H。

时间:薄膜孔数设置为 H,清洗时间设置为 1、2、3、4、5、6h,选择清洗剂为 PX(10mL),保护材料 B72,进行六组定量试验。定量计算方法按照上文所述,比较清除率的大小,综合孔数试验得出最佳时间 T。

⑤ 保护材料老化后的清除率研究

为了更好地模拟实际情况,试验选用 UV 老化箱来加速样块的老化,老化时间设置为 10min、20min、30min、40min、50min、60min。中午阳光最强的 15min 内平均紫外线的辐射量为 $100mW/m^2$,按每天照射量为 10h 计算,每天紫外线的辐射量为 $4W/m^2$。试验所使用的紫外固化箱功率为 1kW,光照面积为 14cm×25cm,因此计算得出照射 60min 的紫外辐射量相当于 20 年的紫外辐射量。保护材料选取 PVAc,清洗时间设定为 T,孔数 H,清洗剂选取 PX+PC,计算不同老化时间下的清除率,比较并观察变化趋势。

⑥ 敦煌壁画仿真样块的制备方法

制备方法见前面 7.3.2(1)节,只是将支撑体改为陶块,以减轻样块质量。得到最终仿真样块如图 7.5.2(b)、(c)、(d)所示。

(a)
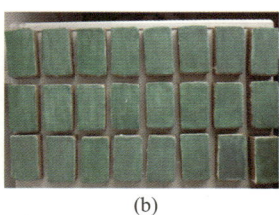
(b)

(c)
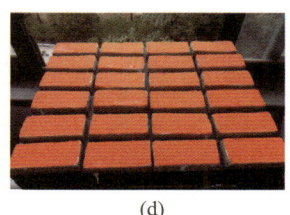
(d)

图 7.5.2 制备方法

(a) 仿真样块模具;(b)、(c)、(d) 三种颜色的仿真样块

⑦ 微观表征与分析

通过 3D 显微系统观测涂层有明显分界线的部位(即样块边缘部位),对比清洗前和清洗后的颜料表面,并测量涂层高度的变化。2D 图均为放大 300 倍,3D 图通过系统软件自动制作。

(3)结果与讨论

① 清洗剂对颜料胶结材料(明胶)的影响

清洗剂对瓷板上颜料层的破坏如图 7.5.3 所示,其中图 7.5.3(a)为单组分清洗剂对颜料层的破坏情况，其中5号PC、6号EA、7号PX、8号1-PeOH这四种溶剂没有造成破坏，颜料表面没有残留任何试剂，故将这四种溶剂作为下一步的清洗剂。

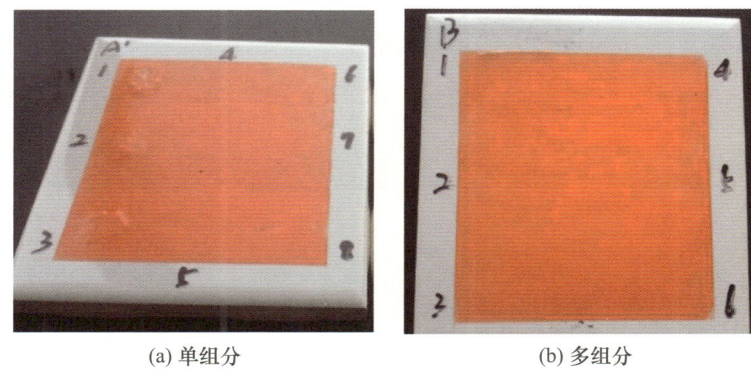

图7.5.3　清洗剂对瓷板上颜料层的破坏情况

图7.5.3（b）为多组分清洗剂对颜料层的破坏，图中的六种清洗剂是前述四种清洗剂两两复配得到的，1号为PC+EA、2号为PC+PX、3号为PC+1-PeOH、4号为EA+PX、5号为EA+1-PeOH、6号为PX+1-PeOH。从图7.5.3可以看到，六种复配清洗剂都没有对颜料表面造成破坏，而且颜料表面也没有清洗剂的残留。由此可以得出结论，这些复配清洗剂对颜料层及明胶没有破坏。

② 清洗剂筛选试验

在瓷板颜料上，分别涂刷四种保护材料，使用清洗剂贴敷对保护材料的清除情况如图7.5.4所示。

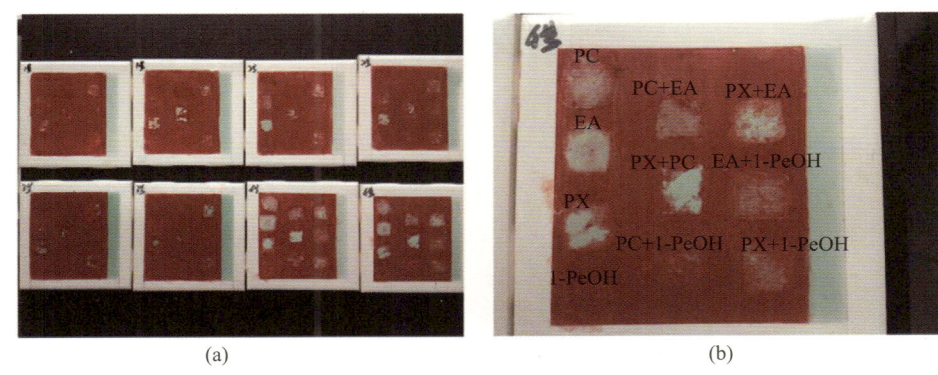

图7.5.4　瓷板颜料上各清洗剂对四种保护材料的清除情况

图7.5.4中1号瓷板为硅丙，2号瓷板为纯丙，3号瓷板为PVAc，4号瓷板为B72。清洗剂依次为PC、EA、PX、1-PeOH、PC+EA、PC+PX、PC+1-PeOH、EA+PX、EA+1-PeOH、PX+1-PeOH。综合评价对不同保护材料的清除效果，可以得到三种比较好的清洗剂组合，分别是PX（对二甲苯）、PX+PC（碳酸丙烯酯）和PX+EA（乙酸乙酯）。

③ 仿真样块上保护材料的定性清除试验

仿真样块按前述方法制作。采用10种清洗剂，分别是PC、EA、PX、1-PeOH、PC+EA、PC+PX、PC+1-PeOH、EA+PX、EA+1-PeOH、PX+1-PeOH，在仿真样块进行定性清试验，试验情况如图7.5.5（a）所示，清洗效果如图7.5.5（b）所示。

对图7.5.5（b）观察，综合四种保护材料的清除情况，筛选出了三种较好的清洗剂，分别是3号PX、6号PX+PC、8号PX+EA。上述结果与在瓷板样块上的试验结果一致。

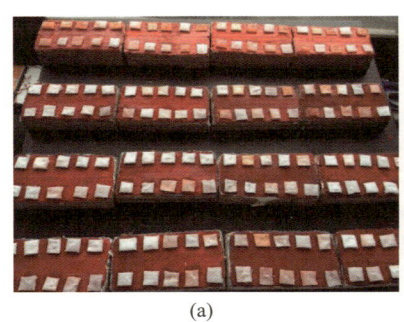
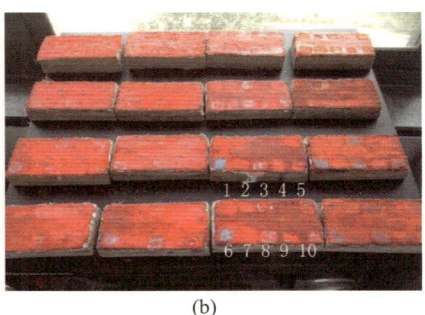

图 7.5.5 仿真样块上的定性试验

注：保护材料从左到右依次为硅丙，纯丙，PVAc，B72。

④ 瓷板上保护材料的定量清除试验

按前述方法在瓷板颜料分别涂刷 4 种保护材料后，使用清洗剂 PX，PX＋PC，PX＋EA 进行定量清洗，计算清除率，结果显示复配清洗剂（PX＋PC，PX＋EA）的清洗效果好于纯溶剂（PX）。对于硅丙和 PVAc，两种复配清洗剂取得了相似的清洗效果，一次贴敷的清除率分别达到 16%～18% 和 53%～54%；对于纯丙，PX＋EA 取得了最好的清洗效果，一次清除率达到 25%；对于 B72，三种清洗剂都表现出了比较好的清洗效果，其中 PX＋EA 效果最好，一次清除率达到 57%。

⑤ 仿真样块上的定量清除试验

a. 最佳孔数和贴敷时间。

清洗剂作用的主要原理是溶解，抽提，挥发。当保护材料部分溶于清洗剂中后，外层塑料薄膜上扎孔可以加快清洗剂的挥发，使其表面产生负压，从而加快保护材料的运移提取速率。孔数过少挥发速率过低时在单位时间内不能有效地吸附保护材料，孔数过多挥发速率会过快，会使棉花粘在颜料表面，一方面对颜料表面造成破坏，另一方面影响清除率的提高。以 B72 的清除为例，根据图 7.5.6（a），确定 12 孔为最佳，核算成面积比为 7.5∶1000。从图 7.5.6（b），可以看出经 5h 贴敷的清洗效果最好，但是出现了棉花粘板现象，所以选择贴敷 4h 为最佳时间。

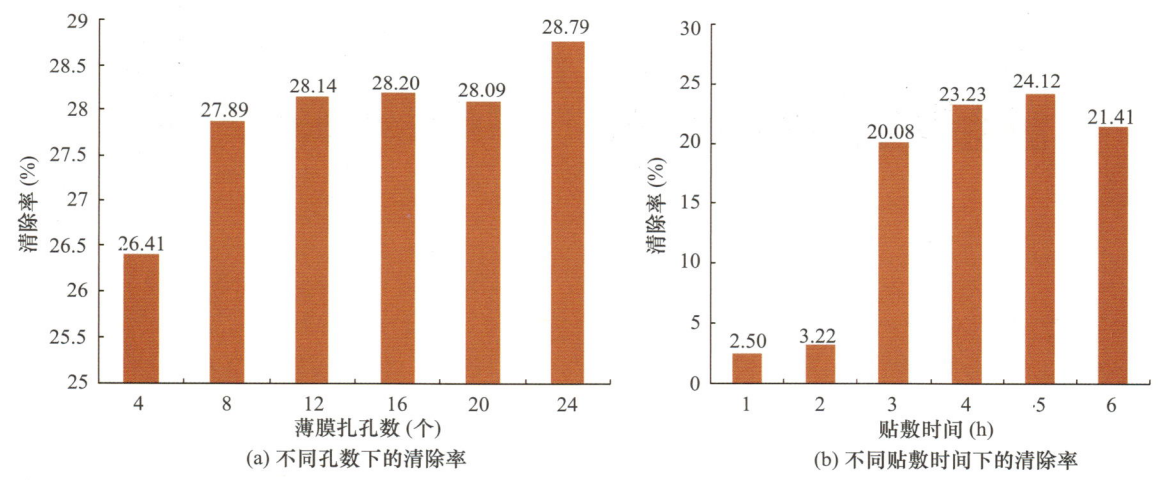

图 7.5.6 使用 PX＋EA 清洗 B72 的清除率

b. 颜料对清除率的影响。

分别使用三种清洗剂对四种保护材料在不同颜料的仿真壁画进行贴敷清洗，结果发现颜料对保护材料的清除率没有影响。此后试验中我们只需对一种颜料进行试验即可。

c. 仿真样块定量清除试验结果。

定量清除试验在仿真样块上连续进行三次，即同样过程连续贴敷三次，从图7.5.7可以发现，第一次清除率最高，以后逐次下降。试验表明，对硅丙、纯丙和PVAc第四次清除率几乎为0，而对B72第四次清除率为1.3%，第五次几乎为0。由图7.5.7可以得知，对于硅丙，三种清洗剂的区别不大，效果最好的是PX+PC，总清除率为22%；对于纯丙，PX效果最好，总清除率达到40%；对于PVAc，PX+EA效果最好，总清除率达到66%；对于B72，PX+PC效果最好，总清除率高达90%。

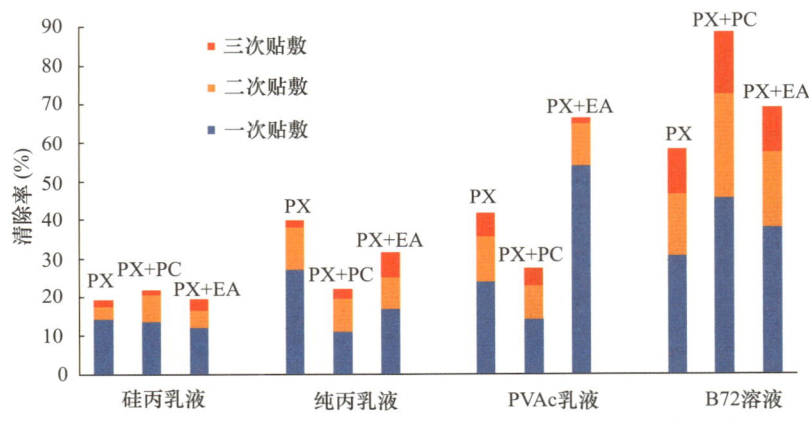

图7.5.7 四种保护材料用不同清洗剂贴敷三次的清除率

d. 仿真样块经老化后保护材料清除的定量试验。

从图7.5.8看到，老化60min时，仿真样块表面的颜色已经变黑。使用PX+PC清洗剂，清除老化的仿真样块上的PVAc保护材料，结果如图7.5.9所示，可以看到清除率随着老化时间呈现下降的趋势。

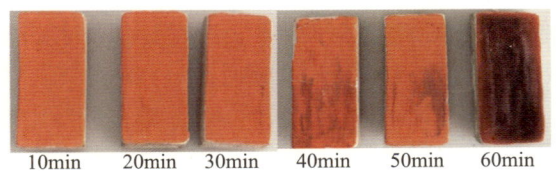

图7.5.8 涂有保护材料的仿真样块经不同老化时间后的表面状态

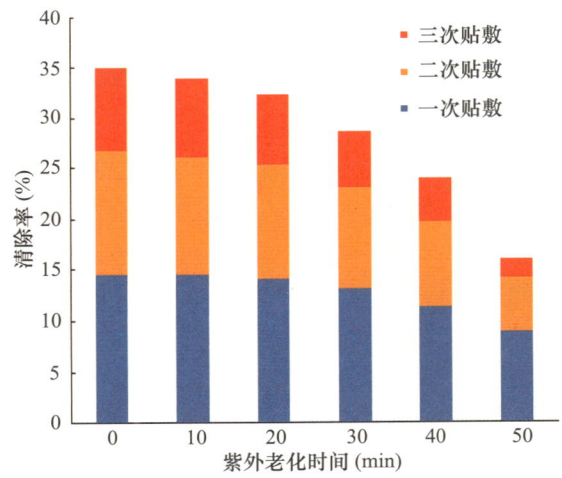

图7.5.9 涂有保护材料PVAc的仿真样块经老化后的清除率（使用PX+PC清洗剂）

e. 微观分析。

经 VHX-20003D 显微镜观察和拍照记录，仿真样块经 PX 清洗剂定量清洗前后，样块上各保护涂层的平均高度测量结果见表 7.5.1。

表 7.5.1　清洗前和清洗后保护材料涂层的平均高度（使用 PX 清洗剂）

涂层高度（μm）	B72	PVAc	硅丙
清洗前	32.31	39.120	26.680
清洗后	5.060	7.363	9.557
总的减少量	27.250	31.757	17.123

从表 7.5.1 可以看到，对于 B72，原保护涂层几乎全部被清除掉；对于 PVAc 和硅丙，原保护涂层被大部分清除掉。定量地看，B72 和 PVAc 涂层的高度下降了 80% 多；硅丙涂层的高度下降了 65%。因此可以得出结论，使用清洗剂贴敷的清洗效果还不错。

（4）有机溶剂贴敷法清除小结

本项研究以壁画表面的四种保护材料（Paraloid B72，PVAc 乳液，硅丙乳液，纯丙乳液）为清除目标，经过传统有机溶剂贴敷法的清除试验，结果表明：在壁画仿真样块上连续贴敷三次，对于硅丙保护材料，清除效果最好的是 PX（对二甲苯）+PC（碳酸丙烯酯），清除率为 22%；对于纯丙材料，PX 效果最好，清除率为 40%；对于 PVAc 材料，PX+EA（乙酸乙酯）效果最好，总清除率达到 66%；对于 B72 材料，PX+PC 效果最好，总清除率高达 90%。

7.5.3　基于定型凝胶的保护材料清除研究

尽管纯溶剂贴敷法清洗的效果不错，且操作简单方便，但也存在一些问题，例如溶剂渗透和挥发过快、清洗过程难以控制、颜料层易黏附棉花、大型工程清洗时易影响环境、引起火灾等。因此需要寻找更合适的贴敷载体。本节试探选择定型凝胶作为载体。凝胶具有独特的孔隙结构，可以大量留存液态物质，控制挥发速率，因此可将清洗剂添加到凝胶中，将凝胶贴敷在颜料层表面进行清洗。

本试验选择了一种新型定型凝胶，以传统的四种保护材料（B72，PVAc，纯丙，硅丙）为提取目标，以上一节筛选出的效果相对较好的四种清洗剂（PX，PX+PC，PX+EA，PX+1-PeOH）为基础，依次进行凝胶制备、样块制备、定性试验、定量试验等，以探索定型凝胶贴敷法在保护材料清除方面的可行性。

（1）试验材料

① 仪器

精密增力电动搅拌器（JJ-1）、恒温水浴锅（HH-1），其余仪器同前。

② 材料

甲基丙烯酸羟乙酯（2-hydroxyethyl methacrylate 简称 HEMA，96%）、N，N′-亚甲基双丙烯酰胺（简称 MBA，97%）、聚乙烯吡咯烷酮（poly vinylpyrrolidone 简称 PVP，平均分子量 MW=1300kDa）、2，2-偶氮二异丁腈（简称 AIBN，98%）（以上四种购至阿拉丁试剂）；AIBN 使用前用乙醇重结晶两次。其余试剂与材料同前。

③ 定型凝胶制备

定型凝胶制备原理是将 HEMA 单体通过聚合反应，交联到 PVP 之中，最终形成聚合物网络凝胶体系。其性质主要取决于 HEMA 和 PVP 的加入比例。三种不同加入比的凝胶制备配方见表 7.5.2。其中 H×× 中的 ×× 代表在凝胶合成过程中加入的水所占的质量分数。下文统一用 H×× 来指代相应的凝胶。

表 7.5.2　定型凝胶的配方组成（质量分数）

材料	H37	H55	H65
HEMA	37.5%	20.4%	10.5%
MBA	0.20%	0.20%	0.21%
PVP	25.0%	24.4%	24.5%
水	37.3%	55.0%	64.8%
单体/交联剂比例	$2:1\times10^{-2}$	$1:1\times10^{-2}$	$1:2\times10^{-2}$
HEMA/PVP 比例	60/40	45/55	30/70

按表 7.5.2，首先将水加入烧杯中，通入氮气 10min，以驱除水中溶解的氧，接着将 HEMA 和 MBA 按比例加入水中，60℃水浴下电动搅拌，少量多次加入 PVP，直至全部溶解形成黏稠液体，最后加入引发剂 AIBN（摩尔比，单体：引发剂＝100：1）并继续搅拌反应约 1.5h，至黏稠液变"硬"到胶状停止搅拌。

如图 7.5.10 所示，将胶状液倒入模具中，流平，厚度约 2mm。封好模具，外面包裹双层保鲜袋密封，放入 60℃水浴中，静置 4h 生成定型凝胶。之后用镊子取出已定型的凝胶，放入蒸馏水中浸泡，以清除未反应的残留物和杂质，每天换水，连续 7d，然后将凝胶浸泡到对应的清洗剂中（PX、PX＋EA、PX＋1-PeOH、PX＋PC）3d，可以得到含有清洗剂的定型凝胶。

④ 仿真样块的制作

为模拟真实壁画上保护材料的清除，按照 7.5.2 节所述制作类似方法，制作敦煌壁画模拟仿真样块（包括基底、细泥层、白灰层、颜料层、保护材料层）。

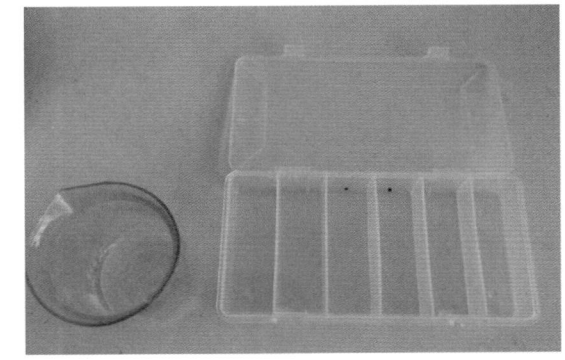

图 7.5.10　胶状液固化前的凝胶和成型模具

(2) 试验方法

① 凝胶对颜料胶结物明胶的影响试验

为筛选出合适的定型凝胶和贴敷时间（T）。将空白凝胶（不加清洗剂）和清洗凝胶（加清洗剂）剪成合适的大小，分别贴敷在样块（瓷板样块和仿真样块）表面 0.5h、1h、1.5h、2h、2.5h、3h、3.5h 和 4h。之后，取下凝胶观察样块颜料表面是否有破坏，并获得在瓷板样块上的最佳清洗时间 T_1 和在仿真样块上的最佳清洗时间 T_2。

② 定性试验

将涂有保护材料的样块放入紫外线老化箱，老化 6min（相当于日光照射两年的紫外线量）。将空白凝胶和加清洗剂的凝胶按编号贴敷在样块表面，贴敷时间设定为 T。之后取下凝胶观察颜料表面状况，拍照对比，评估清洗效果。

③ 定量试验

使用仿真样块进行定量试验，如图 7.5.11 所示。

一次贴敷清除率的计算公式：

$$W_1 = [N_4 - N_3 \times (N_2 \div N_1)] \div [M_3 \times (M_2 \div M_1)] \times 100\%$$

式中，N_2 是参照凝胶烘干后的质量；N_1 是参照凝胶初始质量；N_3 是清洗凝胶前的初始重量；N_4 是清洗凝胶后烘干质量；M_3 是施加在样块表面的保护材料质量。

(a) 涂抹有定量保护材料的仿真样块　　　　(b) 定型凝胶贴敷清洗试验图

图 7.5.11　使用仿真样块进行定量试验

取一块凝胶，切下一部分作为参照凝胶用来计算固含量（$G\%$），另一部分用来进行清洗试验。$G\%=N_2 \div N_1$，保护材料的固含量（$P\%$）$=M_2 \div M_1$，其中 M_2 是保护材料的烘干质量，M_1 是保护材料初始质量。所有的烘干都是在 80℃ 烘箱中进行直到恒重，并且在干燥器中冷却至室温进行称量。清洗贴敷过程重复进行三次，可得到二次清除率、三次清除率等，总清除率$=\Sigma W$。

④ 保护材料老化后的定量试验

取仿真样块，以定量试验的方法涂抹保护材料并记录数据。老化时间依次设定为 0min、10min、20min、30min、40min、50min、60min。老化后拍照，并测量计算一次清除率，对比结果，比较并观察变化趋势。保护材料选取 PVAc，清洗时间设定为 T_2，清洗剂选取 PX+EA。

（3）结果与讨论

① 定型凝胶性能比较

按照表 7.5.2 配方，制备了 H37、H55、H65 三种不同配比的凝胶（图 7.5.12）。

制备过程发现，H37 非常黏稠，有较多凝胶残留在器壁上，且不易铺展平整；H55 黏度适中，凝胶有较好韧性，易于在样板表面铺平，认定为较理想的清洗用定型凝胶；H65 过于柔软，难固化，在试验过程中易破损。经过各方面性能对比，选取 H55 凝胶用于后续清洗试验。

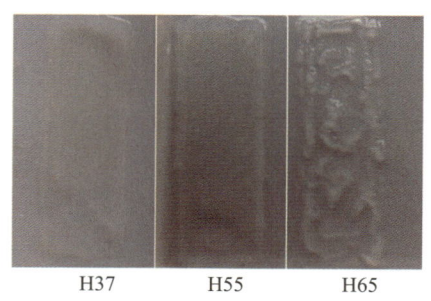

图 7.5.12　三种不同配比的定型凝胶

② 定型凝胶对颜料胶结物明胶的影响

图 7.5.13（a），将含有不同清洗剂的 8 块定型凝胶，贴敷于瓷板颜料层表面，贴敷时间 0.5~4h，每隔半小时揭开一小块。试验发现，空白凝胶，含 PX、PX+EA 和 PX+1-PeOH 的清洗凝胶在 4h 内对颜料层没有破坏。而其他均有不同程度破坏表面的现象，因此选择 PX、PX+EA 和 PX+1-PeOH 作为定型凝胶合适的清洗剂，用作后续试验，且设定 T_1=4h。在仿真样块上的试验发现，贴敷时间过长对颜料层有影响，因此设定在仿真样块上的贴敷清洗时间：T_2=2h。

③ 瓷板上保护材料的定性清除试验

为了验证定型凝胶清除颜料表面保护材料的性能，使用含清洗剂的定型凝胶和空白定型凝胶，对涂刷过保护材料的瓷板颜料层进行贴敷［图 7.5.14（a）］，清洗效果如图 7.5.14（b）所示。很明显，含有清洗剂的定型凝胶比空白定型凝胶清洗效果显著，尤其对 B72 效果更明显。对于涂保护材料 B72、PVAc 和硅丙的样块，含 PX+EA 和 PX+1-PeOH 的定型凝胶的清洗效果更好，而对于纯丙保护材料，含 PX 清洗剂的定型凝胶效果更好。

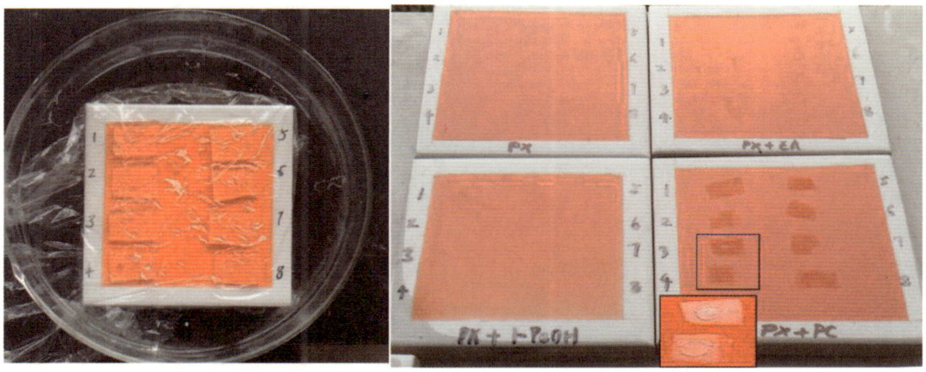

第 7 章 石质文物表面的彩绘与涂层

(a) 定型凝胶贴敷在颜料表层　　　　　　(a) 取下后表面状况

图 7.5.13　定型凝胶对颜料胶结物明胶的影响

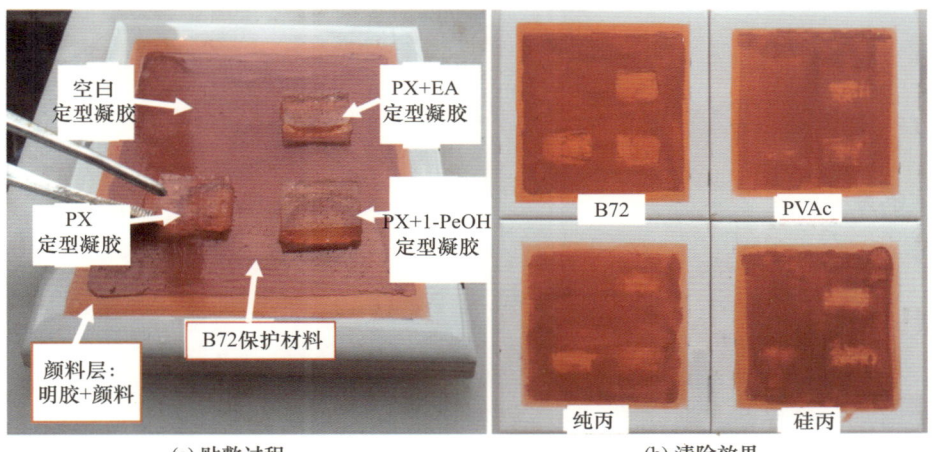

(a) 贴敷过程　　　　　　　　(b) 清除效果

图 7.5.14　瓷板颜料层表面涂不同保护材料后用定型凝胶贴敷的清除效果试验

④ 仿真样块上保护材料的定性清除试验

将上面瓷板样块换成仿真样块，使用含清洗剂的定型凝胶和空白定型凝胶，对涂刷过保护材料的仿真样块贴敷清洗，效果如图 7.5.15 所示。含有清洗剂的定型凝胶的清洗效果要远远好于空白凝胶，这与瓷板样块上的试验结果一致。总体来讲，三种清洗凝胶均为有效清洗，其中复配清洗剂（PX＋EA、PX＋1-PeOH）效果要好于纯溶剂（PX）。在仿真样块颜料层表面贴敷定型凝胶清除保护材料的试验结果评分见表 7.5.3。

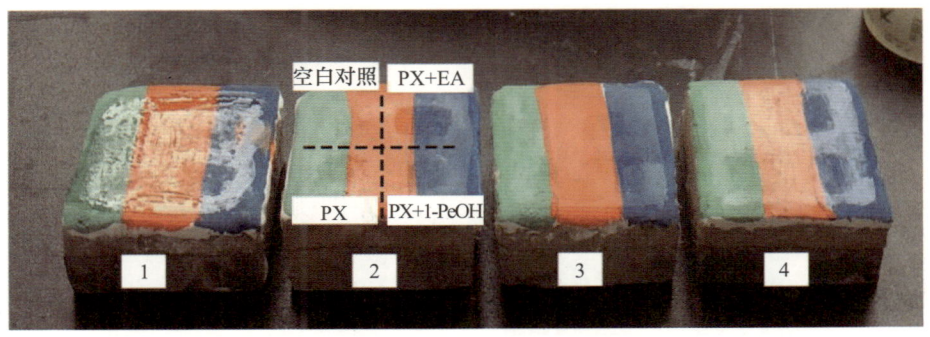

图 7.5.15　仿真样上保护材料的定性清除试验

1—B72；2—PVAc；3—纯丙；4—硅丙

表 7.5.3　仿真样块颜料层表面贴敷定型凝胶清除保护材料的清除效果评分

材料	B72	PVAc	纯丙	硅丙
空白	0	0	0	0
PX	2	1	2	2
PX+EA	4	3	1	3
PX+1-PeOH	3	1	2	3

注：清除效果评分：0 为完全无效；1 为稍有效果；2 为少量清除；3 为中度清除；4 为大量清除少量残余；5 为清除干净。

⑤ 瓷板样块上定量清除保护材料的试验结果（图 7.5.16）

由瓷板定量试验的结果可以看出，三种清洗剂对于四种保护材料都有一定的清洗效果，但清洗的清除率有较大的差异。由瓷板壁画定量数据得到，B72 和 PVAc 的最佳清洗剂是 PX+EA，纯丙的最佳清洗剂为 PX，硅丙的最佳清洗剂为 PX+1-PeOH。于是在样块仿真的定量试验中，本研究将只使用每种保护材料的最佳清洗剂进行定量研究。

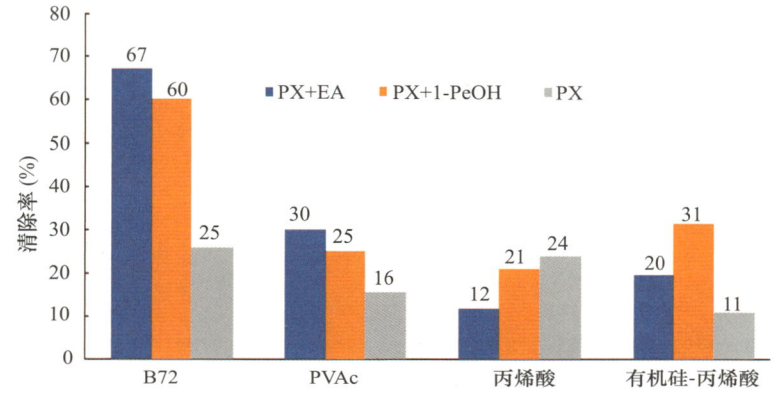

图 7.5.16　瓷板样块上定量清除保护材料的试验结果（一次贴敷清除率）

⑥ 仿真样块上定量清除保护材料的试验结果

使用定型凝胶加清洗剂，对仿真样块进行定量贴敷清除试验，连续多次，直到清除率接近零。如图 7.5.17 所示，清除率逐次减小，第四次清除率已近乎零。使用凝胶清洗法得到的结果为：B72 最佳清洗剂为 PX+EA，总清除率约 80%，PVAc 最佳清洗剂为 PX+EA，总清除率约 40%，纯丙最佳清洗剂为 PX，总清除率约 44%，硅丙的最佳清洗剂为 PX+1-PeOH，总清除率约 55%。三次平行试验的效果相近，可以认为结果数据具有科学性。

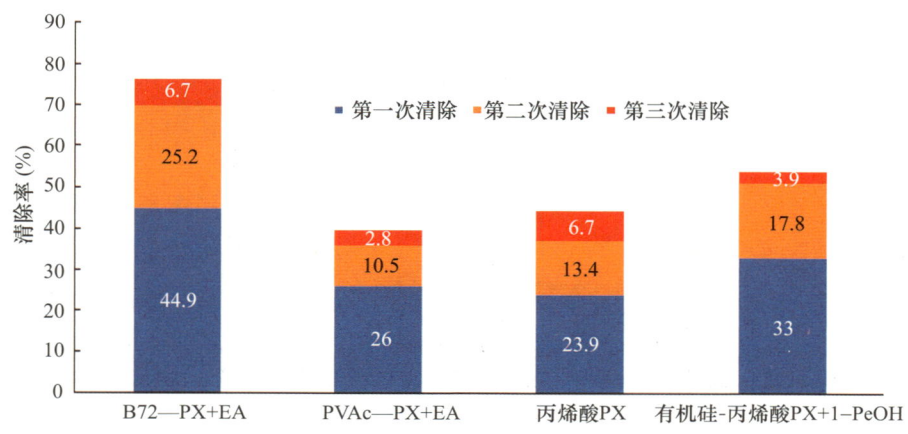

图 7.5.17　仿真样块上定量清除保护材料的试验结果

由总清除率可以看出，各种保护材料使用其最佳清洗剂都有不错的清洗效果。其中 B72 的清除率最佳，硅丙的清除率次佳，纯丙和 PVAc 的清除率较差，也有约 40%。

⑦ 老化试验结果

老化试验情况见图 7.5.19，不同老化时间下，使用 PX＋EA 清洗凝胶的 PVAc 清除率见图 7.5.18。

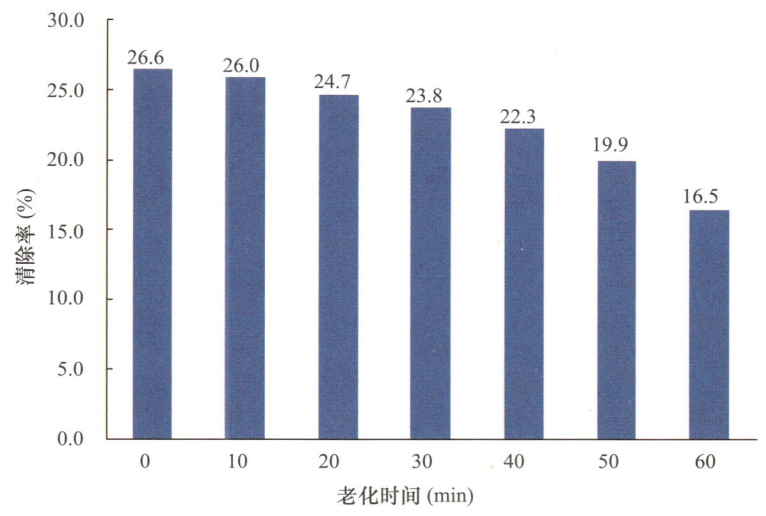

图 7.5.18　不同老化时间下，使用 PX＋EA 定型凝胶对 PVAc 的清除率

由图 7.5.18 可以看出，仿真样块的一次清除率随着老化时间的增长而呈现不断下降的趋势，且下降速度逐渐加快，老化 60min 后清除率由原来的 26.6% 下降到 16.5%。说明对于已经涂抹多年的正在失效的保护材料，尽早采取清除措施将能更有效地清除。

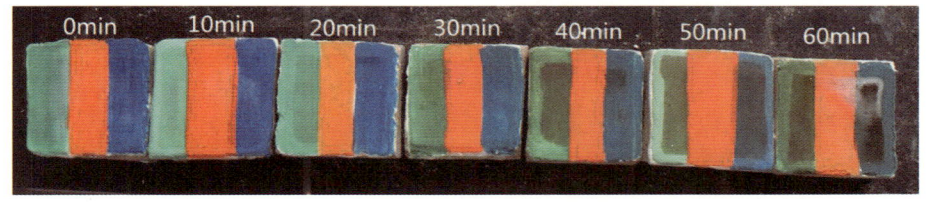

图 7.5.19　不同老化时间后样块的状态

(4) 定型凝胶试验小结

本次试验先后合成了三种不同的水敏性定型凝胶，通过对比定型凝胶的各项性能，如硬度、黏度、颜色、拉伸强度等，选出了最适宜作为清洗载体的定型凝胶-H55。

通过瓷板样块和仿真样块的定性试验发现，保护材料 B72 的最佳清洗剂是 PX＋EA，最大清除率为 80%；PVAc 的最佳清洗剂是 PX＋EA，最大清除率为 40%；纯丙的最佳清洗剂是 PX，最大清除率为 44%；硅丙最佳清洗剂是 PX＋1-PeOH，最大清除率为 55%。试验发现随着保护材料老化时间的增长，清除率呈现下降的趋势。

7.5.4　基于非定型凝胶的保护材料清除研究

(1) 试验过程与方法

① 试验仪器、保护材料、清洗剂、样品制作方法与前两节基本相同

② 试料和试剂

聚乙烯醇、硼砂、正丙醇、丙二醇、乙醇、甘油、聚乙二醇、羧甲基纤维素、苯甲酸钠、海藻酸钠、乙醇（均为化学纯）。

③ 凝胶制备

四种非定型凝胶制作如下：

a. 硼砂凝胶：正丙醇 16g、水 800mL、硼砂 0.32～0.64g、聚乙烯醇 1.6～3.2g。将硼砂溶解在 1/2 水中，稍加热充分溶解，再加入正丙醇；另外，将聚乙烯醇放入 1/2 水中，密封搅拌加热到 90℃使其溶解；然后在搅拌下将聚乙烯醇溶液倒入硼砂溶液中，密封搅拌加热到 90℃，反应 3h 后，冷却到室温。

b. 海藻酸钠凝胶：乙醇 10mL、丙二醇 1mL、水 65mL、甘油 3mL、海藻酸钠 0.3～1g、羧甲基纤维素 1.2～4g、聚乙烯醇 4.5～15g。先将聚乙烯醇用乙醇润湿，再加到有适量苯甲酸钠、海藻酸钠和羧甲基纤维素的水中，加热恒温到 70℃，不断搅拌混合均匀，静置过夜。次日加入丙二醇、甘油充分搅匀即可。

c. 聚乙烯醇凝胶：乙醇 0.4mL、丙二醇 0.2mL、水 20mL、甘油 0.2mL、聚乙二醇 2g、聚乙烯醇 2～10g。将聚乙烯醇溶解在水中，加热到 70～80℃，溶解后加入乙醇、丙二醇、甘油、聚乙二醇，充分混合。

d. 羧甲基纤维素凝胶：乙醇 0.4mL、丙二醇 0.2mL、水 20mL、甘油 0.2mL、羧甲基纤维素 1～4g。将羧甲基纤维素溶解在水中，加热 70～80℃。溶解后加入乙醇、丙二醇、甘油、充分混合。

④ 凝胶性能和定性清除效果观察

a. 成膜时间和对颜料层的影响：将四种凝胶，按四种不同浓度配制，分别涂抹在釉面瓷片上的颜料层表面。待其成膜后，小心揭取，观察对颜料层的破坏情况，记录成膜时间。

b. 不同清洗剂与非定型凝胶的混溶试验：将乙酸丁酯、乙酸乙酯（EA）、对二甲苯（PX）、丙酮、正戊醇（1-PeOH）、碳酸丙烯酯（PC）、1∶1 对二甲苯和乙酸乙酯（PX+EA）、1∶1 对二甲苯和碳酸丙烯酯（PX+PC）、1∶1 对二甲苯和正戊醇（PX+1-PeOH）共九种清洗剂，分别以质量分数 10% 与筛选出的非定型凝胶混合，搅拌加热至 60℃，观察清洗剂与非定型凝胶的混溶状况并进行记录。对混溶状况较好的清洗剂继续以质量分数 20% 与非定型凝胶混合，搅拌加热至 60℃，观察其溶解状况并进行记录。

⑤ 非定型凝胶+清洗剂组合定量清除效果试验

为了定量表征非定型凝胶清除保护材料的效果，试验选取质量较轻，与颜料层胀缩率相近的玻璃片（70mm×70mm）为基底。先将玻璃片于浓硫酸中浸泡半小时，清水冲洗后自然晾干，编号。以敦煌壁画的工艺在玻璃片上制作包括地仗层、白灰层及颜料层的仿真壁画，颜料分别使用朱䃟和石青，简称玻璃-仿真壁画样片（图 7.5.20）。在上面涂抹 4 种保护剂，用选定的非定型凝胶+清洗剂组合进行清除试验，然后计算保护材料的平均清除率。

图 7.5.20　定量试验所用的玻璃-仿真壁画样片

⑥ 材料老化对清除率影响试验

紫外老化是指紫外箱功率 1kW，换算成单位面积辐射功率 30kW/m²，老化 1h 相当于自然日光照射 20 年的辐照量。将 B72 材料涂于样片表面，自然晾干后，分别进行 10min、20min、

30min、40min、50min、60min 的紫外老化。用筛选出的非定型凝胶＋清洗剂组合进行清洗，每组 6 片，探讨保护材料老化程度对非定型凝胶清除率的影响。

⑦ 立面仿真壁画非定型凝胶清洗工艺探索

按照敦煌壁画制作工艺，在立面白灰墙面上绘制 50cm×120cm 面积的仿真壁画，自然阴干一定时间后，用毛刷均匀涂抹 B72 保护材料。

将筛选出的非定型凝胶＋清洗剂组合，先涂布在保鲜膜上，再铺上大小合适的纱布，轻轻按压，使凝胶与纱布形成整体，从一边提起，将非定型凝胶面贴敷在需要清洗的壁画表面，轻轻按压，揭去保鲜膜，等待 20min 左右揭去凝胶。

（2）结果与讨论

① 非定型凝胶筛选

a. 非定型凝胶在壁画颜料层表面的成膜效果。

按照前述方法进行试验，非定型硼砂凝胶的成膜情况如图 7.5.21 所示，海藻酸钠凝胶、聚乙烯醇凝胶和羧甲基纤维素凝胶的成膜情如图 7.5.22 所示。硼砂凝胶的成膜时间约为 25～30min，与颜料层粘连弱，成膜光滑，可完整剥离；海藻酸钠凝胶成膜时间为 0.5～4h，成膜有黏性，不光滑；聚乙烯醇凝胶成膜时间约 0.1～2h，与颜料层粘连很弱；羧甲基纤维素凝胶成膜时间极长，且凝胶黏度大，会沾掉颜料层，无法完整揭取。

(a) 硼砂凝胶成膜

(a) 揭取后的硼砂凝胶膜

图 7.5.21　硼砂凝胶成膜情况

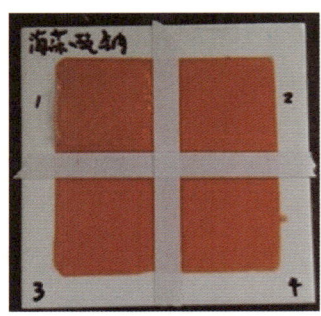
(a) 海藻酸钠凝胶

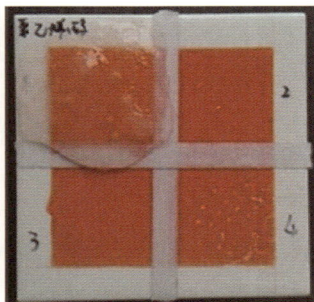
(b) 聚乙烯醇凝胶

(c) 羧甲基纤维素凝胶

图 7.5.22　海藻酸钠、聚乙烯醇和羧甲基纤维素凝胶的成膜情况

对比成膜效果及成膜时间，硼砂凝胶和海藻酸钠凝胶的成膜效果较好，成膜时间 30min 左右，对颜料层没有明显破坏。其中，以 0.8％硼砂 4％聚乙烯醇配方的硼砂凝胶效果最好。

b. 不同清洗剂与非定型凝胶的相容性。

将前述 9 种清洗剂与硼砂凝胶混溶。EA，PC，1∶1 的 PX 与 PC，1∶1 的 PX 与 EA，共 4 种清洗剂能在质量分数10%下与硼砂凝胶相溶,其中前3种清洗剂能在质量分数20%下与硼砂凝胶相溶。

② 非定型凝胶+清洗剂组合的清除效果

将已筛选出非定型凝胶+清洗剂组合进行清除效果试验,发现硼砂凝胶与EA,或者1:1的PX和EA,能达到较好的清洗效果。

③ 非定型凝胶+清洗剂组合清洗效率的定量表征

按照前述方法进行试验,保护材料的清除率按照公式:清除率=($M_{清洗后}$-$M_{清洗前}$)/($M_{清洗前}$-$M_{玻璃颜料样片}$)来计算。硼砂凝胶+清洗剂组合在玻璃-仿真壁画样片上的清除率见表7.5.4。

表7.5.4 硼砂凝胶+清洗剂组合在玻璃-仿真壁画样片上对不同保护材料的平均清除率

清洗剂	颜料	保护材料	平均清除率	标准差
乙酸乙酯(EA)	朱膘	Paraloid B72	0.599	0.0090
		PVAc	**0.346**	0.0249
		纯丙	**0.369**	0.0343
		硅丙	**0.417**	0.0304
	天然石青	Paraloid B72	**0.601**	0.0008
		PVAc	0.304	0.0237
		纯丙	0.367	0.0164
		硅丙	0.415	0.0314
1:1对二甲苯和乙酸乙酯(PX+EA)	朱膘	Paraloid B72	**0.601**	0.0314
		PVAc	0.304	0.0176
		纯丙	0.367	0.0377
		硅丙	0.415	0.0165
	天然石青	Paraloid B72	0.509	0.0111
		PVAc	0.281	0.0229
		纯丙	0.331	0.0288
		硅丙	0.396	0.0271

注:表中标准差是3个平行试验的计算值。

试验结果表明,硼砂凝胶+清洗剂组合的清洗剂可以是EA,也可以用1:1的PX和EA,从环保角度EA更合适。硼砂凝胶+清洗剂组合用于玻璃-仿真壁画样片上保护材料的一次清除率,对B72可达50%~60%,对PVAc为28%~35%,对纯丙为33%~37%,对硅丙为40%左右。在朱膘和天然石青两种不同颜料表面的清除率几乎没有差别,颜料种类对凝胶清除效果影响不大。

④ 材料老化对清除率的影响

按照前两节的方法进行试验,对不同老化程度的玻璃-仿真壁画样片上的B72保护材料采用硼砂凝胶+乙酸乙酯组合进行清洗,计算平均清除率,得到老化程度与清除率的关系,结果如图7.5.23所示。

从图7.5.23可以看出,保护材料老化时间越长,老化程度越大,清除率越低,越难清除。

⑤ 在仿真壁画样块上的验证

模拟敦煌壁画工艺在50mm×50mm×30mm的砂岩块上制作包括地仗层、白灰层及颜料层的仿真壁画,简称仿真壁画样块。分别涂抹4种保护材料,经老化后,使用筛选出的硼砂凝胶+乙酸乙酯组合进行凝胶清除试验。其凝胶揭取过程如图7.5.24所示。

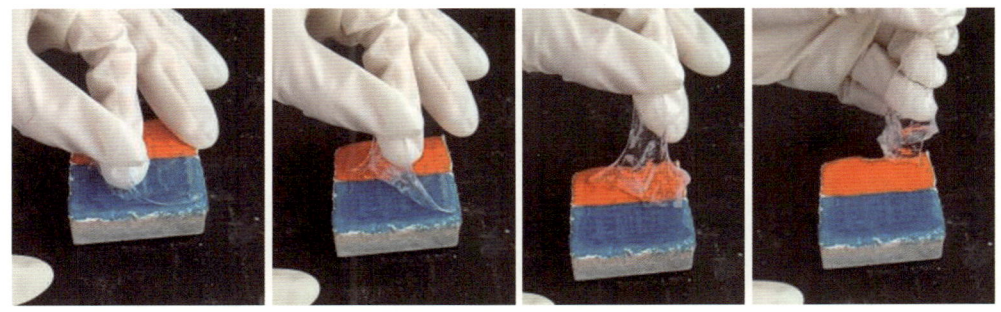

图 7.5.23　硼砂凝胶＋乙酸乙酯组合清除 B72 的清除率随紫外光老化时间的变化

图 7.5.24　硼砂凝胶＋乙酸乙酯组合清除仿真壁画样块上保护材料的揭取过程

观察仿真壁画样块表面，对比凝胶清洗后的表面与没有清洗的表面，能够明显看出有清除的现象。

⑥ 立面仿真壁画凝胶清洗工艺探索

按照前述方法制作凝胶纱布贴片，并稳定地贴敷在立面仿真壁画表面，20min 后能完整揭取，在壁画表面无残留，如图 7.5.25 所示。

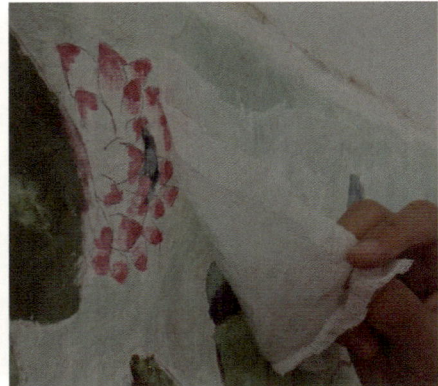

(a) 贴敷过程　　　　　　　　　　　(b) 揭取过程

图 7.5.25　硼砂凝胶＋乙酸乙酯纱布贴片在立面仿真壁画上的贴敷与揭取

（3）非定型凝胶试验小结

以壁画表面的 4 种保护材料（B72、硅丙、纯丙、PVAc）为清除目标，从 4 种凝胶与 9 种清洗剂的组合中，筛选出了清洗效果最好的非定型凝胶＋清洗剂组合，其中硼砂凝胶＋乙酸乙酯组合最佳。在不破坏壁画颜料层的前提下，硼砂凝胶＋乙酸乙酯组合对 4 种保护材料都具较好的清除效果。其一次清除率，对 B72 达 60%；对 PVAc 达 34%；对纯丙达 36%；对硅丙达 41% 左右。

研究表明可剥离的非定型凝胶作为一种新型环保的清洗材料，可以用于清除古代石窟壁画上老化的高分子保护材料。

7.6　表面漆涂层对石质文物的影响

题刻类石质文物包括摩崖题刻、碑刻、石牌坊、石牌匾等。在这些文物表面的石刻文字或图案上涂覆漆涂层，既显目又美观，自古以来就是中国人表达文化意境的重要形式。

经过长时间日晒雨淋和风吹霜打，石刻表面的漆涂层往往会褪色和剥落，传统做法是每隔一定年数再涂覆一次。国家一系列文物保护法规的出台和社会文物保护意识的增强，对题刻类文物表面的重涂提出更多要求。

① 原石刻表面涂层脱落后是否需要再次绘涂？
② 现代商品漆类的涂覆是否会引发石质文物的次生病变？
③ 何种商品漆类产品与石质文物本体的相容性比较好？

该工作就其中一些技术问题，通过在四种岩石表面涂覆六种漆涂层，经过老化破坏循环试验和分析检测，进行了试验研究。

7.6.1　石刻漆涂层的历史与现状

（1）石刻漆涂层的历史

我国自古就有对摩崖题刻覆彩的案例，例如唐代，唐玄宗手书的《纪泰山铭》一千字全部贴金，《泰山图志》也说唐摩崖："旧填金泥，元时错落，每当晴朗时，自南数十步外望之，字里行间光彩照灼"。

涂层用于石刻主要是装饰。到 20 世纪，人们逐渐开始关注涂层对被涂本体的影响。一些人试图通过科学研究来验证涂层对砖石构件的作用，例如德国人 Franke 等对有涂层与无涂层的砂岩做了比较，发现有涂层的砂岩老化更慢；Hall 等认为涂层减缓了建筑物本体与外界环境之间水分的交换；Goncalves 等研究认为砖石类建筑物上的涂层可以减少盐溶液的破坏作用。但也有学者提出相反的观点，Karoglou 等试验检测后认为涂层对水分与盐迁移并无明显影响；Brito 等认为涂层使用在建筑上时，各处含水量的不同或是涂抹位置的不同，对于建筑物的影响原本就有差异性；Grissom 认为涂层对建筑只有装饰作用，并没有保护作用，甚至会损害建筑。

从文献查阅看，国内在漆涂层对题刻类文物影响的研究极少，为此我们对这一问题进行了调查和试验研究。

（2）石刻涂层保存现状

2017—2018 年，浙江大学文物保护材料实验室与浙江省考古所一起，对浙江省的 54 处国保和省保石窟寺及石刻文物进行了调研。除去 5 处经幢、8 处石碑等文物无涂覆，剩余 41 处石质文物中有 23 处表面有局部色彩涂层。其中 11 处文物的表面涂层已处于高度风化状态，另外 12 处表面涂层外观保存尚好，具体统计见表 7.6.1。

表 7.6.1　浙江省石窟寺及石刻表面涂层统计表

涂层风化严重的文物点	涂层尚好的文物点
海云洞摩崖题记	浙江体育会摩崖题记
大麦岭摩崖题记	石屋禅院造像
通玄观造像	羊山造像及摩崖石刻
宝成寺麻曷葛剌造像	北山摩崖题记
顾渚贡茶院遗址及摩崖	普陀山潮音洞摩崖石刻
道场山祈年题记	山海奇观摩崖题记
大佛寺石弥勒像和千佛岩造像	南明山摩崖题刻
董村水晶矿摩崖题记	石门洞摩崖题刻
石梁摩崖题记	太鹤山摩崖题记
《圣训诗》摩崖题记	桐柏山摩崖题记
仙都摩崖题记	雁荡山龙鼻洞摩崖题记
	钱仓摩崖题记

通过涂层成膜状况、光泽度和取样成分检测判断，在上述有涂层的 23 处文保点中，有 21 处为漆类（成膜）涂层。主要存在于题记、石刻类石质文物表面，多为阴刻类文字或图案。

7.6.2　试验研究

为了探讨漆涂层对石质文物本体材料的影响，以及不同漆品种在岩石表面的抗老化性能，本工作通过实验室模拟老化试验对漆类涂层在不同岩石试样表面的抗破坏能力和对岩石的影响进行了评价研究。

（1）试验材料和仪器

试验所用漆材料的厂家品名及配比见表 7.6.2。

表 7.6.2　试验所用漆材料配比

名称	主剂（g）	固化剂（g）	稀释剂（g）	品牌
环氧漆	100	20	100	上海万颜实业思贝特漆
醇酸漆	100	0	100	
酚醛漆	100	0	100	
聚氨酯漆	100	20	100	
丙烯酸漆	100	0	100	
推光漆	100	0	0	陕西龙头国漆

试验仪器：磁力搅拌机 S21-2（上海司乐）；冷冻柜 BD-62（青岛海尔）；UV 紫外光机 UVI（青苑中冉益坤）；色度仪 CM-2300d（柯胜航仪）；光泽度仪 WG68（威福光电）；场发射扫面电镜 FEI SIRION-100（荷兰 FEI）；超景深三维显微镜 VHX2000（日本 KEYENCE）；X 射线衍射仪 RIGAKUD/MAX2550/PC（日本理学）；接触角测试仪 JC2000CI（上海中晨数字）。

（2）试验方法

① 切割样块

砂岩、石灰岩、凝灰岩、花岗岩 4 类石材，各切割成 5cm×5cm×3cm 岩石样品 18 块。

② 清洗样块

将样块浸没于去离子水中，48h 后取出，待自然干燥后再次浸没于去离子水中，反复三次，用海绵擦洗干净，待样块自然干燥。

③ 划涂漆区域

使用 HB 铅笔在样块表面画出 6 个 2cm×1cm 涂漆区域。

④ 调制漆料

环氧漆与聚氨酯漆的主剂：固化剂：稀释剂质量比为 1∶0.2∶1；醇酸漆、酚醛漆、丙烯酸漆主剂与固化剂质量比为 1∶1；推光漆无须调制。

⑤ 涂漆

每块岩石样品上涂抹 6 种漆，自然放置，待所有漆层干透，如见图 7.6.1 所示。

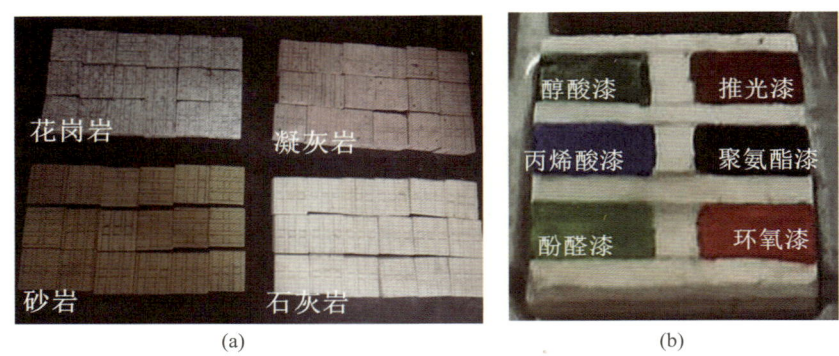

图 7.6.1　四种岩石六种漆涂覆的岩石样块

⑥ 老化破坏循环

a. 将样块底面浸入装有饱和硫酸钠水溶液的平底盘中，浸没 2mm，待盐溶液毛细作用向上迁移，历时 2h（模拟岩体中盐分向外迁移）；

b. 样块放入 −20℃ 冰柜中，1h 后取出；

c. 样块放入 80℃ 烘箱中，烘干 1h；

d. 取出后在样块表面喷洒 pH＝3 的硫酸硝酸混合溶液；

e. 放入烘箱 0.5h；

f. 取出样块放入紫外老化箱（λ_{max}＝365nm，1kW，60℃）中老化 0.5h，完成一次循环。

⑦ 重复以上循环至样块表面有涂层脱落，如图 7.6.2 所示。

上述老化破坏循环试验条件包括：盐水浸渗、热老化、冻融、酸腐蚀、紫外光照，共 5 个试验因素。将样块分为 6 组（A、B、C、D、E、F 组），除 F 组 5 个老化过程全部进行外，A、B、C、D、E 组分别为不进行盐水浸渗、热老化、冻融、酸腐蚀、紫外光照部分（下文 ABCDEF 同义）。醇酸漆、酚醛漆、丙烯酸漆、环氧漆、聚氨酯漆、推光漆漆层标记分别为 a～f。

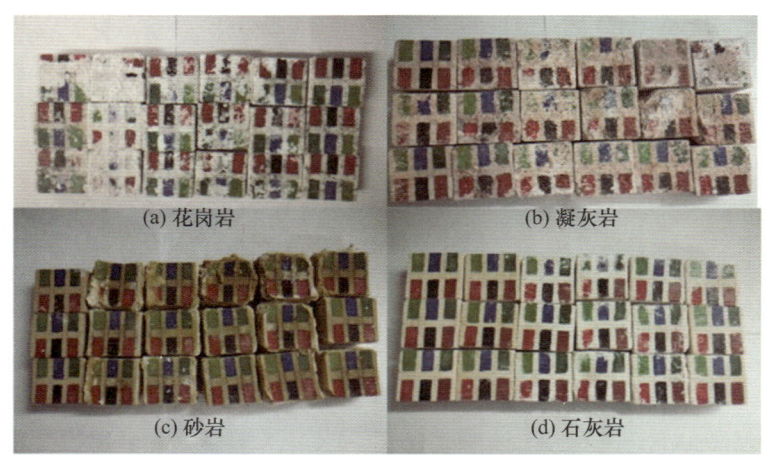

图 7.6.2　四种岩石六种漆样块老化破坏循环后表面状况

(3) 分析方法

① X 射线衍射

切取老化后岩石样块涂漆部分与未涂漆部分的小块样品进行研磨，过 200～300 目筛后送样检测。通过 X 射线衍射测试老化破坏循环前后矿物的成分，使用半定量方法进行分析比较，判断漆类涂层对岩石本体的影响。

② 超景深显微观察

观察岩石样块表面涂漆与未涂漆部分相邻界面的微观状况，观察石块表面漆层脱落现象和岩石溶蚀情况，测量两部分盐结晶富集的厚度。放大倍数为 100～500 倍。

③ SEM 扫描电镜

用于观察石块样块表面漆类涂层的脱落情况、漆层的微观形态以及漆类涂层下岩石样块表面的破坏。测试操作电压 15kV，放大倍数 100～5000 倍。

④ 漆层粘结力

对老化后的漆层脱落面积进行统计，涂层脱落面积按百分比划分为 0%～5%、5%～50%、50%～95%、95%～100% 四个范围，统计不同范围的样品数目。

⑤ 接触角

当漆层受紫外光照射降解时，涂膜表面变得粗糙，其表面张力随降解程度增加而减小。通过测量液体在固体表面上接触角的大小，可以估算固体表面能的变化。接触角法是检测固体表面状况的最常用的方法，其操作简单，应用广泛。

⑥ 表面色差

色度变化是评价漆涂层耐老化性能的一个重要指标，色度变化越大表明漆涂层耐老化性能越差。CM-2300d 色度仪以 $L \times a \times b$ 色空间法测量物体色度，色差计算公式为：

$$\Delta E_{ab}^{*} = \sqrt{(\Delta L^{*})^{2}+(\Delta a^{*})^{2}+(\Delta b^{*})^{2}}$$

式中，L 表示亮度；a、b 表示色方向。a、b 值增大时，色饱和度增加。

由于不同漆的表面色度在老化过程中不断变化，因此需要不断进行测试，测试过程与前面老化破坏循环相同，只是采用 6 块 5cm×5cm×3cm 石灰岩样块，每种漆涂覆半面。每隔三个循环后取出样块，使用吸附纸润湿去离子水，溶吸样块表面盐分，吸附 3 次后选取三个检测点，用表面色度仪测试涂层表面色度，并与初始值比较计算色差，重复此步骤至试验结束。

⑦ 表面光泽度

随着漆层材料本体老化，其表面逐渐变得粗糙且呈现失光现象。采用光泽度仪测试漆层光泽度变化，以作为涂层耐久性的评判标准。光泽度测定方法与⑥中色度测试样块相同，光泽度测试角为 60°。

(4) 结果与讨论

① X 射线衍射分析

典型石块样品 XRD 的分析结果见图 7.6.3 和表 7.6.3。图表中，A 为未做任何处理的空白石块，B 为涂抹油漆经老化破坏循环后的石块，C 为未涂油漆但经过老化破坏循环的石块。从图 7.6.3 可以发现，砂岩在老化破坏之后，SiO_2 含量减少，白云母含量增多，高岭土含量减少。漆层下岩石矿物与未涂抹漆部分无明显差异，与未老化样品相比，Na_2SO_4 含量有所增加。凝灰岩样品老化之后，B 样品与 C 样品 SiO_2 都有所减少；相对于未涂漆部分，涂漆部分岩石矿物变化程度小，岩石中 SiO_2 含量稍多，赤铁矿仍然存在，钠长石含量少，冰长石转化为微斜长石 B 样品与 C 样品 Na_2SO_4 含量差异明显，主要是由于未涂漆部分盐溶液在石块表面结晶后在酸老化与热老化过程中会出现溶解再结晶成壳的现象，而涂漆部分涂层在石材表面会形成一层封堵盐溶液析出的膜，盐不断析出聚集在漆层下方。

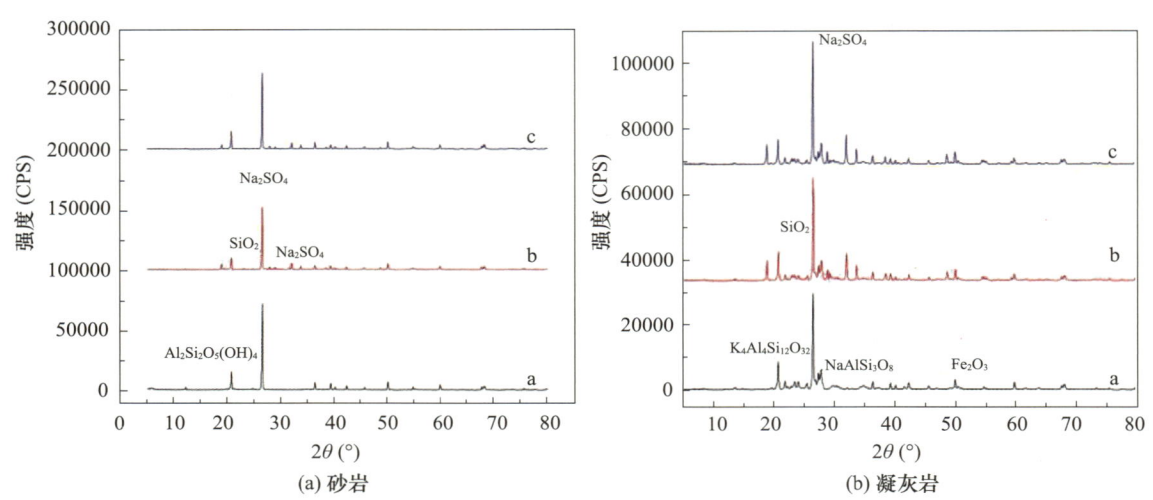

图 7.6.3　石块样品 XRD 分析图

表 7.6.3　凝灰岩石块样品矿物含量　　　　　　　　　　　质量分数，%

样品	未处理石块（a）	涂抹油漆老化石块（b）	未涂油漆老化石块（c）
Quartz 石英	53.3	45.7	44.1
Adularia 冰长石	24.1	—	30.7
Albite 钠长石	21.1	15.5	23.1
Hematite 赤铁矿	1.4	0.8	—
Microcline 微斜长石	—	25.8	—
Thenardit 无水芒硝	—	12.2	2.1

② 超景深显微镜分析

从图 7.6.4 可以看出，在老化破坏循环后，未涂漆处、漆脱落处以及漆完整覆盖处之间有明显的高度差。漆层的高度小于盐结晶的高度，漆层逐渐脱落后，表面的盐结晶也开始逐渐富集在脱落部分，当漆层完全脱落后，整个界面被盐结晶所覆盖。在花岗岩超景深显微照片中，可以看到漆层脱落后即使盐溶液再次富集，盐结晶与漆层的高度差距仍有 10μm 以上，而未涂漆部分比漆层界面高 20μm 以上。在岩石老化过程中，漆层可以阻止盐溶液在石块表面聚集，这种效果会在漆层脱落后消失，当漆层逐渐脱落后，盐结晶会再次在石块表面聚集。

③ 扫描电镜分析

从图 7.6.5 可以发现，漆涂层是独立的固相，与岩石是粘结关系。经老化破坏循环后漆涂层的破损主要有两种方式，一种是漆膜物质受到破坏，在漆膜的某一部位出现孔洞，然后逐渐扩大脱落［图 7.6.5（a）］；另一种是漆膜未发现明显破坏，而盐的析出不仅覆盖到漆层之上，也在漆层之下结晶，使漆涂层整块脱落［图 7.6.5（b）］，这种脱落方式在花岗岩上较多。

从图 7.6.5（c）可明显见到砂岩漆涂层脱落后的边界线，红线右上部分是漆层脱落后的砂岩表面，左下部分是未涂漆区域，未涂漆区域的矿物结构疏松，风化程度强于原涂漆部分；从图 7.6.5（d）也可明显看到石灰岩表面漆层剥落后（右下部分），相对于未涂漆区的破坏程度要轻，说明漆涂层有一定保护作用。在漆涂层脱落之后，下方的岩石会逐渐开始风化，观察发现这部分区域的风化程度要小于未涂漆区域。

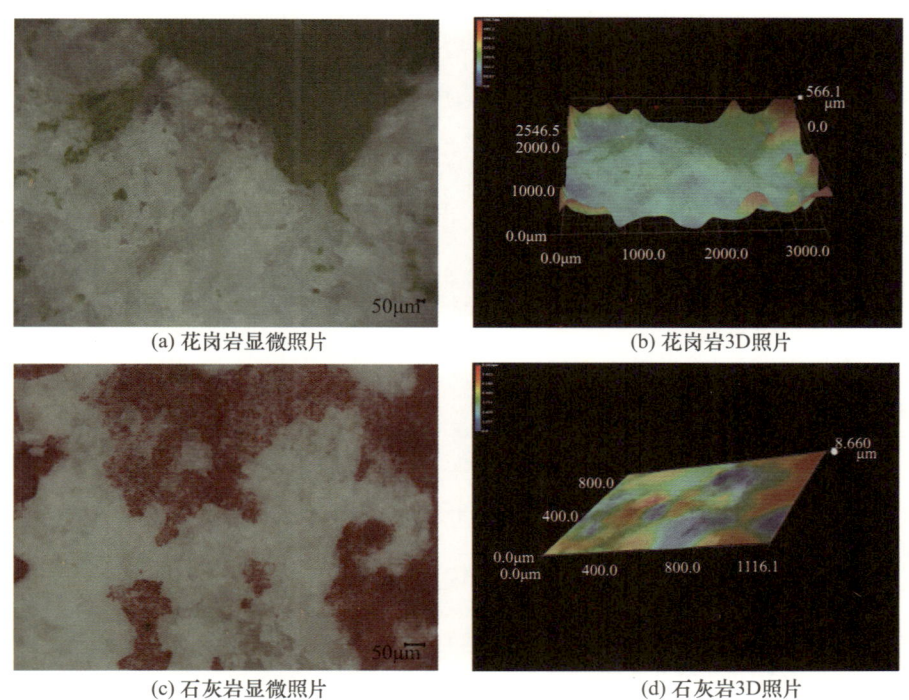

图 7.6.4　老化破坏循环后局部视频显微照片与该部位 3D 照片

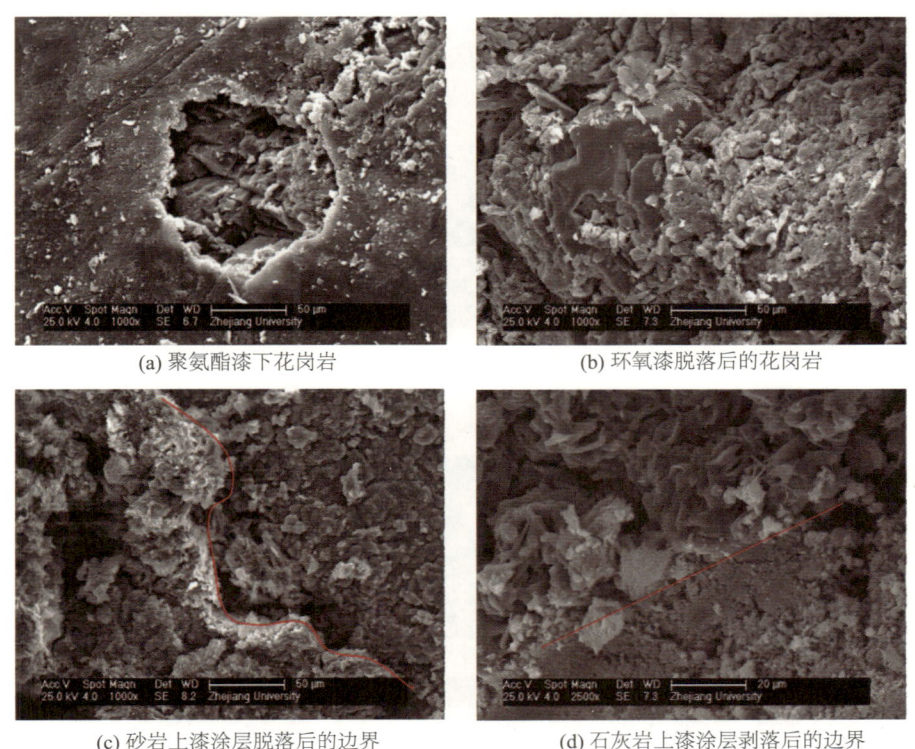

图 7.6.5　经老化破坏循环后漆层下岩石的 SEM 显微照片

④ 粘结力分析

通过统计老化破坏循环后,6 种涂漆样块不同脱落面积百分比的脱落小块数目,结果见

表7.6.4。统计漆层脱落面积可以大体表明漆层老化过程中与岩石表面的粘结能力。由于凝灰岩样品漆层脱落面积大,因此选取了18块凝灰岩样块。统计发现各类漆的粘结能力明显不同:环氧漆、聚氨酯漆与推光漆的胶黏能力明显强于三种单组分漆。从表7.6.4看,酚醛漆、丙烯酸漆、醇酸漆都有95%以上面积脱落的样品,而其余三种漆则没有大面积的脱落。环氧漆、聚氨酯漆与推光漆脱落面积在50%以下的占多数,6种漆的粘结能力排序为:推光漆>聚氨酯漆≈环氧漆>丙烯酸漆>醇酸漆>酚醛漆。

表 7.6.4　经老化破坏循环后不同漆的粘结力统计结果

漆种类及漆层脱落面积百分比	酚醛漆	丙烯酸漆	醇酸漆	环氧漆	聚氨酯漆	推光漆
0%～5%	4	6	6	4	6	13
5%～50%	3	8	4	12	10	5
50%～95%	7	2	7	2	2	0
95%～100%	4	2	1	0	0	0

注:表中数字指按不同脱落百分比面积统计的漆层小块数目。

⑤ 接触角分析

6种漆涂层在老化破坏循环前后的表面接触角照片如图7.6.6和图7.6.7所示。

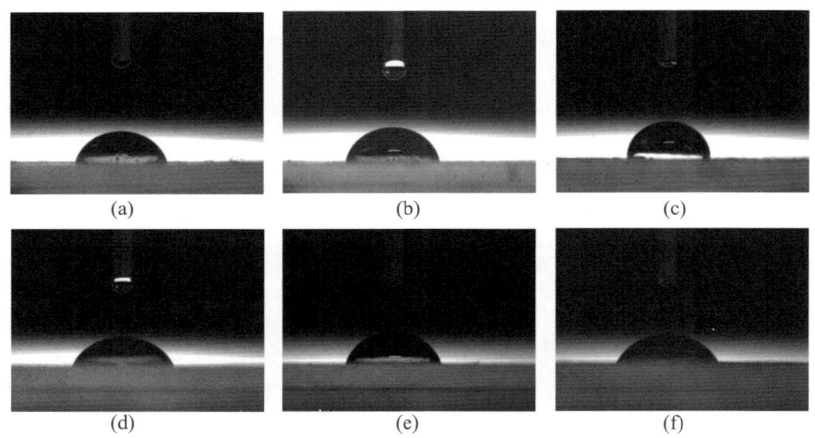

图 7.6.6　老化破坏循环前 6 种漆涂层的表面接触角测量照

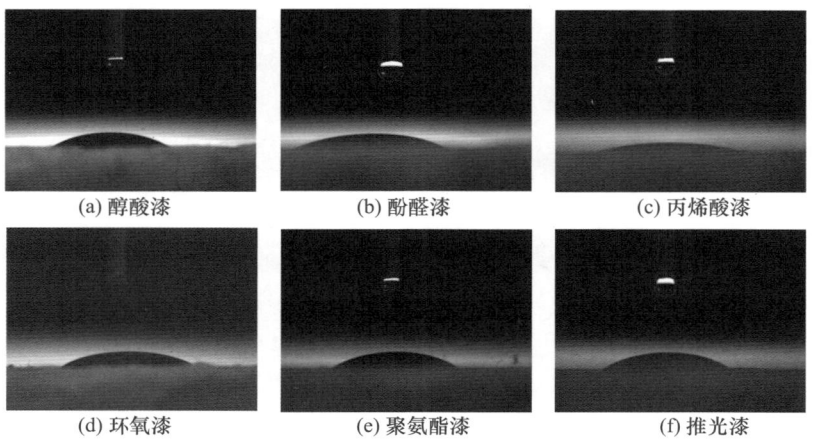

图 7.6.7　老化破坏循环后 6 种漆涂层的表面接触角测量照

老化破坏循环前，醇酸漆涂层表面的接触角为86°，酚醛漆、丙烯酸漆与聚氨酯漆的接触角在71~76°，环氧漆与推光漆接触角为64.75°、65.5°。老化破坏循环之后，接触角缩小70°以上的只有醇酸漆一种，丙烯酸漆接触角缩小51°，酚醛漆缩小43°，其余三种漆接触角变化都在30°~40°。从接触角数据看，双组分的环氧漆、聚氨酯漆、推光漆的耐候性要强于醇酸漆、酚醛漆与丙烯酸漆，醇酸漆的耐老化性最差。

⑥ 表面色差分析

6种漆涂层在老化破坏循环过程中表面色度检测数据计算的色差变化如图7.6.8所示。

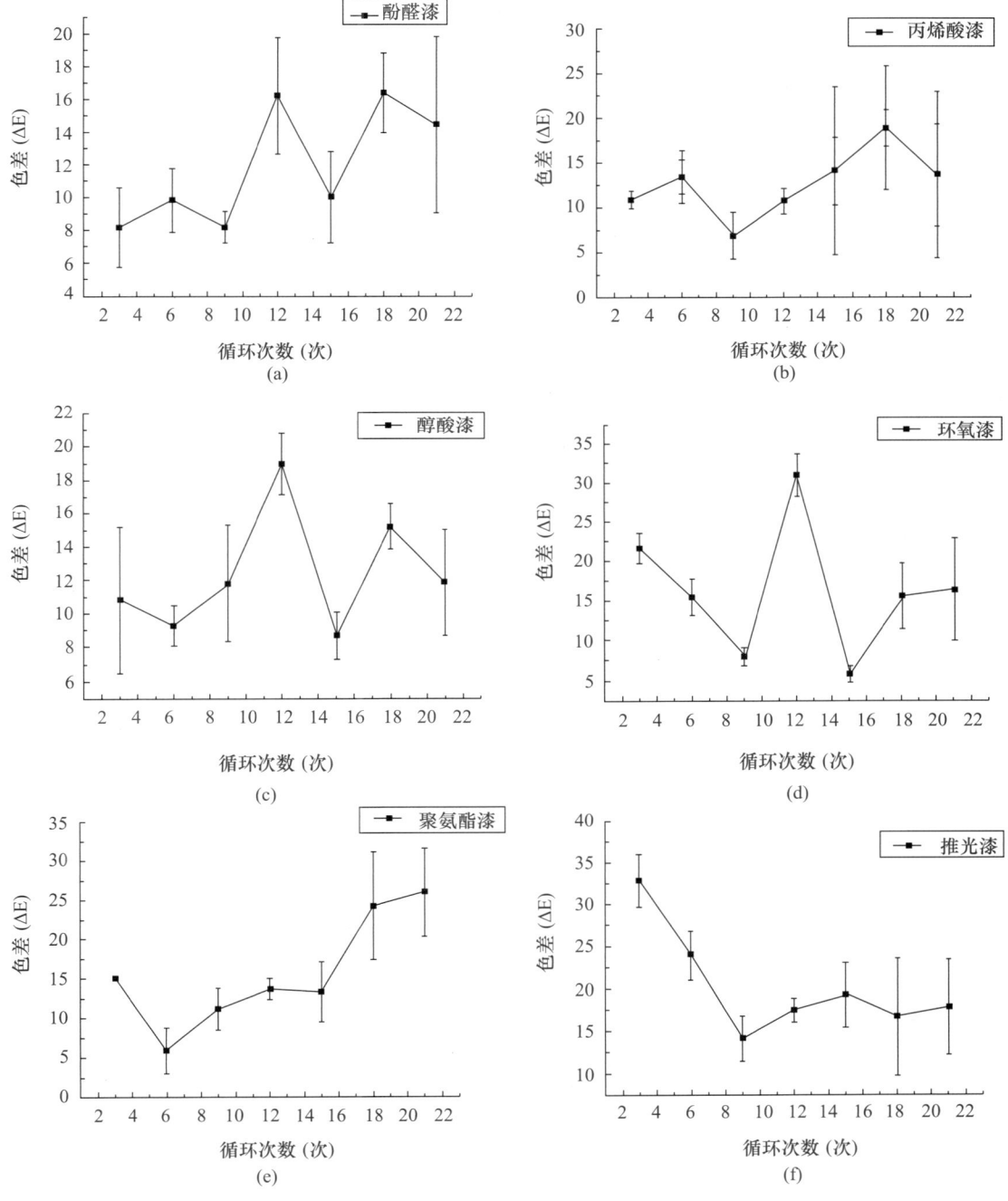

图7.6.8　石灰岩表面6种漆涂层随老化破坏循环过程的表面色差变化

由图 7.6.8 可观察到，尽管数据波动较大，但 6 类漆涂层在老化破坏循环后的色差都在 10 以上，其中聚氨酯漆的色差在 25 以上，其余 5 种漆最后色差都在 10~15。值得注意的是酚醛漆、丙烯酸漆、醇酸漆、聚氨酯漆色差在老化过程中逐渐增大；环氧漆与推光漆在老化过程中色差呈逐渐缩小的趋势，但在后期环氧漆色差有逐渐上升的趋势。

⑦ 表面光泽度分析

6 种漆涂层在老化破坏循环过程中表面光泽度检测数据如图 7.6.9 所示。

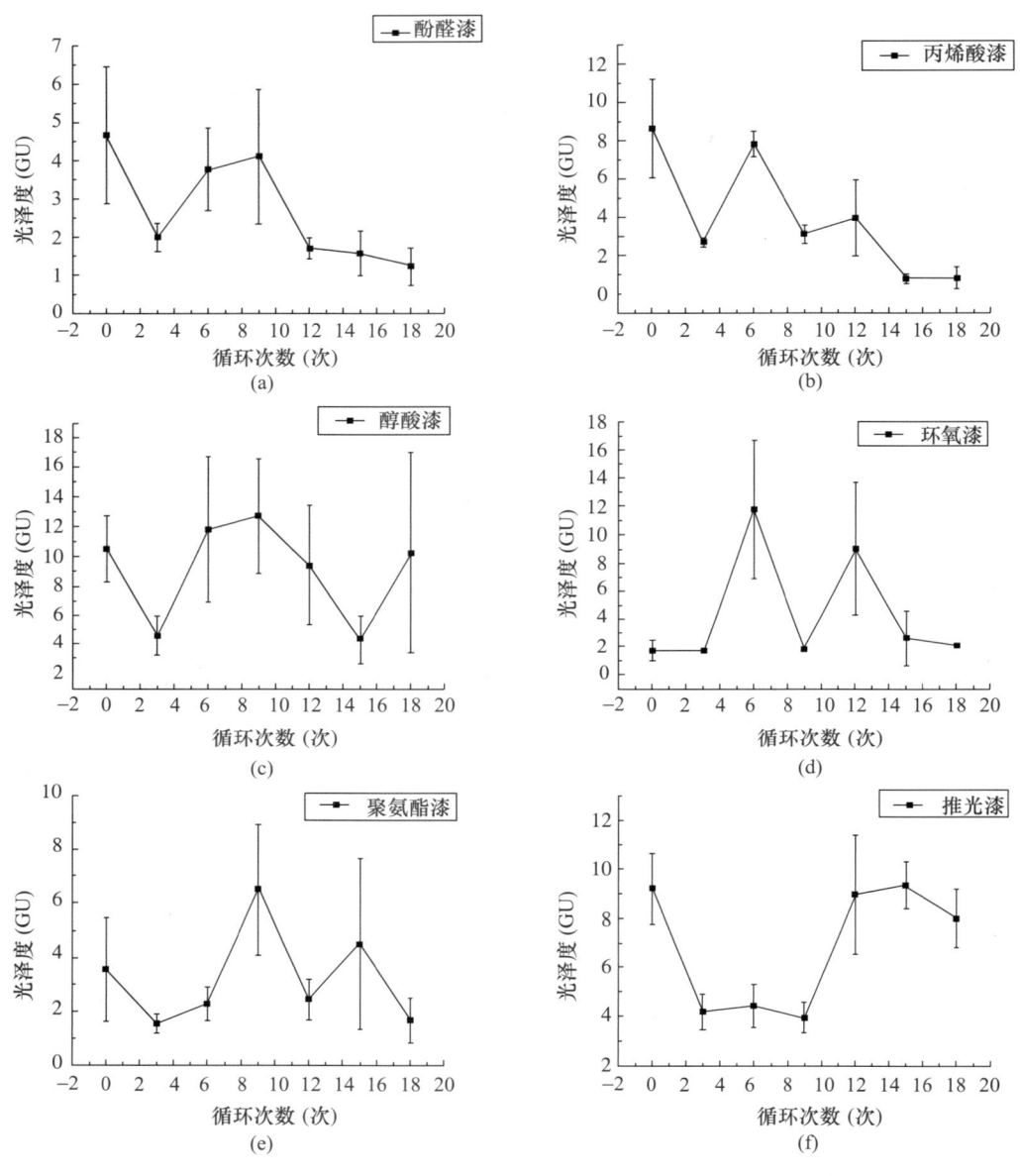

图 7.6.9 石灰岩表面 6 种漆涂层随老化破坏循环过程的光泽度变化

如图 7.6.9 所示，酚醛漆与丙烯酸漆在老化循环过程中整体光泽度逐渐降低。丙烯酸漆是几类漆中最终光泽度变化最大的一类，由 8.6GU 降低到老化后的 0.8GU；酚醛漆的光泽度变化也较大，由 4.6 降到老化后的 1.2；醇酸漆与环氧漆老化前后的光泽度差值都在 0.5 以下；其余漆光泽度变化都在 1 左右。经过老化循环破坏最后光泽度最高的是醇酸漆和推光漆。可以看出在 6 类漆中，醇酸漆和推光漆的耐光老化性最好。

7.6.3 结论

通过在四种岩石（砂岩、石灰岩、凝灰岩、花岗岩）表面涂覆六种漆涂层（醇酸漆、酚醛漆、丙烯酸漆、环氧漆、聚氨酯漆、推光漆），经过老化破坏循环试验（盐水浸渗、热老化、冻融、酸腐蚀、紫外光照），并经过多种分析检测，可以得到如下结论。

（1）岩石表面的漆涂层是相对独立的固相膜层，一般都没有渗入岩石的微孔中，在老化破坏循环前后均未发现漆膜与岩石本体形成混合相。

（2）在四种岩石中，砂岩的耐破坏能力最差，在老化破坏循环试验中，表面漆层还未脱落时砂岩样块已经开始崩解。

（3）漆涂层在不同岩石表面的附着力不同，在四种岩石中，凝灰岩表面的漆层最先出现脱落现象，其次是砂岩和石灰岩，最后是花岗岩。漆涂层在不同岩石表面的破坏形态也不同，花岗岩表面漆涂层大多是整块脱落，其他3类岩石会出现孔洞状脱落等不同形态。

（4）岩石表面有漆涂层的部位比没有漆涂层的部位风化速度要慢，漆涂层有阻止酸雨腐蚀的作用，并可减缓可溶盐结晶对岩石表面的破坏，具有一定防护作用；当漆层脱落后，这种防护作用消失，岩石表面继续受到外界破坏因素侵蚀。

（5）在试验的六种漆中，推光漆（含大漆）的耐老化性能最好。推光漆、环氧漆、聚氨酯漆的粘结力较强，粘结力排序为：推光漆＞聚氨酯漆≈环氧漆＞丙烯酸漆＞醇酸漆＞酚醛漆，并且前三种漆在耐候性能上要优于后三种；在6类漆中，只有推光漆的（试验前后）色差随着老化时间的增加呈现逐渐缩小的趋势。

（6）对于历史久远的珍贵石质文物，鉴于艺术、历史、科学价值较大，原涂层的信息十分重要，在其上面重涂或重绘难免会破坏文物的原真性，建议"最小干预"，保持现存原状，未经专业评估不宜使用漆涂层重涂或重绘。

文物是不可再生的，漆涂层保护作用的研究仍处于初始阶段，目前的试验研究还仅仅是一些局部的小试验，所选漆的种类还很有限，在脆弱文物岩石本体上大面积使用涂层的后果还难以预料，覆盖区与未覆盖区的边沿是否会有破坏性应力尚不清楚，相关试验和机理研究还很少。在漆涂层作用和社会影响未得到科学论证之前，重涂不适用于珍贵石质文物。

7.7 本章小结

石质文物表面的彩绘和涂色是体现文物价值的重要载体。相对于岩石本体，依附于岩石表面的这些色彩层更加脆弱。近几十年来，为了延续文物表面彩绘、壁画和涂色的寿命，保护工作者已经进行了大量研究，并采取了许多保护措施。其中包括：风化机理研究、保护修复技术研究、渗透加固材料研究、失效保护材料清除研究等。本章介绍的仅仅是我们实验室进行的部分工作，包括如下几点。

（1）通过对安岳县境内8处国保级石窟造像彩绘的实地勘测，截至2017年7月，8处石窟留存彩绘总面积在1612m^2以上，彩绘颜色有黑、白、深红、土红、绿、深蓝、淡蓝等多种颜色。其中典型彩绘病害面积约644m^2，前三大病害分别为颜料层脱落、粉化和烟熏，占比分别为54%、22%和8%。其他彩绘病害如起甲、裂隙、地仗层脱落和空鼓等都有发现，另外近现代新涂彩绘面积约有142m^2，主要分布在茗山寺、孔雀洞、玄妙观3处。明显影响安岳石窟彩绘保存的因素有：常年露天环境、人为祭祀活动和动植物影响等。

（2）以安岳石窟石刻彩绘样品的检测为例，介绍了彩绘颜料和胶结物的检测方法。本工作采用拉曼光谱和扫描电镜-能谱仪，对安岳石窟彩绘颜料样品的检测发现，红色有朱砂、赤铁矿，橙色有铅丹，黄色有铅铬黄，绿色有羟氯铜矿、氯砷钠铜石、孔雀石和假孔雀石，蓝色有群青和普鲁士蓝，黑色有炭黑和镜铁矿，白色有石膏、砷铅矿和方解石，金箔成分为金。检测中发现安岳石窟彩绘在历史上曾不断被重绘。采用 ELISA 检测发现安岳石窟彩绘颜料胶结物有酪素、蛋清、动物胶和植物胶，部分样品中同时含有多种胶结物。IFM 检测发现彩绘中有机胶结物老化降解比较严重。

（3）为评价壁画修复材料，对敦煌莫高窟已修复过的洞窟进行实地调查，在洞窟环境条件基本一致的情况下，使用 PVAc 乳液修复的壁画较少出现起甲；使用硅丙和纯丙混合乳液修复的壁画较少出现颜料层脱落。在实验室进行的壁画保护材料的破坏循环试验研究也得到类似结果。

（4）通过模拟南方典型湿热气候条件，对壁画表面加固材料和灌浆材料进行试验评价。发现 1.5% 浓度的纯丙乳液 RS1930 适合南方潮湿气候环境壁画的表面加固；发现以传统石灰为基料，添加 3% 纯丙乳液（ZB-SE-3A）和 2% 的纳米金属氧化物（TiO_2 和 ZnO），适合作为潮湿地区壁画裂隙的灌浆加固材料。

（5）为了清除古代壁画表面已失效的加固材料，以四种传统保护加固材料（Paraloid B72，PVAc 乳液，硅丙乳液，纯丙乳液）为清除目标进行试验研究。使用传统有机溶剂贴敷清除法：对于硅丙材料，PX（PX）+PC 效果较好；对于纯丙材料，PX 效果较好；对于 PVAc 材料，PX+EA 效果较好；对于 B72 材料，PX+PC 效果较好。使用定型凝胶清除法：以 H55 凝胶配方（HEMA 单体聚合与 PVP 形成的凝胶）为好，对于硅丙材料，PX+1-PeOH 效果较好；对于纯丙，PX 效果较好；对于 PVAc，PX+EA 效果较好；对于 B72，PX+EA 效果较好。使用非定型凝胶：以硼砂凝胶+乙酸乙酯组合配方为佳，其一次清除率对 B72 达 60%，对 PVAc 达 34%，对纯丙达 36%，对硅丙达 41% 左右。值得注意的是，加固材料的老化、凝胶放置时间延长、立面壁画等因素都会降低清除率，因此使用时要特别注意操作工艺。

（6）通过对浙江省石窟寺与石刻类文物进行实地调研，发现题刻类石质文物表面的漆涂层属于常见现象，在 54 处国保和省保单位中有 23 处石质文物表面有漆涂层，其中漆层明显老化的有 11 处。通过模拟老化破坏循环试验，发现在六种典型商品漆中，推光漆、环氧漆、聚氨酯漆三类双组分漆的粘结性能较强，其中推光漆耐老化性能最好。

本章参考文献

[1] 姚军，唐飞. 构木镌石，一脉相承：四川省文物考古研究院古建筑石窟保护 60 年 [J]. 四川文物，2013（4）：90-96.

[2] 雷玉华. 四川石窟的价值 [J]. 成都文物，2008（2）：14-19.

[3] 宿白. 中国石窟寺研究 [M]. 北京：文物出版社，1996.

[4] RRUFF. Hematite X050102 [EB/OL]. （2018-11-11）[2023-04-24]. http：//rruff.info/ X050102/display=default/.

[5] 武金勇. 先秦两汉绘画颜料研究 [D]. 天津：天津大学，2001.

[6] 胡可佳，白崇斌，马琳燕，等. 陕西安康紫阳北五省会馆壁画颜料分析研究 [J]. 文物保护与考古科学，2013，25（04）：65-72.

[7] CLARK R J，CURRI M L，LAGANARA C. Raman microscopy：the identification of lapis lazuli on medieval pottery fragments from the south of Italy [J]. Spectrochimica Acta Part A：Molecular and Biomolecular Spectroscopy，1997，53（4）：597-603.

[8] AJÒ D，CASELLATO U，FIORIN E，et al. Ciro Ferri's frescoes：a study of painting materials and technique

by SEM-EDS microscopy, X-ray diffraction, micro FT-IR and photoluminescence spectroscopy [J]. Journal of Cultural Heritage, 2004, 5 (4): 333-348.

[9] 周国信. 中国西北地区古代壁画彩塑中的含铅白色颜料 [J]. 文物保护与考古科学, 2012, 24 (01): 95-103.

[10] BAILEY K. A note on Prussian blue in nineteenth-century Canton [J]. Studies in Conservation, 2012, 57 (2): 116-121.

[11] CLARK R J H. Pigment identification by spectroscopic means: an arts science interface [J]. Comptes rendus-Chimie, 2002, 5 (1): 7-20.

[12] BAILEY K. A note on Prussian blue in nineteenth-century Canton [J]. Studies in Conservation, 2012, 57 (2): 116-121.

[13] 李最雄. 敦煌莫高窟唐代绘画颜料分析研究 [J]. 敦煌研究, 2002 (04): 11-18, 110.

[14] 李最雄. 敦煌石窟的保护现状和面临的任务 [J]. 敦煌研究, 2000 (1): 10-22.

[15] 樊锦诗. 敦煌莫高窟的保护与管理 [J]. 敦煌研究, 2000 (1): 1-4.

[16] 李最雄, 西浦忠辉. 敦煌壁画加固材料的选择试验 [J]. 敦煌研究, 1988 (3): 60-63.

[17] 樊再轩, 斯蒂文·里克比, 丽莎·舍克德, 等. 敦煌莫高窟第85窟壁画修复技术研究 [J]. 敦煌研究, 2008 (6): 19-22.

[18] 刘刚, 薛平, 侯文芳, 等. 莫高窟85窟微气象环境的监测研究 [J]. 敦煌研究, 2000 (1): 36-41.

[19] 苏伯民, 陈港泉. 不同含盐量壁画地仗泥层的吸湿和脱湿速度的比较 [J]. 敦煌研究, 2005 (5): 62-65.

[20] 任保增, 雏廷亮, 赵红坤, 等. 氯化钠-硫酸钠-水三元体系相平衡 [J]. 中国井矿盐, 2003, 34 (5): 24-25.

[21] International Standard, Methods of Testing Cements: Determination of Strength: ISO 679-1989 [S]. Switzerland: International Organization for Standardization. 1989.

[22] 闫玲. 壁画地仗酥碱病害非饱和水盐迁移试验研究 [D]. 兰州: 兰州大学, 2009.

[23] 钱素平, 邓云峰, 李世健. 纳米复合涂层用于竹制品表面的抑菌防霉效果 [J]. 林业科技开发, 2010, 24 (6): 100-102.

[24] SUN M Y, ZHOU J Q, ZHANG H, et al. Measurement of the reversible rate of conservation materials based on gel cleaning approach [J]. J Cult Herit, 2015, 16 (1): 49-56.

[25] 刘昫. 旧唐书·本纪第八 [M]. 北京: 中华书局, 2000.

[26] 朱孝纯. 泰山图志 [M]. 济南: 山东人民出版社, 2019.

[27] FRANKE L, REIMANN-OENEL R. Untersuchungdes einflusses von lasuren auf die lebensdauer von natursteinfassaden [J]. International Journal for Restoration of Buildings and Monuments, 2001, 7 (1): 27-46.

[28] HALL C, HOFF W D, Water Transport in Brick, Stone and Concrete [M]. London and New York: Spon Press, 2002.

[29] GONÇALVES T D, PEL L, RODRIQUES J D. Influence of paints on drying and salt processes in porous building materials [J]. Constr Build Mater, 2009, 23: 1751-9.

[30] KAROGLOU M, BAKOLAS A, MOROPOULOU A, et al. Effect of coatings on moisture and salt transfer phenomena of plasters [J], Construction and Building Materials, 2013, 48: 35-44.

[31] BRITO V, GONÇALVES T D, FARIA P. Coatings applied on damp building substrate: performance and influence on moisture transport [J]. J Coat Technol Res 2011, 8 (4): 513-25.

[32] GRISSOM C A, CHAROLA A E, HENRIQUES F M A. Proceedings of the 5th International Symposium on the Conservation of Monuments in the Mediterranean Basin [C]. Spain: [s. n.], 2002: 585-592.

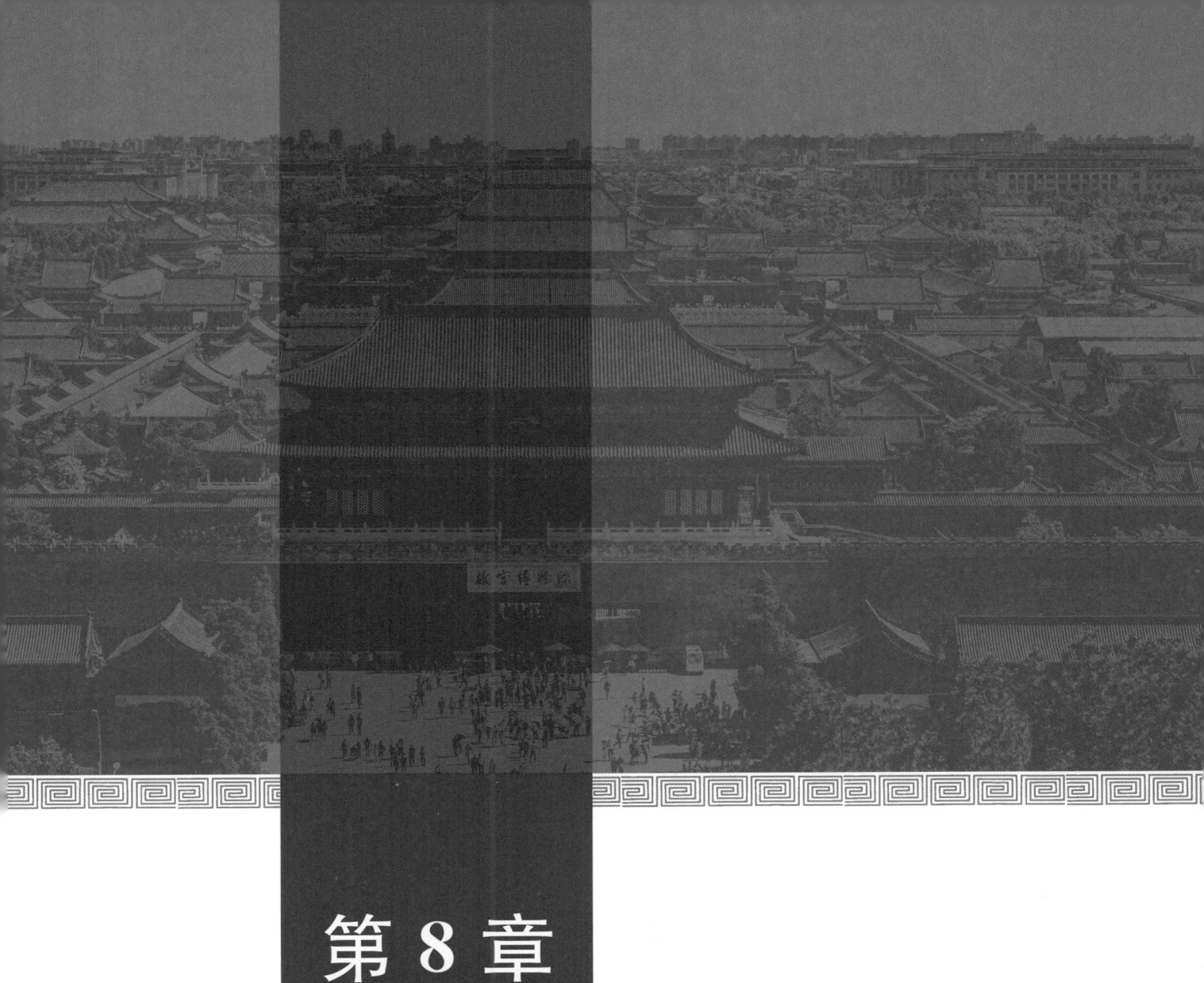

第 8 章

石质文物生物病害及防治技术

8.1 概述

中国是历史悠久的文明古国，我们的祖先创造了灿烂的文化，留下了丰富的文物古迹，这些文物古迹具有重要的历史价值、艺术价值和科学价值。如何很好地保存这些文物成为人们日益关注的一个热点问题。除了物理、化学因素对文物的破坏，生物因素也是造成文物损坏的重要因素之一。生物病害指的是由文物表面生长繁殖的生物所导致的文物物理状态或化学成分改变或破坏的现象。如对石质文物来说，微生物污染和腐蚀不仅破坏了文物的外观和结构，也对古建筑、石刻和纪念碑表面的雕刻、文字和画作等的文化特征造成了损害。有研究人员对南京明代石灰岩石刻观察发现，有生物覆盖的石质文物表面均比无生物覆盖的表面凹陷1～5mm，这表明生物覆盖会使石质文物风化速度提高。此外，生物体的覆盖也会加速溶蚀作用，降低岩石基质的硬度。根据生物种类的不同，石质文物遭受的生物病害又可以分为动物病害、植物（小型高等植物和大型高等植物）病害和微生物（包括细菌、真菌、地衣、藻类等）病害三类。其中常见的为小型高等植物（苔藓）及微生物病害，本章将对它们的病害原因、机理及防治技术进行介绍。

8.1.1 石质文物的微生物病害

微生物是一切肉眼看不见或看不清楚的微小生物的总称。主要包括细菌、真菌和部分藻类等。不可移动石质文物大多直接暴露于自然环境中，直接参与到生物圈的组成体系中，这为各种微生物提供了生长繁殖的场所。风吹日晒、降水、酸雨、粉尘沉降等自然现象导致岩石风化的同时，也给岩石带来大量微生物以及促进其生长繁殖的营养物质，如硝酸盐、硫酸盐等。此外，藻类等光合自养微生物在生长过程中分泌的代谢产物，甚至是一些死亡的生物体也都可以作为其他异养微生物生长的养料和能源。在其他环境因素如湿度、温度和光照等适宜的情况下，微生物便可在文物表面大量繁殖。随着微生物的长期生长繁殖，它们会在岩石表面形成一层生物膜，这种结构具有一定的防护作用，可以抵御自然环境对石质文物的风化侵蚀。微生物对石质文物的保护作用还可以体现在其诱导产生的矿物结晶如草酸钙、碳酸钙，这些矿物在岩石表面形成矿化膜，能够有效地加强文物的物理性能。虽然微生物的生长对石质文物具有一定的防护作用，但是综合来看，微生物对文物的影响是弊大于利，主要体现在以下几个方面：

①微生物在文物表面生长和繁殖所形成的菌斑以及分泌的色素能够遮蔽或改变文物原本的外观；②微生物的侵袭性生长，如体积增大、菌丝入侵，以及微生物分泌的黏性物质将导致石质文物本体力学性质的改变；③微生物生长过程所产生的一系列代谢活动能够造成石质文物结构和化学性质的改变。这些由微生物引起的文物的破坏被称作生物腐蚀。在这一过程中，通常是由自养微生物首先在文物表面定殖，一方面随着营养物质和水分的获取，继续向岩石内层生长，另一方面，通过生长代谢活动对岩石表面进行改造，促进其他异养微生物的定殖和生长。随着时间的推移，持续生长繁殖的微生物将逐渐改变文物的外观、物理或化学性质，给文物带来不可逆转的损害。

8.1.2 石质文物微生物腐蚀的机制

石质文物的微生物病害通常是由不同种类的微生物相互作用，共同导致的结果。微生物种类、代谢活动的差异使得遭到微生物腐蚀的石质文物表现出形态各异的病害情况，既可能是外观的改变，也可能是物理、化学性能变化或者岩石晶体结构的改变。但归根结底，微生物对石质文物的腐蚀可以概括为两类：即物理、机械过程和化学过程。

（1）石质文物的物理、机械腐蚀机制

随着微生物的生长繁殖，会分泌大量的胞外聚合物（Extracellular Polymeric Substances，EPS），其通常是由胞外多糖、脂多糖、蛋白质、糖蛋白、脂肪、糖脂、脂肪酸和胞外酶等多种物质组成的。微生物细胞一般会嵌入在EPS中，与其共同组成生物膜，覆盖到文物表面。EPS具有一定的粘结作用，使得空气中的颗粒、有机物、矿物质更容易聚集到文物表面，加重文物污染，并且这些沉积物携带的营养成分也会促进其他微生物在文物表面的定殖和生长。同时，空气污染物如含硫、含氮、含碳或含铁化合物，有机复合物，灰尘颗粒，烟雾颗粒和金属颗粒等在文物表面的长时间沉积，会形成黑色的壳状物质。这些壳状物既给文物造成了美学的影响，也会阻塞岩石内的孔隙，导致水分在岩石内部滞留，在物理应力的作用下，引发岩石剥落。除了这些壳状物质，生物膜的形成也会对岩石的物理性能产生不利影响。微生物生长过程中对水分的吸收与释放，将导致岩石局部反复出现干湿循环，使岩石不断地膨胀、收缩；生物膜与岩石的导热能力存在差异、光照以及微生物生长代谢所释放的热量均会导致岩石内部热传递的不均。以上过程都会破坏岩石的空间结构。

变色是石质文物病害中由微生物参与引起的一类重要物理变化。它的出现通常是由微生物分泌的大量色素（黑色素、叶绿素、胡萝卜素和光合色素等）在岩石表面沉积所引起。另外，自身含有色素的微生物群落在文物表面的聚集、微生物催化形成的黑色壳状物也是导致文物变色的原因之一。不同微生物及其分泌色素种类的差异，导致了文物表面呈现不同颜色的变色。此外，微生物的生命活动也会改变岩石的颜色。例如，硫化菌可以将石灰石转化为石膏，这样在硫污染物严重的地区，即便没有能够分泌色素的微生物，也会在文物表面发现黑色斑点的形成。变色除了影响文物的美观，损害文物的艺术价值，也会给石质文物本体带来物理的损害。相比于未被污染的岩石，变色区能够吸收更多的光照，导致岩石不同区域的温度出现差异，随后出现的不同步胀缩将引起岩石结构的破坏。Garty发现，存在黑色污染的岩石区域，其表面的温度要比未被污染的区域高8℃。

微生物的生长繁殖也会对石质文物产生物理破坏。微生物体积微小，比如大部分的细菌，即便增殖后的数量巨大，在野外的岩石表面也无法用肉眼观察到，但它们却能堵塞岩石基质的气孔，阻碍岩石内部与环境之间的水分交换。此外，丝状微生物，如真菌等，在生长过程中菌丝会像植物的根系一样，向岩石内部生长，对岩石表面产生挤压作用，甚至穿透岩石，从而引起岩石的破坏。同时，对于藻类、苔藓等体形较大的微生物而言，虽然没有菌丝，但这些微生物位于岩石裂隙中时，增殖后体积的增大会对裂隙两侧的岩石结构施加物理应力，从而导致裂隙增大，甚至引起岩石的断裂。

（2）石质文物的化学腐蚀过程

微生物分泌的酸性物质是导致石质文物发生化学腐蚀的一个重要因素。用于制作石质文物的岩石种类很多，其中较常见的主要是大理石和石灰石，它们的主要化学成分为碳酸钙。酸性物质能够与碳酸钙发生酸解反应而将其溶解，引起岩石局部表面出现圆柱形空洞，甚至产生大面积脱落。

微生物产生的酸性物质可以分为两种，无机酸和有机酸。无机酸主要包括硫酸、亚硫酸，硝酸、亚硝酸，以及碳酸等，大多是空气中含硫、含氮化合物参与到微生物的代谢过程而产生的。相比于无机酸，微生物分泌的有机酸种类更多，对石质文物的腐蚀能力也更强，被认为是导致石质文物腐蚀的一个主要原因。微生物代谢产生的有机酸包括草酸、柠檬酸、乙酸、葡萄糖酸、苹果酸、琥珀酸以及地衣酸等，其中草酸最常见，对石质文物的威胁也最大。对有机酸而言，其主要通过螯合岩石矿物中的金属离子（Ca^{2+}、Fe^{2+}、Mn^{2+}、Si^{2+}、Mg^{2+}、Al^{3+} 等）而形成稳定的盐复合物来造成石质文物的腐蚀。除了导致岩石基底腐蚀外，有机酸也可通过生成的次生矿物对文物造成物理破坏。这些盐分在干燥时从水中析出，潮湿情况下发生水合反应，一方面体积的膨胀会导致岩石的开裂、崩解，另一方面盐随水分迁移到岩石表面并析出，也会导致矿物结壳的出现。

微生物对石质文物的化学腐蚀不仅仅只是依靠其分泌的酸性物质，碱性环境的营造对文物的安全也有着不可忽视的影响。光合微生物可以通过光合作用固定空气中的 CO_2，使得环境 pH 升高；微生物对含氮复合物、含硫化合物以及有机酸盐的利用与代谢，也会导致周围环境碱性的增加。一般来说，pH 大于 9 时，岩石中有机硅化合物的溶解度将大大增加，引发岩石的溶蚀。此外，微生物分泌的多元醇也会与岩石中的矿物结晶结合，使其体积增大，从而对岩石造成物理破坏。微生物还可以氧化岩石中的铁、锰等金属离子并将其吸附到细胞表面，导致岩石强度的降低，这些金属离子作为生物生长的必须元素，也促进了微生物在岩石表面进一步的生长繁殖。

8.1.3　石质文物微生物病害的清除与防治方法

存在于石质文物表面的微生物已经影响了文物本身的艺术价值，严重的甚至造成文物局部的剥落。随着微生物在文物表面持续的生长代谢，它们对文物的破坏作用还将继续下去。因此，需要采取措施对定殖在文物表面的微生物进行清理，并防止微生物在石质文物表面再次生长，使石质文物的价值得以最大程度的保存和传承。对石质文物微生物病害的治理，首先需要将文物表面的微生物进行清除，以防其对文物继续产生危害。目前常用的清理方法包括物理清洗和化学清洗两种。

（1）物理清洗

水清洗是微生物清理中最常用的物理清洗技术，既可以通过低压水流冲刷、浸泡使微生物软化后配合毛刷进行清理，也可以通过高压喷淋、蒸汽喷射等方式达到清洗微生物的目的。虽然水清洗能够很好地将肉眼可见的微生物从文物表面移除，但水的引入，可能会导致可溶盐迁移、岩石溶胀、热胀不均，脆弱部位脱落等负面作用，也为微生物的再定殖提供了充足的水分。鉴于应用水为介质的湿法清洗的不足，人们也开始考虑干法清洗在文物保护中应用的可能性。粒子喷射技术依靠微粒子对污染物的冲击使其从文物表面剥离或通过摩擦作用将污垢磨除。这一方法克服了湿法清洗的弊端，对微生物污染（特别是与岩石基质结合十分紧密的生物结壳）具有很高的清除效率。相比于其他清洗技术，粒子喷射清洗技术对岩石界面的损伤更小。影响该方法应用的首要因素是所选磨料的硬度，此外喷射的压力、距离和角度等操作因素也会对粒子喷射技术应用于石质文物的保护产生影响。激光清洗技术也是目前一种能够有效清理微生物污染的干法清洗技术。通过激光对生物体的照射产生的热效应、光化学反应或光压作用，将微生物杀死并使其从文物表面脱落。利用激光清洗技术，文物表面的生物污染得到有效的清除，甚至清除精度可以达到纳米级别，但高昂的成本制约了该技术的普及应用。

（2）化学清洗

微生物个体微小、繁殖迅速、抗逆性强、耐受性高等特点，大多数的物理清洗技术仅是将大部分肉眼可见的微生物从文物表面清除，并未将其杀死，残存的少量微生物能够在文物表面短时间内重新繁殖出大片的菌落，继续对文物产生破坏。因此，物理清洗技术对微生物病害的治理效果并不是很理想，微生物污染的清除还需要化学清洗技术的介入。

化学清洗主要是通过应用不同种类的化学试剂，使微生物失去生物活性，从而达到去除微生物污染的目的。这些用于杀死或抑制微生物生长的试剂被称作抗菌剂。一般来说，抗菌剂大多具有杀菌和抑菌两种功能，只是当试剂浓度较低时，可能仅表现出抑制微生物生长繁殖的作用而不能将其完全杀灭。对暴露于自然环境下的不可移动石质文物而言，微生物可以通过多种方式沉降到文物表面，因此抗菌剂应用的目的在于杀死文物表面现有的微生物群落，并抑制微生物在文物表面的重新定殖和生长。抗菌剂可分为无机抗菌剂和有机抗菌剂两类，无机抗菌剂又可以根据其杀菌原理分为光催化纳米无机抗菌剂（如二氧化钛、纳米氧化锌）和抗菌活性金属（如银、铜、锌）两类。有机抗菌剂可以根据来源分为天然抗菌剂（从植物体提取，例如麝香草酚、香叶醇、樟脑丸等）和人工合成抗菌剂。目前在微生物病害治理研究中占主导地位的是有机合成抗菌剂，这类化学试剂的种类十分丰富，主要包括季铵盐类化合物、有机酚及卤代酚、酰胺类化合物、醇类化合物、酯类化合物、杂环类化合物、有机硫化合物等。虽然如此之多的化学试剂均有杀菌作用，但这些试剂本身的生物毒性或使用后可能会产生变色等副作用。考虑到文物的保护原则，这些有机抗菌剂中目前仅有几类被应用于清理文物表面的微生物病害，如甲醛、苯扎氯铵等季铵盐类化合物、异噻唑啉酮以及乙醇等。此外，文物表面的微生物种类是多种多样的，虽然大部分抗菌剂具有较广的抗菌谱，但仍不能杀死所有种类的微生物，所以在实际应用中，通常是多种不同杀菌机理的抗菌剂联合清洗文物表面的微生物，或者使用一些已经预混合好的商业抗菌剂，如 ACTICIDE® LV706，Preventol® RI 80，Biotin® T、N、R，ROCIMA 103 等。

目前，石质文物表面的微生物治理研究目前尚处于发展阶段，防治方法还不成熟。由于微生物种群多样性以及对不同抗菌剂敏感度的特异性，对不同地区、不同环境下的文物表面的微生物病害进行防治时，都需要首先了解该地的微生物群落组成，测试不同抗菌剂对它们的抑菌效果，筛选出清理该处微生物病害的最佳抗菌剂。虽然抗菌剂的抑菌研究得到了广泛的开展，但这些大多只是在实验室中进行。自然条件下，这些抗菌剂的实际抑菌效果并未得到验证。同时，微生物在自然界是广泛分布的，即便文物表面的微生物被清除得十分彻底，随着粉尘沉降、雨水冲刷，其携带的微生物还是会重新定殖到文物表面，继续对文物产生腐蚀破坏。但从目前的研究来看，无论何种微生物防治方法，都仅显示出较明显的短期抑菌效果，它们的长期有效性还有待今后继续深入地探究。

8.2 石质文物苔藓病害及防治技术

8.2.1 石质文物的苔藓病害

纵观国内外研究，对于露天石质文物生物治理技术研究多以微生物为主，对于苔藓这类小型高等植物的治理技术研究报道少之又少。实际上，苔藓是最常见的破坏石质文物的生物类群，微生物作用形成的碎屑、矿物质及其他腐殖质等都会为苔藓的生长繁殖创造条件。Kuchitsu 通过对苔藓植物覆盖的砂岩硬度测量，发现与新鲜砂岩相比，覆盖苔藓植物的砂岩表面硬度平均下降约 30%。同时他对公园中一块砂岩进行了历时 21 个月的统计，发现苔藓植物常年覆盖的区域，其表面硬度低于未覆盖的区域。Bartoli 对柬埔寨大内遗址教堂石材的生物破坏进行统计发现，苔藓繁殖区域岩石的渗透性、扩散度和脱黏度三个参数都表现出最高值，在光学显微镜下测得假根的穿透深度高达 2.46mm，表明苔藓对石质文物具有较强的侵入能力和潜在威胁。因此，对露天石质文物表面苔藓的治理显得尤为重要。

8.2.2 苔藓对露天石质文物的侵蚀

苔藓植物是植物的一个重要门类,属于最简单最原始的高等植物,约占全世界植物总数的5%,形态结构相对简单,缺乏维管束,不开花,也没有种子,通过孢子进行繁殖。苔藓营养需求低,在基质表面沉积一定泥土且有水分的情况下,孢子掉落在上面发育成配子体便可进行受精繁殖;它能够适应多种环境,裸露的岩石、土壤或树干上都有广泛的分布。它也是一种光合自养生物,利用光照通过光合作用释放氧气,且从大气环境中吸收二氧化碳来满足碳需求。苔藓主要分为苔纲、藓纲和角苔纲,其中藓纲的水分要求较低,在严酷环境下有着更强的适应性,因此更为常见。苔藓植物的生长有以下几个特点:

①由于苔藓的受精需在水分参与下才能进行,因此水分是影响苔藓繁殖的重要因素,它也是潮湿环境的指示剂;②苔藓的生长不会形成维管组织(也就是木质部分和韧皮部分),仅有茎和叶,根非常简单,称为"假根"。

苔藓是岩石表面较为复杂的一类定殖生物体。首先,苔藓在生长过程中假根紧贴岩壁表面或者沿着细小的缝隙钻进岩石表层,在岩石基质缝隙中生长,造成表层岩石孔隙增大等机械性破坏。在有些报道中,虽然苔藓在岩石表面定殖不明显,但通过检测发现在岩石深达3cm处,苔藓根状体依然存在,其生长过程显著加大了石材的孔径,降低了岩石颗粒间的凝聚力,增大了风化概率。其次,苔藓植物代谢过程不断分泌酸性物质,如有机酸(柠檬酸、草酸等),能与岩石表层矿物发生化学反应,最终造成岩石表层矿物颗粒崩解、脱落。与此同时,苔藓繁殖的残留物在岩石上堆积会阻碍雨水的流动,加强对石材的冻融破坏(图8.2.1)。另一方面,它给细菌、真菌、藻类、地衣等小型微生物提供天然栖息场所,因为它对大气尘埃的捕获有利于其他微生物的生存,引起其他生物入侵。研究表明,花岗岩上生长的蓝藻就与苔藓的存在息息相关,它们繁殖的残骸堆积在岩石表面与矿物颗粒一起形成黑色新土,为其他高等植物的繁殖和入侵创造条件。总之,苔藓作为先锋植物会造成维管植物的后期侵入,它们的根会导致石质建筑更大程度的退化,从长远来看,还会造成整个建筑的毁灭。

(a)   (b)

图 8.2.1 苔藓植物在飞来峰岩石表面的定殖和侵蚀

8.2.3 岩石基质和环境条件对苔藓定植的影响

(1) 岩石基质类型

生物在石材上的定殖,与石材基质的性质密切相关,包括石材的质地、矿物组成、孔隙率、表面粗糙度、含水率等。对于在潮湿环境下生长繁殖的苔藓植物来说更是影响明显。多项模拟研究表明,岩石的孔隙越小,水分凝结越多;孔隙越大,吸水率越高;在高相对湿度下,岩石毛细孔中凝结及保水的能力更强。有报道指出,高孔隙率和透水性意味着水很容易在这类岩石介质中移动或转移,从而为苔藓植物提供了合适的生存环境,便于其假根沿水的通道深入岩体内部。同时,假根的侵入又加大了石材内部的孔隙度及其保水率,形成裂缝,周而复始,造成恶性风化循环。生物的定植也随着石材表面粗糙度的增加而增加,这归因于表面的不规则性,粗糙表面的总比表面积更高。在苔藓植物的作用下,孔隙率较大的石材会导致较大的粗糙度,这为土壤的附着增加了机会,使无机和有机营养物质更丰富。这些条件反过来又为苔藓的继续植入、发芽和发育创造了良好的条件。针对不同的石材基质,包括玄武岩(besalt)、石灰岩(limestone)砂岩(sand stone)及其他人造石材,苔藓植物的定植情况已有一些研究。

① 玄武岩。玄武岩是多孔材料,该特性造就了玄武岩表面极易累积土壤和苔藓孢子,为苔藓植物的定植和生长提供天然营养场所,最终加快岩体的崩解。例如,对以玄武岩为建筑主体的渤海国上京龙泉府宫城遗址调研时发现,其石材表面生长有 8 科 118 属 35 种苔藓植物,可见在玄武岩表面适合生长多种苔藓植物。在国外也有类似报道,例如在土耳其玄武岩考古遗迹表面就发现有 28 属 20 科不同的苔藓植物定植。

② 石灰岩。石灰岩与大理石一样,属于钙质岩石,主要由方解石晶体组成,以骨粒、鲕粒、团粒和内碎屑等颗粒形式结合,具有粒间孔隙,有利于水的吸收与保持。碳酸盐化合物在酸性条件下容易以离子形式被生物吸收,成为其碳源和钙源。研究表明,石灰岩的低密性及高钙含量,是苔藓植物和高等维管植物喜好定植的重要原因。例如,对意大利罗马考古遗址中不同岩石上苔藓植物细胞中钙离子含量进行分析,发现在石灰岩上细胞中钙离子浓度最高。苔藓植物通过分泌酸性物质,与岩石基质进行离子交换,获取钙元素作为必要的矿物质营养,同时也造成了岩石的溶蚀和损坏。

③ 砂岩。砂岩属于沉积硅质岩,主要由石英、长石和氧化铁等组成。砂岩具有较高的孔隙率,有利于水的吸收和毛细运移,可为苔藓植物的定植提供良好基础。其中大孔砂岩由于保水时间较短,只会暂时加快生物的定植,而小孔砂岩由于保水时间较长,有助于苔藓植物在岩体表面生长。

④ 其他建筑材料。砖、混凝土或者灰浆也比较容易受苔藓植物定植,苔藓繁茂程度主要取决于这些建材表面的孔径、粗糙度和酸碱度等特性。多孔粗糙的表面有利于尘土和苔藓孢子的附着,低 pH 同样会促进表面生物的生长。例如对西班牙狮子喷泉耳朵部位定植的苔藓研究,发现由于修复所用砂浆的孔隙率较大,因此该处保水能力强于基材本身,导致了苔藓的定殖。

(2) 环境条件

苔藓植物在石材上的生长和代谢活动,同时也受到自然环境的制约,如温湿度、降水量、土壤 pH、光照等条件。研究表明,苔藓在中等气候条件下,孢子繁殖速率相当高,而在一些极端条件下,孢子繁殖速率较低。有人研究了伊朗各地石桥上的苔藓植物对不同环境条件生长的统计结果发现,弱酸性、潮湿以及较低温条件有利于苔藓的繁殖及再生,由此对桥梁结构的破坏性也较大。另一项研究发现,苔藓植物更喜好在朝北方向的屋顶上生长,如纽约大都会博物馆的第五大道北面墙上苔藓植物就比较繁茂。

苔藓植物是引起露天石质文物生物腐蚀的常见和关键类群,它可为真菌、细菌、藻类、地衣等小型微生物提供栖息场所和生存环境,也会为其他高等植物的繁殖和入侵创造条件。苔藓在石质文物上定植和破坏的情况,与石材的质地、矿物组成、孔隙率、表面粗糙度、含水率等相关。

8.2.4 露天石质文物表面苔藓防治技术研究现状

目前,已证明可以用于石质文物表面苔藓的防治的技术有许多种,主要有环境调控法、机械清除法、化学杀灭法、热击法等。

(1) 环境调控法

所谓环境调控，就是创造一些不利于苔藓植物生长的环境条件，限制苔藓的繁殖。例如，在苔藓孢子大量繁殖季节，采取一定清理或遮蔽措施，防止苔藓孢子在露天石质文物表面定殖，这会显著降低苔藓的定殖率。当然由于不同种类苔藓的生长习性和孢子繁殖季节有所差异，因此需要在全面了解苔藓植物生长特性的基础上，才能有针对性地进行防治。再如，利用环境湿度进行控制。苔藓植物多生长在阴暗潮湿的环境，控制湿度、降低石材基质含水率等可以有效抑制苔藓植物的生长。另外，为露天石质文物盖棚防雨，周边通风，修建排水系统等都能有效缓解苔藓在石质文物上的繁殖。然而，环境调控在很多时候会受到现场条件或保护理念的制约。

(2) 机械清除法

机械清除法是使用一些机械器具（如手术刀、小铲等）清除覆盖在露天石质文物表面的尘土和定植的生物体，以阻止苔藓的生长。这是石质文物表面苔藓的防治最原始的技术。很明显，机械清除苔藓只有暂时性的效果，不会持久，因为苔藓的假根往往深入岩体内部，表面苔藓的清除不能阻止苔藓植物的萌发和再次定植，相反操作不当还会损伤石质文物表面。

(3) 化学杀灭法

利用化学药剂治理苔藓是最常用的方法。现代化学杀灭剂的使用需了解化学药剂对苔藓的作用机制、效果、毒性、耐久性等。例如有的研究以生物细胞膜和蛋白质为靶向目标，使用季铵盐类化合物去实施靶向结合，破坏蛋白质上的磷脂双层，以杀灭苔藓。又如，使用草甘膦类化合物，通过阻断生物生长关键酶的合成而影响细胞正常的生理代谢活性，从而导致生物细胞死亡。然而，目前市场上销售的具有阻止细胞壁合成并造成DNA或RNA损伤作用的杀灭剂，尤其是一些商业制剂（用于微生物的比较多）毒性较大，对工作人员及大气环境容易造成不利影响。此外，它们的耐久性一般较差，易诱导耐药生物的出现，甚至还会作为有机碳源或氮源供给生物生长，因此必须谨慎使用。

(4) 重金属离子抑制法

许多重金属离子有抑制生物生长的功能。有研究人员试图利用重金属离子的这一特性来保护石质文物免受生物侵蚀，他们在露天石材上安装铜或锌的金属线，利用雨水冲刷锌条或铜条时缓慢释放的金属铜离子或锌离子，随着这些金属离子在岩石表面扩散，改变生物的吸收成分，从而达到抑制生物生长的目标。这种技术对清洗过的石材表面最有效，而且能够较长时间地抑制生物生长，操作使用简单。但是由于金属条释放离子的浓度有限，该方法不能起到快速杀灭生物的作用，例如，安装的锌条最终杀灭苔藓植物需要10年。此外，很多金属条尤其是铜条不仅容易在石材基质上留下铜锈的颜色，通常为浅绿色，特别当石材基底为白色时，很难去除。再有，重金属离子一旦进入周围水环境，有可能引起毒性污染，因此，重金属离子抑制法很难广泛使用。

(5) 热击法

利用物理作用原理清除生物的最大优势就是不会使人类、环境和文物受到有害化学物质的威胁。目前，比较有效的是热击法（heat shock treatments）。即用一定温度的热风处理石质文物表面的苔藓，该方法曾一度用于地衣的治理。苔藓与地衣相似，它没有调节和控制水分流失的机制，因此其体内含水量对外界环境非常敏感。利用热击法可以将苔藓细胞的含水量蒸发到极度干燥，从而使苔藓失活。研究表明，经60℃热击处理后，所有苔藓植物均死亡；即使经40℃热击处理，苔藓的失活率也明显增加。热击法是一种低成本和环保的石质文物苔藓防治方法。

从国内外的研究看，石质文物表面苔藓防治技术有环境调控法、机械清除法、化学杀灭法、重金属离子抑制法、热击法等。但是目前还很难说哪一种方法最有效，需要根据具体情况进行选择和配合使用。此外，还没有出现能够绿色环保、持续有效的治理苔藓的技术。

8.2.5 露天石质文物表面微生物治理技术研究启示

目前,在露天石质文物表面微生物治理技术研究出现了一些新颖的思路和技术,便是使用天然绿色环保的材料进行微生物的治理,以达到可持续治理的目的。这为露天石质文物苔藓的绿色防治提供了新思路。

(1) 无机纳米材料抑制法

由于许多无机纳米粒子,例如二氧化钛等,具有光催化作用,产生的活性氧具有较高的反应性,在高浓度下对生物有一定的杀灭作用。将掺有无机纳米粒子的树脂材料涂布到野外石质文物表面,让太阳光催化产生的活性氧来抑制微生物生长,例如一些研究已经将(锐钛矿)纳米二氧化钛、纳米铜、纳米氧化锌、纳米银等应用于建筑石材的保护中,结果表明,这些纳米材料在紫外线照射下可有效清除细菌、真菌、蓝藻、绿藻、地衣。国际上开发出的这些新型绿色环保材料为苔藓植物的抑制提供了新的思路。

(2) 天然生物材料抑制法

考虑到化学药剂防治的危害,使用天然生物材料作为抑制剂的方法开始受到重视。目前,在微生物抑制方面,国外一些学者已开始使用具有抗菌作用的天然生物材料来保护石质文物。相对于化学药剂,天然生物抗菌剂毒性低、易于操作且环保。例如,他们将丁香、肉桂、百里香、香豆叶等挥发性天然植物的提取物应用于真菌、藻类、地衣等微生物的去除,都取得了较好的效果,这类方法值得推广。

(3) 生物病毒法

近年来,以生物学为基础的石质文物表面生物防治技术也在发展中。例如,出现了将病毒用于生物防治方面的研究。病毒个体微小,结构简单,在宿主生物中寄生并利用宿主细胞的营养物质来进行增殖,它可以导致宿主裂解并死亡。自然界中的病毒并不都是对人体有害的,例如噬菌体就可以治疗细菌感染,一些昆虫病毒可以预防治疗农业病虫害等。国外有人从石灰岩上分离得到攻击特定藻类的病毒。实验室研究结果显示,该病毒在一段时间内保持较高浓度,就能抑制石灰岩上藻类的生长。这种利用特定病毒攻击消灭特定生物的技术是一种大胆的尝试,还有很多亟待解决的问题。例如,如何筛选最优化的品种?如何防止变异?等等都需要继续研究。

露天石质文物微生物治理技术研究中,开发出的新型防护材料及绿色环保防治理念为苔藓的防治提供很大的启示意义。

8.2.6 小结

苔藓植物是引起露天石质文物生物腐蚀的常见和关键类群,它可为真菌、细菌、藻类、地衣等小型微生物提供栖息场所和生存环境,也会为其他高等植物的繁殖和入侵创造条件。苔藓在石质文物上定植和破坏的情况,与石材的质地、矿物组成、孔隙率、表面粗糙度、含水率等相关,同时也与环境温湿度、降雨量、土壤pH、光照等条件相关。苔藓是破坏石质文物的主要物种之一,但是苔藓的覆盖又具有保护屏障的作用,可以减缓暴雨、水流、冻融、盐沉积和污染气体等对石质文物的急速破坏。因此,科学地认知苔藓的作用对于石质文物的科学保护具有重要意义。

从国内外的研究看,石质文物表面苔藓防治技术有机械清理法、化学杀灭法、重金属离子抑制法、无机纳米材料抑制法、天然生物材料抑制法、生物病毒法、环境调控法、热击法等。但是目前还很难说哪一种方法最有效,需要根据具体情况进行选择和配合使用。例如,采取环境调控法和热击法相结合,或者采用天然生物材料抑制法和无机纳米材料抑制法相结合等。

8.3 石质文物微生物病害机理研究——以飞来峰造像"白斑"病害机理为例

8.3.1 飞来峰造像石质文物现状

飞来峰造像大多位于飞来峰北麓崖壁上，山体岩石在地质学上属石灰岩，其主要化学成分为碳酸钙。飞来峰沟谷发育，地处亚热带季风区，气温适中、雨水充沛，空气湿润。生物病害是威胁造像与石刻安全的主要病害。本实验室对飞来峰造像的微生物病害已连续进行了 8 年的定期监测，认为由真菌、藻类组成的地衣是导致飞来峰造像出现生物病害的主要微生物群体。通过对飞来峰造像入口处佛像、理公塔底座、龙泓洞内侧墙面、60 龛石窟造像出现的典型生物病害（绿色、白色斑点）进行的微生物群落分析，发现由细菌、真菌组成的微生物群落内，蓝细菌、放线菌以及子囊菌是识别出的数量最多的细菌和真菌，同时，龙泓洞内的白色斑点被鉴定为碳酸钙，微生群落中的放线菌能够诱导它的产生。

8.3.2 飞来峰造像的微生物病害

对飞来峰石质文物表面微生物病害调查发现，摩崖石刻表面微生物覆盖面积分布呈现两极分化状态：部分石刻未观察到肉眼可见的微生物聚集，但有部分石刻表面生长着大量的黑色和绿色苔藓，甚至已将刻痕完全覆盖住。典型的微生物群落包括以入口处的佛像为代表的散布的白绿色、粉样、斑点状微生物菌落和绿色苔藓 ［图 8.3.1（a）］，以及主要集中在 21～25 龛以及 60～66 龛石窟造像上的红棕色绒毛状微生物 ［图 8.3.1（b）］。除造像、石刻以外的岩壁遭受的微生物侵袭最为严重，大部分岩壁（特别是飞来峰造像外围）近地侧几乎被绿色、黑色的藻类覆盖完全，并且有大量"白斑"散布其间 ［图 8.3.1（c）］，龙泓洞、青林洞一侧岩壁除了有黑色、绿色苔藓覆盖以外，表面还聚集着许多白绿色、粉样、斑点状微生物菌落，此外，还可发现少量灰白色、绿色壳状地衣仅仅依附在岩石表面 ［图 8.3.1（d）］。

(a)
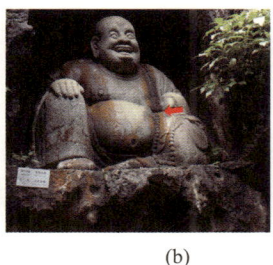
(b)

(c)

(d)

图 8.3.1　飞来峰造像典型微生物病害图

通过大体特征的观察，可以将飞来峰造像遭受的微生物病害进行一个简单的分类：绿色、黑色苔藓；红棕色绒毛样藻类；白绿色粉样地衣；白灰色壳状地衣。此外，细菌、真菌、藻类因其个体微小，通过肉眼很难观察到，故现场调查并未发现这类微生物的菌落。其中，绿色苔藓覆盖的面积最大，于飞来峰造像中随处可见（黑色苔藓经仔细观察，认为其是绿色苔藓脱水或死亡后的生物体，故将二者归为一类）。红棕色绒毛样藻类聚集位置相对集中，主要在上文介绍的两处石窟造像及其周边岩壁上。白绿色粉样地衣分布区域主要为理公塔经龙泓洞至青林洞方向的石质文物（特别是近地侧）表面。白灰色壳状地衣数量稀少，散在分布，无明显聚集区域。

微生物对石窟造像和摩崖石刻造成的主要危害是在文物表面聚集，通过遮挡文物外观，给文物造成美学、艺术价值的损害。微生物覆盖处的文物未发现明显的结构破坏和稳定性隐患，表明对飞来峰造像石质文物的安全性而言，目前微生物病害尚属轻度病害。此外，经对岩壁上的绿色苔藓进行少量揭取，发现在其覆盖的岩石表面出现了一层白色结壳（"白斑"）（图 8.3.1），推测这也是由微生物诱导引起的一种文物病害。

8.3.3　飞来峰造像的"白斑"病害中的微生物鉴定与分析

（1）研究对象

研究对象来源于飞来峰造像第 59 龛（"白斑"）和第 67 龛（"白斑"）附近岩石采集微生物样品（图 8.3.2）。所有样品均平行选取三个采样点，由于单个"白斑"的样品采集量较少，进行下一步试验前，将同一采样区域的三个平行样品进行混合。

图 8.3.2　微生物取样点分布图

（2）主要试剂和仪器

① 试验试剂

PDA 培养基（杭州微生物试剂），GelRed 核酸染料（北京兰杰柯科技），Tris（美国 Amresco），琼脂糖（西班牙 Biowest），无水乙醇、EDTA、冰乙酸（分析纯，国药集团），植物 DNA 试剂盒、2xPCR Mix、PCR 清洁试剂盒（杭州新景生物）。

② 试验仪器

JB-CJ-1FX 洁净工作台（苏州佳宝），Centrifuge 5424R 台式高速冷冻离心机（德国 Eppendorf），DHG-9070A 电热恒温鼓风干燥箱（上海精宏），G154T 立式自动压力蒸汽灭菌器（厦门致微），HH-2 数显恒温水浴锅（国华电器），P70D20P-N9（W0）微波炉（广东格兰仕）Power B 基础型电泳电源（北京凯元），SU8010 场发射扫描电子显微镜（日本 Hitachi），T960 PCR 扩增仪（力康生物），Tanon1600 全自动数码凝胶图像分析系统（上海天能），VORTEX 2 漩涡混合器（德国 IKA），Simplicity（UV）超纯水系统（法国 Millipore），CX23LEDRFS1C 生物显微镜（奥林巴斯），JSZ6S 双目体视显微镜（南京江南永新）。

（3）微生物分离纯化

"白斑"样品含有的微生物种类丰富，故对其微生物群落进行分离纯化。将现场采集的"白斑"样品用灭菌的去离子水溶解，混匀后分别将其通过梯度稀释成 10^{-1}、10^{-2}、10^{-3}、10^{-4}、10^{-5} 的悬液。选取 10^{-3}、10^{-4}、10^{-5} 的菌悬液涂布到 PDA 培养基中，每种稀释度重复涂布 3 次。随后将含菌平板置于培养箱中，28℃培养 3～4d。用接种环挑取培养基中的菌落，于新的平板上进行划线分离，继续放于培养箱中以同样的条件培养。持续进行此操作直至所有培养出的微生物均得以很好的纯化。随后，将部分微生物接入甘油管中，−20℃保存；另一部分用于菌种鉴定。

（4）分子生物学检测与分析

首先，将培养出的微生物和直接采集的苔藓样品使用植物 DNA 试剂盒进行 DNA 提取；其次，提取出的微生物 DNA 样品通过琼脂糖凝胶电泳确认 DNA 是否成功提取；最后，检测过后的阳性 PCR 产物由于使用 DNA 纯化试剂盒对扩增产物进行纯化，始终溶液中仅含 DNA 片段。纯化后的 PCR 产物送至测序公司，通过 Sanger 测序获取 DNA 片段的碱基序列信息，将其与 NCBI 数据库（Nucleotide BLAST）中的微生物序列进行比对，获取一系列与检测的 PCR 样品序列相似度不一的菌株信息，依据序列比对得分和相似度确定与待测样品匹配度最高的微生物菌株，将其作为待鉴定菌株的种属。

（5）微生物分离与鉴定试验结果

鉴于飞来峰造像微生物群落中的细菌已得到较详细的分析，故本研究重点关注真菌群落的组成，培养基及培养条件也以最适宜真菌生长的条件进行设定。最终在 2 处地点采集的"白斑"样品中共分离培养出 9 株细菌，分属于 5 类不同的菌属（表 8.3.1）：甲基杆菌（*Methylobacterium*）、假单胞菌（*Pseudomonas*）、短小杆菌（*Curtobacterium*）、异腐杆菌（*Allohumibacterium*）、泛菌属（*Pantoea*）。其中假单胞菌属、甲基杆菌、短小杆菌和异腐杆菌各 2 株；其余菌属各只发现 1 株。

表 8.3.1　细菌培养鉴定结果

相似菌种	编号	数据库登录号	相似度（%）
科马格特氏菌	FLF59-Ba	AB703238.1	97
异脲三烯酯黏质沙雷氏菌	FLF59-Bb	AB698726.1	99
海洋沉降短小杆菌	FLF59-Bc	JX113236.1	99
锥栗菌	FLF59-Bd	CP020715.1	98
短小杆菌属	FLF59-Be	KR906481.1	99
内生变温杆菌	FLF59-Bf	NR_148828.1	99
假单胞菌属	FLF59-Bg	AB685686.1	99
假单胞菌属	FLF67-Ba	KM253123.1	99
产碱假单胞菌	FLF67-Bb	AY395010.1	99

此外真菌共分离出 21 株，共 10 类菌属（表 8.3.2）：曲霉属（*Aspergillus*）、木霉属（*Trichoderma*）、拟盘多毛孢属（*Pestalotiopsis*）、青霉属（*Penicillium*）、刺盘孢属（*Colletotrichum*）、枝孢菌属（*Cladosporium*）、茎点霉属（*Phoma*）、拟茎点霉属（*Phomopsis*）、汉纳酵母菌属（*Hannaella*）、座壳孢属（*Aschersonia*）。其中木霉属有 5 株，刺盘孢属 3 株，曲霉属、青霉属、拟盘多毛孢属、茎点霉属和拟茎点霉属均有 2 株，其余菌属均各 1 株。详细鉴定结果见表 8.3.2。

表 8.3.2　真菌培养鉴定结果

相似菌种	编号	数据库登录号	相似度（%）
日本曲霉 SK1	FLF59-Fa	KY199566.1	99
黑甲肉座菌	FLF59-Fb	AB606413.1	97
黑曲霉	FLF59-Fc	KP940592.1	99
木霉属 TM9	FLF59-Fd	AB369508.1	99
小孢拟盘多毛孢	FLF59-Fe	AY924284.1	100
不可培养木霉菌 CHR1FC240 克隆株	FLF59-Ff	KJ713225.1	99
草酸青霉分离株 A4	FLF59-Fg	JN676113.1	98
不可培养木霉 CHR1FC24 克隆株	FLF59-Fh	KJ561626.1	99
木霉属 TM9	FLF59-Fi	AB369508.1	99

续表

相似菌种	编号	数据库登录号	相似度（%）
正尖孢炭疽菌	FLF67-Fa	AJ301905.1	99
草酸青霉菌株 B18-2	FLF67-Fb	JN542545.1	99
芽枝状枝孢霉菌株 FF21	FLF67-Fc	KR912306.1	100
佩罗氏菌	FLF67-Fd	AB369491.1	99
拟茎点霉属 YNCA1291	FLF67-Fe	KF609280.1	98
大豆拟茎点种腐病菌株 CZ105B	FLF67-Ff	FJ755236.1	98
汉纳酵母菌株 CBS 7194	FLF67-Fg	AF444413.1	100
希金斯炭疽菌株 Abr 3-1	FLF67-Fh	KM105189.1	99
茎点霉属 SS10	FLF67-Fi	KP689264.1	100
小孢拟盘多毛孢菌 TC-324	FLF67-Fj	AY924284.1	99
座壳孢属 12155	FLF67-Fk	KC981095.1	99
胶孢炭疽菌 CCL6	FLF67-Fl	KX347465.1	100

（6）讨论

① 飞来峰"白斑"病害中的微生物种属分析

本研究对"白斑"病害进行了微生物群落调查。通过对现场收集的"白斑"样品进行微生物分离培养，共识别出 5 种不同属的细菌（甲基杆菌属、假单胞菌属、短小杆菌属、异腐杆菌、泛菌属）和 10 种不同属的真菌（曲霉属、木霉属、拟盘多毛孢属、青霉属、刺盘孢属、枝孢菌属、茎点霉属、拟茎点霉属、汉纳酵母菌属、座壳孢）。

虽然采集分析的微生物样品来自飞来峰造像的不同区域，但最终鉴定出的微生物群落在构成上却是相似的。从分布范围来看，鉴定出的这些细菌、真菌均广泛分布于土壤和水体中，大部分微生物也能够栖息于植物、动物和人体上。据此推测，土壤可能是岩壁上沉积微生物的主要来源（特别是近地端的区域）。此外，丰富的植被资源、冷泉溪水也为岩壁带来了种类繁多的微生物。飞来峰造像作为一个旅游景点，参观游客携带的微生物也是岩壁上微生物群落的来源之一。随着空气沉降、频繁降雨以及岩石表面粗糙程度等因素的影响，不同来源的微生物最终在岩石表面沉积、定居，从而导致岩壁不同区域出现相似的微生物群落组成。

② 飞来峰造像微生物"白斑"病害评价

根据现场调查的结果，飞来峰造像岩壁表面定殖了大面积的苔藓植物，将苔藓从岩石表面剥离以后，常常会发现其下有"白斑"覆盖在岩石表面，而光合作用是诱导碳酸钙合成的途径之一，因此飞来峰造像内遍布的"白斑"病害与苔藓存在有一定的关联。综上，绿色苔藓虽然随处可见，但对石质文物的结构稳定性危害较小，植物体遮盖以及其在"白斑"病害形成中的作用是目前它们对飞来峰造像最大的威胁。

"白斑"是目前飞来峰造像中最受关注的病害之一，"白斑"与苔藓的相互依存关系，以及对其样品进行的微生物分离培养，初步认为这一病害与微生物存在关联。

8.3.4 飞来峰造像的"白斑"病害产生的机理研究

（1）研究对象

①"白斑"样品

"白斑"样品共分为两类，一类是在飞来峰造像第 59 龛和第 67 龛石窟造像旁的岩石表面，通过手术刀采集的"白斑"粉末样品,另一类是在飞来峰造像现场调查期间,发现的表面存在"白斑"病害的小块岩石。

② 微生物样品

通过对"白斑"样品进行微生物分离培养,共发现21株分属10种不同属的真菌,这些真菌将在本章中作为微生物样品,研究其与"白斑"产生的关系。

(2) 主要试剂和仪器

① 试验试剂

环氧树脂(丹麦 Struers 公司);无水乙醇、琼脂粉、乙酸钙、葡萄糖、碳酸钙、碳酸钠、硝酸镁、氯化钙、硫酸钙、氢氧化钙、氢氧化钠、硝酸钠、磷酸氢二钾、硫酸镁、氯化钾、硫酸亚铁、蔗糖、尿素、乳酸、柠檬酸钙、硝酸钠、磷酸氢二钾、七水硫酸镁、氯化钾、硫酸亚铁(国药集团化学试剂有限公司分析纯);PDB 培养基、酵母提取物(杭州微生物试剂有限公司);甲酸(色谱纯)、丙酸(99.5%)、琥珀酸(分析纯)、柠檬酸(99.8%)均为上海阿拉丁生化科技股份有限公司;草酸钙(分析纯)、α-酮戊二酸(98%)(上海麦克林生化科技有限公司)。

② 试验仪器

SU8010 场发射扫描电子显微镜(日本 Hitachi 公司);RIGAKU D/MAX 2550 X 射线多晶衍射仪(日本理学电机);DHG-9070A 电热恒温鼓风干燥箱(上海精宏);FA1004 电子天平(上海舜禹恒平);FE28 pH 计(梅特勒-托利多);G154T 立式自动压力蒸汽灭菌器(致微(厦门)仪器);JB-CJ-1FX 洁净工作台(苏州佳宝);P70D20P-N9(W0)微波炉(广东格兰仕);S220 多参数测试仪(Ca^{2+} 电极)(梅特勒-托利多);V2 S025 漩涡混合器(德国 IKA 公司);WATERS 2690 高效液相色谱仪(美国 waters 公司);ZQTY-7-S 台式全温振荡培养箱(上海知楚);Simplicity(UV)超纯水系统(法国 Millipore 公司);CX23LEDRFS1C 生物显微镜[为奥林巴斯(中国)];JSZ6S 双目体视显微镜(南京江南永新)。

(3)"白斑"样品表征

① "白斑"检测样品制备

a. 粉末样品

飞来峰造像现场用手术刀采集的"白斑"样品,通过研钵将其研磨,使其能穿过 200 目的筛网,随后放入新的离心管中,进行随后的 XRD 检测。

b. 块状样品:

使用锤子敲击带有"白斑"岩石的背面使其破碎,挑选个体较小的"白斑"样品,将其侧面修平,随后将修整过的侧面粘贴在底部平整的塑料模具上。环氧树脂胶 A 液、B 液以 10:1 的比例混匀。将环氧树脂胶倒入模具,然后将其放入真空机中。待气泡排除较完全时,将模具放入鼓风干燥箱中,65℃加速环氧树脂胶的固化。接下来使用无水乙醇擦洗样品,以便去除残余胶体,然后按照从粗到细的顺序,用不同粗糙度的砂纸打磨、抛光被环氧树脂包裹的样品,最终获取平整的"白斑"样品横截面。

② 显微观察

通过体视显微镜观察"白斑"样品的横截面,了解"白斑"与岩石基质的结构。随后通过 SEM 进一步观察这一横截面的微观结构,并使用能谱仪分析"白斑"样品横截面各层结构的元素组成。扫描电镜显微观察和能谱分析的检测电压均为 25kV。

③ XRD 检测

通过 XRD 分析"白斑"粉末样品的矿物成分组成,样品置于玻璃板上,进行 $\theta \sim 2\theta$ 扫描,参数设置为:扫描范围 10°~80°,扫描速度 1°/min,数据点间隔 0.1°。

④ "白斑"性质测试

选取小块破碎的"白斑"样品,分别在"白斑"表面和侧面岩石表面滴加 1 滴 1mol/L 的稀盐酸,记录气泡产生时间。按照同样的方法,滴加去离子水,记录水滴完全吸收的时间。

(4) 生物矿化真菌鉴定

① 培养基配置与真菌培养

将保存于−20 ℃的 21 株真菌置于 4℃解冻,随后将其置于 PDA(马铃薯葡萄糖琼脂)平板中进行培养活化。使用灭菌去离子水制作活化真菌的菌悬液,并通过平板计数法将其浓度调整到 1×10^5 CFU/mL。随后将所有菌株分别接种到 B4 平板上,接种量为 $100\mu L$,于培养箱中经 28℃培养 4d。

② 矿物结晶检测

通过手术刀截取真菌菌丝体边缘部分,制作光学显微切片。光学显微镜下观察菌丝周围是否有矿物结晶出现,含有矿物结晶的真菌被认为是生物矿化真菌,选取它们进行后续试验。

③ 矿化产物扩增

将鉴别出的矿化真菌接种到含有 B4 液体培养基的锥形瓶中,于培养箱中以 28℃、150r/min 的速度振荡培养 4d,随后将菌丝体在 121℃高温高压灭菌 20min。

④ 矿物结晶表征

将已灭菌的菌丝体过滤并干燥,将其分为两部分。一部分通过研钵研磨进行 XRD 检测,另一部分通过 SEM 进行显微结构的观察,并通过能谱分析矿物结晶的元素组成。

(5) 碳酸钙晶型转换分析

① 碳酸钙制备

去离子水分别配置 0.1mol/L 的氯化钙溶液和碳酸钠溶液,分别取 10mL 溶液混合,充分反应后离心,倒上清液,沉淀置于烘箱中,65℃烘干,作为对照组。

液体培养 4d 的 FLF67-F1 培养液过 $0.22\mu m$ 滤膜,使用过滤液配置 0.1mol/L 的氯化钙溶液和碳酸钠溶液,二者混合获取沉淀,干燥后备用。

B4 液体培养基中加入硝酸镁,使钙离子和镁离子在培养基中的浓度相等,灭菌后接种矿化真菌,28℃、150 r/min 振荡培养 4d,灭菌后过滤、干燥,获取菌丝体。

② 碳酸钙晶型表征

将上述试验各组获取的干燥菌丝体进行研磨,通过 XRD 分析碳酸钙沉淀的晶型种类。

(6) 生物矿化机理研究

① 培养基配置和钙化真菌培养

根据培养基中碳源、氮源的来源不同,选择 B4 培养基作为有机钙化培养基,察氏液体培养基作为无机钙化培养基。

参考细菌诱导碳酸钙形成的机理,以上述两种培养基为基础,通过对培养基的组成成分或状态进行调整,探究真菌诱导碳酸钙形成的机理。最终,共组合出 21 种不同配方的培养基,并根据研究目的的不同,将这 21 种不同的培养基分为 a、b、c、d 四组,详细信息见表 8.3.3。

表 8.3.3 试验组设置

序号	钙源	B4 培养基		察氏培养基	其他添加物	初始 pH
		酵母提取物	葡萄糖			
a1	乙酸钙	+	+	−	−	5.7
a2	$CaCl_2$	+	+	−	−	5.5
a3	$CaCl_2$	+	+	−	尿素	8.0

续表

序号	钙源	B4 培养基		察氏培养基	其他添加物		初始 pH
		酵母提取物	葡萄糖				
a4*	$CaSO_4$	+	+	−	−	−	5.5
a5	$Ca(OH)_2$	+	+	−	−	−	12.0
a6*	$CaCO_3$	+	+	−	−	−	5.5
a7*	$CaCO_3$	+	−	−	−	−	5.5
a8	$CaCl_2$	−	−	−	+	−	5.4
a9	乙酸钙	−	−	−	+	−	5.4
b1*	乙酸钙	+	+	−	−	−	5.7
b2*	乙酸钙	+	−	−	−	−	5.9
b3*	$CaCl_2$	+	+	−	−	−	5.5
b4*	$CaCl_2$	+	−	−	−	−	5.5
c1	$CaCl_2$	+	+	−	−	NaOH	7.0
c2	$CaCl_2$	+	+	−	−	NaOH	8.0
c3	$CaCl_2$	+	+	−	−	尿素，HCl	7.0
d1	甲酸	+	+	−	−	$Ca(OH)_2$	7.0
d2	丙酸	+	+	−	−	$Ca(OH)_2$	7.0
d3	α-酮戊二酸	+	+	−	−	$Ca(OH)_2$	7.0
d4	乳酸钙	+	+	−	−	−	7.0
d5	琥珀酸钙	+	+	−	−	−	7.0
d6*	草酸钙	+	+	−	−	−	7.0
d7	柠檬酸钙	+	+	−	−	−	7.0

注：+表示培养基中添加该物质；−表示培养基中未添加该物质；*表示进行振荡培养。

将鉴定出的钙化真菌解冻、活化，制作浓度为 1×10^5 CFU/mL 的菌悬液，并将等体积的菌液分别接种到不同组分的培养基中。于 28℃ 培养 7d，以便获取足够的碳酸钙沉淀。

② 真菌代谢过程监测

在表 8.3.3 设置的四组不同成分的培养基中，b 组是用来监测钙化真菌在诱导碳酸钙形成过程中的代谢过程。在培养真菌的过程中，分别于 0d（接种菌液前）、1d、3d、5d、7d 通过注射器抽取 5mL 真菌培养液，经 $0.22\mu m$ 滤膜除菌过滤后，置于 4℃ 保存。

通过 pH 计检测不同培养时间下菌液的 pH。培养液中剩余钙离子含量采用钙离子电极进行测定。

根据培养液 pH 随真菌培养时间的变化情况，选择试验组 b4 中第 1 天和第 3 天的培养液，通过高效液相色谱检测培养液中的有机酸。乙酸、乳酸、柠檬酸、琥珀酸和 α-酮戊二酸作为标准对照样品。

③ 矿物结晶表征

通过光学显微镜分别检测 21 种不同培养基培养出的菌丝体周围是否有矿物结晶附着。挑选有结晶出现的菌丝体分别进行 SEM-EDS 和 XRD 观察矿物结晶的微观结构、化学组成以及晶型种类。

（7）钙化真菌侵蚀碳酸钙试验

选择 a 组培养基中的 a6、a7 配方，接种钙化真菌探究其对碳酸钙的腐蚀作用。按照如

图8.3.3的设置，称取1g碳酸钙粉末，并将其用半透膜将包裹起来。灭菌后接种钙化真菌，对照组不接种真菌，28℃培养7d。将培养瓶经高温高压灭菌，去除半透膜上附着的菌丝体，使用去离子水透析碳酸钙，干燥后称量剩余碳酸钙质量。

使用R语言（版本3.5.1）进行统计学分析，双尾T检验用于比较碳酸钙的质量在培养前后是否发生变化，以$P<0.05$表示差异具有明显的统计学意义。

（8）试验结果

① "白斑"性质

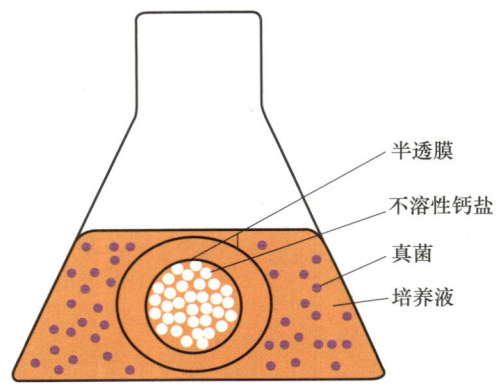

图8.3.3 真菌侵蚀碳酸钙模式图

通过体视显微镜对"白斑"样品横截面的观察[图8.3.4（a）]，可以看到"白斑"样品可以分为三层，最外面的一层面积最小，虽然现场观察其表面呈白色，但横截面表现为绿色，说明该层应为白色矿物与绿色生物结合所形成。中间一层为白色，判断为"白斑"病害的主体部分。最下面一层灰色结构应为岩石基质。

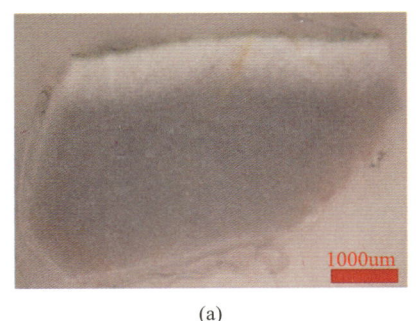 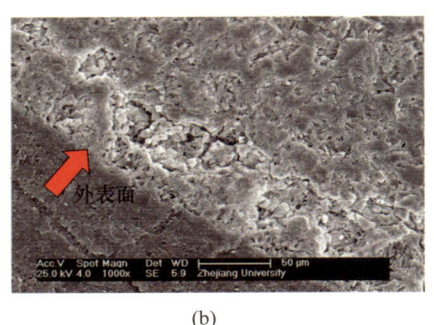

(a) (b)

图8.3.4 "白斑"病害微观结构

通过SEM对"白斑"横截面进行进一步的放大[图8.3.4（b）]，第二层与第三层之间结构相对致密，无明显区别。但包含绿色生物的一层，从结构上来看明显疏松。说明该层岩石结构遭到了破坏。通过EDS分别对不同层的矿物进行元素分析，发现各层岩石中均都含有Ca、C、O三种元素（图8.3.5）。

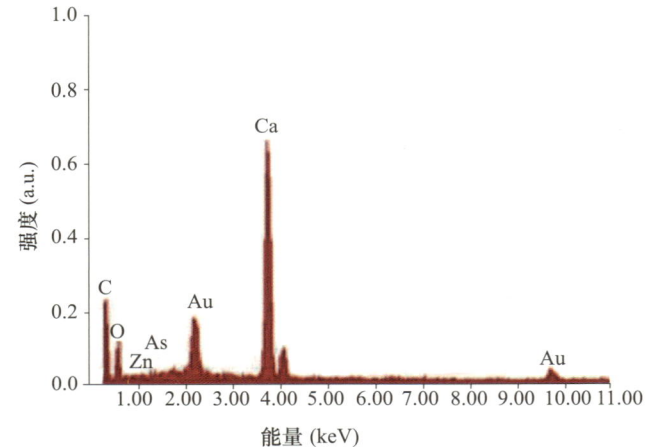

元素	质量分数%	原子含量分数%
CK	39.01	63.47
OK	18.91	23.09
ZnL	00.80	00.24
AsL	00.37	00.10
CaK	23.28	11.35
AuL	17.64	01.75

第一层

(a)

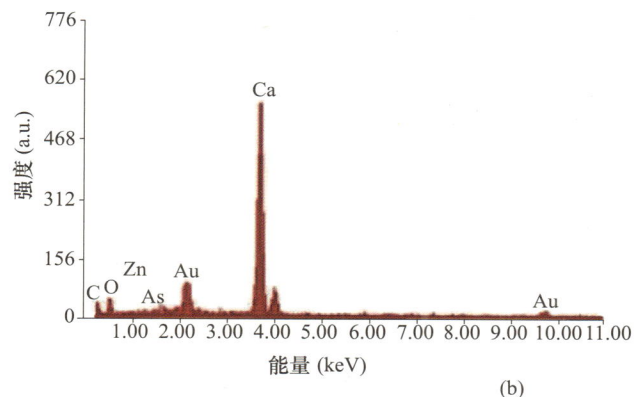

图 8.3.5 "白斑"病害 EDS 分析

XRD 对"白斑"成分的分析显示（图 8.3.6），两个采样点的样品均由方解石（碳酸钙的晶型之一，可在自然环境中稳定存在）组成。

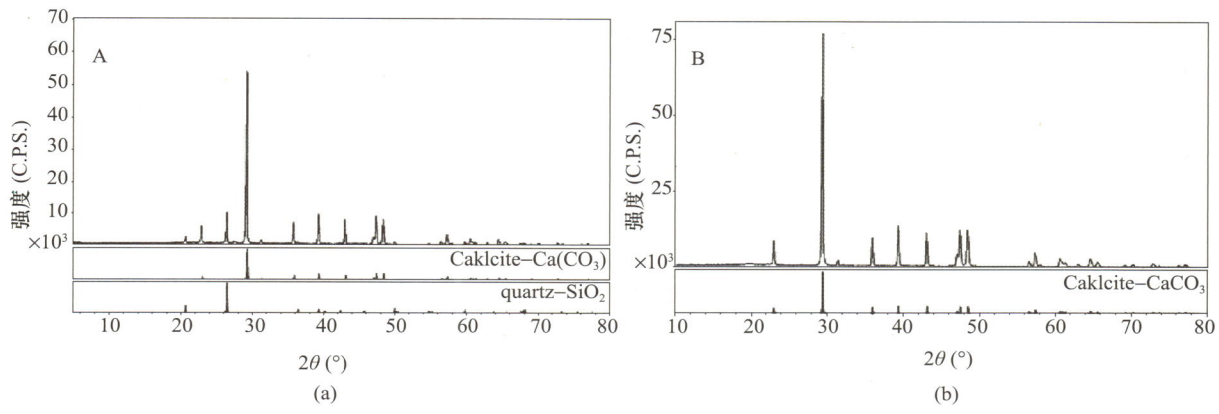

图 8.3.6 "白斑"样品 XRD 分析

在表面滴加稀盐酸后，"白斑"和岩石基质表面的液滴均有气泡产生，持续 10s 后，两种表面的气泡都消失。虽然盐酸腐蚀的持续时间相同，但岩石基质表面的盐酸腐蚀反应更剧烈，说明相同面积下，"白斑"内含有的碳酸钙数量更少。此外，表面滴加去离子水后，岩石基质表面平均 50min 可将液滴完全吸收，而"白斑"表面需要 70min 左右，说明"白斑"的渗透性也要弱于岩石基质。

综合以上的结果，可以认定"白斑"是由碳酸钙在岩石表面沉淀、累积所导致的，并且对岩石基质的性质产生了一定的影响。

② 生物矿化真菌组成

将"白斑"样品中分离出的 21 株真菌接种到 B4 培养基上进行培养，最终仅在 5 株真菌（FLF59-Fc，FLF59-Fg，FLF67-Fa，FLF67-Fb，FLF67-Fl）的菌丝体周围发现了矿物结晶的存在。如图 8.3.7 所示，箭头所指即为产生的矿物结晶。从中可以发现，这些矿物结晶被真菌菌丝所环绕，不含菌丝的培养基中并没有晶体，这说明这些矿物结晶的形成与真菌的生长代谢有着密切的联系。

从微生物的群落结构来看，发现的 5 株矿化真菌分别属于青霉属（FLF59-Fg，FLF67-Fb）、曲霉属（FLF59-Fc）和刺盘孢属（FLF67-Fa，FLF67-Fl）。从种的水平来看，FLF59-Fg 和 FLF67-Fb 均为草酸青霉（由于二者属于同一属，仅选择 FLF59-Fg 进行后续试验），FLF59-Fc 为黑曲霉，FLF67-Fa 属于尖孢炭疽，FLF67-Fl 是胶孢炭疽。

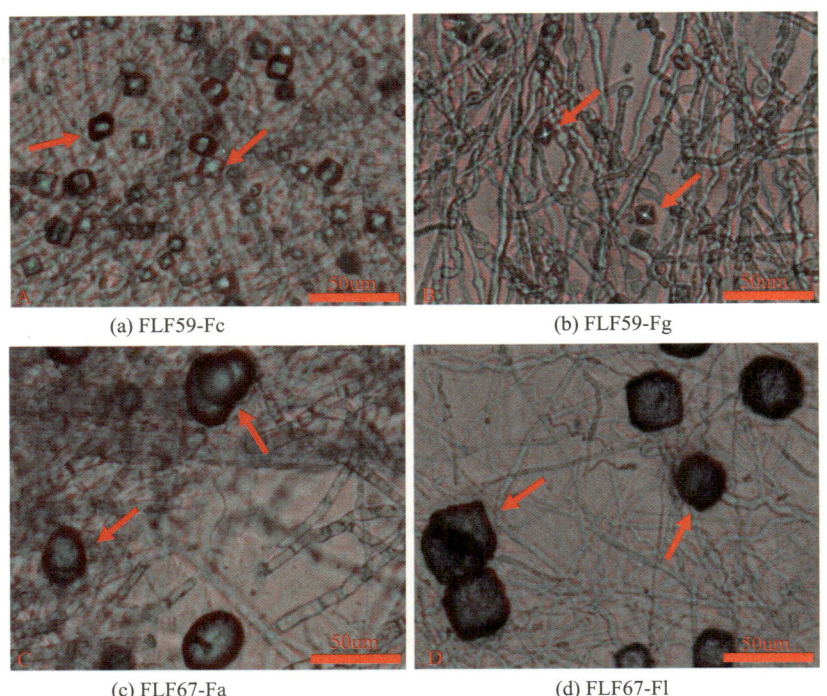

图 8.3.7　矿物结晶的光学显微镜观察
(a) FLF59-Fc；(b) FLF59-Fg；(c) FLF67-Fa；(d) FLF67-Fl

③ 真菌诱导产生的矿物结晶特征

通过 SEM 观察 FLF59-Fg，FLF59-Fc，FLF67-Fa 以及 FLF67-Fl 四种真菌诱导产生的矿物结晶的微观形态，发现这三种不同属的真菌诱导产生的矿物结晶形态各异，如图 8.3.8 所示。曲霉属（FLF59-Fc）诱导形成的晶体呈六边棱形体，青霉属（FLF59-Fg）则为由多个长方体聚集而成的簇晶，而刺盘孢属（FLF67-Fa，FLF67-Fl）的晶体形态为圆片状晶体组成的长条状结构。虽然这些晶体形态多样，但能谱分析显示它们均由 Ca、C、O 三种元素组成。

XRD 对矿物结晶的分析结果显示（图 8.3.9），曲霉属和青霉属诱导产生的晶体为草酸钙，这应该是由这些真菌在生长过程中分泌的大量草酸与培养液中游离的钙离子结合所导致的。刺盘孢属参与合成的矿物经 XRD 分析，鉴定为碳酸钙，并且这些由真菌诱导产生的碳酸钙中仅存在球霰石这一相对不稳定的晶型。

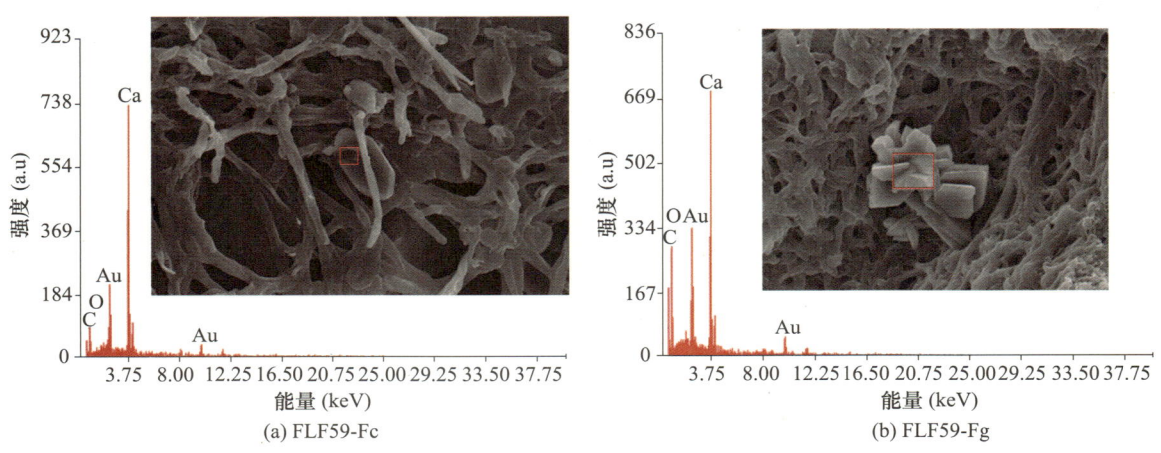

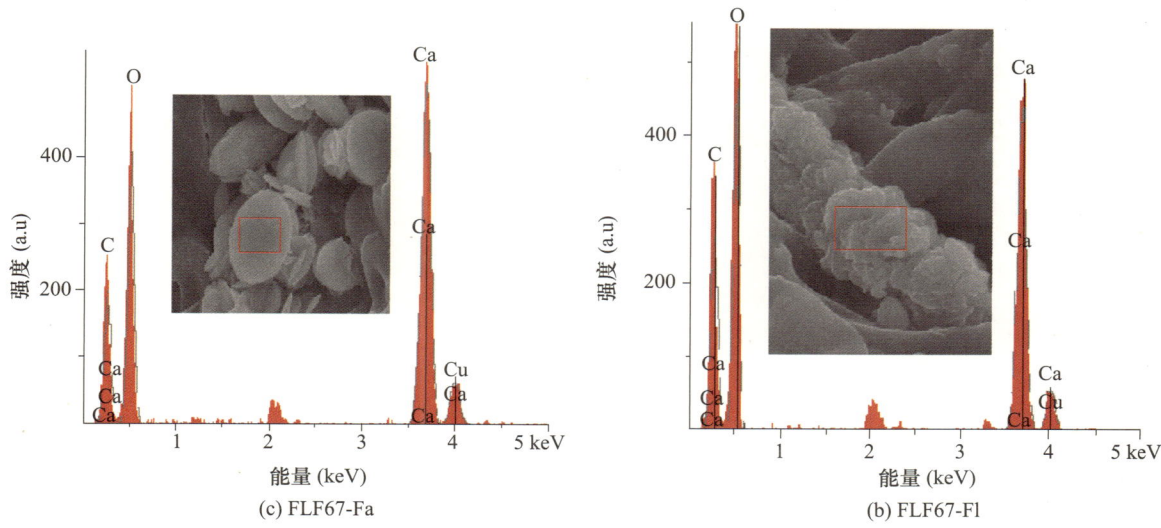

图 8.3.8 真菌诱导产生的矿物结晶的 SEM-EDS 分析

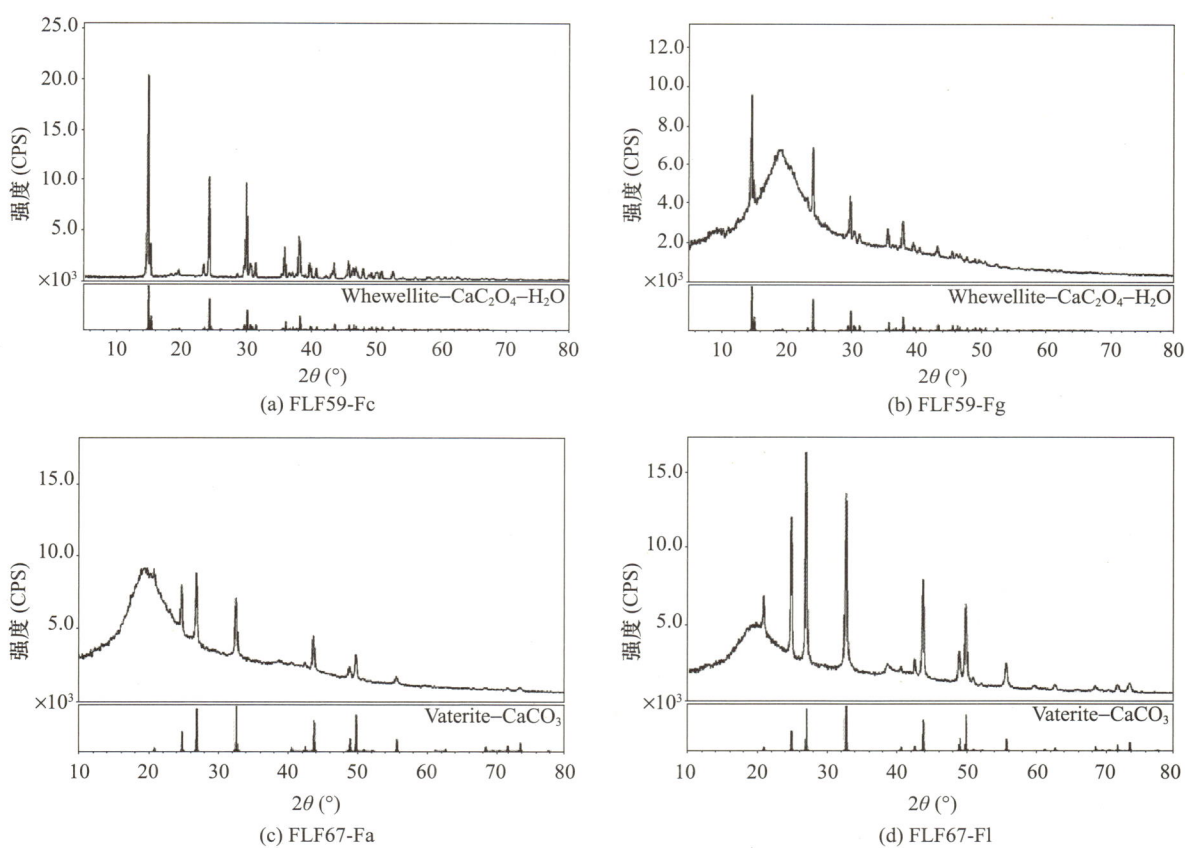

图 8.3.9 真菌诱导产生矿物结晶的 XRD 分析

由于"白斑"的成分为碳酸钙而非草酸钙,认为刺盘孢属真菌与"白斑"的形成有直接的关系。因此,在接下来的试验中,选择刺盘孢属探究真菌诱导碳酸钙产生的机制以及影响因素。由于 FLF67-Fa 和 FLF67-Fl 诱导产生的碳酸钙形态类似,且 FLF67-Fa 的碳酸钙产量较高,后续试验仅选择 FLF67-Fa(尖孢炭疽)作为研究对象。

④ 微生物在球霰石-方解石晶形转化中的作用

通过 Na_2CO_3 和 $CaCl_2$ 水溶液进行反应，将制备的碳酸钙沉淀经 XRD 检测，发现其仅由一种晶型（即方解石）组成 [图 8.3.10（a）]。但将溶剂从水换成尖孢炭疽的培养液，分别溶解 Na_2CO_3 和 $CaCl_2$，混合后制备出的碳酸钙沉淀经 XRD 分析发现包含两种晶型：方解石和球霰石 [图 8.3.10（b）]。

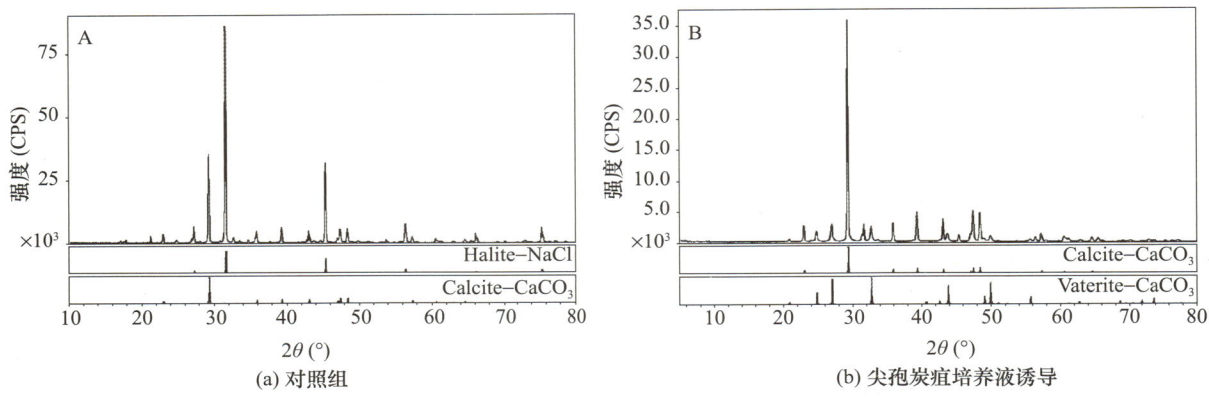

图 8.3.10　真菌培养液对碳酸钙晶型影响的 XRD 分析

前面的结果显示，尖孢炭疽在含钙培养基中生长代谢所诱导产生的碳酸钙仅由球霰石组成 [图 8.3.9（c）、（d）]。但当在这一培养体系中加入与 Ca^{2+} 等量的 Mg^{2+} 时，尖孢炭疽诱导生成的碳酸钙经 XRD 检测却仅由方解石一种晶型组成（图 8.3.11）。

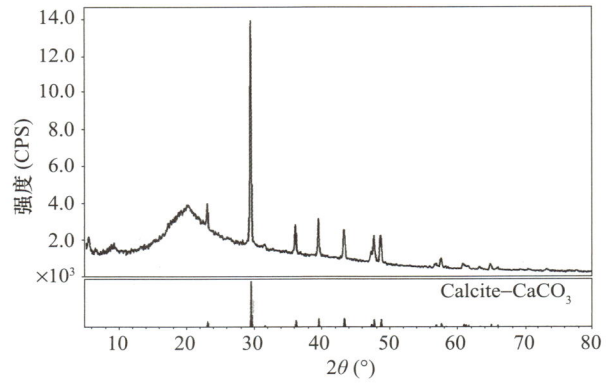

图 8.3.11　Mg^{2+} 作用下尖孢炭疽诱导形成碳酸钙的 XRD 分析

以上结果说明，尖孢炭疽能够加强球霰石在环境中的稳定性，并抑制其向更稳定的方解石转化，但 Mg^{2+} 能够抑制尖孢炭疽的这一作用。

⑤ 真菌诱导碳酸钙形成的影响因素

根据培养基组分、初始培养基 pH、培养方式的不同，本研究共设置了 21 种不同的培养条件（表 8.3.3），对尖孢炭疽（FLF67-Fa）进行培养，随后通过 SEM、EDS 以及 XRD 等表征技术，观察分析不同试验条件下，尖孢炭疽菌丝体中是否存在碳酸钙结晶以及这些结晶的形态、组成，以便了解影响尖孢炭疽诱导碳酸钙形成的因素。

a. 钙源对碳酸钙结晶的影响。

a1、a2，a4-a6 组分别以乙酸钙、$CaCl_2$、$CaSO_4$、$Ca(OH)_2$、$CaCO_3$ 作为钙源，为碳酸钙的结晶提供钙离子。利用这些培养基分别培养尖孢炭疽（FLF67-Fa）后，仅在 a1 和 a5 组中发现了矿物结晶，其中 a1 组中的碳酸钙为六边棱形体，a5 组中的碳酸钙为中间细的棒状结构。但是 EDS 分析显示，这些晶体的组成成分是一致的，均为 Ca、C、O，结果如图 8.3.12 所示。

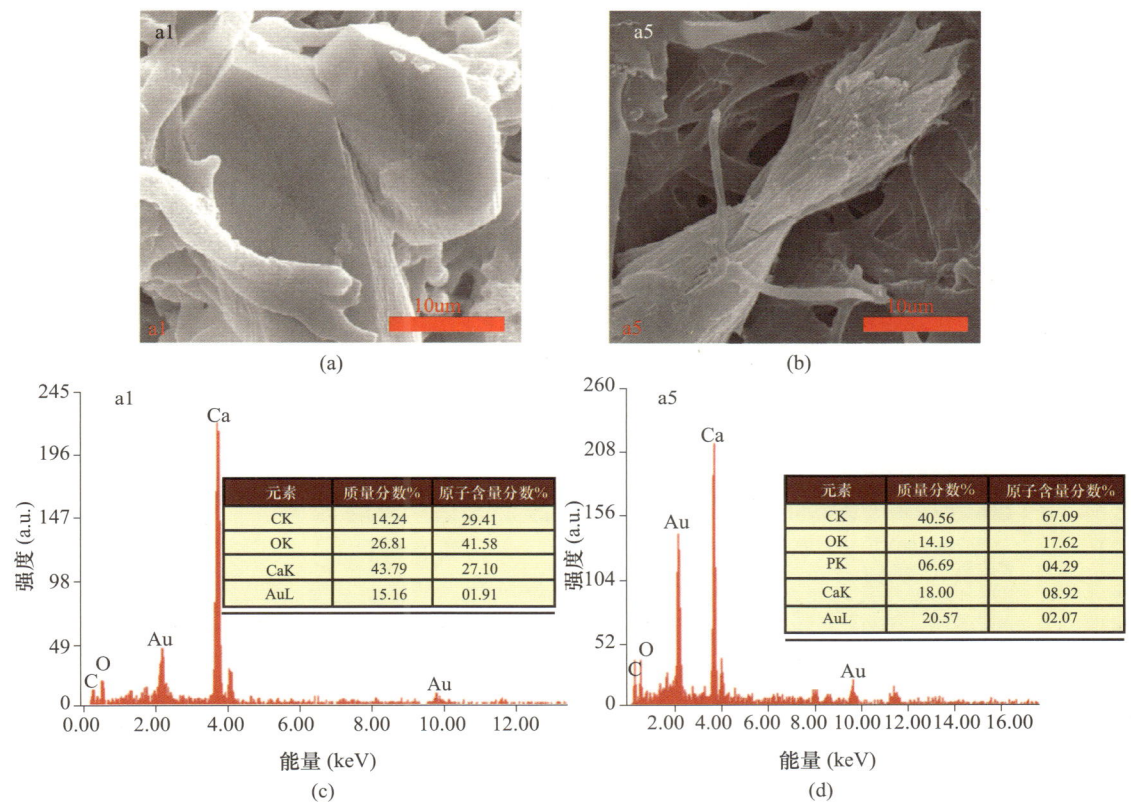

图 8.3.12 不同钙源诱导形成晶体的 SEM-EDS 分析

XRD 检测显示这些 a1、a5 中的矿物均为碳酸钙（图 8.3.13），但 a1 中包含方解石和球霰石两种晶型，而 a5 仅由方解石组成。

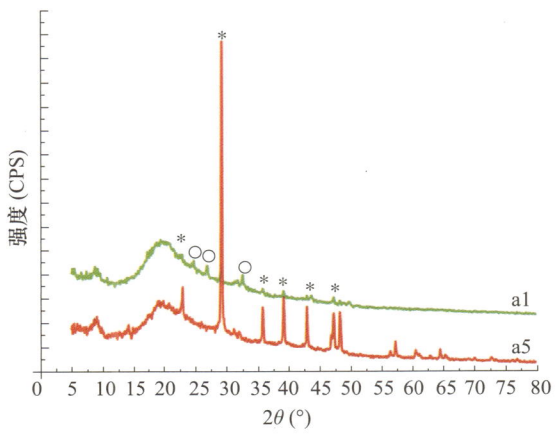

图 8.3.13 不同钙源诱导形成晶体的 XRD 分析
*—方解石特征峰；o—球霰石特征峰

以上结果说明乙酸钙和 $Ca(OH)_2$ 能够影响尖孢炭疽，促使其诱导碳酸钙的形成，但这并不能说明 Ca^{2+} 来源的差异影响了碳酸钙的结晶。相比于 $CaCl_2$，乙酸钙和 $Ca(OH)_2$ 不仅提供了充足的

Ca^{2+}，还增加了培养液中有机碳源的浓度或提高了溶液的 pH，可见仅仅提供足量的 Ca^{2+} 并不能促使尖孢炭疽诱导合成碳酸钙。此外，$CaSO_4$ 组中并未发现碳酸钙结晶，说明尖孢炭疽不利用硫酸盐还原途径来诱导碳酸钙的形成。

b. 碳源对碳酸钙结晶的影响。

d1～d7 分别以甲酸、丙酸、α-酮戊二酸、乳酸、琥珀酸、草酸、柠檬酸作为尖孢炭疽生长代谢所需的有机碳源，来检测其是否会对碳酸钙结晶产生影响。通过 SEM 观察发现，除了草酸盐（d6），其余有机酸盐培养的尖孢炭疽菌丝体中均发现了矿物结晶，并且这些结晶都含有 Ca、C、O 三种元素（图 8.3.14）。

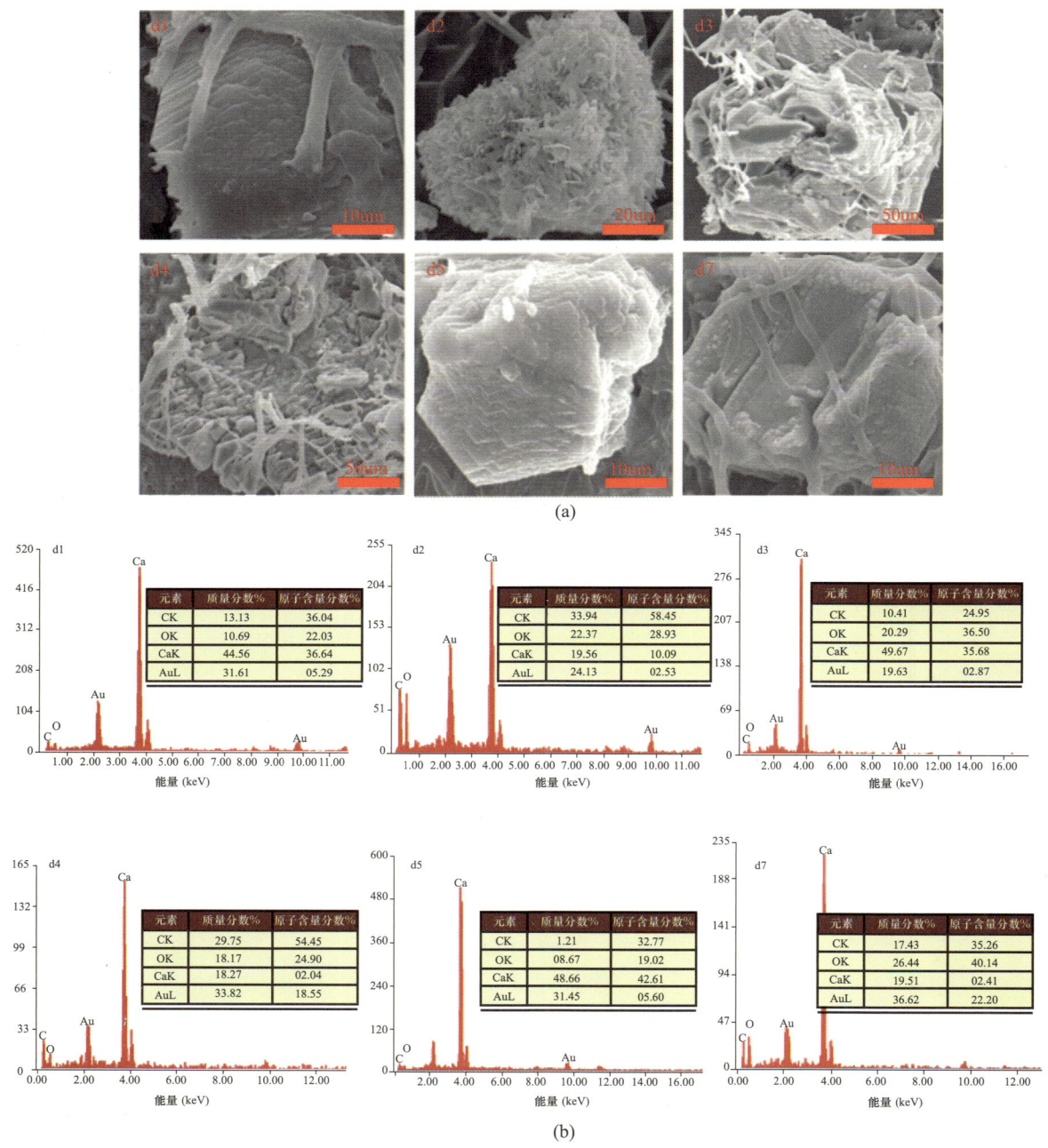

图 8.3.14　不同有机酸碳源诱导形成晶体的 SEM-EDS 分析

XRD 结果显示（图 8.3.15），除 d2 外，矿物结晶均由碳酸钙组成，且只有方解石这一种晶型。虽然 d2 中发现了包含 Ca、C、O 的矿物结晶，但 XRD 并未检测到任何晶体存在，结合晶体的外观形态，认为尖孢炭疽在丙酸盐的影响下，诱导生成了无定形碳酸钙，由于其没有晶体结构，所以并不能被 XRD 检测出来。草酸盐（d6）中并未发现碳酸钙结晶，这表明草酸盐不能促使尖孢炭疽诱导碳酸钙的产生，并且经过称量，草酸钙在培养前后质量并未发生明显变化，说明尖孢炭疽也不能利用、分解草酸钙。

在 b 组培养基中，b1 的碳源来自乙酸根（有机碳）、葡萄糖（无机碳）以及酵母提取物（提供少量有机碳）；b2 的碳源来自乙酸根和酵母提取物；b3 的碳源来自葡萄糖和酵母提取物；

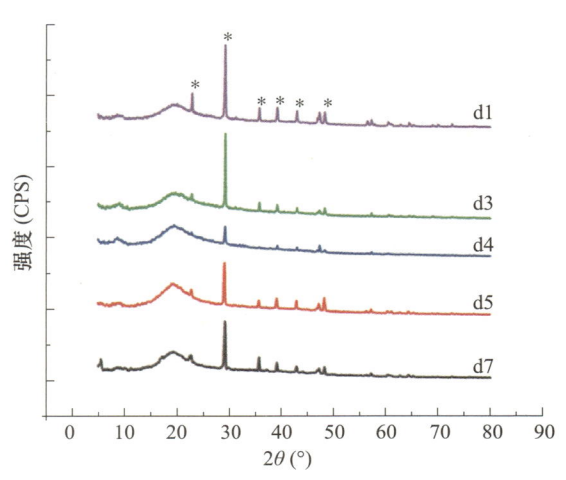

图 8.3.15　不同有机酸碳源诱导形成晶体的 XRD 分析

*—方解石特征峰

b4 的碳源仅来自酵母提取物。除 b3 外，其余 3 组的菌丝体中均发现了矿物结晶（图 8.3.16）。XRD 分析发现（图 8.3.17），b1、b2 内的碳酸钙由方解石和球霰石组成，而 b4 内的晶体仅含有方解石。这说明尖孢炭疽对乙酸根代谢过程中所分泌的代谢产物能够抑制球霰石向方解石转化。此外，b3 的结果说明尖孢炭疽对无机碳的代谢分解不能诱导碳酸钙的形成，而 b4 结果显示低碳环境并不影响尖孢炭疽诱导碳酸钙的形成，并且在低碳环境下，尖孢炭疽仍能很好地生长繁殖。

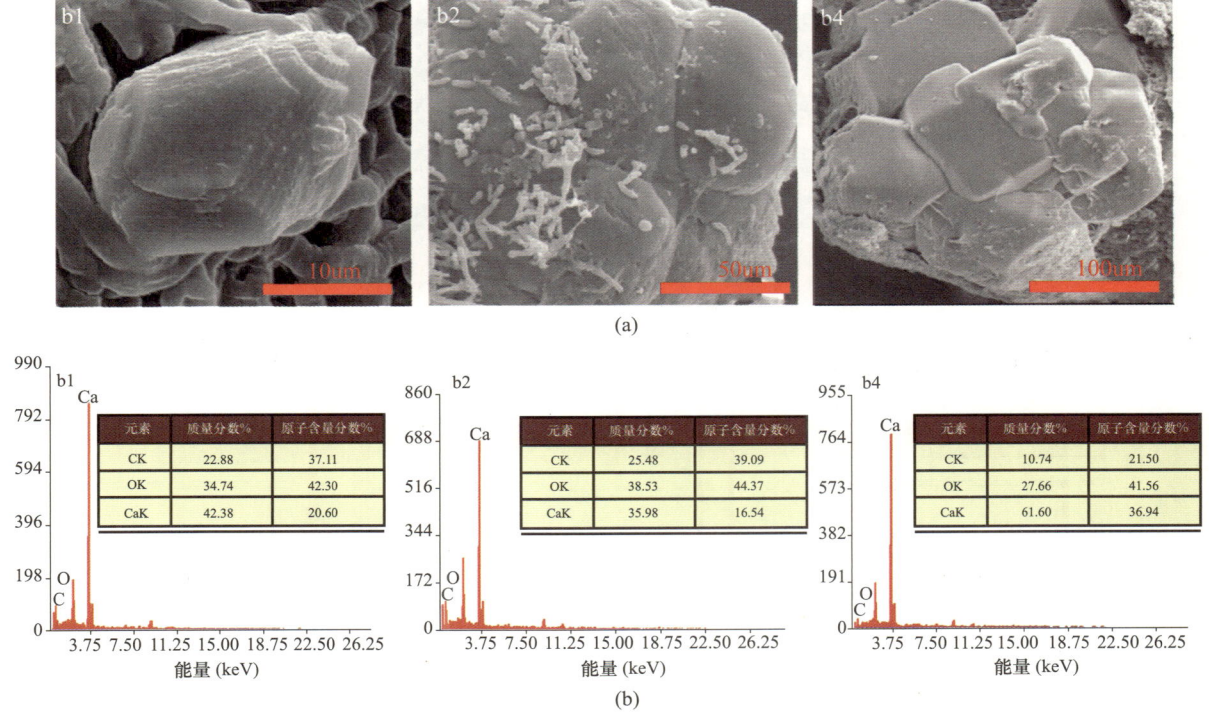

图 8.3.16　不同碳源组成诱导形成晶体的 SEM-EDS 分析

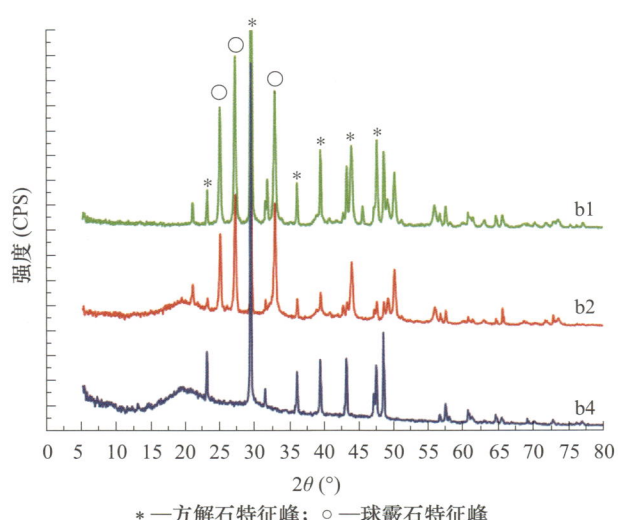

* —方解石特征峰；○ —球霰石特征峰

图 8.3.17　不同碳源组成诱导形成晶体的 XRD 分析

c. 氮源对碳酸钙结晶的影响。

a3 培养基中，除了酵母提取物提供有机氮源，也添加了尿素作为无机氮源。a8、a9 培养基中以硝酸盐作为尖孢炭疽生长的氮源。培养的菌丝体经 SEM 观察，发现均有晶体存在（图 8.3.18）。其中 a3 内的晶体呈块状，a8、a9 中的晶体表现出由片状晶体组成的簇状形态。EDS 显示，a3 晶体中的元素组成为 Ca、C、O，但是 a8、a9 中的晶体除以上 3 种元素外，还多了一种元素 P。

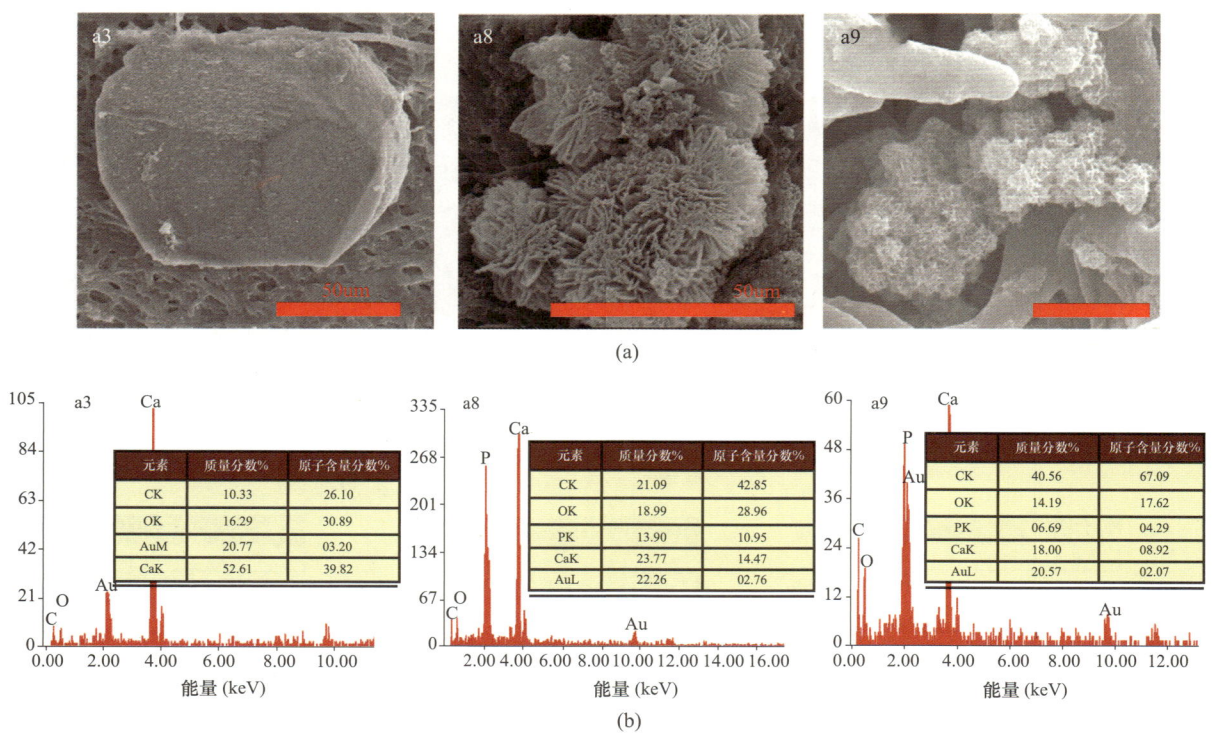

图 8.3.18　不同氮源诱导形成晶体的 SEM-EDS 分析

XRD 显示，a3 诱导形成的晶体为碳酸钙，而 a8、a9 中富含 P 元素的晶体为羟基磷灰石（图 8.3.19）。

比较 a2、a3 的结果，尿素的添加使得碳酸钙在尖孢炭疽的诱导下沉淀出来，但由于尿素的加入也改变了培养基的初始 pH，所以并不能说明尿素对碳酸钙的结晶有直接相关的联系。a8、a9 出现了新的结晶-羟基磷灰石，结合培养基的组成，磷酸根的存在应该是导致这一结果的原因。为了消除这一影响，将 a8 培养基组分中的磷酸盐去除，在培养所得的菌丝体中，并未发现有矿物结晶的存在。此外，通过去除培养基中的氮源，尝试营造一个低氮的环境状态，但是发现尖孢炭疽生长十分缓慢，7d 后仅发现少量肉眼可见菌丝。可见氮源虽然对尖孢炭疽诱导碳酸钙生成没有太大影响，但对尖孢炭疽的生长繁殖至关重要。

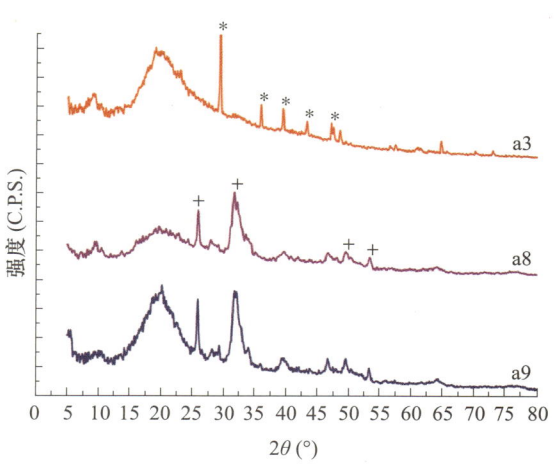

图 8.3.19 不同氮源诱导形成晶体的 XRD 分析

*—方解石特征峰；+—羟基磷灰石特征峰

d. pH 对碳酸钙结晶的影响。

a3、a5 中碱性物质的加入，使培养基的初始 pH 呈碱性，在培养尖孢炭疽以后，发现了菌丝体中碳酸钙的形成。为了验证 pH 对碳酸钙结晶的影响，通过 NaOH 将培养液的初始 pH 分别调整为 7（c1）和 8（c2）。另外，通过盐酸将 a3 培养液的初始 pH 从 8 降为 7（c3）。

a3、c2 两种碱性培养基中，尖孢炭疽生长繁殖的菌丝体中发现了仅由方解石一种晶型组成的碳酸钙结晶（图 8.3.20～图 8.3.22）。而与之相对应的中性培养基 c1、c3，所培养出的尖孢炭疽菌丝体中，并没有发现晶体的存在。这说明，碱性环境能够促进尖孢炭疽诱导生成碳酸钙，并且尖孢炭疽并不能通过对尿素的代谢利用促进碳酸钙的合成。

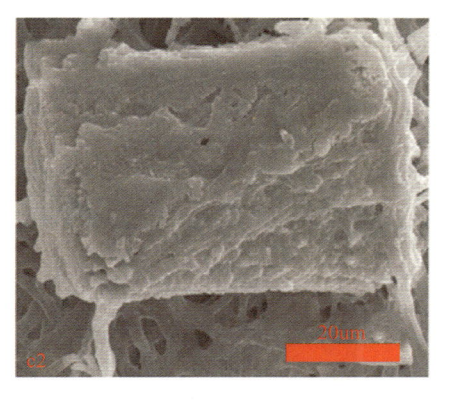
(a)

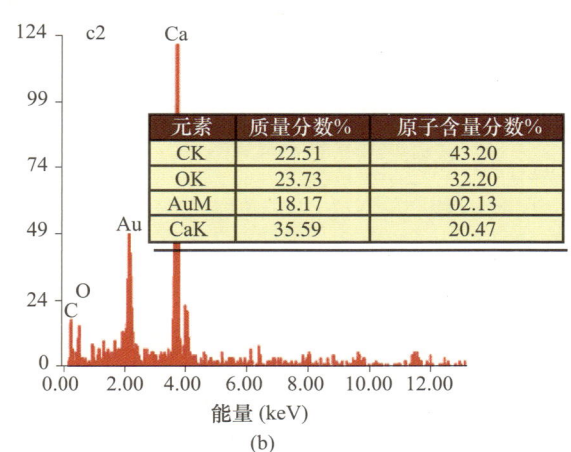
(b)

图 8.3.20 碱性条件下（NaOH）诱导形成晶体的 SEM-EDS 分析

综合以上结果，能够促使尖孢炭疽诱导碳酸钙形成的条件包括：有机酸的加入、pH≥8、磷酸根的加入、低碳环境，只要满足其中任何一个条件，就能在尖孢炭疽菌丝体中发现晶体的存在。

e. 真菌诱导碳酸钙结晶的代谢过程监测。

通过对 b 试验组尖孢炭疽培养液中 pH，钙离子浓度，有机酸代谢利用等信息的检测，分析尖孢炭疽诱导碳酸钙形成过程中的代谢活动。

图 8.3.22 显示，尖孢炭疽分别在 b1~b4 培养液中培养 7d 的过程中，培养液的 pH 总体趋势是升高的。其中，对比 b1、b3 两组 pH 的变化可以发现，尖孢炭疽对乙酸根的代谢过程能够产生大量的 OH^-，使培养液的 pH 从 6 上升到 8（b1），而对葡萄糖的利用却不会导致培养液的 pH 产生如此明显的升高（b3）。b1、b2 间 pH 的差异说明尖孢炭疽优先分解利用葡萄糖这种更易利用的碳源。此外，b3 培养液中的 pH 在前三天逐渐降至 4，随后升高到 7，这可能与酸性代谢物的分泌和代谢有关。b4 虽然处于低碳状态，但培养液中的 pH 变化趋势与 b2 无显著区别，这暗示尖孢炭疽能够将自身代谢的有机酸作为碳源，为自身的生长发育提供能量。

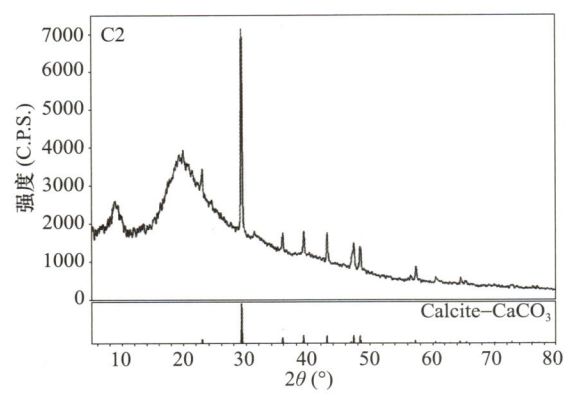

图 8.3.21 碱性条件下（NaOH）诱导形成晶体的 XDR 分析

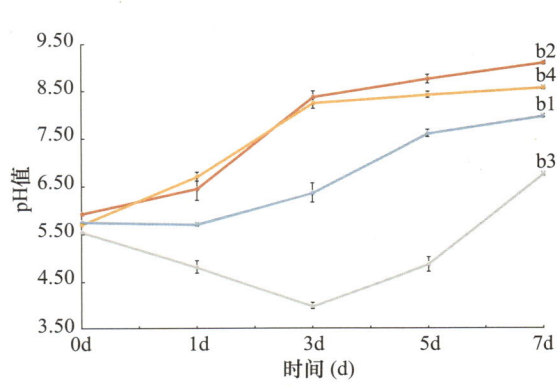

图 8.3.22 不同培养条件下，尖孢炭疽培养液中的 pH

在 Ca^{2+} 浓度变化的监测中，b1、b3 的 Ca^{2+} 浓度几乎没有太大的改变。但是 b1 培养液培养出的菌丝体内发现了碳酸钙结晶，造成这一现象的原因可能是由于葡萄糖存在使得乙酸根代谢减少，未营造出一个更好的碳酸钙结晶环境；或是由钙离子电极的测量误差引起的。b2 和 b4 内的 Ca^{2+} 浓度在 7d 的培养过程中，发生了显著的下降。其中 b2 从 $5.41×10^3$（乙酸钙中的钙离子并未完全电离）降到了 $8.42×10^1$，b4 从 $7.16×10^3$ 降到 $3.32×10^3$。虽然 b2、b4 溶液中的 pH 变化类似，但从 Ca^{2+} 浓度来看，b2 诱导产生的碳酸钙更多，说明可利用有机碳源的数量能够影响尖孢炭疽诱导生成的碳酸钙的数量。

通过高效液相色谱分析 b4 组第 1 天和第 3 天的培养液（图 8.3.23），第 1 天共发现了 4 个峰，其保留时间分别为 5.71min，7.02min，7.57min 和 10.32min。而第 3 天的培养液仅剩 3 个峰，保留时间分别为 5.17min，7.57min 和 10.09min。选取乙酸、乳酸、柠檬酸、琥珀酸和 α-酮戊二酸的标准液作为对照组，它们的保留时间分别为 11.80min，9.66min（21%）、10.08min（79%），6.98min，9.62min 和 7.83min。通过与标准液的对比，认为第 1 天的培养基内含有柠檬酸和 α-酮戊二酸，第 3 天内包含 α-酮戊二酸和乳酸，并且相比于第 1 天，α-酮戊二酸的浓度明显下降。这说明尖孢炭疽在生长代谢过程中代谢利用了柠檬酸和 α-酮戊二酸，并能够分泌乳酸。

f. 生物矿化菌与碳酸钙的生物腐蚀。

a6、a7 组培养尖孢炭疽 7d 后，称取剩余的碳酸钙质量，计算出碳酸钙的损失量（图 8.3.24）。对照组为碳酸钙在水中的溶解损失。与对照组相比，胶孢炭疽在碳源充足的情况下（a6），能够加速碳酸钙的腐蚀溶解。而当碳源不足时（a7），尖孢炭疽的代谢活动反而会抑制碳酸钙的溶解。这意味着，在野外岩石表面这一营养相对缺乏的环境下，尖孢炭疽可能不仅不会腐蚀碳酸岩，反而会对其有一定的保护作用。

Acetic Acid　　　　　　　　　　　　　　　　GPCV Results

	Sample Name	Name	Retention Time	Mn	Mw	MP	Polydispersity	% Area	Mz+1	Mz	Area	% Amount
1	yisuan–100mg/mL		11.803					100.00			175406149	

Succinic Acid　　　　　　　　　　　　　　　GPCV Results

	Sample Name	Name	Retention Time	Mn	Mw	MP	Polydispersity	% Area	Mz+1	Mz	Area	% Amount
1	dingersuan–1mg/mL		9.628					100.00			2986193	

α–Ketoglutaric Acid　　　　　　　　　　　　GPCV Results

	Sample Name	Name	Retention Time	Mn	Mw	MP	Polydispersity	% Area	Mz+1	Mz	Area	% Amount
1	ertongwuersuan–100mg/mL		7.834					100.00			371616138	

Citric Acid　　　　　　　　　　　　　　　　GPCV Results

	Sample Name	Name	Retention Time	Mn	Mw	MP	Polydispersity	% Area	Mz+1	Mz	Area	% Amount
1	ningmengsuan–100mg/mL		6.987					100.00			360480866	

Lactic Acid　　　　　　　　　　　　　　　　GPCV Results

	Sample Name	Name	Retention Time	Mn	Mw	MP	Polydispersity	% Area	Mz+1	Mz	Area	% Amount
1	rusuan–100mg/mL	Peak1 410	9.663					20.67			56557865	
2	rusuan–100mg/mL	Peak2 410	10.079					79.33			217064769	

The First Day　　　　　　　　　　　　　　　GPCV Results

	Sample Name	Name	Retention Time	Mn	Mw	MP	Polydispersity	% Area	Mz+1	Mz	Area	% Amount
1	LTX–4–1d		5.717					81.41			3358908	
2	LTX–4–1d		7.022					2.22			91556	
3	LTX–4–1d		7.571					7.82			322808	
4	LTX–4–1d		10.320					8.54			352426	

The Third Day　　　　　　　　　　　　　　　GPCV Results

	Sample Name	Name	Retention Time	Mn	Mw	MP	Polydispersity	% Area	Mz+1	Mz	Area	% Amount
1	LTX–4–3d		5.716					90.98			3428584	
2	LTX–4–3d		7.573					6.94			261503	
3	LTX–4–3d		10.094					2.08			78465	

图 8.3.23　低碳情况下，$CaCl_2$ 培养液中 1d、3d 有机酸的高效液相色谱分析

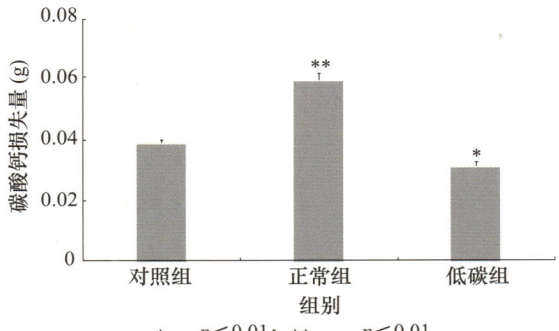

* —— $p<0.01$；** —— $p<0.01$

图 8.3.24　尖孢炭疽侵蚀后的碳酸钙损失量

(9) 讨论

① "白斑"病害评估

通过对飞来峰造像"白斑"病害样品进行的显微观察以及对其进行的元素和成分分析，认为"白斑"病害是碳酸钙在岩石基质表面重新沉积所形成的矿物结壳。从结构来看，"白斑"可分为两层：由绿色生物混合而成的白绿色表层以及纯白色的内层。白色内层与岩石基质结合相对紧密，显微结构观察没有显著差异。而表层由于生物的存在，微观结构明显稀疏，并且与内层结合得并不牢固。从性质上看，"白斑"一定程度上降低了岩石基质原本的渗透性。综合以上结果，虽然"白斑"的出现改变了飞来峰造像岩石基质的物理性质，但对岩石结构的稳定性并不会造成太大的影响。从危害程度来看，目前"白斑"病害的存在主要引起了文物在美学价值方面的损害，并且覆盖面积广，有进一步发展的可能，应归属于中度文物病害。但由于"白斑"与岩石基质结合相对紧密（特别是内层），且其成分与岩石基质一致，基于文物保护的原则，在对现有"白斑"进行清除时，需要慎重。

② 真菌在诱导"白斑"形成中的作用

在培养从"白斑"病害中分离出的10种不同属的真菌（曲霉属、木霉属、青霉属、拟盘多毛孢属、二孢属、刺盘孢属、肉座菌属、裂褶菌属等）的过程中，通过提供碳酸钙结晶所需的充足钙离子，来检测这些真菌是否能够参与诱导碳酸钙沉淀的过程。最终发现青霉属、曲霉属和刺盘孢属的真菌，草酸青霉、黑曲霉、尖孢炭疽以及胶孢炭疽能够通过自身代谢活动，利用钙离子在其菌丝体周围诱导形成矿物晶体。其中草酸青霉和黑曲霉诱导沉淀的矿物为草酸钙，而尖孢炭疽和胶孢炭疽会导致碳酸钙沉淀。

生物矿化是自然界中一种十分普遍的现象，多种生物都能够诱导矿物的形成。近年来，随着研究的深入，人们对生物矿化产物种类的多样性和生物矿化过程的认识都得到了进一步加深。目前发现的60余种生物诱导产生的矿物里，大约有三分之二属于钙盐，而碳酸钙就是其中较常见的一类。微生物（尤其是细菌）被认为在促使碳酸钙沉淀过程中发挥着重要的作用。目前认为与诱导碳酸钙沉淀相关的微生物主要是藻类和细菌。真菌作为生物界中很大的一个类群，虽然被认为是促进草酸钙沉淀形成的主要类群，但却很少有学者关注它们是否能够诱导碳酸钙的形成。从目前的报道来看，仅有少量真菌被报道具有诱导碳酸钙沉淀的作用，包括尖孢镰刀菌（*Fusarium oxysporum*）、头束霉［*Cephalotrichum（syn. doratomyces）sp.*］、曲霉（*Aspergillus sp. UF3*）、拟盘多毛孢菌（*Pestalotiopsis sp.*）、漆斑菌（*Myrothecium gramineum*）等几种，真菌在诱导碳酸钙形成中的作用被严重低估了。本研究新发现了一种能够诱导碳酸钙沉淀的真菌-刺盘孢属（尖孢炭疽、胶孢炭疽）。这说明刺盘孢属应该是造成飞来峰造像"白斑"病害的一类致病微生物。

草酸是生物体中一种常见的代谢产物，它能够由多种微生物（特别是真菌）合成和分泌。草酸的酸性强于碳酸，因此它能与碳酸钙发生化学反应，最终形成草酸钙。草酸钙形成的矿物结壳在一些由碳酸盐岩制成的风化石质文物表面经常会被发现，而微生物尤其是真菌代谢分泌产生的草酸是造成这种结果的主要原因。相比于碳酸钙，草酸钙的稳定性更好，对外界环境的耐受性也更佳。在飞来峰造像"白斑"病害中分离鉴定出青霉属和曲霉属两类能够分泌草酸的真菌。它们在岩石表面生长繁殖过程中分泌代谢的草酸与碳酸盐岩发生反应，最后生成草酸钙。然而，通过对采集自不同区域"白斑"样品的成分分析，并没有发现草酸钙的存在。虽然草酸钙能够受热分解成碳酸钙，但飞来峰造像地区的环境温度并不足以诱发这一反应。本研究从飞来峰造像采集的"白斑"样品中，分离鉴定出了假单胞菌属和甲基杆菌属细菌。Li等通过高通量测序技术对飞来峰造像微生物群落结构组成进行鉴定，发现这两种细菌在该地分布广泛、数量众多。因此，它们对草酸钙的代谢利用，可能是导致"白斑"病害中未检测到草酸钙的原因。此外这些细菌利用草酸钙进行生长繁殖过程中，又能够生成新的次生矿物——碳酸钙，这又在一定程度上促进了"白斑"的形成和积累。

综上所述，真菌在飞来峰造像"白斑"的形成中也发挥着重要作用，既可以通过与多种细菌的配合，以草酸钙作为中间产物，促使碳酸钙在岩石表面重新沉积；也可以通过真菌的生长代谢作用，直接导致碳酸钙结晶沉淀。本研究的结果，不仅进一步丰富了诱导碳酸钙结晶的真菌谱系，也再一次证明了在诱导碳酸钙沉淀的微生物中，真菌也发挥着重要作用。

③ 真菌诱导碳酸钙形成机理

微生物诱导碳酸钙沉淀是自然界碳素循环中的重要组成部分，此外地质环境的形成过程（如自然界的沉积变化、成岩作用以及某些沉积矿床的形成等），微生物都是主要的作用者或参与者；微生物诱导碳酸钙沉淀的过程能够将大气中的 CO_2 固定下来，改善空气质量；同时，经微生物诱导形成的碳酸钙被认为是一种新型经济环保的加固材料，既可以用于加固不良土体，又能够修复因自然老化或风化作用侵袭造成的局部损伤，对石材、水泥基材料或不可移动文物进行表面防护。基于以上优势，微生物诱导碳酸钙沉淀得到了人们广泛而深入的研究。

微生物诱导碳酸钙形成的机理可以概括为四种途径：①光合作用途径；②硫酸盐还原途径；③有机酸分解途径；④以尿素水解为主的氮素循环途径。碳酸钙沉淀是一种化学过程，它的发生主要受到四种因素的影响，分别为钙离子浓度、pH、溶解的无机碳的浓度以及成核位点。根据以上微生物诱导碳酸钙形成的四种途径可以发现，微生物可以通过多种不同的生理反应，使环境中的 pH 增加，呈现碱性状态。碱性环境的出现，导致 CO_2 溶解度增大，溶液中溶解的无机碳（CO_3^{2-}、HCO_3^- 等）增多。CO_2 既可以来自空气，也可以由微生物的呼吸代谢产生。此外，微生物引起环境 pH 升高的反应通常也会产生一定量的可溶无机碳。因此，一旦微生物通过自身的代谢反应营造出碱性环境，用于碳酸钙产生的可溶无机碳的浓度便是充足的。此外，微生物的细胞壁或者其分泌形成的 EPS 通常包含许多带负电的基团，在中性环境中，带正电的钙离子就可以与其结合，为碳酸钙的结晶提供成核位点。可见，虽然诱导碳酸钙沉淀的过程中，微生物涉及碳酸钙结晶的多种因素，但是它的主要作用是通过代谢反应营造一个适宜碳酸钙结晶的碱性环境。

本研究结合影响碳酸钙合成的四种因素和细菌诱导碳酸钙形成的机理，分别从钙源、碳源、氮源、pH 等方面探究了尖孢炭疽（刺盘孢属）诱导碳酸钙沉淀的机理。首先，尖孢炭疽是化能异养菌，不能通过光合作用途径诱导碳酸钙的形成。此外，通过将该真菌与硫酸盐共同培养，并未在菌丝体中发现碳酸钙存在，这说明尖孢炭疽也不能通过硫酸盐还原途径诱导碳酸钙的形成。其次，在富含钙离子（氯化钙提供）的培养基中，通过添加氨基酸（酵母提取物）或硝酸盐（察氏培养基）等方式，培养出的菌丝体中也未发现矿物结晶的存在，说明尖孢炭疽不能通过氨化作用或硝酸盐还原的途径诱导碳酸钙的形成。尿素水解是细菌中最常见的一种微生物诱导碳酸钙生成的机制，但在本研究中，虽然在培养基中添加尿素后，菌丝体中出现了碳酸钙沉淀，但这是由于尿素的添加提高了培养液的 pH。将培养液的初始 pH 降到 7 时，即便有尿素的存在，也未在菌丝体中发现矿物结晶。这说明尖孢炭疽没有水解尿素的能力，但是碱性环境能够诱导碳酸钙的生成。随后通过分别使用 NaOH（c2）和 Ca(OH)$_2$（a5）将培养液的初始 pH 提升到碱性，也均发现了碳酸钙沉淀，进一步验证了碱性环境可以促进微生物诱导碳酸钙沉淀的结论。

综上所述，尖孢炭疽诱导碳酸钙沉淀的条件为有机酸作为碳源、环境 pH≥8 或者处于低碳环境，主要的机制是分解利用有机酸或有机酸盐，提高菌体周围环境的 pH，使其达到一个碱性环境，从而促使碳酸钙在菌体周围结晶。

④ 真菌诱导形成的碳酸钙的特征

根据微生物诱导碳酸钙形成的机理，碳酸钙沉淀所需的钙离子来自环境中游离的钙离子。对飞来峰造像来说，石质文物基质的主要成分为碳酸钙，在微生物的化学腐蚀作用下可以产生丰富的钙离子。从侧面反映出，当"白斑"出现时，飞来峰造像的碳酸盐岩基质已受到微生物的腐蚀分解。

刺盘孢属是本研究首次发现的与"白斑"形成有关的真菌，它属于丝状真菌，因此在生长过程中会通过菌丝对岩石基质造成物理破坏。通过半透膜将尖孢炭疽与碳酸钙隔离，这样既避免了菌丝对碳酸钙进行破坏，又能够观察真菌代谢活动对碳酸钙的影响。当尖孢炭疽在碳源充足时，碳酸钙质量明显下降；而在低碳环境下，尖孢炭疽反而抑制了碳酸钙的溶解流失。结合 b3、b4 试验组中 pH 的变化，认为碳酸钙的流失源于真菌分泌的酸性物质对其进行的化学腐蚀。低碳环境下，虽然尖孢炭疽也能产生有机酸，但真菌又会迅速将这些有机酸分解利用，并营造一个碱性的环境，从而避免了碳酸钙的腐蚀分解。野外岩石表面对生物来说是一种低营养的环境，因此定殖其上的尖孢炭疽不能够依靠自己来获取碳酸钙结晶所需的钙离子，"白斑"的形成是多种微生物协同作用的结果。

微生物诱导产生的碳酸钙是多种多样的，既包括微观形态多样性，也涉及结构多样性。对人工合成的碳酸钙而言，其微观形态表现出纤维状、立方体、针状、链状、球状、板状等多种不同的形状。搅拌强度、二氧化碳浓度、pH、温度、晶型控制剂种类和加入时间等是引发这一结果的原因。在本研究中，通过调整培养基组成成分或真菌培养状态（静置或振荡），发现尖孢炭疽诱导产生的碳酸钙在形态上也是多样的。这一结果将为今后尖孢炭疽的应用提供丰富的参考资料。

碳酸钙共存在 6 种不同的结构形式，包括三种无水结晶：方解石、球霰石、文石；两种水合结晶：单水碳酸钙、六水碳酸钙；以及非结晶相的无定形碳酸钙。除了方解石，其余结构在自然界中均不稳定，若无其他因素干预，最终都会转变为方解石。在微生物诱导形成的碳酸钙中，最常见的结构是方解石和球霰石，文石、单水碳酸钙以及无定形碳酸钙也有少量发现。本研究通过不同培养条件促使尖孢炭疽合成的碳酸钙中，发现了两种不同的晶型：方解石和球霰石。其中，球霰石仅出现在含有乙酸盐的培养基中，这表明尖孢炭疽在乙酸盐代谢过程中产生的代谢产物能够抑制球霰石向方解石转化，并加强球霰石在环境中的稳定性。镁离子被认为能够促进球霰石转化为方解石，同时氧化镁也是飞来峰造像岩石基质的组成成分之一。在含乙酸盐的培养基中加入镁离子，发现最终沉淀出的碳酸钙全部为方解石，这说明镁离子促进球霰石转化的能力要强于尖孢炭疽代谢产物在碳酸钙晶型转化中的作用，这也为"白斑"样品中未发现球霰石的结果提供了依据。另外，在含丙酸盐的培养基中发现了含有 Ca、C、O 元素的矿物，但并未鉴定出它的晶型结构。根据它的微观结构，认为这是一种无定形碳酸钙，说明尖孢炭疽分解丙酸的过程能够加强无定形碳酸钙的稳定性。

本研究通过在尖孢炭疽的培养基中添加磷酸盐，发现最终沉淀出的矿物为羟基磷灰石而非碳酸钙。Turner 等通过对荧光假单胞菌诱导羟基磷灰石的研究，认为细菌在这一过程的主要作用是通过代谢活动提高环境 pH。这与微生物诱导碳酸钙的机理是一致的，本研究的发现也验证了这一点。同时，相比于碳酸钙，羟基磷灰石结晶所需的环境 pH 更低，并能够优先结晶沉淀，因此才会在最终的矿化产物中没有碳酸钙的存在。

⑤ "白斑"病害成因分析

通过对飞来峰造像"白斑"样品进行鉴定，我们认识到"白斑"病害是碳酸钙在文物表面沉积所形成的矿物结壳。在石质文物常见的病害类型中，水锈结壳和表面泛盐也可以是由碳酸钙沉积所引起。这两种病害的形成大多是溶于水中的碳酸钙在文物表面重新结晶，属于物理过程，因此水锈结壳通常会沿水流痕迹分布，表面泛盐外观则会呈现出盐霜状。这些特征与"白斑"斑点状散在分布，表面平整的特点不符。此外，通过对"白斑"横截面的观察，发现绿色生物体嵌合在"白斑"表层，并且从"白斑"中分离出的微生物也有诱导碳酸钙形成的能力。因此认定"白斑"是一种由微生物引起的生物风化病害。

有研究表明克洛氏菌、红色杆菌、鞘氨醇单胞菌、假诺卡氏菌、类诺卡氏菌、甲基杆菌等细菌在飞来峰造像区域广泛分布，并且克洛氏菌属、芽孢杆菌属、假单胞菌属中的部分菌株被证明具有诱导碳酸钙沉淀的能力。本研究发现的刺盘孢属真菌同样能够促进碳酸钙的形成。青霉属、曲霉属真菌虽然未发现合成碳酸钙的能力，但它们能够诱导形成草酸钙，在飞来峰造像常见的一种细菌——甲基杆菌的参与下，最终也能够引起碳酸钙的沉积。此外，经现场调查发现，"白斑"通常与耳叶苔属和鳞叶藓属等绿色苔藓同时出现，并且"白斑"中也嵌有绿色生物，这说明光合微生物也参与到"白斑"的形成。从微生物诱导碳酸钙沉淀的机理来看，微生物的主要作用是通过代谢活动提高周围环境的pH，碳酸钙结晶所需的钙离子需要从外界获取。无机酸、有机酸是微生物常见的一种代谢产物，碳酸钙是飞来峰造像岩石的主要成分，二者发生化学反应能够为钙化微生物提供充足的钙离子。这表明，虽然目前在飞来峰造像鉴定出的大多数微生物没有发现诱导碳酸钙沉淀的能力，但它们也可以通过自身的代谢活动参与到碳酸钙形成。

综上所述，飞来峰造像"白斑"病害是由岩石表面的多种微生物在生长繁殖过程中，互相协作、共同作用从而使碳酸钙在表面沉积引发的。

(10) 小结

本章针对飞来峰造像广泛存在的"白斑"病害进行详细调查分析，通过表征技术（SEM-EDS、XRD）和微生物培养技术相结合的方式，探讨了"白斑"病害的成分、结构特征及其形成原因，主要的结论如下：

① "白斑"病害是碳酸钙在岩石基质表面进行重新沉积所形成的矿物结壳。它分为两层：表层呈白绿色且结构疏松，为碳酸钙与绿色生物体混合体；内层呈白色，结构致密。

② 刺盘孢属是本研究新发现的一类能够诱导碳酸钙沉淀的真菌，它的作用机理是：利用有机酸作碳源，通过将其代谢分解，营造出适宜碳酸钙结晶的碱性环境，从而诱导碳酸钙沉淀。微生物分泌的大多数有机酸都可以作为刺盘孢属的碳源，而且在低碳环境下，刺盘孢属真菌还能够通过分泌、代谢自身产生的有机酸进行生长繁殖，并导致碳酸钙沉淀。

③ 飞来峰造像表面的"白斑"属于微生物病害，它是由多种微生物协同作用引起的，形成过程为：微生物分泌有机酸或无机酸溶解岩石基质，获得充足的钙离子；钙化微生物通过光合作用、有机酸分解代谢、尿素水解等途径，营造碱性环境，增加溶解的无机碳浓度；最终钙离子、溶解无机碳在细胞表面成核并沉积，随着碳酸钙的积累，岩石表面出现"白斑"病害。可见，"白斑"的出现表示飞来峰造像岩石基质遭受了微生物引发的化学腐蚀，而该地区适宜的环境条件利于微生物的生长繁殖，这将使飞来峰造像中的石质文物受到微生物的持续腐蚀和破坏。因此，需要采取措施对该病害进行防治。

8.4 石质文物微生物病害防治策略研究——以飞来峰微生物病害治理为例

8.4.1 材料和方法

(1) 试验对象

① 试验菌株

选择"白斑"样品中分离出的生物矿化真菌 FLF59-Fc（黑曲霉）、FLF59-Fg（草酸青霉）、FLF67-Fa（尖孢炭疽），以及被证实能够诱导碳酸钙形成的矿化细菌 FLF67-Ba（假单胞菌）作为试验菌株，评估不同化学抗菌剂对飞来峰造像微生物病害的防治效果。

将选定的保存于-20℃的4株微生物菌株置于4℃解冻，通过于PDA培养基中培养使其活化。制作菌悬液，并通过平板计数法将每种细菌、真菌的浓度调整到$1×10^8$CFU/mL，4℃保存备用。

② 候选抗菌剂

选择纳米铜、纳米氧化锌、纳米二氧化钛（锐钛型）等三种无机抗菌剂，苯扎氯铵（季铵盐类）、辛噻酮（异噻唑啉酮类）、戊唑醇（三唑类，抑制细胞膜中麦角甾醇合成）、噻苯咪唑（苯并咪唑类）四类杀菌机理不同的有机抗菌剂作为作为治理飞来峰造像微生物病害的候选抗菌剂。此外，本研究还选取了两种分别以苯扎氯铵和辛噻酮作为有效成分的商业抗菌剂ACTICIDE® 50 X (A)和AW-600，与上述7种抗菌剂共同评价对飞来峰造像微生物病害的治理效果。

（2）试验试剂

2-辛基-4-异噻唑啉-3-酮（辛噻酮，98%），南京化学试剂；ACTICIDE® 50 X (A)，THOR专用化学品（上海）；MH液体培养基，杭州微生物试剂；百杀得AW-600，三博生化；苯扎氯铵，江苏艾康；噬菌灵（噻苯咪唑），罗恩试剂；戊唑醇（25%），盐城利民农化；纯丙乳液（固含量50%）、硅丙乳液（固含量50%），东联北方科技；Paraloid B72，美国Rohm & Haas中国公司；纳米铜（10~30nm），上海麦克林生化；纳米氧化锌（≤50nm、纳米二氧化钛（5~10nm），上海阿拉丁生化。

（3）最小抑菌浓度确定

最小抑菌浓度（minimal inhibit concentration，MIC）是指能够完全抑制微生物生长所需的最低药量，也就是微生物对该抗菌剂的敏感度。本研究结合琼脂稀释法和微量稀释法两种不同的方法来确定每种抗菌剂的MIC。使用MHA培养基培养真菌。

参考药品说明书，将ACTICIDE® 50 X (A)的最大使用浓度设为5%，其余有机抗菌剂的最大使用浓度均设定为1%（10mg/mL）；无机抗菌剂的最大使用浓度设定为1mg/mL。使用去离子水将各抗菌剂稀释到最大使用浓度后，于室温保存备用。

鉴于纳米氧化锌和纳米二氧化钛属于光催化型无机抗菌剂，确定这两种抗菌剂对所选微生物的MIC时，分别设置黑暗和日光灯照射两种培养条件。

（4）抗菌剂杀菌效力比较

使用抑菌圈法比较不同种类以及不同浓度抗菌剂之间的抑菌效能。使用打孔器制备直径为6mm的定性滤纸片，将其分别置于不同浓度的抗菌剂中浸泡1h，干燥后保存备用。制备无菌的MEA和MHA平板，吸取浓度为$1×10^8$CUF/mL的菌悬液100μL滴加到相应的平板上。涂抹均匀后，在平板上分别放置不同浓度的载药滤纸片。每种抗菌剂和每种浓度制备三个平行样。28℃培养4d后，使用游标卡尺测量抑菌圈的直径，如图8.4.1所示。

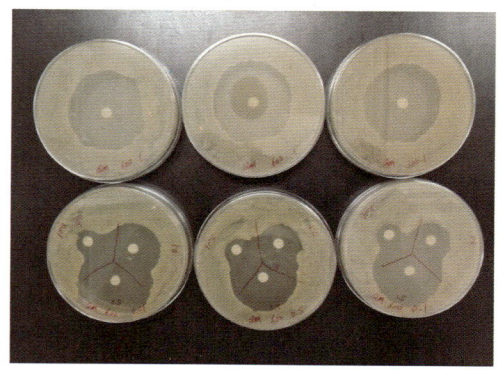

图8.4.1　不同浓度抗菌剂的抑菌圈比较

（5）微生物现场清理试验

在飞来峰造像"白斑"病害发生区的无摩崖石刻表面开展抗菌剂的微生物现场清理试验（图8.4.2）。首先用刷子蘸取无菌水刷洗岩石表面，随后用无菌的脱脂棉清理，直至脱脂棉上无明显可见的污渍。将分别浸满无菌去离子水和相应抗菌剂的脱脂化妆棉（5cm×3cm）贴敷在清理过后的岩石表面，1h后将化妆棉揭取。分别于第1d、5d、10d、30d，使用灭菌棉签蘸取无菌去离子水，采集试验区域表面的微生物群落。采集的微生物样品溶于1mL无菌去离子水中，分别使用

MEA 平板和 MHA 平板进行微生物群落的培养（28℃，4d），观察抗菌剂对岩石表面微生物的清理效果以及抑菌效力的持续时间。

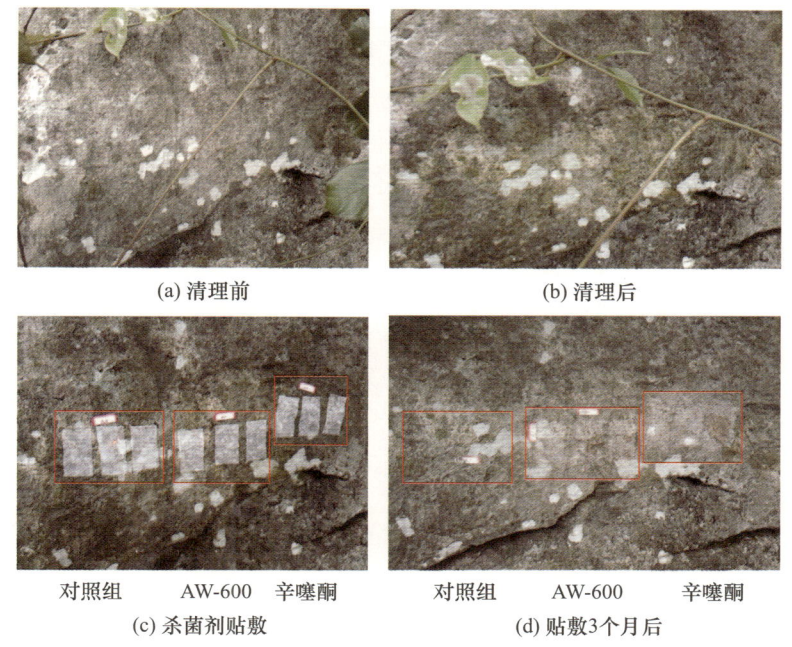

图 8.4.2　抗菌剂现场应用

（6）环境因素对抗菌剂持久性影响

① 热老化对抗菌剂效力的影响

将直径为 6mm 的滤纸片浸泡于相应浓度的抗菌剂中，1h 后取出，一部分直接放到已接种细菌或真菌的平板中。另一部分放到空白无菌培养皿中，置于 35℃ 烘箱中，分别于第 1d、3d、5d、7d、30d 取部分载药滤纸片放置到涂菌平板上。经 28℃ 培养 4d 后，使用游标卡尺测量每个平板中的抑菌圈直径。

② 水对抗菌剂效力的影响

直径为 6mm 的滤纸片于相应浓度的抗菌剂中浸泡 1h，35℃ 过夜烘干备用。将烘干的载药滤纸片浸泡于无菌去离子水中，10min 后取出，烘干备用，记为浸泡 1 次。重复上述试验，分别得到浸泡 2 次、3 次的载药滤纸片。将未浸泡，浸泡 1 次、2 次、3 次的载药滤纸片分别放置到涂布有细菌或真菌的平板上，28℃ 培养 4d，随后使用游标卡尺测量每个平板中的抑菌圈直径。

（7）抗菌剂抑菌耐久性改性试验

选择纯丙乳液、硅丙乳液和 B72 等具有疏水作用的加固剂加强抗菌剂与基质的结合能力。根据表 8.4.1 的组合，制备混合载药滤纸片，观察添加加固剂后，水对抗菌剂效力的影响效果。

表 8.4.1　混合抗菌剂组成

抗菌剂	加固剂	溶剂	抗菌剂浓度（%）	加固剂浓度（%）
AW-600	—	去离子水	0.5	1
	—	丙酮	0.5	1
	纯丙乳液	去离子水	0.5	1
	硅丙乳液	去离子水	0.5	1
	B72	丙酮	0.5	1

续表

抗菌剂	加固剂	溶剂	抗菌剂浓度（%）	加固剂浓度（%）
辛噻酮	—	去离子水	0.5	1
	—	丙酮	0.5	1
	纯丙乳液	去离子水	0.5	1
	硅丙乳液	去离子水	0.5	1
	B72	丙酮	0.5	1

注：—为未添加。

使用 R 语言（版本 3.5.1）进行统计学分析，双尾 T 检验用于比较相同浓度或处理时间、处理次数下，两种抗菌剂之间抑菌效力的差异。同一抗菌剂在不同浓度或处理状态下抑菌效力的比较，通过方差分析进行检验。以 $P<0.05$ 表示差异具有明显的统计学意义。

8.4.2 试验结果

（1）微生物对抗菌剂的敏感性

从表 8.4.2 和表 8.4.3 中可以发现，微生物对不同抗菌剂对敏感性是不同的，并且真菌和细菌对同一种抗菌剂对敏感性也存在差异。

表 8.4.2 显示了三种无机抗菌剂对不同微生物的最小抑菌浓度，纳米铜对真菌和细菌均具有良好的抑菌性能，MIC 都是 0.1mg/mL，表明该抗菌剂的抗菌谱系广泛。纳米氧化锌对黑曲霉和假单胞菌等真菌以及假单胞菌生长的抑制作用与纳米铜类似，MIC 也为 0.1mg/mL。但是，在本研究设定的最大浓度下，该抗菌剂对尖孢炭疽、草酸青霉等真菌没有抑菌效果，说明纳米氧化锌的抗菌谱系要比纳米铜窄。对纳米二氧化钛而言，试验选定的四种微生物对其均不敏感。此外，分别于光照和黑暗环境下观察了纳米氧化锌和纳米二氧化钛的抑菌效果，发现二者并无显著差异。

表 8.4.2 无机抗菌剂对不同微生物的 MIC

试验菌株	试验方法	抗菌剂（$mg \cdot mL^{-1}$）		
		纳米铜	纳米氧化锌	纳米二氧化钛
草酸青霉	微量稀释法	0.1	—	—
	大量稀释法	0.1	—	—
黑曲霉	微量稀释法	0.1	0.1	—
	大量稀释法	0.1	0.1	—
正尖孢炭疽菌	微量稀释法	0.1	—	—
	大量稀释法	0.1	—	—
假单胞菌属	微量稀释法	0.1	0.1	—
	大量稀释法	0.1	0.1	—

注：—为无抑菌效果。

对有机抗菌剂而言（表 8.4.3），真菌对戊唑醇的敏感性最强，MIC 为 0.001mg/mL。戊唑醇虽然对真菌的生长有很好的抑制作用，但即使戊唑醇的应用浓度高达 10mg/mL，仍不能抑制细菌的生长。与戊唑醇仅能抑制真菌生长的作用类似，噻苯咪唑只有抑制细菌的能力。但与戊唑醇不同的是，细菌对噻苯咪唑的敏感性并不高，其 MIC 仅为 10mg/L（鉴于噻苯咪唑对微生物抑制作用的低效性，不再应用它进行后续试验）。ACTICIDE® 50 X（A）的主要抑菌成分为苯扎氯铵，它对四种微生物的 MIC 与苯扎氯铵类似，并且对细菌和真菌生长的抑制作用没有太大差别，说明苯扎氯铵类抗菌剂是一种抗菌谱系较广的抗菌剂。虽然 ACTICIDE® 50 X（A）和苯扎氯铵的分别为 0.5mg/mL 和 0.1mg/mL，但均在 10^{-1} 水平上，因此认为微生物对这两种抗菌剂的敏感性并没有太大差异。同样，AW-600 发挥抑菌作用的有效成分主要为辛噻酮，其与辛噻酮这种单一化学剂对不同细菌和真菌生长的抑制作用也是类似的，虽然这两种抗菌剂的抗菌谱系也很广，但和 ACTICIDE® 50 X（A）、苯扎氯铵不同的是，它们对真菌生长的抑制作用（MIC 为 0.01mg/mL）要强于细菌（MIC 为 1mg/mL）。ACTICIDE® 50 X（A）和苯扎氯铵以及 AW-600 和辛噻酮之间相似的抑菌作用，说明虽然额外化学成分添加使商业抗菌剂中有效抑菌物质浓度降低，但这并不会改变微生物对这些抗菌剂的敏感性。

表 8.4.3　有机抗菌剂对不同微生物的 MIC

试验菌株	试验方法	抗菌剂（%）					
		50 X（A）	AW-600	苯扎氯铵	辛噻酮	戊唑醇	噻苯咪唑
草酸青霉	微量稀释法	0.005	0.001	0.01	0.0001	0.0001	—
	大量稀释法	0.05	0.001	0.01	0.0001	0.0001	—
黑曲霉	微量稀释法	0.005	0.001	0.001	0.001	0.0001	—
	大量稀释法	0.05	0.001	0.001	0.001	0.0001	—
小孢拟盘多毛孢	微量稀释法	0.05	0.001	0.001	0.001	0.0001	—
	大量稀释法	0.05	0.001	0.1	0.001	0.0001	—
假单胞菌属	微量稀释法	0.05	0.01	0.01	0.1	—	1
	大量稀释法	0.05	0.1	0.01	0.1	—	1

注：—为无抑菌效果。

综合上述结果，微生物对有机抗菌剂的敏感性强于无机抗菌剂。但是细菌和真菌对无机抗菌剂的敏感性无明显差别，而大多数测试的有机抗菌剂则显示出更强的抑制真菌生长的能力。

（2）抗菌剂的抑菌效果比较

根据抗菌剂对不同真菌和细菌的 MIC 结果，选择 1%、0.5%、0.1% 的浓度，评价 6 种抗菌剂（纳米铜、ACTICIDE® 50 X（A）、AW-600、苯扎氯铵、辛噻酮、戊唑醇）对黑曲霉、草酸青霉、尖孢炭疽、假单胞菌四种微生物的抑菌效能（由于在设定的最大使用浓度下，假单胞菌对戊唑醇不敏感，因此不再进行戊唑醇对假单胞菌的抑菌圈试验）。此外，参考 MIC 和预试验结果，ACTICIDE® 50 X（A）额外检测 5%、3% 浓度下的抑菌能力；AW-600、辛噻酮、戊唑醇再比较 0.01% 浓度下的抑菌圈直径，抑菌圈测量结果见表 8.4.4。

表 8.4.4　抗菌剂在不同浓度下的抑菌圈直径　　（单位：mm）

试验菌株	浓度（%）	抗菌剂/均值（标准差）				
		50 X（A）	AW-600	苯扎氯铵	辛噻酮	戊唑醇
黑曲霉	5	18.27 (1.94)	—	—	—	—
	3	15.73 (0.78)	—	—	—	—
	1	12.41 (0.98)	44.57 (1.12)	23.97 (2.4)	46.04 (0.54)	63.45 (0.83)
	0.5	10.65 (0.44)	38.53 (1.65)	20.62 (1.34)	44.27 (2.33)	57.96 (0.69)
	0.1	8.88 (0.26)	21.56 (0.06)	14.92 (1.35)	32.49 (1.53)	48.26 (5.13)
	0.01	—	6.75 (0.53)	—	25.53 (2.03)	46.11 (1.06)

续表

试验菌株	浓度（%）	抗菌剂/均值（标准差）				
		50 X（A）	AW-600	苯扎氯铵	辛噻酮	戊唑醇
小孢拟盘多毛孢	5	18.57（1.42）	—	—	—	—
	3	12.84（0.96）	—	—	—	—
	1	7.57（0.12）	58.94（1.58）	20.79（3.45）	58.09（1.19）	41.34（0.42）
	0.5	6.61（0.28）	50.45（1.96）	13.98（1.52）	56.74（1.75）	36.81（2.62）
	0.1	6.23（0.07）	34.47（4.57）	7.10（1.04）	46.85（0.62）	32.57（2.78）
	0.01	—	22.33（2.85）	—	37.29（0.95）	28.2（0.70）
草酸青霉	5	21.34（0.38）	—	—	—	—
	3	18.27（0.46）	—	—	—	—
	1	14.49（1.55）	48.20（0.17）	25.87（3.00）	53.53（1.54）	42.63（0.94）
	0.5	11.78（1.29）	44.34（2.04）	22.20（0.96）	47.35（0.31）	36.18（3.71）
	0.1	9.01（1.12）	27.02（3.70）	19.17（3.27）	41.53（3.29）	29.12（1.79）
	0.01	—	12.78（1.42）	—	30.44（4.20）	22.77（1.26）
假单胞菌属	5	13.07（0.57）	—	—	—	—
	3	11.73（0.56）	—	—	—	—
	1	9.90（0.75）	11.06（1.85）	13.36（0.49）	6.31（0.11）	—
	0.5	8.35（0.90）	8.26（0.94）	10.87（0.68）	6.32（0.16）	—
	0.1	—	6.88（0.40）	6.48（0.28）	6.16（0.11）	—
	0.01	—	—	6.51（0.30）	—	—

注：—为未进行试验。

如图8.4.3所示，在对黑曲霉的抑菌试验中，戊唑醇对黑曲霉的抑菌能力最好，其次是辛噻酮和AW-600，并且在高浓度下，二者的抑菌作用没有显著差别，但随着抗菌剂浓度的下降，辛噻酮对黑曲霉生长的抑制作用更佳。虽然黑曲霉对ACTICIDE® 50 X（A）和苯扎氯铵的敏感性类似，但可能由于等浓度下，ACTICIDE® 50 X（A）中的苯扎氯铵含量更低，导致ACTICIDE® 50 X（A）对黑曲霉的抑菌作用低于苯扎氯铵。

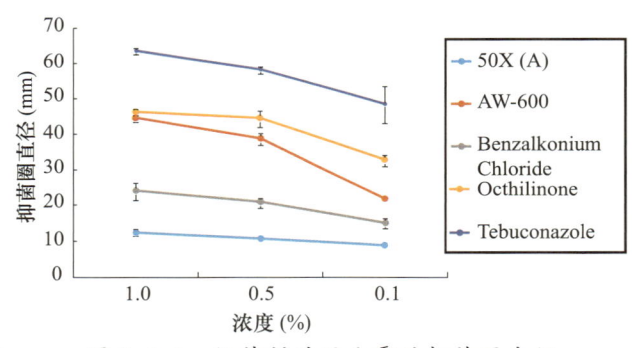

图8.4.3 抗菌剂对黑曲霉的抑菌圈直径

不同抗菌剂对草酸青霉（图8.4.4）和尖孢炭疽（图8.4.5）生长的抑制效果类似，抑菌效能的排序均为：辛噻酮（Octhillnone）＞AW-600＞戊唑醇（Tebuconazole）＞苯扎氯铵（Benzalkonium Chloricle）＞ACTICIDE® 50 X（A）。当抗菌剂浓度为1%时，辛噻酮和AW-600对尖孢炭疽生长的抑制作用没有差别，但辛噻酮导致的草酸青霉的抑菌圈却要大于AW-600；而抗菌剂浓度为0.5%时，这一结果刚好相反，辛噻酮对尖孢炭疽的抑菌作用要强于AW-600，在抑制草酸青霉生长方面没有区别。此外，当抗菌剂浓度降为0.1%时，AW-600与戊唑醇之间对草酸青霉和尖孢炭疽生长的抑制作用以及苯扎氯铵和ACTICIDE® 50 X（A）之间对尖孢炭疽的抑菌作用都趋于一致。

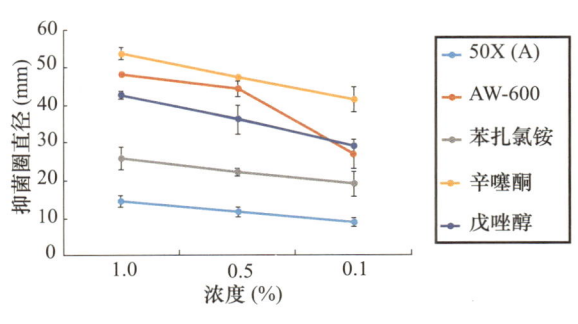

图 8.4.4　抗菌剂对草酸青霉的抑菌圈直径

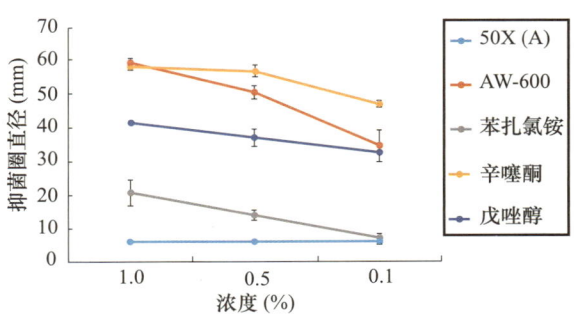

图 8.4.5　抗菌剂对尖孢炭疽的抑菌圈直径

从以上结果可以看出，辛噻酮、AW-600、戊唑醇、苯扎氯铵和 ACTICIDE® 50 X（A）五种抗菌剂中，辛噻酮、AW-600 和戊唑醇对真菌生长具有很好的抑制作用。虽然抗菌剂的抑菌效果随着抗菌剂浓度的降低而减小，但当浓度降为 0.5% 时，这三种抗菌剂产生的真菌抑菌圈直径仍能保持在 40mm 左右。不过随着浓度的再度降低，抗菌剂的抑菌效果也开始急速下降。因此认为 0.5% 的浓度应该是这五种抗菌剂针对"白斑"病害相关真菌进行治理的最佳浓度，并且辛噻酮应该是防治"白斑"微生物病害中真菌群落的最佳抗菌剂。

在对假单胞菌这一细菌的抑菌试验中，相比于对真菌生长的抑制效果，辛噻酮、AW-600、苯扎氯铵和 ACTICIDE® 50 X（A）等抗菌剂的抑制细菌效果并不是很理想（图 8.4.6）。此外，由于假单胞菌对戊唑醇不敏感，因此并没有检测戊唑醇对这种细菌的抑菌作用。辛噻酮虽然对真菌的抑制效果最好，但即便是在 1% 这一较高浓度下，也仅能在假单胞菌的培养皿中观察到抑菌圈的存在。苯扎氯铵对假单胞菌生长的抑制作用最好，AW-600 和 ACTICIDE® 50 X（A）两种商业

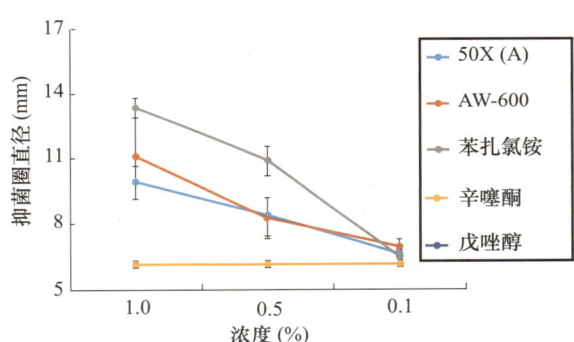

图 8.4.6　抗菌剂对假单胞菌的抑菌圈直径

抗菌剂在抑制细菌生长方面没有显著的区别，这说明，AW-600 中应该额外添加了能够抑制细菌生长的化合物；而 ACTICIDE® 50 X（A）的抑菌能力低于苯扎氯铵，应该是其产品中的苯扎氯铵浓度被其他化合物稀释导致的。这四种抗菌剂抑制细菌生长的效果也随着浓度的降低而减小，当抗菌剂浓度降为 0.1% 时，所有抗菌剂对假单胞菌的抑制效果均不理想。因此使用这些抗菌剂清理细菌病害时，可以使用较高浓度（1%），但如果考虑到抗菌剂可能对文物本体引发的副作用，0.5% 的浓度也是推荐的。

纳米铜虽然表现出抑制细菌和真菌生长的能力，但是并未在这些微生物的培养皿中发现明显的抑菌圈，因此无法将它与其他有机抗菌剂的抑菌效力进行比较。

综合以上结果，如果只治理真菌病害，最好的抗菌剂应为辛噻酮；而只治理细菌病害，应选择苯扎氯铵。但真实环境中，文物病害表面的微生物群落通常是由多种细菌、真菌、藻类等不同种类的微生物共同组成，因此对细菌和真菌均有比较好的抑制作用的 AW-600 反而是较佳的选择。此外，就抗菌剂的使用浓度来说，虽然浓度越高，抑菌效果越好，但对文物保护而言，应尽可能使用低浓度，所以浓度为 0.5% 反而更好。

（3）飞来峰造像现场微生物防治效果评价

根据实验室中对纳米铜、辛噻酮、AW-600、戊唑醇、苯扎氯铵和 ACTICIDE® 50 X（A）等

抗菌剂的抑菌效果评估，选择浓度为0.5%的辛噻酮和AW-600进行现场抑菌试验，评价它们在实际应用中的效果。

岩石表面进行物理清洗过后，无菌水（对照组）、辛噻酮、AW-600分别在处理表面的不同区域进行了灭菌处理（图8.4.2）。图8.4.7显示，抗菌剂处理1d后，对照组表面已出现微生物的重新定殖，而辛噻酮和AW-600处理的表面则没有微生物生长。处理后的第5天，空白对照表面定殖的微生物数量明显增多，并且微生物也开始定殖到AW-600处理的岩石表面，而辛噻酮处理的岩石表面仅发现有少量细菌定殖。第10天后，所有处理的表面均被细菌、真菌重新定殖。虽然细菌、真菌在短时间内重新定殖，但在抗菌剂处理后3个月对处理区域的继续监测，发现抗菌剂处理后的区域中，绿色藻类和苔藓等微生物明显消失，且并未重新定殖（图8.4.2），说明这两种抗菌剂对藻类、苔藓等更高等的生物具有相对持久的抑菌能力。

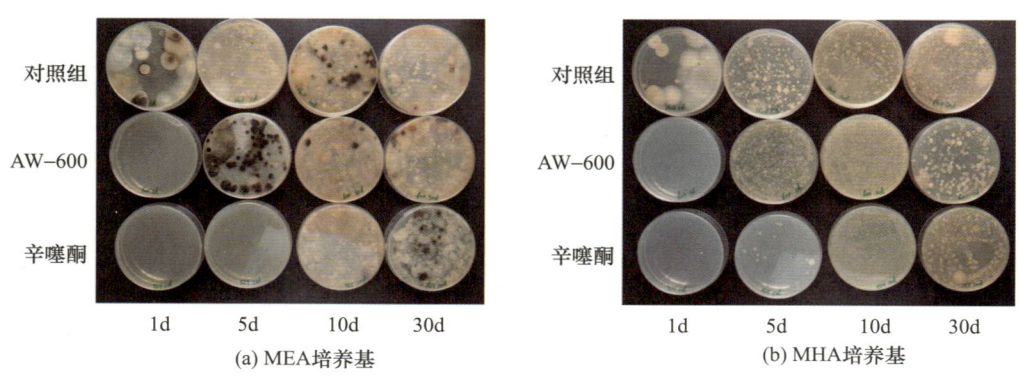

图8.4.7　抗菌剂处理后微生物群落数量变化

现场试验结果显示，水清洗能够一定程度地减少表面的微生物群落数量，但并不能阻止微生物在岩石表面重新定殖与生长。AW-600和辛噻酮能够有效清除岩石表面的微生物群落，并且它们的抑菌效果能够持续一段时间。同时也发现，辛噻酮在现场应用时，对细菌的抑制效果反而优于AW-600。根据现场试验期间的气象资料，抗菌剂处理后第4天以及第6～10天，试验区域均面临降水的冲刷，因此推测抗菌剂的浓度损失可能是造成抑菌作用仅能维持较短时间的主要原因。

（4）微生物防治的持久性评估

根据飞来峰造像所处环境高温、多雨的环境特征，分别通过热老化、水浸润的方式评估环境因素是否会对抗菌剂抑菌效果的耐久性产生影响。选择AW-600和辛噻酮作为抗菌剂，黑曲霉（在三种真菌中抑菌圈直径最小）和假单胞菌作为试验菌株。

将载药滤纸片放在35℃的热风干燥环境下，模拟高温状态对抑菌效果耐久性的影响。图8.4.8的结果显示，即便AW-600和辛噻酮经35℃高温持续风干30d，它们的抑菌效果仍然不会降低。

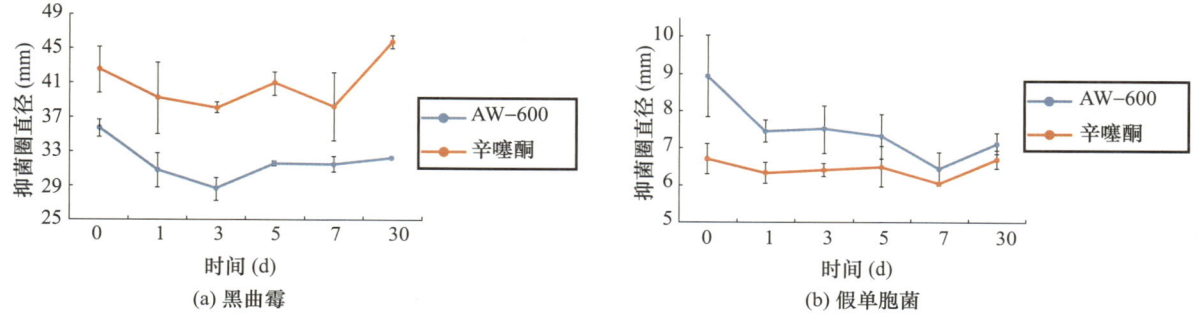

图8.4.8　热老化后抗菌剂的抑菌圈直径

但是，一旦载药滤纸片被水浸润，AW-600 的抑菌效果便会开始下降，而辛噻酮在浸泡时间超过 10min 后，抑菌效果才会下降（图 8.4.9）。这说明水浸润对抗菌剂抑菌效果的耐久性具有很大的破坏作用。

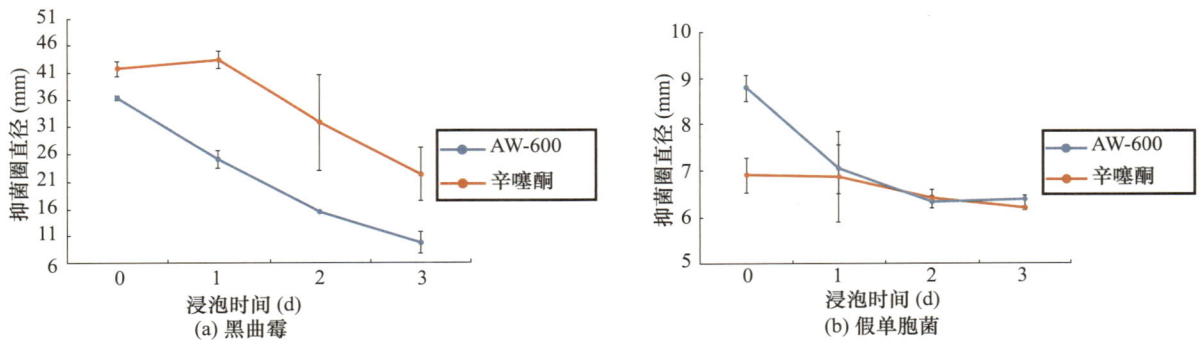

图 8.4.9　浸水后抗菌剂的抑菌圈直径

使用纯丙乳液、硅丙乳液、B72 加固剂分别与 AW-600 和辛噻酮混合，加强它们的耐冲刷性能。抑菌圈试验显示（图 8.4.10），纯丙乳液、硅丙乳液和 B72 不会降低 AW-600 的抑菌作用，并且能够加强其耐水性，防止该抗菌剂随水流失。而用丙酮替代去离子水溶解抗菌剂后，AW-600 的抑菌能力迅速下降，耐水性能也未得到改善。

对辛噻酮而言（图 8.4.11），丙酮、硅丙乳液和 B72 并不会增强该抗菌剂的耐水性，并且硅丙乳液的添加反而会降低辛噻酮的抑菌能力。而纯丙乳液可以延缓辛噻酮经水浸泡后抑菌能力的降低。

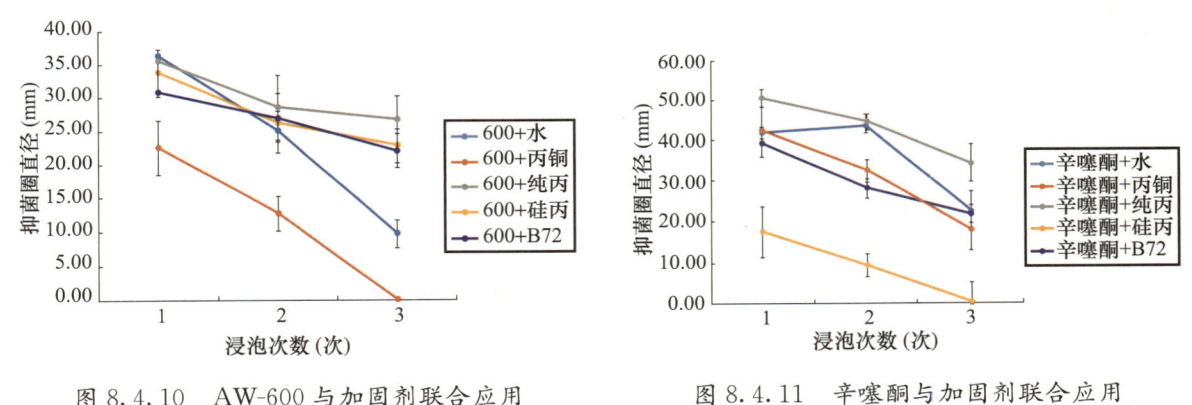

图 8.4.10　AW-600 与加固剂联合应用浸水后的抑菌圈直径　　图 8.4.11　辛噻酮与加固剂联合应用浸水后的抑菌圈直径

综合以上结果，纯丙乳液能够有效的增强 AW-600 和辛噻酮的抗流失性，加强它们的抑菌持久性。

8.4.3　防治策略

（1）最佳抗菌剂的确定

本研究以鉴定出的与"白斑"形成相关的细菌（假单胞菌）和真菌（草酸青霉、黑曲霉、尖孢炭疽）作为研究对象，比较了不同抗菌剂对飞来峰造像表面病害微生物的防治效果。

铜是一种公认的具有抗菌能力的重金属，也被尝试用来抑制岩石表面微生物的生长。本研究验证了铜的抑菌效果，但是在抑菌效果评价试验中并未观察到明显的抑菌圈。铜与水结合，在氧气充足的情况下，产生具有强氧化作用的自由 OH^- 和 O^{2-}，从而破坏微生物细胞的结构，其抑菌范围仅限于铜的表面，而抑菌圈是通过药物的扩散作用所形成的，因此无法用抑菌圈法来评价不同浓度纳米铜的抑菌效果。纳米氧化锌、纳米二氧化钛的抑菌方式类似，均是在有氧环境下经光照催化产生活性氧，对微生物产生氧化作用从而达到抑菌的效果。在本研究中，无论是黑暗还是光照环境下，都能观察到纳米氧化锌对部分真菌和细菌的抑菌效果，说明光照不是氧化锌产生抑菌能力的必要条件。从目前的结果来看，纳米铜在三种无机抗菌剂中的抗菌谱系最广，可以作为治理飞来峰造像微生物病害的候选无机抗菌剂。

季铵盐类、杂环类、三唑类和苯并咪唑类化合物是四类常见的人工合成抗菌剂，也被用于文物的杀菌防霉处理。上述四类抗菌剂中，任何一类都包含多种成分不同的化合物，在目前的文物保护应用中，最常应用的分别为苯扎氯铵（季铵盐类）、异噻唑啉酮（杂环类）、戊唑醇（三唑类）、噻苯咪唑（苯并咪唑）。除了成分的差别，这些抗菌剂抑制微生物生长的作用方式也是不同的。在本研究中，对细菌而言，苯扎氯铵的抑菌效果最佳，随后依次为辛噻酮、噻苯咪唑，而戊唑醇对假单胞菌的生长没有影响。但对真菌而言，辛噻酮的抑菌效果最好，其次为戊唑醇、苯扎氯铵，在本研究设置的浓度下，噻苯咪唑没有抑制真菌的作用，这一结果在其他文物微生物病害的抑菌试验中得到验证。从以上结果可以发现，苯扎氯铵、辛噻酮都具有较广的抗菌谱系，但是辛噻酮对真菌的杀菌效力更强，而苯扎氯铵对细菌和真菌的抑制效果没有差别。在石质文物遭受的微生物腐蚀中，细菌、真菌、藻类、苔藓等不同种类的微生物对文物均有破坏作用。因此，在治理文物表面的微生物病害时，选择的抗菌剂需要具有较广的抗菌谱系。此外，不同地区的微生物病害中，起主导作用的微生物种类也是不同的。例如，地衣被认为是造成宁波东钱湖石刻破坏的主要微生物，而阿尔塔米拉岩画上的白色污染主要是由变形菌引起的。而对飞来峰造像进行的微生物病害调查显示，地衣、藻类以及苔藓是主要的微生物类型。综上所述，抗菌谱系广，且对真菌具有良好抑制性的异噻唑啉酮类抗菌剂——辛噻酮，更适合作为防治飞来峰造像微生物病害的化学抗菌剂。

以上四种抗菌剂均属于单一成分的化合物，它们的抗菌谱系有限。为了达到更好的杀菌效果，在实际应用中通常会联合使用多种不同杀菌成分的化合物。商业抗菌剂就是由多种具有杀菌效果的化合物混合而成的相对成熟的产品。在实际的文物保护案例中，文物保护工作者也倾向于选择这些商业产品进行微生物病害的治理。本研究比较了两种商业抗菌剂 ACTICIDE® 50 X（A）、AW-600（主要有效成分分别为苯扎氯铵、辛噻酮）对飞来峰造像"白斑"相关微生物的抑菌效果。在高浓度下，AW-600 和辛噻酮对抑制真菌生长的效果并没有差异，但是 AW-600 对细菌生长的抑制能力要明显强于辛噻酮，说明 AW-600 增强了辛噻酮对细菌的抑菌能力。本研究中，ACTICIDE® 50 X（A）的主要有效成分为苯扎氯铵，但它对细菌和真菌的抑菌作用都比单独使用苯扎氯铵时弱，这可能归因于 ACTICIDE® 50 X（A）中其他物质的加入，降低了苯扎氯铵的浓度。但也说明了 ACTICIDE® 50 X（A）这种商业试剂并没有增强苯扎氯铵的抑菌能力。这提示市场中充斥的多种多样的商业抗菌剂并非都有很好的抑菌作用，在选择时需要慎重，抗菌剂应用前也要通过预试验来验证其效果。

抗菌剂对微生物生长的抑制效果还与使用的浓度相关，随着使用浓度的下降，它们对微生物生长的抑制作用也逐渐减小。虽然高浓度具有良好的杀菌效果，但抗菌剂作为一种化合物，它与岩石基质作用会产生诸如变色、降低岩石疏水性等不良结果；抗菌剂过多的使用也会导致药物的浪费和治理成本的增加；此外，抗菌剂是通过破坏微生物的细胞结构或代谢功能来抑制其生长繁殖，那么这些抗菌剂也会对与微生物具有相似生命结构的人体以及动植物存在一定的毒性。随着抗菌剂的大量使用，将导致大气、水体和土壤的污染，并随即威胁到人类和动植物的安全。因此，每种抗菌剂产品在上市时都会提供一个最大推荐浓度供使用者参考。不同微生物对同一种抗菌剂的敏感性是不同的。因此，即便是推荐浓度，用于某些微生物的清理也是过量的。虽然抗菌剂的抑菌效力随着浓度的降低而下降，但下降的速率并非恒定的。就辛噻酮和 AW-600 而言，只有当抗菌剂的浓度低于 0.5％时，它们抑制真菌生长的效果才会迅速下降。因此，使用辛噻酮或 AW-600 治理飞来峰造像的微生物病害时，最推荐的抗菌剂浓度为 0.5％。

此外，不可移动石质文物大都体积较大，由于微生物在环境中广泛分布，它们对文物进行腐蚀破坏时，侵袭的面积通常也是广阔的，这无疑会增加治理微生物病害的成本。对于抗菌谱系广、抑菌效果好的抗菌剂而言，它们的价格通常也会很高。在文物病害治理经费有限的情况下，这些价格高昂的优秀产品将不会作为清理微生物病害的首选。本研究选择的九种抗菌剂每 100g 的单价从 10 元～2180 元。从抑菌效果来看，AW-600 和辛噻酮对飞来峰造像"白斑"相关真菌的抑制作用差别不大，但二者的成本却相差 20 多倍。在需要清除大面积的微生物病害时，AW-600 将是针对飞来峰造像微生物病害的优选抗菌剂。

（2）飞来峰造像现场微生物治理效果评价

将筛选出的两种抗菌剂辛噻酮和 AW-600 分别应用于飞来峰造像现场，评估它们在实际应用时的抑菌效果。结果显示，在抗菌剂处理 1d 后，岩石表面没有出现可培养微生物，说明这两种抗菌剂在 0.5％的浓度下对现场的微生物病害具有良好的清除效果。同时，通过水和毛刷等物理清洗的区域，岩石表面的微生物数量也有所减少，但并未被完全清除，说明物理清洗方法对微生物病害的治理效果远低于化学清洗方法。

虽然抗菌剂的使用，能够较好地清除岩石表面的现存微生物，但这并不能完全代表抗菌剂治理效果的优劣。因为灭活效率只是评价抗菌剂应用效果的一个指标，而非唯一标准。生物膜覆盖面积的改变、抑菌效果的持久性以及抗菌剂对文物基质的安全性也是判断抗菌剂是否能够用于文物的重要参数。

抑菌圈试验结果显示，AW-600 和辛噻酮能够通过药物的扩散作用延伸其抑菌的范围，但从现场结果来看，岩石表面颜色发生明显变化的区域（藻类、苔藓清除区域）与抗菌剂的贴敷面积一致。这提示在使用抗菌剂清理微生物病害时，需要将抗菌剂覆盖到需要清理的所有区域，而不能依靠它的扩散作用来扩大抑菌范围。

飞来峰造像现场的试验结果显示，使用含有异噻唑啉酮成分的抗菌剂抑制微生物生长的效力仅能持续 5d。通过热老化试验发现，辛噻酮和 AW-600 的稳定性很强，不容易分解。但是，它们与基质结合能力很弱，并且具有很好的溶解性。在水中仅浸泡 10min，它们的浓度便会从 0.5％下降到 0.1％，这个结果解释了现场试验表现出的抑菌耐久性不佳的原因，即试验期间，飞来峰造像地区频繁降雨对试验区域表面的冲刷，使抗菌剂溶解并随之流失，从而导致抑菌效果的减弱和消失。可见，雨水冲刷是造成抗菌剂失效的一个重要因素。

（3）飞来峰造像微生物病害防治策略

本研究选取九种不同的抗菌剂：纳米铜、纳米氧化锌、纳米二氧化钛、ACTICIDE® 50 X（A）、AW-600、苯扎氯铵、辛噻酮、戊唑醇和噻苯咪唑，分别于实验室和现场评估了它们对飞来峰造像微生物病害的治理效果。出于抗菌性能和成本控制的考虑，认为 AW-600 是飞来峰造像微生物病害治理的最佳抗菌剂。

通过对飞来峰造像的现场调查以及微生物鉴定，共发现四类由微生物引发的文物病害：耳叶苔属和鳞叶藓属组成的绿色苔藓；橘色藻属为主的橘红色藻类；由多种微生物组成的白绿色地衣以及"白斑"。由于藻类、苔藓细胞生长缓慢，未在实验室进行抗菌剂生长抑制试验。但现场试验表明，AW-600 和辛噻酮贴敷区域内的绿色藻类被很好地清除，并且在处理后的 3 个月内，绿色的微生物仍未在该区域重新定殖。这说明 AW-600 和辛噻酮能够有效治理由藻类、苔藓引发的微生物病害，并且这些抗菌剂能够在应用后的较长时间内预防微生物病害的再发。地衣是真菌和藻类的混合体，AW-600 和辛噻酮对藻类的抑菌持久性，也能够在较长时间内有效阻止地衣在文物表面重新出现。

为了降低雨水冲刷对抗菌剂抑菌效果的破坏，本研究尝试使用纯丙乳液、硅丙乳液或 B72 等加固剂对 AW-600 或辛噻酮进行改性，增强抗菌剂的耐水性能。研究证实，纯丙乳液、B72 等加固剂的添加不会影响 AW-600 和辛噻酮的抑菌能力，并且纯丙乳液可以有效增强这两种抗菌剂的耐水性。

综上所述，使用 0.5% 的 AW-600 或辛噻酮可以有效地治理飞来峰造像现存的典型微生物病害，并能够在较长时间内防止藻类、苔藓等微生物在岩石表面重新定植，避免微生物病害的再发。此外，考虑到该地区潮湿多雨的环境条件，抗菌剂处理要想长期抑制细菌、真菌的生长繁殖，还需要使用纯丙乳液等加固剂对其进行防水改性，延长抗菌剂的抑菌时间。

8.5 加固-除苔剂抑制风化岩石表面苔藓的研究

8.5.1 研究背景

为有效去除石质文物表面苔藓，通常使用除苔剂。目前常用的除苔剂有商用除草剂、商用杀菌剂以及一些金属纳米粒子。研究表明，CuO 纳米颗粒对抑制微生物、藻类、地衣、苔藓等在岩石表面的定植有明显的效果。但是，目前商用除苔剂大多面临有效时间短的问题，频繁的降雨使除苔剂很容易流失；另外除苔剂与岩石本体结合不牢固，往往会被雨水直接冲走。

氧化石墨烯（GO）是一种二维片状材料，具有独特的物理和化学性质，这使其成为一种有吸引力的材料。GO 的表面具有丰富的官能团，包括羟基、羧基和环氧基团，这使其能够提供较多的表面修饰位点并成为吸附金属或其他无机材料的良好前驱体。GO 具有超大的比表面积和丰富的孔隙结构，这使其具有良好吸附性能，通过不同的合成技术可以将金属或金属氧化物锚定在 GO 片上以提高其抗菌活性。

为解决除苔剂与岩石本体结合不牢的问题，本工作首先将 CuO 纳米颗粒复合在氧化石墨烯片上制备 GO@CuO 复合物，再将 GO@CuO 复合物掺入无机镁基加固剂中，得到加固-除苔剂。这样，被加固剂固化后 CuO 纳米颗粒被锚定在岩石表面，能够有效防止被雨水冲走，使除苔效果得以长效维持。

8.5.2 试验材料及仪器

（1）试验试剂与材料

试验所需的试剂和材料有：纳米氧化镁（50nm）（MgO）99%，国药；六水合氯化镁（$MgCl_2 \cdot 6H_2O$）AR，国药；醋酸铜（$Cu(CH_3COO)_2 \cdot H_2O$）AR，上海麦克林；氧化石墨烯（GO）99.95%，上海麦克林；七水合硫酸亚铁（$FeSO_4 \cdot 7H_2O$）99%，上海百灵威；N,N-二甲基甲酰胺（DMF）AR，国药；磷酸二氢钾（KH_2PO_4）AR，上海阿拉丁；四水合硝酸钙（$Ca(NO_3)_2 \cdot 4H_2O$，99%，Sigma-Aldrich；四水合硫酸锰（$MnSO_4 \cdot 4H_2O$），98%，上海易恩化学；七水合硫酸镁（$MgSO_4 \cdot 7H_2O$）GR，上海麦克林；螯合剂 SAA≥99.0%，上海阿拉丁。

（2）试验仪器

试验所需仪器：超声波清洗机（JP-020S，深圳洁盟）；台式高速离心机（TG16-WS，湘仪；小型高速冷冻离心机（5424R，艾本德）；微机控制万能材料试验机（CTM2500，上海协强）；粉末X射线多晶衍射仪（Max-2550pc，日本理学）；场发射扫描电子显微镜（SEM，SU8010 株式会社日立）；智能人工气候箱（HLI350B，上海舍岩）。

(3) 风化岩石试样

使用的两种尺寸的标准风化岩石试样，试样制作方法见 5.7.2 节，做成边长为 2cm 的正方体和直径为 4cm、厚度为 1cm 的圆饼状试样（图 8.5.1）。试样提前置于高压灭菌箱中灭菌后用保鲜膜密封备用。其中，正方体试样用来测试经复合剂加固后试样的色度、抗压强度和物理性质的变化。圆饼状试样主要用于测试加固-除苔剂的除苔效果。

图 8.5.1　两种不同尺寸的标准风化试验试样

8.5.3　试验方法

(1) 加固-除苔剂的制备及使用方法

① GO@CuO 复合物的制备（图 8.5.2）

首先，将 12mg GO 均匀分散在 10mL 去离子水中并超声 30min，制备 GO 水分散液（1.2mg/mL）。然后，将 2mL 的 GO 的水分散液和 12mL 的 N,N-二甲基甲酰胺（DMF）置于圆底烧瓶中磁力搅拌。升温至 90℃后，向所得溶液中注入 1.2mL 醋酸铜溶液（0.2mol/L）。混合物保持在 90℃搅拌 1h。离心收集沉淀物，并用水清洗。接着，将悬浊液分散在 30mL 水中，密封在聚四氟乙烯内衬不锈钢高压釜中，180℃下水热反应 10h。最终，产品经离心和烘干后得到 GO@CuO 复合物。

② 加固-除苔剂的制备

将 1.017g $MgCl_2 \cdot 6H_2O$ 加入 1.440g 去离子 H_2O 中配制氯化镁溶液；然后，将 1.000g 纳米氧化镁，0.035g SAA 和一定质量的 GO@CuO 复合物分别加入氯化镁溶液中，超声分散 20min 得到加固-除苔剂。复合物中 GO@CuO 复合物的质量分数分别是 0，0.1%，0.5% 和 1%，分别简写为：MMH，MMH-GO@$CuO_{0.1\%}$，MMH-GO@$CuO_{0.5\%}$ 和 MMH-GO@$CuO_{1\%}$。

③ 加固-除苔剂的使用方法

对于正方体试样，将加固-除苔剂用胶头滴管吸取一定量的加固剂从试样上表面采用滴渗法进行加固。试样每次吸收的加固剂质量约 1.6g。加固处理每隔一天进行一次，需要重复 3 次至 5 次。处理后，试样在 25℃ 和 60% RH 条件下自然固化 28d。对于圆饼状试样，用胶头滴管进行渗透加固然后用软毛刷蘸取一定量的加固液涂布加固。

④ GO@CuO 复合物的表征方法

使用冷场发射扫描电子显微镜对 GO@CuO 复合物的表面形貌进行表征。使用 X 射线粉末衍射仪分析 GO@CuO 复合物的物相组成。

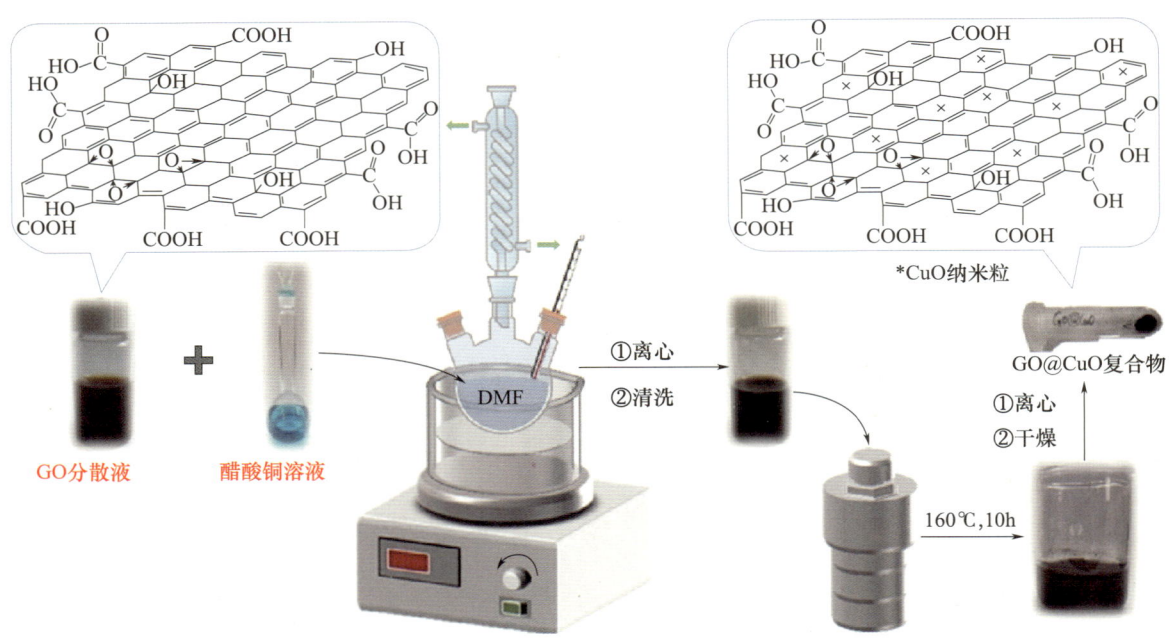

图 8.5.2　GO@CuO 复合物的制备过程示意图

（2）"加固-除苔"剂应用效果测试

① 加固-除苔剂对苔藓孢子的抑制效果

试验中所用的苔藓孢子样品取自乐山大佛。将苔藓孢子从胞蒴中取出分散在灭菌后的去离子水中以获得苔藓孢子悬浊液（孢子浓度：60 个/μL）。在每 1L 水中加入 25mg 的 $FeSO_4 \cdot 7H_2O$、250mg 的 KH_2PO_4、1000mg 的 $Ca(NO_3)_2 \cdot 4H_2O$、7.5mg 的 $MnSO_4 \cdot 4H_2O$、250mg 的 $MgSO_4 \cdot 7H_2O$、10g 的蔗糖和 10g 的琼脂制备培养基用作培养苔藓孢子。

为评估加固-除苔剂对苔藓孢子的抑制效果，设计了两个试验（图 8.5.3）。

图 8.5.3　不同添加剂下培养基上苔藓的生长

a. 试验一。

将孢子接种在混合有加固-除苔剂的培养基上，测试苔藓孢子的存活率。具体的方法是：将 500μL 的加固-除苔剂和 5mL 的培养基在无菌培养皿中混合均匀。待培养基冷却后，将 5μL 的孢子悬浊液涂布在混合培养基表面。最后，将样品置于智能人工气候箱（温度为 28℃，相对湿度为 85%）中进行培养。2d，4d，7d，14d 和 28d 后，通过 3D 超景深显微镜观察孢子活力，评估加固-除苔剂对苔藓孢子的灭活效果。在可见光下，孢子呈绿色表示其具有活性，而失活的孢子呈棕色。苔藓孢子的存活率通过计数法按照下面公式计算：

$$存活率 = \frac{N_a}{N_0} \times 100\%$$

式中，N_a 是存活的孢子的数目；N_0 是孢子的总数。

b. 试验二。

将苔藓孢子接种在加固处理后的试样表面以模拟自然环境中孢子落在加固处理后的岩石上的情况。具体的方法是：圆饼状试样按照前述的加固方法提前加固备用。然后，将培养基和孢子悬浊液按照体积比为 10∶1 的比例混合均匀涂布在加固处理后的圆饼状试样表面。将试样置于智能人工气候箱中，试样需每两天喷洒 1mL 的灭菌后的去离子水，确保孢子正常萌发生长。14d 后，将试样放在超景深显微镜下观察孢子的生长情况。

② 加固-除苔剂对已生长的苔藓的抑制效果测试

为进一步评价复合固结剂抑制苔藓生长的能力，在试样上接种苔藓以模拟户外环境中苔藓在风化岩石表面定植的情况。试样表面接种苔藓的方法：

a. 将苔藓孢子和剪碎的苔藓与营养土搅拌均匀制备苔藓孢子粉，取 0.3g 孢子粉均匀地撒在圆饼状试样表面。

b. 准确称取 4mL 去离子水沿着试样边缘滴下，待边缘润湿后逐步向中间滴水使孢子粉全部润湿。

c. 试样放在瓷盘中用保鲜膜封好后用牙签扎一些小孔，置于 28℃ 的台式全温振荡培养箱中培养。每天补充约 1mL 的去离子水以确保苔藓生长良好。试样每 7 天拍照一次记录苔藓的生长情况。21d 后，苔藓在试样表面的生长基本满足试验要求。

将处理过的试样放入培养箱中继续培养。每两天向样品喷洒约 2mL 去离子水以模拟降雨。未处理的试样分为两组，第一组置于培养箱中，另一组转移至实验室环境（25℃，60% RH）中不补水。最后，记录样品表面苔藓的生长情况（图 8.5.4）。

图 8.5.4　苔藓在试样表面的培养过程

8.5.4 试验结果与讨论

(1) GO@CuO复合物的表征

从图 8.5.5 (a) 的微观形貌中可以看出 CuO 颗粒直接生长在 GO 结构上。这些 CuO 颗粒粒径约为 60nm，呈均匀的球形，CuO 纳米颗粒之间存在清晰的边界［图 8.5.5 (b)］。复合物的元素分析结果如［图 8.5.5 (c)］所示，测试选择的区域为 (a) 中红色矩形标记处。EDX 数据显示复合物中 C、O 和 Cu 含量很高，表明 GO 片上的颗粒由 Cu 和 O 组成。其中，Cu 和 O 的原子量比分别为 28.2% 和 27.4%。复合物中检测出 Al 是因为在制作样品时将复合物分散在了铝膜上。此外，产物的物相分析结果如图 8.5.5 (d) 所示，XRD 图谱中位于 32.5°、35.4°、38.7°、42.3°、48.7° 和 61.3° 处的特征峰确定了 CuO 的存在。此外，复合物中还检测出了少量的 Cu_2O，这是因为在合成复合物的过程中所用的溶剂 DMF 是一种还原剂。

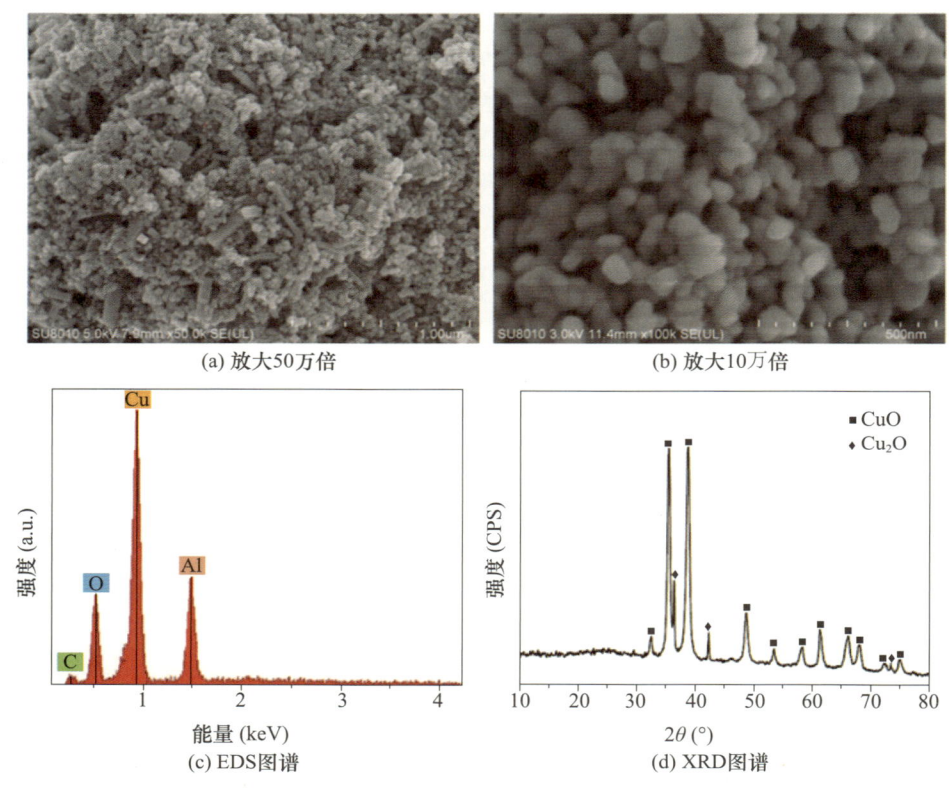

图 8.5.5　GO@CuO 复合物的 SEM 图像

(2) 加固-除苔剂的加固性能与色差

① 机械强度

抗压强度和表面硬度表征了风化试样经加固处理后的机械性质。如图 8.5.6 所示，与未处理 (US) 的试样相比，经加固-除苔剂处理后试样的机械强度有了明显的改善，这表明加固剂沉积并填充在砂粒之间的内部孔隙中形成强大的内聚力。由图 8.5.6 可知，试样的抗压强度和硬度与加固剂中 GO@CuO 复合物的含量密切相关，随着加固剂中 GO@CuO 复合物含量的增加，试样的抗压强度略有下降。与抗压强度相似，试样的表面硬度也有类似降低的趋势。

② 色差

加固-除苔剂中 GO@CuO 复合物的含量对试样的颜色有显著的影响。由于 GO@CuO 复合物是黑色的，随着 GO@CuO 复合物添加量的增加，加固-除苔剂的颜色从白色变为灰色。

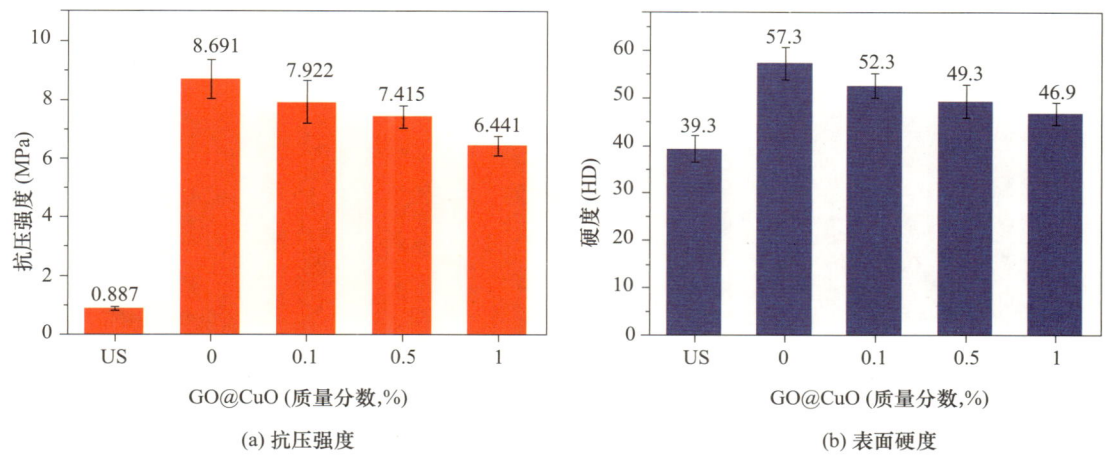

(a) 抗压强度　　　　　　　　　　(b) 表面硬度

图 8.5.6　加固-除苔剂加固处理前后试样

综上所述，考虑到加固剂在机械强度和颜色变化等方面对风化岩石使用的适用性，推荐加固-除苔剂中 GO@CuO 复合物的添加浓度为 0.1%～0.5% 为妥。

（3）加固-除苔剂对苔藓孢子的抑制效果

表 8.5.1 和图 8.5.7 分别展示了苔藓孢子在不同培养条件下随时间变化的形态和存活率。

表 8.5.1　苔藓孢子在不同培养条件下的存活率

加固剂	存活率（%）					
	0d	3d	5d	7d	14d	28d
空白岩样	96.1	95.3	95.5	95.4	95.3	95.3
MMH 镁基胶凝材料	96.0	93.8	92.1	90.9	88.3	83.2
MMH-GO@CuO$_{0.1\%}$	96.8	89.3	76.0	59.4	14.4	0
MMH-GO@CuO$_{0.5\%}$	97.5	96.0	86.7	67.9	14.7	0
MMH-GO@CuO$_{1\%}$	96.9	96.5	92.1	80.2	21.8	0

对于空白组，苔藓孢子在培养基上迅速萌发并生长，28d 后长度达到 200～500μm（图 8.5.7a3）。在空白培养基上，苔藓孢子的存活率一直保持在95%以上，表明改良的 Knop 培养基适合苔藓孢子的生长。在添加有镁基加固剂 MMH 的培养基上（图 8.5.7b 系列），苔藓孢子虽然没有发芽但仍然呈绿色。孢子的存活率从开始的 96.0% 降低至第 28d 的 83.2%。存活率的降低表明镁基加固剂的环境虽然不适合孢子生长，但不能对孢子产生明显的抑制效果。当 GO@CuO 复合物的添加量为 0.1% 时，苔藓孢子快速失活。如表 8.5.1 所示，14d 后苔藓孢子的存活率降至 14.4%，28d 后完全失活。如图 8.5.7 中 c～e 所示，当 GO@CuO 复合物添加到加固剂中后，尽管含量不同，但苔藓孢子的生长明显受到抑制。然而，值得注意的是，当 GO@CuO 复合物的含量为 1% 时，苔藓孢子的存活率反而升高，加固-除苔剂的活性似乎受到抑制。

（4）加固-除苔剂对已生长的苔藓的抑制效果

为了证实加固-除苔剂在阻止苔藓生长方面的有效性，本试验模拟了苔藓在风化岩石表面定植的情况。待苔藓长大后，用软毛刷蘸取加固液涂布在苔藓表面。重复加固三次后将试样置于气候箱中继续培养，一段时间后观察苔藓的生长状况，结果如图 8.5.8 所示。

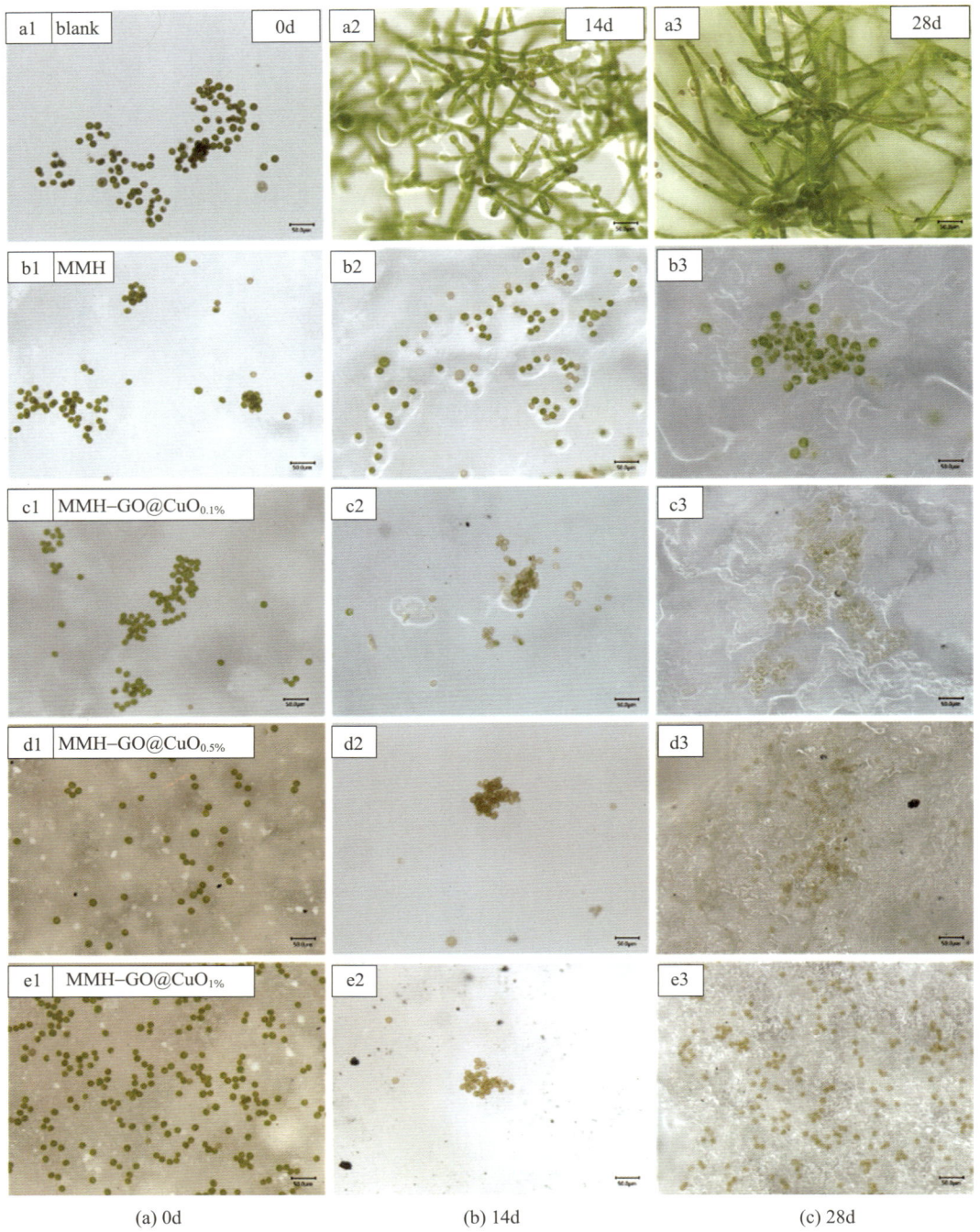

图 8.5.7 苔藓孢子在不同培养条件、不同时间下的光学图像（放大倍数 500 倍）

a1~a4—未加固的试样；b1~b4—试样经 MMH；c1~c4—MMH-GO@CuO$_{0.1\%}$；
d1~d4—MMH-GO@CuO$_{0.5\%}$；e1~e4—MMH-GO@CuO$_{1\%}$。

图 8.5.8　加固处理前后的照片

从图 8.5.8b2 可以看出，经 MMH 加固剂加固的试样在 3d 后，苔藓叶片呈绿色，没有失活。7d 后，苔藓的叶片逐渐变黄（图 8.5.8b3），但并未完全失活。这种现象是因为 MMH 加固剂改变了岩石基体的酸碱环境。MMH 加固剂的 pH 约为 10~11，碱性环境不利于苔藓的生长。在苔藓上施用加固-除苔剂后，苔藓在第 3 天变为黄绿色（图 8.5.8c2，d2，e2），并在 7d 后完全失活（图 8.5.8c3，d3，e3）。从抑制效率来看，MMH-GO@CuO$_{0.1\%}$ 加固剂似乎是所有加固-除苔剂中最好的，因为即使是少量（0.1%）的 GO@CuO 复合物也能达到相同的抑制效果。

（5）加固-除苔剂的长效性分析

加固-除苔处理的另一个重要目的是防止苔藓在岩石表面重新定植。加固处理 30d 后，生长的苔藓的形态如图 8.5.8a4~e4 和图 8.5.9 所示。

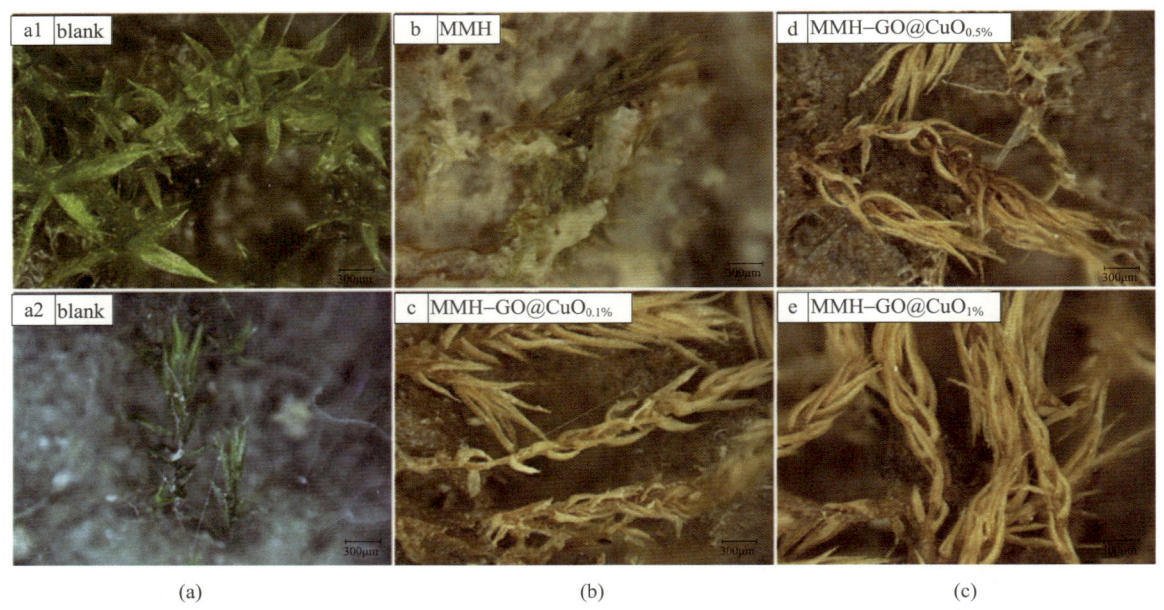

图 8.5.9　复合固结剂防止苔藓重新定植的情况

① 在未经处理的试样上，苔藓在潮湿环境条件下正常生长时呈绿色（图 8.5.8a1）。当苔藓因缺水而枯萎时，其叶子收缩以减少蒸发（图 8.5.9a2）。从表面看起来苔藓似乎已完全失活，但它们的茎和叶片仍然呈绿色。当补充足够的水时，苔藓会复活。

② 对于用 MMH 加固剂处理后的试样，其叶片呈黄绿色，苔藓并没有完全失活（图 8.5.9b）。

③ 而经加固-除苔剂处理过的试样表面苔藓完全失活，如图 8.5.9c~e 所示，苔藓的茎和叶片呈黄色，即使经过 30d 的继续培养也没有复活。

8.5.5　露天石质文物表面试验

为测试加固-除苔剂在户外石质文物上的除苔效果，选择西泠印社汉三老石室靠近地面苔藓生长较多的位置进行小试验，整个过程包括：加固前处理、加固实施和加固后观察。

（1）加固前处理

选取一块 45cm×15cm 的区域，先去除表面的苔藓和落叶，用去离子水洗去表面灰尘，湿纸浆贴敷脱盐，覆盖保鲜膜减缓水蒸发，待纸浆中水分挥发后，揭去纸浆，再用去离子水将表面清洗干净，其表面状况如图 8.5.10（b）所示。

(2) 加固-除苔过程

将待加固区域平均分成三个（15cm×15cm）的正方形，分别用去离子水、MMH 加固剂和加固-除苔剂进行处理。每 3d 处理一次，一共加固 3 次，最后表面状况如图 8.5.10（c）所示。

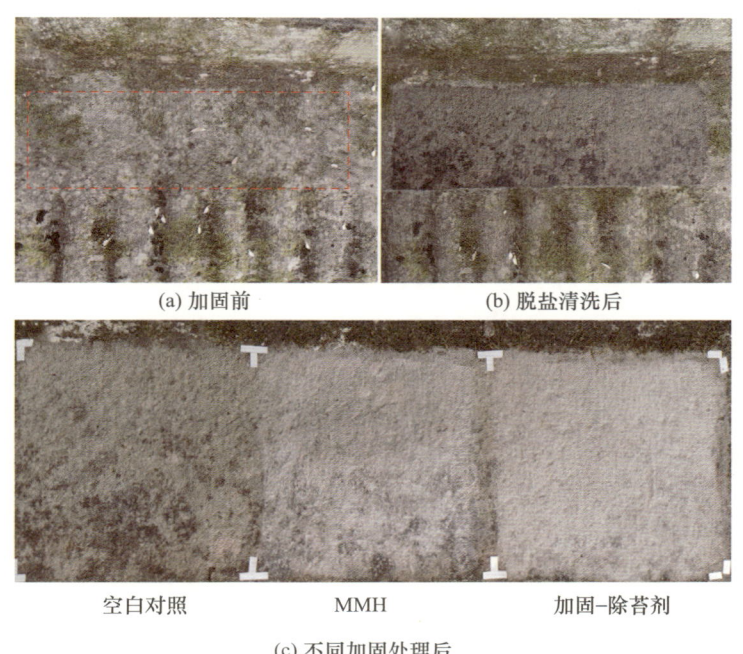

图 8.5.10　加固前和加固处理过程岩石表面状况

(3) 跟踪观察

加固完成后，每隔一段时间对岩石表面的生物情况进行跟踪观察。主要包括：岩石表面颜色变化，是否有新的苔藓定植，以及灭活的苔藓是否返青。200d 后，汉三老石室小试验区岩石表面状况如图 8.5.11 所示。在空白组和经 MMH 加固剂处理后的岩石边缘处可以观察到苔藓重新定植，而加固-除苔剂处理过的岩石表面苔藓没有复活。200d 跟踪观察结果显示，加固-除苔剂具有一定的长效性。

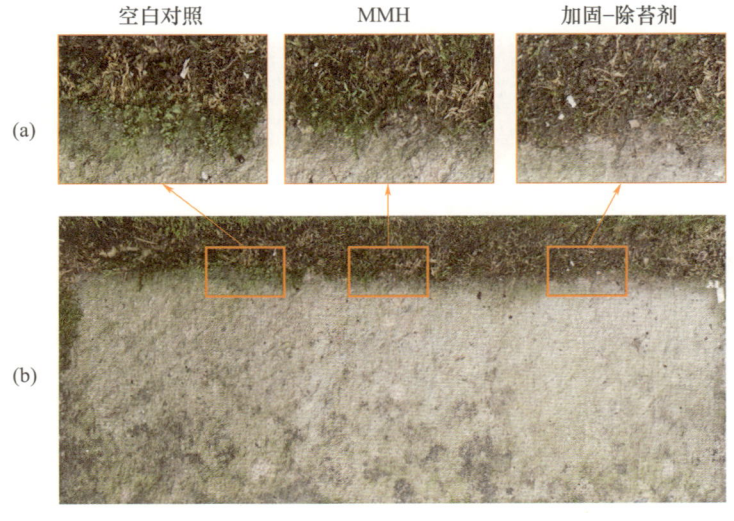

图 8.5.11　加固处理不同时间后岩石的表面状况

8.5.6 结论

为保护砂岩、凝灰岩等石质文物免受苔藓的攻击，设计合成了一种加固-除苔剂来加固风化岩石并防止苔藓重新定植，得到的结论如下：

(1) GO@CuO 复合物的 SEM-EDS 分析和 XRD 分析表明 CuO 纳米颗粒稳定生长在 GO 片状结构上。当 GO@CuO 复合物的添加量为 0.1% 时，加固后试样的颜色变化（$\Delta E^* = 2.74$）最小，这应是 GO@CuO 复合物最合适的添加量。

(2) 加固-除苔剂以 GO 为媒介，使 CuO 纳米颗粒被锚定在加固剂上，由此提高了 CuO 颗粒与岩石的结合力，使除苔有效成分不容易被雨水冲走。

(3) 抗生物活性测试表明，苔藓孢子的活性在混合有加固-除苔剂的培养基上急剧降低。模拟自然环境试验的结果表明，加固-除苔剂不仅能够使苔藓孢子失活而且能抑制苔藓的生长并将其灭活。

(4) 试验结果表明，负载有 GO@CuO 复合物的加固-除苔剂不仅具有加固风化岩石的作用，也具有防止苔藓再次定植的作用。

(5) 现场小试验证明，加固-除苔剂能有效杀灭岩石表面生长的苔藓。

8.6 本章小结

本研究以飞来峰造像"白斑"形成相关的四种微生物（黑曲霉、草酸青霉、尖孢炭疽和假单胞菌）作为试验菌株，分别通过 MIC 确定、抑菌圈试验检测了九种抗菌剂（纳米铜、纳米氧化锌、纳米二氧化钛、ACTICIDE® 50 X（A）、AW-600、苯扎氯铵、辛噻酮、戊唑醇、噻苯咪唑）对这些微生物生长的最小抑菌浓度，比较了它们的抑菌效力，现场检测了筛选抗菌剂的实际抑菌效果，并分析了影响它们抑菌作用的因素，具体结论如下：

(1) 纳米铜、纳米氧化锌、纳米二氧化钛三种无机抗菌剂中，纳米铜抗菌谱系最广，对细菌和真菌的生长均有良好的抑制作用。

(2) 四类抑菌作用方式不同的有机抗菌剂（季铵盐类、异噻唑啉酮类、三唑类、苯并咪唑类）中，季铵盐类和异噻唑啉酮类的抗菌谱系均较广，但是异噻唑啉酮类化合物（AW-600 和辛噻酮）对"白斑"相关微生物的抑菌作用最佳。若出于成本控制的考虑，AW-600 是最好的选择。

(3) 有机抗菌剂的抑菌能力随其浓度下降而降低，但是下降的速率并非一成不变。虽然高浓度具有更好的抑菌效果，但也会造成药物的浪费和副作用的增加。AW-600 和辛噻酮浓度在 0.5% 时，依然具有很高的抑菌效力。因此，这两种抗菌剂对飞来峰造像微生物进行防治时，推荐的使用浓度为 0.5%。

(4) AW-600 和辛噻酮能够有效的杀死飞来峰造像岩石表面的微生物，并能抑制微生物的重新定殖。这两种抗菌剂均不易被高温分解，但是它们与基质结合力不强，并易溶于水。纯丙乳液的加入可改善这两种抗菌剂的耐水能力，增强其抑菌持久性。

(5) 鉴于苔藓是引发岩石风化的重要因素，在无机镁基加固剂的基础上，以氧化石墨烯为媒介，采用化学法将 CuO 纳米颗粒固定在加固剂上，研制出一种具有较长时效的加固-除苔剂。综合分析加固-除苔剂的加固效果和除苔效果后发现，当 GO@CuO 复合物的添加量在 0.1%～0.5% 时，加固-除苔剂仍然有比较好的加固风化岩石的作用，并对苔藓孢子有显著的灭活效果；在实验室和现场的试验结果都表明，加固-除苔剂具有较好的除苔效果和一定的长效性。

本章参考文献

[1] GARTY J. Influence of epilithic microorganisms on the surface temperature of building walls [J]. Canadian Journal of Botany, 1990, 68 (6): 1349-1353.

[2] FAVERO-LONGO S E, BENESPERI R, BERTUZZI S, et al. Species-and site-specific efficacy of commercial biocides and application solvents against lichens [J]. International Biodeterioration and Biodegradation, 2017, 123 (6): 127-137.

[3] KUCHITSU N, FUTAGAMI Y. Experimental research on the influence of surface microorganisms on stone weathering [J]. Proceedings of Annual Study Meeting of Japan Society of Engineering Geology, 2010: 165-166.

[4] BARTOLI F, MUNICCHIA A C, FUTAGAMI Y, et al. Biological colonization patterns on the ruins of Angkor temples (Cambodia) in the biodeterioration vs bioprotection debate [J]. International Biodeterioration and Biodegradation, 2014, 96: 157-165.

[5] 丛明旸. 渤海国土上京龙泉府宫城遗址苔藓植物物种多样性 [J]. 植物研究, 2019: 229-238.

[6] TULAY EZER R C. Bryophytes on the archaeological site of tilmen hoyuk, gaziantep (Turkey) [J]. International Journal of Botany, 2008, 4 (3): 297-302.

[7] SARRÓ M I, GARCÍA A M, RIVALTA V M, et al. Biodeterioration of the lions fountain at the Alhambra Palace, Granada (Spain) [J]. Building and Environment, 2006, 41 (12): 1811-1820.

[8] WESSEL D P. The use of metallic oxides in control of biological growth on outdoor monuments [Z]. 2003: 536-551.

[9] JEONG S H, LEE H J, KIM D W, et al. New biocide for eco-friendly biofilm removal on outdoor stone monuments [J]. International Biodeterioration & Biodegradation, 2018, 131 (SI): 19-28.

[10] LI Q, CSETENYI L, PATON G I, et al. $CaCO_3$ and $SrCO_3$ bioprecipitation by fungi isolated from calcareous soil [J]. Environmental Microbiology, 2015, 17 (8): 3082-3097.

[11] LI Q, ZHANG B, WANG L, et al. Distribution and diversity of bacteria and fungi colonizing ancient Buddhist statues analyzed by high-throughput sequencing [J]. International Biodeterioration and Biodegradation, 2017, 117: 245-254.

[12] LI Q Q, ZHANG B B, YANG X X, et al. Deterioration-Associated microbiome of stone monuments: structure, variation, and assembly [J]. Applied and Environmental Microbiology, 2018, 84 (7): e02617-e02680.

[13] GÓMEZ-ORTÍZ N, DE LA ROSA-GARCÍA S, GONZÁLEZ-GÓMEZ W, et al. Antifungal coatings based on $Ca(OH)_2$ mixed with ZnO/TiO_2 nanomaterials for protection of limestone monuments [J]. ACS Applied Materials and Interfaces, 2013, 5 (5): 1556-1565.

[14] MITOVA M M, ILIEV M, NOVÁKOVÁ A, et al. Diversity and biocide susceptibility of fungal assemblages dwelling in the Art Gallery of Magura Cave, Bulgaria [J]. International Journal of Speleology, 2017, 46 (1): 67-80.

[15] 葛琴雅, 潘晓轩, 李强, 等. ATP生物发光法在文物抑菌剂效力检测中的应用 [J]. 文物保护与考古科学, 2014, 26 (4): 39-46.

[16] PFENDLER S, BORDERIE F, BOUSTA F, et al. Comparison of biocides, allelopathic substances and UV-C as treatments for biofilm proliferation on heritage monuments [J]. Journal of Cultural Heritage, 2018, 33: 117-124.

[17] PINNA D, SALVADORI B, GALEOTTI M. Monitoring the performance of innovative and traditional biocides mixed with consolidants and water-repellents for the prevention of biological growth on stone [J]. Science of the Total Environment, 2012, 423: 132-141.

[18] MOREAU C, VERGÈS-BELMIN V, LEROUX L, et al. Water-repellent and biocide treatments: Assessment of the potential combinations [J]. Journal of Cultural Heritage, 2008, 9 (4): 394-400.

[19] LI Y D, YANG D S, CUI J H. Graphene oxide loaded with copper oxide nanoparticles as an antibacterial agent against Pseudomonas syringae pv. tomato [J]. Rsc Advances, 2017, 7 (62): 38853-38860.

[20] QIN J Q, ZHANG X Y, XUE Y N, et al. A facile synthesis of nanorods of ZnO/graphene oxide composites with enhanced photocatalytic activity [J]. Applied Surface Science, 2014, 321: 226-232.

[21] HOHE A, RESKI R. From axenic spore germination to molecular farming-One century of bryophyte in vitro culture [J]. Plant Cell Reports, 2005, 23 (8): 513-521.

[22] FU H W, Jiang Y H, Ding J J, et al. Zinc oxide nanoparticle incorporated graphene oxide as sensing coating for interferometric optical microfiber for ammonia gas detection [J]. Sensors and Actuators B-Chemical, 2018, 254: 239-247.

[23] ZHANG J T, LIU J F, PENG Q, et al. Nearly monodisperse Cu_2O and CuO nanospheres: Preparation and applications for sensitive gas sensors [J]. Chemistry of Materials, 2006, 18 (4): 867-871.

[24] SGLAVO V M, DE GENUA F, CONCI A, et al. Influence of curing temperature on the evolution of magnesium oxychloride cement [J]. Journal of Materials Science, 2011, 46 (20): 6726-6733.

第 9 章

保护工程实践

按照《文物保护工程管理办法》(文化部[2003]第26号)的概念性界定,石质文物保护工程是指对核定为文物保护单位的和其他具有文物价值的石质文物进行的保护工程,包括石质文物的保养维护工程、抢险加固工程、修缮工程等。

石质文物保护工程是个系统,涉及保护策略、组织管理、岩土基础、结构稳定、修缮材料、专业技术和施工工艺等。在本章中,我们以石质文物本体保护的技术和材料为重点,以浙江大学文物保护材料实验室近几年来参与设计和指导施工的保护工程为例,叙述工程的技术及材料问题,包括清洗、脱盐、渗透加固、彩绘保护、碎块粘结、空鼓注浆、崖体防渗、植筋锚固、仿石修补、石雕复原、结构修复、保养维护和生物防治等,为石质文物保护技术和材料的应用提供借鉴。

保护工程的原则是"保护文物的真实性、完整性""不改变文物原状""使用恰当的保护技术"。保护工程是以保持文物价值,延续文物寿命,缓解损伤为目标,采取的迫不得已的干预措施。所用保护技术和材料只用在最必要的部分,并减少到最低程度,且不妨碍再次对原物进行保护处理;经过处理的部分要和原物既相协调,又可识别;所有修复都应有详细记录;采用的新技术和新材料都必须经过前期试验和研究,证明是当前条件下最有效、负面作用最小的才可以使用。

9.1 濒危石质建筑保护——以汉三老石室修缮为例

9.1.1 工程概况

(1) 文物价值

西泠印社是我国研究金石篆刻艺术历史最久、影响最广泛、成就最大的民间学术团体,在国际印学界享有崇高地位,有"天下第一名社"之盛誉。社址坐落于浙江省杭州市西湖景区孤山南麓,占地面积7090m²,园内多为晚清及民国时期建筑,与周围园林环境融为一体,摩崖题刻随处可见,堪称江南园林佳作。2001年,西泠印社被国务院公布为全国重点文物保护单位。

汉三老石室(图9.1.1)是西泠印社园区内最重要的石质建筑,由火山碎屑岩石材建造,于1921年建成,总高6.65m,整体外形仿吴越宝箧印经塔(阿育王舍利塔),造型结构是仅有孤例,石室上刻有许多著名楹联匾额,石室内藏有迄今为止浙江省最古的《汉三老讳字忌日碑》,该碑距今近1800年,属国家一级文物,内容为东汉三老讳字忌日,对于古代书法篆刻的研究有很高的学术价值。

(a) 修缮前石室外观　(b) 后侧　(c) 汉三老讳字忌日碑

图9.1.1　西泠印社汉三老石室(2017.10.7)

(2) 保存状况

因石材风化,屋顶渗雨严重,汉三老石室曾于1999年和2004年用水泥砂浆填补缝隙。2006年6月,因台风暴雨,树枝掉落造成塔尖受损、砸穿屋顶石板,事后采用严州青石材局部替换了破损的塔尖和屋顶石板,并用石灰加胶嵌缝。2015年,因漏雨又采用黑色结构胶进行了嵌缝处理。到 2017 年，不仅漏雨更严重，且屋顶石材腐蚀严重，随时可能破裂掉落，严重威胁石室内《汉三老讳字忌日碑》安全（图 9.1.2）。

图 9.1.2　汉三老石室内部屋顶漏雨和岩石腐蚀情况（2017.10.7）

9.1.2　前期勘察研究

2017 年，西泠印社社委会委托浙江大学文物保护材料实验室进行病害勘察。

（1）结构稳定性

汉三老石室是为收藏《汉三老讳字忌日碑》，采用严州青石材，傍岩半边悬空而建。建筑结构检测评估结果是：

① 局部石质构件断裂、松动，威胁石室的稳定性。

② 屋顶水平承重石板风化较严重，承载力下降，在外部不利诱因下，有可能塌陷。

③ 裂隙发展。西侧两立柱与石梁之间有空隙，不利于结构受力；石室屋顶石板及屋檐接缝处有裂隙，导致屋面漏水严重，不仅影响使用，也加速了风化。

（2）石质文物病害

经调查统计，汉三老石室外部和内部建筑石材总表面积约 181 m²，主要病害有：石材表层风化、生物腐蚀、不当修复、表面污染沉积、裂隙空鼓、机械损伤等。将所有病害折合为面积，2017 年 10 月的勘测统计数据和各病害所占比例见表 9.1.1。

表 9.1.1　汉三老石室本体病害统计表（2017.10.7）

病害名称	面积（cm²）	病害占比（%）
表面层风化	1107085	61.08
表面生物腐蚀	394019	21.74
不当保护修护	79997	4.41
表面沉积与变色污染	65120	3.60

续表

病害名称	面积（cm²）	病害占比（%）
裂隙与空臌	580	0.03
机械损伤	25	—
其他	10	—

注：—为很少。

在上述文物病害中严重病害有 812383cm²，占总病害面积的 49.3%。其中，表面层风化 341026cm²，表面生物腐蚀 288850cm²，结构性裂隙 38205cm²，不当保护修护 53375cm²。

（3）周边环境

汉三老石室周围高大乔木茂密，在南方沿海地区夏天台风季节或冬天大雪天气，树枝都可能掉落，砸坏已十分脆弱的石室屋顶。树下阴凉环境极适合苔藓等低等植物和微生物生长，使汉三老石室屋顶苔藓类植物生长旺盛，导致石室屋顶和屋脚岩石腐蚀风化严重。无人机航拍汉三老石室上方树木和屋顶苔藓情况如图 9.1.3 所示。

(a) 石室上方树木　　　　　　(b) 屋顶苔藓情况

图 9.1.3　汉三老石室屋顶外观（2021.7.6）

（4）主要检测

① 屋顶石材强度检测

采用便携式里氏硬度仪（Proceq-Equotip）检测。

其中石室屋顶内壁岩石检测点位如图 9.1.4 所示。检测结果发现，位置点 13#、14#、15#、16#、19#、20# 区域因石材过于疏松已测不出硬度值。又选择其中一些状态还好的位置点进行超声和回弹强度检测，也得到类似结果。

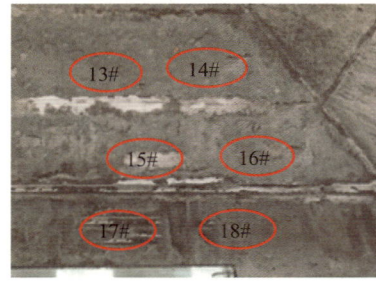 

(a) 屋顶西侧　　　　　　(b) 屋顶东侧

图 9.1.4　汉三老石室屋顶内壁里氏硬度等仪器检测点位（2017.10.7）

② 岩石结构和成分检测

取汉三老石室石样检测表明，为凝灰结构，块状构造（图 9.1.5）。主要由晶屑（约 70%，粒径 0.02~1.5mm)、岩屑（约 15%，粒径 3~4mm）和细火山尘（约 15%，粒径＜0.01mm）组成，为晶屑岩屑凝灰岩（火山碎屑岩）（图 9.1.5）。

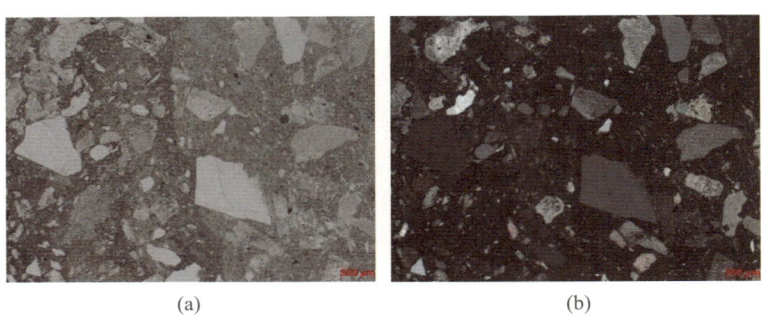

图 9.1.5　汉三老石室石材薄片偏光照片

汉三老石室地面石板破碎块和屋顶石材风化层样品 XRD 分析和 EDS 能谱元素分析结果如图 9.1.6所示。

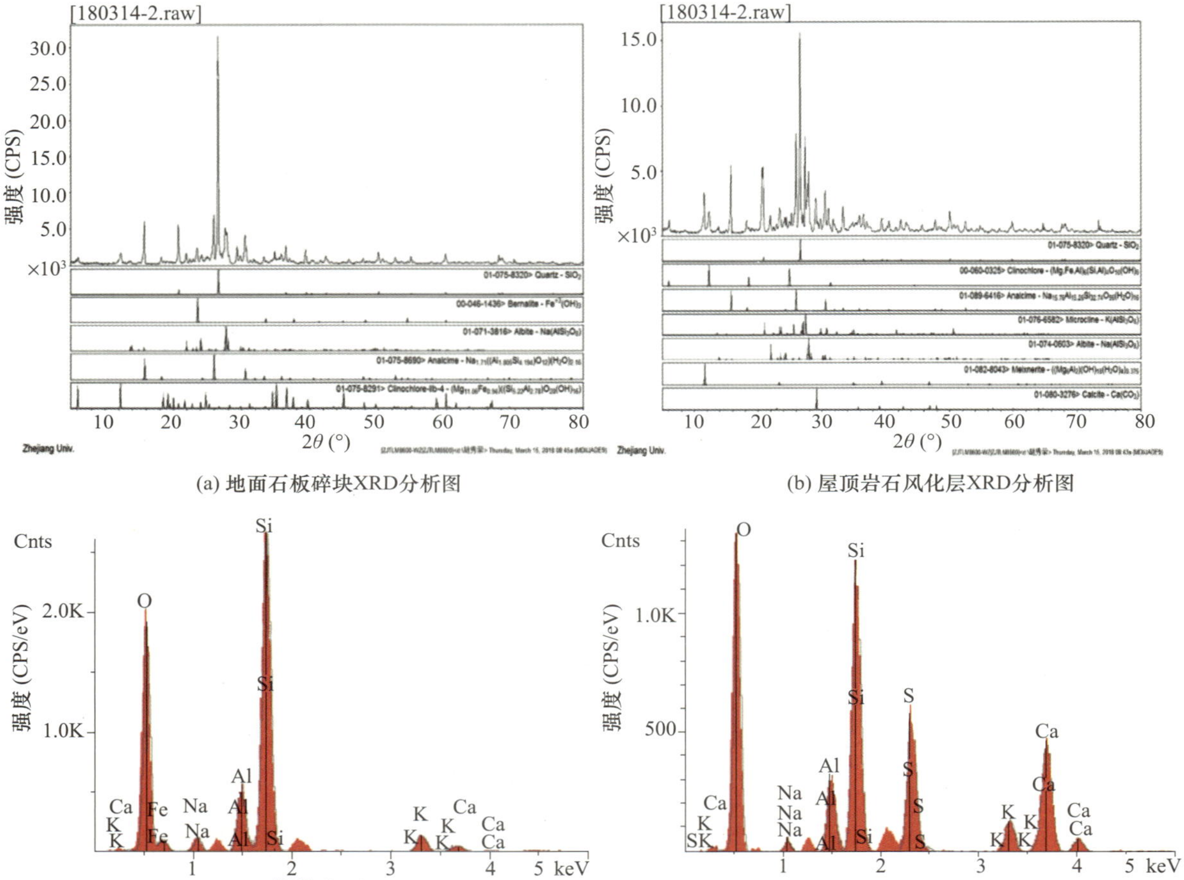

(a) 地面石板碎块XRD分析图　　(b) 屋顶岩石风化层XRD分析图

(c) 地面石板碎块EDS分析图　　(d) 屋顶岩石风化层EDS分析图

图 9.1.6　汉三老石室地面石板碎块和屋顶石材风化层的 XRD 和 EDS 分析

EDS 图结果显示汉三老石室风化后石材的石英（SiO_2）含量降低，透美铝石、新增方解石等泥化成分和外来成分增加。岩石风化后氧、硅、铝、铁元素含量显著降低，钙含量显著升高，新增硫元素。硫元素大概率是来自空气中的 SO_2，应是酸雨腐蚀石材后的沉积物。

③ 生物鉴别

在汉三老石室屋顶采集生物，用 DP305 试剂盒提取 DNA、PCR 克隆、产物纯化、DNA 测序、NCBI 数据检索以及苔藓形态学验证，鉴定出五种苔藓，分别为虎尾藓、细叶真藓、美灰藓、拟多枝藓、细叶小羽藓。说明此处营养丰富，同时生物代谢产生的酸性分泌物也多。

(5) 监测

为了解环境对石室的影响，在汉三老石室内外共安装了 4 处视频、3 处温湿度探头，以及 1 处室外降雨量监测设备，自动采集数据近 2 年。

(6) 病因研究

汉三老石室岩石高度风化，病害面积共达 110.7m²，占石室总面积的 61.1%。其中严重风化面积 34.1m²，主要在石质屋顶。仅仅建造了约 100 年，为什么风化如此严重？经检测、监测和研究，汉三老石室风化的主要原因是：

① 岩石成分结构

汉三老石室石材为晶屑岩屑夹杂凝灰岩，岩石微缝隙多，均为贯通性微孔，吸水率高，透水性较好，导致屋面雨水容易润湿和渗入。加上屋顶石灰灰缝，在我国南方酸雨频繁条件下，长期浸润侵蚀，致使岩石微孔隙加大、逐渐疏松、硫酸盐沉积。

② 表面苔藓等生物繁茂

由于石室顶部长期生物繁殖，生长茂密，分泌的酸性物质侵蚀石材，同时也腐蚀石材灰缝，进一步加速石室屋顶的风化破坏，造成屋顶裂缝。苔藓通过分泌草酸与周围岩石中的阳离子（如钙离子）反应形成草酸盐；分泌柠檬酸和地衣酸等溶于水可与多种阳离子形成螯合混合物，改变石刻的化学成分；因菌丝生长产生的物理压力破坏岩石微孔的微结构，并改变其物理性能（如水力膨胀性能等）造成应力破坏；酸性分泌物与岩石和屋顶沉积物作用形成可溶盐等都为石材劣化提供了条件。

③ 冷凝水干湿循环，造成盐析结晶破坏

在西湖边，晚上一般相对湿度在 90% 以上，加上石室的封闭结构，室外比室内低约 5℃，在石室内壁必然形成冷凝水，溶解石表层盐分（图 9.1.7 中 17:00~9:00 段的 16h 中）；到每天下午，湿度小于 70% 以上（图 9.1.7 中 13:00~16:00 段的 3h 中），冷凝水蒸发，可溶盐再次结晶析出。冷凝水＋易溶盐，反复溶解—结晶，是石室内部岩石表层粉化和剥落的主要原因（图 9.1.8）。

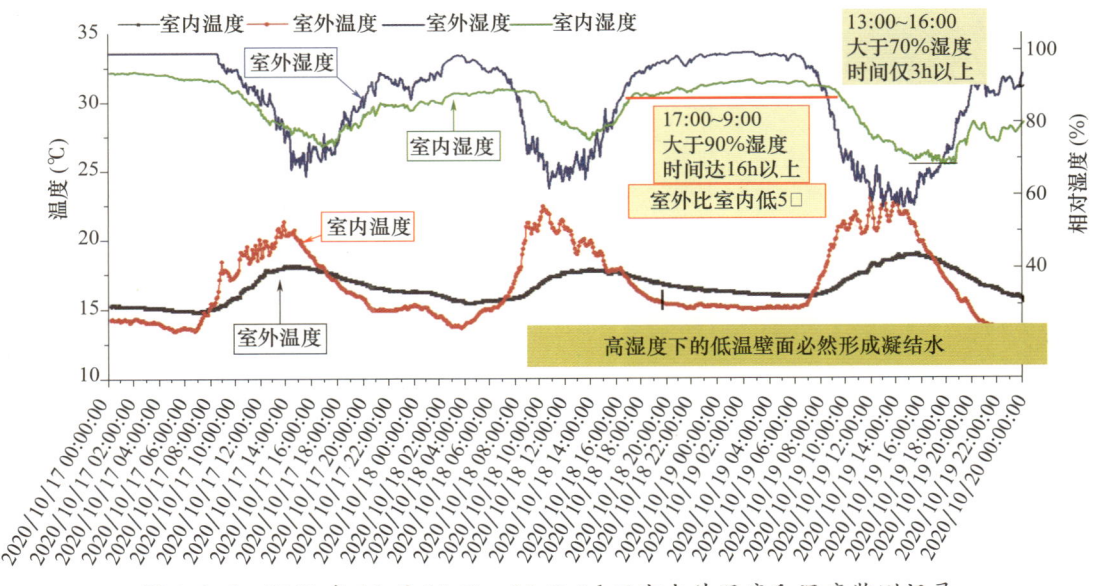

图 9.1.7　2020 年 10 月 17 日—19 日 3d 石室内外温度和湿度监测记录

(a) 内壁上部　　　　　　　　　(b) 墙角上部

图 9.1.8　汉三老石室内壁析出的可溶盐情况（2021.6.16）

9.1.3　保护材料研发

汉三老石室的石材和印泉摩崖石刻的岩石都属凝灰岩（火山碎屑岩），目前对于高度风化凝灰岩的保护具有较大难度，关键问题是缺乏寿命长、匹配性好的保护材料。具体问题如下。

（1）缺乏合适的渗透加固材料

鉴于无机材料不易老化的特点，本实验室开发了一种无机镁基渗透加固剂（ZDJ-03），其渗透深度可达 5 cm，加固散砂的抗压强度达 12 MPa 以上，材料吸水率和湿膨胀等物理性质与凝灰岩接近，已获得的国家发明专利见图 9.1.9 中（a），研究过程可参见本书第 5 章。

（2）缺少长寿命的凝灰岩裂隙粘结和灌浆材料

在无机镁基渗透加固剂的基础上，开发了无机镁基粘结剂（ZDN-04），获得的国家发明专利证书见图 9.1.9 中（b）。它有 2 种型号：①灌浆料 ZDN-04gu；②仿石料 ZDN-04fa。可分别用于凝灰岩的灌浆粘结和仿石修补。

（3）缺乏长效的生物防治材料

在无机镁基渗透加固剂的基础上，利用无机纳米物氧化铜的抗菌性，又开发了一种基于无机镁基渗透加固剂的无机加固-除苔剂（ZDC-05），获得授权的国家发明专利证书见图 9.1.9 中（c），研究过程参见本书第 8 章。

（4）缺乏绿色高效广谱生物防治材料

因石质文物保护需要，本实验室一直在开展生物防治材料的研究和应用。牵头承担了国家重点专项研发计划课题"石窟文物微生物/苔藓病害绿色防治技术研究"。利用课题研究成果，推出了石质文物复方生物防治剂（ZDS-07b），可用于苔藓、地衣、藻类、细菌和真菌等生物的广谱防治，国家发明专利申请受理通知如图 9.1.9（d）所示。

从 2019 年以来，上述专利材料就已在西泠印社附近凝灰岩［图 9.1.9（e）］、印泉摩崖旁边［图 9.1.9（f）］、汉三老石室基座［图 9.1.9（g）］等处进行了小试验，效果达到设计要求。

以上保护材料的专利权属于浙江大学。在工程应用中，为适应规模化操作和不同石质类型，对本实验室开发的系列保护材料：①无机渗透加固剂 ZDJ-03、②无机粘结剂 ZDN-04（含灌浆料 ZDN-04gu、仿石料 ZDN-04fa）、③无机加固-除苔剂 ZDC-05、④绿色生物防治剂 ZDS-07（含 1 代 ZDS-07a、2 代 ZDS-07b）、⑤粘结加固乳液 ZD303、⑥堵漏胶 ZD301，以及各种修复灰浆等，相关配方和工艺已经在工程实践中进行了多次优化。考虑到专利技术的敏感性，在本章叙述中对各保护材料的具体应用配比进行了模糊化处理。

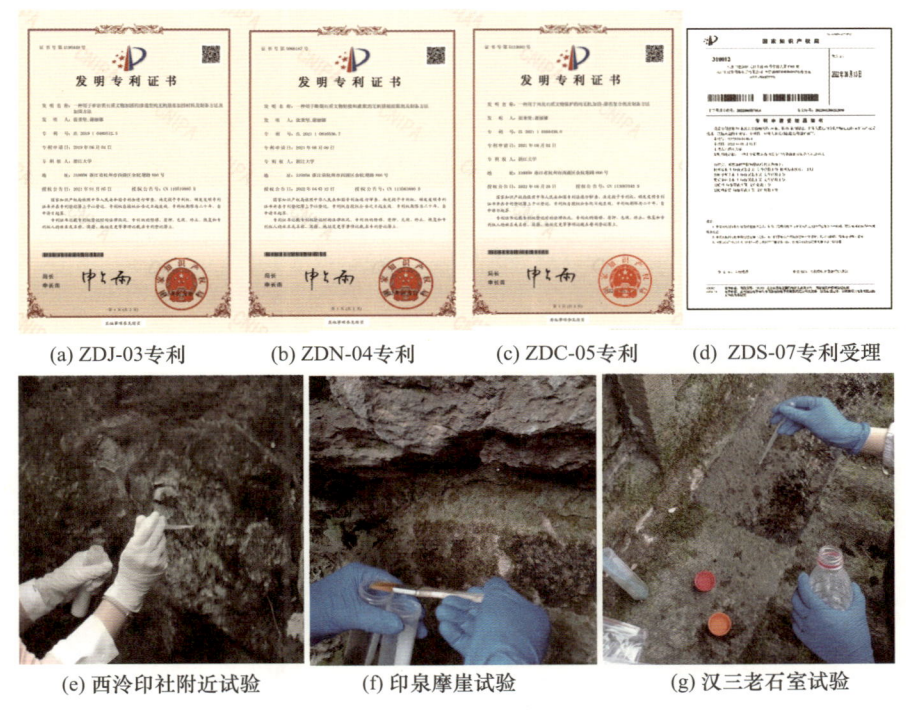

(a) ZDJ-03专利　　(b) ZDN-04专利　　(c) ZDC-05专利　　(d) ZDS-07专利受理

(e) 西泠印社附近试验　　(f) 印泉摩崖试验　　(g) 汉三老石室试验

图 9.1.9　无机加固/生物防治材料国家发明专利和现场小试验

9.1.4　修缮保护施工

（1）工程主要内容

① 在汉三老石室内安装可拆卸的物理支撑，防止屋顶坍塌，外观须尽可能与文物本体协调。

② 生物清理和表面清洗。为解除苔藓等生物威胁，须清除屋顶的枯枝落叶、苔藓等植物和微生物等，同时清除屋顶和各处的土垢、污垢、老化的保护材料、明显色斑和涂鸦等。

③ 脱盐处理。以纸筋吸附的方式脱除岩石表层易溶盐，以减缓盐类对文物本体岩石的危害。

④ 对屋顶和屋檐石材接缝进行清理，剔除老旧灰浆，重新嵌缝和做防渗处理，修补破损处。

⑤ 修复断裂或松动的建筑构件，解除对石室稳定的威胁。

⑥ 采用渗透性材料对已风化的石室屋顶岩石进行加固，提高已风化岩石的抗压强度和抗风化能力。为避免有机加固材料易老化和产生保护性破坏的缺陷，工程要求使用无机加固材料。

⑦ 梳理石屋屋顶的疏排水系统，填凹坑防渗漏，减少水的危害。

⑧ 改善石室屋内通风，增加顶部隔热材料，减小凝结水对石壁的腐蚀和影响。

⑨ 进行防生物处理，要求比较长久地抑制苔藓、地衣等生物生长。

⑩ 修整可能掉落、存在安全隐患的石室上方树木枝条。

⑪ 安装专业的监测设备，记录和发现可能出现的屋顶变形、渗漏等危害情况。

（2）可拆卸物理支撑

① 目的

为防止石室屋顶坍塌，需要在石室内安装可拆卸的物理支撑，要求：

a. 强度有余量；

b. 可完全拆卸；

c. 外观尽可能与文物本体协调。

② 所需材料

304不锈钢型材、304不锈钢螺丝钉、铝板、保温材料等。

③ 施工步骤

a. 前期准备：请专业不锈钢施工企业按浙江大陆建筑特种工程公司的专项设计，提前定制304不锈钢钢料。

b. 按设计规格制作立柱、横梁、斜梁等构件。

c. 焊接制作各部位三通连接构件，按标准钻孔、攻丝。

d. 用不锈钢螺钉现场安装固定，调节与壁面的距离以及对屋顶的支撑力度。

e. 安装保温隔热层及铝板。

f. 铝板表面按仿石外观做旧。

汉三老石室内部可拆卸物理支撑安装过程如图9.1.10所示。

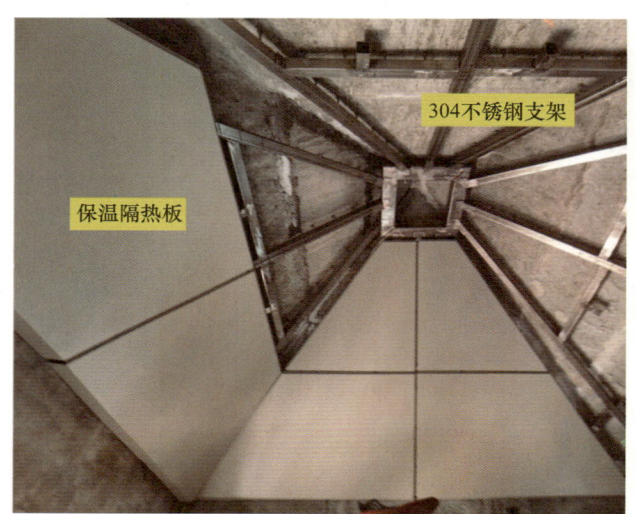

图9.1.10　汉三老石室内部可拆卸物理支撑结构示意

（3）表面清理

汉三老石室屋顶生物繁茂、沉积物堆积较厚，壁面污染较重，工程需要进行表面清理。

① 生物清除

a. 初步清洗：使用雾状喷壶，用清水将需清洗的部分喷湿，用毛刷刷洗，去除肉眼可见生物体、泥土和粉尘。

b. 石缝植物清除：对于石缝与孔洞中难以刷除的生物，使用手术刀挑出去除。

c. 再次刷洗：使用去离子水与软毛刷轻轻刷除附着于石表面的苔藓等微生物，直至未见肉眼可见生物为止。

d. 高温蒸汽清洗：使用蒸汽喷射，将微生物病害区域用蒸汽处理，以杀灭孢子等残留细胞体。

汉三老石室屋顶苔藓等生物的清洗效果如图9.1.11所示。

② 石材表面沉积物、水锈与色斑清除

a. 清洗方法与生物清除类似，尽可能采用水和蒸汽方法。

b. 钙质白华和泥土硬垢清洗：用脱脂棉棒蘸取适量去离子水润湿表面使其软化，然后用用湿棉棒擦除。对于难溶钙华，可用5%氨水擦除，然后用棉棒蘸去离子水清理干净。

(a) 苔藓清除前　　　　　　(b) 表面清洗

(c) 苔藓清除后　　　　　　(d) 剔除根系

图 9.1.11　汉三老石室屋顶苔藓等生物的清除施工

c. 对有机污垢或涂鸦污迹清洗：用脱脂棉蘸取适量乙酸乙酯或酒精贴敷，使污迹被溶解和吸附下来。

d. 铁锈等氧化物去除清理：采用专业中性大理石清洗剂贴敷清除。

清洗效果只要接近于文物本体颜色即可，不可过度清洗。汉三老石室墙面水锈结壳清除效果如图 9.1.12 所示。

(a) 水锈清洗前　　(b) 水锈清洗后　　(c) 色斑清洗前

(d) 色斑清洗后

图 9.1.12　汉三老石室墙面水锈结壳与变色清除效果

（4）脱盐处理

易溶盐和中溶盐的反复结晶是汉三老石室屋顶表层风化的主要原因，因此脱盐是本项工程不可缺少的工序之一。

① 脱盐目的

a. 除去岩石表面盐碱，展现文物原貌。

b. 预防盐碱进一步破坏石材。

c. 提高渗透加固材料和粘结材料的施工效果。

② 脱盐材料

脱盐材料最廉价方便的是脱盐纸浆等，要求对文物无腐蚀、无残留、不改变外观。

③ 脱盐操作步骤

a. 先用去离子水喷湿文物石材表面。

b. 用刮灰刀将脱盐纸浆刮贴到石材表面，厚度约为 1~3mm。

c. 防水 24h 以上，待纸浆干透。

d. 使用手术刀在纸浆边缘揭开，轻轻挑起四周边缘，缓慢揭开纸浆 [图 9.1.13 中 (c)]。

e. 将揭下的纸浆取一定量泡入定量去离子水中，搅拌溶解后测量去离子水的电导率 [图 9.1.13 (d)]。

f. 若未达到电导率指标，重复以上 b~e 步骤，直到电导率达到纯纸浆的电导率为止。

g. 最后使用去离子水将贴敷处清洗干净。

h. 表面清理去除残留贴敷材料，场地清理，完成脱盐。

汉三老石室屋顶苔和墙面石材脱盐情况如图 9.1.13 所示。

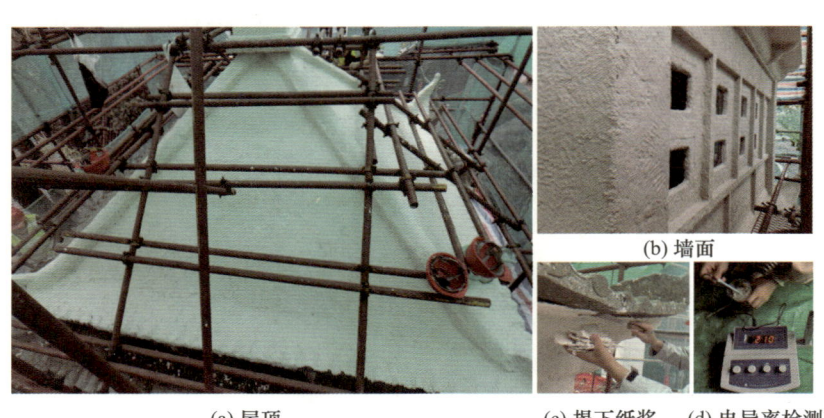

图 9.1.13　汉三老石室石材脱盐情况

(5) 接缝重填和防渗修补

由于汉三老石室屋顶石缝灰浆老化、渗漏水十分严重，必须在安全的前提下清理大部分灰缝，剔除老旧灰浆，重新做接缝防渗处理。

① 工具

软毛刷、喷壶、竹签、手术刀、洗耳球、保护薄膜、刀铲、砂纸、画笔、毛刷、电磨、雕刻机等。

② 材料

无机渗透加固剂 ZDJ-03、无机加固-除苔剂 ZDC-05、堵漏胶 ZD301、隔离剂 B72、乙酸乙酯、仿石灰浆 (ZDN-04fa、级配石粉)、可逆灰浆 (ZD303、级配石粉、氢氧化钙)。

③ 处理步骤

a. 生物与沉积物清理：使用物理方法将肉眼可见生物体、沉积物、粉尘污垢刷去。

b. 剔除老化修补材料：使用手术刀将老化修补材料剔除干净，使石缝拼接处清晰可见 [图 9.1.14 (a)]。

c. 开缝、清缝：使用 0.02cm 清缝片，对难以清除的老旧灰缝进行开缝处理，开缝深度约 3cm [图 9.1.14 (b)、(c)]。开缝后使用软毛刷或排刷扫去灰尘，用去离子水将缝隙清洗干净，晾至干燥。

d. 涂可逆隔离层：使用 B72 乙酸乙酯溶液均匀涂刷缝隙内石面，晾至干燥 [图 9.1.14（d）]；

e. 填充堵漏胶：使用美纹纸将接缝左右两边进行保护，防止污染，填充堵漏胶 ZD301，厚度约 1.5～2cm，确保拼接石块两侧全满粘结 [图 9.1.14（e）]，待初步固化。

f. 隔离堵漏胶：分别将 20 目、30 目、70 目石粉先后压入石缝，以填充隔离堵漏胶，遮挡紫外线 [图 9.1.14（f）]。

g. 加固和防生物处理：待堵漏胶完全固化后，在石粉表面渗入 ZDN-04gu 和 ZDC-05，以粘结石粉并达到防生物效果 [（图 9.1.14（g）、（h）]。

h. 外观修整：使用修复砂浆再次处理和修补接缝，将接缝处填满，并整理好外观，待固化一周。

i. 效果检验：待接缝填补材料完全固化以后，使用水管喷淋方式，验证屋顶缝隙的防渗效果。

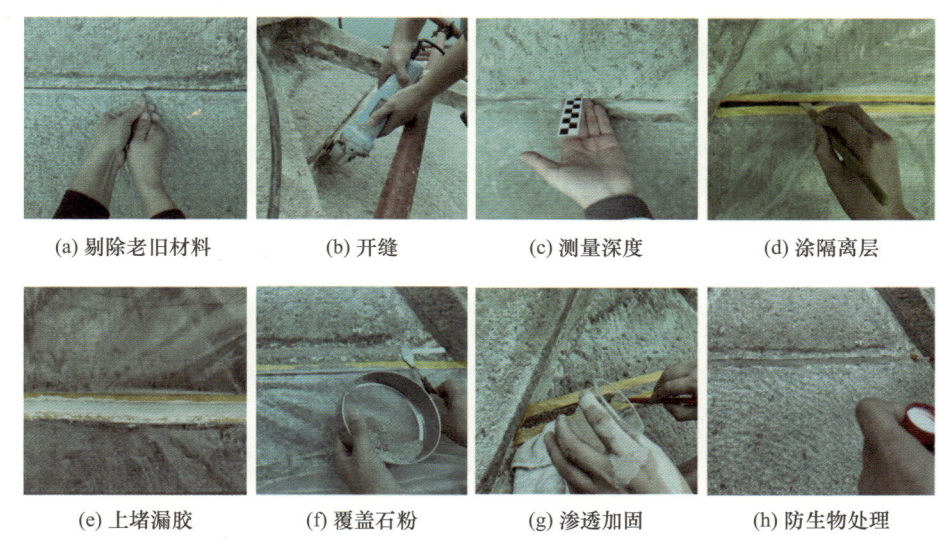

图 9.1.14　石屋屋顶接缝重新填缝修补过程

（6）修复断裂或松动的构件

在汉三老石室屋顶和屋檐处已发现多处石构件断裂或松动情况，若不修复将威胁石室结构的稳定性，下面以屋檐角部支撑为例说明修复步骤。

① 打孔：寻找受力点，根据受力分析，需要植入 ϕ20mm 不锈螺纹钢 3 根，在断裂 2 个对应面打孔，孔径 28mm，深 20cm，各 3 个孔，如图 9.1.15（b）所示。

② 清洗：将断裂面清洗干净并吹干。

③ 上可逆胶：使用固含量 10％B72 乙酸乙酯溶液刷涂粘贴两面，使粘贴具有可逆性。

④ 上锚固胶：使用环氧锚固胶填入锚孔 [图 9.1.15（c）]，注意旁边留出空隙防止锚固胶溢出，同时在断面周边留出修补砂浆填充的空间，以避免锚固胶见光老化。

⑤ 拼对粘贴：插入锚杆 [图 9.1.15（d）]，将断裂两面对应，粘贴 [图 9.1.15（e）]。

⑥ 砂浆修整：对粘结后的缝隙，使用修补砂浆进行填缝，待砂浆快干时，揭掉美纹纸，将灰浆仔细抹平整。

⑦ 修饰：待修补砂浆完全固化后，使用砂纸细致打磨，使缝隙平整美观 [图 9.1.15（f）]。

（7）渗透加固和防生物处理

汉三老石室屋顶石板劣化和渗水严重，苔藓和各种微生物的茂盛生长是石材劣化的重要原因。本次修缮工程需要对屋顶石板进行渗透加固和防生物处理。

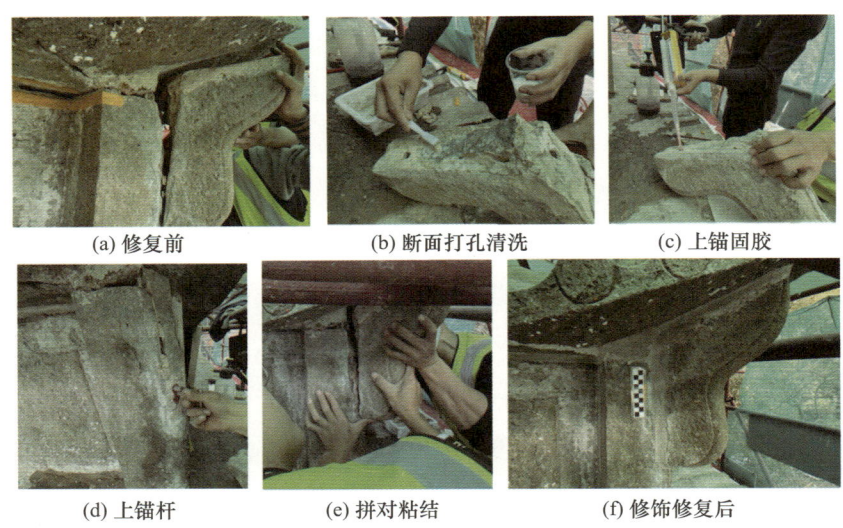

(a) 修复前　　　　　(b) 断面打孔清洗　　　　(c) 上锚固胶

(d) 上锚杆　　　　　(e) 拼对粘结　　　　　(f) 修饰修复后

图 9.1.15　汉三老石室屋檐角部支撑松脱修复过程

① 材料和工具

无机加固-除苔剂 ZDC-05、复方生物防治剂 ZDS-07b、粘结加固乳液 ZD-303、喷壶、软毛刷、吸水纸、棉布等。

② 操作步骤

a. 清理：在前述石面清洗、吸附脱盐、接缝重填和防渗修补的基础上，再次进行清理，去除垢渍和前期施工遗留物，使整个屋顶石面完全显露。

b. 干燥：检查屋顶石材干湿状况，对潮湿处用热风处理，加速干燥。

c. 第一次防生物渗透加固：考虑到屋顶石材面积较大又十分脆弱，采用喷涂法施工；按使用说明配制 ZDC-05，分区多次涂布，以不流淌为限，使屋面石材吸饱药剂；渗透 3h 以上，趁药剂未干时，用棉布吸去石面未渗透下去的多余液体，再用清水拧干的湿布擦拭石面，以防石面析出白色沉积物；在石面阴干过程中，若有白色沉积物析出，立即用湿布擦除。

d. 第二次防生物渗透加固：待石面干透，用 ZDS-07b 以低浓度多次涂布的方式分区涂布，以不流淌为限；第一轮涂布后待阴干，观察均匀度，对涂布药量较少或者剂量不够的区域再涂布一遍，以确保药量足够且无遗漏区域，最后自然阴干。

(8) 改造石室屋顶疏排水系统

汉三老石室屋檐近水平，疏排水不畅是石室墙面渗漏的原因之一，也是室内壁石材潮湿、泛盐和风化严重的原因。本项工程不仅需要填缝防漏还需要导流疏水，实施步骤：

① 厘清原建筑物的排水系统，疏通排水通道，确保降雨能够及时排泄。

② 对于有滞留水危害的部位，在不改变文物原貌的前提下采取疏排水措施，适当垫高凹陷部位或增设排水通道。

③ 垫高材料采用防水可逆性修复砂浆整体找平。

汉三老石室屋檐凹陷部位垫高施工情况如图 9.1.16 所示。

(9) 改善石室内通风

① 目标

为解决室内高湿问题，防止水蒸气在墙壁上凝结，降低冷凝水对石质文物破坏，考虑的解决方案是：

图 9.1.16　汉三老石室屋檐凹陷部位垫高施工情况

a. 在室内屋顶支撑架上安装保温隔热板，隔断热湿空气，避免热湿空气直接接触屋顶温度较低的石板，防止冷凝水产生（图 9.1.10）。

b. 为解决水蒸气难以释放，改善室内通风，考虑拆除窗户上原有的玻璃 [图 9.1.17（a）]，根据通风需要采用打孔玻璃。

② 所需材料

打孔玻璃、玻璃粘结用的灰浆等；

③ 施工步骤

a. 按通风和防昆虫等综合要求设计和定制打孔玻璃 [图 9.1.17（b）]。

b. 剔除原玻璃的胶结材料，卸下原玻璃 [图 9.1.17（c）]；

c. 调制合适的玻璃粘结用的灰浆，安装固定 [图 9.1.17（d）]。

汉三老石室屋窗户玻璃通风改造前后效果如图 9.1.17 所示。

（10）修整周边树木

据现场观察，有四棵高大乔木对汉三老石室的安全构成威胁，它们分别位于石室的东南角、东北角、北面和西面（图 9.1.18）。这些树木有三棵为落叶乔木，一棵为常绿乔木樟树。周围树木在夏季台风天气或是冬季下雪时候，树枝可能被大风吹落或是压折，折断的树枝掉落会砸坏已经相当脆弱的石室屋顶。经多方勘察评估，确定修枝。

具体修剪范围：剪去所有汉三老石室屋顶上方的树枝，确保至少十年内不会有较大树枝掉落到石室屋顶。

（11）安装专业监测系统

根据修缮后汉三老石室的监测需要，安装如下设施。

① 摄像头 3 个，每日 3 张照片

a. 屋内顶部，观察渗水等；

b. 室外屋顶后方，观察屋顶积水、生物生长等；

c. 室外屋顶前方，观察外观变化。

 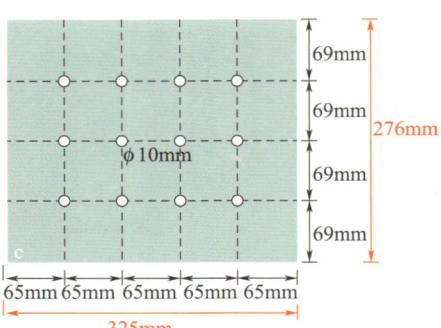 

(a) 改造前　　　　　　　　(b) 设计图　　　　　　　　(c) 拆卸原玻璃

(d) 灰浆固定　　　　　　　　　　　　(e) 改造后

图 9.1.17　汉三老石室屋窗户玻璃通风改造

(a) 修整前航飞俯拍　　　　(b) 截断树枝　　　　(c) 修整后航飞俯拍

图 9.1.18　汉三老石室上方树木修整

② 温湿度探头 3 对，每 2h 记录 1 次

位置：

a. 屋顶夹层；

b. 室内空间；

c. 室外。

③ 重力监测探头 2 个

位置：

a. 室内屋顶夹层前部；

b. 室内屋顶夹层后部。

④ 室外气象站 1 个

项目：

a. 降雨量；

b. 雨水 pH；

c. 风速风向；

d. 温、湿度。

位置：石室 60m 以内，无树木遮挡处。

⑤ 泉池水位探头 1 个

主机数据云存储，网上和手机上能下载。

9.1.5 修缮效果

（1）修缮前后对比照片（图 9.1.19～图 9.1.24）

(a) 修缮前   (b) 修缮后

图 9.1.19　汉三老石室尖顶正面修缮前后对比照

(a) 修缮前   (b) 修缮后

图 9.1.20　汉三老石室屋顶修缮前后对比照

(a) 修缮前   (b) 修缮后

图 9.1.21　汉三老石室屋檐修缮前后对比照

(a) 修缮前　　　　　　　　(b) 修缮后

图 9.1.22　汉三老石室内部屋顶修缮前后对比照

(a) 修缮前　　　　　　　　(b) 修缮后

图 9.1.23　汉三老石室正面外墙修缮前后对比照

(a) 修缮前　　　　　　　　(b) 修缮后

图 9.1.24　汉三老石室侧面外墙修缮前后对比照

（2）项目验收

2021 年 11 月底，在西泠印社社委会组织的省内外专家评估会上，汉三老石室修缮所用技术和材料得到专家们的好评。2022 年 8 月，"西泠印社孤山保护提升工程——汉三老石室及印泉石质文物保护提升项目"项目顺利通过浙江省文物局组织的竣工验收。

9.2　濒危摩崖石刻保护——以印泉摩崖石刻修缮为例

9.2.1　工程概况

（1）文物价值

印泉于 1913 年西泠印社成立之际命名，由印社早期海外社员长尾甲先生在崖壁上题写，字体结构宽博，取势横扁，有汉碑神韵。印泉摩崖石刻见证了印社首任社长吴昌硕和长尾甲之间亦师亦友的交往关系，是西泠印社海纳百川、传承印学文化的重要实物印证，对于考证早期西泠印社的建社范围、社员活动有极高的文物史料价值。

（2）当时状况

① 在总计 4.47m² 面积上存在 7 条贯通性裂隙，空鼓区域达四分之一，岩石破碎，存在较大垮塌危险。

② "印泉"龛内区域凝灰岩高度风化，石刻字迹附着在高度风化的崖壁上，稍有触碰即会剥落，字迹已消失约四分之一，处于高度濒危状况（图 9.2.1）。

图 9.2.1　印泉摩崖石刻局部濒危状态（2017.10.7）

9.2.2　病害勘察和研究

（1）现场勘测

2017 年 10 月，经浙江大学文物保护材料实验室实地勘测统计，印泉石刻石龛宽 2.34 m，高 1.91 m，深度 0.4～0.9 m，表面积 4.469 m²。龛内凝灰岩崖壁风化严重，字迹已残损斑驳。主要病害有：石材表面层风化、裂隙与空鼓、不当修复、表面污染沉积、表面生物腐蚀等。将所有病害折合为面积，勘测统计结果和所占比例见表 9.2.1。

表 9.2.1　印泉摩崖石刻病害统计结果（2017.10.7）

病害名称	面积（cm²）	病害占比（%）
表面层风化	26000	58.17
裂隙与空鼓	11320	25.33
不当保护修护	2350	5.25
表面沉积与变色污染	1268	2.83
表面生物腐蚀	868	1.94

（2）病害原因研究

经过现场病害勘测、环境调查、岩石和生物样品分析，以及近 2 年的仪器自动监测（视频、温湿度、降雨量），可以确定印泉摩崖石刻的病害的主要原因如下：

① 树根破坏

印泉崖壁上方，据石刻垂直高度约 2m，有棕榈树、樟树、枇杷树、柞木树等多种乔木。其中：树径 35～40cm 的 4 棵；树径 7～10cm 的 4 棵；树径小于 7cm 的 10 棵。大量树根已从印泉石龛崖壁伸出，已挤破崖体，使石刻破碎[图9.2.2（b）]。

② 崖壁频繁渗水

经过视频监测可以发现，印泉崖壁频繁出现干湿交替变化[图9.2.2（c）、（d）]。水源来自两个方面，其一是降雨后直接从龛檐与崖壁的缝隙中渗漏下来，其二是崖壁内的水分，包括崖壁上方降雨和蓄水池的水通过岩石裂隙的渗水。

图9.2.2 印泉崖壁上方树木与石龛渗水状况

③ 早期不当修补

早期岩石裂隙采用环氧树脂等材料进行修补，由于修补材料与岩石本体物理性能不一致，导致崖壁进一步开裂、剥离和空鼓。

(3) 保护材料研发

在本章9.1.3节有详细介绍，在此不再赘述。

9.2.3 修缮保护施工

(1) 工程主要内容

① 在印泉崖壁上方铺防渗毯，隔断来自岩体上方降雨渗水对石刻的影响，防止表面盐析。

② 安装可拆卸石刻龛檐，减少雨水从靠崖壁的渗漏水，阻挡阳光等环境因素对文物本体的影响。

③ 对威胁石刻崖壁稳定的空鼓、裂隙和松动进行灌浆、植筋和仿石修复。

④ 采用渗透性无机材料对高度风化的石刻字迹进行加固，提高已风化岩石的抗压强度和抗风化能力。

⑤ 安装专业监测系统，记录和发现可能出现的威胁石刻字迹安全的现象。

(2) 铺设防渗毯

在印泉崖壁上方铺防渗毯的工作内容包括：

① 移走或清理掉崖壁上方平台处的所有乔木和灌木[图9.2.3（a）]。

② 刨去印泉崖壁上方平台区域表层 40cm 厚的土壤和碎石，按设计要求平整防渗区域。去除 2cm 以上石块、树根、砾石、垃圾等可能损坏防水毯的异物，将底部整平夯实，压实度达到 0.93 以上。

③ 设置引流沟：在大雨天观察水流流向，设置引流沟的走向和坡度，将水流引至距离石刻 3m 以外的区域 [图 9.2.3（b）]。

④ 防渗毯铺设：防渗毯铺设区域 65m²，按水流方向顺水搭接铺设防渗毯，先铺防渗膜，再铺膨润土防渗毯，双层防水。按防渗毯规范要求处理好防渗毯的相互搭接 [图 9.2.3（c）]。

⑤ 排水管敷设：110mm 直径排水管总长 29.5m，先打渗水小孔，分段热熔连接，外面包裹透水纤维布 3 层以防泥土淤塞，在最上方设置冲水口，在最下方外延 2m 处挖掘大于 1m×1m×1m 土坑，填入块石和碎石，作为集水渗水井 [图 9.2.3（d）]。

⑥ 覆盖回填土壤和立标识牌：铺设防水毯后当日完成回填施工。所有回填土粒径要求小于 5mm，不允许有尖锐的石子杂物，回填土厚度大于 30cm，夯实压实度不小于 0.9。完工后沿铺设区域边界竖立标识石柱 [图 9.2.3（e）]。

⑦ 种植浅根耐本植物覆绿 [图 9.2.3（f）]，同时整理周边环境。

图 9.2.3　印泉崖壁上方铺防渗毯的工作步骤

（3）龛檐缝隙灌浆封堵

为治理渗漏水，对崖壁和石刻龛檐之间进行裂隙填补和灌浆封堵。

① 工具

钻机、钻头、输液袋、压力注浆机。

② 材料

螺纹钢（304 不锈钢）、石粉、无机渗透加固剂 ZDJ-03、锚固胶、高强无收缩防渗灌浆水泥 CGM-C80。

③ 主要步骤

a. 清理：将裂隙处的植物、微生物、树叶和泥土等清理干净。

b. 植筋：由于裂隙长度达 2.3m，最宽处近 30cm，为确保填充强度需要植筋，采用直径

20mm 螺纹不锈钢筋。鉴于岩体破碎，打孔后采用 ZDJ-03 进行渗透，连续 3d，然后上锚固胶，植入钢筋，纵横焊接。

c. 灌浆：在支模、封堵、埋设监测线管后，采用压力注浆机将 CGM-C80 浆液灌入。

d. 拆模修整：在初步凝固后，拆去模板，修整灌浆面，完成龛檐缝隙灌浆封堵。

（4）石刻崖壁植筋加固

由于印泉摩崖石刻崖壁已高度风化，表层极其疏松，表面层脱落严重，有不少区域是与母岩分离的危岩，存在大面积空鼓，故需对危岩采取渗透加固、植筋加固和仿石修补等措施。

① 工具

手术刀、软毛刷、钻机、钻头、输液袋。

② 材料

螺纹钢（304 不锈钢）、石粉、无机渗透加固剂 ZDJ-03、锚固胶、无机灌浆料 ZDN-04gu、无机仿石料 ZDN-04fa。

③ 操作部署

a. 试验小试：选择印泉摩崖周边非石刻区域进行小试验。

b. 施工过程：将石刻龛内崖壁分成上下两部分，对"印泉"字迹所在的下部区域采用双层遮蔽保护，确保万无一失；先开始在上部上壁区域进行崖壁植筋加固。基本工序是：渗透加固、植入锚杆、裂隙灌浆、仿石修补修饰，自上而下实施。

④ 上部崖壁植筋加固操作步骤

a. 清理：清除上壁易脱离的危岩。

b. 打孔：对崖壁空鼓断开区域，使用无振动旋转钻和金刚砂钻头，对风化岩石上壁进行打孔 40～60cm 深［图 9.2.4（a）］，每孔间距离 20～30cm。

c. 加固剂滴渗：将 ZDJ-03 倒入输液吊袋，以 20～40 滴/min 的速度滴加，每 5min 将管头往孔洞内前移约 5cm，将加固剂渗入到风化岩石的内部，每个孔洞渗透情况不同，存在积液时暂停滴入，等完全渗透后再继续滴加，连续渗透 3d［图 9.2.4（b）］。

d. 植入锚杆：上锚固胶，植入锚杆［图 9.2.4（c）］。

e. 表面修饰：对崖壁凹陷缺损处，雕凿同种石块补全［图 9.2.4（d）］，用 DZN-04fa 与同种级配石粉配制的仿石材料进行粘结填补［图 9.2.4（e）］，并用刻刀对表面进行适当修饰［图 9.2.4（f）］。

图 9.2.4 印泉上部崖壁空鼓区域植筋加固操作步骤

f. 对于下部崖壁，植筋加固操作步骤基本类似

但由于距离印泉字迹很近，植筋加固操作步骤必须更加精细，锚杆直径和长度均有所调整。

（5）印泉字迹预加固

为确保字迹安全，在下部崖壁进行植筋、灌浆、修补裂隙之前，必须对印泉字迹进行预加固。

① 材料

无机渗透加固剂 ZDJ-03、无机灌浆料 ZDN-04gu、无机剂仿石料 ZDN-04fa、石粉、石块。

② 字迹预加固步骤

a. 用注射器将 ZDJ-03，从残余的字迹边沿缓慢注入支撑字迹的风化岩石中，多余的液体立即用吸水纸尖头吸去，避免出现白色沉积，连续3d［图 9.2.5（b）、（c）］。

b. 对字迹边沿空隙较大处用 ZDN-04gu（用于粘结）或 ZDN-04fa（用于填补）注入填实［图 9.2.5（d）、（e）］。预加固完毕的状况如图 9.2.5（f）所示。

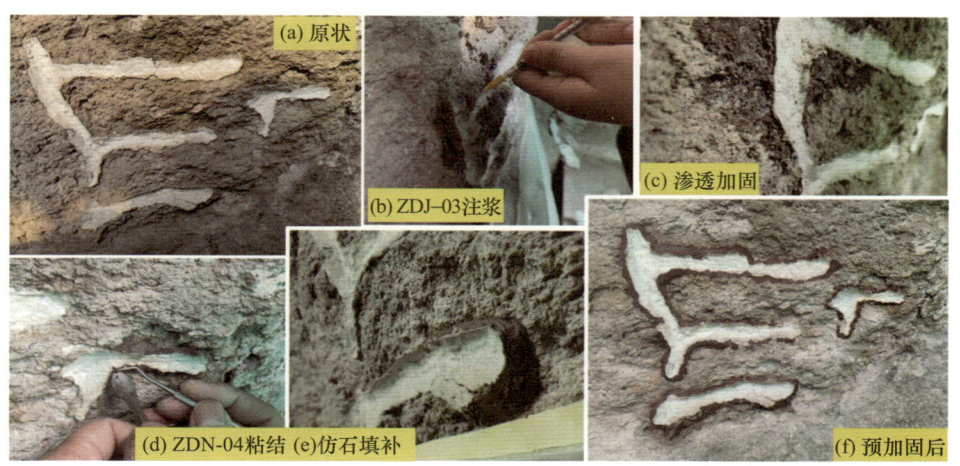

图 9.2.5　印泉字迹预加固过程

（6）印泉字迹岩石裂隙修补和字形恢复

所需材料同（4），修补步骤如下：

① 确定裂隙范围，用输液袋将 ZDJ-03 缓慢滴入裂隙周边风化的岩体中，每隔1～3h 更换位置，连续3d［图 9.2.6（b）］。

② 对凹陷和缺失的岩体，用同类岩石雕凿外形，然后贴补［图 9.2.6（c）］。

③ 贴补缝隙内部采用 ZDN-04gu，外部采用 ZDN-04fa，填实。

④ 根据20世纪20年代照片放大字迹，做成模板进行比对［图 9.2.6（d）］，用 ZDN-04fa 塑形修饰［图 9.2.6（e）］，从而初步恢复崖壁原始字型［图 9.2.6（f）］。

（7）崖壁精细加固与生物防治

对印泉崖壁的空鼓已进行锚固灌浆，对凹陷和缺失进行了雕石贴补，对较大裂隙完成了灌浆和仿石修补之后，石刻所在崖壁上还有许多小裂隙和小孔洞，若不加固将会不断脱落，威胁石刻字迹安全，为此进行了崖壁的精细加固。

考虑到苔藓/微生物生长是使促使摩崖石刻劣化的主要因素，在加固的同时需要采取防治措施，以抑制生物生长。

① 材料和工具

无机渗透加固剂 ZDJ-03、无机灌浆料 ZDN-04gu、无机仿石料 ZDN-04fa、无机加固-除苔剂 ZDC-05、生物防治剂 ZDS-07b，喷壶、软毛刷、吸水纸、棉布等。

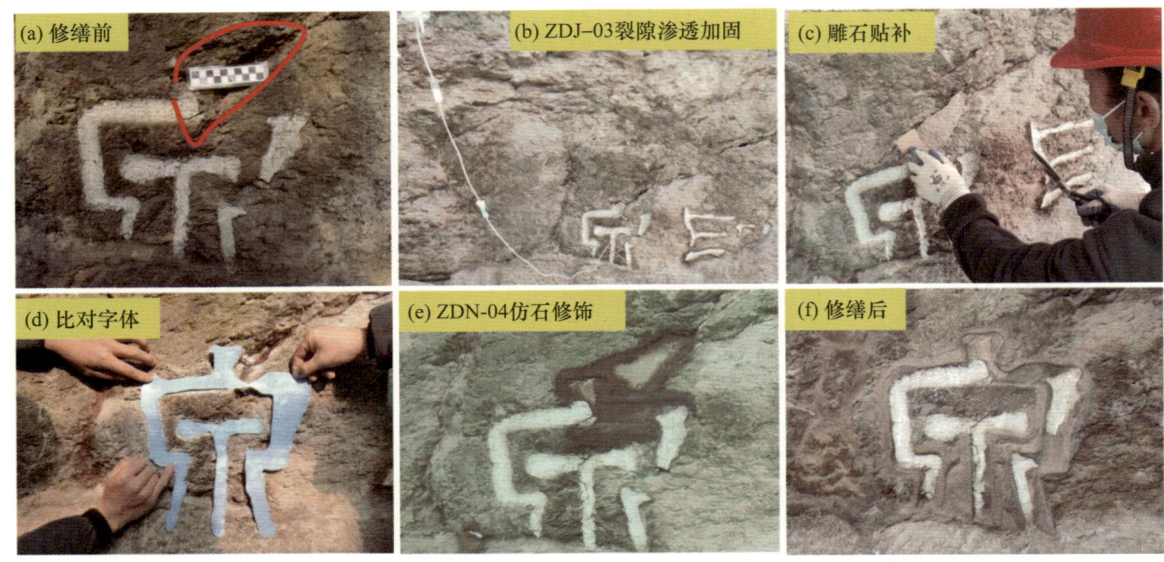

图 9.2.6　印泉字迹岩石裂隙修补和字形恢复施工过程

② 精细渗透加固

由于崖壁凝灰岩碎裂严重、孔洞较多，表面凹凸不平，故用滴注结合注射的方法进行渗透加固。步骤如下。

a. 配液：根据前期小试验结果配制 ZDJ-03 浆液。

b. 挂滴注袋先用输液袋，装入 ZDJ-03 浆液，将针头插入凝灰岩裂隙或孔洞中，以 15～20 滴/min 的速度滴渗［图 9.2.7（a）］；若有溢出立即用吸水纸擦去，定时摇晃输液袋防止药物沉淀，直到所滴裂隙或孔洞吸饱，更换裂隙或孔洞再滴。

c. 注射滴注：对不适合插针头的崖壁，采用注射器滴渗［图 9.2.7（b）］，注射速度以不溢出药液为限，若有浆液溢出立即用吸水纸擦去，不断更换注射位置。

d. 表面修饰：按区域实施渗透加固，逐步将石刻周边崖壁疏松区域滴渗一遍。每滴渗完一处检查一处，若没滴到的区域尽早补滴；若有白色沉积物析出，立即用软牙刷轻轻擦去［图 9.2.7（c）］，防止药液在崖壁表面固化影响外观。

e. 检查渗透加固效果，对遗漏处进行补渗，直到崖壁表面无明显疏松处。

③ 生物防治

生物防治采用低浓度多次涂布的方式，一方面是防止浓度过高造成崖壁颜色变深，另一方面是避免浓度不够导致防治效果不佳。本次采用两类防治剂，分两轮涂布，步骤：

a. 根据现场小试验结果，配制适当浓度的 ZDC-05 和 ZDS-07b 溶液，装入喷壶。

b. 第一轮喷涂涂布 ZDC-05［图 9.2.7（d）］，确保用量足够，无遗漏区域，避免挂流，重复两遍。

c. 第二轮喷涂涂布 ZDS-07b 两遍［图 9.2.7（e）］，待自然渗透固化。

(8) 安装可拆卸石刻龛檐

由于崖壁岩体风化，崖壁与水泥横梁之间已有宽 10～20cm 的空隙，为了防止岩体继续风化威胁到下面"印泉"二字的安全，同时减少雨水和阳光对字迹的影响，设计了一个可拆卸的石龛檐。

从形制上看，龛檐形制与西泠印社其他龛檐形制相同，新装龛檐与原水泥梁之间锚固牢固，不存在倾倒掉落风险（图 9.2.8）。

(a) 挂袋滴渗　　(b) 注射器滴渗　　(c) 擦去白色沉积物　　(d) 喷涂加固-除苔剂　　(e) 喷涂生物防治剂

图 9.2.7　崖壁精细加固与生物防治

(a) 修缮前　　(b) 修缮后

图 9.2.8　印泉摩崖石刻修复后整体照

9.2.4　修缮效果

经过修缮，印泉摩崖岩体基本稳固。修缮工作量石刻龛内总计：在不到 4.5 m² 崖壁上共植入 30mm 钢筋 14 根、10mm 钢筋 4 根、6mm 钢筋 10 根；共贴补大小凿形石块 23 块；共修复大裂隙 7 条，小裂隙 20 多条；使崖壁稳定下来。为稳定即将脱落的印泉字迹，根据 20 世纪 20 年代照片，进行了初步的岩石基础复原。

（1）修缮效果照片（图 9.2.9～图 9.2.10）

（2）项目验收

2022 年 4 月，在西泠印社社委会组织的专家评估会上，印泉修缮项目采用的策略、技术和材料得到好评。2022 年 8 月，"西泠印社孤山保护提升工程——汉三老石室及印泉石质文物保护提升"项目顺利通过浙江省文物局组织的竣工验收。

(a) 修缮前　　　　　　　　(b) 修缮后

图 9.2.9　印泉摩崖加固修复前后对比照

 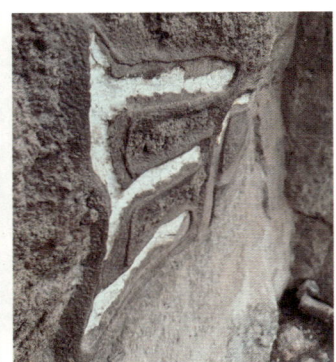

(a) 修缮前　　　　　　　　(b) 修缮后

图 9.2.10　印泉字迹修补稳固前后对比照

9.3　建筑石雕保护——以杭州湖心亭牌坊修缮为例

9.3.1　工程概况

(1) 文物简介

杭州湖心亭牌坊是目前西湖中湖心亭岛的标志性建筑,其主体石构件多为明代旧物,是见证西湖历史的重要实物证据,代表了当时社会文化的取向。湖心亭牌坊与其他景点在空间布局上遥相呼应,在景观构图上位置独特,建造地点特殊,体现了当时人们的景观意识,同时也表现了当时工匠们的建筑技艺。牌坊上高浮雕刻精美,刀法娴熟,对称工整,具备较高的艺术价值。湖心亭牌坊已成为西湖文化景观的组成部分,具有深刻的人文社会学意义和重要的历史价值,于 2013 年被列入杭州市市级文物保护单位。

(2) 文物状况

湖心亭牌坊上有精美的石雕,但部分区域石材高度风化,已有多处缺失,石材表面存在明显空鼓和裂隙。局部缺失和空鼓约占整个牌坊面积的十分之一(图 9.3.1 和图 9.3.2),破损严重,且处于快速发展中,对文物本体和游客安全的威胁很大,需

图 9.3.1　湖心亭石牌坊修缮前整体照
(2021.12.31)

要尽快采取针对性加固和修复措施，否则牌坊的艺术价值将大大受损。

图 9.3.2　湖心亭牌坊石雕风化脱落和石构件开裂破损（2021.12.31）

9.3.2　病害勘察

（1）病害统计

经勘测，湖心亭牌坊石质文物病害面积约 2307.41dm^2，占牌坊总表面积的 63.68%。主要病害有：生物腐蚀（以苔藓、地衣为主），面积 985.94dm^2，占病害总面积的 42.73%，为第一大病害；孔洞状风化和表面溶蚀，面积 722.66dm^2，占 31.34%，为第二大类病害。值得注意的是，局部缺失、空鼓和裂隙病害尽管面积较小，只占总病害面积的 10.10%，但大部分处于濒危状态。统计表明，牌坊总严重病害面积为 954.76dm^2，占总病害面积的 41.38%，濒危病害面积 109.24dm^2，占总病害面积的 4.73%，即将近 50% 的病害为严重或濒危病害，对文物本体的安全威胁很大。

（2）分析检测和病因研究（略）。

9.3.3　修缮保护过程

（1）工程措施

① 石牌坊表面污物的清理，包括土垢、污垢、枯枝落叶、植物、微生物、老化的保护材料、明显色斑等。

② 文物本体石材脱盐，以减缓有害盐类，包括易溶盐和中溶盐等对文物的危害。

③ 文物本体岩石裂隙和破损处的注浆填缝和修补，包括牌坊中间的破损和空鼓、立柱上的裂隙、底部石座的裂隙填充加固和各种破损的修补。

④ 采用渗透性材料对高度风化本体岩石，包括牌坊和立柱进行加固，提高已风化岩石的抗压强度和抗风化能力。为避免有机加固材料容易老化和产生保护性破坏的缺陷，本工程要求使用无机加固材料。

⑤ 文物的防生物处理，要求生物抑制剂单次使用后能够抑制苔藓和地衣生长 2 年以上。

⑥ 文物周边环境整治，包括整治存在安全隐患的树木和紫藤等。

（2）表面污染物清除

与前述其他修缮工程类似，此处不再赘述。

（3）文物本体脱盐

易溶盐和中溶盐的反复结晶是湖心亭牌坊表层风化的主要原因，因此脱盐是本项保护修缮工程不可缺少的工序之一。脱盐操作步骤：

① 先制作脱盐纸浆图［图 9.3.3（a）］。

② 将脱盐纸浆贴到石材表面，厚度约为 1～3mm［图 9.3.3（b）、(c)］。

③ 防雨淋 1～3d，待纸浆干透。

④ 使用手术刀在纸浆边缘揭开，轻轻挑起四周边缘，缓慢揭开纸浆。

⑤ 分区域将揭下的纸浆取一定量泡入定量去离子水中，搅拌溶解后测量去离子水的电导率［图 9.3.3（d）］，若未达到电导率指标，重复以上②～⑤步骤，直到电导率达到纯纸浆的电导率为止。

⑥ 表面清理去除残留贴敷材料，场地清理，完成脱盐。

石牌坊脱盐过程如图 9.3.3 所示。

图 9.3.3　湖心亭牌坊脱盐施工过程

（4）裂隙和空鼓注浆填缝修补

湖心亭石牌坊上存在多条危害性裂隙，包括已老化失效的水泥修补裂隙、紫藤植物胀破裂隙、牌坊右承重墩与字板间应力裂隙，字板断裂裂隙等，若不处理将威胁牌坊的稳定性。本次工修缮工程共修补裂隙 111 条，长度约 1458cm。

① 注浆填缝材料和工具

无机渗透加固剂 ZDJ-03、无机灌浆料 ZDN-04gu、堵漏胶 ZD301、封缝灰浆、150 目以上同类石材石粉、加压注射器和配套软管等。

② 注浆填缝步骤（图 9.3.4）

a. 通过施加适当外力使裂隙复位，使榫口断面吻合。

b. 剔除已老化的水泥等填缝材料。

c. 用压缩空气，清理断面，吹净粉尘，再用乙醇清洗缝口，必要时用美纹纸保护好裂隙周边以防灌浆料污染。

d. 用封缝灰浆封闭裂缝外沿，确保浆液不会漏出，留好注浆孔。

e. 用 ZDJ-03，对裂隙较大部位用软管挂袋注浆，对于极小的缝隙直接用针头注射。

f. 待固化密封后，使用加压注射器，将 ZDN-04gu 浆液通过注浆软管，由最下一个注浆管开始注入，待上面一个注浆管有浆液挤出时，用输液卡封闭第一个注浆管后对第二注浆管进行压力注胶，依次逐步向上，直到整个裂隙填满，完成注浆。

g. 及时清理漏出的浆液，以防污染石材。

h. 待灌浆液初步固化后，拔去注浆管，修整孔口，填入封缝灰浆；待灌浆液和封缝灰浆完全固化后，去掉美纹纸贴膜，清理边缝。

i. 对封缝表面进行平整，用修复灰浆填补表面和做旧处理。

(a) 纯无机加固剂滴渗加固　　(b) 封缝灰浆封闭裂隙外沿

(c) 纯无机灌浆料注入裂隙填充　　(d) 封缝做旧后效果

图 9.3.4　石牌坊裂隙注浆填缝过程

（5）高度风化部位渗透加固

本次对湖心亭石牌坊风化石材采用滴注和贴敷相结合的方式加固，在风化严重区域以及裂隙部位首先用滴渗法，然后用贴敷法。

① 渗透加固剂

无机渗透加固剂 ZDJ-03、粘结加固乳液 ZD-303，视牌坊不同部位加固需要选择使用。

② 渗透加固操作方法

a. 贴敷法。先用加固剂（ZDJ-03 或 ZD-303）润湿待加固石面，将贴敷材料（吸水纸）黏附石面上［图 9.3.5（a）、(b)］，覆盖塑料薄膜，保湿 1~3h 后（视药水吸附情况），揭开塑料薄膜，用喷壶补加加固剂，以不形成流淌或流挂为准，使加固剂不断均匀渗透到风化岩石表层和石材孔隙内部，直到风化岩石基本吸饱，到时揭开塑料薄膜，剔除吸水纸，自然阴干。发现有白色沉积时及时用湿布擦除。

b. 滴注法。由于石牌坊风化溶蚀严重，凝灰岩孔洞较多，雕刻表面凹凸不平，因此本次多采用注射器进行人工滴注［图 9.3.5（c）］，即将加固剂按一定速率人工注射滴入待加固风化岩石的小孔和微裂隙内部，若液体溢出要及时用吸附纸吸去，以防在岩石表面形成白色沉积，同一位置每隔 1~3h 滴注一次，至少 3 次。直到风化岩石基本吸饱后，自然阴干。

（6）残损部位雕刻补全

考虑到湖心亭牌坊是西湖重要的标志性景点和拍照留念点之一，牌坊正面额枋石质雕刻的缺失残损对美学有重要影响。因此，在找到原始证据或能顺延补齐的情况下，本项修缮工程尽可能进行了人工雕刻修全。另外，对牌坊稳定性构成威胁的石立柱底部的破损和缺失也进行了雕刻修补。整个石牌坊雕石修补和雕刻补全部位共计有 11 处。

图 9.3.5 采用贴敷和滴注结合方式对湖心亭石牌坊风化石材进行渗透加固

① 修补材料和器具

无机渗透加固剂 ZDJ-03、无机仿石料 ZDN-04fa、不同目数（30 目、60 目、80 目、100 目）与牌坊颜色相近石粉，刀铲、砂纸、手术刀、画笔、毛刷、电磨、雕刻机等。

② 操作步骤

a. 找准缺损或需填补的位置，调查文物原形貌证据［图 9.3.6（a）、(b)］，例如早期照片等。

b. 确定修补形态，绘制尺寸图纸［图 9.3.6（c）］，设计与施工共同研讨可行性。

c. 寻找同种岩石按图纸切割下料，用雕凿外形［图 9.3.6（d）］，反复与残缺部位比配修磨［图 9.3.6（e）］，直至合适。

d. 对岩石基底作清洁处理，用纯无机加固剂进行渗透加固（方法同前）。

e. 锚固操作：包括打孔、清孔、B72 可逆隔离、螺纹不锈钢植筋固定。

f. 配制仿石修补灰浆：即按一定级配加入石粉和 ZDN-04fa，得到与文物岩石外观大体相同的修补灰浆。

g. 用仿石修补灰浆嵌缝和塑形，要求填缝密实、塑形流畅。

h. 待完全固化后用电磨、砂纸、手术刀进行表面修饰，使外观形貌和表面质感与原文物协调［图 9.3.6（f）］。

根据 20 世纪 50 年代湖心亭牌坊石雕照片，对主间额枋浮雕残缺配石补全过程如图 9.3.6 所示，石柱底部残缺部位配石补全过程如图 9.3.7 所示。

(7) 防生物处理

苔藓和地衣等是湖心亭牌坊生物劣化的主要原因，面积达 986 dm^2，占病害总面积的 42.73%，为第一大病害，因此必须采取防治措施，以抑制生物的生长。

① 材料和工具

复方生物防治剂 ZDS-07b，喷壶、软毛刷、吸水纸等。

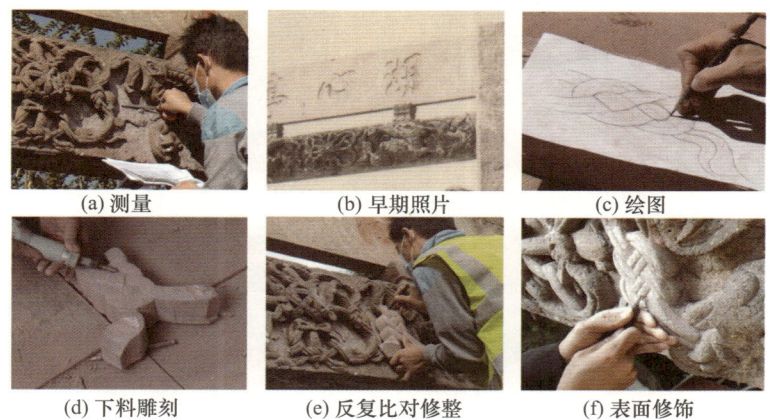

图 9.3.6　根据 20 世纪 50 年代湖心亭牌坊照片雕刻补全的石雕绣球

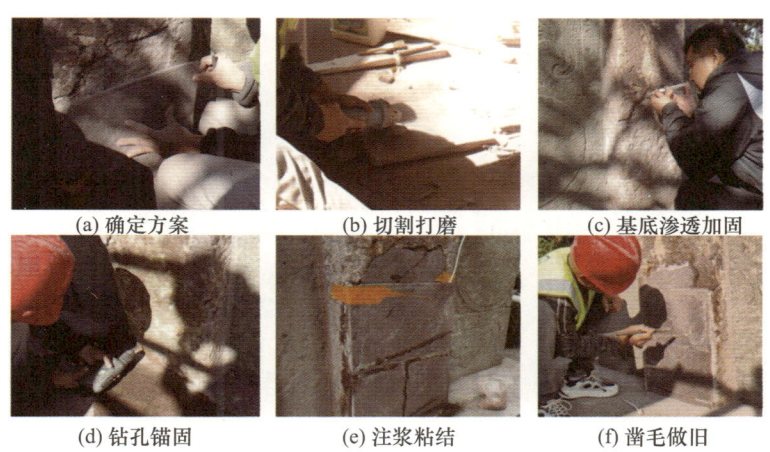

图 9.3.7　石柱底部残缺部位配石补全过程

② 操作步骤

采用喷雾方式涂布，确保用量足够，避免挂流，按要求重复 3 次，然后避雨防尘养护 3d，自然附着固化。

9.3.4　修缮效果

（1）修缮前后对比照片（图 9.3.8～图 9.3.11）

图 9.3.8　湖心亭牌坊额枋正面石雕绣球彩带局部雕刻补全前后对比

(a) 修复前　　　　　(b) 修复后

图 9.3.9　牌坊立柱根部缺失部位雕刻补全前后对比

(a) 修复前　　　　　(b) 修复后

图 9.3.10　牌坊立柱柱头裂隙灌浆修补前后对比

(a) 修复前　　　　　(a) 修复后

图 9.3.11　牌坊立柱和依柱生物病害治理前后对比

（2）项目验收

2022年12月，"湖心亭牌坊修缮工程"项目顺利通过杭州市园文局组织的竣工验收。

9.4 石质文物表面彩绘保护——以嘉兴子城出土彩绘石狮抢救性修复为例

9.4.1 项目概况

(1) 文物简介

嘉兴子城，萌芽于汉，兴筑于魏晋南北朝时期，为嘉兴最早的城垣。城内历为县、府、军、路、府的衙署和太平天国听王府旧址。从三国至清代，子城均为嘉兴（秀州）府衙或军治所在地。1860 年 6 月太平天国忠王李秀成部队的听王陈炳文在此建造听王府，到 1864 年被清军攻陷尚未竣工。现存子城谯楼重建于光绪三十四年（1908 年），为砖木结构三楹楼房，重檐歇山顶，花式屋脊，回廊飞檐，为我国古代楼台的典型式样，是浙江省现存城墙上唯一的古城楼。子城遗址地下分层留有宋、元、明、清时期的府衙与城墙等历代遗迹，清晰地揭示出了子城的格局与形制、演变与发展，是嘉兴历史文化名城的核心文化遗产。2019 年，子城遗址已被列入国家重点文物保护单位。

2019 年 10 月，出土于子城遗址中的雌石狮与原子城遗留的雄石狮从石材质地、雕刻风格、尺寸大小、彩绘形制等方面观察，应该是一对。这对石狮从雕刻工艺及造型上可以反映当时的艺术风格与相关信息，尤其是石狮全身有明亮色彩的彩绘，具有较好的艺术和历史价值。

(2) 出土状况和病害

刚出土的石狮损伤严重，头部和面部已大面积缺失，表面有许多明显机械损伤；拾捡到的石狮碎块就有二十多片，加上长期掩埋在泥土中，其表面的彩绘随泥土失水开始起翘，轻微触碰即掉落，极其脆弱。若不及时进行抢救性保护，石狮表面珍贵的彩绘将会脱落殆尽，破裂的碎块极易遗失，一些风化部位将不断破损。

嘉兴子城出土彩绘石狮病害类型复杂，几乎囊括了出土石雕各种典型病害，包括大块残缺、断裂碎块、机械损伤、泥垢污染、表面风化、生物病害、彩绘颜料起翘脱落等，如图 9.4.1 所示。

| (a) 出土现场 | (b) 面部缺损 | (c) 半脸缺失 |
| (d) 彩绘脱落 | (e) 机械损伤 | (f) 生物病害 |

图 9.4.1 嘉兴子城出土彩绘石狮病害状况（2019.11.13）

考虑到该石质文物的濒危状况，嘉兴市文物保护所特意邀请浙江大学文物保护材料实验室张秉坚教授到嘉兴子城遗址现场考察，并完成了修缮保护方案设计。

(3) 保护修缮目标和要求

① 修缮目标：遵循最小干预原则、真实性原则、可再处理原则。尽可能真实全面地保留和延续文物全部历史信息以及所包含的历史、艺术、科学等价值。修缮方案不考虑无考古学依据的修缮补全。

② 对出土雌石狮做好清洗、彩绘颜料加固、脱落碎块补回原位、对碎块间缺失的部位根据考古学证据仿石修复。

③ 修缮后达到展示要求，保证文物结构的稳定性。

(4) 检测

彩绘颜料检测：在出土现场对红、蓝、黄颜料进行微量取样，由浙江大学文物保护材料实验室进行检测分析，得到颜料和胶结物成分见表 9.4.1。

表 9.4.1　彩绘材料和胶结物检测结果

序号	彩绘颜色或胶结物	主要成分
1	红色彩绘颜料	铁红
2	蓝色彩绘颜料	群青
3	黄色彩绘颜料	铅铬黄
4	胶结物	动物胶

(5) 修缮内容

主要修缮内容包括：

① 精细物理清洗。对雌、雄石狮用清水进行精细物理清洗，约 $998dm^2$。

② 加固彩绘。对雌、雄石狮彩绘区域进行加固，约 $681dm^2$。

③ 专业去垢清洗。对表面沉积与变色部分进行专业去垢清洗，约 $35dm^2$。

④ 灌浆粘结。对雌石狮掉落部分进行灌浆粘结，约 $32dm^2$。

⑤ 修补和嵌缝。对雌石狮面部、基座缺失部分进行补全，约 $38dm^2$。

⑥ 润色、做旧。对雌石狮补全部分进行润色并做旧，约 $38dm^2$。

⑦ 整体防护加固。对雌、雄石狮进行颜料加固与整体防护，约 $956dm^2$。

9.4.2　修缮前期工作

(1) 文物本体掉落碎块收集和文物资料整理

为尽可能还原这对石狮的文物信息并做好修缮，对于原属于石狮的所用脱落的碎块都尽可能收集，并保管好，以便修补回去。收集到的大小二十多块碎块如图 9.4.2 所示。

文物资料的收集整理包括：文物考古资料，如石狮发掘时间，历史年代考证，发掘现场环境，石狮出土情况、照片资料，对现有文物状态、病变情况进行文字描述等。

图 9.4.2　收集到的石狮碎块（2019.11.18）

(2) 安全转运到施工场所

石狮出土时遗址正在建设中，彩绘石狮脆弱，需要转运到室内修缮场所。石狮有数吨重，表面布满即将脱落的彩绘，如何包装和运输成为必须解决的一个难题。为防止搬运对石狮本体与彩绘颜料造成损伤，搬运过程经过专业设计和精心实施。

(3) 修缮前石质文物 3D 数据采集和检测分析

在修缮场地，进行修缮前 3D 数据采集，即从五个方向对石狮拍照并进行 3D 扫描；完成颜料、石料、微生物等的检测分析，建立修缮前文物档案。

9.4.3 技术难点及小试验

(1) 技术难点

① 石狮表面彩绘已极脆弱，随着出土后泥垢失水，彩绘颜料黏附在泥垢上不断翘起脱落，如何去除泥垢而保留全部彩绘成为难点。

② 石狮表面彩绘很薄，需要长久牢固地黏附在石狮上，因此选择不改变外观、不眩光、不起甲、不受风雨潮湿影响、浓度适宜的粘结剂成为关键难点。

尽管已有浙江大学文物保护材料实验室关于彩绘保护的前期研究，但是否适合于出土彩绘石狮的修缮还必须经过小试验。

(2) 小试验

① 泥土清洗小试验

先在掉落碎块的颜料上进行试验；然后在石狮相对隐蔽部位，有彩绘又有泥土覆盖的区域完成，面积 1dm² 以下。清洗小试验如图 9.4.3 所示。

② 颜料层渗透加固小试验

a. 颜料层模拟样品制作（见第 7 章）。

b. 配制固含量 1%、2%、3%、4% 等不同浓度 ZD303 水溶液。

c. 涂覆模拟样块，晾干 48h。

d. 老化破坏循环试验：模拟自然界因素对样品彩绘的影响，包括：紫外线辐照破坏（UV 光固化机，UVB，波长 315～280nm，辐照强度 8.2mW/cm²）1h；干热破坏（置于 60℃烘箱加热 1h；低温破坏（置于 -20℃冰箱中冷冻 1h）；湿热老化（置于烧杯水中，40℃加热 1h）；不断循环，直至进行到能分辨出最佳 ZD303 浓度。

e. 在石狮本体上进行彩绘颜料渗透加固小试：在石狮相对隐蔽部位，选择既有彩绘又有泥土覆盖的区域，面积 1dm² 以下，用前面老化破坏循环的最佳浓度的 ZD303 溶液，进行渗透加固，观察试验结果。结果表明固含量 2.5% 以下 ZD303 溶液加固彩绘后不会眩光，也不会使彩绘变色。决定采用固含量 2%ZD303 溶液用于石狮彩绘加固。

(a) 泥土清理前　　(b) 泥土清理后　　(c) 加固小试验前　　(d) 加固小试验后

图 9.4.3　石狮彩绘表面泥土清理和加固小试验

9.4.4 修缮施工

(1) 粗清洗

① 使用软毛刷轻轻将表面浮尘刷去，如图 9.4.4 (a) 所示。

② 使用洗耳球将角落中的尘土吹除。

③ 从石狮头顶开始，用喷雾法使去离子水微雾润湿狮石表面泥土。

④ 泥土松软后，用手术刀将大块泥土表层去除，如图 9.4.4（b）所示。

⑤ 使用软毛刷轻轻刷除易刷泥土，并及时清理干净。从头部到基座逐步将石狮表层大块泥土清理干净。

(2) 彩绘预加固和精细清洗

① 待彩绘表面干燥后，使用固含量 1‰ZD303 溶液进行整体喷涂，对表面颜料层进行预加固，如图 9.4.4（c）所示。

② 预加固干燥后，用棉签将残留的泥土用干磨法擦除，对于仍旧难以去除的泥垢，再次润湿后使用棉签轻轻擦除，逐层去除，如图 9.4.4（d）所示。

 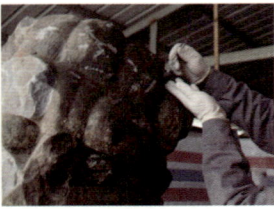 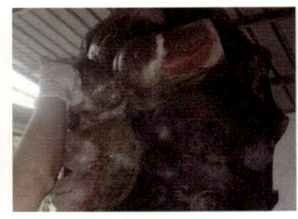 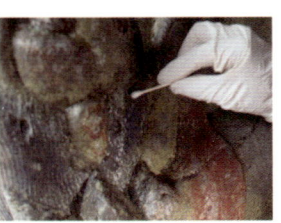

(a) 毛刷粗清洗　　　　(b) 手术刀除泥块　　　　(c) 彩绘预加固　　　　(d) 进一步精细清除泥土

图 9.4.4　石狮彩绘表层泥土粗清洗、彩绘预加固和精细清理

(3) 石狮掉落碎片修缮粘贴

将搜集到的狮石掉落碎片，寻找对应位置，进行可逆性粘贴。

① 材料

B72、乙酸乙酯、环氧 AB 胶、ϕ8cm 螺纹不锈钢。

② 粘贴步骤

a. 对断裂掉落的碎块进行清理和编号［图 9.4.5（a）、（b）］，列出需要锚固的较大碎块设计锚固孔位置。

b. 清理锚孔和断面后，用固含量 10% 的 B72 乙酸乙酯溶液，刷涂锚孔和待粘贴两面，作为隔离层，使粘贴具有可逆性［图 9.4.5（c）］。

c. 将需要锚固的碎块与对应石狮断裂面分别钻孔，注意对准孔位和角度，钻孔 ϕ10cm，深度视需要确定，如图 9.4.5（d）所示。

d. 使用环氧锚固胶，注入锚孔，以及涂在粘贴面的中间位置，注意沿贴合缝隙留出 1cm 以上位置空间，一方面防止锚固胶溢出，另一方面需要用修补灰浆填充隔离以减缓锚固胶老化。

e. 将掉落的碎片粘贴安装回原位，粘贴后如图 9.4.5（e）所示。

(4) 雌石狮面部缺失部位补配雕刻

① 材料

同类石材、锚固胶、B72、乙酸乙酯、去离子水、ϕ8mm 螺纹不锈钢。

② 设备：手持式三维扫描仪、石材雕刻机、打磨机、钻孔机。

③ 施工步骤

a. 使用手持式扫描仪对石狮进行三维扫描，分别建立雌狮与雄狮头部的三维模型，如图 9.4.6（a）所示。

b. 为了补全雌石狮面部所缺部位［图 9.4.6（b）］，根据早期石狮照片［图 9.4.6（c）］和配对雄狮的三维数字模型，通过软件对雌狮面部进行模拟修补。结合人工和软件的比对，经过初步修改和精细修改，得到雌狮面部完整的三维模拟数据［图9.4.6（d）］。

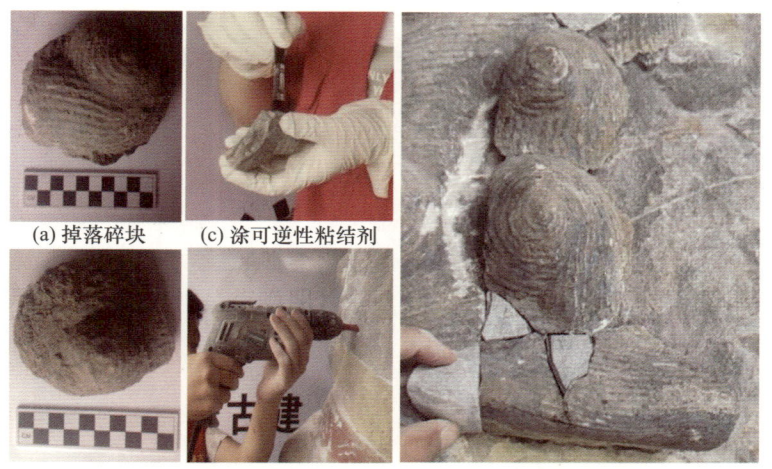

图9.4.5　石狮掉落碎块粘贴过程

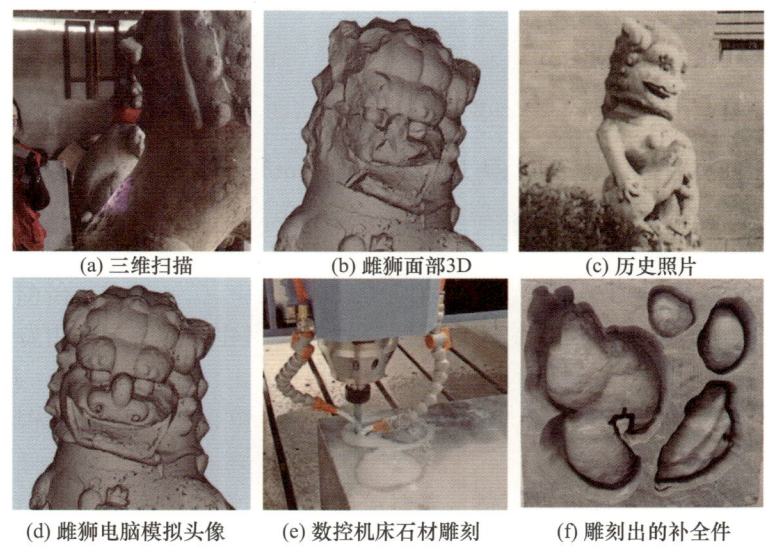

图9.4.6　雌狮面部缺失部位补配过程

c. 通过软件计算，得到雌狮面部缺损部位的三维模拟数据。

d. 寻找颜色质地与石狮类似的石料，采用数控石材雕刻机，按雌狮面部缺损部位三维数据进行机器雕刻［图9.4.6（e）］。

e. 机器雕刻得到的雌狮面部缺损石块如图9.4.6（f）所示。

（5）缺失部位补配粘贴和做旧

① 将机器雕刻件切割取下，使用手工雕刻修整外观和粘结面，使补配石块能很好地与待修补部位吻合［图9.4.7（a）、（b）］。

② 使用双面胶先将雕刻件临时固定到雌石狮脸部，观察比对是否合适，并做微小打磨和修理调整［图9.4.7（c）］。

③ 各相关方评议补全初步效果，确认是否合适，适当修整，认可后进行可逆性粘贴。

④ 按照前面所述石狮掉落碎片的粘贴和锚固方法，完成补配石块的粘结。

雌石狮面部补配石块共计12块（嘴角1块、鼻子1块、眼珠1块、脸上1块、眉毛1块、耳朵1块、发髻1块、胡须以及发髻补缺5小块）。对其中5块大的补配件进行了锚固。

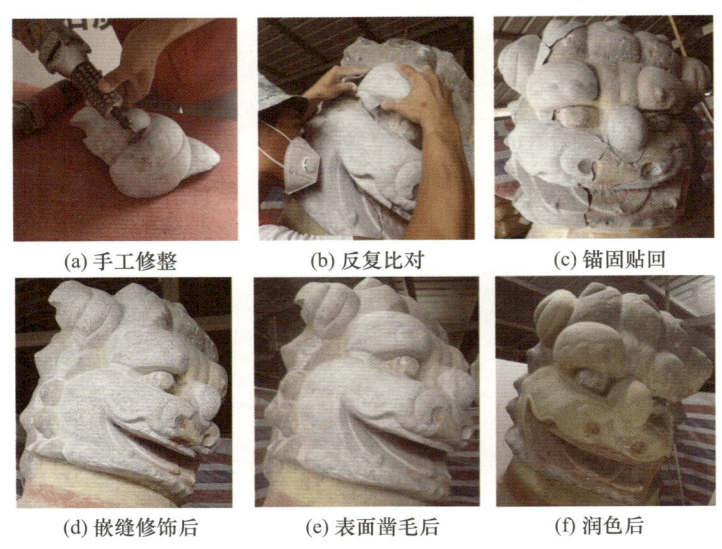

图9.4.7 雌石狮面部补配、粘贴、修饰过程

(6) 嵌缝、润色和做旧

① 材料

根据前期实验室研究结果，配制修补灰浆（由级配石粉、石灰粉、ZD303、黑色矿粉调制）、美纹纸、刀铲、砂纸、凿子等。

② 步骤

a. 使用美纹纸将石狮待修补的灰缝两边保护好，以防污染。

b. 用刀铲将预先配制好的修补灰浆仔细嵌缝。

c. 待修补灰浆快干时，揭掉美纹纸，将修补灰浆抹平整。

d. 待修补灰浆完全固化后，使用砂纸细致打磨，使修补缝隙平整美观（图9.4.7d）。

e. 对修补石块进行仿石修饰。依据雌狮整体纹饰，用小凿将新补石块表面手工雕刻凿毛，使之与石狮本体一致［图9.4.7（e）］。

f. 修补部位润色。以ZD303作为粘结剂，掺入矿物颜料。根据检测结果颜料是红色（铁红）、蓝色（群青）、深蓝色（群青+炭黑）、黄色（铅铬黄），按照石狮各修补部位对应的颜色和浓淡调配色浆，并用彩绘刷在新修补的石块上着色，注意与周边原色彩协调（图9.4.7f）。

g. 对润色部位和灰缝做旧。使用原石狮上黏附的泥土，加水，过100目筛，用该泥浆水在润色部位和修补灰缝处涂刷，待泥土干燥后，使用软毛刷轻轻刷去泥土，达到掩埋过的效果。

(7) 其他

① 其他补配

对雌狮与幼狮的断裂部分需要与本体粘贴，由于断裂部分重量较大、粘结面积较小，粘贴有风险，因此幼狮的粘贴在其他部位补全后进行。幼狮的粘贴步骤同"雌石狮头部掉落碎块粘贴"工艺。其中幼狮断裂部分锚固打孔为4个直径10mm，深20mm的锚固孔。另外因粘结后幼狮颈部缺失影响整体展示，故顺外表延续进行了雕刻补全［图9.4.8（a）］。

② 机械损伤修复

石狮出土时，挖土机等机械在石狮表面造成了多道明显划伤。对于挖伤较深部分（左视面头部发髻、颈部下方处）等处按缝隙修补的类似做法进行了修补和润色处理，对于较浅部分，只进行了润色处理。

(a) 修缮前　　　　　　　(b) 修缮后

图 9.4.8　雌石狮头部正面右侧修缮前后对比图

③ 基座补全

雌狮和雄狮的基座都有缺失，根据基座的对称性，采用同类石材进行了修补，共计在基座对应位置打了 6 个直径 10mm，深 20mm 的孔，使用前述类似工艺，进行了植筋锚固和粘贴。

④ 整体修饰

对雌狮和雄狮整体进行检查和进一步修饰，达到"近看有区别，远看差不多"的和谐效果。

⑤ 表面彩绘加固和防生物处理

由于彩绘颜料易脱落，同时也易受到藻类等生物侵蚀，因此最后对雌雄石狮彩绘颜料进行了渗透加固和防生物处理。将防生物制剂 ZDS-07a 加入固含量 2% 的 ZD303 水溶液中，使用喷壶，以雾状形式喷涂于整个彩绘石狮表面，并及时用软毛刷涂刷均匀，自然晾干，外观无改变。

9.4.6　修缮效果

（1）修缮前后对比照

① 雌石狮头部修缮前后；

② 幼狮断裂处修缮前后（图 9.4.9）；

③ 雌石狮整体修缮前后（图 9.4.10～图 9.4.12）。

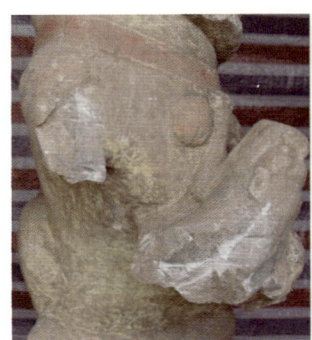   

(a) 修缮前　　　　　(b) 修缮后　　　　　　(a) 修缮前　　(b) 修缮后

图 9.4.9　幼狮断裂处修缮前后对比图　　　图 9.4.10　雌石狮整体正面修缮前后对比图

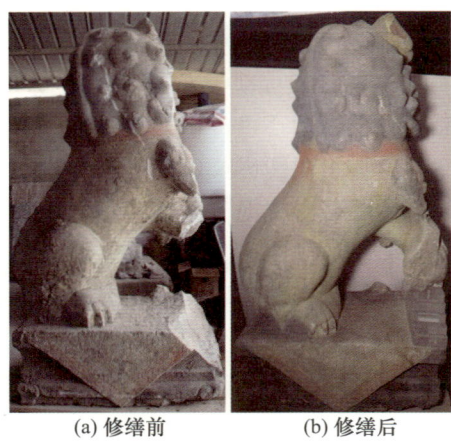 

　　(a) 修缮前　　　(b) 修缮后　　　　　　　　(a) 修缮前　　　(b) 修缮后

　图 9.4.11　雌石狮整体右后侧修缮　　　　图 9.4.12　雌石狮整体左前侧修缮
　　　　　　前后对比图　　　　　　　　　　　　　　　　前后对比图

（2）项目验收

2020 年 8 月，"嘉兴子城出土彩绘石狮抢救性保护修复"项目顺利通过嘉兴市文物保护所组织的竣工验收。

（3）修缮 2 年后状况

按照原设计要求，修复后的彩绘石狮应在室内展示，以减少日晒雨淋对石狮色彩和修补胶的破坏。但是，嘉兴方面一直将其存放于嘉兴子城城门外。

2022 年 10 月，为了解石狮状况，特去嘉兴进行回访。考察表明，尽管石狮已在野外摆放了两年多，除表面颜色有所淡化，局部修补缝隙有所显现外，总体状况还好（图 9.4.13）。

(a) 嘉兴子城城门

(b) 彩绘石狮　　　　(c) 雌狮侧面　　　　(d) 雌狮正面

图 9.4.13　在嘉兴子城城门外已露天存放 2 年多的彩绘石狮（2022.10.6）

9.5 出土泥化石质文物保护——以钱王陵出土石像生修复为例

9.5.1 项目概况

（1）文物的基本信息

2020年6月底，临安钱王陵园遗址公园在石牌坊西侧挖电缆沟时发现石灰岩基座和墓表残件，临安区博物馆立即联系杭州市文物考古研究所对该基座及周边进行考古调查和清理工作，共揭露吴越国时期石质墓表基座1个，人俑基座1个，石像生3个。考古勘测信息如下：

① 墓表基座

吴越国时期。石灰岩材质。长143cm，宽142cm，厚60cm，中间有卯孔［图9.5.1（a）］。表面溶蚀，有钙化结壳。

② 墓表

石灰岩，碑身高121cm，碑身底面八边形对边间距离54cm，碑身底面正方形榫卯边长为25cm；碑身为八棱柱形，碑柱为方形单独石灰岩制作，可与基座凹槽装配［图9.5.1（b）］。碑身顶部缺损。碑身被淤泥和钙华结壳覆盖。

③ 人俑基座

人俑部分不明。吴越国时期时期。石灰岩材质。长120cm，宽115cm，厚53cm，中间有卯孔［图9.5.1（c）］。表面溶蚀，有钙化结壳。

④ 1号石像生

动物石像，种类不明。吴越国时期。石灰岩材质。石像生通长220cm，通高161cm。底座长230cm，宽86cm，厚23cm。［图9.5.1（d）］。雕刻简洁、线条明快，具汉唐石刻艺术遗风。出土时左半面石像和基座严重溶蚀和泥化，泥土污染，左后腿溶蚀缺失超过五分之四，左前腿部分缺失，整体表面有钙化结壳。

⑤ 2号石像生

石羊。吴越国时期。石灰岩材质。石像生通长189cm，通高188cm。底座长201cm，宽76cm，厚23cm。基座与石羊身一体，石羊下肢与基座直接相连。石羊雕刻简洁、线条明快，具汉唐石刻艺术遗风［图9.5.1（e）］。出土时四肢与基座断裂，中间有不同程度缺失，石羊整个半面严重溶蚀泥化，泥土污染，表面有钙化结壳。

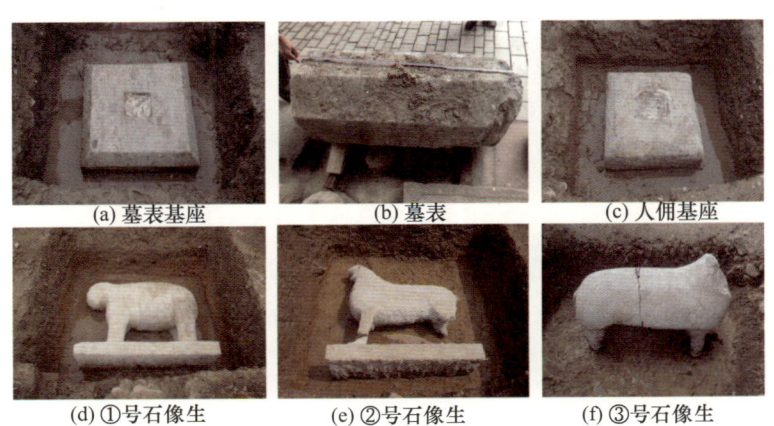

(a) 墓表基座　　(b) 墓表　　(c) 人俑基座
(d) ①号石像生　　(e) ②号石像生　　(f) ③号石像生

图9.5.1　临安钱王陵园遗址公园出土石像生（2020.8.27）

⑥ 3 号石像生

动物石像，种类不明。吴越国时期。石灰岩材质。通长 147cm，残高 188cm。雕刻简洁、线条明快，具汉唐石刻艺术遗风［图 9.5.1（f）］。腰部完全断裂，颈部和头部掉落缺损，身体右前侧溶蚀泥化严重，风化明显。

此次揭露的吴越国时期的石质基座和石像生残破较严重，部分溶蚀泥化，但整套保存较好，可以看出制作精美，具有鲜明的时代特征，充分体现了吴越国的一种价值审美观，同时还反映了晚唐五代王陵建造的特点和规制，具有较高的历史和文物价值。

（2）项目难点

① 这批刚揭露的石灰岩质文物风化严重，局部呈现"泥化"现象，轻微触碰泥化物质就会掉落（图 9.5.2）。由于酸性土壤和酸性地下水的影响，浙江及我国南方地区出土的石灰岩质文物常常呈现"泥化"现象，即出土时石灰岩表层已软化，部分变成泥状，稍加冲洗泥化物就会掉落。

能否通过技术措施保住出土石质文物的"泥化"物，使文物尽可能完整地保留下来，这是对保护技术的挑战。

图 9.5.2　出土石像生局部"泥化"现象严重（2020.8.27）

② 各石像生表面淤泥污染和水垢病害严重，约占整个病害面积的 4/5 以上。要在半泥化石灰岩表面去除泥污而保留半泥化物质具有相当难度。

③ 石像生出土时都呈倒地状态，每个质量达 2～4t，且表面极其脆弱。在扶正、移位等过程中如何不伤及石像生表面，具有难度。

④ 各石像生都有断裂、腿脚缺失等结构性损坏，为确保展示效果和安全，就需要现场植筋，按原物形状浇筑高强度构件，并呈现和谐的外观也是难题之一。

受临安文化和广电旅游体育局的委托，浙江大学文物材料实验室承担了这批出土石质文物的抢救性保护方案设计，并要求在 2 个月内完成设计和施工指导。

由于任务重、时间紧，利用实验室研发的系列保护材料和技术，在现场进行了包括加固试验在内的一系列小试验。目标是：加固已泥化的部分，最大限度地保留文物本体材料，力争"能保尽保"。

（3）保护修复目标

完成石像生和墓表扶正；表层泥化部分渗透加固；表面泥土、水垢、钙华结壳等污染清洗；完成脱盐处理；对肢体等残缺部分进行修补；对断裂部分、掉落部分进行粘结；完成外观整理和生物防治处理。修复后要求达到既能展示又具有一定耐久性，保证文物结构稳定，使钱王陵石像生、墓表的历史价值和文化价值得到双重体现。

（4）项目内容

① 渗透加固：石像生泥化部位渗透加固，约 520dm²。

② 普通物理清洗：对 3 个石像生和 1 个墓表用清水进行普通物理清洗，约 1655dm²。

③ 局部刷洗：对石灰污染部分用毛刷进行去除清洗，约 432dm²。

④ 精细清洗：对石灰污染严重部分进行针对性专业去垢精细清洗，约 152dm²。

⑤ 扶正：对 3 个石像生和 1 个墓表进行扶正，扶正质量约 4 吨/个。

⑥ 相同岩石补全：对 3 号石像生脖子和尾部等用相同岩石雕刻补全，约 150dm³。

⑦ 补配：石像生断腿仿制补配，3 条腿。
⑧ 修补和嵌缝：对有危害性缺陷进行修补和嵌缝，约 46dm²。
⑨ 锚固粘结与灌浆。对危害性断裂与掉落部分进行锚固粘结，约 64dm²。
⑩ 生物抑制：对整体进行生物抑制，约 1655dm²。

（5）技术措施与现场小试验

石像生与墓表的修复均采用比较成熟的技术和材料，并经过本实验室的研究验证，同时也在钱王陵现场进行了小试验：

① 部分泥化石灰岩表面泥垢清洗小试验［图 9.5.3（a）、（b）］。
② 石灰岩泥化物的渗透加固小试验［图 9.5.3（d）、（e）］。
③ 现场脱盐小试验［图 9.5.3（c）、（f）］。
④ 仿石灰岩砂浆浇筑强度试验。

(a) 表面淤泥清洗前　　(b) 表面淤泥清洗后　　(c) 纸浆脱盐试验中

(d) 泥化物渗透加固实验中　(e) 泥化物渗透加固后　(f) 纸浆脱盐试验和效果检测

图 9.5.3　钱王陵出土石像生现场小试验

9.5.2　施工过程

（1）石像生扶正与基坑铺填处理

由于 1 号和 2 号石像生都处于侧躺状态，需要进行扶正操作，并稳妥摆放于原位。这里以 1 号石像生为例进行施工说明。

由于掩埋土和地下水的侵蚀，石像生侧躺的下部风化严重，局部已经溶蚀泥化，腿部与基座的连接强度已基本丧失，加上体量质量较大，要在不损伤文物表面和结构的前提下扶正，施工具有相当难度。为此对扶正操作进行了专项安排。

为避免扶正过程中石像生表面半泥化物质脱落，以及因腿部直接受力引起折断，项目组借鉴考古套箱方法，连同石像生黏附的泥土，现场兜底焊制槽钢结构框架，然后借助吊车扶正。

同时，为使石像生稳定站立，并隔断地下毛细水和可溶盐向上迁移，需要对放置石像的基坑进行铺填处理。

① 材料工具

电焊设备与焊条、槽钢、木垫条、铲子、吊车、混凝土、夯土、石材厚板等。

② 施工步骤

a. 开贯通地槽：在石像侧躺面底下挖出贯通地槽，穿放槽钢。

b. 焊接框架：焊接槽钢框架，在与本体接触部分用厚垫布隔离，避免槽钢直接接触引起损伤，如图 9.5.4（a）所示。

c. 石像扶正：垫木档，用吊车缓慢将装着石像生的槽钢框架扶正，如图 9.5.4（b）所示。

d. 挖基坑：按照规划方案，在石像生发现位置挖基坑（220cm×160cm×40cm），垫碎石，夯实，如图 9.5.4（c）所示。

e. 浇混凝土：混凝土层（220cm×160cm×20cm），如图 9.5.4（d）所示。

f. 夯土回填：将挖出的夯土回填至基坑，夯实，夯土层 220cm×160cm×20cm。

g. 放置花岗岩基座：在夯土层上放置整块花岗石（240cm×120cm×20cm），如图 9.5.4（e）所示。

h. 石像移位，用吊车将槽钢框架缓慢转移至花岗岩基座上，如图 9.5.4（f）所示。

i. 拆卸框架和石像归位：在吊车软吊带保护下，先将槽钢框架拆卸，再将垫木抽走，使石像生缓慢放置于花岗岩基座上，待确保放置稳固后松开软吊带。

图 9.5.4 石像生扶正与基坑铺填处理过程

（2）粗清洗与渗透加固

由于石像生在地下埋藏多年，表面附着较多的泥土和泥垢，其石灰岩表层风化严重，一些表层已经半泥化。为最大限度地保留文物表层已风化的泥化物，需要进行渗透加固处理。在渗透加固之前，必须做初步的粗清洗，即去除表面和缝隙中黏附的泥土。

① 清洗材料与工具

喷壶、去离子水、毛刷、竹签、棉签、纤维纸、粘结加固乳液 ZD303、保护膜等。

② 施工步骤

a. 粗清洗

使用雾状喷壶，用去离子水将需清洗的部分喷湿，润湿表面，用软毛刷轻轻刷除，对于沟缝中的泥土使用竹签和棉签进行剔除。为避免伤及文物，只清除泥土层，对于已部分渗入岩石风化层的泥垢暂不清除。1 号石像生腿部粗清洗前后如图 9.5.5（a）、（b）所示。

b. 贴敷加固剂：使用喷壶，将 0.8% ZD303 加固剂喷湿待加固表面，覆盖纤维纸约 2~3 层，继续补充喷洒加固剂，使整个纤维纸完全润湿，以不流淌为限。

c. 保湿渗透：用塑料薄膜将纤维纸完全覆盖包裹并压实，以防止水分过快蒸发，延长密接渗透时间，如图 9.5.5（c）、（d）、（e）、（f）所示。

d. 增加浓度：渗透 2d 后，使用 1.5% ZD303 加固剂重复上述渗透加固步骤。

e. 效果检查和保养维护：待渗透过程结束后，揭开塑料膜，去除纤维纸，检查渗透加固情况，必要时再局部补渗一次。保养过程注意避雨和防止灰尘污染，自然阴干。

图 9.5.5　初步清洗与渗透加固

（3）断裂部位的植筋锚固和粘结修补（图 9.5.6）

图 9.5.6　3 号石像生腰部锚固粘接过程

由于石像生多处断裂，部分缺失，为达到安全展示目标，需要进行植筋锚固和粘结补全。这里以 3 号石像生为例进行施工技术说明。

材料：粘结加固乳液 ZD303、环氧锚固胶、隔离粘结剂 B72、乙酸乙酯、修补灰浆、石粉填料、美纹纸、ϕ24mm 螺纹不锈钢等、与石像同样的石材荒料。

工具：刀铲、加压注射器和配套软管、葫芦吊、软吊带、打孔钻（水钻）、吹风机、锚固胶枪等。

① 3 号石像生腰部锚固粘结

3 号石像生腰部断裂对展示的稳定性构成很大威胁，因此需要进行锚固粘结，以恢复文物原貌，提高文物强度，增加稳固性和安全性。锚固粘结步骤如下。

a. 清洗：将断裂面清洗干净并吹干。

b. 打孔：在断裂 2 个对应面打孔，孔径 28mm，深 20cm，各 3 个孔，清孔，如图 9.5.6（b）所示；

c. 上可逆胶：使用固含量10％B72乙酸乙酯溶液刷涂待粘贴的断面及锚孔，作为隔离层；

d. 上锚固胶：涂抹注射锚固胶，注意防胶溢出，同时留出外沿修补砂浆填充的空间，以避免锚固胶见光老化。

e. 粘结：将断裂两面对准，压紧，固定，粘结如图9.5.6（c）所示。

f. 修补灰浆填缝：使用修补灰浆对所有外漏缝隙和内部空隙进行填缝，待灰浆快干时，揭掉美纹纸，将灰缝表面抹平整。

g. 修饰：待修补灰浆完全固化后，使用砂纸细致打磨灰缝，使缝隙平整美观，如图9.5.6（d）所示。

② 头颈部补全和植筋粘结

3号石像（石虎）出土时，头部和身体还在，缺失颈部。为保持文物的整体性，需要使用同种石材制作颈部，并将掉落的头部与石像身体协调连接。为得到合适的颈部形貌，项目组查阅了大量唐代时期石虎的资料，最后以出土于唐中宗李显墓中的石虎为参考，确定了石虎颈部造型（图9.5.7）。

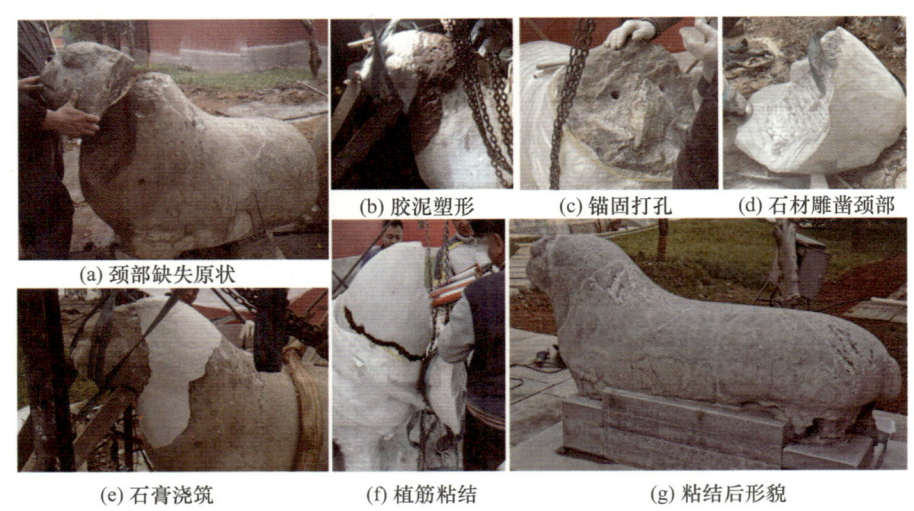

图9.5.7　3号石像生头颈部补全和植筋粘结过程

施工步骤如下：

a. 胶泥塑形：根据李显墓石虎的形貌，先将石虎身体和头部摆放到复原的合适位置（包括高度、连接面角度、身体外沿延伸曲面平滑度等）；固定后用防火胶泥填充身体与头部之间的缺失部分，对胶泥塑形，直至整体和谐［图9.5.7（a）］。

b. 钻孔：根据胶泥模型，确定植筋打孔角度，并在石像身体断面打孔，直径$\phi 28mm$，深度16cm［图9.5.7（b）］。

c. 石膏铸形：与胶泥塑形类似，将石像头部和身体摆放到复原位置，根据胶泥模型制作颈部外形模板，固定后用石膏填充缺失部分，在石膏初凝时开始修形，直至整体协调，完全硬化后取下，用作颈部雕刻模型。

d. 颈部雕刻：用石像同类石材荒料（太湖石）按石膏模型尺寸，雕刻加工颈部，如图9.5.7（c）所示。

e. 颈部安装：根据与身体连接的角度，对准身体上已打好的2个孔，在雕刻好的颈部打2个$\phi 28mm$的贯通孔，然后将颈部与身体粘结固定。

f. 头部安装：穿过颈部和身体的锚固孔，插入$\phi 24mm$的螺纹不锈钢，测量并和完成头部的打孔；清孔后，在身体、颈部和头部的锚孔和断面涂刷 10％B72 隔离胶；干透后，再注射锚固胶，然后进行贴合安装，如图 9.5.7（d）所示。

g. 颈部修整：对新安装的颈部进行细节处理，达到整体协调的效果，修整后如图 9.5.7（e）所示。

h. 填灰缝：对于所有断裂粘结遗留的缝隙，使用修补灰浆进行填缝，一方面防止锚固胶见光老化，另一方面使缝隙更协调美观。

（4）基座与腿部的仿石浇筑

确保石像生的安全稳定是本次修复项目的主要目标之一。由于石像部分基座和支撑腿部断裂和溶蚀较多，严重影响石像站立的稳定性，一旦倾倒将造成重大安全事故，必须高强补全，使石像能够稳固安全地展示。

① 仿石浇筑目标

用高强材料补上石像缺失部分，使之完整和安全，外观颜色和质感接近文物本体；补缺时尽可能露出文物本体残留部分，以体现沧桑感；注意所有修补处不能出现积水现象，以防水的破坏。

② 材料和工具

螺纹不锈钢、高等级水泥、石膏粉、不同目数石粉、浇筑木模、切割设备、锤子、钻孔设备、振捣棒、不锈钢盆、打磨设备、捆绑绳等。

③ 操作步骤（以 1 号石像生基座和后腿的仿石浇筑修补为例）

a. 植筋设计：根据受力情况，确定植筋的位置、数量、规格，以及实施过程，确保安全余量。

b. 浇筑模板放置：根据文物本体基座形状放置模板，并固定好，如图 9.5.8（a）所示。

c. 预埋引流管：为避免基座积水，在凹陷最低处预埋排水水管。

d. 配制高强砂浆：按前期小试验配方（52.5 级水泥∶标准砂∶石子＝1∶1∶1）配制砂浆；

e. 浇筑和养护：为避免水泥砂浆污染文物本体，对本需要体保护处贴膜，然后浇筑砂浆，振动捣实铺平，保湿养护。

f. 表面仿石处理：脱模后，在浇筑体外表面进行仿石面制作，使表面质感与原文物接近。方法是使用石像生同种石材，敲碎，分别过 30 目、60 目、80 目、100 目筛，按小试验配方将不同级配的石粉与 52.5 级水泥混合，加水调和，用于修饰表面，待初步固化后使用刷子刷洗，使石粉微露，使其接近原岩石质感。

g. 石像腿部植筋：在浇筑好的水泥基座上钻锚孔；截取合适长度的 ϕ24mm 螺纹不锈钢 3 根，其中 2 根置于石像腿部外侧，下端插入基座锚孔内，上端卡进石像凹陷处，修整固定；第 3 根植于石像腿部内侧凹陷中，如图 9.5.8（b）所示。

h. 制作石膏模具：按照石像左右腿基本对称原则，用石膏在左后腿上做成模具，固化后切开，包裹到残缺的右后腿上［图 9.5.8（c）］，使用土工布与绳子包裹固定。

i. 浇筑腿部：将前述 52.5 级高强水泥砂浆，分 3 次灌入石膏模具中，每灌一次进行振捣，使砂浆与螺纹不锈钢密贴，混凝土密实。

j. 仿石面制作：待混凝土固化 3d 后，拆除石膏模具，整理后按照前面 e 步骤的相同方法在腿部制作仿石面，如图 9.5.8（d）所示。

k. 做旧处理：使用修补灰浆，添加适量碳粉，在仿石面外表薄薄地涂布一层，使颜色接近文物本体，如图 9.5.8（f）所示。

（5）精细清洗

前面粗清洗只是清除泥土，与风化表面结合的泥垢与水垢仍然影响石像生的外观，同时还会加速文物的风化，需要去除。

(a) 基座浇筑前制作木模　　(b) 基座浇筑和腿部植筋　　(c) 腿部制作石膏模具

(d) 脱模后仿石面制作　　(e) 仿石面完成　　(f) 表面做旧

图 9.5.8　1号石像生基座和左后腿补全施工过程

① 清洗材料与工具：喷壶、去离子水、洗耳球、棉签、不同长度的软毛刷等。

② 清洗步骤：使用雾状喷壶，用去离子水将需清洗的部分喷湿，用软毛刷刷洗，去除肉眼可见泥垢与水垢。对于很深凹陷处内的污迹，使用长柄软毛刷清洗。慢慢不断润湿和轻刷，直至没有明显泥垢。1号石像生头部清洗之前、之中和之后的照片如图 9.5.9 (a)、(b)、(c) 所示。

(a) 1号石像生清洗前　　(b) 1号石像生清洗中　　(c) 1号石像生清洗后

(d) 1号石像生防生物　　(e) 2号石像生防生物

图 9.5.9　石像生精细清洗与防生物处理

(6) 表面防生物处理

石像生从泥土中发掘出来，表层疏松，喜钙生物很容易附着生长，给文物造成破坏，且很难处理。为防止微生物、地衣苔藓等萌发生长，需要进行防生物处理。

① 材料

浙江大学生物防治剂 ZDS-07a，配比 1.25‰ZD303＋5‰ZDS-07a。

② 操作步骤

使用雾状喷壶喷雾涂布；出现液体流挂时及时使用彩绘刷涂均匀，自然阴干，操作如图 9.5.5 (d)、(e) 所示。

9.5.3 修复效果

(1) 墓表与基座修复前后（图 9.5.10）

(a) 墓表修复前

(c) 墓座修复前　　　　　　　　(b) 修复后

图 9.5.10　墓表基座修复前后对比图

(2) 1号石像生（图 9.5.11）

(a) 右侧修复前　　　(b) 右侧修复后　　　(c) 左侧修复前　　　(d) 左侧修复后

图 9.5.11　1号石像生修复前后对比图

(3) 2号石像生（图 9.5.12）

(a) 右侧修复前　　　(b) 右侧修复后　　　(c) 左侧修复前　　　(d) 左侧修复后

图 9.5.12　2号石像生修复前后对比图

(4) 3号石像生（图 9.5.13）

(5) 整个石像生展示区（图 9.5.14）

(a) 修复前　　　　　(b) 修复后

图 9.5.13　3 号石像生右侧修复前后对比图　　　图 9.5.14　保护修复项目完工后石像生展示区全景（2021.1.28）

9.5.4　项目验收

2021 年 1 月底，"钱王陵出土石像生与墓表修复工程"项目顺利通过临安文化和广电旅游体育局组织的竣工验收。

9.6　石碑修复——以钱王墓碑抢救性保护为例

9.6.1　项目概况

（1）文物价值

钱王名钱镠，字具美，小名"婆留"，五代吴越国的创建者，吴越文化的主要开创者，苏杭"人间天堂"的奠基者，今杭州市锦城镇钱坞垄人。钱镠平定两浙后，以"保境安民"为国策，修筑海塘，治理太湖，疏浚西湖，扩建杭城，发展农商，为杭州成为中国六大古都之一和历史名城奠定了坚实的基础。他在位四十一年，庙号太祖，谥号武肃王，葬于钱王陵。

钱王墓碑（图 9.6.1）为原物，只是中间曾断裂后修补。它是"钱王古冢"的主要铭记之一。碑铭"唐故天下兵马都元帅尚父守尚书令兼中书令吴越国王谥武肃钱王之墓"，记录了钱镠一生作为。墓碑上的阴刻大楷充分表明了钱镠的"爵位"和"殊荣"。

钱王墓碑是钱王陵的重要组成部分，是遗址中的重要文物，具有较高的历史与文化价值。因其墓碑为原物，使人们对墓址的判断有更精确、更有力的析读，对择址营墓的概念更清晰、更具体化。钱王陵作为开放的全国重点文物保护单位，钱王墓碑无疑是展示王陵遗存的最重要的证物之一。

（2）主要问题

到 2020 年初，发现钱王墓碑碑身下部风化严重，表层疏松，大片空鼓，局部已经剥落，碑刻字迹已处于危险状态，急需抢救性修复处理（图 9.6.2）。

图 9.6.1　钱王陵墓碑（2020.8.27）　　　图 9.6.2　钱王墓碑下部风化空鼓剥落情况照片（局部）（2020.8.27）

(3) 抢救性保护任务

抢救性保护是在确保石碑安全的前提下，尽快实施保护处理，消除危害文物的病害，任务包括如下几点。

① 物理清洗：对影响碑身外观和保存的污垢和微生物等用去离子水清洗（约 30dm^2）。

② 脱盐处理：对加速碑身风化的可熔盐类进行脱盐处理（约 30dm^2）。

③ 注浆粘结：对碑身下部空鼓和裂隙区域进行注浆粘结（约 6dm^2）。

④ 嵌缝和修补：对碑身下部裂隙边沿进行嵌缝，对起甲掉落部分完成仿石修补，（约 8dm^2）。

⑤ 做旧：对嵌缝和修补部分进行做旧处理（约 8dm^2）。

9.6.2 前期小试验

本项目的难点：

① 受可溶盐影响，墓碑下部劣化严重，能否去除岩石微孔中的可溶盐？

② 为避免化学材料产生保护性破坏，需要寻找与墓碑石材相匹配的粘结材料，并制备可逆性仿石修补灰浆。

为此，专门进行了小试验。

(1) 脱盐试验

① 材料

各种脱盐纸浆、去离子水、电导率仪等。

② 试验步骤

a. 将脱盐纸浆以 1∶20 的比例与去离子水混合，测定初始电导率。

b. 按照本书 4.5.1 所述方法制备含盐岩石样块。

c. 将纸浆取出，挤出部分水分至不滴水状态，然后贴敷于含盐样块上。

d. 待敷贴纸浆干燥后，取下纸浆称重，在定量去离子水中进行电导率测试。

e. 计算各纸浆脱盐效率，选取脱盐效率最高的脱盐纸浆，贴敷于现场小试验区，如图 9.6.3 (a) 所示。

f. 在现场小试验区重复上述步骤 d，验证脱盐效果。

现场小试表明，前后两次电导率的检测值差异明显，说明该脱盐方法可行，并且证明墓碑下部确实有可溶盐。

(2) 仿石修补灰浆试验

① 试验目的

筛选可以去除的修补灰浆，判断是否可与墓碑粘结牢固，且耐久性好。

② 材料和设备

与墓碑同类岩石试块（5cm×5cm×5cm）、各种乳液粘结剂、级配同种石粉、分析纯氢氧化钙、添加剂、去离子水、恒温水浴锅、干燥箱等。

③ 试验步骤

a. 根据前期实验室研究结果，将级配石粉、氢氧化钙、粘结剂和添加剂，以不同配比制备可去除修补灰浆。

b. 将修补灰浆涂覆到石头试块表面，养护一周。

c. 进行干湿循环破坏试验：25℃水浴 3h，取出，45℃干燥 3h 为一个循环，重复以上循环直至破坏为止。

④ 试验结果

经过17次破坏循环，仅剩下一组修补灰浆仍然保持完整，未产生破坏和脱落现象［图9.6.3（b）］，其配方由级配石粉、氢氧化钙、ZD303组成。说明该配方灰浆具有较好的粘结性与耐久性，与墓碑石材匹配性好，可以用于石碑缺失部分的修补。

 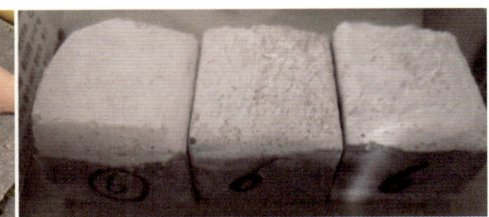

(a) 脱盐纸浆现场小试验　　(b) 修补灰浆试块17次破坏循环后状况

图9.6.3　小试验情况

9.6.3　施工过程

（1）清洗与脱盐

盐析是钱王陵墓碑下部风化的主要原因之一，为减缓盐风化风险，最便捷的方法是进行脱盐处理。在脱盐之前，还需要去除有碍于石质文物保存和展示的表面污物，如泥垢、微生物、烟熏黑垢等。

① 工具和材料

软毛刷、竹签、棉棒、牙科钢针、手术刀、洗耳球、蒸汽喷射机、去离子水、酒精、脱盐纸浆、电导率仪等。

② 施工步骤

a. 初步清洗：使用雾状喷壶，用去离子水将墓碑需清洗的部分喷湿，用软毛刷刷洗，去除肉眼可见生物体、分泌物和粉尘等［图9.6.4（b）］。

b. 缝隙中植物剔除：对于石缝与孔洞中难以用毛刷清除的生物，使用手术刀挑出去除［图9.6.4（c）］，然后使用去离子水与软毛刷多次轻轻刷除。

c. 贴敷脱盐：取出纸浆，挤干至不滴水状态，贴敷于墓碑风化区域及附近区域，如图9.6.4（d）所示。

d. 高温蒸汽清洗：刷洗完毕后，使用蒸汽喷射机处理生物病害区域，预防残留细胞体再繁殖［图9.6.4（e）］。

e. 配制脱盐纸浆：按照小试验选择，将所选脱盐纸浆以1∶20的比例与去离子水混合，测定初始电导率。

f. 测量电导率：敷贴的纸浆干燥后，取定量纸浆泡入定量去离子水中进行电导率测试，重复e、f步骤，直至两次电导率测试结果不变为止。

③ 清洗和脱盐效果检测

经过以上清洗和脱盐步骤后，墓碑表面未见肉眼可见的污迹［图9.6.4（f）］；苔藓等生物已被去除。电导率检测表明，至少要实施两次贴敷，才能初步达到脱盐目标。

（2）空鼓注浆

碑身下部存在空鼓与裂隙，严重威胁碑刻字迹的完整性，需要进行注浆填补，以提高文物抵抗破坏应力的强度，增加文物的稳固性和安全性。

图 9.6.4　钱王墓碑下部的清洗和脱盐

① 注浆材料和工具

ZD303 注浆料、150 目以上石粉、封缝灰浆、乙醇、刀铲、砂纸、手术刀、画笔、打孔器、加压注射器和配套软管等。

② 注浆步骤

a. 通过适当外力让裂隙复位，使槎口断面吻合。

b. 使用压缩空气，清理断面和孔隙，吹净粉尘，再用乙醇清洗缝口。

c. 用封缝灰浆封闭裂缝外沿，确保浆液不会漏出，插入注浆针头。

d. 使用隔胶贴膜（美纹纸）保护裂隙两边和下沿，使岩石不因浆液漏出受到污染。

e. 待全部封缝灰浆固化密封后，在 ZD303 中加入适量 150 目以上石粉填料配制注浆液，使用加压注射器注入浆液，直到浆液填满整个空鼓面和缝隙，当浆液从下口注入并从上口流出时说明注满，如图 9.6.5（b）所示。

f. 及时清理漏出的浆液，以防污染石材，如图 9.6.5（c）所示。

g. 待注浆液初步固化后，拔去注射器，修整注浆孔口，填入封缝灰浆［图 9.6.5（d）］。

h. 待注浆液和封缝灰浆完全固化后，去掉贴膜，清理边缝。

i. 对封缝表面进行平整和做旧处理。

(3) 嵌缝修补

钱王墓碑碑身下部风化严重，已有脱落现象，需要进行嵌缝和修补，避免进一步脱落，丢失文物信息。

① 材料和工具

与注浆相同，补充：

a. 同类岩石石粉。采用钱王墓碑同种石材，敲碎，过 30 目、60 目、80 目、100 目筛，得到不同粒度石粉，按仿石修补要求进行级配。

b. 仿石修补灰浆：在前面小试验筛选出的修补灰浆配方的基础上，适当调整石粉的级配比例，添加适量碳粉，使外观更接近墓碑。

② 操作步骤

a. 找准裂隙和缺损位置，了解文物原形貌，确定修补形态。

b. 对欲修补的基底做清洁处理，并用 ZD303 稀溶液做渗透加固。

c. 在缺损位置涂抹仿石修补灰浆，按要求塑形。

d. 在初步固化后，用抹灰刀沾水抹平压实，用清水湿布轻擦使石颗粒凸出，待完全固化后用砂纸、手术刀进行表面修饰，使仿石表面质感与墓碑接近。

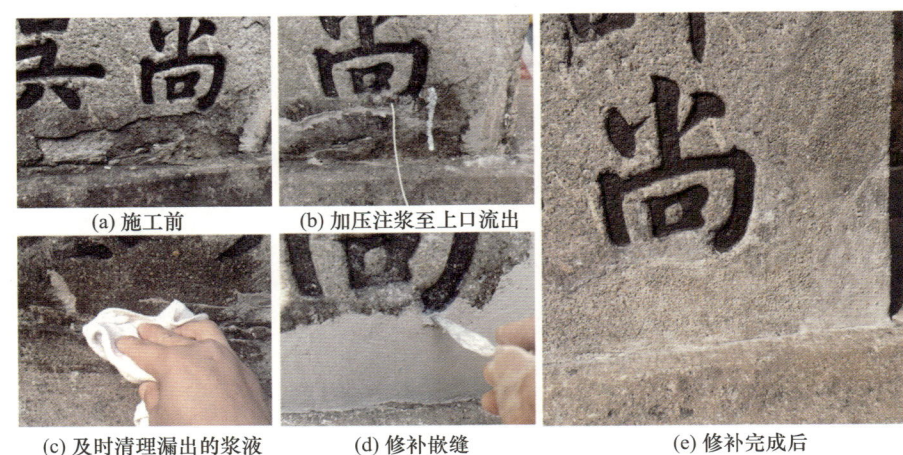

图 9.6.5　空鼓注浆和嵌缝修补

③ 嵌缝修补结果

使用仿石修补灰浆的目标是：粘结牢固、野外耐候好、修补可逆、外观与文物本体相近，达到"远观一致，近看有别"的修复效果，墓碑嵌缝修补前后如图 9.6.6 所示。

图 9.6.6　钱王墓碑下角部位仿石嵌缝修补结果

（4）生物病害防治

因墓碑下部受基底毛细水影响，苔藓和微生物生长较旺盛，不仅影响观瞻，也是破坏碑石的原因之一，因此需要采取治理措施。

① 材料和工具

浙大生物防治剂 ZDS-07a，喷壶、软毛刷、吸水纸等。

② 操作步骤

采用喷雾方式，以适当浓度涂布 ZDS-07a，确保用量足够，避免挂流，重复 3 次，避雨防尘养护 3d。

9.6.4　修复效果

（1）墓碑下部修复前后对比照片（图 9.6.7）

（2）墓碑整体修复前后对比照片（图 9.6.8）

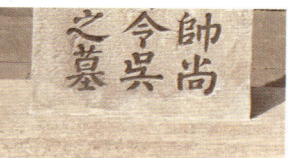

(a) 修复前　　　　　　　　(b) 修复后

图 9.6.7　墓碑下部正面修复前后对比照片

(a) 修复前　　　　　　　　(b) 修复后

图 9.6.8　钱王墓碑整体修复前后对比照片

（3）项目验收

2021年2月，"钱王陵墓碑局部抢救性保护修复"项目顺利通过临安文化和广电旅游体育局组织的竣工验收。

9.7　摩崖题刻的保养维护——以玲珑山摩崖石刻为例

9.7.1　工程概况

（1）文物价值

玲珑山位于浙江省杭州市临安区临安古城西侧，海拔高程208m。盘山而上，游道古朴，却有泉、有瀑、有潭、有寺、有亭、有摩崖石刻和人文古迹。历代名人雅士如苏东坡、黄庭坚、佛印等均登临过，岩壁遗留有二十多处宋代以来的摩崖石刻，如"玲珑胜境""苍鳞""德泽长存""送瀑岩"等题字或石刻诗文。玲珑山摩崖石刻是临安历史的重要证物，不仅反映了历史上临安的风土、人情、社会事件等信息，也有很高的艺术价值，是本土文化脉络的传承和延续，它们集雕刻、书法、文学于一体，依山就石而刻，内容丰富、时代序列完整，是丰腴厚重临安文化遗产的组成部分。玲珑山摩崖石刻于2019年3月26日被杭州市人民政府公布为杭州市市级文物保护单位。

（2）文物状况

玲珑山区域属于亚热带季风气候，雨水充沛，野外石刻常年受到雨水冲刷，逐渐溶蚀；同时，由于空气湿润，树荫下阳光适度，为苔藓、地衣等微生物提供了良好的生长环境，生物侵蚀成为石刻劣化的重要因素。根据已有资料查询，至今为止，除景区卫生清扫和部分石刻字迹被不当填涂外，玲珑山摩崖石刻还从未进行过工程级别的保养维护。

9.7.2 病害勘察

(1) 病害调查

文物现场病害调查统计结果见表9.7.1。玲珑山摩崖石刻的第一大病害为生物腐蚀（以苔藓和微生物为主），占整个病害面积的一半以上，达58.03%；第二大和第三大病害为溶蚀病害和孔洞病害，加起来占比达三分之一以上。因此生物危害和溶蚀是玲珑山摩崖石刻的主要病害。表面油漆污染、片状剥落、裂隙、空鼓、缺失、拙劣填涂污染尽管面积不大，但若不及时处理，也将引起不可逆的破坏。

表 9.7.1　玲珑山摩崖石刻不同类型病害面积统计表

病害类型	面积（cm²）	占病害面积比（%）
表面生物病害	515590	58.03
风化溶蚀、水溶蚀	257795	29.02
表面风化孔洞	88042	9.91
表面油漆污染	13064	1.47
片状剥落	9425	1.06
裂隙	1962	0.22
空鼓	1098	0.12
缺失	865	0.10
拙劣填涂污染	610	0.07
总计	888451	100

(2) 检测

① 岩石结构成分鉴定

经岩石薄片偏光观察，玲珑山摩崖石刻岩石样品具有弱流纹构造，包含少量棱角状火山岩岩屑（2%）和气孔（2%）；岩石为石英和长石斑状结构，大小为1~2mm，含量约占5%。结合EDS和XRD结果，玲珑山岩石样品经鉴定为流纹斑岩，为酸性火山岩，由长石石英矿物组成，结构致密，矿物解理比较发育，部分区域蚀变风化现象较为严重。

② 生物种属鉴定

在玲珑胜景、九折岩、2号石刻上共取典型生物样品三份，通过分子生物学和DNA测序，完成苔藓物种鉴定和细菌真菌的群落分析。结果表明，玲珑胜景石刻附近主要是美灰藓、白发藓和地钱属苔藓；九折岩附近为拟多枝藓；2号石刻附近则主要是美灰藓、尖叶匍灯藓以及细叶莲叶藓。共发现五种苔藓定植，体现了较高的生物群落多样性和丰富性。说明玲珑山摩崖石刻表面养分富足，适宜生物生长，也是岩石风化快的主要原因。

9.7.3 保养维护施工

(1) 工程内容

主要施工内容有：

① 周边清理，即清理石刻周边的灌木杂草泥土等。
② 清水清洗，即用清水进行物理清洗。
③ 局部刷洗，对生物病害部分用毛刷进行去除清洗。
④ 污垢清除，对表面沉积与变色部分进行专业性去垢清洗。

⑤ 拙劣油漆填涂去除，在不伤害文物本体基础上，试探进行除油漆专业清理。
⑥ 注浆粘结，对少量的危害性裂隙以及空鼓进行专业注浆粘结。
⑦ 修补嵌缝，对危害性缺失与空洞进行修补和嵌缝。
⑧ 生物防治，适当使用低浓度生物抑制剂进行防治。
⑨ 阻水导水，为减少溶蚀，对受到雨水和流水侵蚀的石刻进行阻水导水处理。

总体目标是：通过科学的保护措施，减缓生物和水溶蚀的危害，提高玲珑山摩崖石刻的安全性和稳定性，延长文物寿命。

（2）普通物理清洗

因玲珑山摩崖石刻长期没有对本体进行管护，周边灌木杂草、泥土沙石、苔藓和微生物等已部分掩盖石刻，不仅腐蚀文物，而且严重影响展示效果，必须进行整理和清洗。包括：

① 周边清理

用扫把、耙头、砍刀、竹签等清理石刻周边 1m 宽范围内的灌木、树枝、泥土等各种杂物，拔去杂草和藤蔓等。然后用清水冲洗掉表面泥土、落叶、砂石等，使周边岩石本体显现出来［图 9.7.1（a）、(b)］。

② 清水清洗

使用去离子水喷雾和毛刷轻轻刷去石刻表面多余物质，包括土垢、灰尘、生物体等［图 9.7.1（c）］。对较厚较硬的污染物结壳，需先用去离子水润湿软化一定时间后再轻轻刮除。

③ 凹陷处污垢擦除

对石刻凹陷部位、裂隙和残缺处等污垢不易清除的部位，润湿后先使用小刷或者棉签擦除污垢［图 9.7.1（d）］，完毕之后再用去离子水清洗一遍，然后自然阴干。

④ 石缝隙植物清除

对于石缝与孔洞中难以刷除的生物根系，使用手术刀挑出去除［图 9.7.1（e）］。

⑤ 再次整体刷洗

使用去离子水与软毛刷再次刷除附着于石刻表面的微生物等，直至未见肉眼可见生物为止。

⑥ 高温蒸汽清洗

刷洗完毕后，使用蒸汽喷射，对微生物病害区域用蒸汽处理，预防残留生物体萌发繁殖［图 9.7.1（f）］。

(a) 清除周边灌木　　(b) 清除周边松散泥土　　(c) 清水和毛刷清理
(d) 凹陷处小刷清理　(e) 手术刀清除缝隙中植物根　(f) 蒸汽喷射清洗

图 9.7.1　石刻周边清理和本体清洗

(3) 有机污垢或油漆清洗

玲珑山部分摩崖石刻曾被人用油漆拙劣填涂，许多字迹边沿油漆溢出，一些石面受到油漆污染，已严重影响石刻的艺术价值，需要清除。

① 工具和材料

钢针、手术刀、小刷、洗耳球洗、蒸汽喷射器、去离子水、乙酸乙酯、酒精、美纹纸等。

② 操作步骤

a. 用美纹纸框出有机污垢或油漆清理区［图9.7.2（a）］，并用塑料薄膜保护好下方非清洗区域。

b. 蘸取适量专业溶剂，如乙酸乙酯、酒精等润湿油漆污迹表面［图9.7.2（b）］，待稍溶胀后用清水刷洗［图9.7.2（c）］，然后用纸巾吸附干净［图9.7.2（d）］；若一次不行，再按此法重复操作1~2遍，直至油漆污迹被清除。

c. 对于字迹边沿溢出油漆，也采用上述类似方法去除，但须特别注意防止清洗影响到石刻字迹内的油漆涂层［图9.7.2（e）、（f）］。

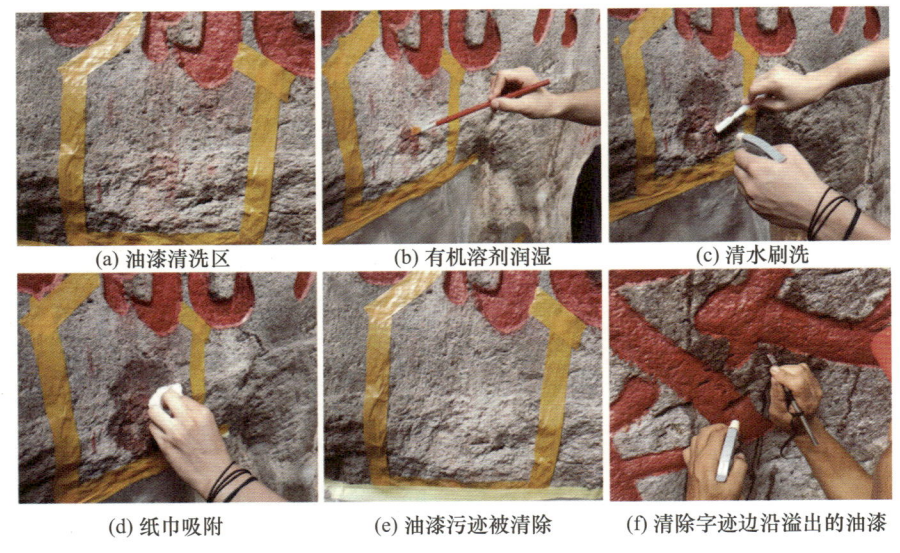

(a) 油漆清洗区　　(b) 有机溶剂润湿　　(c) 清水刷洗

(d) 纸巾吸附　　(e) 油漆污迹被清除　　(f) 清除字迹边沿溢出的油漆

图9.7.2　石刻崖壁上油漆污染的清洗

(4) 修补和嵌缝

玲珑山摩崖石刻上存在一些严重威胁石刻安全的裂隙和缺损，需要进行适当修补和嵌缝。

① 材料和工具

无机渗透加固剂ZDJ-03、无机灌浆料ZDN-04gu、无机仿石料ZDN-04fa、封缝灰浆、同类岩石石粉、矿物颜料、刀铲、砂纸、手术刀、毛刷、雕刻机等。

② 操作步骤

a. 查找威胁石刻安全的裂隙和缺损，通过考察和对比，了解石刻原形貌，确定修补形态。

b. 对修补基底作清洁处理，并用ZDJ-03对岩石基底进行渗透加固。

c. 寻找合适的同类岩石，雕凿外形，对凹陷处和大缝隙进行贴补［图9.7.3（a）］。

d. 对接缝外用美纹纸保护防止污染崖壁，用ZDN-04fa修补接缝，按要求塑形［图9.7.3（b）］。

e. 用ZDN-04gu注浆填实内部空隙［图9.7.3（c）］。

f. 用ZDN-04fa修补注浆口，待固化后用电磨、砂纸、手术刀进行表面修饰，使表面质感与原崖壁接近［图9.7.3（d）］。

g. 对所有修补和嵌缝处进行做旧处理，使外观颜色与崖壁接近［图 9.7.3（e）］。

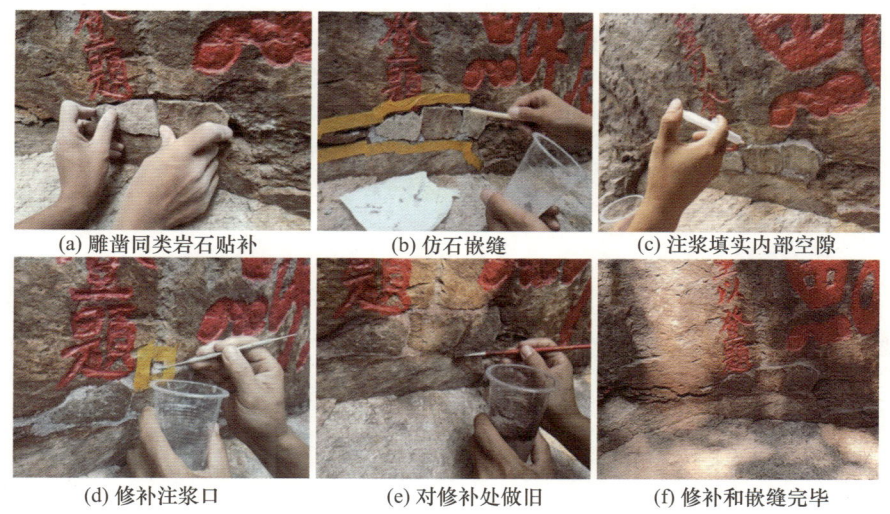

(a) 雕凿同类岩石贴补　　(b) 仿石嵌缝　　(c) 注浆填实内部空隙

(d) 修补注浆口　　(e) 对修补处做旧　　(f) 修补和嵌缝完毕

图 9.7.3　对石刻崖壁上危害性裂隙和缺损进行修补

（5）局部渗透加固

玲珑山摩崖石刻因生物风化等原因一些部位已经十分疏松，若不适当加固，其表层将很快脱落，石刻字迹将消失。本工作对其中最脆弱的 2 处位置进行了渗透加固处理。

① 材料和工具

无机渗透加固剂 ZDJ-03、粘结加固乳液 ZD303、去离子水、吸附纸、塑料薄膜、喷壶、美纹纸。

② 操作步骤

a. 清理待加固区域，以及附近小试验区岩石表面的污迹。

b. 先在附近小试验区试验：采用 ZDJ-03 和 ZD303 以适当浓度喷湿石面［图 9.7.4（a）］；贴敷吸附纸，再继续喷湿，以不流挂为限［图 9.7.4（b）］；覆盖塑料薄膜，压实保湿，待药剂渗入岩石内部［图 9.7.4（c）］；当吸附纸湿度下降时，从贴敷上沿补加滴入加固剂，注意不能让吸附纸干涸；视石质和天气，保持渗透 2～4h；之后揭去塑料薄膜和吸附纸，注意防雨防污染，自然阴干［图 9.7.4（d）］。

c. 从现场小试验结果选择最适宜的加固剂种类和浓度，按照小试验的步骤在风化区域进行贴敷［图 9.7.4（e）］，覆盖塑料薄膜渗透加固［图 9.7.4（f）］。

（6）导水沟和排水沟制作

雨水水流溶蚀是玲珑山摩崖石刻最大破坏因素之一。将石刻岩体上方流下来的水流截断或者引开，是石刻预防性保护的最佳策略之一。为此，需要根据地势，在不影响石刻观赏的前提下，在上方一定距离处制作导水沟或排水沟。导水沟是将石刻上方崖壁下流的水引导至石刻以外；排水沟是截断石刻崖壁顶部的水，不让流经崖壁。导水沟或排水沟都不能影响石刻的展示，至少距离石刻边沿 1.5m，越隐蔽越好。

① 材料和工具

玲珑山摩崖同类石材、水泥、环氧云石胶、石粉、标准砂、矿物颜料、刮刀、电磨、切割机、电钻等。

② 步骤

a. 根据大雨天石刻表面水流记录，确定导水沟和排水沟位置和走向，画线。

(a) 小试验区喷湿石面　(b) 贴敷吸附纸喷湿　(c) 覆盖塑料薄膜保湿　(d) 观察加固效果

(e) 风化部位贴敷　(f) 覆盖薄膜保湿渗透

图 9.7.4　石刻高度风化部位的渗透加固

b. 在山上就近采集同类岩石，切割成合适大小的石条或者石块［图 9.7.5（a）］。

c. 为安装导水沟和砌筑排水沟，分别按走向和范围，清理和平整出基础崖面［图 9.7.5（b）］。

d. 对于导水沟，将切割好的石条粘结拼合修整，使之与岩体契合；分别打孔，植入钢筋，安装到崖壁上［图 9.7.5（c）］；使用灰浆进行勾缝补缝处理，使二者紧密结合，形成崖壁上的导水沟。

(a) 切割石条　(b) 崖壁清理　(c) 导水沟锚固

(d) 做旧　(e) 11号石刻上方导水沟　(f) 12号石刻上方导水沟

图 9.7.5　导水沟制作安装过程

e. 对于排水沟，在石刻崖壁顶部，用切好的石块和水泥砂浆砌筑［图 9.7.6（a）、（b）］；在主要受力位置打孔锚固［图 9.7.6（c）］，以防暴雨大水的冲击；使用灰浆进行勾缝补缝，形成崖壁顶部边沿排水沟。

f. 修饰做旧：为减小外观影响，采用矿物颜料、石粉、少量粘结剂混合均匀后，用排刷涂布，使导水沟和排水沟的外观与周边岩体接近。

图 9.7.6　排水沟砌筑过程

本次工程共计安装导水沟长度 10.6m（分别位于 11 号、12 号、23 号石刻上方）；共计砌筑排水沟长度 29.9m（分别位于玲珑胜境、送瀑岩、7 号、13 号、22 号石刻上方）。使一些威胁较大的导致石刻溶蚀的崖壁水流被截断或引导开。

（7）生物病害防治

生物病害是玲珑山摩崖石刻的主要病害之一，因此需要采取防治措施，以抑制生物的生长。

① 材料和工具

浙大复方生物防治剂 ZDS-07b，喷壶、软毛刷、吸水纸等。

② 操作步骤

采用喷雾方式涂布时，确保用量足够，避免挂流，按要求重复 3 次，然后避雨防尘养护 3d，自然附着固化。

9.7.4　维保效果

（1）维保前后对比图（图 9.7.7～图 9.7.20）

图 9.7.7　2 号石刻整体维保前后　　　　　图 9.7.8　5 号石刻整体维保前后

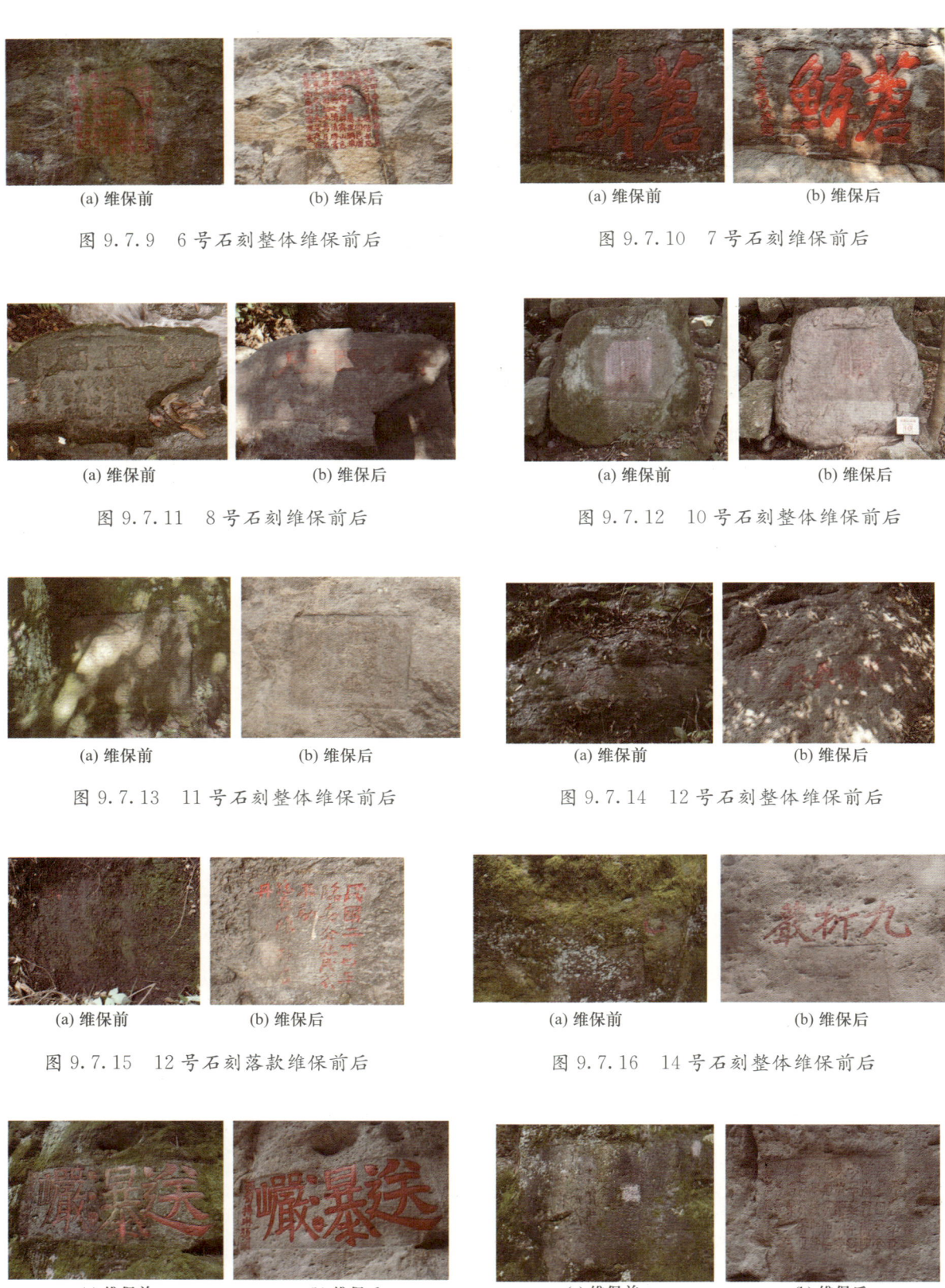

(a) 维保前　　(b) 维保后

图 9.7.9　6 号石刻整体维保前后

(a) 维保前　　(b) 维保后

图 9.7.10　7 号石刻维保前后

(a) 维保前　　(b) 维保后

图 9.7.11　8 号石刻维保前后

(a) 维保前　　(b) 维保后

图 9.7.12　10 号石刻整体维保前后

(a) 维保前　　(b) 维保后

图 9.7.13　11 号石刻整体维保前后

(a) 维保前　　(b) 维保后

图 9.7.14　12 号石刻整体维保前后

(a) 维保前　　(b) 维保后

图 9.7.15　12 号石刻落款维保前后

(a) 维保前　　(b) 维保后

图 9.7.16　14 号石刻整体维保前后

(a) 维保前　　(b) 维保后

图 9.7.17　18 号石刻整体维保前后

(a) 维保前　　(b) 维保后

图 9.7.18　19 号石刻整体维保前后

　　(a) 维保前　　　　(b) 维保后　　　　　　　(a) 维保前　　　　(b) 维保后

图 9.7.19　21 号石刻整体维保前后　　　　　图 9.7.20　22 号石刻整体维保前后

(2) 工程验收

2022 年 2 月，"玲珑山摩崖石刻保养维护工程"项目顺利通过临安文化和广电旅游体育局组织的竣工验收。

9.8　本章小结

本章以浙江大学文物保护材料实验室近几年来参与设计和指导施工的保护工程为例，对涉及的部分技术和材料进行了阐述。包括：

(1) 以汉三老石室修缮为例，讲述了濒危石质建筑的修复保护，主要涉及清洗、脱盐、灰缝防渗、渗透加固、结构修复、水害治理、可拆卸物理支撑和生物治理等技术。

(2) 以印泉摩崖石刻修缮为例，讲述了濒危摩崖石刻的修复保护，主要涉及摩崖隔水、植筋锚固、裂隙灌浆、仿石修补、濒危石刻字迹保护等。

(3) 以杭州湖心亭牌坊修缮为例，讲述了建筑石雕保护，主要涉及清洗、脱盐、裂隙注浆、渗透加固、石雕修补、生物防治等。

(4) 以嘉兴子城彩绘石狮抢救性修复为例，讲述了石质文物表面彩绘的保护，主要涉及清洗、彩绘加固、电脑补配、锚固粘结、修补嵌缝、润色和做旧等。

(5) 以钱王陵出土石像生修复为例，讲述了出土泥化和断裂石质文物的修复保护，主要涉及泥垢清理、渗透加固、雕刻补全、锚固粘结、生物防治等。

(6) 以钱王陵墓碑抢救性保护为例，讲述了石质文物空鼓注浆修复，主要涉及清洗、脱盐、空鼓注浆、仿石修补等。

(7) 以玲珑山摩崖石刻为例，讲述了摩崖题刻的保养维护技术，主要涉及清洗、除垢去漆、裂隙修补、生物治理以及崖壁导水和排水等。

以上案例可以为相关石质文物保护提供借鉴。但是需要注意：每一处石质文物，其本体材质、劣化状态、周边环境和致病因素等都不尽相同，应根据当地具体情况开展针对性研究和试验，制定相应的保护策略，选用最合适的技术和材料。

附录1　资助本书相关研究的国家级和省部级科研项目或基金

1. 国家"十三五"重点研发计划课题："石窟文物微生物/苔藓病害绿色防治技术研究（编号：2019YFC1520503）"，2020年01月—2022年12月，课题负责

2. 国家科技支撑计划课题："古代建筑基本材料（砖、瓦、灰）科学化研究（编号：2012BAK14B05）"，2012年1月—2015年3月，课题负责

3. 国家重点研发计划子课题："明清官式建筑石作材料科学认知研究"（编号：2020YFC1522402），2020年11月—2023年10月，子课题负责

4. 国家973课题："已用典型保护材料与工艺的功能及失效规律研究（编号2012CB720902）"，2012年1月—2016年12月，课题负责

5. 国家科技支撑计划子课题："石窟文物表面有害污物清除技术研究"（编号：2009BAK53B05），2009年7月—2012年7月，子课题负责

6. 国家自然科学基金面上课题："濒危石质文物表面生物矿化保护材料的仿生合成研究（批准号：20671080/B0107）"，2007年1月—2009年12月，课题负责

7. 国家自然科学基金面上课题："石质文物表面防护的一类新材料和新技术研究（批准号：20277034）"，2003年1月—2005年12月，课题负责

8. 国家自然科学基金面上课题："石质文物腐蚀与防护机理研究（批准号：29977018）"，2000年1月—2002年12月，课题负责

9. 浙江省文物局文物保护科技项目："基于传统材科学化的濒危石质文物加固材料研究（浙财教字［2007］197号）"，2007年6月—2010年9月，项目负责

10. 浙江省自然科学基金课题："石质文物的腐蚀与防护研究（批准号：298013）"，1999年1月—2001年12月，课题负责

11. 浙江省文物局文物保护科技项目："飞来峰造像的监测和预防性保护措施研究"，2013年8月—2015年8月，参与

12. 杭州市园文局项目："西湖文化景观遗产点本体病害监测"，2015年8月—2019年12月，项目负责

附录 2　浙江大学文物保护材料实验室发表的相关研究论文

1. Li Qiang（李强），HuYulan，Zhang Bingjian*. Phosphonium-based ionic liquids as antifungal agents for conservation of heritage sandstone. *RSC Advances*，2022，12，1922-1931.

2. Yang Wu（伍洋），Bingjian Zhang*，Jianchao Zhang，Kuanrong Zhai，Li Luo. Weathering Characteristics of White Marble Relics Around the Hall of Supreme Harmony（Taihe Dian）in the Forbidden City. *KSCE Journal of Civil Engineering*，2022，DOI：10.1007/s12205-022-1108-z.

3. Chengshuai Zhu（朱成帅），Biao Wang，Mengxia Tang，Xin Wang，Qiang Li，Yulan Hu*，Bingjian Zhang*. Analysis of the Microbiomes on Two Cultural Heritage Sites. *Geomicrobiology Journal*，2022，DOI：10.1080/01490451.2022.2137604.

4. Chengshuai Zhu（朱成帅），Qiang Li，Yulan Hu*，Bingjian Zhang*. Biocides for the Control of Mosses on Stone Cultural Relics. *Studies in Conservation*，2022，DOI：10.1080/00393630.2022.2053429.

5. Yang Wu（伍洋），Jian Shen，Jianchao Zhang，Bingjian Zhang*. Environmental Factor Accelerate the Deterioration of Tuff Stone Heritage：A Case Study of a Stone House in Southeast China. *Buildings*，2022，12（2）：188.

6. Lina Xie（谢丽娜），Xueqiang Chen，Bingjian Zhang*，Yulan Hu. Preliminary assessment of the efficacy of nano-MgO-based dispersion for the consolidation of artificial weathered sandstone. *Archaeometry*，2022，64：997-1012.

7. 魏忠武，张秉坚*，漆涂层对题刻类石质文物的影响研究，石材，2022，374（4）：19-25

8. Qiang Li（李强），Yulan Hu，Bingjian Zhang. Hydrophilic ZnO Nanoparticle Based Antimicrobial Coatings for Sandstone Heritage Conservation. *ACS Applied Nano Materials*，2021，doi：an-2021-03224j（acsanm.1c03224）.

9. Yang Wu（伍洋），Qiang Li，Hanbing Tong，Zhang He，Jiangtao Qu，Bingjian Zhang*. Monitoring the Deterioration of Masonry Relics at a UNESCO World Heritage Site. *KSCE Journal of Civil Engineering*，2021，25（8）：3097-3106.

10. Lina Xie（谢丽娜），Bingjian Zhang*，Yulan Hu. A Novel Method of Preparing A Standard Weathered Sandstone Specimen：A Case Study of Red Sandstone from the Leshan Giant Buddha（Sichuan，China）. *International Journal of Architectural Heritage*，2021，DOI.org/10.1080/15583058.2021.1942591a.

11. 姜宁，张秉坚，胡瑜兰. 中西方传统"石作"特色比较谈，石材，2021，5：55-59.

12. 姜宁，张秉坚，胡瑜兰，项隆元. 北京故宫和南京明孝陵建筑石作石料探讨，石材，2021，1：56-60.

13. 潘力伟，张秉坚，胡瑜兰，石窟文物的微生物病害与防治对策探讨，石材，2021，11：31-37

14. Lina Xie（谢丽娜），Bingjian Zhang*. An Inorganic Magnesium-based Consolidant for the Consolidation of Silica Sand（A Substitute for Weathered Sandstone）：A Preliminary Exploration. *Studies in Conservation* 2020，65（7）：424-436.

15. Fang Shiqiang（方世强）, Zhang Bingjian*, Zhang Kun. The long-term monitoring and evaluation of cement-based grout used to govern the water seepage of karst caves in China. *Heritage Science* 2020, 8（1）: 50-57.

16. Tianxiao Li（李天晓）, Yulan Hu, Bingjian Zhang*. Evaluating the efficiency of six biocides against microorganisms commonly found on Feilaifeng Limestone, China. *Journal of Cultural Heritage* 2020, 43: 45-50.

17. 张海英，李强，张秉坚，胡瑜兰，露天石质文物表面苔藓的科学认知和防治技术研究进展，*石材*，2020，（8）: 18-23

18. 徐童伟，方世强，张秉坚*，张薛诗蕴，南方潮湿地区壁画表面加固与裂隙灌浆材料的评价研究，*文物保护与考古科学*，2020，32（2）: 13-21

19. Shiqiang Fang（方世强）, Kun Zhang, Bingjian Zhang*, Liya Wang. Evaluation of Cement-based Grout for Reinforcing Unsafe Rocks of Stone Carvings at Hangzhou Klippe in China. *Journal of Materials in Civil Engineering* 2019 31（2）: 05018005. DOI: 10.1061/（ASCE）MT.1943-5533.0002584.

20. 魏忠武，陈建强，屈江涛，李强，张秉坚*，王丽娅，不可移动石质文物病害勘测和影响因素分析——以杭州飞来峰青林洞石窟造像为例，*石材*，2019，（1）24-32

21. Tianxiao Li（李天晓）, Yulan Hu, Bingjian Zhang* and Xiaoru Yang, Role of fungi in the formation of patinas on Feilaifeng 1 Limestone, China, *Microbial Ecology*, 2018, 76: 352-361

22. Qiang Li（李强）, Bingjian Zhang*, Xiaoru Yang, Qinya Ge. Deterioration-Associated Microbiome of Stone Monuments: Structure, Variation, and Assembly, *Applied and Environmental Microbiology*, 2018, 84（7）: e02680-17

23. Tianxiao Li（李天晓）, Yulan Hu, Bingjian Zhang*, Biomineralization induced by Colletotrichum acutatum: a potential strategy for cultural relic bioprotection, by, *Frontiers in Microbiology*, 2018, 9, Article1884

24. 俞剑清，张秉坚*，邵浦建，冯宝英，浙江省石窟寺及石刻类文物健康评估调研综述，*石材*，2018，（3）29-36

25. 魏忠武，俞剑清，张秉坚*，邵浦建，冯宝英，杭州市石窟寺及石刻类文物保存状况调研简报，*杭州文博*，2018，20: 2-12

26. 翁昕，张秉坚*，国内外石质文物清洗技术研究与应用状况——基于中文和英文数据库20年来期刊论文定量分析的综述，*中国文化遗产*，2018（4）19-26

27. 方世强，张秉坚*，韦胜利，摩崖石刻危岩加固所用水泥类灌浆材料的评价研究，*文物保护与考古科学*，2017，29（3）: 52-59

28. 贺章，张秉坚*，赵鹏，张琼，石质文物劣化程度的一种定量测评方法——以北京故宫养心殿区域石质文物为例［J］，*石材*，2017，（5）: 1-8。

29. 张秉坚，石美凤，马易敏，石质文物表面污染物破坏或保护作用的探索性研究，中国文物保护技术协会第八次学术年会论文集，182-196，科学出版社，2016年

30. 贾成思，张秉坚*，基于凝胶法的古代壁画表面加固材料的去除技术模拟研究，*文物保护与考古科学*，2016，28（4）: 9-18

31. 刘仁植，张秉坚*，魏国锋，张晖，石美凤，云冈石窟的污染物病害调查研究，*文物保护与考古科学*，2016，28（2）101-110

32. Mingyuan Sun (孙明远), Jiahe Wang, Hui Zhang, Bingjian Zhang*, Fan Zaixuan, Su Bomin, Study on the Reversibility and Reversible Rate of Cultural Relics Preservation Materials, *Journal of Cultural Heritage*, 2015, 16, (5), 719-727,

33. 马易敏, 张秉坚, 石美凤, 石质文物表面墨迹的保护作用, 文物保护与考古科学, 2015, 27 (2): 80-86

34. Yimin Ma (马易敏), Hui Zhang, Bingjian Zhang*, Meifeng Shi, Runping Zhang, The Protective Effect of Grease Stains Caused by Hands Touching Stone Relics, *International Journal of Conservation Science*, 2014, 5 (1), 9-20.

35. Xiang He (贺翔), Magen Xu, Hui Zhang, Bingjian Zhang*, Bomin Su, An exploratory study of the deterioration mechanism of ancient wall-paintings based on thermal and moisture expansion property analysis, *Journal of Archaeological Science*, 2014, 42: 194-200

36. Yang Fuwei (杨富巍), Liu Yan, Zhang Bingjian, Artificial hydroxyapatite conversion film for the conservation of marble relic, *Materials Letters*, 2014, 124, 201-203.

37. Fuwei Yang (杨富巍), Yan Liu, Guofang Zuo, Xiaofeng Wang, Pingning Hua, Qian Ma, Guangqiang Dong, Yongqiang Yue, Bingjian Zhang, Hydroxyapatite conversion layer for the preservation of surface gypsification marble relics, *Corrosion Science*, 2014, 88, 6-9,

38. 李佳珉, 陶利英, 张秉坚*, 张晖, 贺翔, 樊再轩, 苏伯民, 石窟壁画可溶盐破坏过程的实验室模拟研究, 文物保护与考古科学, 2014, 26 (2): 37-45,

39. 刘仁植, 张秉坚, 石材表面环氧树脂类物质的化学清除研究, 石材, 2014, (10): 21-24

40. Qiang Liu (刘强), Qingju Liu, Jin Zhang, Zhongqi Zhu and Bingjian Zhang*, Effects of surface energies of biomimetic materials for stone conservation on reinforcement properties, *Heritage Science*, 2013, 1: 20 0.1186/2050-7445-1-20

41. Jiamin Li (李佳珉), Hui Zhang, Zaixuan Fan, Xiang He, Shimin He, Mingyuan Sun, Yimin Ma, Shiqiang Fang, Huabing Zhang, Bingjian Zhang*, Investigation of the renewed diseases on murals at Mogao Grottoes, Heritage Science 2013, 1: 31

42. Yang Fuwei (杨富巍), Liu Yan, Zuo Guofang, Zhu Yuancheng, Bingjian Zhang*, Hua Pingning, Biomimetic fluorapatite films for conservation of historic, calcareous stones, *Chinese Science Bulletin*, *Materials Science*, 2012, 57 (13): 1590-1594

43. 张秉坚, 刘仁植, 沈忠悦, 张润平, 石美凤, 云冈石窟污染物与砂岩结合状态的分析检测研究, 石窟寺研究(第三辑), 中国古遗址保护协会石窟专业委员会, 文物出版社, ISBN978-7-5010-3675-2, 北京, 2012: P332-355

44. 刘仁植, 张秉坚*, 张润平, 不可移动石质文物化学清洗的操作工艺, 文物保护与考古科学, 2012, (6) 22-27

45. 张秉坚, 张栋梁, 铁景沪, 测量文物保护材料可逆率的探索性研究, 中国材料进展, 2012, (11) 33-36

46. Renzhi Liu (刘仁植), Bingjian Zhang*, Hui zhang, Meifeng Shi, Deterioration of Yungang Grottoes: Diagnosis and research, *Journal of Cultural Heritage*, 2011, 12: 494-499,

47. Fuwei Yang (杨富巍), Bingjian Zhang*, Yan Liu, Guofeng Wei, Hui Zhang, Weixiang Chena and Zhude Xua, Biomimic reinforcement of weathered calcareous stones by apatite, *New J. Chem.*, 2011, 35 (4), 887-892,

48. Qiang Liu (刘强), Bingjian Zhang*, Assessment of damage from organic protective coat-

ing treatments to historic stone buildings and sculptures, *Applied Mechanics and Materials*, 2011, 44-47: 610-613

49. Qiang Liu（刘强）, Bingjian Zhang*, Hui Zhu, Bio-Inspired Engineering: A Promising Technology for the Conservation of Historic Stone Buildings and Sculptures, *Key Engineering Materials*, 2011, 460-461: 502-505

50. Qiang Liu（刘强）, Bingjian Zhang*, A New Method on Laboratory Evaluation of the Effectiveness of Consolidant Treatments for the Conservation of Historic Stone Buildings and Sculptures, *Advanced Materials Research*, 2010, 108-111: 184-189

51. 石美风, 陈刚, 张秉坚*, 石质文物保护中的化学清洗技术, 文物保护与考古科学, 2011, 23（1）: 89-96, ISSN 1005-1538

52. 贺章, 张秉坚*, 蒸汽清洗技术在石材护理和文物保护中的应用和发展趋势, 石材, 2011,（7）: 8-12

53. 施铁樱, 张秉坚*, 石材与石质文物表面化学清洗效果检测评估技术, 石材, 2011,（5）: 17-22

54. Qiang Liu（刘强）, Bingjian Zhang*, A New Method on Laboratory Evaluation of the Effectiveness of Consolidant Treatments for the Conservation of Historic Stone Buildings and Sculptures, *Advanced Materials Research*, 2010, 108-111: 184-189

55. Qiang Liu（刘强）, Bingjian Zhang*, Gang Liang Yang, Investigation on application of biomimetic technology to the conservation of Longmen Grottoes, *Applied Mechanics and Materials*, 2010, 26-28: 43-47

56. Fuwei Yang（杨富巍）, Bingjian Zhang*, Qinglin Ma, The study of sticky-rice lime mortar technology for the restoration of historical masonry constructions, *Accounts of Chemical Research*, 2010, 43（6）: 936-944, May 10, 2010 SCI, ISSN0001-4842

57. 张秉坚, 魏国锋, 杨富巍, 王旭东, 不可移动文物保护材料研究中的问题和发展趋势, 文物保护与考古科学, 2010, 22（4）: 102-109,

58. 张秉坚, 铁景沪, 刘婷, 防止化学保护的保护性破坏, 石窟寺研究, 第一辑, 文物出版社, 2010, P207-213, ISBN 978-75010-3051-4

59. 张秉坚, 铁景沪, 刘婷, 王旭东, 李最雄, 化学保护的副作用及其对策的探索性研究（Ⅰ）多层化学保护, 文物保护与考古科学, 2008, 21（1）: 1-7,

60. 刘强, 张秉坚*, 余政炎, 劣化石刻表层生物矿化加固材料的探索性研究, 文物保护与考古科学, 2008, 20（1）: 1-6,

61. 张秉坚, 铁景沪, 大型石质文物表面清洗技术的现状和发展趋势, 石材, 2007,（11）: 19-22

62. 刘强, 张秉坚*, 龙梅, 石质文物表面憎水性化学保护的副作用研究, 文物保护与考古科学, 2006, 18（2）: 1-7, ISSN 1005-1538

63. 刘强, 张秉坚*, 石质文物表面生物矿化保护材料的仿生制备, 化学学报, 2006, 64（15）: 1601-1605

64. 李火明, 张秉坚*, 刘强, 一类潜在的石质文物表面防护材料: 仿生无机材料, 文物保护与考古科学, 2005, 17（1）: 59-64

65. 张秉坚, 尹海燕, 沈忠悦, 卢唤明, 石质文物表面防护新材料的探索——天然草酸钙膜的研究和化学仿制, 文物科技研究, 2004, 1（1）: 35-39

66. 张秉坚，铁景沪，古建筑与石质文物的清洗技术，*清洗世界*，2004，(5)：25-28

67. 刘菊，张秉坚*，地衣对石材的破坏与激光清除技术，*中国建材*，2002，(6)：74-76

68. 张秉坚，周环，贺筱蓉，石质文物微生物腐蚀机理研究，*文物保护与考古科学*，2001，13（2）：15-12

69. 任瑛丽，张西燕，张秉坚*，石质材料的激光清洗，*中国建材*，2001，(6)：78-80

70. 郑立萍，张秉坚*，祝巨，建筑材料表面油污斑的清洗研究，*中国建材*，2001，(4)：74-76

71. 张秉坚 尹海燕，沈忠悦，卢唤明，一种生物无机材料——石质古迹上天然草酸钙保护膜的的研究，*无机材料学报*，2001，16（4）：750-756 SCI

72. 张秉坚，尹海燕，沈忠悦，卢唤明，草酸钙生物矿化膜的形成机理和化学仿制，*矿物学报*，2001，21（3）：319

73. 张秉坚，尹海燕，石质文物的清洗技术和清洗效果检测，*石材*，2000，(7)：23-25

74. 张秉坚，碳酸岩建筑和雕塑表面黑垢清洗研究，*新型建筑材料*，1999，(3)：39

75. 张秉坚，尹海燕，铁景沪，石质文物表面防护中的问题和新材料，*文物保护与考古科学*，2000，12（2）：1-4

附录3　本书相关研究成果的国家发明专利

1. 张秉坚，朱成帅，胡瑜兰．一种应用于碳酸盐文物生物病害防治的复方杀生物剂材料及其制备方法：中国，202110910536.7 [P]．2022-06-12．

2. 张秉坚，谢丽娜．一种用于断裂石质文物粘接和灌浆的无机镁基胶黏剂：中国，202110910536.7 [P]．2021-08-09．

3. 张秉坚，谢丽娜．一种用于石质文物的复方生物防治剂及其制备方法：中国，202110260438.0 [P]．2021-04-02．

4. 张秉坚，谢丽娜．一种用于砂岩类石质文物加固的渗透型纯无机镁基加固材料及加固方法：中国，201910480512.5 [P]．2019-06-04．

5. 张秉坚，刘仁植．一种中性石材和石质文物表面黄斑清洗剂及其制备方法：中国，201110091776.5 [P]．2012-09-19．

6. 张秉坚，刘仁植．一种使用结晶抑制剂的石材和石质文物的脱盐方法：中国，201010228259.3 [P]．2010-10-22．

7. 张秉坚，贾成思．一种壁画加固材料的清除剂及其制备方法：中国，201545101892.1 [P]．2015-07-28．

8. 张秉坚，潘昌初，杨富巍．一种渗透型水硬性石质文物加固材料及其加固方法：中国，2009 10101135.6 [P]．2008-08-26．

9. 张秉坚，铁景沪，刘婷，曾余瑶，王旭东．防止不可移动文物表面憎水性化学保护层起壳剥落的方法：中国，200810059775.0 [P]．2008-02-27．

10. 张秉坚，杨富巍，潘昌初．一种液态水硬性土遗址加固材料及加固方法：中国，200810120151.5 [P]．2008-07-24．

11. 张秉坚，刘强，梁晓林．碳酸钙类石质文物的碳酸钙生物矿化加固：中国，200710070420.7 [P]．2007-08-03．

12. 张秉坚，刘强．石材和石质文物的磷酸钙生物矿化加固方法：中国，200710066859.2 [P]．2007-1-22．

13. 张秉坚，刘强．石材和石质文物的表面仿生防护方法：中国，200510061076.6 [P]．2005-10-12．

14. 张秉坚．含钙石材和石质文物的表面防护方法：中国，00119382.1 [P]．2003-09-03．

附录4 本书部分采用的博士后出站报告和研究生毕业论文

博士后出站报告

1. 方世强，浙江地区碳酸岩质石窟遗址防渗加固研究，浙大文博系 0617297，合作导师：张秉坚，2020 年 11 月

博士论文

2. 刘强 基于生物矿化的石质文物仿生保护，浙大化学系 10406050，导师：张秉坚，2008 年 3 月

3. 杨富巍 无机胶凝材料在不可移动文物保护中的应用，浙大化学系 10706128 2011 年 5 月，导师：张秉坚，2015 年 3 月

4. 方世强 不可移动文物保护中典型胶凝材料作用机理和应用评价研究，浙大化学系 11337062，导师：张秉坚，2017 年 3 月

5. 李强 西湖文化景观遗产不可移动石质文物典型微生物腐蚀机制研究，浙大化学系 11437071，导师：张秉坚，2018 年 3 月

6. 李天晓 飞来峰造像典型微生物病害认知与防治研究，浙大文博系 11604060，导师：张秉坚，2019 年 6 月

7. 谢丽娜 露天砂岩类石质文物无机镁基加固材料研究，浙大文博系 11804060，导师：张秉坚，2022 年 3 月

8. 伍洋 碳酸盐石质构件劣化机理研究，浙大文博系 11804061，导师：张秉坚，2022 年 12 月

硕士论文

9. 潘昌初 醇胶体系鸟粪层磷灰石矿化过程模拟及新型石质文物保护材料制备研究，浙大化学系 20706190，导师：张秉坚，2010 年 3 月

10. 石美风 云冈石窟石雕表面黑垢的作用及其清除研究，复旦大学文物与博物馆学系，导师：陈刚、张秉坚、黄继忠，2011 年 6 月

11. 刘仁植 不可移动石质文物表面有害污染物化学清除技术研究，浙大化学系 20906255，导师：张秉坚，2012 年 3 月

12. 李佳珉 莫高窟壁画病害和已用典型保护材料的调研评估，浙大文博系 21104102，导师：张秉坚，2013 年 6 月

13. 马易敏 不可移动石质文物污染物清洗技术和可溶盐破坏机理研究，浙大化学系 11006092，导师：张秉坚，2014 年 3 月

14. 孙明远 古代壁画表面失效加固材料的去除技术研究，浙大化学系 21237064，导师：张秉坚，2015 年 3 月

15. 贺章 不可移动文物劣化状况的定量评价方法研究——以故宫养心殿石质文物、燕喜堂金砖、金华侍王府壁画为例，浙大文博系 21504073，导师：张秉坚，2017 年 6 月

16. 周康 我国南方碳酸盐地区摩崖造像防渗加固工程效果评价方法的探索性研究—以西湖世界遗产两处文物点为例，浙大文博系 21504113，导师：张秉坚，2017 年 6 月

17. 魏忠武 漆类涂层对露天石质文物的影响——以浙江省石窟寺及石刻为例，浙大文博系

21704113，导师：张秉坚，2019 年 6 月

18. 徐童伟 南方潮湿地区壁画的表面加固与裂隙灌浆加固材料的评价研究，浙大文博系 21704109，导师：张秉坚，2019 年 6 月

19. 陈尔新 四川安岳石窟彩绘成分综合检测及表面结壳病害机理研究，浙大文博系 21704125，导师：张秉坚，2020 年 6 月

20. 张海英 露天石质文物苔藓治理技术的探索性研究——以南方潮湿地区石质文物为例，浙大考古文博系 21804127，导师：张秉坚，胡瑜兰，2021 年 6 月

21. 朱成帅 石质文物微生物/苔藓病害认知与防治技术研究——以乐山大佛和西湖文化景观文物为例，浙大考古文博系 22040033，导师：胡瑜兰，张秉坚，2023 年 3 月

附录 5　参与本书内容研究的部分博士后、研究生和本科生的工作照

杨　涛　　　　　方世强　　　　　李　强

刘　强　　　　　杨富巍　　　　　李天晓

贺　翔　　　　　潘昌初　　　　　沈　薇

附录 5　参与本书内容研究的部分博士后、研究生和本科生的工作照

俞剑清　　　　　　　周　康　　　　　　　陈尔新

魏忠武　　　　　　　屈江涛　　　　　　　徐童伟

翁　昕　　　　　　　张海英　　　　　　　朱成帅

刘　婷　　　　　　　石　阳　　　　　　　沈　飞

附录 6　浙江大学文物保护材料实验室团队合照

2022 年 3 月

2018 年 5 月

附录 7　计量单位、英文简写与缩写、术语

1. 计量单位

Å	埃	min	分钟
cm	厘米	mL	毫升
cm^{-1}	波长单位	mm	毫米
cm^2	平方厘米	mol/L	摩尔每升
CFU/mL	每毫升样品中含有的菌落总数	MPa/s	兆帕每秒
dB	分贝	mm	毫米
dm	分米	N	牛顿
g	克	nm	纳米
h	小时	°	度
HD	硬度单位	℃	摄氏度
kg	千克	pa	帕斯卡
km	千米	r/min	转/分钟
kV	千伏	μA	微安
kW	千瓦	μs	微秒
mA	毫安	s	秒
mg	毫克	μL	微升
mg/mL	毫克每毫升	W/cm^2	瓦每平方厘米

2. 英文简写与缩写

AIBN	2,2-Azobis（2-methylpropionitrile），2,2-偶氮二异丁腈
AR	Analytical reagent，分析纯试剂
ATMP	AminoTrimethylene Phosphonic Acid，氨基三亚甲基膦酸
BSA	Bovine serum albumin，牛血清白蛋白
CA	Carbonic anhydrase，碳酸酐酶
CATB	Cetyltrimethylammonium bromide，十六烷基三甲基溴化铵
DIAL	Differential absorption light detection and ranging，差分吸收激光雷达
DMSO	Dimethyl sulfoxide，二甲基亚砜
DSC	differential scanning calorimetry，示差扫描量热
DTG	DerivativeThermogravimetry，导数热重分析
EA	ethyl acetate，乙酸乙酯
EDS	Energy Dispersive Spectroscopy，能谱
EDTA	Ethylene DiamineTetraacetic Acid，乙二胺四乙酸
EDX	Energy Dispersive X-Ray Spectroscopy，能量色散 X 射线光谱
EG	ethylene glycol，乙二醇
ELISA	Enzyme-LinkedImmunoSorbent Assay，酶联免疫法
EPS	Extracellular Polymeric Substances，胞外聚合物

续表

FE-SEM	Field emission scanning electron microscope,场发射扫描电子显微镜
FTIR	Fourier Transform Infrared Spectroscopy,傅里叶红外变换光谱
GO	Graphite Oxide,氧化石墨烯
HA	Hydroxyl apatite,羟基磷灰石
HEDP	1-Hydroxy Ethylidene-1,1-Diphosphonic Acid,羟基亚乙基二磷酸
HEMA	2-hydroxyethyl methacrylate,甲基丙烯酸羟乙酯
IFM	Immunofluorescence microscopy,免疫显微镜技术
IR	Infrared Spectroscopy,红外光谱
KFeC	Potassiumhexacyanoferrate(Ⅱ),亚铁氰化钾
LIBS	Laser induced breakdown spectroscopy,激光诱导击穿光谱
LiDAR	Light Detection and Ranging,激光雷达
LIF	Laser-Induced Fluorescence,激光诱导荧光
m	Mass,质量
MIC	Minimal inhibit concentration,最小抑菌浓度
MTES	Methyltriethoxysilane,甲基三乙氧基硅烷
MTMS	MethyItrimethoxysilane,甲基三甲氧基硅烷
NTA	Nitrilotriacetic acid,氨基三乙酸
OD	Optical density,光密度
OM	Optical microscopy,光学显微镜
PC	Propylene carbonate,碳酸丙烯酯
PeOH	Pentanol,正戊醇
PLM	Polarized Light Microscope,偏振光显微镜
PVAc	Poly(vinyl acetate),聚乙酸乙烯酯
PVP	polyvinylpyrrolidone,聚乙烯吡咯烷酮
PX	para-xylene,对二甲苯
pXRF	Portable X-ray fluorescence analysis,便携式X射线荧光
R^2	Coefficient of determination,相关判定系数
Raman	Raman spectra,拉曼光谱
RH	relative humidity,相对湿度
SDS	Sodium dodecyl sulfate,十二烷基硫酸钠
SEM	scanning electron microscope,扫描电镜
t	time,时间
T	Temperature,温度
TEOS	Tetraethylorthosilicate,正硅酸乙酯
TG	Thermogravimetric Analysis,热重分析
TMB	Tetramethylbenzidine,四甲基联苯胺
Tween	Polysorbate,吐温
UV	Ultraviolet rays,紫外线
w/w	weight/weight,质量比
XRD	X-rays diffraction,X射线衍射
XRF	X-ray fluorescence analysis,X射线荧光

3. 术语

Al	铝	$MgCO_3$	碳酸镁
Au	金	$MgCl_2$	氯化镁
C	碳	$MgCl_2 \cdot 6H_2O$	六水合氯化镁
Ca	钙	MgO	氧化镁
$CaCO_3$	碳酸钙	$Mg(OH)_2$	氢氧化镁
$CaCl_2$	氯化钙	$MgSO_4$	硫酸镁
$CaMg(CO_3)_2$	白云石	$MgSO_4 \cdot 7H_2O$	七水合硫酸镁
$Ca(NO_3)_2 \cdot 4H_2O$	四水合硝酸钙	Mn	锰
$Ca(OH)_2$	氢氧化钙	$MnSO_4 \cdot 4H_2O$	四水合硫酸锰
C_2S	硅酸二钙	Na	钠
CaO	氧化钙	NaCl	氯化钠
$Ca_{10}(PO_4)_6(OH)_2$	羟基磷酸钙	Na_2CO_3	碳酸钠
$CaSO_4$	硫酸钙	$NaHCO_3$	碳酸氢钠
$CaSO_4 \cdot 2H_2O$	二水石膏	NaOH	氢氧化钠
CO_2	二氧化碳	$NaSO_4$	硫酸钠
Cu	铜	$(NH_4)_3PO_4$	磷酸铵
$Cu(CH_3COO)_2 \cdot H_2O$	醋酸铜	O	氧
CuO	氧化铜	—OH	羟基
HCl	盐酸	OH	氢氧根
H_2O_2	过氧化氢	Pb	铅
Fe	铁	Pb_3O_4	四氧化三铅
Fe_2O_3	三氧化二铁	pH	氢离子浓度指数
$FeSO_4 \cdot 7H_2O$	七水合硫酸亚铁	P_2O_5	五氧化二磷
HCl	盐酸	S	硫
HgS	硫化汞	SO_2	二氧化硫
H_2O	水	SO_4^{2-}	硫酸根离子
HNO_3	硝酸	Si	硅
H_2S	硫化氢	SiO_2	二氧化硅
H_2SO_4	硫酸	Sr	锶
K	钾	TFe_2O_3	全铁
KCl	氯化钾	Ti	钛
KFeC	亚铁氰化钾	TiO_2	二氧化钛
KH_2PO_4	磷酸二氢钾	Tween-80	吐温-80
K_2O	氧化钾	Zn	锌
Mg	镁		

后　记

本书是浙江大学文物保护材料实验室团队关于"石质文物保护技术与材料"科学研究工作的汇总，展示了在科技部、文物局和浙江省文物局的组织和多个科研项目的连续资助下，在各文博单位的协作下，经过二十多年艰苦努力完成的主要科研成果。

全书共分 10 章。第 1～7 章、第 9 章由张秉坚汇集起草；第 8 章由胡瑜兰起草；最终由胡瑜兰和张秉坚统一修改定稿，王鑫校正，完成全书。

本书内容源自浙江大学文物保护材料实验室团队的博士后出站报告、研究生毕业论文和发表的科研论文。其中，第 2 章为刘仁植、俞剑清、魏忠武、徐童伟、李强、朱成帅等的工作；第 3 章为贺章、马易敏、石美风、刘仁植、屈江涛、伍洋、陈浩宇等的工作；第 4 章为马易敏、石美风、沈薇、刘仁植、施铁樱、魏忠武、贺章、翁昕等的工作；第 5 章为刘强、刘婷、杨富巍、潘昌初、石阳、谢丽娜等的工作；第 6 章为王思嘉、方世强、杨涛、谢丽娜等的工作；第 7 章为陈尔新、李佳珉、贺翔、方世强、徐童伟、孙明远、贾成思、魏忠武等的工作；第 8 章为李强、李天晓、张海英、谢丽娜、朱成帅等的工作；第 9 章为谢丽娜、沈飞、李强、伍洋、王新鑫等的工作。

资助本书相关研究的国家级和省部级科研项目或基金见附录 1；本书相关科研论文和专利目录分别见附录 2 和附录 3；相关博士后出站报告和研究生毕业论文目录见附录 4；参加研究的部分博士后、研究生和本科生的工作照见附录 5；本实验室团队近几年合照见附录 6；有关计量单位、英文简写与缩写、术语见附录 7。

本实验室关于石质文物保护技术与材料的研究工作得到了各文博单位的大力支持，包括敦煌研究院、云冈石窟研究院、龙门石窟研究院、大足石刻研究院、乐山大佛乌尤文物保护管理局、故宫博物院、陕西省文物保护研究院（原西安文物保护修复中心）、浙江省文物考古研究所、四川省文物考古研究院、浙江省博物馆、西湖世界文化遗产监测管理中心、西湖风景名胜区灵隐管理处、西湖风景名胜区钱江管理处、西湖风景名胜区水域管理处、西泠印社社委会、杭州市临安区文化和广电旅游体育局、嘉兴市文物保护所等文博单位。在这些文博单位的大力协助下完成了石质文物及遗址的现场调研、取样检测、保护方法和应用验证的相关研究。其中要特别感谢：王旭东、苏伯民、郭青林、樊再轩、罗宏杰、黄继忠、张润平、闫宏彬、任建光、杨刚亮、马涛、齐扬、周伟强、赵鹏、张琼、邵浦健、冯宝英、崔彪、谢振斌、赵凡、郑幼明、杨晓茹、吴涛、童寒冰、王丽娅、张婷、胡玲玲、杨鸣、申俭、陈卫玉、盛杰辉等的帮助。

二十多年来，一直尽心指导我们开展石质文物保护技术与材料研究的文博界老一辈专家有：黄克忠、陆寿麟、李最雄、奚三彩、马家郁等先生。尤其是黄克忠先生还专为本书写序。

在石质文物保护工程应用中，许多文物保护工程施工单位都很配合，合作愉快。例如：浙江大陆建筑特种工程有限公司、杭州云唐古建工程有限公司、杭州文物建筑工程有限公司、浙江省临海市古建筑工程有限公司等，这些单位的积极协作是本实验室保护技术与材料实现价值不可缺少的环节。

参与或协助本项科研工作的浙江大学老师还有地科系的沈忠悦、朱孔阳，文博系的项隆元，化学系的陈卫祥、朱龙观等老师。

在此，我们一并表示衷心感谢！

面对书稿，我们也满心忐忑。首先，本书收录的相关研究工作还不全面，一些很有创意的工作或因不够完整，或因编排篇幅上的问题没有列入；其次，本书主要源自不同时期的科研论文，缩写成书稿后，难免会有某些内容、试验细节和引文的删减，或者某些标准和格式的不一致；最后，由于本书内容大多是一些探索性研究，在方法、观点和表述上可能会有某些不妥之处。所有这些问题敬请各位前辈、同仁和读者们批评指正。

作　者

2023 年 2 月于杭州